Charles S. Maier

Das Verschwinden der DDR und
der Untergang des Kommunismus

Aus dem Amerikanischen
von Klaus Binder und Bernd Leineweber

S. Fischer

Die amerikanische Ausgabe erschien 1997 unter dem Titel
›Dissolution. The Crisis of Communism and the End of East Germany‹
bei Princeton University Press, Princeton, New Jersey
© 1997 by Princeton University Press
Deutsche Ausgabe:
© 1999 S. Fischer Verlag GmbH, Frankfurt am Main
Alle Rechte vorbehalten
Gesamtherstellung: Clausen & Bosse, Leck
Printed in Germany 1999
ISBN 3-10-046108-8

Für Pauline

Nichts ist geeigneter, Philosophen und Staatsmänner zur Bescheidenheit zu mahnen, als die Geschichte unserer Revolution, denn es gab niemals ein größeres, ein länger und besser vorbereitetes und trotzdem weniger vorhergesehenes Ereignis ... Ist das Ereignis in der Tat so außerordentlich, wie es einst den Zeitgenossen erschien? ... Was war die eigentliche Bedeutung, der wahre Charakter, was sind die dauernden Wirkungen dieser seltsamen und schrecklichen Revolution? Was hat sie wirklich vernichtet? Was hat sie geschaffen?

Mir scheint, daß der Augenblick, dies zu erforschen und auszusprechen, gekommen ist und daß wir gegenwärtig gerade auf dem Punkte stehen, von dem aus dieser große Gegenstand sich am besten betrachten und beurteilen läßt. Fern genug von der Revolution, um die Leidenschaften, die den Blick ihrer Urheber trübten, nur noch schwach zu empfinden, stehen wir ihr doch noch nahe genug, um in ihren Geist eindringen und ihn verstehen zu können. Bald wird es schwerfallen, dies zu tun, denn große Revolutionen, die gelingen, werden, indem sie die Ursachen, die sie herbeigeführt hatten, verschwinden lassen, eben durch ihren Erfolg unbegreiflich.

Alexis de Tocqueville,
Der alte Staat und die Revolution

Inhalt

Wahlabend 1998 –
Ein Vorwort zur deutschen Ausgabe 11

Vorwort 22

1 Verlorenes Vertrauen 36
Gläubige und Opfer 37
Der real existierende Sozialismus 63
Privilegienwirtschaft, Geheimpolitik und
Komplizenschaft 78
Eingeschränktes Bewußtsein 108

2 Der ökonomische Zusammenbruch 118
Die Schuldenkrise und die Widersprüche im Rat für
Gegenseitige Wirtschaftshilfe 118
Die Kosten der Computerisierung 138
Das Ende der Reformen: Staatssozialismus im
Rückblick 145
Kohle und Stahl. Eine Archäologie 172

3 Die Herbstunruhen 188
Prolog: Eine Revolution in Deutschland 188
Zerfall und Flucht 207
Zwei Sprachen der Revolution 222
Montagsdemonstrationen in Leipzig 227
Berlin: Herrscher und Beherrschte 243

4 Die Protagonisten des Übergangs 273
Neue Foren und Runde Tische 274
Die befreiende Rolle der »zivilen Gesellschaft« 297
Die Parteien und die Wahlen vom 18. März 1990 311

5 Die Einheit 339
Gaben sie noch den Ton an? – Die Wendungen der
sowjetischen Deutschlandpolitik 340
2 = 1 oder 1 = 1? Die Ökonomie der Vereinigung 355
2 + 4 = 1: Die Diplomatie der Vereinigung 378

6 Anschluß und Melancholie 436
Zwischen den beiden Berlins – 1990 436
Zwischen Sozialismus und Kapitalismus 443
Abwicklung: Die Erneuerung der Universitäten 461
Der Makel der Stasivergangenheit: Das alte Regime
auf der Anklagebank 473

Epilog
Der verhüllte Reichstag – 1995 500

Anmerkungen 511
Bemerkungen zu den Quellen 584
Namenregister 588

Wahlabend 1998 –
Ein Vorwort zur deutschen Ausgabe

Bonn, 27. September 1998, 18:01 Uhr: Die Hochrechnungen, die just in dem Augenblick, in dem die Wahllokale geschlossen haben, veröffentlicht werden, sind bereits klar und eindeutig. Jubel in den Reihen der SPD auf der westlichen Seite der Konrad-Adenauer-Allee; Resignation dagegen auf der östlichen Straßenseite in der Parteizentrale der CDU. Gerhard Schröder und Oskar Lafontaine, faktisch aneinandergekettet, weil es für die Wahl opportun war (wir werden sehen, wie lange das hält), werden an ihren überschwenglich begeisterten Fans vorbeigeschoben, sie sind auf dem Weg, ihren Sieg zu kommentieren. Drüben, auf der anderen Seite der Straße, läßt sich keiner der führenden Christdemokraten blicken, die eher schweigsame Parteijugend klammert sich verzweifelt an ihre Sektgläser. Der Kanzler, der in die Einheit geführt hat, ist zu lange im Amt geblieben und müde geworden, Wähler können nicht für alle Zeiten dankbar sein, und sie scheuen das Risiko bei weitem nicht so sehr, wie es die Wahlkampfstrategen der Regierungspartei geglaubt haben. Zwei Stunden später wird Helmut Kohl hinter seinem kleinen Pult in der Bonner Elefantenrunde sitzen, und er wird wie ein unförmiger Teenager wirken, der eine Klasse wiederholen mußte und nun zum ersten Mal spürt, wie erniedrigend es ist, mit lauter kleineren Mitschülern in einem Raum zu sitzen. Die Grünen, seit kurzem sehr diszipliniert, aber immer noch hochagil, wirken nun, so zumindest signalisieren sie es in ihren Interviews, zuversichtlich und darauf vorbereitet, den Staat zu übernehmen. Dabei ist ihr Erfolg doch abhängig vom triumphalen Sieg der SPD. Die Grünen haben ganz leicht verloren, aber das schadet ihnen nicht, schließlich gibt das Wahlergebnis der SPD das Mandat, mit den Grünen zusammenzuarbeiten. Die PDS hat sich bemüht, ein Bild als Partei der Frauen, des Wandels, der Bürgerrechte und der Freiheit zurechtzuschneidern – sie wollte nicht länger die Partei der enttäuschten Ossis und ehemaligen DDR-Funktionäre sein. Innerhalb ihrer Möglichkeiten hat sie es tatsächlich geschafft, ihre alten und neuen Talente zu verbinden, außerdem hat sie genug Stimmen und Sitze gewonnen, um wieder in den Bundestag einzuziehen und sich in Mecklenburg-Vorpommern zur dritten Partei und zum Koalitionspartner zu mausern. Da mögen sich die führenden Politiker von CDU und CSU feierlich auf ihre Pflicht berufen, die Postkommunisten mit ihren unverschämten Ansprüchen zu brandmarken: Solcher Moralismus hat nichts Überzeugendes mehr. Die DDR ist lang vorbei, ist weit, weit weg. Und keine der großen Parteien hat die fortbestehenden Unzufriedenheiten der Menschen in den neuen Bundesländern zum Wahlkampfthema gemacht; die politische Klasse hatte sich darauf geeinigt, daß der Osten kein Thema mehr sei. So war nicht nur die DDR, sondern auch der Prozeß der Vereinigung Geschichte geworden – im doppelten Wortsinn, wie er in Amerika mittlerweile zur Redensart geworden ist; Geschichte ist eben beides: das, was früher war, und das, was schlicht und einfach *vorbei* (im Original deutsch) ist.

Dieses Buch erzählt eine Geschichte, die von »Augenblicken« bestimmt war – von Augenblicken und kurzen Phasen der Massenmobilisierung, des unerwarteten Wandels, der Hoffnung. Insofern paßt es zu diesem Buch, wenn ich für die deutsche Ausgabe wiederum mit einem Augenblick beginne: der Wahlentscheidung vom September 1998. Doch läßt sich eine zureichende historische Darstellung des Verschwindens der DDR nicht ausschließlich aus solchen Augenblicken aufbauen. In der Einleitung zur amerikanischen Ausgabe (die auch im deutschen Buch enthalten ist und meine Ziele erläutert) habe ich versucht darzulegen, wie eng Augenblick und historischer Trend miteinander verknüpft sind. Die Resultate historischer Entwicklungen können sich auf zweierlei Weise formen: additiv und über lange Zeiträume hinweg, genausogut aber auch in dramatisch gedrängten Episoden. Doch wenn sich ein Historiker daranmacht, das Vergangene wieder aufzuspüren und zu erklären, dann werden es die Augenblicke sein, die es ihm erlauben, den Trend sichtbar zu machen und die sich addierenden Veränderungen in der öffentlichen Meinung sowie die Entwicklungslinien des Wandels in Wirtschaft und Gesellschaft zu illustrieren – oder auch, wie es dazu kam, daß kein Wandel stattfand. Mit meiner Darstellung des vergangenen Geschehens möchte ich die Wechselwirkung von Augenblick und Trend sichtbar werden lassen.

Ein Vorwort zur deutschen Ausgabe 13

Der Augenblick, den ich als Einstieg in dieses Vorwort ausgesucht habe, die Abwahl des Bundeskanzlers, bietet mir den Punkt, von dem aus es mir möglich war, mich dem *Nachleben* (im Original deutsch) der DDR im vereinten Deutschland seit Mitte der neunziger Jahre zu nähern; zu diesem Zeitpunkt hatte ich die Recherchen zu diesem Buch mehr oder weniger abgeschlossen. Die DDR ist nämlich nicht einfach verschwunden; die Vereinigung ist noch immer unabgeschlossen, ist, um es offener und hoffnungsvoller zu formulieren, noch immer »im Bau«. Die Ossis zeigen noch immer ein gewisses Gefühl der Unangepaßtheit; den Wessis erscheint der Osten auf gewisse Art noch immer als eine »dritte Welt«. Kollegen, die ihren beruflichen Weg in den neuen Bundesländern gesucht haben, sind nicht begeistert von der Vorstellung, ihre Kinder an den Universitäten studieren zu lassen, an denen sie selbst lehren. Umgekehrt lassen die Menschen aus den neuen Bundesländern widersprüchliche Gefühlslagen erkennen. Einige von ihnen behaupten: »Es hat sich nichts geändert«, andere halten dagegen: »Alles ist anders geworden«. In jedem Fall haben sie selbst sich verändert. Sie sind reicher geworden, verhalten sich eher konsumorientiert, sind weiter gereist. Herrliche Geschichten werden erzählt, sie wären es wert, in Vignetten eingefangen zu werden, wie Reiner Kunze sie eine Generation zuvor veröffentlicht hat. Etwa die Geschichte von dem arbeitslosen Ehemann, der sich bei seiner Frau darüber beklagt, wie mühselig es sei, vor dem Arbeitsamt einen Parkplatz zu finden. Oder die von jenem desillusionierten Rentner, der sich weigert, wählen zu gehen, weil sich »nichts geändert« habe, und der am Wahltag lieber auf die Kanarischen Inseln fliegt. Menschen aus der ehemaligen DDR, die in einer Gesellschaft gelebt haben, welche, wie es immer hieß, an Arbeit und Produktion orientiert war, die in vorgegebene, heute euphemistisch beurteilte öffentliche und private Beziehungen eingebunden waren, auch wenn ihr Leben tatsächlich durchdrungen war von den komplexen Mühen, private Erfüllung zu finden, durchsetzt vom Wissen über den Konsumerismus im Deutschland nebenan, von vordringender Melancholie und gelegentlich auch Verrat – diese Menschen sahen sich gezwungen, ihren Frieden mit einer Gesellschaft zu machen, die ihre vor 1989 unterdrückte Vielschichtigkeit nun zu erkennen gab. Viele wurden in den vorgezogenen Ruhestand gezwungen, andere mußten beruflich noch einmal ganz von vorne anfangen. Die Menschen bezogen Rente, oder für sie begann nun eine Folge immer wieder neuer, zeitlich begrenzter Arbeitsverhältnisse. Aus einem Staat, der die Arbeit glorifiziert hatte, kamen sie in einen anderen, in dem die Arbeit fordernder und anstrengender ist, aber auch fragmentierter, unsteter und für die Definition von Selbstbild und Rolle als Bürger viel weniger entscheidend. Sie mußten sich daran gewöhnen, vielfältige Rollen zu spielen, rasche Veränderungen, die Brüche und Diskontinuitäten dessen zu verkraften, was wir Postmodernität nennen.

Beobachter der politischen Verhältnisse in Deutschland tendieren dazu, das Problem enger zu fassen, wenn sie von »innerer Einheit« sprechen: Sie sprechen nicht von vollständiger Assimilation der Kulturen. Viele Studien haben politische Einstellungen in Deutschland West und Deutschland Ost verfolgt, und einige der Sozialforscher sind zu der Auffassung gelangt, daß die politische Mentalität in Ost und West aktuell dazu tendiert, sich auseinanderzuentwickeln.[1]* Zeithistoriker hatten immer schon das Gefühl, daß Umfragen das am schwersten zu handhabende Instrument der Sozialwissenschaft sind. Was soll man auch mit Fragen dieser Art anfangen: Glauben Sie, daß die Art der Demokratie, die wir in Deutschland haben, die beste politische Ordnung ist, oder gibt es Ihrer Meinung nach eine bessere? Geht man einmal davon aus, daß Menschen aus der ehemaligen DDR dem Modell der Demokratie, in das sie integriert wurden, gegenüber wahrscheinlich größere Skepsis zeigen werden als Menschen aus der alten BRD, so kann man generelle Skepsis gegenüber der real praktizierten Demokratie nicht als Demokratiefeindlichkeit ansehen – schließlich ist Skepsis, in einem Zeitalter der leeren Kurzstatements fürs Fernsehen, der Kampagnen ohne Inhalte, der politischen Paralyse, ein durchaus verständliches Gefühl. Mit Demokratiefeindschaft hat das nichts zu tun. Die Vorstellung, die ich am Ende von Kapitel Sechs ausbreite, nämlich daß die Ostdeutschen ihre Landsleute aus dem Westen in eine neue Epoche der Verunsicherung geführt haben, scheint mir auch jetzt noch eine gültige Diagnose diskrepanter Resultate zu sein. Die Menschen aus der DDR wollen nicht zurück; aber niemand von uns weiß eigentlich genau, wie es denn

---

* Die Anmerkungen befinden sich am Ende des Bandes ab Seite 511.

weitergehen könnte. Es kann durchaus dazu kommen, daß das Ergebnis der jüngsten Wahlen zu positiveren Einstellungen gegenüber dem politischen System in Deutschland führen wird, nicht, weil die rot-grüne Regierung die Probleme von Arbeitslosigkeit, Staatsbürgerschaft und Wohlfahrtsstaat lösen wird – ob das gelingt, wird sich noch zeigen müssen –, sondern weil mit dem Wahlausgang greifbar wurde, daß das System nicht erstarrt und auf alle Zeiten zum »Reformstau« verdammt ist. Auch demographische Veränderungen werden etwas bewirken: Ostdeutsche, die 1989 zu jung waren, um sich mit Politik zu befassen, werden nun volljährig. Ich habe schon einige E-Mails ostdeutscher Studenten erhalten, die dankbar dafür sind, daß ich eine Geschichte festgehalten habe, an der sie, weil sie damals noch zu jung waren, nicht wirklich teilhaben konnten. Für sie, und noch mehr für die noch jüngeren, hätte die DDR ebensogut das Kaiserreich sein können. Auf der anderen Seite stehen die Erwachsenen, für die die DDR noch immer eine bestimmte nostalgische Aura hat – wie ein schwacher roter Glanz am westlichen Horizont, nachdem die Sonne selbst längst untergegangen ist –, kurz vor dem Rentenalter.

Zurück zu den Bundestagswahlen. Deren Ergebnis zeigt beides, nämlich Grenzen und Verdienste der Einheit. Die PDS, die im ehemaligen Staatsgebiet der DDR 19,5 Prozent der Stimmen erhalten hat – fast das Doppelte ihres Ergebnisses von 1990 –, hat ihren Wandel von einer ex-kommunistischen Partei zu einer munteren Stimme der ostdeutschen Sonderidentität glaubhaft machen können. In anderer Hinsicht jedoch legen die Ergebnisse nahe, daß die besonderen Nöte der neuen Bundesländer nicht länger zur Debatte standen. Im Dezember 1990 und im Oktober 1994 hat die CDU ganz unerwartet den Sieg in den Arbeiter-Hochburgen errungen, die nach Tradition und Milieu doch eigentlich SPD-Domänen hätten sein müssen. Diese überraschenden Einbrüche sind im September 1998 zurückgenommen worden, denn der Stimmenanteil der CDU sank von 38,5 Prozent im Jahr 1994 auf 27,6 Prozent in den neuen Bundesländern insgesamt, von 48,0 Prozent auf 32,7 Prozent allein in Sachsen. Sind die Wähler in den neuen Bundesländern zurückgekehrt zu etwas, das man als deren normales Profil bezeichnen könnte, oder haben sie, desillusioniert und enttäuscht über fortdauernde Arbeitslosigkeit und ausbleibenden Aufschwung Ost, nur den Kanzler abgestraft? Wie auch immer, die Wahlergebnisse direkt nach der Vereinigung muß man wohl als außergewöhnlich bezeichnen. Am Tag nach den Wahlen von 1998 zogen die Wahlanalysten verschiedene Schlüsse. Die eher linksorientierten betonten die Unzufriedenheit mit Reformstau und der Unfähigkeit der CDU, Reformen in Gang zu bringen, die Wirtschaft anzukurbeln und eine Wende am Arbeitsmarkt herbeizuführen. Eher konservative Kommentatoren führten die Niederlage auf die Überzeugung zurück, daß der Kanzler gehen müsse. Welche Lesart auch zutreffen mag: Die Wahlen haben gezeigt, daß die Politik die Ära der Wiedervereinigung verlassen hat. Der führende Politiker, der die Einheit ausgehandelt hatte, konnte bei den Wählern aus dieser seiner Leistung keine residuale Sympathie mehr ziehen. Aus den wirtschaftlichen und kulturellen Unterschieden zwischen dem Westen und dem Osten Deutschlands ergab sich kein einheitlich nationales Wahlthema. Die Arbeitslosigkeit wurde als gesamtdeutsches Problem diskutiert, ihre Ursachen wurden in Begriffen von Lohnnebenkosten und Steuerpolitik beschrieben. Die Wähler in den neuen Bundesländern zeigten keine besondere Unterstützung und Sympathie für die populistischen und ausländerfeindlichen Slogans der rechtsradikalen Parteien. Es war also eine ganz normale Wahl, überraschend in ihrem erdrutschartigen Ausgang, aber nicht geprägt von den Besonderheiten eines unzureichend geeinten Landes. Natürlich zeigen viele Deutsche noch immer Abneigung, wenn sie die Nachfolger der ehemaligen Partei der Diktatur in Koalitionen eingebunden sehen, aber damit kann eine moderne Demokratie fertig werden. Die Nachfolger der polnischen Kommunisten, die Solidarność unterdrückt haben, und auch die Nachfolger der ungarischen Kommunisten waren beide bereits an der Regierung. Bei allem Opportunismus, diese Parteien gaben legitimen Besorgnissen Ausdruck: Sie sprachen für die weniger Erfolgreichen und für alle, die sich von den Kriterien, nach denen in den hektischen Marktgesellschaften Erfolg gemessen wird, moralisch abgestoßen fühlen. Mag sein, daß diese Parteien falsche Heilmittel anbieten, aber sie sammeln Stimmen nicht vor allem als Advokaten kommunistischer Restauration, sondern als Kritiker des aus dem Ruder laufenden globalen Wettbewerbs und der neuen Unsicherheiten des alltäglichen Lebens.

Auch an anderen Entwicklungen zeigen sich diese Verschiebungen in der politischen Tagesordnung. Die großen Debatten und der Ärger vom Anfang der neunziger Jahre drehten sich um die Stasi, um Verrat, Komplizenschaft und Denunziation, wie sie das Regime organisiert hatte. Die Rolle des MfS prägte den großen politischen Schwenk zu Beginn der neunziger Jahre, als alle Versuche, die DDR als unabhängigen Staat zu erhalten, scheiterten und die Modrow-Regierung, die versucht hatte, in der Stasi-Angelegenheit auf Zeit zu spielen, in die Krise geriet (siehe dazu Kapitel Fünf). Die fortwährenden Enthülllungen waren das alles beherrschende politische Thema der Nachwendezeit, sei es in den Auseinandersetzungen über die Rolle der Intellektuellen oder des Ministerpräsidenten Stolpe, sei es ganz allgemein die Fülle ständig neuer Details und Namen, die ans Licht kamen. Auch mein erster Blick auf die DDR war, wie in Kapitel Eins dargestellt, stark beeinflußt von den Fragen des Betrugs und des Informantenwesens, die das ganze System so weitgehend überschattet hatten. Aber auch diese Präokkupation ließ nach. Die Gauck-Behörde bot einen institutionellen Rahmen für geregelte Auseinandersetzungen; Anklagen wegen Betrug und Verrat wurden rasch an die Öffentlichkeit gebracht. Aber – um hier die Sprache der südafrikanischen Kommission zu verwenden, die die größten Anstrengungen unternommen hat, um die Opfer zur Sprache kommen zu lassen und es möglich zu machen, daß auch die Täter wieder integriert werden – alle Bemühungen um »Wahrheit und Aussöhnung« können nicht anders als unvollkommen sein. Vielleicht muß sich die nächste Generation der »DDR-Kinder« der Stasi-Erbschaft noch einmal stellen, ähnlich wie die Verstrickungen in den Nationalsozialismus Ende der sechziger Jahre und dann noch einmal in den letzten zehn Jahren durchgearbeitet wurden. Das Gift der Willkürherrschaft und, in noch größerem Maß, das Gift des Betrugs sind nicht mit einem Aderlaß aus dem politischen Körper zu schwemmen; wie Malariafieber wird es verschleppt und kann immer wieder ausbrechen. Wir werden wahrscheinlich neue Wellen von Enthüllungen und Debatten erleben. Aber die Gesellschaft hat einen beeindruckenden Anfang mit beachtlichen Erfolgen gemacht.

Die förmlichen Verfahren jedoch hatten weniger zufriedenstellende Ergebnisse. Seit ich die Materialsammlung für mein Buch abgeschlossen habe, wurden auch Heinz Keßler, Egon Krenz und Günter Schabowski vor Gericht gestellt. Alle wurden sie schuldig gesprochen für ihr Mitwirken an den Schießbefehlen für Grenzsoldaten oder an der Manipulation der Wahlergebnisse. Aber die Urteile der ersten Instanzen bieten Grund für eine endlose Reihe von Revisionsprozessen. Diese Verfahren entwickeln eine legalistische Schwerkraft, aber sie behalten auch immer den Ruch von Rachsucht und Engstirnigkeit, ganz gleich wie idealistisch und bemüht die Staatsanwaltschaft arbeitet. Selbst wenn diese Prozesse die ehemaligen DDR-Bürger nicht verletzt haben dürften, so haben sie doch in keinerlei Hinsicht zu öffentlicher Aufklärung und zu einer Katharsis beigetragen. Wenn die Verantwortung für Gewalt und für die Fehler der Justiz unter einem abgelösten Regime stets kollektiv und indirekt ist, dann wird sich ein Gerichtsverfahren immer als stumpfes Instrument erweisen. Das überzeugendste Argument dafür, an einer gerichtlichen Verfolgung festzuhalten, war noch, daß alles andere zu juristischen Widersprüchen geführt hätte – eben dazu, daß man die kleinen Befehlsempfänger bestraft und die Großen laufenläßt. Man kann, so zumindest sehe ich das, eigentlich nur bedauern, daß die Verhandlungen über die deutsche Vereinigung keinen Raum dafür geschaffen haben, eine Wahrheits- und Aussöhnungskommission wie in Südafrika einzusetzen, die öffentliche Geständnisse und Reue hätte mit Amnestie beantworten können. Zwar hat sich auch diese Institution als unvollkommen erwiesen, weil nun einige, die sich tatsächlich mörderischer Verbrechen schuldig gemacht haben, ungeschoren davonkamen. Dennoch, für Regime, die ihren institutionalisierten Zwang nicht mit mörderischer Gewalt durchgesetzt haben, was für die DDR zumindest in ihrer Spätphase zutrifft, hätte eine Wahrheits- und Aussöhnungskommission Überdruß und Zynismus mildern können. Die Enquetekommission des Bundestages erfüllte schließlich einen eher didaktischen Zweck; sie hat erklärt, wie ein repressives System gearbeitet hat, sich aber damit zurückgehalten, die Rollen einzelner zu beschreiben.

Welcher Grad »innerer Einheit« läßt sich für die nächste Zeit realistischerweise erwarten? Bis eine neue Generation erwachsen wird, muß man wohl davon ausgehen, daß es weniger zu einer völligen Verschmelzung, eher schon zu einer inneren und geschlossenen Diaspora kommen wird. Die Fortdauer eines »Ost-Bewußtseins« innerhalb der größer gewordenen Bundesrepublik ist der Diaspora von Menschen oder einer Gruppe in einer größeren Gesellschaft gar nicht so unähnlich. Politiker scheuen sich, regionale Differenzen zu betonen, um die Ost-West-Trennung nicht zu verfestigen. Aber die Unterschiede resultieren weniger aus dem Erbe eines autoritären Regimes denn aus den Grundbefindlichkeiten in einem »fordistischen« Wohlfahrtsstaat, der sich mit der Mobilität und den Unsicherheiten des fortgeschrittenen Kapitalismus konfrontiert sieht und unter dem Druck der neuen Belastungen durch die Globalisierung steht. Die Vereinigung erschien zum Teil auch deshalb so gewaltsam und unvollkommen, weil es keinen festen Zustand gab, auf den sich die DDR einfach hätte einlassen können. Beide Seiten, Westdeutsche und Ostdeutsche, haben in den letzten zehn Jahren erlebt, wie der vertraute Boden einer wohlgeordneten Gesellschaft unter ihren Füßen ins Wanken kam. Alle mußten sich die Frage stellen, ob die Erhaltung ihres vielgepriesenen Wohlfahrtskapitalismus nicht viel zu kostspielig sein würde; hatten sich mit der sehr kniffligen Frage des politischen Asyls herumzuschlagen; mußten ihren Widerwillen besiegen, sich an internationalen militärischen Operationen zu beteiligen, um in mörderischen Konfliktzonen weit entfernt vom eigenen Land den Frieden zu erzwingen; und sind an einen Punkt gekommen, an dem sie sich entschließen müßten, ihre enggefaßten Vorstellungen von Staatsbürgerschaft und nationaler Zugehörigkeit zu erweitern. Die Ost-West-Malaise addiert sich dann zu den gesamtdeutschen Unsicherheiten und Verunsicherungen, weil man nicht weiß, wie man sich angesichts der kaum zu überblickenden offenen Fragen am Ende dieses Jahrhunderts verhalten soll.

Zehn Jahre ist es her, daß die DDR in sich zusammengesunken ist. Und das vereinte Deutschland muß sich den aktuellen Entwicklungen auf postheroische Weise stellen. Die Gefühle der Unzufriedenheit selbst zeugen von dem, was in nationaler Hinsicht bereits geschehen ist. Der Zweck einer heroischen Aktion, der Mobilisierung der Massen und des Eingreifens in den Gang der historischen Ereignisse, kann weder im Guten noch im Schlechten darin bestehen, den außergewöhnlichen Augenblick, die *grande journée* zu verlängern. Wer dabei war, der wird diese öffentlichen und gemeinschaftlichen Augenblicke später als Höhepunkte seines Lebens erinnern. Und wer dann zurückkehrt zum Alltag politischer Kuhhändel, zum Alltag des Geldverdienens und des Familie-Ernährens, erlebt das leicht als Niedergang und Verlust. Doch die Rolle, die solche hochgradig aufgeladenen Tage wie die im Herbst 1989 für die Geschichte spielen, besteht genau darin, einen neuen Rahmen zu schaffen, innerhalb dessen gewöhnliche Bürger ihr Leben postheroisch und unter Bedingungen größerer Freiheit, Autonomie und Wohlfahrt leben können. Wir können die Erregung eines Montagabends in Leipzig nicht konservieren; der Alltag mußte wieder einkehren. Immerhin tut er dies unter veränderten Institutionen, die mehr Freiheit, Demokratie und Chancen eröffnen.

In den zweieinhalb Jahren, die seit meinen Vorarbeiten zu diesem Buch vergangen sind, haben wissenschaftliche Veröffentlichungen zu den hier berührten Themen kontinuierlich und rasch zugenommen. Ich habe an meinem ursprünglichen Text nichts geändert, nur einige Fehler der amerikanischen Fassung korrigiert, auf die ich hingewiesen worden bin. Ich habe nicht den Versuch unternommen, neue Funde und Quellen einzuarbeiten, von denen die meisten, da bin ich mir sicher, zwar meine Belege vermehren, aber an der grundsätzlichen Linie meiner Darstellung und meiner Urteile nichts ändern würden. Gleichwohl ist es angebracht, hier ein paar der Quellen anzugeben, die ich nicht zu Rate ziehen konnte. Werner Weidenfeld war Initiator der vierbändigen *Geschichte der deutschen Einheit* (Stuttgart: Deutsche Verlags-Anstalt 1998), die folgende Bände umfaßt: Karl-Rudolf Korte, *Deutschlandpolitik in Helmut Kohls Kanzlerschaft*, Dieter Grosser, *Das Wagnis der Währung, Wirtschaft und Sozialunion*, Wolfgang Jäger, *Die Überwindung der Teilung*, und Werner Weidenfeld, *Außenpolitik für die deutsche Einheit*. Zur DDR selbst sind zwei bemerkenswerte Bücher erschienen: Klaus Schroeder (unter Mitarbeit von Steffen Alisch), *Der SED-Staat: Partei, Staat und Gesellschaft 1949–1990* (München: Hanser 1998), und Stefan Wolle, *Die heile Welt der Diktatur: Alltag und Herrschaft in der DDR 1971–1989* (Berlin: Ch. Links 1998). Zu den internationalen Beziehungen, siehe: *Deutsche Einheit. Sonderedition aus den Akten des Bundeskanzleramts 1989/90*, in: *Dokumente zur Deutschlandpolitik*, bearbeitet von Hanns Jürgen Kösters und Daniel Hofmann (München: R. Oldenbourg Verlag 1998). Außerdem Anne Sa'adah, *Germany's Second Chance. Trust, Democracy and Democratization* (Cambridge/Mass.: Harvard University Press 1998); die Autorin stellt die Dilemmata nach der Vereinigung in einen komparativen Zusammenhang. Viele weitere Untersuchungen könnte ich an dieser Stelle erwähnen. Ich habe auch weiteren persönlichen Dank abzustatten; hier wenigstens einige Namen: Andrew Port, der gerade seine Dissertation über die Geschichte der Industriestadt Saalfeld/Thüringen in der Ulbricht-Ära abschließt, half mir, die Originalzitate zu verifizieren. Helga Welsh – Professorin von der Wake Forest University, zusammen mit M. Donald Hancock Herausgeberin von *German Unification. Process and Outcomes* (Boulder: Westview Press 1994) – hielt mich über politikwissenschaftliche Studien auf dem laufenden, stellte mir auch ihre eigenen Arbeitspapiere zur Verfügung. Natürlich gehen Fehler, die stehenblieben, auf meine Rechnung. Peter Sillem vom S. Fischer Verlag war ein wunderbar anregender Lektor.

Ich habe einer Kollegin, der das Buch – entgegen ihrer Erwartung – gefallen hat, geschrieben, daß mir die DDR nun fehle – nicht die tatsächliche DDR, die ihr Verschwinden verdient hat und der ich auch nicht hinterhertrauere, nein, ich meinte das nun verschwundene Objekt meiner Geschichte und meiner Forschungen. Aber warum soll es Historikern anders gehen als ihren Protagonisten, seien dies nun Kollektive oder Individuen: Alle müssen wir lernen, unseren Weg weiterzugehen.

Charles S. Maier
9. November 1998

Vorwort

Dieses Buch handelt von einem der großen Umbrüche unseres Jahrhunderts, nämlich vom plötzlichen und unerwarteten Ende des Kommunismus als Herrschaftssystem. Als die Ereignisse, über die hier zu berichten ist, sich zu überschlagen begannen, wurde die Zweihundertjahrfeier der Französischen Revolution begangen. Und was Tocqueville über 1789 schrieb, gilt auch für 1989: Kaum eine Umwälzung kam derart unerwartet. Allerdings können wir von den Ereignissen 1989 nicht so sicher wie Tocqueville behaupten, sie seien unvermeidlich gewesen. Nicht, weil dies unzutreffend wäre, sondern weil Historiker bestenfalls den Forschungsstand zu dieser Frage (Was genau war unvermeidlich? Ab welchem Zeitpunkt?) umreißen, sie aber nicht endgültig lösen können. Selbstverständlich lassen sich im Rückblick gewichtige Gründe angeben, die für eine radikale Umgestaltung des Staatssozialismus sprachen. Aber wie weitgehend er sich auflösen, in welchem Prozeß er umgewandelt werden sollte, das war nicht vorherbestimmt.

Daß so etwas nicht vorhersehbar ist, trifft mit Sicherheit auf die Deutsche Demokratische Republik zu. Ende der achtziger Jahre sprachen viele Beobachter gerade im Hinblick auf die DDR von einer »Erfolgsgeschichte« des Kommunismus. Als jedoch der Prozeß der Perestroika in der Sowjetunion einmal in Gang gesetzt war, schien es kaum mehr möglich, daß die DDR als stramm marxistisch-leninistisch geführter Staat funktionstüchtig bleiben würde. Gleichwohl hätte sich der Zusammenbruch dieses Staates auch weniger spektakulär vollziehen können; durchaus denkbar wäre gewesen, daß er als reformierter Bestandteil eines deutschen Staatenbundes zumindest eine Zeitlang am Leben geblieben wäre. Damit möchte ich nicht sagen, dies sei wünschenswert gewesen, sondern nur, daß wir im Rückblick auf die überraschenden Ereignisse der Jahre 1989/90 allenfalls gewichtige Gründe für die Auflösung des deutschen Kommunismus angeben können, aber keinen zwingenden Grund dafür, daß das vereinigte Deutschland in seiner heutigen Form hat entstehen müssen, und gewiß nicht für die Geschwindigkeit, mit der es entstand.

Dieses Buch berichtet also nicht nur darüber, wie ein Regierungssystem zerfallen ist, sondern auch darüber, wie ein bestimmter kommunistischer Staat sich auflöste. So wie die Berliner Mauer ist heute auch die Deutsche Demokratische Republik verschwunden. Es fällt immer schwerer, ihre Spuren zu erkennen. Für den Reisenden hat sich die Betonmauer mit ihren Graffiti, haben sich Wachtürme, Todesstreifen und Übergänge, die die Grenze zur sozialistischen Welt markierten, in einen kaum noch sichtbaren Grasstreifen unter der quietschenden Berliner S-Bahn oder entlang den Spreebögen verwandelt. Bald wird auch das noch unter einer Neubebauung verschwunden sein. Noch immer sind die Nebenstraßen der Provinzstädte heruntergekommen, Fabriken haben dichtgemacht, russische Kasernen liegen leer und verlassen, und die Häuserblocks, die in den letzten vier Jahrzehnten gebaut worden sind, machen den noch immer gleich trostlosen Eindruck. Doch schon säumen Läden für Elektrogeräte und Cafés die Dorfstraßen, und entlang der Autobahn in Sachsen lassen sich ausgedehnte, neu entstandene Einkaufszentren erkennen. Backsteinkirchen in der Altmark und in Mecklenburg, Fachwerkhäuser in Görlitz oder Tangermünde, neoklassizistische Villen und selbst einige der ausgebombten Synagogen – das architektonische Vermächtnis vergangener Jahrhunderte taucht hier und da wieder auf, authentisch wiederbelebt im Traumland eines erwartungsvollen Tourismus. »Die DDR: Deutschlands Disneyland«: das las ich auf eine Mauer gekritzelt. Man muß die Geschichte des jüngstvergangenen Gestern jetzt sofort schreiben: bevor mit ihrer Bewahrung die weiter zurückliegende Vergangenheit den Blick bestimmt.

Ich möchte die Krise des Kommunismus darstellen und vom Ende Ostdeutschlands erzählen. Um diese beiden Hauptziele meines Vorhabens zu erreichen, waren zwei ganz unterschiedliche historiographische Aufgaben zu erfüllen. Zunächst wollte ich nur die Zuspitzung eines historischen Umbruchs nachzeichnen. Der Volksaufstand gegen das Regime, das die Menschen so lange unterdrückt hatte, war ein Ereignis, das zu Herzen ging. Ich sehe das heute nicht anders als damals. Die Akteure, die 1989 Geschichte machten, verdienen eine Darstellung, welche die Energien, Hoffnungen und Ängste, wie sie damals im Spiel waren, einfängt. Ob ich dieser Aufgabe eines Chronisten gewachsen bin, muß der Leser entscheiden, zumindest hatte ich sie beim Schreiben stets im Blick. Gleichzeitig mußte ich, um den Zusammenbruch des Kommunismus nachzuzeichnen – die sicherlich folgenreichste politische Entwicklung in Europa seit dem Ende des Zweiten Weltkriegs –, Elemente analysieren, die dem Sowjetblock als Ganzem eigen waren; dazu zähle ich die systemimmanente ökonomische Krise, den Prozeß, in dem die Herrschenden das Vertrauen in ihr Projekt verloren, den kurzen Höhepunkt der »Forum-Demokratie« und den Hintergrund der internationalen Diplomatie. Obwohl ich keine systematisch-komparatistische Arbeit vorlege, hoffe ich, daß meine Leser sich ermutigt fühlen, die ehemaligen kommunistischen Länder als Gruppe zu betrachten. Und vielleicht wirft meine Arbeit auch einige Schlaglichter darauf, wie westliche Gesellschaften im Vergleich zu osteuropäischen funktionieren.

Im Mittelpunkt jedoch steht mein Versuch zu beschreiben, wie eine ganz bestimmte Gesellschaft mit einer komplizierten Geschichte verschwunden ist: eine kleine, reglementierte, offenbar äußerst arbeitsame Gesellschaft, eine von zwei Erben eines reichen, aber in vielem auch bedrückenden kulturellen Vermächtnisses. Ich mußte die verschwundene DDR mit fast archäologischen Methoden wieder ausgraben. In vielerlei Hinsicht war dieser kleine Staat repressiv, aufgebaut auf öffentlicher Selbst-Beweihräucherung und einer alles durchdringenden staatlichen Kontrolle. Seit den frühen sechziger Jahren bin ich immer wieder dort gewesen, es war eine jedesmal wieder ernüchternde und traurige Erfahrung. An den Grenzen wurde man grob behandelt und schikaniert, da war dieser anmaßende und überhebliche Sicherheitsapparat, diese erschrekkende Liebe zu leeren asphaltierten Plätzen, die Angst als bewußt eingesetztes Mittel der Herrschaft, dieses unentwegte Hochjubeln mittelmäßiger Errungenschaften sowohl des eigenen Landes wie auch gleichgesinnter autoritärer Regime anderswo, die ebenso unentwegte Verteufelung des Westens als militaristisch und revanchistisch. Gleichzeitig jedoch versuchten einige Menschen in bester Absicht, ihr ostdeutsches Vaterland aufzubauen. Sie verbanden seine Existenz mit einigen weitgespannten, wenn auch möglicherweise deformierten Zielen. Es kostet nicht viel zu sagen, diese hätten sich als falsch erwiesen. Es kommt darauf an zu verstehen, warum diese Menschen ihre Kraft in diese Aufgabe setzten. Trotz aller Loyalität und all der Lebensgeschichten, die sich in vierzig Nachkriegsjahren angesammelt haben, blieb immer etwas schwer Faßbares an der DDR. Zu Beginn der sechziger Jahre versuchte der heimatlose Schriftsteller Uwe Johnson in seinem Roman *Das dritte Buch über Achim* sich mit seinem gottverlassenen Heimatland auseinanderzusetzen. Achim, Athlet und Held der DDR, erweist sich als einer, der erstaunlich wenig Eigenes hat. Achim ist nicht Herr seiner selbst, vielmehr ein Geschöpf seiner sozialistischen Gesellschaft, ist von angenehmen Umgangsformen und doch eine gespenstische Erscheinung. Die Personen seien erfunden, räumt Johnson ein, die Ereignisse bezögen sich nicht auf tatsächlich Vorgefallenes, sondern auf die Grenzlinie, auf den Unterschied, die Ferne; es sei ein Versuch, diese zu beschreiben. Die Ereignisse, die in der vorliegenden Chronik analysiert werden, sind nicht erfunden, aber auch mein Buch bezieht sich auf die Grenze, auf den Unterschied, die Ferne und ist ebenfalls ein Versuch, sie zu beschreiben. Ich möchte eine Gesellschaft, ein Land darstellen, deren öffentliche Institutionen allesamt verschwunden sind, während dessen Einwohner ihr individuelles Leben fortführen.

Kollegen aus Deutschland und aus Amerika, die vertraut sind mit den zahlreichen Monographien über das Ende der DDR, über kommunistische Gesellschaften und die Ineffizienz des sozialistischen Wirtschaftssystems, über demokratische Umbrüche und intellektuelle Dissidenten, haben mich oft gefragt, mit welcher neuen These, durch welchen neuen Gesichtspunkt sich mein Beitrag davon abheben würde. Ich kam mir einigermaßen naiv vor, als ich zugeben mußte, mir komme es eher darauf an, eine zusammenfassende Chronik zu schreiben, als darauf, einen eigenen neuen Zugang zu suchen. Freilich beinhalten meine erzählenden Kapitel auch neue Argumentationslinien. Im ersten versuche ich, die sehr komplexen Fragen nach Legitimität und Einverständnis mit diesem System in ein neues Licht zu rücken. Auch möchte ich die Sphären des Privaten und des Öffentlichen in der späten Phase des Kommunismus näher beleuchten. Im zweiten Kapitel rekonstruiere ich die ökonomischen Probleme des Kommunismus und komme mit meiner Rekonstruktion zu teilweise anderen Ergebnissen als Autoren vor mir. Im dritten Kapitel analysiere ich widerstreitende Diskurse des Protests entlang von Argumentationslinien, die ich so anderswo noch nicht gefunden habe. Und überall in meiner Arbeit komme ich immer wieder auf meine Hauptthese zu sprechen: Die Menschen in der DDR haben, als sie begannen, gemeinsam zu agieren, einen entscheidenden Einfluß auf ihre eigene Geschichte gewonnen. Und dies ist ihnen gelungen, obwohl doch zuvor kaum Opposition und abweichende Meinungen laut wurden.

Westdeutsche Kollegen haben von einer »Implosion« Ostdeutschlands gesprochen, so als habe eine abgenutzte Maschine schließlich den Dienst aufgegeben. Einige von ihnen, die geglaubt hatten, die Teilung ihres Landes könne niemals überwunden werden, erklären nun, warum die Auflösung der DDR so folgerichtig und sogar unvermeidlich war. Ich hoffe, mit meiner Arbeit aufzeigen zu können, daß es das gemeinsame Agieren der Menschen aus der DDR war, das den Einigungsprozeß – ganz gleich wie zögerlich dieser am Anfang betrieben wurde und mit wie vielen Zweifeln er später belastet war – an jedem kritischen Punkt vorangetrieben beziehungsweise neue Initiativen ermöglicht hat. Ich unterstelle kein Heldentum, aber ich unterstreiche die Tatkraft. Vor 1989 waren die Ostdeutschen nicht gerade bekannt für Nonkonformismus oder Widerstand, und seit der Wiedervereinigung entstand bei manchen etwas, was selbst sympathisierende Westdeutsche als erschreckende Unterwürfigkeit bezeichnet haben: das Gefühl, sie müßten kolonisiert werden. Ich möchte die großen Demonstrationen von 1989 nicht romantisieren. Und ich will auch nicht behaupten, daß zeitweiliges kollektives Agieren auf einen kohärenten kollektiven Akteur schließen läßt. Michelets Konzept des *peuple* bleibt zu romantisierend für meine Vorstellung von *Volk*. Aber den ostdeutschen Protestierern ist es wiederholt gelungen, gegen den Willen ihres Regimes öffentlichen Raum zu behaupten und damit eine Regierungskrise zu provozieren und größere Kräfte um sie herum in Bewegung zu setzen. Staaten und organisierte Interessengruppen sind nicht die einzigen Akteure, die zählen. Ort der entscheidenden Konfrontationen waren Häuserblocks und Stadtviertel.

Weil ein offensichtlich autoritäres und unflexibles System in Osteuropa mit so großer Schnelligkeit zusammenbrach, haben die Ereignisse, die in diesem Buch behandelt werden, viele Sozialwissenschaftler und Historiker – um es sehr direkt zu formulieren – aus der Fassung gebracht. Einigen bewiesen die überraschenden Geschehnisse von 1989, daß Geschichte durch Ereignisse und Brüche charakterisiert sei (dem Stoff von Fernand Braudels *histoire événementielle*), entsprechend seien soziopolitische Trends oder »Strukturen« (die eigenwilligen Muster, die in Braudels *longue durée* erhalten bleiben) illusionär. Eine zu hastige Schlußfolgerung. Wie Fraktale enthüllen historische Abläufe auf jeder Ebene der Beobachtung sowohl wiederkehrende Muster als auch unendliche Diskontinuitäten. Historiker, die ihr Augenmerk darauf richten, betonen in der Regel die Elemente der Wahl, der Spontaneität und – höchst problematisch – der Zufälligkeit. Andere gehen davon aus, daß man, um den Ereignissen, oder auch nur der Art, wie die Akteure die Ereignisse wahrnehmen, einen Sinn abzugewinnen, den lange währenden gesellschaftlichen Druck aufdecken müsse, der kaum von einem Individuum oder gar von einem kollektiven Willen abhänge. Mit meiner Arbeit versuche ich, beide Annäherungen an den historischen Prozeß zu verbinden.

Man kann die Spontaneität von kollektiven Aktionen wie den Massenprotesten in Leipzig und Berlin herausstreichen. Noch ermutigender ist, daß auch der Wille der Akteure, nach Überzeugungen und Werten zu handeln, die lange unter staatlicher Sanktion standen, gewürdigt werden kann. Das Jahr 1989 hat den Glauben der Historiker daran, daß es Handlungsalternativen gibt, wiederbelebt, damit auch den Glauben an Engagement, Aktion und Ereignis. Politische Aktion muß dennoch zugleich als Resultat eines kontinuierlichen Drucks verstanden werden. Die kontinuierlichen Faktoren – ökonomische Sackgassen, Korruption und Privilegien, der Vertrauensverlust unter der herrschenden Elite – zu analysieren heißt aber nicht, daß man die strategischen Eingriffe von Individuen oder den dramatischen Einfluß »spontaner« Massendemonstrationen verleugnen muß. Vielmehr lassen sich die Ereignisse von 1989 so verstehen (und dies nicht nur in einem trivial tautologischen Sinn), daß politische Aktion in sich selbst zunächst sehr anziehend wirkt, daß sie wohl aber nur dann zu Erfolg führen kann, wenn lang bestehende Umstände dies gestatten. Umgekehrt zeigen dieselben Ereignisse, daß politische Aktivität, zumindest wenn sie mit Zähigkeit und Ausdauer betrieben wird, die historisch bestimmende Umgebung zu formen hilft, die ihrem eigenen Erfolg im Weg steht. Das Jahr 1989 bestätigt, daß sich historische Analyse permanent darauf stützen muß, diese Wechselwirkung herauszuarbeiten.

Die dramatischen Ereignisse von 1989 hatten auf viele von uns eine befreiende Wirkung. Das jedoch erlöste den Historiker nicht von der Notwendigkeit, das Netz der Institutionen vorzustellen, das die Handlungsalternativen strukturierte. Die *longue* oder *moyenne durée*, in der der Nachkriegskommunismus angesiedelt war, mußte einer neuen Betrachtung unterzogen werden, wurde aber als Kategorie historischer Erklärung nicht einfach überflüssig. Ich habe versucht, dieses Buch so aufzubauen, daß klar wird, wie lange anhaltender Druck auf der einen und die bewußte Entscheidung auf der anderen Seite in eine bestimmte Wechselwirkung traten: Die Ereignissse von 1989 zeigen zwingend den Einfluß beider. Natürlich treffen Menschen mit jeder Handlung eine Entscheidung. Auch die Bürger der DDR haben, als sie die Bedingungen, unter denen sie lebten, vor 1989 nicht hinterfragt haben, eine Entscheidung getroffen. Aber wir Beobachter hatten 1989 das Privileg mitzuerleben, wie diese Menschen für Selbstbestimmung und gegen weiteres Stillhalten eintraten und damit eine neue und unerwartete Entscheidung getroffen haben. Für mich, der ich als Historiker des 20. Jahrhunderts oft mit Repressionen befaßt war, die schließlich zur Unterwerfung führten, war es erhebend, sich dieses Mal mit einer Entscheidung für die Freiheit beschäftigen zu dürfen.

Als ich im Winter 1989/90 mit diesem Projekt begonnen habe, war ich unsicher, ob eine solche Historiographie überhaupt möglich sein würde, wo doch die Ereignisse noch nichts von ihrem Schwung eingebüßt hatten. Ich habe die Herausforderung angenommen, weil wir Historiker nicht eben oft die Möglichkeit haben, einen rapiden Übergang von einem Regime zu einem anderen, von einer internationalen Lage zu einer anderen, als Zeitzeuge zu begleiten. Für jemanden, der den Kalten Krieg verfolgt, der über fast drei Jahrzehnte die internationalen Beziehungen, die Volkswirtschaften Europas und die Entwicklung Deutschlands mit professionellem Interesse beobachtet hat, wäre es ein doch sehr großer Verzicht gewesen, die Werkzeuge des Historikers in der Kiste liegen zu lassen. Vor allem, weil die Geschichte immer wieder neu geschrieben wird. Die Fragestellungen ändern sich mit der Arbeit der Historiker von Generation zu Generation. Auch die Quellenlage befindet sich konstant im Fluß. Ein immer größeres Feld von Zeugnissen öffnet sich, selbst wenn einige Dokumente (oder menschliche Erinnerungen) ausgelöscht werden. Kein Historiker erreicht je ein fest umrissenes Land. Es liegt in der Natur der Sache, daß geschriebene Geschichte provisorisch ist.

Trotz alledem ist die Historiographie in der Zwischenzeit etwas weniger provisorisch geworden. Ich bin überzeugt, daß eine ernsthafte, wenn nicht sogar umfassende Chronik der Umwälzungen in Deutschland möglich ist. Vor allem, da inzwischen die staatlichen und die Archive der herrschenden Partei – und zwar nicht nur die umstrittenen Stasiakten, sondern auch Mitschriften von politischen Debatten in Politbüro und Zentralkomitee, Vorschläge der Planungskommission und der Wirtschaftsbehörden sowie weitere aufschlußreiche Briefwechsel – einzusehen sind: für die Zeit bis zum Ende des Regimes in der DDR. Mit ihrem Druck haben die Bürgerbewegungen dafür gesorgt, daß die Dreißig-Jahre-Regel, die im allgemeinen den Zugang zu den meisten Regierungsdokumenten limitiert (auch für die Ministerien des früheren Westdeutschland)*, nicht gilt. (Das gilt nicht für die Aufzeichnungen des Außenministeriums der DDR, die vom Außenministerium des vereinigten Deutschland übernommen wurden.) Ich war unter den ersten Forschern, und in einigen Fällen sogar überhaupt unter den ersten, die sich durch diese Dokumente, die noch immer geordnet werden, hindurchgearbeitet hat.

---

* Ich verwende die Bezeichnungen DDR (Deutsche Demokratische Republik) und Ostdeutschland gleichberechtigt nebeneinander. (In Zitaten aus Originalquellen steht meist DDR.) »Die neuen Bundesländer« bezieht sich auf das frühere Ostdeutschland, das jetzt Teil des vereinten Deutschlands ist. Ich verwende »Westdeutschland« oder »Bundesrepublik« für die Bundesrepublik vor der Wiedervereinigung mit ihrer Hauptstadt Bonn. Und ich schreibe einfach »Deutschland« oder »vereinigtes Deutschland« – manchmal hört man jetzt auch die Bezeichnung »Berliner Republik« – für das vereinigte Deutschland, das offiziell die Bundesrepublik Deutschland bleibt. [Da die Bezeichnung »Ostdeutschland« in unserem Sprachbereich noch immer viele vom Kalten Krieg und auch von den Verwerfungen des Einigungsprozesses geprägte Konnotationen hat, haben wir in der Regel von der DDR gesprochen und auf den Terminus »Ostdeutschland« ebenso verzichtet wie auf das Pendant »Westdeutschland«. A. d. Ü.]

Viele Quellen sind inzwischen veröffentlicht worden. Mitglieder der Bürgerbewegungen und deren Nachfolgeorganisationen (eingeschlossen die sogenannte Gauck-Behörde, die die Aufzeichnungen des Ministeriums für Staatssicherheit auswertet und zugänglich macht) haben eine große Auswahl an Dokumenten veröffentlicht, darunter nicht nur die bekannten Berichte über individuelle Schicksale, sondern auch die Einschätzungen zur gesellschaftlichen und ökonomischen Lage, die routinemäßig ans Politbüro weitergereicht wurden. Hunderte von einzelnen Zeugenaussagen über die Ereignisse von Oktober und November 1989 wurden gesammelt und herausgegeben.

Auch meine persönlichen Beobachtungen sowie Gespräche während der Zeit des Übergangs sind in die Arbeit mit eingeflossen, selbst wenn dies ein gewisses Wagnis birgt. Einige Bürger der früheren DDR erinnerten sich mit schonungsloser Selbstkritik an ihre sozialistische Vergangenheit, andere mit beschämender Gleichgültigkeit, wieder andere waren verwirrt. Viele flüchteten sich in die Melancholie, die das Ende der DDR auslöste. Sie tendierten dazu, die Erfahrungen, die sie in der verschwundenen Republik gemacht hatten, mit bittersüßen Erinnerungen zu überzuckern. Sie konstruierten eine Geschichte, die in einigen Fällen der Nährboden für Nostalgie war. Ich wollte diese Melancholie beschreiben, ohne ihr zu verfallen. Das ist besonders darum wichtig, weil ich versucht habe, mich mit den schwierigen Folgen der Wiedervereinigung auseinanderzusetzen, für die das Gefühl der Melancholie eine ganz entscheidende Rolle spielte. Ebenso habe ich versucht, über bloße Subjektivität hinauszugelangen, indem ich die ökonomischen Prozesse, internationalen Veränderungen und politischen Interaktionen analysiere, die das alte System zerstört und so die Vereinigung möglich gemacht haben.

Seit Beginn meiner Arbeit habe ich von strategischer Hilfe profitiert. Besonders bei den Mitarbeitern des Goethe-Instituts in Boston stehe ich in großer Schuld: Ihnen habe ich zu verdanken, daß viel mehr Material zusammenkam, als ich während eines vollgepackten Universitätsjahres alleine hätte sammeln können. Außerdem konnte ich glücklicherweise ein fabelhaftes Team ehemaliger und derzeitiger Studenten um mich sammeln, die sich über den

Umbruch in der DDR auf dem laufenden hielten. Anjana Shrivastava, die inzwischen in Berlin lebt, half mir in einem frühen Stadium bei der Auswertung der Presseberichte. Catherine Epstein hat sich ein unglaubliches Wissen über das *Who was who* in der DDR angeeignet, und sie hat es mir zur Verfügung gestellt. Besonders aber habe ich von dem fortgesetzten Dialog mit meinem ehemaligen Studenten John Conelly profitiert, der heute an der Universität von Kalifornien in Berkely studiert: Er ließ mich an seinem außergewöhnlichen Wissen über die DDR im Vergleich zu Osteuropa teilhaben. Ich war sein akademischer Lehrer, aber oft genug hat sich unser Verhältnis umgekehrt. Zum Schluß hat mir vor allem David Meskill geholfen, die letzte Manuskriptversion zu überarbeiten, und Andrew Port hat unschätzbar viel zur Überprüfung der Korrekturfahnen beigetragen. [Er hat auch, durch Hilfe bei der Bereitstellung der Originalzitate und Quellen, die Übersetzung wesentlich gefördert. Dank der Übersetzer.]

In meiner akademischen Heimat, dem Minda De Gunzburg Center for European Studies in Cambridge, fand eine bemerkenswerte Reihe von Seminaren und Vorlesungen über Osteuropa und die Umbrüche in Deutschland statt, und ich habe vom Strom der Gäste profitiert. John Torpey, der 1992–93 als James C. Conant Postdoctoral Fellow im Center arbeitete, und Jeffrey Kopstein, der mit dem gleichen Stipendium 1995–96 bei uns war, haben anregende Forschungen über die DDR betrieben. Meine langjährigen Kollegen – vor allem Abby Collins, Guido Goldman und Stanley Hoffmann – haben mich immer wieder unterstützt. Das Program for the Study of Germany and Europe, auf Betreiben von Bundeskanzler Kohl und Werner Weidenfeld von der deutschen Regierung begründet, hat dem Center geholfen, Konferenzen über Themen des ökonomischen Umbaus, über die Rolle der Frauen und die Reform des Universitätssystems abzuhalten. Außerdem kam aus dieser Quelle auch das Geld für zwei Sommer-Forschungsreisen. Vom März 1990 an hatte ich die Möglichkeit, immer wieder West- und vor allem Ostdeutschland zu besuchen. Während der ersten Besuche im März, Juli und Dezember 1990 sowie im Frühjahr 1992 waren die Gespräche mit Akteuren und Akademikern besonders nützlich, nicht minder die Teilnahme an verschiedenen öffentlichen Zusammenkünften, wie etwa am vorletzten »Runden

Tisch« in Ostberlin (vermittelt durch die Hilfe des Fernsehkorrespondenten Michael Schmitz), an einem von der Kirche veranstalteten Abend mit Intellektuellen oder an einem Treffen zwischen führenden Kirchenleuten und Führungskräften der Wirtschaft. Viele Intellektuelle in Ostdeutschland, die das alte System kritisiert haben, fühlen sich mit dem, was danach entstanden ist, nicht recht wohl. Ich habe ihre Befürchtungen nicht bis ins letzte geteilt, ebensowenig wie dies die Wähler aus Ostdeutschland getan haben. Nichtsdestotrotz ist ihr intellektueller Beitrag wichtig, und ich habe versucht, auch ihre Zweifel in meine Darstellung einzubeziehen.

Von 1993 an wurden die Archive langsam geöffnet, immer mehr Dokumente wurden zugänglich gemacht. Ich bin den Archivaren des ehemaligen Deutschen Staatsarchivs in Potsdam, das nach 1990 ins Bundesarchiv eingegliedert wurde, sehr dankbar.

Ebenso möchte ich mich auch für die freundliche Kooperation der Mitarbeiter des Bundesarchivs »Stiftung Archiv der Parteien und Massenorganisationen der DDR« (SAPMO) bedanken, deren Bestand aus dem früheren Institut für Marxismus-Leninismus stammt, dann als PDS-Parteiarchiv in Ostberlin neu geordnet wurde und jetzt nach Lichterfelde verlegt worden ist. Elena Danielson vom Hoover Institut hat mir die Auswertung einiger Interviews erleichtert, die James McAdams zu sammeln geholfen hat.

Große Unterstützung erhielt ich vom Forschungsschwerpunkt Zeithistorische Studien beim Zentrum für Zeithistorische Forschung in Potsdam, in dem sowohl Mitglieder der westdeutschen als auch ehemaligen ostdeutschen Akademie der Wissenschaften mitarbeiten. Jürgen Kocka, Christoph Kleßmann und Konrad Jarausch leiten dieses einmalige Zentrum, ursprünglich von der Max-Planck-Gesellschaft und nun von der Deutschen Forschungsgemeinschaft und der Landesregierung Brandenburg getragen. Ich hatte nicht nur die Möglichkeit, dort zu wohnen, sondern konnte auch an einigen Konferenzen teilnehmen. In ihrer langjährigen und kollegialen Freundschaft haben mich Jarausch und Kocka immer wieder unterstützt und mir ihre Erkenntnisse zur Verfügung gestellt.

Ich hatte das Glück, mit vielen der politischen Akteure (mit Jens Reich, Bärbel Bohley, Friedrich Schorlemmer, Richard Schröder und anderen) und mit einigen politischen Führern direkt diskutieren zu können. Außerdem konnte ich einen Vortrag von Bundeskanzler Kohl am Center for European Studies hören, habe Lothar de Maizière während der Märzwahlen 1990 in Ostberlin sowie Kurt Biedenkopf gehört, der offen über den Umgestaltungsprozeß in Sachsen nachdachte. Egon Krenz, der gleichzeitig mit mir einige Tage im Archiv verbrachte, steuerte einige rückblickende Gedanken bei. Kollegen und Mithistoriker in Berlin, Leipzig und Potsdam haben ihre Erkenntnisse beigetragen. Wo nötig, wird aus bestimmten Gesprächen zitiert, die Interviews werden aber nicht vollständig wiedergegeben. Als Wissenschaftler, der sich auf ein neues Gebiet vorwagte, habe ich dankbar auf Arbeiten von Kollegen zurückgegriffen, die viel näher an Regime und Gesellschaft waren als ich. Vor allem mit Konrad Jarausch, Christiane Lemke, Norman Naimark, Lutz Niethammer und Hartmut Zwahr habe ich mich in den letzten Jahren regelmäßig ausgetauscht. Andere Kenner der Verhältnisse, von denen ich besonders profitieren konnte, waren Timothy Garton Ash, der die Absichten der Menschen in West und Ost beschrieben hat, die versucht haben, die beiden Hälften ihres Landes in Freiheit zusammenzufügen, und – im Hinblick auf die diplomatischen Aspekte der Vereinigung – Philip Zelikow und Condoleezza Rice. Mary Fulbrooks faktenreiches Buch *Anatomy of a Dictatorship* erschien, als ich meine Kapitel überarbeitete; sonst hätte ich auf ihre Studie bestimmt an vielen Stellen hingewiesen. Viele andere hilfreiche Werke aber werden zitiert. So viele Freunde, Studenten und Kollegen haben es auf sich genommen, Teile des Manuskripts zu lesen, daß ich sie hier gar nicht alle aufzählen kann. Besonders gedankenreiche Kommentare kamen von Konrad Jarausch, Jürgen Kocka, Anne Sa'adah, Professorin für Politik in Dartmouth und Autorin eines in Kürze erscheinenden Werkes über politische Gerechtigkeit seit 1989, von Philip Zelikow und Pauline Maier. Walter Lippincott von der Princeton University Press gebührt besonderer Dank: Erstens, weil er Ende 1989 vorschlug, daß ich rasch ein Buch über den Prozeß der Umwälzung schreiben sollte, und dann für die Geduld, mit der er es ertrug, daß die Arbeit (wie ich hoffe) zwar mehr in die Tiefe ging, dafür aber langsamer vorankam.

Wie mein Epilog deutlich macht, glaube ich, daß der Prozeß der deutschen Wiedervereinigung trotz aller Schwierigkeiten nun endlich anfängt zu »greifen«. Der ökonomische Umbau war kostspielig und schmerzhaft und ist auch noch lange nicht beendet; die Universitäten hätten wahrscheinlich innovativer umstrukturiert werden können; besonders lähmend war es, daß eine juristische Schuld für Verfehlungen in der Vergangenheit etabliert wurde. Mit Blick auf die wechselseitige Entfremdung – das noch immer vorherrschende Gefühl – galt es als schick, von der »Mauer in den Köpfen« zu sprechen. Seit Mitte der neunziger Jahre jedoch ist das Gegeneinander von Ost und West nicht mehr so brennend, hat sich das Programm »Einheit« entfaltet – die Deutschen, um das Klischee zu verwenden, sind vorangekommen. Meinungsforscher melden nostalgische Sehnsucht nach der alten DDR, aber nicht den weitverbreiteten Wunsch, die Ergebnisse von 1990 rückgängig zu machen; und wenn es folgenlos bleibt, läßt sich in Nostalgie gut schwelgen. Daß sich die sogenannte Partei des Demokratischen Sozialismus, ein Abkömmling der kommunistischen SED, hat halten können, rührt vom Kummer heimatlos gewordener Ossis: Die PDS ist ein Vehikel für ehemalige Kader und für alle diejenigen, die sich über den zur Schau gestellten Erfolg der Westdeutschen ärgern; eine ideologische Speerspitze ist sie nicht.

Sozialwissenschaftler können, wie ich an anderer Stelle bereits ausgeführt habe, nichts dafür, daß sie den Umbruch von 1989 nicht vorhersagen konnten. Vorhersehbar war indes, daß die Probleme, die der langsame Abschied vom Kommunismus mit sich brachte, ernsthaft sein und andauern würden.[1] Überall in Osteuropa sind auf die erhebenden Erfahrungen von 1989 viele Enttäuschungen gefolgt: Die Bürgerbewegung ist zersplittert, die Wähler wenden sich teilweise wieder den alten, nur notdürftig modernisierten kommunistischen Führern zu, und, was besonders verstörend ist: Ethnische Konflikte und Vorurteile kochen hoch. Derartige Trends haben auch westliche Länder erfaßt. Nichtsdestotrotz glaube ich, daß, was Ende der achtziger Jahre stattgefunden hat, eine Folge von großartigen Ereignissen war. Als Bürger der Vereinigten Staaten war ich stolz, daß die Werte, für die mein Land – zumindest in seinen besten Momenten – steht, so ansteckend waren. Der Mut der Menschen in der DDR und in Osteuropa hat mich wiederentdekken lassen, wie erstrebenswert die Grundprinzipien Amerikas sind. Und deshalb erscheint es mir angemessen, dieses Buch meiner

Frau Pauline zu widmen. Hat sie doch genau untersucht, wie die amerikanischen Grundrechte und die frühen Formen des politischen Protests in Amerika entstanden sind. Aus ihren Forschungen habe ich viel darüber gelernt, wie sich die freiheitlich-liberalen Ideen entwickelt haben, die sich 1989 als so kraftvoll erwiesen haben und die ihre Anziehungskraft, so hoffe ich jedenfalls, behalten werden.

Cambridge, im Februar 1996

1 Verlorenes Vertrauen

Lancelot: Es ist alles sehr schwer, Keie. Wenn man jahrelang einer Idee hinterherrennt, ohne ihr auch nur ein winziges Stückchen nähergekommen zu sein, dann ist das etwas sehr Niederdrückendes. Wir alle haben nur ein kurzes Leben zur Verfügung, und wir alle setzen wohl in dieses verletzbare und allzu schnell entschwindende Leben allzu viele Hoffnungen. Mehr als es tragen kann.

Keie: Was willst du damit sagen, Lancelot? Glaubst du noch an den Gral?

Lancelot: Ich weiß es nicht. Ich kann dir die Frage nicht beantworten. Ich kann nicht ja und nicht nein sagen ...

Artus: Lancelot! Keie! Ich bitte euch, seid ruhig. Alles, was von Menschen geschaffen ist, wird einmal fraglich, alles, jede Idee, jede Erfindung, jede menschliche Einrichtung. Was sicher und gewiß erschien, ist plötzlich sehr zweifelhaft. Das ist nur für den Moment fürchterlich und wird uns helfen, weiterzukommen. Es ist nicht nur ein Ende, es ist der Anfang von etwas Neuem. Ich habe es vorausgesehen, als ich das Artusreich gründete ...

Lancelot: Ach, Artus, weißt du denn, daß die Leute da draußen nichts mehr vom Gral und der Tafelrunde wissen wollen? Früher haben sie uns geachtet ... Heute lachen sie nur noch, wenn sie einen Ritter der Tafelrunde sehen ... Sie glauben nicht mehr an unsere Gerechtigkeit und unseren Traum ... Für das Volk sind die Ritter der Tafelrunde ein Haufen von Narren, Idioten und Verbrechern ...

Christoph Hein, *Die Ritter der Tafelrunde*

Gläubige und Opfer

Christoph Hein hat *Die Ritter der Tafelrunde* Anfang 1989 geschrieben, als sich das Politbüro der SED gegen den Wind der Reformen stemmte, der durch alle Länder Osteuropas wehte. Zu den in die Jahre gekommenen Rittern aus König Artus' Tafelrunde zählt Christoph Hein in seiner Komödie der Desillusionierung die noch ernsthaft Gläubigen, die ehemaligen, nun müde gewordenen Gläubigen, die Verräter von »Merveille«, das ist die Bundesrepublik, und, außerhalb der Runde, den Sohn und Erben, der den ursprünglichen Glauben des Königs nie geteilt hat. In der Mitte des Stücks gestehen sich die Ritter ein, daß sie den Gral möglicherweise niemals finden werden. Aber selbst da noch wird Artus nicht müde zu erklären, daß nicht der Gral, sondern die Suche danach das eigentlich Entscheidende sei: »...wenn wir den Gral aufgeben, geben wir uns selbst auf ... Wir haben den Boden unter unseren Füßen verloren und drohen zu versinken.«

Wann ist Artus' Tafelrunde tatsächlich und endgültig auseinandergefallen? Nach dem 10. September 1989, als das kommunistische Regime in Ungarn seine Grenzen nach Österreich öffnete und damit den Urlaubern aus der DDR ermöglichte, auf einem Umweg die hermetisch geschlossenen Grenzen ihres Landes zu überwinden und in den Westen zu gelangen? Oder war es am 9. Oktober, als sich die Leipziger Behörden weigerten, Betriebskampfgruppen und gepanzerte Fahrzeuge gegen die Massen einzusetzen? Oder noch einen Monat später, am 9. November, dem Jahrestag der Revolution von 1918, die das Wilhelminische Reich gestürzt hatte? Das war der Tag, an dem die Mauer geöffnet wurde und Hunderttausende nach Westberlin strömten. Im Rückblick ist es dem Beobachter möglich, auf frühere Anzeichen einer inneren Kehrtwende zu verweisen: Steigende Abhängigkeit von Westkrediten, um einer angeschlagenen Wirtschaft aufzuhelfen; seit den frühen achtziger Jahren eine unabhängige Friedensbewegung; ein wachsender Raum, in dem vorsichtig abweichende Meinungen geäußert werden konnten; Wissenschaftler, die uns auf internationalen Konferenzen eingestanden, daß sie die rituellen Texte des Marxismus vernachlässigten und statt dessen neue Forschungsmethoden erprobten, die im Westen entwickelt wurden; die Neubewertung einer deutschen nationalen Tradition; die Samisdat-Lyrik vom Prenzlauer Berg, die die Unzufriedenheit ihrer Autoren kompromißlos zum Ausdruck brachte (der Prenzlauer Berg war so etwas wie das gegen die Konventionen rebellierende Greenwich Village von Ostberlin); ein ungebührlicher Ton ernüchterter Ironie in der Literatur – all das zeigt, wie der Glaube an den Sozialismus sich auflöste, deutet auf Lancelots Müdigkeit und Artus' Schwäche, und es läßt schließlich ein System einstürzen, das neben der Tschechoslowakei, Rumänien und Albanien die letzte Bastion marxistischer Rechtgläubigkeit in Europa gewesen war.

Wen hatte der Gral ursprünglich verlockt? Welches Ineinander von Glauben und Kraft hatte es dem Regime ermöglicht, vier Jahrzehnte lang zu funktionieren? Gewiß, das wäre ohne die Präsenz sowjetischer Besatzer niemals denkbar gewesen. Und doch basierte das System nicht nur auf Zwang, es konnte auch auf graduell abgestufte Mithilfe, zumindest auf Akzeptanz zählen, wobei es Überschneidungen gab und fließende Grenzen: bewährter Glaube derjenigen, die den bereits vor Staatsgründung existierenden inneren Zirkel, das Herz des »alten Kommunismus« in der regierenden Partei bildeten; Begeisterung und Hoffnung auf seiten der Nachkriegskader; aktive Kollaboration auf seiten vieler anderer, die entweder resigniert oder zynisch oder im guten Glauben handelten, und zwar innerhalb der Partei oder in einer der tolerierten öffentlichen Organisationen, und schließlich das Schweigen und Stillhalten aller übrigen.

Zuerst in den Nachwehen des Zweiten Weltkriegs und anschließend immer dann, wenn ein noch ergebeneres Befolgen der Linie gefordert wurde, fanden sich auch Nichtkommunisten, die mit denen kooperierten, die den Staat regierten. Warum? Einige von ihnen waren durch zwölf Jahre nationalsozialistischer Gewaltherrschaft demoralisiert und glaubten nicht, daß sie irgendeine andere Wahl hätten. Andere überzeugten sich davon, daß die andere, die »westdeutsche« Gesellschaft eine Klassengesellschaft von entsprechender sozialer Ungerechtigkeit sei und von ebenjenen gelenkt werde, die zuvor mit den Nationalsozialisten Hand in Hand gearbeitet hatten. Einige hielten sich hartnäckig an die Illusion, daß man von den Blockparteien aus oder sogar über die SED, die alles beherrschende Partei der »sozialistischen Einheit«, Reformen durchsetzen könne. Die beschwörende Versicherung von »Antifaschismus« und »Frieden«; die eigene Bedeutung, deren man sich bewußt wurde, wenn man ausgewählt wurde, einen offenen Brief zu unterzeichnen oder ein anderes Mal öffentlich Zeugnis oder Bekenntnis abzulegen; der Glanz wahrer Kameradschaft, der von Massenkundgebungen ausging; die Entdeckung, daß die eigenen Artikel herumgereicht wurden, wenn man nur Lenin genau zitierte – all das bereitete ein Umfeld der Kollaboration. Und diejenigen, die ihren Beitrag auf diese Weise geleistet hatten, konnten dann auf die Errungenschaften des Sozialismus verweisen: auf die Enteignung des Großgrundbesitzes, auf die neuen Chancen der Bildung für alle.

Ohne die treibende Kraft der Sowjetunion wäre die Welt des Nachkriegskommunismus sicher nicht entstanden, aber bis die Kraft des tragenden Mythos Ende der achtziger Jahre vollends verfiel, beruhte er auch auf der Fähigkeit zur Rationalisierung. Nichts sei unerklärlicher als Enthusiasmus, der versiegt ist, schrieb die Journalistin Carola Stern in den doppelten Erinnerungen an ihre eigene nationalsozialistische Jugend und an den Widerstand ihres späteren Lebensgefährten, des Kommunisten Heinz Zöger:

> Auch sie gehört zu den Kindern des 20. Jahrhunderts, die, aufgewachsen inmitten der totalitären Bewegungen seiner ersten Hälfte, verführt durch Ideologien und Ideologen, glaubenssüchtig wurden, des eigenen Denkens entwöhnt, andere für sich denken und entscheiden ließen. ›Kinder‹ – mitgerissen von schrecklichen und schönen Weltveränderungsplänen, sich einer Elite zugehörig fühlend und zugleich fasziniert davon, Teil einer Gemeinschaft, Mitglied eines Kollektivs zu sein. Menschen in Gehäusen; des Geflechts aus Dogmen und fester Ordnungen beraubt, zynisch oder hilflos und verzweifelt. Den Rest ihres Lebens brauchen solche Kinder des Jahrhunderts, um ihre ›Kindheit‹ zu verarbeiten.[1]

Bevor wir die verurteilen, die in den zerbombten Städten im Osten Deutschlands darum kämpften, das Beste aus einer schwierigen Situation zu machen, sollten wir an die Intellektuellen im Westen denken, die unter geringerem Druck standen und dennoch überzeugt waren, die gleiche Politik unterstützen zu müssen. Es stimmt einfach nicht, daß Opportunismus und mangelnde Urteilsfähigkeit im Osten die einzigen Verführer gewesen wären. Natürlich hatten die periodischen »Säuberungen« ihre Wirkung. Doch bevor wir nicht selbst vor einem Richter oder Tribunal gestanden haben, können wir Amerikaner uns kaum vorstellen, wie zerstörend für das Ichgefühl inquisitorische Befragungen sein können, wie sehr sie darauf abzielen, zu entwürdigen und zu zermürben. Die Demütigung, »fertiggemacht« und von einstigen Freunden und Kollegen gemieden zu werden, die Forderung nach eingehender Selbstkritik und Aufgabe von Einstellungen, denen man zuvor im Bewußtsein des vollen Rechts leidenschaftlich gefolgt war; Entlassung von einer Arbeitsstelle oder der Verlust ehrenvoller Positionen, die offene Verfolgung als Verräter der Partei und des Staats – kurz: alle Mittel politischer Gleichschaltung standen zur Verfügung, um Abweichler vom wahren Glauben zu disziplinieren. »Siehst du ein, daß dein Verhalten politisch falsch war und all dem geschadet hat, was dir ... lieb und teuer ist? Stehst du auch heute noch dazu, ... daß dir andere Werte höher sind als die Parteidisziplin?«, so donnerte der Ostberliner Kultursekretär der SED noch 1976 diejenigen an, die gegen die Ausbürgerung des Dissidenten Wolf Biermann protestierten. Darum ging es: Die Dissidenten sollten widerrufen oder sich selbst ausschließen![2] Die ständige Bedrohung, durch Spitzel der Partei in Redaktionskomitees, Universitäts- oder Gewerkschaftsgremien denunziert zu werden, die Macht der Partei, Reisen zu gewähren oder zu verbieten, die Macht der Partei, über die eigenen oder die Bildungsmöglichkeiten der Kinder zu entscheiden, verstärkten das Schweigen – und möglicherweise auch den Enthusiasmus.

Gelegentlich ließ sich eine kritische Stimme mit reichlich Zynismus darüber vernehmen, wie rasch das ganze System repressiv wurde. Bertolt Brecht, der aus dem Exil bewußt in die DDR zurückgekehrt war, machte sich darüber lustig, daß das Regime nach dem 17. Juni 1953 den Glauben an die eigenen Leute verloren habe. (Gleichzeitig forderte er in einem vertraulichen Brief seinen Freund, den Kulturminister Johannes R. Becher, auf, die Demonstranten zu verurteilen.) Dreiundzwanzig Jahre später beschrieb Reiner Kunze in *Die wunderbaren Jahre* die kleinen Absurditäten und die Suche nach Konformität in einer Folge entlarvender Anekdoten. Das führte zu seinem Ausschluß aus dem Schriftstellerverband.[3] Daß die einer solchen Disziplinierung unterworfenen Menschen ständig ihre Verwandten und ehemaligen Landsleute vor Augen hatten, Miterben einer gemeinsamen Kultur und Sprache, die wohlhabend und in Freiheit im Nachbarland lebten, machte das System nur noch unerträglicher. Ich höre noch immer, was ein Freund aus der DDR – ein Historiker, der nicht dazu geschaffen war, offen Widerstand zu leisten, der aber auch nicht fähig war zu kriechen, um sich nützliche Beziehungen zu verschaffen – Mitte der siebziger Jahre, als westdeutsche Studenten immer noch vor dem »Roten Rathaus« in Ostberlin (so genannt wegen seiner Backsteinfassade und nicht wegen der Politik, die darin gemacht wurde) gegen das protestierten, was sie die Repression des Bonner Regimes nannten, zu mir gesagt hat: »Wenn die hier leben müßten, würden sie auf Knien darum bitten, nach Westberlin zu dürfen.« Zum Schluß hielt nur die DDR-Führungsschicht beharrlich an der hohl gewordenen Ideologie fest; die sowjetischen Machthaber jedoch, die das Regime etabliert und unterstützt hatten, fanden seine Vertreter nur noch ermüdend.

Anfangs lag alles noch in Trümmern. NS-Gegner, die aus Konzentrationslagern befreit worden waren oder aus dem Exil zurückkehrten, brachen das erzwungene Schweigen und sorgten für einen Neuanfang: christliche Gewerkschafter, konservative Staatsbeamte, aber auch Kommunisten. Schon bevor Hitler an die Macht gekommen war, konnte man, so zumindest sahen es Parteigenossen, nur mit beharrlicher Disziplin als Kommunist bestehen. Wer in dieser geschichtlich zugespitzten Situation nicht untergehen wollte, mußte sich den historisch errungenen Einsichten der Partei unterordnen. Man mußte einfach einsehen, daß die Sozialdemokraten Verräter am Klasseninteresse waren, so rückwärtsgewandt wie die faschistische Brutalität; man mußte begreifen, daß Stalins Stellung ihn mit mehr Scharfsinn begabte als jeden anderen politischen Führer. Nachdem Hitler die Partei verboten und ihre Kader eingesperrt hatte, hatte dieser hartnäckige Glaube vielen hundert Menschen den Mut gegeben, über Jahre hinweg in kleinen Gruppen im Untergrund Widerstand zu leisten. Einige überlebten die Grausamkeiten der Konzentrationslager oder verbrachten, wie der junge Erich Honecker, bedrückende Jahre in Plötzensee oder anderen Zuchthäusern, wo der Einsatz der Guillotine an der Tagesordnung war. Emigranten aus New York und Mexiko kehrten zurück. Und plötzlich war auch die Phalanx deutscher Kommunisten wieder da, die lange Jahre im sowjetischen Exil verbracht hatten. Sie hatten in den Korridoren des Moskauer Hotel Lux hermetisch abgeriegelt gelebt, hatten die tödlichen Wendungen und Windungen stalinistischer »Säuberungen« überlebt, hatten die Vorkriegs- und die Kriegsleiden des riesigen Landes, das Stalin regierte, nur durch Flüsterparolen oder im Licht offiziöser Darstellungen kennengelernt. Sie waren beinahe verblüfft, daß nun unter russischer Militärherrschaft tatsächlich der Augenblick gekommen war, die deutsche Gesellschaft umzugestalten.[4]

In Ost- und in Westdeutschland hatten zusammenarbeitende Sozialdemokraten und Kommunisten ihre Fehden unter der gemeinsamen Bedrohung eingestellt und nutzten die kurzen Wochen, in denen das NS-Regime zusammenbrach, um ›Antifa‹-Komitees zu gründen: Sie leiteten die Fabriken, verwalteten die Städte und organisierten soziale Dienste. Mit diesem ›wilden‹ Sozialismus konnte sich keine der vier Besatzungsmächte anfreunden, und so wurden die Komitees auch rasch wieder aufgelöst.[5]

Trotz Differenzen in anderen Fragen einigten sich die Alliierten darauf, das Reich förmlich aufzulösen, das wiederentstehende politische Leben genau zu überwachen und alle Initiativen in Richtung deutscher Eigenständigkeit als Vorboten eines wieder erwachenden Nationalismus mit Skepsis zu verfolgen. Zu den politischen Wortführern, die man akzeptieren konnte, weil sie keine Nationalsozialisten gewesen waren, gehörten (auch in dieser Hinsicht waren sich die vier Siegermächte einig) Sozialdemokraten, führende Mitglieder der katholischen Zentrumspartei und Weimarer Liberale, deren Parteien Ende der zwanziger Jahre so desaströs zusammengebrochen waren. Kommunisten waren in den Regionen und Städten der amerikanischen Besatzungszone kaum verwurzelt. Möglicherweise hätten sie sich in den von den Engländern besetzten Industrierevieren entfalten können, doch mißtrauten

Londons Militär- und Zivilbehörden den Kommunisten zutiefst und stärkten deren sozialdemokratische Gegenspieler. So blieb den Kommunisten nur der sowjetische Einflußbereich in der östlichen Besatzungszone und in Berlin, das die Siegermächte unter sich aufgeteilt hatten.

Nicht anders als die amerikanische blieb auch die Politik der Sowjets nach der deutschen Kapitulation das Jahr 1945 hindurch noch ohne feste Linie. Die russische Führungsspitze war unschlüssig über die Gegenleistungen für interalliierte Kooperation und auch nicht sicher, welche Risiken man sich einhandeln würde, wenn man es auf eine offene Vorherrschaft der Kommunisten in der eigenen Zone ankommen ließe. Nicht anders als jene im Westen überschlugen sich auch die russischen Behörden, Einfluß auf die deutschen Angelegenheiten zu gewinnen: Um diesen Einfluß konkurrierten das Außenministerium, das besondere Komitee des Ministerrats für Deutschland und dessen Generalbevollmächtigter in Deutschland sowie Militärführung und Besatzungsstreitkräfte. Alle hatten sie die gleichen Prioritäten. Ein wiedererstehendes Deutschland sollte auf keinen Fall in die Lage kommen, sich zu irgendeiner Art antisowjetischer Allianz mit den Westmächten zusammenzutun. Die Oder-Neiße-Linie zwischen Deutschland und Polen sollte endgültig und nicht nur vorläufig festgelegt werden. Die ökonomischen Zielsetzungen verlangten, die produktiven Ressourcen Deutschlands kurzfristig durch Fabrikverlegungen auszuschöpfen, langfristig eine Einigung über Reparationsleistungen zu erzielen und damit eine kontinuierliche Lieferung von Industriegütern und Rohstoffen sicherzustellen – eingeschlossen die Uranvorkommen im Erzgebirge.[6]

Wie man diese Ziele auf lange Sicht erreichen könnte, war Gegenstand langer Debatten und der sich daraus ergebenden strategischen Wendungen. Während der Potsdamer Konferenz folgte die sowjetische Politik noch der Vorstellung eines eventuellen Wiederentstehens eines vereinten, aber hoffentlich willfährigen Deutschland. Auch 1947 und 1948 blieben die sowjetischen Ziele vielschichtig, aber konsistent. Es erschien zweifelhaft, ob Briten und Amerikaner eine offen kommunistische Herrschaft im ganzen Land zulassen würden, andererseits durfte ein wiedererstandenes Deutschland auf keinen Fall einer antisowjetischen Koalition beitreten oder die Oder-Neiße-Linie in Frage stellen. Als Garant einer Kooperation in diese Richtung galt den Sowjets die Beteiligung einer kommunistischen Partei an den jeweiligen Regierungskoalitionen; ganz ähnlich hofften sie ja auch, daß in Frankreich und Italien die Zusammenarbeit der Partei mit den dortigen Nachkriegsregierungen dafür sorgen werde, daß diese Länder sich nicht antisowjetisch orientierten. Und wenn die Alliierten nicht nachließen in ihrem Bemühen, eine einheitliche Zentralregierung einzusetzen, dann, so das Kalkül der Sowjets, würden sie mit dem gehörigen Druck auf eine noch gewichtigere Rolle für die deutschen Kommunisten drängen. Genau dieses Ziel verfolgte Moskau von 1945 an und während der Jahre 1947 und 1948 in allen Ländern Osteuropas immer nachdrücklicher.[7]

Aber die von Moskau verfolgte Politik enthielt in sich einen grundlegenden Widerspruch. Die sowjetische Herrschaft über Ostdeutschland galt als Unterpfand dafür, daß die Stimmen ihrer Anhänger im wiedervereinigten Deutschland gehört würden. Und doch gestalteten die Sowjets ihre Herrschaft derart repressiv, daß dies den Westen 1947 davon abhielt, der Wiedervereinigung unter den Bedingungen, wie sie die Russen anboten, zuzustimmen. Um den kommunistischen Einfluß im ganzen Land zu stärken, arbeiteten die sowjetischen Besatzungsbehörden daran, in dem von ihnen kontrollierten Territorium eine einheitliche Parteifront zu formieren. Zu dieser sollten alle Gruppen, die nicht mit den Nationalsozialisten kollaboriert hatten, auf eine Weise zusammengeführt werden, daß den deutschen Kommunisten eine Schlüsselrolle zufiel. Und genau diese Politik bestätigte Engländer und Amerikaner sehr rasch in ihrem Mißtrauen gegen die russischen Absichten, ließ die Westmächte auf einer dezentralisierten Regierung bestehen und die sowjetischen Vorschläge, zu einer einheitlichen Verwaltung für ganz Deutschland zu kommen, schließlich ganz ablehnen.[8]

Um die angestrebte Formierung einer Einheitsfront der Parteien wirklich zu erreichen, mußten die Sowjets die ostdeutschen Sozialdemokraten absorbieren. Die alte SPD hatte Hitler mutig widerstanden, auch wenn ihre Wirtschaftspolitik während der Wirtschaftskrise einfallslos geblieben und die Führung vornehmlich mit Organisationsfragen beschäftigt war. Alle vier Siegermächte erkannten an, daß die SPD einen moralischen Anspruch darauf hatte, an der politischen Führung im Nachkriegsdeutschland beteiligt zu werden. Doch würde die SPD mit den Kommunisten kooperieren, die die Sozialdemokraten während der Weimarer Krise so wütend als Reformisten bekämpft hatten? In Westdeutschland, wo die Kommunisten schwach waren und auch die Alliierten ihnen mißtrauten, war die Antwort der Sozialdemokraten ein klares Nein. In der sowjetischen Zone war die Machtbalance, wie überall in Osteuropa, genau umgekehrt; hier hing das Koalitionsrecht von der Zustimmung der russischen Militärführung ab.

Im Februar 1946 entschied Otto Grotewohl, der Vorsitzende der Berliner SPD, daß er dem Druck der Sowjets und der Kommunisten nachgeben und die von ihm geführten Massen in eine neue Koalition aller Marxisten integrieren müsse, nämlich in die Partei der sozialistischen Einheit, in die SED, die bis Ende 1989 die regierende Partei werden sollte. Ein »eiserner Vorhang« sei endgültig vor der sowjetischen Zone niedergegangen, erklärte Grotewohl den britischen Beamten in Berlin, es bleibe ihm keine andere Wahl.[9] Steckte er tatsächlich derart in der Klemme? Seine Reden nach der Vereinigung beider Parteien zeigten keinerlei Distanz mehr: Er wurde ein enthusiastischer Wortführer der Wiedervereinigung des marxistischen Lagers, er pries die Politik der Sowjets und wurde, als die DDR 1949 zum eigenen Staat gemacht wurde, zum Regierungschef gewählt. Die neue SED faßte die ideologisch ausgerichteten Kommunisten und die Sozialdemokraten, die entweder ihre Unterwerfung zynisch akzeptierten oder hofften, sich zumindest einigen Aktionsraum erhalten zu können, zu einer Gruppe zusammen. Schließlich glaubte die europäische Linke nach 1933 bis in die frühen Nachkriegsjahre, daß Hitler an die Macht gekommen war, weil die beiden Hauptströmungen des Marxismus gegeneinander gearbeitet hatten. Die politische Einheit der Arbeiterklasse erschien wie ein historisches Gebot.[10]

Für russische Beamte, die die grausamen und unberechenbaren Prüfungen der stalinistischen »Säuberungen« überlebt und dann die ungeheuren Kriegsanstrengungen mitgetragen hatten, konnte Sicherheit in Deutschland nur dessen Beherrschung bedeuten. Da die Kommunisten eine Minderheit waren, mußte man sie mit machtvollen politischen Ressourcen ausstatten. Die neue SED war ein wunderbares Instrument, um diesem Ziel näher zu kommen, und diese Partei wiederum dominierte eine »Einheitsfront antifaschistischer demokratischer Parteien« – Liberaldemokraten (LDPD), Christdemokraten (CDU), Bauernpartei (DBD) und die Nationaldemokratische Partei Deutschlands (NDPD) –, deren Kooperation mit der SED als sogenannte Blockparteien bis Dezember 1989 andauern sollte. Das ursprüngliche Ziel der SED und ihrer sowjetischen Förderer war jedoch nicht, die Herrschaft über einen separaten deutschen Staat zu erlangen. Sie trachteten danach, in einem wiedervereinigten Deutschland gleichgestellt, wenn nicht sogar stärkste Kraft zu werden. Im Verlauf des Jahres 1947 aber ließ der Kalte Krieg (der sich im wesentlichen aus der kommunistischen Machtpolitik in Polen, Rumänien und Ungarn entwickelt hatte) die Zustimmung der Westmächte zu einem einzigen deutschen Staat in noch weitere Ferne rücken. Der mit wechselseitigen Beschuldigungen geführte Streit um den immer rascheren Zusammenbruch komplizierter Reparationsarrangements schien ebenfalls kaum mehr zu schlichten. Während der Moskauer Außenministerkonferenz im April 1947 war schließlich keine Seite mehr bereit, der anderen entgegenzukommen. Mit der Ankündigung des Marshallplans sechs Wochen später und mit dem Ausschluß der Kommunisten aus den Nachkriegskoalitionen in Belgien, Frankreich und Italien während ebendieser Monate wurde auch der Streit um die deutsche Zukunft heftiger.

Die von Engländern und Amerikanern für 1947 beschlossene bizonale Wirtschaftsverwaltung (das Vereinigte Wirtschaftsgebiet) brachte Deutsche in Verwaltungspositionen und ließ – mit dem Wirtschafts- und Exekutivrat – auch erste Ansätze parlamentarischer Strukturen entstehen. Die Wiedereinsetzung von Regierungen in den elf westlichen Bundesländern verlieh den Nachkriegsparteien mehr Gewicht: der unabhängigen SPD der Westzonen, der Christlich Demokratischen Union (CDU), der kleineren Gruppe der Liberaldemokraten (die sich im Westen als Freie Demokratische Partei, FDP, formierten) und den politischen Splittergruppen, von denen einige national orientiert waren, andere Interessen der Vertriebenen formulierten. In der Sowjetzone sollten die Konsolidierung der herrschenden Partei und der Aufbau eines neuen Regimes nebeneinander herlaufen. Die kommunistische Kerntruppe in der SED wurde von in Moskau geschulten Funktionären geleitet und durch Zellen in den Betrieben verstärkt, die alles darangesetzt hatten, ihre während des Dritten Reichs verdeckt betriebene politische Arbeit fortzusetzen. So gelang es den Kadern rasch, die Sozialdemokraten, die man zum Beitritt hatte überreden können, zu majorisieren. Auch die zur Zusammenarbeit bereiten Parteien wurden auf Linie gebracht: Man verstärkte den Druck auf konservative und nationalistische Mitglieder, die mehr Unabhängigkeit von der Sowjetunion forderten oder gegen die endgültige Anerkennung der Oder-Neiße-Grenze opponierten, und drängte sie aus dem »Block«. Noch im Oktober 1989 rechtfertigten Repräsentanten der kleineren Parteien ihre langjährige Zusammenarbeit mit der SED mit historischen Gründen; so etwa der Vorsitzende der Liberaldemokraten, der sich auf die »Gesetzmäßigkeiten der Entwicklung der menschlichen Gesellschaft« berief.[11]

Obwohl sie Ende der vierziger Jahre alle unabhängigen politischen Strömungen ausgeschaltet hatten, sieht es so aus, als seien die sowjetischen Ziele während des Jahres 1947 durchweg uneingelöst geblieben. Noch immer war man sich in der Moskauer Führung sehr uneins darüber, wie dem wachsenden Antikommunismus im Westen zu begegnen sei. Im Lauf des Jahres 1947 mußten die deutschen Repräsentanten in allen Besatzungszonen einsehen, daß es nicht zur Wiedervereinigung kommen würde. CDU-Gruppierungen aus West- und Ostdeutschland arbeiteten zusammen und hofften auf eine »nationale Repräsentanz«, doch ihre Vorschläge wurden im alliierten Kontrollrat abgeblockt. Im Oktober setzten die Sowjets die Führer der kommunistischen Parteien in Westeuropa davon in Kenntnis, daß angesichts der Initiativen um den Marshallplan und angesichts des Ausschlusses der Kommunisten aus den Regierungskoalitionen in Westeuropa eine neue Ära der Konfrontation mit dem Kapitalismus bevorstehe. Die Sowjets gründeten die Kominform als neue Koordinationsstelle von kommunistischen Parteien im Osten und Westen; sie trat an die Stelle der alten Komintern, die im Interesse der alliierten Zusammenarbeit 1943 aufgelöst worden war.

Moskau blockierte jedoch nicht von Anfang an alle politischen Alternativen für Deutschland: 1947 kamen die Außenminister noch einmal zu einer Konferenz in London zusammen. Die SED war zu dieser Zeit noch nicht Mitglied der Kominform, vielmehr hatte die Einheitspartei Anfang Dezember einen riesigen »Deutschen Volkskongreß« organisiert: mit dem propagandistisch in den Vordergrund gestellten Ziel, alle vier Mächte um die Einheit und einen »gerechten Frieden« zu bitten. Mehr als ein Viertel der zweitausend Delegierten reiste aus dem Westen an, nur um vom eklatanten Druck, sich hinter die »Blockpolitik« des Ostens zu stellen, desillusioniert wieder abzureisen. Jakob Kaiser, der christdemokratische Gewerkschaftsführer aus Berlin, erlebte den Kongreß als Farce, er sah das Ende jeglicher Autonomie der Ost-CDU. Die inszenierte Versammlung forderte die nationale Einheit auch dann noch, als mit dem Abbruch der Londoner Außenministerkonferenz das Auseinanderbrechen der Vierer-Allianz in der Deutschlandfrage besiegelt wurde. Die Westmächte untersagten dem Volkskongreß weitere Aktivität in ihren Zonen, im Osten jedoch diente die Organisation, die als selbsternanntes nationales Forum auftrat, den sowjetischen Absichten als Propagandainstrument. Es war bereits absehbar, daß die Entwicklungen in der Sowjetzone bei den übrigen Alliierten kaum Zustimmung finden würden, gleichzeitig jedoch erklärte sich der Volkskongreß zu einer Volksbewegung, die das Ziel verfolge, unter sowjetischer Schirmherrschaft die nationale Einheit von der Basis her wiederherzustellen. Ein zweiter Volkskongreß im März 1948 zeigte eine noch beherrschendere Präsenz der SED; nun machte man sich daran, einen deutschen Volksrat zu wählen; ein Drittel der im Volkskongreß Anwesenden behauptete auch zu diesem Zeitpunkt noch, den Westen zu vertreten.

Dieser neue Volksrat drang noch auf deutsche Einheit, als die Westalliierten bereits die Währungsreform des Juni 1948 vorbereiteten und die bis dahin widerstrebenden Franzosen sich auf die Seite der Briten und Amerikaner schlugen. Im März hatte der sowjetische Delegierte als Antwort auf die Initiativen der Westmächte den Alliierten Kontrollrat verlassen: Danach gab es keinen weiteren Versuch mehr, eine einheitliche Verwaltung zu schaffen. Die Währungsreform im Juni, die russische Blockade des Landwegs nach Westberlin und der Entwurf einer Verfassung für die Westzonen unter Schirmherrschaft der Briten, Franzosen und Amerikaner folgten einander Schlag auf Schlag.

Als die alliierten Behörden und die Vertreter der Länder sich daranmachten, einen provisorischen westdeutschen Staat zu gründen, setzte die ostdeutsche SED ihre Politik nach dem Kominformmodell kommunistischer Machtausübung fort. Was sich nun herausbildete, waren die Planwirtschaft, die »Volksdemokratie« mit ihrer Unterdrückung einer wirksamen Opposition und, um 1950, die Zusammenfassung der Parteianhänger aus Fabriken, Ministerien und Universitäten in einer »Partei neuen Typus«. Andrej Schdanow, Stalins ideologischer Mann fürs Grobe, hatte sich im September 1947 über alle Gesetze hinweggesetzt, und im Februar 1948 verdrängten die Kommunisten in der Tschechoslowakei ein liberales, zeitweise sogar wegweisendes Koalitionsregime. Die Machtergreifung in Prag einerseits, Washingtons entschiedene Reaktionen mit Auslandshilfe und Rehabilitierung Westdeutschlands andererseits vertieften die Teilung Europas in zwei Sphären. Mehr noch aber wirkte Marschall Titos fortgesetzte Opposition gegen den sowjetischen Einfluß im unzweifelhaft kommunistischen Jugoslawien Ende 1948 als Katalysator einer noch unbarmherzigeren Repression im übrigen Osteuropa. Dissens unter Kommunisten war in Stalins Augen die übelste konspirative Herausforderung. Seinen dunklen Verdächtigungen folgten Gefolgsleute wie Schdanow, Molotow und Berija, die ihre prominente Position durch unbeirrte Loyalität während der grausamen »Säuberungen« und der Kriegswirren erworben hatten. Titos Herausforderung löste eine Serie erzwungener Denunziationen, »Parteisäuberungen« und manipulierter Urteile aus. Selbst wenn die SED noch kein Mitglied der Kominform war, gaben die deutschen Kommunisten doch der in ihre Rechte eingreifenden Forderung nach Linientreue nach. Während der Sitzungen des SED-Parteivorstands im September 1948, die stattfanden, als die jugoslawische Rebellion voranschritt, verwarf die SED-Führung das frühere Konzept eines besonderen deutschen Wegs in den Sozialismus. Von da an sollte das leninistische und stalinistische Modell der kommunistischen Umwandlung Politik und Organisation der Sozialistischen Einheitspartei diktieren. Grotewohl forderte die Orientierung nach Osten so »unmißverständlich und ohne Reserven«, daß Stalin ihm geraten haben soll, doch langsamer zu treten: »Ihr deutschen Kommunisten seid wie Eure Vorfahren, die Teutonen.«[12] Gleichwohl wurde die teutonische Disziplin rigider. Als »Partei neuen Typus« sollte die SED von ihren Kadern beherrscht werden. Stalins Werke mit seiner Interpretation des Leninismus wurden zu heiligen Texten, der Schwerpunkt der Parteiarbeit wurde in die Fabriken verlagert, wo die Kommunisten eine festere Basis hatten als die ehemaligen Sozialdemokraten. In aufeinanderfolgenden Sitzungen des Parteivorstandes wurden Politbüro und Zentralkomitee (ZK) gegründet, um die Herrschaft zu stabilisieren. Wilhelm Pieck und Otto Grotewohl blieben gemeinsam Vorsitzende, die Macht jedoch übernahm der gestrenge Experte für Organisationsfragen Walter Ulbricht als Generalsekretär des ZK.[13])

Ironie der Geschichte: Für eine Übergangszeit im Jahr 1990 diente das ehemalige ZK-Gebäude – ein heruntergekommenes und graues Labyrinth, das ursprünglich für die Reichsbank gebaut worden war – als »Haus der Parlamentarier«. Für die Übergangszeit befanden sich hier die Büroräume für die frei gewählten Volkskammerabgeordneten der sich auflösenden DDR, und heute wird es zum Außenministerium des wiedervereinigten Deutschland umgebaut. Schräg gegenüber, jenseits des leeren und weiten Marx-Engels-Platzes (für dessen inspirierende Asphaltfläche die DDR-Führung das barocke Stadtschloß der preußischen Könige hatte niederreißen lassen) steht eines der schönsten noch erhaltenen architektonischen Erbstücke Berlins: Schinkels neoklassizistisches »Altes Museum«. Nicht ganz so weit entfernt erhebt sich die Friedrichswerdersche Kirche, vom gleichen Baumeister im nüchtern neogotischen Stil entworfen. Sie ist liebevoll restauriert worden und zeugt von dem Aufwand, der den historischen Ansprüchen des Regimes in den siebziger und achtziger Jahren angemessen erschienen war. In den parallel angelegten Flügeln des ZK-Gebäudes lassen (selbst nachdem die Honeckerportraits stillschweigend entfernt worden sind) lange trübe Korridore mit Büro an Büro das Ausmaß bürokratischer Macht erkennen, über die der Apparat zuletzt verfügte. Von einem anfangs sogar noch kleinräumigeren Zentrum aus überwachte das ZK den Übergang zum Satellitenstaat.

Ein Satellitenstaat, nicht länger nur Besatzungszone. Als 1949 ein westdeutscher Staat ausgerufen wurde, antworteten die Russen mit derselben Strategie und proklamierten nun ihrerseits die Souveränität für ihr Einflußgebiet. Der aus dem Zweiten Volkskongreß hervorgegangene Volksrat arbeitete eine Verfassung aus. Verfassungen sowjetischer Art waren in formaler Hinsicht stets demokratisch, und die neue Verfassung der DDR beinhaltete viele der Neuerungen, die auch ins westdeutsche Grundgesetz geschrieben wurden, darunter auch die engere Reglementierung des Mißtrauensantrags und die Einschränkung der Amtsbefugnisse des Staatspräsidenten. Aber das Wahlsystem stellte sicher, daß die Entscheidungen des Volkes kontrolliert werden konnten. Die ersten nach dem Krieg offen und frei abgehaltenen Wahlen für die Ämter in Ländern und Gemeinden hatten im Oktober 1946 beschämende Ergebnisse gebracht. In den fünf von der SED unangefochten kontrollierten Ländern der Sowjetzone erreichte die Partei immerhin 47,5 Prozent der Stimmen, bei den Wahlen in Gesamtberlin jedoch – die nach den Regeln des Kontrollrats abgehalten wurden und bei denen die SPD mit einer unabhängigen Liste kandidierte – konnte die SED nur ein Fünftel der Stimmen auf sich vereinigen. Darum wurde das System für die Wahl zum Dritten Volkskongreß von 1949 verbessert. Diesmal präsentierte man den ostdeutschen Wählern eine Einheitsliste, welche Blockparteien und Massenorganisationen zusammenfaßte. Wie in den anderen Ländern Osteuropas bedeuteten die Wahlen von da an nicht mehr den konstruktiven Wettbewerb der Parteien, sondern die plebiszitäre Zustimmung oder auch Ablehnung einer einheitlichen Kandidatenliste; hin und wieder durfte das Volk sich auch zu irgendeiner politisch unverfänglichen Frage äußern. Trotz der Änderungen mußte sich die SED 1949 noch beträchtlich ins Zeug legen, um zwei Drittel der erreichbaren Wähler zu überzeugen, mit ihrem Ja für den Frieden und die präsentierte Kandidatenliste zu stimmen. Als sie im Herbst 1950 erneut zur Wahl gingen und nach der neuen Verfassung die erste reguläre Volkskammer wählen durften, müssen die Wähler über den Fortschritt hoch erfreut gewesen sein: Nach offizieller Darstellung lag die Wahlbeteiligung bei 98,5 Prozent, und 99,7 Prozent der Wähler haben für die Einheitsliste gestimmt. Rein rechnerisch konnte die SED nur ein Viertel der Kammersitze für sich beanspruchen. Tatsächlich aber verfügte sie auch über die dreißig Prozent der Sitze, die den untergeordneten Massenorganisationen zukamen, unter anderem dem Freien Deutschen Gewerkschaftsbund und der Freien Deutschen Jugend; die Partei dominierte zudem zwei neue Satellitenparteien (die National-

Demokratische Partei Deutschlands, NDPD, und die Demokratische Bauernpartei Deutschlands, DBD), denen Anteile der Liste angetragen wurden. So fanden es Liberaldemokraten und Christdemokraten um 1950 zunehmend schwieriger, im Block irgendeine Art unabhängigen Kurs zu verfolgen.[14]

Der hinter allem orchestrierten Enthusiasmus stetig ausgeübte Druck auf die noch nicht Vereinnahmten ließ den Parteiorganisationen keine andere Chance, als sich mit der SED und ihren Hegemonieansprüchen zu arrangieren, und es blieb auch bei der Politik übertrieben hoher Wahlergebnisse. Opponenten verschwanden. Die Konsolidierung der Satellitenregime beruhte auf politischen Sanktionen. 1947 wurden alle, die in Albanien, Rumänien, Polen, Ungarn und Bulgarien der Sowjetisierung widerstanden, eingeschüchtert, eingesperrt und verurteilt, ins Gefängnis gesteckt, nach Moskau transportiert, gelegentlich auch erschossen oder erhängt. Selbst Titos Regime, das sich mit glühenden Worten auf den Kommunismus berief, hatte bereits viele seiner politischen Gegner aus den Reihen rivalisierender Widerstandsgruppen liquidiert, gewissermaßen in Fortsetzung des Guerillakriegs gegen die Deutschen. Im sowjetisch besetzten Polen verschwanden nichtkommunistische politische Führer. Als der ungarische Kommunist Mátyás Rákosi 1947 schließlich die Macht tatsächlich übernommen hatte, ließ er die Nichtkommunisten, die bei den Wahlen ein Jahr zuvor die Mehrheit errungen hatten, ins Gefängnis stecken oder erschießen. Dies unheilvolle Schicksal traf auch den bulgarischen Bauernführer Nikola Petkow. Jan Masaryk, der Sohn des Gründers der unabhängigen Tschechoslowakei und während des Staatsstreichs von 1948 noch Außenminister, stürzte sich aus dem Fenster des tschechischen Außenministeriums in den Tod. Tausende von Sozialdemokraten aus den Reihen der SED wurden ins Gefängnis gesperrt oder umgedreht. Es ist bekannt, daß fast 600 Mitglieder der Christlich Demokratischen Union verhaftet wurden: Einige von ihnen starben im Gefängnis, andere in sowjetischen Arbeitslagern.

Parteiausschlüsse und Kriminalisierung erfolgten in Wellen. Der erste Zyklus zielte auf die Nichtkommunisten und verlief parallel zur Errichtung der Satellitenstaaten. Innerhalb von ein oder zwei Jahren fielen dann die neuen kommunistischen Herren übereinander her und erklärten ihre tatsächlichen oder eingebildeten Rivalen zu »titoistischen Verschwörern« und liquidierten sie. In der spektakulärsten dieser ritualisierten Demütigungen wurden im September 1949 der kommunistische Führer László Rajk, der ehemalige ungarische Außenminister und Minister des Inneren, und sieben weitere Angeklagte an den Galgen gebracht.

Die Suche nach Spionen hielt die nächsten Jahre über an, bis die Zuspitzung der berüchtigten »Ärzteverschwörung« in der Sowjetunion und die »Slansky-Urteile« in der Tschechoslowakei eine noch größere Terrorwelle auszulösen drohten, diesmal mit ausgeprägt antisemitischen Tendenzen. Dieses letzte große Aufbäumen des Stalinismus, das auch aus undurchsichtigen Gruppenrivalitäten entsprang, löste eine Welle von Beschuldigungen gegen angebliche Zionisten, jüdische Ärzte und loyale Kommunisten aus, die närrisch genug gewesen waren zu glauben, Loyalität sei eine objektive Kategorie. Nur der Tod des Diktators im März 1953 hat offenbar ein weiteres großes Menschenopfer in der Sowjetunion abgewendet. Sowjetische Kader hatten in ihren tschechischen Herrschaftsbereichen jedoch schon dafür gesorgt, daß die finsteren Anschuldigungen zionistischer Konterrevolution und Verrats in brachial geführte Prozesse mündeten; mit Hilfe von Drogen und psychischer Erniedrigung preßte man ehemals loyalen Kommunisten Schuldbekenntnisse ab. Zwölf Angeklagte, darunter Rudolf Slansky, der sich seiner Position nach dem Triumph der Arbeiterklasse absolut sicher gewesen war, wurden zum Tod verurteilt: Ihre Asche wurde wie Streusalz auf die vereisten Straßen vor Prag gestreut, damit die Autos nicht ins Schleudern kämen. Die Tschechoslowakei wurde häufig als Ausnahmeland Osteuropas gelobt: früh industrialisiert, liberal während der düsteren dreißiger Jahre, war sie das letzte Land, das den Kommunisten in die Hände fiel. Tatsächlich aber verweisen die wiederkehrenden und willkürlichen »Säuberungen« auf die weniger attraktiven Attribute der politischen Kultur in diesem Land: Immer wieder kam es zu Rückgriffen auf Geheimpolitik und Doppelspiel, auf Verleugnung und Betrug. Die Zahl der Todesopfer in diesem kleinen Land mit seinen 14 Millionen Einwohnern geht wahrscheinlich in die Tausende.[15]

Nach Stalins Tod ebbte der Terror in den gehorsamen Satellitenstaaten etwas ab. Selbst die DDR und Polen, die zu Beginn der fünfziger Jahre den Aderlaß am sklavischsten erfüllt hatten, ließen von dieser Gefolgschaftstreue. Gleichwohl wurden die Kader auch in diesen Ländern mit öffentlicher politischer Demütigung und Prozessen durcheinandergewirbelt. Walter Ulbricht, dessen Politik zunächst durch den Aufstand der Arbeiter vom 17. Juni 1953 diskreditiert wurde, gelang es, die Schuld für diese erste offen antikommunistische Revolte hinter dem Eisernen Vorhang von sich abzuwälzen; er ließ die Köpfe enger Parteifreunde rollen. Der 17. Juni war ein schockhaftes Ereignis. Was als Marsch der Bauarbeiter durch Berlin begann, wurde zu einer Folge sich ausweitender Streiks und erbitterter Konfrontationen und endete erst, als sowjetische Panzer die aufsässigen Steinewerfer überrollten. Etwa eine halbe Million Arbeiter waren in den Ausstand getreten und gingen in Ostberlin, im Industriezentrum Sachsens und in wohl mehreren hundert anderen Orten demonstrierend auf die Straße. Die SED versuchte, den Aufstand als faschistischen Putsch, als Werk westdeutscher Provokateure hinzustellen, aber die Volksbewegung zeigt doch, wie fremd den Menschen das Regime geblieben, wie abhängig es war von der kontinuierlichen Präsenz der Sowjets. Bis zum Verschwinden der DDR blieb dieser Aufstand eine angstvolle Erinnerung; noch als ihre Macht schon in sich zusammenfiel, fragten Politbüromitglieder wiederholt, ob der Aufruhr von 1989 denn so ernst sei wie der von 1953.

In den Zusammenstößen auf der Straße kulminierten zwei Jahre innerparteilicher Streitigkeiten über den Weg und die Konsequenz der Sowjetisierung. Der forcierte »Aufbau des Sozialismus«, von Ulbricht auf der Zweiten Parteikonferenz der SED im Juli 1952 angekündigt, hatte die Arbeiter an die Schwelle der Revolte getrieben. Ulbrichts Formel bedeutete mehr Druck auf die Nichtkommunisten in der DDR, auch auf die Mitglieder der Kirchen, brachte eine neue Welle der Kollektivierung in der Landwirtschaft und das Hochschrauben der sogenannten Arbeitsnormen. Tatsächlich bedeutete der »Aufbau des Sozialismus« – der nach dem Juni 1953 in zahllosen Reden und Leitartikeln als der hohe Weg zum Fortschritt gepriesen wurde – weitere Enteignungen von Bauernhöfen und Privatbetrieben, mehr ideologische Einschüchterung, weitere Zermürbung von Nichtkommunisten, hinterhältige Angriffe gegen die Kirchen und Denunziation von Zweiflern.

»Aufbau des Sozialismus« war der Refrain, der in der DDR mit mehr Obertönen als anderswo gesungen wurde. Denn kein anderer Satellitenstaat hatte mit dem Problem einer nationalen Frage zu kämpfen; ob 1949, 1953 oder 1989: jedesmal stand wieder der Anspruch des ostdeutschen Staates auf Souveränität in Frage. Für die regierende Partei war die Vervollkommnung des Sozialismus gleichbedeutend mit der Sicherung der nationalen Legitimität der DDR. Jeder weitere Schritt in die Kollektivierung galt als ein weiterer Damm gegen ein Aufgehen der DDR in der Bundesrepublik. Die wirklichen Enthusiasten glaubten sogar, daß der wahre Sozialismus Arbeiterklasse und Intelligenz in Westdeutschland dazu bringen könnte, sich von ihrer Rolle als »Vasallen« der westlich-kapitalistischen Mächte zu lösen. Weil sich offenbar die Sowjets zu Beginn des Jahres 1952 in ihrer Unterstützung der nun drei Jahre alten Republik wankend gezeigt hatten, ließ man seit Mitte des Jahres keine Möglichkeit aus, den Marsch in den Sozialismus zu beschleunigen. Auslöser war die sogenannte Stalin-Note vom März 1952, mit der er die Wiedervereinigung eines neutralisierten Deutschlands auf der Basis freier Wahlen vorgeschlagen hatte. Möglicherweise war diese Note wirklich nur ein Schachzug in den laufenden Verhandlungen.[16] Aber selbst wenn dem so gewesen wäre: Diese Note, die den gerade gegründeten Staat mit einem Federstrich einfach zur Verhandlungsmasse erklärte, muß, wie man sich leicht vorstellen kann, die Selbstsicherheit der SED auf eine harte Probe gestellt und die Funktionäre sehr beunruhigt haben. Ob das Angebot tatsächlich nur eine Täuschung war, um den Prozeß der Wiederaufrüstung und die Konsolidierung des westdeutschen Staates zu torpedieren, ist seither immer wieder Gegenstand politischer Debatten gewesen. In Aufsätzen aus der letzten Zeit wird die These vertreten, das Fehlen von Belegen und Begleitmaterial in Moskaus Archiven deute darauf hin, daß die Note wohl doch eine Verhandlungslist gewesen sei.[17] Führende amerikanische Politiker und Bundeskanzler Adenauer haben Stalins Vorschlag damals jedenfalls wie einen taktischen Schachzug behandelt, der nur darauf ziele, den politischen Konsens in der Bonner Republik zu untergraben und das Fortschreiten der Westbindung samt Wiederaufrüstung aufzuhalten. Dies fürchtete man als Folge, wenn man sich auf die langwierigen Verhandlungen eingelassen hätte, die notwendig gewesen wären, um das Angebot auszuloten. Daß der Westen Gegenforderungen auf den Tisch legte, die ihrerseits für Moskau unannehmbar waren, muß die ostdeutsche Führung erleichtert haben: Es beendete die anfängliche Unentschiedenheit. Ostberlin begrüßte nicht nur die Intensivierung des Sozialismus, die Stalin wieder zu billigen schien, sondern verfolgte die neue Linie in typischer Manier: eifernd und kompromißlos.

Nicht zum letzten Mal schossen sie damit über die Wünsche ihrer Schutzherren hinaus. Die Führung im Kreml hatte ihre Probleme mit dem überzogenen Eifer, mit dem die Deutschen vorandrängten. Als Stalin am 5. März 1953 starb, kämpften seine Erben nervös um ihre Position im System der »kollektiven Führung«. Aber sie wollten nun die ideologischen Spannungen und den Druck auf den Lebensstandard mildern, die wegen der gewaltigen Nachkriegsinvestitionen auf den Menschen lasteten. Selbst Lawrentij Berija, der als Leiter der Geheimpolizei gefürchtetste aus dem Kreis möglicher Nachfolger, machte den Vorschlag, man solle ausloten, ob aus einer Vereinigung Deutschlands mit dem Westen nicht Vorteile herauszuholen wären. Das sowjetische Politbüro schien geteilter Meinung und unentschlossen, und auch die sowjetischen Repräsentanten in Berlin waren unentschieden, welchen Weg man einschlagen solle – zeigten sich doch die ostdeutschen Genossen schon wieder in ihrem ganzen Ungeschick. Die forcierte Sozialisierung trieb immer mehr Menschen zur Flucht in den Westen – an die 100 000 waren es bis März 1953 –, und wieder wandte sich die ostdeutsche Führung mit der Bitte um Hilfe an die Sowjets. Im Mai zitierte die neue sowjetische Führung Ulbricht und Grotewohl nach Moskau, um das Beharren der Ostdeutschen auf der Kollektivierung der Landwirtschaft zu kritisieren. Man drängte die ostdeutschen Genossen zu einem »neuen Kurs«, der das Tempo der Sozialisierung drosseln würde.

Ein Kurswechsel aber wäre alles andere als einfach gewesen. Wäre man von der Schwer- zur Leichtindustrie umgeschwenkt, hätte man massive Arbeitslosigkeit befürchten müssen; und auch die gerade kollektivierten landwirtschaftlichen Betriebe konnte man nicht einfach im Stich lassen. Das hätte die Parteigetreuen verwirrt, und die Arbeiter, durch die Forderungen und Sparmaßnahmen der Vormonate ohnehin verärgert, hätten sich vielleicht zu

Protestaktionen ermutigt gesehen. Die Mitglieder des Politbüros, die wie Anton Ackermann, Fritz Dahlem, Rudolf Herrnstadt (der Herausgeber des *Neuen Deutschland*) und Wilhelm Zaisser gegen den zunehmend autoritären Stil Ulbrichts opponierten, haben sich dem Kurs des »Aufbau des Sozialismus« nicht öffentlich widersetzt. Nach einer beunruhigenden Sitzung des Politbüros am 9. Juni 1953, in der die seit langem unzufriedenen Abweichler »das Sekretariat« angriffen, forderte der sowjetische Hohe Kommissar Wladimir Semjonow, man solle umgehend die Rücknahme einiger Maßnahmen öffentlich ankündigen. Nun fürchtete Herrnstadt einen so plötzlichen politischen Kurswechsel der Partei, daß er um zwei Wochen Zeit bat, um die Getreuen darauf vorzubereiten. Doch Semjonow entgegnete: »In vierzehn Tagen werden Sie vielleicht schon gar keinen Staat mehr haben.«[18]

Die Veröffentlichung des Kommuniqués vom 9. Juni, das darauf abgestimmt war, die Arbeiter zu beruhigen, führte im Gegenteil dazu, den der Partei verbliebenen Einfluß noch weiter zu schmälern. Am 16. Juni endete die Sitzung der SED im Streit; am folgenden Tag kam es in Berlin, Karl-Marx-Stadt (Chemnitz), Gera, Halle und anderswo zu massiven Demonstrationen. Die russischen Statthalter in Berlin, Semjonow und Marschall Sokolowskij, befürchteten einen Zusammenstoß mit westlichen Einheiten ebenso wie die Demonstrationen in ihrer Hälfte der Stadt, und selbst dort, wo sie mit Gewalt vorgingen, folgten sie nicht den erregten Botschaften der Moskauer Führung, die auf den massiven Einsatz von Schußwaffen und auf exemplarische Exekutionen drängte. Zwar vermutete Moskaus Stabschef, der wegen der Krise nach Berlin gekommen war, eine konterrevolutionäre Verschwörung, doch waren die Russen alles andere als glücklich über die ungeschickte Politik der Ostdeutschen, die sie nun zum Eingreifen zwang. Sokolowskij und Semjonow drängten nach dem Aufstand auf Ulbrichts Entlassung; doch den neuen Machthabern im Kreml, die sich ein paar Monate nach Stalins Tod ihrer Macht noch nicht sicher waren und jeder des anderen Schritte mißtrauisch beobachteten, erschien der Zeitpunkt nicht geeignet, Ulbricht abzusetzen und damit die Demonstrationen in der DDR nachträglich zu rechtfertigen. Außerdem waren sie damit beschäftigt, die Verhaftung Berijas und den Prozeß gegen ihn vorzubereiten, die Ende Juni erfolgten. So sahen sie ihre Aufgabe in der DDR darin, die Unzufriedenheit langsam abzubauen. Niemand in Moskau wollte die Reihen der Ostberliner Partei noch zusätzlich verunsichern. Nachdem er sich oberflächlich dem Ritual der Selbstkritik unterworfen hatte, konnte Ulbricht im Amt verbleiben. Aber irgend jemand mußte gefunden werden, dem man die Schuld für das, was im offiziellen Sprachgebrauch »faschistische Provokation gegen die DDR« genannt wurde, zuschieben konnte. Auch wenn man auf einen Strafprozeß verzichtete und statt dessen nur eine innerparteiliche Untersuchung durchführte, wurden Herrnstadt und Zaisser aus ihren Büros entfernt und als angebliche »Kapitulanten« des Imperialismus und als Mitglieder einer Pro-Berija-Gruppe denunziert.[19]

Eine neue Welle von Verhaftungen folgte 1956 auf den viel bedrohlicheren Aufstand in Ungarn und dessen Niederwerfung. Die Budapester Rebellen zogen eine blutige Vergeltung auf sich. Sie traf als ersten Imre Nagy, den kommunistischen Führer des Aufstands, der versucht hatte, Ungarn in die Autonomie zu steuern, ohne die Intervention Moskaus zu provozieren. Er mußte seine Niederlage mit dem Leben bezahlen. Dieses harte Durchgreifen bekamen auch ostdeutsche Schriftsteller und Intellektuelle zu spüren, die mit dem führenden Kopf der Regierung Nagy in Kontakt gestanden hatten, nämlich mit Georg Lukács. Dieser verstand sich zu einer erbärmlichen Selbstkritik; seine deutschen Gesprächspartner jedoch waren auf Gnade und Ungnade Hilde Benjamin ausgeliefert, der erbarmungslosen SED-Juristin, die nach dem 17. Juni 1953 zur Justizministerin ernannt worden war, nachdem sie mit am Stuhl ihres ideologisch weniger stramm orientierten Vorgängers Max Fechner gesägt hatte. Das Regime zwang die Diskussionskreise der gemäßigten Reformer, vor allem Intellektuelle im Kreis der Redaktion des *Sonntag* und um den Aufbau Verlag herum, die inspiriert vom nachstalinistischen Tauwetter Reformen im osteuropäischen Marxismus anstrebten, zur Orthodoxie zurück. Die Literaten standen in Verbindung mit Wolfgang Harich, einem jungen Philosophen an der Humboldt-Universität und einem Verfechter von Arbeiterräten, der Kontakte zu westdeutschen Sozialdemokraten unterhielt. Er wurde im März 1957 wegen Gründung einer staatsfeindlichen Verschwörergruppe zu zehn Jahren Gefängnis verurteilt.

Verurteilt wurden auch zwei ältere Lektoren des Aufbau Verlags, nämlich Walter Janka, Parteimitglied seit dem spanischen Bürgerkrieg, und Gustav Just, der als Endzwanziger aus dem Krieg heimgekehrt war und von der SED als Mitglied geworben wurde. Ernst Bloch, ihr spiritus rector, wurde zwangsemeritiert, konnte sich nicht mehr öffentlich äußern und wurde schließlich 1961 ins westdeutsche Exil getrieben. Mit Alfred Kantorowicz, der die Erklärung, mit der der Schriftstellerverband den Budapester Aufstand als konterrevolutionär verurteilte, nicht unterzeichnen wollte, ging 1957 ein weiterer bedeutender Intellektueller in den Westen.

Diese wiederkehrenden, anfallartigen »Säuberungen«, allesamt von Denunziationen, erpreßten Geständnissen, Verrat an Freunden und harten Urteilen begleitet, müssen ihrerseits in einem größeren Kontext gesehen werden. Von Mitte der dreißiger Jahre an, seit Beginn der sowjetischen »Säuberungen«, und bis in die frühen sechziger Jahre lassen politische Urteile die ideologischen Konfrontationslinien des Jahrhunderts erkennen. Betrachtet man sie oberflächlich, erscheinen die »Säuberungen« nur absurd: Männer und Frauen, die ihr Leben dem Sozialismus geweiht hatten, wurden zum Geständnis gezwungen, sie seien Saboteure und Spione. Andere mußten Irrtümer eingestehen, bekennen, daß sie sich hatten fehlleiten lassen. Manche von ihnen wurden dazu gebracht, Menschen zu denunzieren, die ihre politischen Freunde gewesen waren. Zumindest schwiegen sie, wenn ihre Genossen degradiert und eingesperrt wurden. Die Schauprozesse waren nur die Spitze des Eisbergs. Wenn dort das Leiden der Angeklagten publik wurde, dann wurden viele andere entlassen, in Schande gestürzt oder eingesperrt, ohne daß dies großes Aufsehen verursacht hätte. Den sowjetischen »Säuberungen« der dreißiger Jahre fielen Millionen von Menschen zum Opfer. In Deutschland denunzierte der Volksgerichtshof Nationalsozialisten, die am positiven Ausgang des Krieges zweifelten, Regimegegner, die diesem Tribunal anheimfielen, wurden brutal hingerichtet, einige gar mit Klavierdrähten gehenkt. In Frankreich beschloß das Vichyregime, Léon Blum als Symbol all des Unheils zu verurteilen, das die Demokratie über Frankreich gebracht habe. Nur die offensichtliche Absurdität der gegen ihn erhobenen Anklage – bereits 1936 sollte er die Niederlage von 1940 verschuldet haben, die doch seine Ankläger an die Macht gebracht hatte – führte dazu, daß das Verfahren eingestellt wurde. Mussolini, Ende 1943 in Norditalien von seinen deutschen Rettern als Marionettendiktator wiedereingesetzt, ließ die Menschen verurteilen und exekutieren, die für seine Absetzung gestimmt hatten und nicht rechtzeitig geflohen waren (darunter auch sein Schwiegersohn). In den finsteren Nachwehen des spanischen Bürgerkriegs verurteilten Francos Gerichte Tausende von besiegten Widerstandskämpfern zu Gefängnis und Erschießung.

Die politischen Prozesse hatten auch mit der Niederlage des Faschismus noch kein Ende. Die Widerstandskämpfer waren sich nach dem Krieg darin einig, daß man das Land von Kollaborateuren säubern müsse. Die siegreichen Alliierten waren sich einig, daß nationalsozialistische Führer vor ein öffentliches Gericht gestellt werden mußten. Wenn wir diese Wellen von politischer Justiz in ihrem ganzen Umfang begreifen wollen, müssen wir auch die quasi-gerichtlichen Ermittlungen mit einbeziehen, die ein Joseph McCarthy in den Vereinigten Staaten in Gang gesetzt hat: die »Säuberung« des US State Department und die Verurteilungen selbst der Anwälte, die die nach dem »Smith Act« von 1940 angeklagten Kommunisten vertreten hatten. Natürlich gab es grundlegende Unterschiede in der Art der Anklagen, der Verfahrensführung und der verhängten Strafen. Gleichwohl verfolgten alle Maßnahmen in dieser Zeit, als der kalte Krieg mit Koreakrieg, McCarthy-Ära und dem Ende der Stalinherrschaft auf seinen Höhepunkt zusteuerte, ähnliche Ziele. Stets ging es darum, politische Abweichung und Dissidententum zu unterbinden, die Grenzen der politischen Diskussion ganz eng zu ziehen und im Namen der öffentlichen Wohlfahrt den Konflikt zwischen der jeweiligen Regierungspartei und ihren allgegenwärtigen Feinden durch ritualisierte Auseinandersetzungen unter Eid und durch sensationelle Beichten zu dramatisieren.[21] Seit der Französischen Revolution waren Gerichtssäle nicht mehr derart mißbraucht worden: als Mittel der Demonstration, wem die Macht gehört und gebührt. In den sechziger Jahren folgten noch einige Rückgriffe auf jene Praktiken. Ein spanisches Militärgericht verhängte im April 1963 ein Todesurteil gegen einen kommunistischen Kader für das erfundene Verbrechen der »andauernden Rebellion«. Auch die griechische Junta, 1967 an die Macht gekommen, mobilisierte die Gerichte gegen ihre Gegner. Tschechoslowakische Kommunisten haben die Aktivisten des Prager Frühlings eingesperrt oder aufs Land verbannt. Aufs Ganze gesehen, verebbte die große Welle gerichtlicher Gewalttätigkeit in Europa jedoch. Wenn es noch einmal zu Todesurteilen kam, dann wurden diese in den siebziger Jahren von den im Untergrund agierenden Terroristen verhängt.

Die Richter in der DDR haben ein durchgehend schäbiges, aber relativ unblutiges Kapitel zur Geschichte der politischen Justiz im zwanzigsten Jahrhundert beigetragen. Nach 1951 forderte das Politbüro, daß alle Richter in der DDR ihre politische Loyalität zu zeigen hatten, indem sie – ohne Rücksicht auf ihre Zugehörigkeit zu einer bestimmten Kammer – über straf- und zivilrechtliche Fälle gleichermaßen entscheiden würden. Schon bevor sie Justizministerin wurde, nutzte Hilde Benjamin ihren Einfluß auf die Personalverwaltung, damit SED-Mitglieder zu Richtern und, noch entscheidender, zu Staatsanwälten berufen wurden. Die schlimmsten Verfahren fanden in den fünfziger Jahren statt: ein Widerhall der antizionistischen Umtriebe und zugleich ein Aufräumen mit den Kommunisten, die die Jahre der Hitlerherrschaft nicht im russischen Exil verbracht hatten. Mit Ausnahme der Hinrichtungen nach dem 17. Juni (von denen die Sowjets innerhalb weniger Tage achtzehn verhängten und die Ostdeutschen später noch zwei weitere vollstreckten), griff man sehr selten zur Todesstrafe. Gleichwohl gab es zeitweise über 50 000 politische Gefangene, was hieße, daß einer von 200 Erwachsenen in der DDR in einem Gefängnis oder Internierungslager eingesperrt gewesen war. Mit den Mitteln der strafrechtlichen Verfolgung ging man vor allem auch gegen die Bauern vor, die sich der Kollektivierung widersetzten. Im Oktober 1956 behauptete Grotewohl, 21 000 politische Gefangene freigelassen zu haben (von denen viele in den Westen gingen), räumte jedoch ein, daß noch immer 26 000 Menschen inhaftiert seien.[22] Die Nachwehen der ungarischen Revolution Ende Oktober 1956 hatten auch in der DDR spürbare Folgen. Selbst wenn Chruschtschow auf dem 20. Parteitag der KPdSU im Juli Stalin scharf kritisiert hatte: Um Budapest wieder auf orthodoxen Kurs zu bringen, hat auch er Panzer und Soldaten in Marsch gesetzt. Ulbricht hatte es sehr eilig, die Gelegenheit zu nutzen, um die Vorstellungen eines

»nationalen« Kommunismus, die polnische und ungarische Reformer motiviert hatten und die in die DDR durchgesickert waren, im Keim zu ersticken. Solche Vorstellungen mochten Kommunisten in Warschau und Budapest helfen, sich gegen Moskau zu behaupten, in einem Gebilde wie der DDR jedoch war die nationale Frage prekär. Die in der DDR auf Reformen drängenden Marxisten wollten intensivere Beziehungen mit Sozialdemokraten aus der Bundesrepublik und bedrohten eben damit das Regime. Wolfgang Harichs »Verbrechen« bestand vor allem anderen in seinem Plädoyer für eine gesamtdeutsche sozialistische Initiative. So sahen er und seine Freunde sich mit aufgebauschten Anschuldigungen, mit dem erpreßten Schweigen der Freunde und dem Elend langjähriger Haft konfrontiert. »Vereinfacht könnte gesagt werden«, schrieb Walter Janka, »daß wir über die Formen sozialistischer Demokratie gestritten haben, um den zum Hindernis gewordenen Begriff ›proletarische Diktatur‹ abzulösen.«[23]

Die fünfziger Jahre, das mußten diese Intellektuellen begreifen, waren keine günstige Zeit, um über sozialistische Theorie, Arbeiterräte oder andere Alternativen zur stalinistischen Orthodoxie zu diskutieren. Daß Jankas einstiger Gönner, Johannes R. Becher, der Poeta laureatus des Regimes, Autor der Nationalhymne und Kulturminister, sich an der Denunziation von Jankas angeblich konterrevolutionärer Verschwörung beteiligte, war eine bittere Lektion: »Seine Wahrheitsliebe als Politiker (machte) mir Schwierigkeiten«, hat Janka in bewußtem Understatement geschrieben.[24]

Auch die beiden folgenden Jahrzehnte waren für Intellektuelle keineswegs einfach. Selbst wenn eiskalte Gefängniszellen und Isolation nicht länger zum Repertoire der Unterdrückung gehörten, die Denunziation von Zweiflern und Dissidenten, die Attacken Ulbrichts oder des aufstrebenden Stellvertreters Erich Honecker bestimmten das Klima weiterhin. Moderne Literatur, die andere Ziele verfolgte als den gesellschaftlich aufbauenden Blick auf Kollektiv und Fortschritt, weckte weiterhin Mißtrauen, auch wenn immer wieder für die Assimilation der Moderne in den Kanon sozialistischer Kunst geworben wurde. Joyce, Proust und Kafka galten als formalistisch und dekadent, als narzißtische Exponenten einer spätbürgerlichen Zivilisation. Während der sechziger Jahre hatten sich die Sozialisten anderswo längst mit der Moderne angefreundet, die DDR-Führung aber ließ sich nicht beirren. Erst nach einem Jahrzehnt der Ächtung, das auf den Prager Frühling folgte, konnte Ende der siebziger Jahre immerhin wieder Kafka verlegt werden, und seine Bücher wurden nach dem hundertsten Geburtstag des Autors 1983 zu Bestsellern.²⁵ Dennoch blieb Affirmation Gebot des Tages. Mit ihren Zweifeln handelten sich Wolf Biermann, Christa Wolf und wer sich sonst nicht dazu verstand, das System rückhaltlos zu feiern, finstere Warnungen, Ächtung, auch Gefängnis oder Ausbürgerung ein. Schließlich gab es in Deutschland den »real existierenden Sozialismus«.

Der real existierende Sozialismus

Nachkriegsdeutsche – ob nun in den siebziger Jahren unter Honecker oder seit der Wiedervereinigung unter Kohl – haben Genugtuung daraus gezogen, daß sie wieder ein »normales« Land hatten. Im Osten wurde diese Normalität durch so schmucke Formeln wie »real existierender Sozialismus« ausgedrückt. Zwar mußte man, um diesen Zustand zu erreichen oder herbeizuzwingen, die Mauer bauen, doch brauchte die DDR gut zwölf Jahre, bis sie ihre Grenzen durch die Abriegelung Ostberlins schließen konnte. Dieser brutale, aber äußerst wirkungsvolle Schritt – er war entscheidend für die Stabilisierung des Regimes – brauchte die Unterstützung durch die Sowjets. Doch Moskau nahm sich Zeit, bis es sich entschließen konnte, etwas gegen die fortgesetzte Verletzbarkeit der DDR zu tun. Was brachte die Sowjets dazu, dem Bau der Mauer zuzustimmen?

Die Deutschlandpolitik hatte im Kontext der innerparteilichen Auseinandersetzungen im Kreml einen eminenten Stellenwert. Zwar wurde die Macht über Ostdeutschland letzten Endes zum Preis, den die Sowjets für ihre Teilnahme am Zweiten Weltkrieg erhielten, gleichwohl mußten die russischen Strategen und Politiker erkennen, wie abhängig die DDR von ihrer Unterstützung blieb. So wurde doch immer wieder auch die Frage gestellt, ob man nicht mehr erreichen würde, wenn man mit diesem Pfund wucherte, statt dieses Gebilde immer weiter nur mühsam am Leben zu erhalten. Bis 1948 hatten die Strategen in Moskau wahrscheinlich gehofft, die Wiedervereinigung zu Bedingungen arrangieren zu können, die deutschen Kommunisten in der Politik eines vereinten Deutschlands eine mächtige, wenn nicht gar die einzige Stimme geben würde. Und selbst ein nur neutrales Deutschland hätte verhindern können, was dann eintrat, nämlich die rasche, durch den Marshallplan noch geförderte Entwicklung eines stramm antikommunistischen Westeuropas. Nach den Außenministerkonferenzen von Moskau und London schien das jedoch keine Perspektive mehr zu sein. Die USA und Großbritannien waren nicht gewillt, kommunistischen Einfluß in dem Umfang hinzunehmen, den eine Vereinigung gefordert hätte. Natürlich wäre es den Supermächten schwergefallen, den Kräften in Deutschland, die man ja erst ermutigt hatte, ihre beiden im jeweiligen Lager anerkannten Staaten zu regieren, den Boden unter den Füßen wegzuziehen. Mit ihren Antworten auf sowjetische Noten konnten die Westmächte Adenauer und die Deutschen, die eine stabile westorientierte Demokratie wollten, nicht so ohne weiteres desavouieren. Möglicherweise hätten die Sowjets, wenn es denn ihren Zielen gedient hätte, ihre SED-Gefolgschaft sogar abgeschrieben. Doch auch Moskau zögerte, das so ohne weiteres zu tun: Das gleiche Spiel im Osten wie im Westen, die schwächere Seite konnte ihren stärkeren Gönner einfach aushebeln. Das liegt in der Dynamik von Bündnisstrukturen.

Eine Zeitlang schienen die Sowjets zu zögern, sich politisch endgültig festzulegen, vielleicht hing das mit den Auseinandersetzungen unter den beteiligten Stellen in Moskau zusammen. 1947 ermutigte die Sowjetische Militärregierung (SMAD) die SED zu deren Vorstoß in Richtung deutsche Einheit – vielleicht rechnete man damit, die Zustimmung der Deutschen im Westen gewinnen zu können, selbst wenn die gerade entstehenden Parteien sich widersetzen würden. Zur gleichen Zeit ermutigte die SMAD die SED, sich durch hartes Durchgreifen in der russischen Zone die entscheidende Autorität zu sichern. Aber gerade diese Maßnahmen waren wohl kaum geeignet, die Sympathien der westlichen Beobachter zu gewinnen.[26] 1952 machte Stalin in seiner berühmten Note den Vorschlag eines entmilitarisierten, aber vereinten Deutschland. Und als der Westen sie (womit sie wahrscheinlich auch gerechnet hatten) abwies, verlegten sich Sowjets und SED auf die Konsolidierung des Sozialismus in der DDR.

Mit den Entwicklungen in den fünfziger Jahren waren die Russen nun endgültig daran gebunden, Ostdeutschlands Status als eigener Staat zu verstärken. Berijas Vorschlag, über die deutsche Einheit zu verhandeln, wurde gegen ihn gekehrt und diente nach Stalins Tod als Mittel, den gefürchteten Funktionär an der Spitze des NKWD in Mißkredit zu bringen. Als Berija dann aber sicher unter der Erde lag, schien der sowjetischen Führung der Zeitpunkt gekommen, eine neue deutsche Karte auszuspielen. 1954 und 1955 konnten Sowjets und Westmächte jedoch nicht ausräumen, was sich als fundamentale und immer wieder zutage tretende Uneinigkeit erweisen sollte: Moskau stellte sich auf den Standpunkt, daß die Westdeutschen mit dem ostdeutschen Staat verhandeln müßten, wenn es überhaupt zu Fortschritten in Richtung Vereinigung kommen sollte. Die Westmächte konterten mit der Forderung freier Wahlen in ganz Deutschland: Damit wäre der ostdeutsche Staat wahrscheinlich ausgelöscht worden. Konföderation der beiden Staaten oder Auflösung des östlichen Staates – beide Vorstellungen sollten tatsächlich bis Anfang 1990 nebeneinander existieren, bis die Wiedervereinigung unausweichlich wurde. Während des Kalten Krieges war dieser Gegensatz wohl auch gar nicht zu überwinden, so daß bis 1955 jeder der beiden Staaten fest in ein System von Allianzen eingebunden war. Nach der Ablehnung einer Europäischen Verteidigungsgemeinschaft durch die Franzosen wurde Westdeutschland 1954 eingeladen, der NATO beizutreten, während die DDR zum Mitglied des gerade gegründeten Warschauer Pakts wurde. Nach dem Bonner Beschluß, der NATO beizutreten (1955) und nach den bedrohlichen Aufständen in Polen und Ungarn gaben die Sowjets diese Interimsphase des Schwankens und Experimentierens in der Deutschlandpolitik auf.

Paradoxerweise stärkten gerade die Unsicherheiten innerhalb des Sowjetblocks das Engagement der Russen für einen ostdeutschen Staat. Alle Vorstellungen eines politischen Tauschhandels – die DDR gegen ein neutralisiertes Deutschland – erschienen nun, nachdem die Aufstände in Polen und Ungarn ganz Osteuropa aufgerüttelt hatten, selbst einem Reformer wie Chruschtschow als viel zu riskante Abenteuer. Chruschtschow wollte den Ostblock stabilisieren, wollte Ostdeutschland zum Bollwerk ausbauen und die Westmächte dazu bringen, den Status quo zu bestätigen. Die

DDR, die vom Westen als Pariasystem behandelt wurde und der die Bonner Regierung jegliche Legitimität absprach, mußte nun sehen, wie sie als Staat Anerkennung fand. Die russische Politik umriß Anastas Mikojan im Juni 1957 folgendermaßen: »Wenn wir das Regime in Ostdeutschland nicht stützen, wird unsere Armee Feuer von allen Seiten bekommen. Immerhin stehen eine halbe Million unserer Soldaten hier. Und was würde der Verlust von Ostdeutschland bedeuten? Wir wissen, was er bedeutet.«[27]

Enttäuscht, daß man die Westalliierten samt Bundesrepublik nicht dazu hatte drängen können, die Probleme des Kalten Krieges direkt mit Ostdeutschland auszuhandeln, und besorgt darüber, daß die NATO ihre Atomwaffen auf westdeutschem Gebiet stationierte, ließ Chruschtschow 1958 mit der Drohung, Ostberlin die Kontrolle der Transitwege nach Berlin zu übertragen, eine verdeckte Krise offen aufbrechen. Die Zuständigkeit der Sowjets für den Transitverkehr nach Berlin war ein Element des Viermächtestatus der Stadt, und dieser konnte als Ergebnis des Zweiten Weltkriegs nach Ansicht der Westmächte nicht einseitig widerrufen werden. Zehn Jahre zuvor hatten die Sowjets den Landweg nach Berlin blockiert. Nun sah es so aus, als legten sie es ins Ermessen der DDR-Führung, diese Erpressung zu wiederholen. Seit dieser Drohung Chruschtschows sahen sich die Westmächte mit ihrer Präsenz in Berlin einer beständigen Herausforderung gegenüber – ein Zustand, der bis zum deutsch-deutschen Abkommen und dem Viermächtevertrag über Berlin für weitere zehn Jahre nicht wirklich überwunden werden konnte.[28]

Die diplomatische Offensive der Sowjets konnte jedoch nichts daran ändern, daß die Wirtschaft der DDR mehr und mehr zusammenbrach und eine immer größere Zahl ihrer Einwohner in den Westen ging. Beinahe 200000 Menschen sind 1960 geflohen, weitere 103000 im Juni 1961, darunter viele hochqualifizierte Selbständige. Darunter zum Beispiel Ärzte, die auch in der DDR durchaus nicht schlecht verdienten, die aber erleben mußten, wie ihre Kinder als Angehörige einer »privilegierten« Klasse stigmatisiert wurden.[29] Chruschtschow war entschlossen, eine internationale Auseinandersetzung über Rechte der Alliierten in Berlin zu dulden, und er war auch bereit, der DDR-Führung zu ermöglichen, diese offene Wunde zu schließen. Am 13. August 1961 spannte die Volksarmee der DDR Stacheldraht entlang der Grenzen ihrer Hauptstadt. Der Imperialismus, so erklärte die Führung den Bürgern, die sie damit einpferchte, könnte nun die Lücke in der Grenze nicht länger ausnützen, um seinen Einflußbereich nach Osten auszuweiten.[30] In seiner Wirkung war der Bau der Mauer gleichbedeutend mit einer zweiten Gründung des Regimes. Die Aktion war einschneidend, aber sie zeugte auch von einigem Selbstbehauptungswillen. Sie schien der Wirtschaft eine Atempause zu verschaffen, und die Menschen in der DDR akzeptierten von nun an, wenn auch grollend, den Status quo. Bis dahin war ihre Hauptstadt, geringschätzig Pankow genannt, ein Regierungsviertel im Nordosten Berlins. Von jetzt an würde man einfach von Berlin sprechen. Die Parteikader wurden aufgefordert, in ihren Bezirken Diskussionen anzuleiten; es wurden Arbeitsnormen aufgestellt – ein Schritt, der acht Jahre zuvor zur Explosion des 17. Juni geführt hatte. Diesmal jedoch duckte sich die Republik.

Die Politik in der Ära Chruschtschow (1958 bis 1964) folgte deutlich widersprüchlichen Impulsen. Ganz offensichtlich wollte der sprunghafte Erste Sekretär stalinistische Unterdrückung abschaffen; auf dem 20. Parteitag der KPdSU brandmarkte er die Repressionen seines übermächtigen Vorgängers und ermutigte dazu, ökonomische Alternativen zur zentralen Planwirtschaft freier darzustellen und zu diskutieren. Aber er konnte nur dann auf Liberalisierung im Ostblock setzen, wenn er gleichzeitig in der Lage war, die Grenzen der kommunistischen Welt zu sichern. Diese doppelte Stoßrichtung spiegelte sich in den Veränderungen in Ostdeutschland. Tatsächlich visierte Chruschtschow schnelle Gewinne an: auf Kosten des Westens. Er wollte die Westberliner demoralisieren, Kuba, den Stützpunkt des Kommunismus vor der Küste Floridas, unterstützen und den Kapitalismus auf dem Gebiet der Technik überholen. Der Widerstand der Amerikaner setzte den sowjetischen Ambitionen eine Grenze. So bekräftigte die Regierung Kennedy ihr Engagement in Westberlin und zwang Chruschtschow, die Raketen aus Kuba wieder abzuziehen, gleichwohl gingen die kommunistischen Regimes in Havanna und Ostberlin aus der Krise mit bestärkten Garantien hervor.

Chruschtschows Genossen in der Parteiführung wurden seiner eigenmächtigen und unsteten Politik müde und enthoben ihn 1964 seiner Ämter. Gegen Ende des Jahrzehnts war Leonid Breschnews Position als Nachfolger gesichert, und er versuchte nun wirklich, mit dem Gespann Nixon-Kissinger zu neuen, umfassenden Abkommen zu gelangen, die Maximen der Realpolitik folgen sollten. Breschnews Ziel war die gesicherte Koexistenz mit dem Westen. Die von Chruschtschow ermutigten kommunistischen Reformbewegungen waren in der Tschechoslowakei 1968 aus der Kontrolle geraten. In der sich daraus entwickelnden Krise, die in der Intervention des Warschauer Pakts kulminierte – befürwortet vor allen von einem verunsicherten Ulbricht[31] –, machte Breschnew deutlich, daß orthodoxe kommunistische Staaten nicht zögerten, die richtige Linie auch mit Gewalt durchzusetzen und am Warschauer Pakt festzuhalten. Um die alternativen Konzepte wie ökonomische Dezentralisation, Arbeiterräte in den Fabriken, offen geführte Auseinandersetzungen, kurz: Um die Vorstellungen eines »menschlichen« Kommunismus, die in den sechziger Jahren aufgeblüht waren, wurde es bald wieder ruhig. Und im Hinblick auf die internationalen Beziehungen ging es Breschnew darum, der Sowjetunion die Anerkennung als eine den Vereinigten Staaten gleichgestellte Militärmacht zu sichern. Breschnew verteidigte die orthodoxe Linie hinter einer Fassade von Großmacht-Bonhomie: Er hielt die Dissidenten unter Kontrolle, ließ seinem militärisch-industriellen Komplex freien Lauf, während er bedeutende ausländische Gäste zu Wildschweinjagden in den Ural einlud. Nixon und Breschnew brauchten in ihren jeweiligen Ländern jeder die Anerkennung des anderen: Nur so konnten sie von den drängenden ökonomischen und außenpolitischen Problemen ablenken, die ihren gemeinsamen Führungsanspruch bedrohten.

In den ausgehenden sechziger Jahren begann für den Westen ein Jahrzehnt gesellschaftlicher und ökonomischer Umbrüche, gekennzeichnet von Antikriegsdemonstrationen und Rassenkonflikten, von weitverbreiteten Arbeitskämpfen und militanten Demonstrationen der Studenten, vom Beginn der Frauenbewegung. Auch im Osten herrschte gesellschaftlich und politisch Unruhe, 1968 wurde die Tschechoslowakei, 1970 Polen erschüttert, doch all das drang nicht so nachhaltig ins sowjetische Kernland ein, als daß es dort zu einer irgendwie gearteten Reform des Systems gekommen wäre. Nicht nur im Inneren dieser Länder herrschte Unruhe, auch die internationale Politik war in Fluß geraten, angestoßen durch Willy Brandts und Egon Bahrs Ostpolitik sowie durch die Entspannungspolitik, wie sie die Supermächte vorsichtig erprobten – Breschnew, Nixon und Mao Tse-tung suchten nach neuen Verhandlungsmöglichkeiten, die einen Durchbruch bringen könnten. Ostpolitik und Entspannung bedingten sich gegenseitig, beide folgten jedoch jeweils eigenen politischen Motiven: Ziel der Ostpolitik war Liberalisierung, in der Entspannungspolitik ging es um die Stabilisierung des Status quo. Daran war auch dem ostdeutschen Regime gelegen, und man war durchaus bereit, diesem Ziel zuliebe in Sachen Ostpolitik kleine Konzessionen zu machen. Natürlich mußte die Normalisierung der deutsch-deutschen Beziehungen vordringliches Ziel sowohl von Brandts Ostpolitik als auch der Entspannungsbemühungen der Supermächte sein.

In diesem Kontext von Ostpolitik und Entspannung »normalisierte« sich die Politik der DDR-Führung noch weiter. Zwischen 1969, dem Jahr, in dem die von Willy Brandt geführte sozialliberale Koalition an die Macht kam, und dem Jahr 1973, in dem beide deutsche Staaten den Vereinten Nationen beitraten, nachdem sie im Jahr zuvor den »Grundlagenvertrag« unterzeichnet hatten, mit dem sich beide Staaten wechselseitig anerkannten, machte die DDR große Schritte in Richtung internationaler Anerkennung. Brandt setzte darauf, daß seine Verhandlungen mit der DDR die politischen Restriktionen, unter denen die Bevölkerung der DDR zu leiden hatte, lockern würden. Darüber hinaus hielt der Grundlagenvertrag nach Brandts Verständnis durchaus am Anspruch der Bundesrepublik fest, für alle Deutschen zu sprechen. Die westdeutsche Anerkennung der SED-Republik konnte aber keine wirklich grundlegende Liberalisierung garantieren.

Die deutsch-deutschen Verträge waren Bausteine einer Politik, die generell auf schrittweise Beilegung des Kalten Krieges gerichtet war. In diesen Zusammenhang gehörten auch der Vertrag zwischen der Bundesrepublik und Polen, die deutsch-deutschen Abmachungen über Berlin, das Viermächteabkommen der ehemaligen Siegermächte, in dem die neuen deutsch-deutschen Vereinbarungen verankert wurden, und der Fortgang der Konferenz für Sicherheit und Zusammenarbeit in Europa (KSZE).[32] Zusammenarbeit in diesem Rahmen, auch als Helsinkiprozeß bezeichnet, hatten die Sowjets lange gefordert; Breschnew versprach sich sehr viel davon. Der Schub von Helsinki – die abgestimmte Entspannung – fügte sich auch in die politischen Leitlinien von Kissinger und Nixon, die davon ausgingen, daß die Welt um der internationalen »Ordnung« willen von Großmächten regiert werden müsse: von den Vereinigten Staaten, von der Sowjetunion und möglicherweise noch von der Volksrepublik China. Washington mißtraute den in den verschiedenen Ostblockländern unabhängig voneinander agierenden Dissidenten kaum weniger als Moskau: Hier wie dort galten sie als Störenfriede. Im Grunde wiederholte die Unterzeichnung der Schlußakte von Helsinki mehr als jedes andere Ereignis der zurückliegenden dreißig Jahre die Vereinbarungen der Konferenz von Jalta. Mit der Zusicherung unangetasteter Einflußsphären wurde das Versprechen politischen Wohlverhaltens erkauft. So weit waren die Vorstellungen von Breschnew und Nixon gar nicht von denen eines Stalin, Churchill und Roosevelt entfernt: Auf beiden Seiten handelten die führenden Politiker in der Überzeugung, daß Großmächte verpflichtet seien, den Frieden zu sichern. Demgegenüber galten alle, die auf ihren lokalen Rechten bestanden, als Unruhestifter und Kirchturmpolitiker, denen man, im Interesse übergeordneter Ziele, Zügel anlegen müsse. Genau so hatte Franklin Delano Roosevelt General de Gaulle, hatten Churchill die italienische Linke und Stalin Marschall Tito, sicher auch Mao Tse-tung betrachtet. Und in diesem Sinn bestätigte die Schlußakte von Helsinki – der in den vorangegangenen fünf Jahren verhandelten, sich vielfach überlagernden Vertragsarchitektur folgend – die Unverletzlichkeit der Grenzen in Europa. Implizit bestätigte die Schlußakte den Sozialismus im Osten. Tatsächlich bedeutete das, daß sich der Westen über die sowjetische Intervention in der Tschechoslowakei von 1968 nicht länger beunruhigen mußte. Die in Jalta beschlossene Aufteilung der Interessensphären war besiegelt.[33]

Als Ausgleich erreichte der Westen, daß die Führer der osteuropäischen Länder mit ihrer Unterschrift die Menschenrechte garantierten. Deren Einhaltung würden Regierungen und Nicht-Regierungsorganisationen in Zukunft systematisch überwachen. Amerikanische Kritiker sollten die Vereinbarungen von Helsinki später als wertlose Versprechungen angreifen, die der Osten für eine erneute Bestätigung des kommunistischen Status quo ohne weiteres habe abgeben können. Aber von solchen Protesten abgesehen gab es wenig Einwände dagegen, daß der Westen nun Mittel in der Hand hatte, gegen kommunistische Unterdrückung anzugehen. Für die Dissidenten in Osteuropa gewann der Helsinkiprozeß in den nächsten fünfzehn Jahren zunehmend Bedeutung, denn nun gab es zumindest einen Standard der freien Meinungsäußerung, auf den sie ihre Regimes hinweisen konnten, und es gab eine Gruppe westlicher Aktivisten, die ihre Arbeit engagiert verfolgten. Das waren nicht viel mehr als Strohhalme, doch in jedem Fall besser, als ganz abgeschrieben zu sein. Tatsächlich erfüllte die Schlußakte von Helsinki Brandts Vision, daß man nun mit dem Ostberliner Regime darüber verhandeln könne, daß es seinen Bürgern mehr Freiheiten im Alltag einräumen und das Reisen erlauben solle. Außerdem lieferte die Schlußakte dem amerikanischen Präsidenten Jimmy Carter eine völkerrechtliche Grundlage für sein Bestehen auf Einhaltung der Menschenrechte. Tatsächlich hatte Helsinki zwei Gesichter, doch müssen die Kritiker sich fragen lassen, was denn eine realistische Alternative gewesen wäre, nachdem die Sowjets den Prager Frühling niedergewalzt hatten.

Die internationale Entwicklung der siebziger Jahre hatte für die DDR tiefgreifende Folgen, denn sie ermöglichte eine Neudefinition der nationalen Identität. Mit Brandts Ostpolitik kam die Vorstellung von zwei Staaten einer deutschen Nation in die politische Debatte. Das bot dem Anspruch, den die Bundesrepublik von Anfang an vertreten hatte, nämlich der einzig legitime politische Repräsentant des deutschen Volkes zu sein, eine entscheidend verbesserte Ausgangsposition. Hinter der Mauer jedoch erschien die Vorstellung einer einzigen Nation noch immer inakzeptabel und destabilisierend. Die Ideologen und Kommentatoren in der DDR entwickelten die These vom Sozialismus als einer fundamentalen Komponente der nationalen Identität. Es gebe, wie einer ihrer Dichter schrieb, zwei Nationen dort, »wo einst Deutschland war«. Es wäre ermüdend, die Schritte genau zu verfolgen, mit denen Gesellschaftstheoretiker und politische Führer solche Vorstellungen ausarbeiteten: 1971, in seiner ersten Rede als Erster Sekretär des ZK vor dem VIII. Parteitag der SED, unterschied Honecker zwischen der ostdeutschen sozialistischen Nation und der westdeutschen bürgerlich-kapitalistischen. Mit den Änderungen von 1974 verschwindet der Begriff einer einheitlichen deutschen Nation aus der Verfassung: Vom sozialistischen Staat deutscher Nation wurde die DDR zu einem sozialistischen Staat der Arbeiter und Bauern. Wenn von da an zwei deutsche Nationen existierten, konnte die DDR nun ohne weiteres einen Teil des kulturellen Erbes beanspruchen. Seit dem 1976 revidierten Parteiprogramm der SED war »deutsch« wieder ein offiziell verwendbares Adjektiv, nun bezog es sich auf ein Land, das aus der Verpuppung der bürgerlich-sozialistischen Übergangsphase ausgeschlüpft war. Das Regime fühlte sich jetzt so sicher, daß es mit dem Adjektiv »deutsch« keine bedrohlichen Vorstellungen mehr verbunden sah.[34] Intellektuelle und Ideologen in der DDR vertrauten ihrer Sache nun so sehr, daß sie sogar einige der alten nationalen Versatzstücke aus dem Schrank ziehen konnten, ohne sich überwältigt oder bedroht zu fühlen.

Ostdeutsche Historiker beispielsweise konnten die nationale Vergangenheit neu bewerten, sie mußte nicht mehr in eine krampfhafte Abfolge feudaler und bürgerlicher Zeitalter gepreßt werden, die in Monopolkapitalismus und Faschismus hatten kulminieren müssen – vor der schließlichen Erlösung durch die Sowjetunion. Nun war den Historikern gestattet, mit Hauptfiguren der deutschen Geschichte und ihrem vielschichtigen Vermächtnis Frieden zu schließen, etwa mit Friedrich II. oder mit Bismarck. Plötzlich war in einer in der DDR erschienenen Biographie des Preußenkönigs zu lesen, daß preußische Herrscher nicht in jeder Hinsicht reaktionär gewesen seien. Und Bismarcks Realitätssinn wurde als Grund dafür angeführt, daß es ihm möglich gewesen sei, gute Beziehungen mit Rußland zu suchen. Die Vorstellung von »Tradition und Erbe« erlaubte es, sich von einem marxistisch-eindimensionalen Konzept des Fortschritts zu verabschieden, das nicht mehr ernst genommen werden konnte. Tradition galt jetzt als der Teil des Erbes, den man weitergeben konnte.[35]

Historiker trugen auch zu einer neuen Betonung des regionalen Partikularismus bei. Walter Schmidt, der Leiter des »Instituts für Geschichte der deutschen Arbeiterbewegung«, sah es als Aufgabe eines Historikers aus der DDR, die Kämpfe zwischen Fortschritt und Reaktion in ihrer jeweiligen regionalen Besonderheit zu vermitteln. Wenn in der DDR das Vermächtnis Thüringens, Sachsens oder Mecklenburgs – und immer häufiger auch des untergegangenen Preußen – betont wurde, dann sollte auf diesem Weg das Handicap überwunden werden, daß die DDR ihr Territorium nur auf einem Teil des ehemaligen deutschen Staatsgebietes hatte. Nun galt, daß jede Region der DDR kraft ihrer jeweils reichen lokalen Tradition eine eigene historische Legitimität genoß. Während einer Reise durch das alte Mecklenburg wurde einer westdeutschen Schriftstellerin klar, worin die neue Anziehungskraft des Regionalismus bestand, die sie zu einer Zeit, als noch nicht absehbar war, daß es bald wieder ein einziges Deutschland geben würde, wie folgt erklärt:

> Die Deutschen in der DDR haben es nicht leichter als wir Deutsche im Westen, deutsch zu sein. Wir alle sind Nachkommen jenes sogenannten Großdeutschen Reiches, das so viele Greueltaten begangen hat. Deutscher Nationalismus kann hier wie da nur peinlich sein. Aber ganz ohne Identifikation geht es auf die Dauer denn wohl doch nicht. Ein Ausweg ist die Bindung an kleinere Gebiete, an Landschaften, Regionen. Die DDR-Regierung hat wohl inzwischen eingesehen, daß es den neuen DDR-Nationalismus, wie sie ihn sich vorgestellt hat, nicht gibt; zu sehr wird er behindert durch den begehrlichen Blick auf den schillernden deutschen Nachbarn im Westen, auch durch die Verhältnisse im real existierenden DDR-Sozialismus. Deshalb wird eine neue Art Hinwendung zum Regionalen nicht nur erlaubt, sondern gefordert.[36]

1979, zum dreißigsten Jahrestag der Staatsgründung, war ein Plakat weit verbreitet, auf dem – im Stil einer Kinderzeichnung – eine glückliche Familie in einem Haus zu sehen und der Slogan zu lesen war: »Hier sind wir zu Hause.«[37] Die Wendung zum Regionalismus half dem Regime, setzte dessen ideologischen Ansprüchen aber auch Grenzen. So schwankte man zwischen Sozialismus und *Gemütlichkeit*. Der Staat mochte gehofft haben, daß die »Liebe zum Vaterland« durch Verbundenheit mit der Region, bescheidenen Konsum und lokale Aktivitäten gestärkt würde, beförderte damit aber zugleich die Tendenz einer behaglichen Versteinerung. Intellektuelle sprachen von »unserer Republik«; ein Begriff, der etwas implizit Verkleinerndes hat, so als hätten sich im lokalen Milieu, in den verschlafenen Städten der brandenburgischen Provinz oder in den Kneipen am Prenzlauer Berg, die Ansprüche der Ideologie und die marxistische Selbstgerechtigkeit ausblenden lassen. In den großen und kleinen Städten der DDR, in den Ferienorten an der Ostsee, den Dörfern im Thüringischen oder Mecklenburgischen schien die vertraute Landschaft eingefroren: im Bild der späten dreißiger Jahre. Die Umgestaltung der Lebenswelt durch Neonlicht, Supermärkte und ungebremstes Wachstum der Städte war in der DDR langsamer vonstatten gegangen. Es gab dort tatsächlich so etwas wie ein deutsches Rip van Winkle-Gefühl. Günter Gaus, von 1974 bis 1980 der erste Ständige Vertreter der Bundesrepublik in der DDR, sprach vom »Erinnerungshauch«.[38] Gaus popularisierte die Vorstellung von einer Gesellschaft der Nischen, vom Rückzug ins Private, in dem die Bürger der DDR zunehmend ihr eigentliches Leben lebten. »Was ist eine Nische in der Gesellschaft der DDR? Es ist der bevorzugte Platz der Menschen drüben, an dem sie Politiker, Planer, Propagandisten, das Kollektiv, das große Ziel, das kulturelle Erbe – an dem sie das alles einen guten Mann sein lassen, Gott einen guten Mann sein lassen und mit der Familie und unter Freunden die Topfblumen gießen, das Automobil waschen, Skat spielen, Gespräche führen, Feste feiern.«[39] Nicht darum, daß die Menschen in der DDR mit ihrem Rückzug in die Privatsphäre von westdeutschen Normen abwichen, ging es Gaus. Mit seiner Beobachtung wollte er unterstreichen, daß sich die DDR, dieser sozialistische Staat mit seinem alle Lebensbereiche umfassenden Anspruch, das Privatleben seiner Bürger nicht hatte einverleiben können. Die Deutschen in der DDR kultivierten ihre Schrebergärten mit dem gleichen Eifer wie die im Westen: Diese sich an vielen Bahngeleisen entlangziehenden Parzellen mit ihren Miniaturdatschen boten Orte, an denen man die Abende mit Gespräch und Kartenspiel verbrachte, und zudem konnte man sich der Zucht von Tomaten, Karotten und Dahlien widmen. Das Regime selbst schien mit diesem zunehmenden Rückzug ins Privatleben durchaus einverstanden. Wie man den Zeitungskolumnen entnehmen kann, kümmerten sich junge Leser, die sich in den sechziger Jahren mit den Verpflichtungen befaßten, die jugendliche Sozialisten der Allgemeinheit gegenüber hatten, in den achtziger

Jahren mehr um persönliche Freundschaft und Treue.[40] »Freiheit, Einheit und Sozialismus«, so eine Pilotin, der, als sie älter wurde, eine Stelle als Aufseherin im Dresdner Militärgeschichtlichen Museum zugewiesen worden war, »bedeuten Frieden, Fortschritt, Liebe zum Vaterland Deutschland und ein zufriedenes Leben mit meinem Partner und meinem kleinen Zwergpudel.«[41]

Als »real existierenden Sozialismus« bezeichnete das Regime selbst diesen biedermeierlichen Kollektivismus. Die Dissidenten sahen das anders. Sie befürchteten, dies würde die Kritiker aus dem Ausland entwaffnen, besonders die Menschen aus dem Westen, die glauben wollten, daß die Ostpolitik tatsächlich zur Minderung der Repressionen im Alltag der DDR-Bürger geführt habe. Die Dissidenten waren nicht bereit, die Gesellschaft der »Nischen« als Modus vivendi zu akzeptieren, denn sie begriffen, daß dies die in Wahrheit fortwährende Repression verschleiere. Das zeigt ein Ausbruch, mit dem sich der Dissident Wolfgang Templin noch im nachhinein Luft verschaffte: »Jeder, der ... als Beobachter und Beteiligter von draußen nicht ... [die Unmenschlichkeit beim Namen nannte] und die DDR verharmlosend in der Grundqualität auf Nischengesellschaft oder Freizeitgesellschaft mit miserablen Angeboten – das war sie alles auch – bringen wollte, hat im Grunde genommen die Leute bestärkt, sich selber in dieser Unmündigkeit und Unselbständigkeit festzuhalten.«[42]

Auch ein Ulbricht hätte sich vielleicht über eine so glatte Selbstcharakterisierung wie »real existierender Sozialismus« mokiert, doch hatten die Sowjets dafür gesorgt, daß er 1971 gehen mußte. Ulbricht hatte im August 1968 auf der brüderlichen Unterdrückung des Prager Frühlings bestanden; er hatte sich Breschnew gegenüber nicht respektvoll verhalten; seine eigenen ökonomischen Experimente erwiesen sich 1970 als Fehlschläge. Als er älter wurde, reagierte er aufgebracht auf Beat und Rock und vor allem auf Mädchen mit Pferdeschwänzen. Ulbricht, stur, alt, mürrisch und müde geworden, wurde angewiesen, dem energischen Erich Honecker, einem ehemaligen FDJ-Führer, Platz zu machen, der dann seinerseits im Oktober 1989 stur und mürrisch, als müder alter Mann abtreten sollte.[43] Ulbricht hatte noch direkt mit Intellektuellen aus der DDR-Gründergeneration wie Brecht, Bloch, Kantorowicz oder Hans Mayer diskutiert, hatte sie zurechtgewiesen und sich dennoch in einem gewissen Sinn verpflichtet gefühlt, auf sie zu hören. Derartige Erfahrungen hatte Honecker nie gemacht. In den siebziger Jahren erschienen diese alten marxistischen Theoretiker und ihr Werk bereits überholt. Als Erben der hegelianischen Tradition, in der »real« nicht nur seiend, sondern auch vernünftig hieß, war noch selbstverständlich, daß man existierende Institutionen, auch kommunistische, fortwährend kritisch hinterfragen müsse: Anwendung der Methoden des Marxismus auch auf diesen selbst. Am ausgeprägtesten wurde diese Haltung während der sechziger Jahre wohl durch die Kritische Theorie eines Theodor W. Adorno und eines Max Horkheimer an der Universität Frankfurt repräsentiert.

Mochte die neue Generation ostdeutscher Dissidenten vielleicht nicht so umfassend gebildet sein wie die Philosophen, die aus dem Exil zurückgekehrt waren, so waren sie doch hellwach und hartnäckig. Der Dichter und Liedermacher Wolf Biermann, damals gerade um die Dreißig, hatte einen sarkastischen Witz, wie er bei der Linken seit Tucholsky nicht mehr zu hören war. Biermann wurde nicht müde, mit feinen Nadelstichen an die Unterdrückung des Prager Frühlings zu erinnern. So überzog Biermann den »sozialistischen Gang« der Ereignisse auch 1976 bei dem legendären Konzert in Köln mit seinem Spott, und voller Zorn nutzte das Regime diese Gelegenheit, den unliebsamen Kritiker auszubürgern und ihm die Wiedereinreise zu verweigern.[44] Der über sechzigjährige Robert Havemann war einer der intellektuellen Wegweiser der Generation Biermanns. Der hochspezialisierte Physikochemiker hatte unter den Nationalsozialisten gleichzeitig mit Honecker im Zuchthaus Brandenburg gesessen und war wohl nur darum nicht erschossen worden, weil man wollte, daß er seine wissenschaftliche Arbeit fortsetzte. Entsetzt über die Enthüllungen in Chruschtschows »Geheimrede«, versuchte er doch, der DDR als Intellektueller die Treue zu halten und verteidigte 1961 den Bau der Mauer. Aber er bestand auf der Freiheit des Naturwissenschaftlers gegenüber politischen Vorgaben, womit er sich die scharfe Kritik der Chefideologen zuzog. Er war mutig genug, seine Gegenspieler ignorant und verachtenswert zu nennen.[45] Da er Schriften im Westen veröffentlichte, wurde er aus der Partei und aus der Akademie der Wissenschaften ausgeschlossen, gleichwohl distanzierte er sich zu keinem Zeitpunkt vom demokratischen Sozialismus. So wurde er zum glühenden Verteidiger des tschechischen Experiments von 1968, das er als die notwendige Vollendung der Revolution von 1917 betrachtete. Havemann ließ sich auch in den siebziger Jahren, nachdem er zur Unperson erklärt worden war, nicht entmutigen. Er weigerte sich, in den Westen zu fliehen, solange wenigstens seine Essays immer wieder ihre Flucht antreten konnten. Kurz vor seinem Tod 1982 gehörte er zu den Unterzeichnern des Berliner Appells für Frieden (siehe dazu Kapitel Vier). Seine postume Wiederaufnahme in die Akademie der Wissenschaften im Herbst 1989 war eine der bedeutendsten Zeremonien ziviler Rekonstruktion.

Trotz all ihrer Unterschiede waren Havemann und Biermann Schlüsselfiguren der Opposition der siebziger Jahre. Der Ältere, kühl und gebildet, ließ seine Gegenspieler als ungehobelte Gesellen erscheinen; der Jüngere, mit Ironie und Witz begabt, ließ seine Kritiker in all ihrer übereifrigen Tolpatschigkeit erkennbar werden. Und beide waren sie zur gleichen Zeit auf beiden Seiten der Mauer präsent, beide hatten sie allen Zugang zur literarischen Szene im Westen, die nichts lieber tat, als die Botschaften zurück in den Osten zu senden. Die Machthaber dort hatten Probleme damit, Opponenten einzusperren, die es verstanden, die Möglichkeiten der Westmedien zu nutzen. Seit Ende der achtziger Jahre versuchte das Regime darum immer häufiger, die Unzufriedenen zu verbannen; die DDR hatte es verstanden, die Menschen einzumauern, Informationen jedoch waren schwieriger aufzuhalten. Gleichwohl war die Kritik der Dissidenten alles andere als lähmend. Die ostdeutsche Gesellschaft versuchte noch immer, ihre neuen Generationen zu guten sozialistischen Funktionären zu erziehen. Die Bürokraten arbeiteten für die wirtschaftliche Entwicklung; sie wollten fortschrittlich und konstruktiv sein. Trotz all der ärgerlichen Klagen, trotz all der wohlfeilen Witzeleien desillusionierter Intellektueller, die die stabilen Errungenschaften ihrer hart arbeitenden Landsleute verspotteten und auf deren Kosten im Westen Tantiemen häuften, hatten die Ostdeutschen – so wiederholten es die Sprecher des Regimes wieder und wieder – den bestmöglichen sozialistischen Staat gebaut. Die Werktätigen waren fleißig; die DDR-Wirtschaft galt als das Kraftzentrum des Ostblocks; die Menschen waren »antifaschistisch«. Das galt als Frucht des Sozialismus hier und jetzt, errungen gegen alle Weltverbesserer und in Opposition zum verführerischen Reichtum des Westens. Auch in den siebziger Jahren wurde der Prozeß der Kollektivierung fortgesetzt, die Orthodoxie wurde aufpoliert. Mitte der achtziger Jahre sprachen westliche Beobachter dann sogar von der Erfolgsstory DDR. Das Regime bekam Sitz und Stimme in der Vollversammlung der Vereinten Nationen, unterhielt Botschaften in den Vereinigten Staaten und in Westdeutschland. Das Land hatte eine der weltbesten Sportlerequipen aufgebaut; in den Statistiken erschien es als zehnt- oder elftgrößter Industrieproduzent der Welt. Die 750-Jahr-Feier von Berlin und der 500. Geburtstag von Luther wurden genutzt, um den Anspruch der DDR auf historische Legitimität zu untermauern. Westdeutsche Beobachter erschienen geradezu verwirrt über diese Annexion des historischen Vaterlands. Im Frühjahr 1987 war die SPD bereit, zusammen mit der SED ein Papier über den »Streit der Ideologien und die gemeinsame Sicherheit« auszuarbeiten, in dem sich beide Parteien gegenseitig Existenzberechtigung zuerkannten. Noch immer konnte man im Westen viele Menschen finden, die den deutschen sozialistischen Staat heftig ablehnten, aber nicht wenige glaubten auch daran, daß die mit dem Westen gesponnenen Fäden eine langsame Liberalisierung der DDR erzwingen würde – kaum einer von ihnen glaubte jedoch, daß der Staat der DDR einfach zusammenbrechen würde, wovor doch sein sowjetischer Aufpasser bereits im Juni 1953 gewarnt hatte.

Privilegienwirtschaft, Geheimpolitik und Komplizenschaft

Die ostdeutschen Intellektuellen, die in dieser Zeit volljährig wurden, erinnern das Ende der siebziger bzw. die frühen achtziger Jahre als Wendepunkt. In der Tschechoslowakei hatte sich die Charta 77 gegründet, die polnischen Arbeiter hatten gemeinsam mit Intellektuellen, die in der Solidarność-Bewegung aktiv waren, die Komitees zur Verteidigung der Arbeiter (KOR) gegründet – Ereignisse, die wieder eine Stimmung internationalen Protests aufkommen ließen. Im Juni 1979 schloß der Schriftstellerverband der DDR neun Autoren aus, als prominentesten unter ihnen Stefan Heym.

Das provozierte den Protest anderer namhafter Schriftsteller. Als deren Protest nichts fruchtete, waren Ablösung und Rückzug die Folge. Christa Wolfs Heldin brachte die unterdrückten Erinnerungen an eine Kindheit unter Hitler in enge Verbindung mit Verdrängungsleistungen, die Alltag und Lebensgefühl in der DDR forderten. Mit feiner Ironie schilderte Günter de Bruyn die Schwächen der verhätschelten intellektuellen Klasse, ihre Schriftstellerkolonien und Institutionen. Christoph Hein verstörte die sozialistische Öffentlichkeit mit seinem Portrait einer Frau, die alle ihre moralischen Bindungen betäubt hatte. Distanzierte Selbstbeobachtung charakterisiert die Erzähler der DDR-Literatur aus der Spätzeit der DDR.[46]

Jüngere Intellektuelle drückten ihren Protest weniger in den traditionellen Hochformen der Literatur aus, vielmehr im Wildwuchs von Film, Lesung, Graffiti, Musik, kirchennaher Friedensbewegung oder ökologischer Aktion.[47] Ihr Protest zeigte sich kaum offen politisch, viel eher verschlüsselt in Rock, Poesie und Alternativkultur; es waren Ausdrucksformen einer dritten oder sogar vierten »Generation« von DDR-Dissidenten: von Biermanns Nachfolgern. Wer auf diese Weise protestierte, glaubte nicht daran, daß sich mit diesem Staat Vereinbarungen aushandeln ließen. In ihrer Verzweiflung wollte diese Generation, wenn sie schon nicht abhauen konnte, sich eine Art permanenter subversiver Atmosphäre schaffen. Das Dilemma des Rock and Roll Mitte der achtziger Jahre erhellt die Entwicklung. FDJ-Gruppen hatten zunächst versucht, der Anziehungskraft der Rockmusik tapfer zu widerstehen, hatten dann aber vom Staat geförderte Discos eingerichtet, um den Kontakt zu den örtlichen Jugendlichen nicht zu verlieren. Höhepunkt dieser offiziell abgesegneten Versuche, das Bedürfnis nach Rockmusik auch wirklich zu befriedigen, war das Bruce Springsteen-Konzert im Sommer 1988.[48] Aber ließ sich die apolitische und doch potentiell subversive Macht der Musik mit staatlicher Förderung beeinflussen? Als der Westberliner Journalist Olaf Leitner 1983 in seinem gut informierten Bericht über die Rockszene der DDR kritisch anmerkte, trotz der vielen Bands sei die Neigung des Systems spürbar, diese Musik zu unterbinden, waren die Kulturwächter der Republik konsterniert. Ursula Ragwitz, eine ehemalige Klavierlehrerin und noch immer ernstzunehmende Lehrmeisterin, die als eine der Hauptzensorinnen der SED arbeitete, sandte die

Arbeit an die Generaldirektion beim Komitee für Unterhaltungskunst. In deren Bewertung hieß es: »Das Buch erschien zu jenem Zeitpunkt, da der BRD-Bundestag der Stationierung der US-Raketen zustimmte und sich auch unter den Rockmusikern der DDR eine gewisse Enttäuschung und Resignation zeigte ...« Trotz aller offensichtlichen Objektivität des Autors, so die interne Besprechung, trotz des von ihm beteuerten Engagements für das sozialistische Ideal, trotz seines detaillierten Wissens (es sei möglicherweise aus geheimpolizeilichen Quellen gespeist) untergrabe die Arbeit objektiv den »realen« Sozialismus, indem sie fälschlich einen Antagonismus zwischen dem Regime und der Rockmusik konstruiere und außerdem dem DDR-Rock die Authentizität abspreche, weil er in staatlichen Institutionen gefangen sei. Dabei sah man die Rockmusik durchaus als »politisch« an, wie aus einem vertraulichen, von der gleichen Generaldirektion verfaßten »Standpunkt zur Entwicklung der Rockmusik in der DDR« hervorgeht. Die Förderung der »Rock für den Frieden«-Konzerte diente der Kampagne gegen die Nachrüstung der NATO mit Mittelstreckenraketen und sollte zugegebenermaßen auch den Einfluß westdeutscher Radiosender (der Neuen Deutschen Welle) eindämmen, »die von den herrschenden Kreisen der Bundesrepublik auch als eine Antwort auf die Entwicklung der Rockmusik in der DDR gedacht waren«. Obwohl es mehr als achtzig professionelle Rockgruppen gab, entwickelte sich 1983 unglücklicherweise eine gewisse Unsicherheit; Künstler wurden abtrünnig, weil man ihnen westliche Subversion und Widersprüche in ihrem »materiellen« Milieu vorwarf. Trotz der Erfolge mit den Konzerten unter dem Motto »Rock für den Frieden« ordneten die Parteibehörden 1986 an, daß zum beliebten Neujahrskonzert ausschließlich Bands, die aus der DDR stammten, eingeladen werden dürften. Das Komitee für Unterhaltungskunst (Abteilung Rockmusik) protestierte gegen dieses mit harter Hand erlassene Verbot, und es gelangte mit seinem Vorstoß bis zu Kurt Hager, dem Chefideologen des Politbüros. Die SED-Zensoren waren selbst verlegen, scheuten aber die Verantwortung, die Maßnahme zurückzunehmen. Hager dachte ein halbes Jahr über die Anfrage nach, erlaubte dann schließlich einen Monat nach dem ursprünglichen Konzerttermin die Teilnahme einer kubanischen und einer kanadischen Gruppe.[49]

Zu Ulbrichts Zeiten waren die Verhältnisse einfacher gewesen, nun herrschte ein Klima unübersichtlicher gesellschaftlicher Beziehungen und privater Ansprüche, das mit »real existierendem Sozialismus« schwer in Einklang zu bringen war. Privilegien einerseits und ironische Angriffe andererseits ließen ahnen, daß der moralische Halt des Regimes schwand. Immer mehr Westwaren mußten erlaubt werden: Die Bürger brachten Computer und Jeans einfach aus dem Westen mit. Das Regime ersann den Ausweg, ausländische Konsumartikel mit Hilfe der Intershops zu rationieren, wo man Dinge wie Whisky, Parfum und modische Kleidung gegen Westgeld kaufen konnte.[50]

Die akademischen Disziplinen wurden zunehmend anspruchsvoller und öffneten sich immer komplexeren Fragen, die mit den simplen Methoden des Marxismus-Leninismus nicht zu erfassen waren. Wie bereits erwähnt, gestattete man der Geschichtsschreibung größere Freiheiten, und im Versuch, sowohl politische Rückschläge als auch vermeintlichen Fortschritt zu erklären, griff man zum Konzept des Regionalismus.[51] Auch psychologisch fundierte Modelle entwickelten sich. In der relativ reformistischen Atmosphäre, die in den sechziger Jahren herrschte, hatte eine »kybernetische« Soziologie, die sich auf den Informationsprozeß von Individuen und Organisationen konzentrierte, Übereinstimmungen zwischen der psychologischen Forschung in Ost und West angedeutet. Derartige Überlegungen wurden in den siebziger Jahren abgewürgt, doch nach 1980 diskutierte man plötzlich über Vorstellungen von Individualität, die kaum mit der früher geforderten Psychologie, die vom Vorrang gesellschaftlicher Prägung auszugehen hatte, in Einklang zu bringen war. Waren sie zuvor tabu, so wurden jetzt die Lehren Freuds assimiliert, und 1981 wurden anläßlich seines 125. Geburtstags seine Thesen auf einer Konferenz diskutiert.[52] Das waren vorsichtige und zögernde Neubewertungen, immerhin signalisierten sie aber verhaltenen Protest gegen die bis dahin lähmende Orthodoxie.

Es dauerte lange, bis sich diese Trends durchsetzen konnten. Westliche Gesellschaften waren, nachdem die notwendigsten Aufgaben des Wiederaufbaus auf den Weg gebracht worden waren, die politische Disziplin des Kalten Krieges zur Routine geworden war, in eine Phase neuer Beweglichkeit getreten. Die Gesellschaften des

Ostblocks dagegen blieben starr, hier sorgte kein Wohlstand für Aufbruch, sie unterwarfen sich noch immer der ideologischen Bevormundung, aber der stete, immer gleiche Druck summierte sich in mancherlei Hinsicht. Sicherheit vermittelnde Gefühle von Identität, vertraute Loyalitäten, die Krieg und Nachkriegszeit mit ihrem Mangel und dem ideologischen Kampf geprägt hatten, verblaßten mit den Veränderungen, die seit Ende der fünfziger Jahre und in den folgenden Jahrzehnten immer schneller und weiter um sich griffen. Nun gab es Ferienreisen für immer mehr Menschen, es gab Konsumartikel in großer Auswahl; die Sorge für kleine Kinder und die alt gewordenen Eltern konnte öffentlichen Einrichtungen übertragen werden; vor Berufstätigkeit und Elternschaft verlängerten sich Studium oder Ausbildungszeit; es kam das Fernsehen mit seiner kontinuierlichen Botschaft des innergesellschaftlichen Zusammenhangs, mit seiner Montage von Bild und Ereignis; es kam die Befreiung von den schweren Pflichten als Staatsbürger, wie sie Rockmusik und Jeans versprachen. Mit jeder dieser Veränderungen lösten sich ideologische Bindungen, die auf den einfacheren und ausschließlicheren Identitäten früherer Dekaden aufbauten, in der man entweder Arbeiter oder Arbeitgeber, entweder Antifaschist oder Antikommunist war. »Die moderne Industriegesellschaft«, schrieb die führende ostdeutsche Reformerin Ulrike Poppe, »ist durch ihre Komplexität für den einzelnen zunehmend unübersichtlich und erschwert die Identitätsfindung.«[53]

Die neuen individuellen oder kollektiven Orientierungen hatten bereits in Ländern wie Frankreich, Westdeutschland, Italien und den Vereinigten Staaten die politische Routine gehörig durcheinandergebracht. Marxistische Regierungen waren noch weniger gewappnet, die zunehmend komplexeren Interessen der Zivilgesellschaft zu integrieren. Die Klassenkonflikte, die Marx und seine Nachfolger zur Grundlage ihrer Lehre gemacht hatten, waren stets über Gebühr vereinfacht worden: Schon um die Jahrhundertwende waren die europäischen Gesellschaften auch durch ethnische und religiöse Konflikte zerrissen, nicht nur durch Klassengegensätze. Und auch wenn es um direkt ökonomische Widersprüche ging, standen sich die Bewohner von Stadt und Land, Handwerker und Industriearbeiter, Ladenbesitzer, Pächter und Vermieter mit ihren unterschiedlichen materiellen Interessen gegenüber. Während des Ersten Weltkriegs, wenn nicht bis in die dreißiger Jahre aber sah es so aus, als sei die entscheidende Trennlinie mit der Klassenzugehörigkeit gegeben. Klasse und Klassenkampf hatten eine unausweichliche Präsenz bekommen: Die bürgerliche Gesellschaft spürte die wachsenden Schatten der proletarischen Parteien und sozialistischen Ambitionen. Die Klassengegensätze lagen auch offen zutage, sie prägten die Geographie der Städte und das Funktionieren der öffentlichen Behörden. Nach dem Zweiten Weltkrieg kam es dann auf den empirischen Wahrheitsgehalt der marxistischen Ideologie kaum noch an. Der Ausgang der militärischen Kämpfe versetzte die Kommunisten in die Lage, ihre Herrschaft im Kielwasser der Roten Armee zu installieren, ganz unabhängig davon, wie treffend oder irrelevant die politische Analyse war. Gestützt auf die totalitäre Macht der Sowjets und die massive Präsenz ihres Militärs, konnten die Kommunisten ein Vierteljahrhundert lang ihre Politik durchsetzen, die auf dem Vorbild sowjetisch-zentralistischer Planung aus den dreißiger Jahren aufgebaut war.

Aber wie sollte die nachfolgende Generation das Land regieren, wenn Fragen des Geschlechts, der Umwelt, der kulturellen Identität und der persönlichen Erfüllung querstanden zur simplifizierenden Klassentheorie, die der Bewegung fünfzig Jahre früher als Leitlinie diente? Nach welchen gesellschaftlichen Prinzipien sollten die kommunistischen Parteien zwischen den widerstreitenden Ansprüchen an Arbeit und Freizeit unterscheiden, wie die Forderungen des Umweltschutzes bewerten, wie auf die Folgen des sauren Regens reagieren, wie entscheiden, was sie in Infrastruktur oder Zufriedenheit der Konsumenten investieren sollten, wenn sie darauf verzichteten, solche Fragen in parlamentarischen Debatten zu klären, auf die sich die westlichen Regierungen stützten? Die verschiedenen Ministerien und die Büros der Partei mochten für Teilbereiche die zunehmend komplexe Gesellschaft durchaus überblicken, aber wer hätte denn die Linie der Partei vertreten sollen, die doch angeblich immer richtig und entscheidend war?

Freiheitliche Regimes erheben nicht den Anspruch, auch das Geflecht privater und sozialer Beziehungen beeinflussen zu wollen. Kommunistische Parteien dagegen verfolgen das viel ehrgeizigere Programm der alles umfassenden Fürsorge: Sie begreifen alle Beziehungen und Rollen der Menschen in der Gesellschaft als potentiell öffentliche Angelegenheit. An eine derart anspruchsvolle Aufgabe gesamtgesellschaftlichen Managements konnten sie sich nur heranwagen, wenn es ihnen gelang, die Organisation des Sports zu monopolisieren, die multivalenten Loyalitäten junger Leute in die offiziellen Jugendorganisationen umzuleiten und kulturellen Dissens offen zu unterdrücken. Direkter Zwang blieb das Hilfsmittel, zu dem man im Zweifelsfall immer greifen konnte. Doch selbst wenn die Partei offenen Dissens unterdrücken konnte, wenn die Treue zum Regime einmal verspielt war, ließ sie sich nicht wieder auffrischen.

Wie im Fall der ökonomischen Reformen waren die späten sechziger Jahre auch eine deutliche Grenzscheide für kommunistische wie auch für nichtkommunistische Gesellschaften. Mag es »Achtundsechzig« im Westen viel romantisches Posieren, offene Intoleranz und aufgesetztes Intellektualisieren gegeben haben, die Rebellion zeugte auch von tatsächlicher Unzufriedenheit. Studenten und militante Fabrikarbeiter machten sich Luft, weil sie sich wie Nummern oder Stechkarten behandelt und von den Institutionen der Massengesellschaft ohne Rücksicht auf ihre persönlichen Bedürfnisse ausgebeutet fühlten. Die westlichen Regierungen taten sich schwer mit den Studentenrevolten und ihren lautstark erhobenen Forderungen, mit den häufigen Streiks und den Demonstrationen von Frauen oder Friedensmarschierern. Die kommunistischen Regime behielten immerhin die Herrschaft über die Straße, aber sie fanden die neuen Themen letztlich nicht minder aufreibend.

Die Gesellschaft hatte seit Anfang der sechziger Jahre gegen den Willen der SED eine gewisse Autonomie erreicht und sich von der Partei emanzipiert.[54] Man muß dieses Streben nach gesellschaftlicher Autonomie beachten, wenn man die Besonderheiten der Politik im real existierenden Sozialismus verstehen will. Marxistische Theoretiker hatten zwischen den beiden Weltkriegen die Theorie des Bonapartismus entwickelt; sie sollte ihnen helfen, das Heraufkommen von Faschismus und Nazismus zu verstehen. Dieser Theorie zufolge machen sich Staatsführer und Beamte vom Druck der Klasseninteressen frei, wenn der Klassenantagonismus zu einem Patt zu führen droht, und derart unabhängig geworden, können sie ihre Herrschaft viel autoritärer und wirkungsvoller ausüben. Was in den sechziger und siebziger Jahren geschah, schien dieses Wechselspiel umzukehren. Staat und Partei sahen sich nicht mehr in der Lage, die Gesellschaft – das komplizierte Geflecht beruflicher und privater Rollen, die die Energie der Menschen absorbieren – zu kontrollieren. Statt der Verselbständigung des Staats, wie sie die Theorie des Bonapartismus für die dreißiger und vierziger Jahre analysiert hatte, brachten die sechziger Jahre eine Tendenz zur Verselbständigung der Gesellschaft. Diese war entscheidend für die Herausbildung der besonderen Textur des öffentlichen Lebens im kommunistischen Deutschland.

Günter Gaus hat den Begriff der Nischengesellschaft geprägt – damit aber vor allem gemeint, daß Familien und Individuen die Flucht ins Allerheiligste des Privatlebens antraten. Zeitgenössische Historiker, die sich mit der DDR befaßt haben, haben mit dem Begriff des Eigensinns einen Trend beschrieben, der weniger auf das Privatleben zielt, als auf den Erhalt eines eigenen »Raums«, einer eigenen Sphäre autonomer Handlungsspielräume in öffentlichen Institutionen, vor allem am Arbeitsplatz. Diese Verhaltensweisen jedoch eröffneten Möglichkeiten weniger für einzelne als für Gruppen von Arbeitern. Möglicherweise hätte ein Handeln in Teams oder Gruppen eine sinnvolle öffentliche Teilnahme erneut sichern können. Tatsächlich, so ein Historiker mit Blick auf die ersten Jahre der DDR, habe der Stolz auf die Arbeit, und vor allem dann, wenn er durch Lohnkürzungen oder Normerhöhungen herausgefordert wurde, weniger ein sozialistisches industrielles Utopia, sondern eher die Bindung an die Gruppe gefördert, die ihre Unabhängigkeit von den Vorgaben des Regimes bewahrte.[55] Mit dem Konzept des Eigensinns läßt sich historisch untersuchen, wie sich die Bürger ihr Alltagsleben schufen, ohne sich unterdrücken zu lassen oder zu verzweifeln. Darum kann diese Art der Geschichtsschreibung als Gegengewicht zu den Geschichten von Manipulation, Kollaboration und Zwang dienen, wie sie in diesem Kapitel betont wurden. Wird das Konzept jedoch zu leichtfertig verwendet, kann es auch die Ungleichheit der Machtverteilung zwischen Regierung und Regierten verschleiern – ein Dilemma, das von früheren Versuchen, die Sozialgeschichte von Diktaturen zu beschreiben, nur allzu vertraut ist.

Natürlich erhebt sich an dieser Stelle die Frage, warum die zunehmende Emanzipation der Gesellschaft von der Partei sich nicht in einer weiter verbreiteten und offenen Opposition gezeigt hat. Gerade die Zunahme gesellschaftlicher Komplexität – die größere Vielfalt der Arbeitsstrukturen, das Aufkommen der Geschlechterfrage, gestiegene Konsummöglichkeiten (und umgekehrt entsprechende Enttäuschungen) – wirkte dem Streben des Regimes nach umfassender Kontrolle entgegen. Doch haben die gleichen Trends möglicherweise auch die Gruppensolidarität untergraben und die Quellen von Autonomie verstopft. Auf jeden Fall kam es nicht zu einer raschen Verbreitung des Widerstands. Wurde über politische Ziele und Vorstellungen diskutiert, dann geschah dies in ganz kleinen Gruppen unter dem Dach der Kirche. Doch die Kirchenführer waren häufig sehr vorsichtig und in informellen Netzen gefangen oder hatten zumindest Kontakte zur Polizei. Nur einige konnten ihre völlige Unabhängigkeit wahren; andere, darunter auch hohe Beamte der Kirche, hatten vielleicht mit aller Vorsicht abweichende Meinungen gefördert, gleichzeitig aber mit dem Ministerium für Staatssicherheit verhandelt: Sie dämpften den Oppositionsgeist ihrer Herde, um zumindest etwas Freiraum zu gewinnen.[56] Die Opposition fand keinen Ausdruck in einer Massenbewegung, die wie in Polen politisch hervorgetreten wäre. Es kam dazu auch nicht in der Partei selbst, wie in Ungarn. Auch das Prager Modell mit seinen Petitionen und Demonstrationen, das die Geduld der Regierung ausreizte, hatte in der DDR keine Chance. Bestenfalls gab es zersplitterte Teilöffentlichkeiten – Schriftsteller, die abweichende Meinungen vertraten, junge Intellektuelle, Freiräume in Kirchen und zögernde Universitätsangehörige –, aber es gab bis ganz zum Schluß keine allgemeine zivile Öffentlichkeit. Mit Blick auf die »Gruppenaktivitäten«, die während der achtziger Jahren in den Kirchen Fuß gefaßt hatten, hat Ulrike Poppe eine Linie entdeckt, die bis zu den Pazifisten der fünfziger Jahre zurückführt und diese mit den Zirkeln verbindet, die sich in den sechziger und siebziger Jahren in Wohnungen trafen, um linke Reformprogramme zu entwickeln. »In kleinen Gruppen kann Anonymität aufgegeben werden zugunsten von Geborgenheit und gemeinsamer Sinngebung. Während Institutionen oft als bevormundend erlebt werden, kann man hier Selbstbestätigung als Individuum erfahren.«[57]

Natürlich waren im Fall der DDR besondere Schwierigkeiten zu überwinden. Zunächst versuchten viele der dortigen Intellektuellen sich an die Vision ihres Deutschland als des besseren Staats zu klammern, der immerhin sozialistisch und nicht kapitalistisch war. Rudolf Bahros *Alternative* zielte auf eine neue, reorganisierte kommunistische Linke, nicht auf pluralistischen Wettbewerb der Parteien.[58] Zum Zeitpunkt der Wahlen im März 1990 waren viele ostdeutsche Dissidenten der Meinung, daß die Bundesrepublik wegen ihrer privatwirtschaftlichen Verfassung moralische Defizite aufweise. Wäre die nationale Grundlage des eigenen Staates nicht so prekär gewesen, wäre es leichter gewesen, den Widerstand schon früher zu mobilisieren. Zweitens blieb das Thema der Ausreise verstörend. Als weitaus gravierendste Einschränkung ziviler Rechte erlebte die Bevölkerung, daß sie eingesperrt war. Freie Meinungsäußerung blieb für die meisten DDR-Bewohner abstrakt. Mit der Möglichkeit, in den Westen reisen zu dürfen oder gar sein Glück im Ausland machen zu können, war das ganz anders. Aber viele der im Lande bleibenden Dissidenten mißtrauten den »Ausreisewilligen«. Bis klar wurde, daß die tiefe Sehnsucht derjenigen, die nur noch »weg« wollten, die Wirksamkeit derer stärkte, die zu Hause für Reformen demonstrierten, blieb eine Kluft zwischen beiden Gruppen.[59]

Wenn sie die letzten Jahrzehnte des zwanzigsten Jahrhunderts noch einmal Revue passieren lassen, wird Historikern mit einem Sinn für Ironie auffallen, daß es ausgerechnet diejenigen gesellschaftlichen Phänomene waren, die während der siebziger Jahre die Konservativen im Westen mit Blick auf ihre eigenen Gesellschaften so sehr beunruhigten, über die die gegnerischen kommunistischen Regimes im folgenden Jahrzehnt stürzten. Doch zeigten sich diese Regime gerade darum als so verwundbar, weil sie sich selbst die Möglichkeit nahmen, zu regieren und zu steuern. Die spätsozialistischen Regierungen konnten keine überzeugende Alternative zu den Tendenzen einer »Gegenkultur« anbieten, die sich im Osten wie im Westen verbreiteten. Von Rom bis Rußland: Wie bei allen Geschichten von »Aufstieg und Verfall« ist die spannende Frage auch hier die nach den Gründen. Wie kommt es, daß die Entschlossenheit der regierenden Elite eines Herrschaftssystems, an ihrer Regierungsmacht festzuhalten, ins Wanken gerät? Warum fühlen sich die Herrschenden von der Zunahme gesellschaftlicher Komplexität überfordert? Man wird möglicherweise kein Licht in die letzten Ursachen des Verfalls bringen können. Aber ein Historiker kann nachzeichnen, wie die Prinzipien, mit denen man die Regierungsmacht übernommen hat und die man durchsetzen wollte, so verzerrt wurden, daß sie sich von innen her auflösen. Der Spätsozialismus litt tatsächlich unter einer für ihn charakteristischen, fortschreitend degenerativen Krankheit.

Kritiker wie Parteimitglieder sahen es als Aufgabe einer kommunistischen Regierung – noch im Augenblick ihres Zusammenbruchs (siehe Kapitel Drei) –, für eine korrekte Verbindung von Staat und Gesellschaft zu sorgen. Was hat das Regime im letzten Jahrzehnt seiner Existenz unternommen, um die komplexe, schwer greifbare, wenn nicht gar rebellisch gewordene Gesellschaft zu lenken? Das Mittel der Repression leistete den kommunistischen Staaten immer schlechtere Dienste. Zwar konnte man auf diese Weise Dissidenten zum Schweigen bringen, aber wenn man es tat, verspielte man damit den Kredit im Ausland. Was General Jaruzelski in Polen begreifen mußte, galt für alle: Mit Repression war die Kooperationsbereitschaft unterdrückter gesellschaftlicher Gruppen nicht zu erlangen. Mit Repression ließ sich auch keines der dringenden ökonomischen Bedürfnisse erfüllen. Und Ende der achtziger Jahre, nach der Desillusionierung der Sowjets, was ihre militärische Rolle in Afghanistan anging, war mit Repression vielleicht auch in Rußland nichts mehr zu machen. Zumindest ließ sich die Moskauer Führung darauf nicht mehr ein. Im August 1988 versuchten die Sowjets, einem ziemlich verständnislosen Honecker ihren Reformkurs zu erklären. Wadim Medwedjew, Sekretär des Zentralkomitees der KPdSU, erklärte dem führenden Mann in der DDR, daß die sowjetische Gesellschaft ihre eigenen Energien freisetzen und die Äußerung verschiedener Meinungen gestatten müßte. Honecker reagierte freundlich, begriff den Russen aber einfach nicht. Die Deutschen, so bekannte er, hätten Entwicklungen in dem Maße, in dem sie in der Sowjetunion stattfänden, nicht erwartet. Und nun nutze der Westen die Parolen von Glasnost und Perestroika, um sich in die inneren Angelegenheiten der DDR zu mischen.[60] Einige Monate später schreckte Jan Foitik, der Sekretär des tschechischen Zentralkomitees, Honecker mit Perestroika und dem Einfluß der westlichen Medien auf die tschechische Jugend, ließ aber zugleich durchblicken, daß er Mittel der Repression für fruchtlos halte. Die Gesamtlage in der Tschechoslowakei sei nicht einfach. Es habe nach den Demonstrationen auf dem Prager Wenzelsplatz bei den Funktionären der tschechischen KP einige Nervosität gegeben: »Das achtundsechziger Syndrom wirkt noch nach. Es sei zu einfach, von ›antisozialistischen Elementen‹ zu reden.« In der DDR, so versicherte Honecker seinem tschechischen Genossen, sei der »Sozialismus unerschütterbar, da er der Menschheit etwas zu bieten hat«.[61]

Aber was hatte er denn noch zu bieten? Tatsächlich baute der Spätsozialismus zuletzt immer mehr auf den Versuch, die eigenen Leute zu korrumpieren. Der Sozialismus, so sagte man, sei dazu da, die Solidarität zu stärken, und alle, die in Ostdeutschland zu Besuch waren, vermeinten denn auch ein Gemeinschaftsgefühl zu spüren, das ihnen im Westen fehlte. Auch loyale Bürger der DDR betrachteten den gesellschaftlichen Zusammenhalt als Hauptvorzug ihres Staates. In Wahrheit überlebte das Regime nur dadurch, daß es mit individuellen Belohnungen wie Reisen oder Bildungschancen die allgemeine Solidarität untergrub, daß es selbst die angeblich so treuen proletarischen Massen in konkurrierende Arbeitsbrigaden spaltete und die Schnüffelei belohnte. Die Herrschenden waren bereit, mit Tausenden von kleinen Beschwerden zu leben, weil genau dies eine Verbreiterung der Opposition verhinderte. Wie wurde der soziale und politische Friede nach 1953 gesichert, wie während der langen Jahre, in denen es kaum Opposition gegen das Regime gab? Auch damals nicht durch offene Gewalt, selbst wenn das Gewaltpotential die Grundbedingung jedes politischen Geschäfts war. Nein, der Weg war die systematische Auflösung einer einigen und potentiell oppositionellen Öffentlichkeit.

Ende der siebziger und in den achtziger Jahren entwickelten sich die staatssozialistischen Systeme zu sehr eigenen historischen Gebilden. Die Prinzipien, nach denen sie (mit beträchtlichen Variationen) funktionierten, müssen noch genau untersucht werden, denn sie sind nicht ohne weiteres mit denen aus der Zeit zuvor in Einklang zu bringen. Václav Havel griff auf den Begriff »Posttotalitarismus« zurück, um den allgemeinen Konformitätsdruck zu beschreiben, den die Regime auf ihre Staatsbürger ausübten.[62] Der Begriff ist jedoch nicht unproblematisch: Wahrscheinlich spricht man besser von »spätsozialistischen« oder »spätkommunistischen« Regime, so wie die Forscher von fortgeschrittenen oder spätkapitalistischen Staaten im Westen sprechen. Welche Bezeichnung sich auch für diese Regime durchsetzen wird, was sie von anderen unterschied, war, daß sie nicht länger zum Mittel des politischen Zwangs griffen (selbst wenn diese Möglichkeit hinter allen Versuchen stand, einen Konsens auszuhandeln). Was diese Regime prägte, war die systematische Manipulation der eigentlich öffentlichen Beziehungen zwischen Bürgern und Staatsapparat. Der Spätsozialismus arbeitete mit dem Mittel der Infiltration dessen, was als authentischer öffentlicher oder ziviler Bereich behauptet wurde, in Wahrheit jedoch nichts anderes war als eine Arena für Günstlingswirtschaft, Seilschaften und Privilegien. Die herrschenden Kommunisten kritisierten die ökonomische Macht des Kapitals, weil diese die Demokratie im Westen auf bloßen Formalismus reduziere, im eigenen Land aber griffen sie gleichwohl auf ein Regime von Privilegien, Propaganda und Zwang zurück, das den damit erhobenen eigenen Anspruch, tatsächlich die ganze Gesellschaft zu vertreten, zunichte machte.[63]

Der Spätsozialismus versuchte seine Herrschaft zu behaupten, indem er mit jedem Bürger und jedem potentiellen Dissidenten einen ganz persönlichen Deal abschloß. Gerade weil sich die Herrschenden von den neuen Gruppen und ihrer kollektiven Identität, von Frauen, Selbständigen, Umwelt- oder Friedensaktivisten bedroht fühlten, versuchten sie die Bürger mit dem Angebot von Privilegien und Komplizenschaft zu manipulieren. Die Bürger wurden damit zu Klienten – das Wort im antiken wie im modernen Wortsinn verstanden. Anders ausgedrückt: Der Spätsozialismus ermutigte eine traditionelle Günstlingswirtschaft, indem er sich bedürftige und gebrochene Untertanen schuf, die um den Schutz eines mächtigen Fürsprechers flehten; und zugleich schuf er Klienten in einem neuen Sinn: nämlich Abhängige, die von den Sachbearbeitern der modernen Wohlfahrtsbürokratie (und der Geheimpolizei) subventioniert und beraten wurden. Statt nach sozialistischem Anspruch Öffentlichkeit als eine eigene Sphäre zu rekonstruieren (indem er den Dienst an der Allgemeinheit, allgemeine Errungenschaften belohnt, den eigenen, allen gemeinsamen Hintergrund betont hätte), verließ sich der Spätsozialismus zunehmend darauf, seine Eliten mit westlichen Konsumartikeln, mit Veröffentlichungsmöglichkeiten, Ausbildungs- und Berufschancen und sogar mit bevorzugter Gesundheitsfürsorge zu ködern.

In den späten achtziger Jahren stellten die Gegner des Spätkommunismus die »Zivilgesellschaft« als die Form heraus, mit deren autonomen und gemeinschaftlichen Bindungen sich der Staatssozialismus herausfordern ließ. Die Rede von der »Zivilgesellschaft« erwies sich als ein erstaunlich ansteckender Slogan. (Das wird in Kapitel Vier eingehend diskutiert.) Als Beschreibung dessen, was unter dem Sozialismus in der Öffentlichkeit oder im Privatbereich tatsächlich stattgefunden hat, bleibt das Konzept der Zivilgesellschaft jedoch zu unpräzise und unspezifisch. Wenn man sich auf Zivilgesellschaft berief, hieß das manchmal nichts anderes, als daß kommunistische Staaten kollektive Aktionen einfach Gruppe für Gruppe unterdrückten. Tatsächlich aber wucherten die Gruppen und Aktivitäten.[64] 1988 berichtete Honecker den Sowjets, zwei Drittel der erwachsenen Bevölkerung in der DDR hätten eine offizielle Funktion in einer Organisation inne. »Das spiegelt die Vielfalt des gesellschaftlichen Lebens wider und ist zugleich Ausdruck der entwickelten sozialistischen Demokratie in der DDR.«[65] Der Punkt war jedoch, daß diese Art vielfältiger Organisation – in Arbeitsgruppen, Chören, Hobbyvereinen, Gruppen von Bienenzüchtern usw. – keinerlei Ansprüche an die gesellschaftliche Sphäre zivilen Lebens stellte. Sicher hatte die stalinistische Politik während der fünfziger Jahre versucht, unabhängige Organisationen zu zerschlagen, die möglicherweise mit der Partei um die politische oder geistige Gefolgschaft konkurriert hätten. Der Spätsozialismus jedoch tat nichts dagegen, daß sich Organisationen und Aktivitäten im Alltagsleben weiter ausbreiteten, schon gar nicht, wenn diese auf einer volkstümlichen Kultur basierten.

Versuchen wir die Herrschaftsmethoden des Spätkommunismus mit einem politischen Rekurs auf den Marktliberalismus zu verstehen, der zur gleichen Zeit in Bedrängnis geraten war! Letztlich konnte doch nur der völlige Zusammenbruch des Kommunismus von einigen beunruhigenden Tendenzen innerhalb der westlichen Regime ablenken. Mit diesem Vergleich möchte ich nicht die

Gleichwertigkeit beider Systeme nahelegen. Wer sich freiheitlichem Denken verpflichtet fühlt, wird derartige Analogien wenig überzeugend finden, wenn er daran denkt, welche Zwangsmittel die spätsozialistischen Systeme stets noch in petto hatten und welches Vertrauen sie in ihre allgegenwärtige Geheimpolizei setzten. Dennoch kann es nützlich sein, den umfassenden politischen und kulturellen Druck näher zu betrachten, dem beide Systeme ausgesetzt waren, und zu vergleichen, zu welch uneingestandenen Anpassungen beide Zuflucht nahmen. Auch die westlichen Demokratien haben in den achtziger Jahren bestürzende Veränderungen durchgemacht. So wurde der private Reichtum immer wichtiger, um politischen Einfluß nehmen zu können, die politische Debatte wurde abgelöst von simplifizierenden Slogans und Persönlichkeitsbildern, die Gesellschaft insgesamt hatte unter dem Verschleiß der kommunalen Dienste und abnehmender Sicherheit in den Städten zu leiden, und schließlich öffnete sich die Schere zwischen den Einkommen immer weiter. Die Wahlentscheidungen bereiteten sich weniger in den Legislaturperioden oder als Reaktion auf »unternehmerische« Sonderinteressen vor, sondern in der Interaktion zwischen Fernsehzuschauern und den medialen Deutern der öffentlichen Meinung. In der westlichen Fernsehdemokratie verschmolz die Idee von Öffentlichkeit tendenziell mit dem Kampf um Publicity. In den Medien und auch in dem Prozeß, in dem sich Eliten herausbilden, ging es immer ausschließlicher um Individualisierung, ganz gleich ob diese nun etwas Authentisches hatte oder nur aufgesetzt war. Kein Historiker kann heute sagen, ob diese Veränderungen unumkehrbar oder letztlich gefährlich sind. Die westlichen Institutionen sind nicht zusammengebrochen. Es kam weder zum Vertrauensverlust der Massen, noch wurden Revolten provoziert. Dennoch spielt die Sucht nach »Publicity« im Westen eine ähnlich auflösende Rolle wie die Privilegienwirtschaft im Osten. Publicity und Privileg erweisen sich als charakteristische Symptome des Verfalls von Institutionen – in der Publicity spiegelt sich die Macht der Medien im Spätkapitalismus, in den Privilegien die fortdauernde Einparteienherrschaft. Um kein Mißverständnis aufkommen zu lassen: Ich behaupte nicht, daß die Verzerrungen dessen, was einmal Öffentlichkeit bedeutete, im Westen ähnlich zersetzend seien wie im Osten; auch nicht, daß die Medien die

Meinungsfreiheit bedeutungslos gemacht hätten oder daß Kommunismus und freiheitlich-liberales System gleichermaßen manipulativ seien. Aber ich halte daran fest, daß jedes System seine eigene charakteristische Antwort auf die zunehmende gesellschaftliche Komplexität entwickelt hat, unter der beide zu leiden hatten. Privilegien im Spätkommunismus, das hieß nicht nur Zugang zu Westwaren, schwer zu ergatternden Autos oder Wohnungen und zu den für Reisen in den Westen erforderlichen Visen (das Privileg der sogenannten Reisekader). Mit der Privilegienwirtschaft hatte man eine universell einsetzbare Methode, mit den schönen Dingen des Lebens zu wuchern. Und weil diese Art von Zuteilung im Westen nicht unter politischen Aspekten wahrgenommen wurde, konnte das System selbst von der Rationierung seiner Möglichkeiten noch profitieren. Aber die Möglichkeit, zu reisen und zu veröffentlichen, damit also Freizügigkeit und Meinungsfreiheit, wurden von allgemeinen Rechten in verhandelbare Wohltaten verkehrt. Und die Partei erwartete Dankbarkeit dafür, daß sie ihre Schützlinge umsorgte. Man mußte sich beim staatlichen Büro für Urheberrechte oder dem Polizeipräsidium Gönner verschaffen, nicht viel anders als ein Einwohner von Palermo oder Chicago es fünfzig Jahre zuvor hätte tun müssen. Außerdem – und das kann jeder westliche Besucher, der nach Ostberlin einreisen wollte und seinen Ausweis am Checkpoint Charlie oder am Übergang Heinrich-Heine-Straße für eine halbe Stunde verschwinden sah, bezeugen – erinnerte man mit jedem Gefallen, den man erwies, daß man diesen das nächste Mal ebensogut auch würde verweigern können. Für alle, für die die Grenzen unüberwindbar waren, hatten die Umarmungen des Regimes viel gravierendere Konsequenzen. Das Recht zu reisen konnte versagt werden; Gedichte blieben möglicherweise jahrelang unveröffentlicht; Kollegen taten sich zu einer vernichtenden Kritik zusammen; Kinder mußten befürchten, in der Schule nicht weiterzukommen; Stasiagenten konnten aufkreuzen und mit ihrer Gegenwart alles ersticken. Bei den Privilegien ging es weniger um das, was tatsächlich gewährt wurde, als vielmehr um den Akt politischer Gnade; darum, daß überhaupt etwas gewährt oder eben nicht gewährt wurde. Jeder der als Wissenschaftler oder Künstler, als Freiberufler etwas erreichen wollte, mußte sehen, wie er durch ein kompliziertes Gefüge von Anträgen und Verhandlungen die Genehmigungen erhielt, von denen seine Pläne abhingen. Schriftsteller- und Künstlerverbände waren berufen, über den korrekten Tonfall zu wachen und Reisemöglichkeiten zuzuteilen. Wissenschaftler und die Dekane der Fakultäten sollten über die Kontakte ihrer Kollegen berichten, und die Stasi förderte diese Zersetzung solidarischer Beziehungen und Freundschaften noch. Es ging dabei weniger um die Information als um die Macht, um die Unterordnung jeglicher kollektiver Aktivität unter die Vormundschaft der Partei.

Die Folgen blieben nicht aus: Die Schwächung der öffentlichen Sphäre führte auch zur Zerstörung einer komplementären Sphäre des Privaten. Der Spätsozialismus basiert auf der systematischen Entstellung der Schlüsselkategorien öffentlich-privater Interaktionen, die sich in zwei Jahrhunderten freiheitlich-liberaler Traditionen entfaltet hatten. Es gelang, den Bereich der Öffentlichkeit in einen der Privilegierten, den des Privaten in einen der Komplizenschaft zu verwandeln. Wenn freiheitliche Gesellschaften den Bereich des Privaten betonen, tendiert der Spätsozialismus dazu, aus diesem Bereich den der Geheimniskrämerei zu machen. Statt Teilnahme am zivilen Leben zu fördern, förderten die Agenten des Systems Denunziation. Systematisch arbeiteten sie daran, die Bereiche der gesellschaftlichen und individuellen Autonomie zu zerstören, und zwar nicht mehr durch Terror, sondern mit alles durchdringender Manipulation und uneingestandener Günstlingswirtschaft.

Ich meine damit nicht, daß öffentliche und private Sphären hermetisch gegeneinander abgeriegelte Felder von Aktivitäten bleiben können, das ist weder unter freiheitlichen noch unter sozialistischen Regimen möglich. Wenn DDR-Bürger persönliche Hilfe brauchten, dann, so zeigt eine soziologische Umfrage der letzten Zeit, waren neben den Familienangehörigen die Kollegen am Arbeitsplatz eine wichtige Quelle. In Büro, Fabrik oder Fakultät fand man Unterstützung in den Bereichen zwischen Privatem und Politischem.[66] Sieht man sich Biographien genauer an, zeigt sich, daß es Macht und Zuneigung, Betrug und Strafe sind, die das Private und das Politische verbinden. Gaus' Nischengesellschaft war eine erste griffige Formulierung, aber noch viel zu vereinfachend. Wie der Historiker Alexander von Plato 1987 in der Interpretation eines eindringlichen Interviews mit einem älteren DDR-Bürger zeigen konnte, verschlangen sich Gewalt in der Familie, der Verlust einer befriedigenden Stelle im öffentlichen Dienst (wo der Befragte nicht der Parteikontrolle unterworfen war) und die Flucht eines Kindes über die deutsch-deutsche Grenze zu einer einzigen verworrenen Erzählung: »Bereits in dieser Geschichte zeigt sich, daß die säuberliche Trennung der politischen von den persönlichen Motiven in der lebensgeschichtlichen Konstruktion kaum möglich ist; denn der SED-Staat verwischte selbst diese Grenze.« Daß sie sich um die möglichen Folgen von persönlichen Verlusterfahrungen so gar nicht kümmerte, war vielleicht »ein Grund dafür, daß diese so scharf kontrollierte, diese scheinbar so gläserne DDR-Gesellschaft doch für die Oberen so undurchsichtig blieb, daß ihnen ihr Volk so fremd und unverstehbar war oder wurde«.[67]

Aber selbst wenn die Sphären des Privaten und des Politischen nie sauber zu trennen sind, versuchen beide Regime, das freiheitliche wie das sozialistische, an der Konzeption getrennter Bereiche festzuhalten. Jedes strukturiert auf seine Art und entsprechend den Grenzen, die dem Politischen jeweils gesetzt sind, eine gesetzliche und administrative Ordnung. Der Punkt dabei ist, daß der Spätsozialismus zunehmend die eigenen Normen des Öffentlichen und des Privaten vergewaltigt hat. In der Neuzeit waren es französische Schriftsteller, vor allem Montesquieu, Rousseau, Constant und Tocqueville, die sehr scharfsinnig darüber reflektierten, wie ein Regime von der jeweiligen kollektiven Mentalität abhängt und diese seinerseits prägt. Sie verweisen auf den Einfluß öffentlicher Belohnungen für privates Verhalten, auf Bürgersinn und Selbstbewußtsein unter tauglichen Institutionen, auf Mißtrauen und Verstellung, wenn diese Institutionen zerfallen. Derartige Überlegungen helfen uns zu verstehen, was sich im deutschen Spätsozialismus abgespielt hat. Montesquieu, dessen Schriften ein halbes Jahrhundert früher entstanden, als die Amerikaner die Probe aufs Gegenteil riskierten, glaubte, daß die Republik nur für kleine Territorien als Staatsform geeignet sei. Das staatsbürgerliche Engagement, das eine Republik von erwachsenen Männern fordere, basiere auf »Tugend«, auf der selbstlosen Hingabe an die öffentliche Wohlfahrt. In Geist und Methode entgegengesetzt, rufe der Despotismus hingegen Furcht hervor, um Servilität zu erzeugen. Und zwischen diesen beiden Extremen böten aristokratische Monarchien den stabilsten und freiheitlichsten institutionellen Kompromiß. Sie forderten keinen selbstlosen Dienst, sondern setzten auf den erprobten Anreiz durch Privilegien und Ehren, auf das Streben nach Aufstieg durch Reichtum und Rang und auf Unterstützung durch die etablierte Kirche. Während der Aufklärung des achtzehnten Jahrhunderts rieben sich die Intellektuellen immer wieder an Mißbrauch und Aberglaube auf, wie sie in den Monarchien herrschten, an den Auswüchsen von Reichtum und Macht, an der Ungerechtigkeit des Steuersystems und an der Künstlichkeit höfischer Kultur. Dennoch begriffen gemäßigte Denker wie Montesquieu oder Hume, daß monarchische oder aristokratische Systeme auf einer ungleichen Verteilung der Güter beruhen, auf der Manipulation durch Belohnungen, mit der sie Treue und Gehorsam erzeugen. Im zwanzigsten Jahrhundert jedoch hatte es zunächst so ausgesehen, als habe Privilegierung als Regierungsmethode schon lange ausgedient; mit jeder Revolution, jeder Wahlrechtsreform waren politische Begünstigungen und Unterschiede kassiert worden. Privilegien widersprechen dem Prinzip der Gleichheit, das Demokratie und Sozialismus verwirklichen wollen, ganz offensichtlich. Darum muß man erklären, warum die Privilegienwirtschaft im Spätsozialismus wieder zum Regierungsprinzip erhoben wurde.

Sicherlich erzeugt auch der Kapitalismus Privilegien; aber kapitalistische Privilegien wirkten motivierend und wurden ökonomisch in der Verteilung des Reichtums wahrgenommen. Sie gehören zum Marktgeschehen, und manchmal werden eben nicht nur ererbtes Kapital, sondern auch Risikobereitschaft und Innovation belohnt. Das Erstaunliche am Spätsozialismus – der Regierungsform im Osteuropa der letzten zwei Jahrzehnte – ist, wie sehr man sich dort auf Privilegien verließ, obwohl die offizielle Ideologie dem diametral entgegenstand. Privileg bedeutete dort, daß durch einen Akt scheinbarer Gnade die Rechte und Chancen bewilligt wurden, die sich in einem Rechtsstaat und liberalen System von selbst verstehen. Wenn die DDR-Wirtschaft auch keine riesigen Belohnungen zu verteilen hatte, so funktionierte sie doch, indem sie willkürlich Zugang zu kleinen Vergünstigungen verschaffte oder verwehrte.

So wurde z. B. die Zensur zur Kehrseite der Privilegien; sie machte jeden Autor und Produzenten von Literatur abhängig von undurchsichtigen Entscheidungen vorgeblicher Mentoren, Lektoren und Freunde. Dem Gesetz nach gab es keine Zensur. Im ersten Nachkriegsjahrzehnt fühlten viele der älteren Generation, daß sie gebraucht wurden, und waren bereit, den sozialistischen Wiederaufbau zu unterstützen. So entstand auf ganz natürliche Weise eine gewisse Hochstimmung. In den folgenden Jahrzehnten kam Selbstzensur ins Spiel: Die Autoren kannten die Grenzen und richteten sich schon im voraus danach. In den sechziger Jahren war Zensur ein Tabubegriff. (Im Sommer 1968 konstatierte Ulbricht erstaunt, daß in der Tschechoslowakei zensiert werde: in der DDR gebe es diese Praxis nicht; auch Honecker leugnete die Existenz der Zensur.) Für ein Regime ohne Zensur gab es im Literaturbetrieb allerdings eine ganze Menge an Dirigismus und Bevormundung. Partei und Regierungsstellen arbeiteten mit den Autoren zusammen, um gesellschaftlich konstruktive Literatur für staatliche Publikation hervorzubringen.[68] Im Kulturministerium hatte die Verwaltung für Veröffentlichung und Buchwesen unter dem Stellvertretenden Minister Klaus Höpcke (er ließ sich gerne »Minister für Bücher« nennen) die Aufgabe, die Produktion sozialistischer Literatur zu planen. Höpcke verstand sich immer mehr als Anwalt der Autoren, wenn er die Projektliste zu Ursula Ragwitz in die Kulturabteilung des Zentralkomitees trug und mit einer Liste gebilligter Projekte und geplanter Druckvorhaben zurückkam. Für die Autoren begann mit der Zustimmung ein Prozeß der Bevormundung: Zunächst wies das Verlagshaus dem hoffnungsvollen Autor einen Lektor zu, der Verse oder Prosa überarbeiten sollte; manchmal gewannen sie Vertrauen zueinander, indem er durchgehen ließ, was dem Autor als gewagt erschienen war, manchmal versuchten Lektoren ihre Schützlinge von einer weniger provokanten Schreibweise zu überzeugen. Viele Zeugnisse dieses Vorgangs halten fest, wie überrascht die Autoren über die Toleranz der Lektoren waren! Die perfekte Zensur war selbst auferlegt: vorweggenommene Eingriffe, Dankbarkeit für das Verständnis des Lektors – all das schuf ein Netz der Komplizenschaft zwischen dem ergebenen und einsichtigen Autor und seinem Mentor.[69] Vom Verlagshaus wanderte das Buch dann zu einem von Höpckes Zensoren, die, wie ein Beteiligter später erklärte, ein intuitives Gefühl für die »sensiblen«

Punkte entwickelt hatten, die man besser modifizierte oder vermied, etwa wenn es um die Mauer oder die Umwelt ging. »Eigentlich wollten wir ja immer, daß ein Buch gedruckt wird. ... Wir sind letzten Endes Mittler gewesen zwischen Verlag/Autor und Partei/Staatssicherheit. ... Es ging eigentlich nur noch darum, mit den Schriftstellern zu arbeiten in dem Sinne, daß Kritik am ›realen Sozialismus‹ ausgeschaltet wurde.«[70]

Das System konnte die Autoren in direkter Weise führen, nicht nur ihre Bücher. Ragwitz gab der Führung des Schriftstellerverbandes ganz bewußt Leitlinien vor; den Vorsitz des Verbandes hatte seit 1978 Hermann Kant. Stasiagenten schnüffelten fortwährend in Höpckes Büro und überwachten die Schriftsteller. Und selbst wenn die Partei schließlich die Druckerlaubnis erteilt hatte, konnte es den Autoren geschehen, daß sie von ihren Kollegen an die kurze Leine genommen wurden. So mahnte Max Walter Schulz, der Vizepräsident des Schriftstellerverbandes, Christa Wolf: »Besinn dich, Christa, auf dein Herkommen«, und monierte, daß *Nachdenken über Christa T.* (1968 erschienen) in gefährliche Subjektivität abzugleiten drohe.[71] Der Verband konnte loyalen oder talentierten Autoren das Leben leichtmachen: Sie durften in den Westen reisen, konnten über Devisen verfügen. Aber das Copyrightbüro der DDR konnte derartige Einkünfte auch einbehalten. Genauso konnte der Verband Disziplinarmaßnahmen ergreifen, wie geschehen im Mai und Juni 1979, als unter Hermann Kants Vorsitz loyale Autoren eine unterwürfige Verleumdungskampagne gegen Stefan Heym starteten, der mit acht weiteren Schriftstellern aus dem Verband ausgeschlossen wurde. »Worum geht es?« protestierte Stefan Heym, »nicht um Devisen oder ähnliches. Es geht um die Literatur. Der Schriftstellerverband, dafür ist er eigentlich da, müßte sich auf die Seite derer stellen, die sich bemühen, unsere Welt in ihrer Widersprüchlichkeit darzustellen und verständlich zu machen. Statt dessen läßt er Resolutionen drucken, die dem Apparat bescheinigen, wie recht er hat, gerade diesen Teil der Literatur des Landes zu unterdrücken.«[72]

Der Sozialismus korrumpierte die öffentliche Sphäre durch Privilegien; er korrumpierte die Privatsphäre durch Heimlichkeit. Eine vielfältige, gut funktionierende Öffentlichkeit braucht eine authentische Sphäre privater Beziehungen als Gegenpol. Vielleicht haben die Intellektuellen die Ansprüche an Privatleben und Intimität darum so lange unterstrichen, weil der Staat historisch gesehen in Deutschland eine allzu gewichtige Präsenz hatte. Familien und Individuen haben eifrig am Aufbau von Zuneigung gearbeitet (das Wort ist mit Bedacht gewählt) – und sind oft genug gescheitert und vom dunklen Gegenpol der Einsamkeit überwältigt worden. Die Literatur der deutschen Romantik und die Romane der DDR bezeugen gleichermaßen diese heroische Konstruktion privater Empfindsamkeit. Die Wächter einer deutschen sozialistischen Kultur kannten diese Tradition. Sie mißtrauten dem Subjektivismus und potentieller Melancholie. Außerdem neigen marxistische Theoretiker zu der Überzeugung, daß sich im Gegensatz privat – öffentlich eine grundlegend bourgeoise Ideologie »konkretisiere«, und versteigen sich zu ausgeklügelten Verteidigungen der Privilegien und der Prognose, der Sozialismus werde die überholte Unterscheidung überwinden. Auf der anderen Seite wollten die führenden Politiker der DDR mit dem Westen in Wettstreit treten, auch im Hinblick auf eine Konsumkultur, die an persönlicher Befriedigung orientiert sein sollte. Sie wollten unbedingt nationale Traditionen fördern und waren einfach schlecht darauf vorbereitet, den zweiten Platz zu akzeptieren, wo es um die Pflege des in der deutschen Kultur so reichen Felds des Privaten und der häuslichen Sphäre ging. Dennoch blieben Intellektuelle und Parteiführer, wie ihre Debatten über Kafka und Freud, über Moderne und Subjektivität enthüllten, sehr vorsichtig, wo es um die Ansprüche der Sphären des Privaten und des Öffentlichen ging.

Für Günter Gaus machten private Enklaven (er befaßte sich zugegebenermaßen mehr mit Kartenspielen und Kleingärten als mit Intimität) das Regime erträglich und dienten als Sicherheitsventil. Für Menschen mit intellektuellen oder politischen Ansprüchen bot das vorgeblich so wohltuende Refugium der Privatsphäre weniger Schutz, als es den Anschein hatte. Es war entmutigend, wenn man erleben mußte, wie die Mandarine des Marxismus danach trachteten, sich um jegliche Art autonomer Privatsphäre zu kümmern. Noch schwächender war der Versuch der Partei, die Sphäre von Privatheit durch Geheimpolitik zu zerstören. Diese korrumpierte, wie die alles durchdringende Präsenz der Stasi anschaulich macht, private Beziehungen und zerstörte das Vertrauen zwischen den

Menschen. In gewissem Umfang war dieses Spionieren und Manipulieren als Teil eines Katz-und-Maus-Spiels vielleicht zu ertragen; aber es kam häufig genug unerwartet und wurde verständlicherweise als Betrug erlebt. Auf die Schnüffelei folgten dann Machenschaften, die Regimegegner demoralisieren sollten. Direktiven der Stasiführung instruierten die informellen Mitarbeiter, wie sie die Desintegration ihrer Gegner zu betreiben hatten: durch systematische Diskreditierung ihrer Reputation, durch Inszenierung von Situationen des Versagens in Beruf oder gesellschaftlichem Leben, durch das Säen von Zweifeln, Mißtrauen und gegenseitigen Verdächtigungen, durch entschlossenes Ausnützen persönlicher Schwächen.[73]

Die Stasi war, wie man weiß, das berüchtigtste Erzeugnis des Regimes und wurde in den zwei Jahren nach der Wende zu einem Objekt obsessiver Faszination. Das hing nicht nur mit dem Umfang des Apparats zusammen, sondern war auch eine Folge der Gefühle des Verraten-worden-Seins, die dieser hinterließ[74], und auch der überheblichen Reaktion vieler Westdeutscher, die mit dem Thema »Stasi« ihre politische Selbstgerechtigkeit stärkten (siehe Kapitel Sechs). Die Ostdeutschen waren aufrichtig entsetzt darüber, wen die Stasi alles rekrutiert hatte. Möglicherweise 85 000 bezahlte Agenten und 180 000 Inoffizielle Mitarbeiter (IM) fütterten den unersättlichen Apparat.[75] Die Sanktionen der Stasi – ihre Opfer kamen ins Gefängnis, ihre Karriere oder Bildungschancen wurden verbaut, Reiseverbote verhängt – waren nicht derart grausam wie die Maßnahmen der Gestapo; an Aufdringlichkeit unterschieden sich beide Geheimorganisationen aber wenig. Die unausweichliche Präsenz der Stasi führte bei einigen Intellektuellen zu moralischem Zynismus. So ermutigte der Autor Sascha Anderson in den Ostberliner Zirkeln junge Schriftsteller, ihre abweichenden Meinungen zu äußern, nur um anschließend über sie zu berichten. Rainer Schedlinski, der brillante Dichter vom Prenzlauer Berg, schrieb, daß nur, wer mit der Stasi sei, tatsächlich ohne sie sein könne, und wurde ein bereitwilliger Informant. Schedlinskis »Entschuldigung« war, die ostdeutsche Realität sei in den achtziger Jahren nicht weniger verpflichtend oder zwingend gewesen als ein Fernsehprogramm, und wenn er gleichzeitig mit seinen intellektuellen Freunden und der staatlichen Geheimpolizei gesprochen habe, dann sei dies nichts anderes gewesen als das Hin- und Herschalten zwischen zwei Kanälen. Derart zynische Argumentationsmuster konnten nur in einer Gesellschaft entstehen, in der die Regierung danach trachtete, alle Informationen zu kontrollieren, ihre »Zuhörer« sich aber in die eigenen vier Wände zurückzogen, um dort Westfernsehen zu schauen.[76]

Welche Wirkung hatte all diese Schnüffelei? Angeblich ging es um Informationen; Kilometer von Aktenordnern wurden oft mit den trivialsten und gleichgültigsten Berichten gefüllt, verfaßt in dem Jargon, den die Geheimpolizei überall benutzt, um »subversive Elemente« im Staat zu beschreiben. Doch letztlich war die Information gar nicht das Entscheidende. Was wirklich zählte, war meiner Ansicht nach in erster Linie das Dunkel, genauer gesagt, der Schleier, den der Apparat um das Regime legte. Die Stasi verschaffte dem Regime die *arcana imperii*, die geheimen Instrumente der Macht, die es in die Lage versetzten, unabhängiges Handeln zu korrumpieren, Dissens zu lähmen und das Entstehen einer wirklichen Öffentlichkeit zu verhindern. Zweitens verflocht die Stasi eine große Zahl von DDR-Bürgern – über ein Prozent der ganzen Bevölkerung, was etwa zehn Prozent der erwachsenen »intellektuellen« Bevölkerung entspricht – in ein Netzwerk korrumpierender Komplizenschaft. Am Ende wußten viele Intellektuelle überhaupt nicht mehr, wie tief sie verstrickt gewesen waren: Christa Wolf gab zu, daß sie die Erinnerungen an ihre »inoffizielle Kooperation« unterdrückt hatte; Günter de Bruyn beichtete vergessene Gespräche aus den siebziger Jahren; auch der Oppositionsführer Wolfgang Templin hatte über Freunde berichtet.[77] Alle, die herausgefunden hatten, daß über sie berichtet wurde, und noch mehr diejenigen, die Bericht erstatteten, werden sich wohl nicht mehr auf den Schein einer geschützten Privatsphäre oder geschützter persönlicher Beziehungen verlassen haben. Geheimhaltung und Komplizenschaft zerstörten nicht nur das Potential für offenen Widerstand, sondern auch das von Autonomie und Glaubwürdigkeit.

Die Stasi machte Komplizenschaft zum Schlüsselprinzip der Regierungsgewalt. Diese Ausrichtung unterschied sich von der des Dritten Reichs, das eher auf Terror und Jubelgeschrei aufgebaut war. Stasioffiziere – auf dieses Thema werden wir vor allem in Kapitel Drei zurückkommen – verstanden sich selbst eher als Sozialarbeiter denn als Polizisten; sie waren die Erben von *Polizeywissenschaft* und Kameralismus des 18. Jahrhunderts. Was sie lobten, waren das ruhige Betragen und konstruktive Verhalten von Informanten; Egozentrik, Neugier und Selbstvertrauen dagegen prangerten sie an.[78] Stasiagenten waren überzeugt davon, daß die Objekte ihrer Investigation für Vormundschaft und Schutz, die ihnen gewährt würden, im Grunde dankbar sein müßten. Ein guter Stasioffizier hielt die Gesellschaftsordnung hoch, ohne fanatisch zu sein. Er war ein besonnener, unerschütterlicher Befürworter des Sozialismus. Für ihn sei, so erinnert sich einer, die »Übereinstimmung von individuellen und gesellschaftlichen Interessen im Sozialismus« Realität gewesen. Es fiel ihm nicht schwer, ein wenig Kritik und Nonkonformität zu verkraften:

> [So] fand ich pauschales Vorgehen gegen lange Haare oder Jeans nicht in Ordnung. Ich habe natürlich nicht die ›individuelle Freiheit‹ gesehen oder verteidigt. Aber lange Haare waren nach meiner Ansicht nur eine äußerliche Sache, die mit der inneren Haltung der Leute nichts zu tun haben mußte. Wobei ich persönlich auch gegen lange Haare war – aber mehr aus modischen Gründen, weil man eben konservativ erzogen worden ist... Wir wollten die Opposition nicht ›äußerlich‹ zurückdrängen. In unserer Auffassung von ›politischer Untergrundtätigkeit‹ sind wir davon ausgegangen, daß die Mehrheit der Leute ›Irregeleitete‹ sind... Nur einzelne ›exponierte Vertreter‹ sind mit einer ›feindlichen Haltung‹ angetreten, wie wir das genannt haben, und die wollten die sozialistischen Verhältnisse insgesamt kippen. Die Mehrheit waren immer ›Irregeleitete‹ oder ›Mitläufer‹.[79]

Wer mit der Stasi kollaborierte, konnte viele Motive haben. Die Schriftsteller vor allem haben sich seit 1989 ausgiebig damit auseinandergesetzt; dies allerdings mit einer Kunstfertigkeit, die dagegen spricht, die so entstandenen Texte einfach als Bekenntnisse zu lesen.[80] Für einige der mehr als Fünfzigjährigen bestand der Wunsch, dem Staat zu helfen; andere handelten aus Furcht oder waren real eingeschüchtert von der Stasi. Jüngere Autoren, so wie Sascha Anderson, argumentierten, sie hätten damit einen Raum für moderne Autoren schaffen können. Bei anderen entsprach die

Kollaboration einfach ihrem natürlichen Zynismus; ein Autor seiner Intelligenz, so ließ sich Heiner Müller vernehmen, müsse das Recht haben, Gespräche zu führen, mit wem er wolle, und Stasioffiziere seien eben informierter gewesen als einfache Parteimitglieder. Vertreter der Kirchen oder der »Blockparteien« wie Manfred Stolpe oder Lothar de Maizière, die sich als politische Vermittler sahen, glaubten, es sei besser gewesen, mit dem System zu verhandeln, als die Kooperation abzulehnen, nur so habe man etwas Bewegungsfreiheit gewinnen können. Der real existierende Sozialismus beruhte also auf einer doppelten Verzerrung. Er verwandelte die öffentliche Sphäre in einen Bereich aushandelbarer Geschäfte auf Gegenseitigkeit, während er die Privatsphäre in eine Domäne von Komplizenschaft und Geheimhaltung verkehrte.

Nun sind auch westliche Systeme nicht immun gegen eine analoge Degeneration. Auch die Bedeutung, die der Zugang zu den Massenmedien in einer plebiszitären Demokratie gewonnen hat – ich ziele damit auf die entscheidende Rolle des Fernsehens –, zerstört die Bereiche des Öffentlichen und des Privaten, eine der Grundvoraussetzungen des frühen politischen Liberalismus. Auf der einen Seite lassen die Medien den Unterschied zwischen Publicity und Öffentlichkeit verschwinden. Auf der anderen Seite verengen Publicity und das Versessensein darauf die Bedeutung des Privaten auf die erotische Intimsphäre. Daß solche Wandlungsprozesse eher dezentral vor sich gehen, hat die westlichen Demokratien jedoch vor Erschütterungen bewahrt. Keine Regierungspartei wurde mit der Erosion der Grenzen des Politischen identifiziert, aber alle Parteien versuchen davon zu profitieren. Die Regierungsgewalt in westlichen Systemen hängt nicht von Geheimpolizei und andauernder Komplizenschaft ab. Natürlich entwickelt sich auch in diesen Systemen weitreichende Korruption, und wird diese wie in Italien 1992/93 aufgedeckt, führt das zur Erschütterungen. Aber das System muß nicht drohen, Dissens mit Gefängnis und Ausbürgerung zu verfolgen. Die Zerstörung der Sphären des Öffentlichen und des Privaten führt im Westen nur zu graduellen Auflösungen. Was immer an Krisen in Westeuropa, Nord- und Südamerika noch reifen mag, wird von 1989 relativ weit entfernt sein.

Hätte man 1989 nicht sehen müssen, wie nahe die Krise des Regimes in Ostdeutschland war? Jeder Beobachter, der damals

Schwierigkeiten für die DDR hätte voraussagen wollen, hätte sich wohl weniger mit den Dissidenten und dafür mehr mit den Aussteigern befassen müssen, mit den Menschen, die nur noch wegwollten. Das unabhängige intellektuelle Leben Ende der achtziger Jahre fand, wie einer der Beteiligten schrieb, weniger im Untergrund, eher in tolerierter Inoffizialität statt. »Die Stasi ist kein Thema mehr«, erklärten einige der jüngeren Autoren in den ausgehenden achtziger Jahren.[81] Doch dieser Ausspruch illustriert eigentlich nur, wie wirkungsvoll das Netzwerk der Geheimpolizei geworden war. Die literarische Szene wurde zu einer Domäne von begabten Aussteigern: Immer mehr Dichter und kurzlebige Zeitschriften meldeten sich zu Wort, man suchte nach neuen Zuhörern, nicht nach politischer Veränderung. Die politische Alternative für diese Generation von Avantgardisten war Emigration, nicht Veränderung. Natürlich waren auch politische Köpfe und Organisatoren aktiv, vor allem in den Kirchenforen. Ihre Themen waren Frieden, Menschenrechte und Umwelt, und das Regime fürchtete sie. Aber diese Unzufriedenen waren zersplittert und standen unter Druck, einige hundert Aktivisten, alle unter polizeilicher Aufsicht. Außenseiter mochten diese halbsubversiven Proteste tatsächlich als Beweis für eine neue Flexibilität des Regimes auffassen. Westliche Beobachter behaupteten, die DDR sei nicht länger monolithisch, sondern sei sich der neueren Spannungen in der Gesellschaft und zwischen den Geschlechtern sehr bewußt, könne dem Westen sogar in verschiedener Hinsicht, etwa in der Kinderbetreuung, Vorbilder liefern. Als der Dissens lauter wurde, etwa als der Liedermacher Stephan Krawczyk im November 1987 die Kulturpolitik der DDR unverhüllt kritisierte, meinten westliche Beobachter sogar, das Regime sei offener geworden. In Wahrheit war die Stasi noch obsessiver damit befaßt, Kirche und Dissidenten zu zensieren.

Daß das Regime sogar dann noch Bestand hatte, als die Reformen in der Sowjetunion griffen, daß es 1988 gar so weit ging, die Verbreitung der deutschsprachigen Ausgabe des sowjetischen Magazins *Sputnik* zu unterbinden, machte es im Endeffekt nur noch schwieriger, die Krise abzuwenden. Unter Honecker gab es keine Möglichkeit, am Anspruch der Partei, die führende politische Kraft zu sein, zu rütteln. Zum letzten Mal nahm man Zuflucht zu neostalinistischen Formulierungen: »Alles mit dem Volk, alles durch das Volk, alles für das Volk«, schrieb Honecker noch am 9. Oktober 1989. Aber *Volk* war eine Vorstellung, die eine stalinistische (und zuvor nationalsozialistische) Geschichte hatte. Sie ging von einem monolithischen allgemeinen Willen aus, der an eine Regierungspartei delegiert werden konnte, mit dem Auftrag, alle Angelegenheiten des öffentlichen und privaten Lebens zu regeln. Nicht »Volk«, sondern »Gesellschaft« wurde zur Schlüsselvorstellung der politischen Reformer.

Mit einigem Recht kann man heute im Rückblick sagen, daß westliche Sozialwissenschaftler eigentlich für die hartnäckigen Widersprüche des Spätkommunismus sensibler hätten sein müssen. Unser Fehler bestand auch nicht darin, daß wir den großen Zusammenbruch nicht vorausgesehen haben, sondern in unserem Widerstreben, widersprüchliche und zufällige Entwicklungsmöglichkeiten in Erwägung zu ziehen. Historische Ergebnisse sind kompliziert und folgen multiplen Kausalketten. Stets sind Überraschungen möglich. Sozialwissenschaftler irren sich, wenn sie vergessen, wie prekär ihre Erkenntnisse sind und wie viele Variablen sie möglicherweise mißachten. Der Wiederannäherungsprozeß von Helsinki, die ökonomischen Schwierigkeiten, in welche die kapitalistischen Regime gerieten, und sicher auch der Druck, unter dem Akademiker stehen, stets nur gesichertes Wissen abzuliefern, verhinderten Ende der siebziger Jahre die damals durchaus mögliche Erkenntnis, daß der Kommunismus ins Wanken geraten war. Man hätte den scharfsichtigen Mut eines Robert Havemann haben müssen, der 1978 geschrieben hatte: »Ich denke ja gar nicht daran, die DDR zu verlassen, wo man wirklich auf Schritt und Tritt beobachten kann, wie das Regime allen Kredit verliert und schon verloren hat und es eigentlich nur noch weniger äußerer Anstöße und Ereignisse bedarf, um das Politbüro zum Teufel zu jagen.«[83]

Aber als das Regime einmal gefallen war, da ließen sich einige Sozialwissenschaftler tatsächlich zu der Erklärung hinreißen, der »real existierende Sozialismus« sei von Anfang an instabil gewesen. Diese rückblickende Weisheit war genauso unehrlich und auch nicht erhellender als das frühere Insistieren auf der Stabilität des Spätkommunismus. Nicht, daß rückblickende Analysen überhaupt unnütz wären – historische Rekonstruktionen hatten für Gesellschaften immer große Bedeutung. Aber Historiker und Sozialwissenschaftler sollten keine Kraft daran verschwenden, wichtige Ereignisse als unvermeidlich hinzustellen. Ihr Handwerk sollte sein, bemerkenswerte Ergebnisse plausibel erscheinen zu lassen, nicht vorherbestimmt. Wer das Ergebnis einer Entwicklung erklären will, muß darum die Möglichkeit nicht ausschließen, daß es auch ganz anders hätte kommen können, er muß nur darlegen, daß es genügend Umstände gab, die auf die tatsächlich eingetretene Entwicklung hinausliefen. Hätte die DDR überlebt, hätten Sozialwissenschaftler ihre Aufgabe nicht erfüllt, wenn sie nur die Stabilität des Systems betont, nicht aber gleichzeitig die Möglichkeiten der Krise herausgearbeitet hätten.

Sozialwissenschaftler haben Schwierigkeiten mit der Einsicht, daß es gleichzeitig mit den Tendenzen, die auf Zusammenbruch hinauslaufen, einen Druck gibt, der für Stabilität sorgt. Ebenso schwer fällt es ihnen anzuerkennen, daß repressive Regime auf genereller Akzeptanz und manchmal sogar auf Enthusiasmus basieren. Diese Sachschwierigkeiten hängen mit der heiklen Vorstellung von Legitimität zusammen. Nennt man ein Regime legitim, scheint das zu implizieren, daß es normative Unterstützung genießt und seine Herrschaft nicht allein auf der Drohung mit staatlichen Machtmitteln beruht. Aber beweisen Regime, die ohne anhaltenden Einsatz von Gewalt überdauern, damit schon ihre Legitimität? Und umgekehrt: Kann man daraus, daß sie zusammenbrechen, schließen, daß ihnen die Legitimität abhanden gekommen sei? Immerhin wäre ja auch denkbar, daß sie einfach von den Umständen überrollt worden sind.

Um die Legitimität eines Regimes zu beurteilen, können wir uns auf eines oder mehrere der folgenden Kriterien beziehen: (1) auf das rechtsgültige oder zumindest mehrheitlich gebilligte Verfahren, durch das ein Regime an die Macht gekommen ist; (2) auf dessen Fähigkeit, sich an der Macht zu halten, ohne allein auf Zwang zurückzugreifen; und (3) auf den Einsatz seiner Macht für Ziele, die auch international von einer breiten Öffentlichkeit geteilt werden. Wer in seiner politischen Analyse sehr streng definiert, was zur legitimen Herrschaft gehört, wird darauf bestehen, daß alle drei Kriterien erfüllt sein müssen. Weniger anspruchsvolle oder ›realistischere‹ Politologen geben sich vielleicht schon mit Erfüllung der Punkte (1) und (2) zufrieden. Zunächst einige Fragen zum ersten

Kriterium: Können herrschende Cliquen, die sich auf die Waffen fremder Schutzmächte stützen, jemals das Stigma, Kollaborateure zu sein, völlig abstreifen? Machten die Umstände von 1940 das Vichy-Regime illegitim? War das Kádár-Regime von 1956 illegitim, weil hinter ihm die Sowjetmacht mit ihren Waffen stand? Und wenn es darum illegitim war, hat es sich nicht dadurch schrittweise Legitimität verschafft, daß die Ungarn wieder an den öffentlichen Angelegenheiten beteiligt wurden und die Regierung sich tatsächlich bemühte, die Repression zu überwinden und Reformen einzuleiten? Die gleichen Fragen gelten für die Regime von Franco und von Augusto Pinochet.

Mit dem zweiten Punkt verhält es sich nicht ganz so einfach, denn ein Regime kann, auch wenn es sich auf seine Geheimpolizei stützt, auf Konsens beruhen. Hat die Stasi, oder, zu anderen Zeiten und Orten, haben Gestapo, NKWD oder Savak die Legitimität der jeweiligen Regime ausgeschlossen? Es gibt durchaus Politologen, die ein autoritäres Regime als legitim akzeptieren würden, dann nämlich, wenn es in gewissem Umfang Konsens oder freiwillige Akzeptanz erringt. Sie würden auf die massenhafte Teilnahme an staatlich geförderten öffentlichen Aktivitäten wie Erziehung, Sport oder Ferienreisen verweisen. Andere konzentrieren sich auf die Bereitschaft von Eliten, Befehle auszuführen. Der Gehorsam der Kader erfüllt das Kriterium eher als das Schweigen der Massen. Solange sich die Kader nicht abwenden, gibt es so etwas wie Legitimität.[84] Erst beim dritten Punkt, wenn es um den Einsatz der Macht geht, wird es fraglich, ob Loyalität allein Legitimität stiftet. Hat der Beifall deutscher und österreichischer Massen 1938 beim Einmarsch das nationalsozialistische Regime legitimieren können, das seine Gegner und jüdische Bürger in verbrecherischer Weise terrorisierte? Das wird wohl immer offenbleiben. Diskussionen über Legitimität werden stets wieder auf deren Definition zurückführen. Wenn niemals ausgeschlossen werden kann, daß Gewalt und Zwang angewendet werden, wenn ein Regime zu keiner Zeit seiner Herrschaft organisierte Opposition duldet, kann das Konzept der »Legitimität« meiner Ansicht nach für keine irgendwie geartete geschichts- oder sozialwissenschaftliche Analyse tauglich sein. Wir müssen die Frage neu formulieren: Um welche Art von Akzeptanz ging es zur Zeit kommunistischer Herrschaft?[85]

Eingeschränktes Bewußtsein

Von ihren Anfängen bis zu Michail Gorbatschows Berlin-Besuch im Oktober 1989 hing das Schicksal der DDR von der Politik ab, die die sowjetische Führung für notwendig hielt. Sehr früh, 1951 bereits, schrieb der englische Forscher John P. Nettl, seit Sommer 1947 sei es klar gewesen, »daß der Kommunismus in Deutschland auf die russische Macht gegründet bleiben mußte und niemals die Massen des Volkes hinter sich bekommen konnte, um auf seinen eigenen demokratischen Füßen zu stehen. Hin und wieder versuchten die politische Abteilung der SMAD oder die SED noch, in besonderen Angelegenheiten die Zustimmung der Massen zu bekommen und für die SED Mitglieder zu gewinnen, doch erwartete man von diesen lauen Maßnahmen keinen großen Erfolg und erreichte auch nur wenig.«[86] Während der Unruhen von 1953 waren die sowjetischen Behörden Vollstrecker der Politik der DDR. Im Herbst 1989 entschlossen sich die Sowjets, nicht einzuschreiten, um die Aufstände zu unterdrücken. Vom Anfang bis zu seinem Ende war die Macht der Sowjets entscheidend für das Regime.

Aber bedeutet diese Abhängigkeit, daß der ostdeutsche Staat (und auch die anderen kommunistischen Regime in Osteuropa) keine Loyalitäten schuf, daß er kein vitales eigenes Fundament hatte? Schloß die Abhängigkeit von der Sowjetmacht aus, daß sich das System selbst hätte verwurzeln können? Die Frage ist schwierig zu beantworten. Aus alltäglicher Duldung allein kann man nicht in jedem Fall auf Loyalität schließen, vor allem dann nicht, wenn die Polizei stets im Hintergrund parat steht. Sowjetische Panzer in Ostberlin am 17. Juni 1953, in Budapest im November 1956, in Prag im Sommer 1968, Einführung des Kriegsrechts in Polen Ende 1981 – die Ereignisse zeigen, daß die kommunistischen Staaten Osteuropas immer wieder auf direkte Unterdrückung zurückgreifen mußten. Selbst in der Sowjetunion, wo die Erinnerung an Novemberrevolution und Zweiten Weltkrieg (den Großen Vaterländischen Krieg) vom Regime fortwährend instrumentalisiert und beschworen wurde, konnte die Partei, nachdem sie sich einmal auf Glasnost eingelassen hatte, ihre Herrschaft nicht länger behaupten.

Auch werden Macht und Zwang nicht geringer, wenn die Polizei lächelt, sowenig wie die Abschreckung nachläßt, nur weil die Raketen nicht abgeschossen wurden. Freilich können sich politische Gepflogenheiten über lange Zeit dauerhaft ändern, und unmittelbare Gewalt muß nicht immer die einzig greifbare Option bleiben. Man muß auch gar nicht kontinuierlich Zwang ausüben, wenn man Opposition entmutigen will. Ein exemplarisches Urteil, die wiederholte Auflösung öffentlicher Versammlungen, die Verbannung eines Prager Wirtschaftshistorikers in eine Landwirtschaftsschule in der ländlichen Slowakei, die Präsenz eines notorischen Parteianhängers in einer Reisegruppe von Intellektuellen, der Hinauswurf eines Arbeiters, der den ideologischen Druck nicht mehr aushalten kann und sich um ein Ausreisevisum bewirbt – alles die Ideologie auffrischende Spritzen, die die Immunisierung auf gleichbleibendem Niveau halten sollen. Die Potentiale der Repression machen es unmöglich, zu beurteilen, wie groß das Einverständnis tatsächlich war. Mit Sicherheit läßt sich nur feststellen, daß keiner der Satellitenstaaten ohne das Potential der sowjetischen Intervention auf Dauer Bestand gehabt hätte. Und als die sowjetische Führung einmal klargestellt hatte, daß sie nicht intervenieren werde, da brachen diese Regime auch schon zusammen. Wahrscheinlich sollte man das Konzept der Legitimität ganz und gar aufgeben und über Haltungen zum Staat sprechen, die von Widerstand bis Duldung reichen, von Akzeptanz bis Enthusiasmus.

Es ist schwer auszumachen, was alles in solchen Haltungen zusammenwirkt. Unter den meisten modernen Diktaturen, mit Sicherheit unter den osteuropäischen Regimen wird man auf beides stoßen: auf Treue und auf Unterwerfung gleichzeitig. Das muß nicht immer das Ausmaß kognitiver Dissonanz annehmen, die Brecht am 17. Juni 1953 und danach an den Tag legte, als er einerseits das DDR-Regime kritisierte, andererseits einen unterwürfigen Brief an Walter Ulbricht und Otto Grotewohl richtete, um seine Loyalität gegenüber der SED zu beteuern.[87] Immer wieder gab es ja auch Projekte, deren Unterstützung sich lohnte: Kampagnen für den Frieden, gegen den Revanchismus, Bildungsreformen. Es ist Kennzeichen totalitärer Gesellschaften, daß sie fortwährend in solche Kampagnen involviert sind: Dauernd »bauen« sie etwas auf, eine Fabrik, einen Staudamm oder den Sozialismus. Konsequente

Denker, aber auch mittelmäßige Funktionäre, die als Schriftsteller oder Intellektuelle galten, beteiligten sich an solchen Projekten oft mit großem Engagement. Es stimmt einfach nicht, daß diese Regime außerhalb von Parteiapparat und Nomenklatura, deren Angehörige ein direktes Interesse am Bestand des Systems hatten, keinerlei Loyalitäten hätten aufbauen können. Der Kommunismus in Osteuropa war Repression, die von Begeisterung abgemildert wurde.

Jeden Tag wieder konnten die Bürger Osteuropas daran mitwirken, ein Regime der Normalisierung zu schaffen. Sie konnten sich auf verschiedene Weise mit den Behörden arrangieren, um innerhalb der Grenzen des Möglichen zu leben: Wie Christa Wolf bekannte, hatte sie nie das Gefühl, »in der Wahrheit« zu leben, wie Havel die Haltung der Nichtkooperation beschrieben hat. Sie und andere, die in den fünfziger Jahren auftraten, haben sicher akzeptiert, daß das Reich des Möglichen dauerhaft umrissen war. Sie sahen sich Regimen gegenüber, die schon Stellung bezogen hatten, und verbrachten ihr Berufsleben damit, über drei Jahrzehnte hinweg den Sozialismus aufzubauen.[88] Westliche Intellektuelle, die die Regime besuchten, nahmen am Prozeß der Normalisierung teil. Natürlich kamen wir nicht gerne, wenn die Blutflecke auf dem Asphalt noch nicht verblaßt waren: Musiker sagten Konzerte ab, nachdem Dubček in Ungnade gefallen war; nach dem Massaker auf dem Platz des Himmlischen Friedens baten Schriftsteller nicht mehr um Einladungen nach Peking. Aber nach einer Anstandszeit kamen wir doch immer wieder zurück. Ich hätte Warschau 1981 unmittelbar nach Verhängung des Kriegsrechts nicht besucht, aber ich fand es zwei Jahre später verantwortbar, zu einer Konferenz dorthin zu fahren. Meine Kollegen und ich gaben unseren Gastgebern Übersichten zum neuesten Forschungsstand; wir lernten die Opposition kennen (eine merkwürdige Koexistenz, wo Dissidenten im Gefängnis schmachteten, dann Reisen in den Westen gewährt bekamen oder erleben mußten, wie ihre Ideen von gemäßigten Anhängern des Regimes in irgendwelchen anonymen Besprechungen diskutiert wurden). Wir sorgten dafür, daß die Kollegen an wichtige Zeitschriftenartikel gelangten. Und wir konnten uns stets damit beruhigen, daß man schließlich die Opfer der Repression nicht durch Quarantäne noch einmal bestrafen dürfe; sie brauchten die Kontakte. Wir Historiker beispielsweise trafen uns mit unseren Kollegen, nahmen am akademischen Leben der DDR teil. Sie waren keine Helden, aber sie arbeiteten, so dachten wir, an den Grenzen, die das System ihnen zog. Wir ermutigten sie, von vorgestanzten Normen abzuweichen, lobten Arbeiten über Friedrich den Großen oder über regionale ökonomische Entwicklungen und nahmen gern zur Kenntnis, daß sie sich endlich mit dem deutschen Antisemitismus auseinandersetzten. Hat unsere Zusammenarbeit mit diesen Kollegen die zwielichtigen autoritären Regime gestärkt, oder haben wir deren Bürgern Mut gemacht, sie herauszufordern?

Der Sozialismus erzeugte durchaus Loyalitäten, einige Hoffnungen für die Zukunft und die Überzeugung, daß er die Reaktion in Schach halte. Als der Erzähler Hermann Kant, der Vorsitzende des DDR-Schriftstellerverbandes, nach dem Zusammenbruch des Systems gefragt wurde, was das Regime erreicht habe, sagte er, Antifaschismus sei der wichtigste Rechtfertigungsgrund gewesen. (Er hatte 1979 seinen Segen zur letzten »Säuberung« des Verbandes gegeben, 1990 wurde er selbst ausgeschlossen.) Tatsächlich wurde der Antifaschismus häufig als Fokus ideologischer Überzeugungen genannt.[89] Daß eine negative, nur gegen etwas gerichtete Parole so lange kraftvoll blieb, ist bemerkenswert. Gab es denn eine faschistische Bedrohung in der DDR oder auch in der Bundesrepublik? Ganz abgesehen von der Frage, ob die NS-Zeit zu Recht faschistisch genannt wird: Wie lange sollte die Mission, den »Faschismus« ausrotten zu wollen, denn zur Rechtfertigung des DDR-Sozialismus dienen? Es war etwas extrem Problematisches am Konzept des Antifaschismus. Zunächst hat die DDR aktiv weit weniger als die Bundesrepublik dafür getan, daß nach der Verantwortung für die NS-Vergangenheit gefragt und darüber diskutiert wurde. Mit Gründung der DDR galt die Vergangenheit, das Produkt einer ganz anderen Gesellschaftsordnung, als überwunden. Sozialismus sollte seinem Wesen nach antifaschistisch sein. So sahen seine Befürworter in ihm zugleich ein unbezweifelbares Bollwerk des Friedens. Aber was hat das System denn für den Frieden getan? Dieses System, das seine Soldaten im preußischen Stechschritt marschieren ließ und dazu ausbildete, Seite an Seite mit den Truppen des Warschauer Pakts zu kämpfen? War das die Abschreckung, gerichtet gegen den westdeutschen Revanchismus? Die Rechtfertigungen wurden zunehmend formelhaft. Am ehesten noch wird die Treue zum Sozialismus in den ersten Jahren der Republik entstanden sein, als ihre Bürger das Gefühl kommunaler Fürsorge erfuhren. Fremde saßen in den Gasthäusern an gemeinsamen Tischen, sie wurden gebeten, sich in die altmodischen, überall in Büros, Hotels, sogar auf Polizeistationen ausliegenden Gästebücher einzuschreiben. Ostdeutsche, die in den Westen kamen, fühlten, wie sie sagten, den mangelnden sozialen Zusammenhang, für den sie Wohlstand und Kapitalismus verantwortlich machten. Sie hielten dagegen, daß man bei ihnen zu Hause so etwas wie ein brüderliches Bewußtsein pflege, und sei es nur eines aus Mangel.

Worin immer der Konsens oder auch nur die Duldung des sozialistischen Systems ihre Grundlage gehabt haben mag, sie verschwand praktisch über Nacht. Christa Wolf und Stefan Heym versuchten die Intellektuellen für die Überreste eines ethischen Sozialismus zusammenzutrommeln, doch ihr Aufruf hatte etwas Verzweifeltes, ihr »Sozialismus« schien ohne substantiellen Gehalt: eben die Mahnung an den verblassenden Gral. Die Möglichkeiten, die bis dahin nicht offengestanden hatten, waren jetzt greifbar, und es schien hohe Zeit dafür. Die Dimensionen dessen, was nun machbar schien, hatten sich enorm erweitert. Philosophen haben vor einiger Zeit über die Dilemmata diskutiert, die sich auftun, wenn sich mentale Zustände und Präferenzen verändern. Wir wissen, daß sich unser Begehren unter bestimmten Umständen fundamental ändern kann, und so versuchen wir, uns einen bindenden Zusammenhang »höherer« Präferenzen zu setzen, in dem unser Selbstbild möglichst zukunftsorientiert repräsentiert ist. Odysseus ist gewitzt genug und weiß, daß die Sirenen ihn zerreißen würden, ließe er sich nicht an den Mast binden.[90] Wenn wir leicht zu verführen sind, werden wir dafür sorgen, daß der Schnaps nicht gerade in Reichweite steht. Auf diese Weise zimmern wir uns eine Rangordnung unserer Prioritäten. Unseligerweise schränken autoritäre politische Systeme gerade unser höheres und nicht unser niederes Selbst ein. Und unter Verhältnissen politischer Einschränkungen tritt eine Logik der Optimierung in Kraft. Wer sie akzeptiert, opfert ein gutes Stück seiner moralischen Autonomie für abgemessene Dosen bedingter Freiheit. Der Konsens, auf den sich der Kommunismus in Osteuropa offensichtlich berufen konnte, hatte mit derartigen Verhaltensweisen zu tun.[91] Er beruhte auf etwas, das wir vielleicht eingeschränktes Bewußtsein nennen können. Wenn man sich weder zur Flucht in den Westen entschließen konnte noch das Schweigen wählen wollte, dann mußte man wohl mit einer Reihe offenbar dauerhafter und kaum zu verändernder Beschränkungen zurechtkommen, ja diese verinnerlichen und der Zensur auch noch dafür danken, daß dem so war. Warum gab es, gerade nachdem die Repression gemessen an den fünfziger und sechziger Jahren deutlich nachgelassen hatte, nicht mehr Proteste? Auf diese Frage sind alle, die sich mit den letzten Stadien des Regimes beschäftigt haben, immer wieder gestoßen. Natürlich darf man nicht vergessen, daß auch weiterhin harte Sanktionen verhängt wurden. Einzelpersonen und Familien, die Ausreisevisa beantragten, wurden zu ihren Betriebsleitungen gerufen, man gab ihnen eine Woche Zeit zum Nachdenken, und wenn sie auf ihrem Ansinnen bestanden, wurden sie auf die Straße gesetzt, weil sie ihres Arbeitsplatzes in der Öffentlichkeit nicht würdig seien.

Dennoch blieb die Dialektik von Bedrohung und Belohnung kompliziert. Wolfgang Templin hat versucht, sie zu beschreiben. In den siebziger und achtziger Jahren waren die Repressionen nicht darauf gerichtet, potentielle Dissidenten einzusperren, sondern sie sollten ihnen nur deutlich machen, innerhalb welcher Grenzen sie sich mit ihrem Protest zu bewegen hatten. Die Mauer setzte nicht nur dem Reisen Grenzen; sie versinnbildlicht zugleich ein Regime des beschränkten Raums, innerhalb dessen Privilegien gewährt werden konnten, außerhalb dessen aber politische Herausforderungen keinesfalls geduldet wurden. »Ein kalkuliert kritischer Intellektueller, der an einer bestimmten Grenze haltmachte, aber gleichzeitig den Spielraum, den er aufgrund seiner eigenen Situation oder Biographie besaß, voll ausfuhr ... war für dieses Mischsystem von Kontrollfunktion, von Repression und gleichzeitig von Bindungskräften, die man bis zum Schluß organisieren wollte, viel wertvoller.«[92]

Und dann ganz plötzlich, im Herbst 1989, schwanden die Zwänge: zum ersten Mal, als die Ungarn im September den Grenzübergang erlaubten, und unwiderruflich, als am 9. November die Berliner Mauer geöffnet wurde. Diese Grenzbefestigung hatte alle die im Inneren errichteten Mauern ermöglicht. Die DDR war ein Regime von Mauern: Die wirkungsvollsten standen in den Köpfen ihrer Bürger. Es war, als hätten Tiere, die ihr Leben im Zoo verbracht hatten – sagen wir die gut gefütterten Löwen im Leipziger Zoo, der für seine Stadt und das Land eine Quelle des Stolzes war –, die Gräben plötzlich zugeschüttet gefunden und die Käfige offen. Zuvor wäre es verrückt gewesen, seine Kraft auf den Versuch zu verwenden, die Grenzanlagen zu überspringen; und jetzt hatten sich die grundlegendsten politischen Parameter des Lebens radikal geändert. Nach dem 9. November hatten die Bürger der DDR die Möglichkeit, ihre bewußt gesetzten Präferenzen zu ändern. Ihr Verhalten bis dahin war dennoch nicht nur Ausdruck des Zwangs, aber es war auch nie Ausdruck einer autonomen kollektiven Wahl. Jetzt verschwanden plötzlich die Anreize für Effizienz, Wohlstand und zweckmäßiges Handeln gemäß den Bedingungen des Sozialismus. Die moralische Prämisse des Regimes ging nicht über die Bereitschaft ihrer Schutzmacht hinaus, zur Unterstützung des Systems Gewalt anzuwenden.

Zukünftige Historiker werden fragen, warum autoritären Regierungen im Osten und im Westen, linken wie rechten, die politischen und administrativen Möglichkeiten abhanden kamen, mit dem Druck fertig zu werden, der aus der Zivilgesellschaft hochkochte. Die Militärdiktaturen mußten aufgeben, in Griechenland, Portugal und Spanien während der siebziger, in Brasilien, Argentinien, Chile und Paraguay im Lauf der achtziger Jahre. In einigen Fällen, vor allem in Griechenland und Argentinien, hatten sich die Militärs als Machthaber durch katastrophale militärische Kampagnen desavouiert. Anderswo, wie in Brasilien, scheiterten sie offensichtlich an fundamentaleren politischen Spaltungen und unüberwindbaren Widersprüchen. Die kommunistischen Regime in Ungarn, der Tschechoslowakei oder auch in der DDR kämpften kaum darum, an der Macht zu bleiben. Sicher gab es zunächst Widerstand, aber es war auffallend, wie rasch die Herrschenden sich demoralisieren ließen und versuchten, sich selbst zu wandeln. Ob in Budapest, Belgrad oder Bukarest: Wo es möglich war, versuchten sich exkommunistische Machthaber als Minister der nationalen Rettung oder des Übergangs in Position zu bringen. In anderen Hauptstädten dagegen akzeptierten sie politische Veränderungen, ja initiierten sie sogar, selbst wenn sie wußten, daß dies ihre politische Macht zerstören würde. Als die tschechischen Kommunisten den DDR-Bürgern im Oktober 1989 gestatteten, das eigene Land indirekt, über die tschechische Grenze, zu verlassen, werden sie die Folgen geahnt haben: Sie hatten damit gezeigt, daß sie ihren Machtapparat nicht länger nutzen würden. Wie können wir diese nicht offen erklärte Abdankung der Macht verstehen?[93]

Das Ende der achtziger Jahre vielleicht wirkungsvollste Mittel, Machtblöcke aufzulösen, war die akkumulierte Macht der internationalen öffentlichen Meinung. Diese Vorstellung steht im Einklang mit dem englischen Liberalismus des 19. Jahrhunderts – ein Nachhall der Theorien von Mill, Bright und Bagehot, die alle an den zivilisierenden Einfluß der Öffentlichkeit glaubten. Vor 1989 hätte dieses Echo möglicherweise total dissonant geklungen. Aber wie dem auch sei, politische Werte diffundieren über Grenzen hinweg. In den dreißiger Jahren sah es so aus, als repräsentierten eine autoritäre Partei und deren Regime die Welle der Zukunft. Der disziplinierte, dem Kollektiv verpflichtete Mensch war ganz offensichtlich auf dem Vormarsch. Freiheitlich-liberale Ideen erschienen als Luxus einer geschwächten anglo-amerikanischen Elite oder einiger altgewordener westeuropäischer Philosophen. In den siebziger und achtziger Jahren verkehrten sich die Verhältnisse; nun galten alle, die nicht demokratisch dachten, als rückständig und unzeitgemäß. Die internationale öffentliche Meinung funktioniert jedoch nicht als körperloser Geist; sie erfordert institutionellen Rückhalt. In den dreißiger Jahren waren die Befürworter der Demokratie uneins und offensichtlich demoralisiert. Der Völkerbund und später die Vereinten Nationen schienen machtlos angesichts zunehmender Aggressivität in der Politik. In den siebziger und achtziger Jahren lockte die Europäische Gemeinschaft als Club der reichen und freiheitlich-liberalen Gesellschaften; die sozialdemokratischen Parteien Europas waren bereit, ihre Genossen in den flügge gewordenen Demokratien zu unterstützen; die NATO hatte ihre Entschlußkraft nicht verloren; und die Konferenz für Sicherheit und Zusammenarbeit in Europa (KSZE, der sogenannte Helsinkiprozeß) verpflichtete zumindest in der Theorie sogar die kommunistischen Staaten, die Menschenrechte zu beachten. All diese Organisationen waren sicher nicht dafür gemacht, den Eisernen

Vorhang zu heben, aber sie schufen die Voraussetzungen für die Anerkennung demokratischer Werte. Demokratisierung war zur einzigen akzeptablen politischen Agenda in Europa und in den beiden Amerikas geworden.

Etwas anders formuliert: Ende der achtziger Jahre hatten die meisten autoritären Herrscher das Vertrauen in ihre eigene ursprüngliche Vision verloren. In Ostberlin oder Prag teilten sie die Wahrnehmung ihrer Kritiker, daß sie sich ökonomisch und gesellschaftlich in einer Sackgasse befanden. Doch sie wußten nicht, wie sie da herausfinden, welche Reformen sie einleiten sollten. Moderne autoritäre Regime sind solche, die auf Projekten aufbauen[94], ganz gleich ob sie Wasserkraftwerke oder Stahlwerke bauen, den »Menschen« neu erschaffen oder die nationale Erlösung bewirken. Worin immer ein solcher Plan bestand, er gab einem Aufbau oder Neuanfang, ob physisch oder politisch, neuen Schwung. Ende der achtziger Jahre blieben jedoch keine überzeugenden säkularen Projekte übrig. (Religiöse Projekte gewannen vor allem in den islamischen Gesellschaften an Vitalität.) Man hätte also schon die alten Kampagnen und ihren Nachhall wiederbeleben müssen, wenn man wenigstens den begrenzten Kreis Parteitreuer hätte begeistern wollen.

Die jüngere Weltgeschichte zeigt keine Parallelen für einen derart friedlichen Weg eines ideologischen Umschwungs. Faschismus und Nazismus brachen 1945 plötzlich zusammen; vorausgegangen aber war der Sieg der Alliierten im größten Krieg, der je stattgefunden hat. Der Kommunismus hat sich selbst zerstört. Um es genauer zu formulieren: Seine Gralshüter, konfrontiert mit gesellschaftlichen und wirtschaftlichen Veränderungen, die westliche Gesellschaften nicht weniger erschütterten als die östlichen, haben ihn aufgegeben. Aber das heißt nicht, daß man alles mit Selbstzerstörung oder Implosion erklären könnte. Voraussetzung historischer Umwälzungen sind nicht nur entsprechende Entwicklungslinien, sie brauchen auch Handelnde. Trends sind Ausfluß breit angelegter Prozesse, auf die einzelne keinen direkten Einfluß zu haben glauben. Als Makroresultate gehorchen Trends einer Logik gesellschaftlicher Wechselwirkung, die von Intentionalität unabhängig ist. (Im nächsten Kapitel werden wir solche wichtigen »Trends« untersuchen.) Gleichwohl, trotz der Unentrinnbarkeit von Trends, versuchen Individuen, Gruppen und Massen letztlich absichtsvoll zu agieren, weil sie glauben, daß sie die Geschichte ändern können. Ironischerweise kann es sein, daß sie gerade von den gebündelten Entwicklungen, zu denen sie ohne jedes Gefühl der Autonomie beigetragen haben, an den Punkt gebracht werden, an dem sie ganz bewußt, als Protagonisten, handeln können. So haben sie im Herbst 1989 in Leipzig und Berlin zögernd, aber mutig begonnen, wieder Vertrauen zu fassen. (In Kapitel Drei und Vier werden wir diesen Weg verfolgen.)

2 Der ökonomische Zusammenbruch

Ich bin für den Handel mit dem NSW [nichtsozialistischen Wirtschaftsgebiet], aber nicht für Abhängigkeiten. Wir sind in eine Lage gekommen, daß der Entscheidungsspielraum immer geringer geworden ist ... Mit dem wachsenden Außenhandel sind wir auch in wachsendem Maße mit den Prinzipien des Weltmarktes konfrontiert. Das muß man beachten bei einem Land wie dem unsrigen, das nur von der Veredlung leben kann. Ein weiteres Anwachsen der Verschuldung ins NSW ist nicht möglich. Hier ist die politische Grenze erreicht. Wir kommen sonst in eine Lage, die politisch gefährlich ist, und dann können auch die Genossen der Volkspolizei und des Ministeriums für Staatssicherheit nicht mehr helfen. Das sind alles Fragen, die sich viele Jahre angestaut haben, wo jeder den Weg des geringsten Widerstandes gegangen ist, und die DDR muß bezahlen.

Alfred Neumann im Ministerrat am 19. Oktober 1989[1]

Die Schuldenkrise und die Widersprüche im Rat für Gegenseitige Wirtschaftshilfe

»Ali« Neumann, ein »Oldtimer« im Politbüro, war sicherlich keiner der führenden Köpfe, doch als sich der Ministerrat einen Tag nach Honeckers Rücktritt zu kollektivem Sich-auf-die-Brust-Schlagen versammelte, deutete er exakt auf das Dilemma der DDR-Ökonomie. Erst als die Herrschaft der Kommunisten in Auflösung begriffen war, konnten Parteiführer die prekäre Lage, in der sich das Land befand, offen ansprechen. Der Zusammenbruch des Sozialismus in der DDR war sicher nicht unausweichlich, doch der finanzielle Druck ließ nicht nach, wurde immer heftiger und kulminierte zum Schluß in einer Schuldenkrise, deren Ausmaß die Delegierten der Partei völlig überraschte und entmutigte. Die DDR, so berichtete Gerhard Schürer, der Leiter der staatlichen Planungskommission, Ende Oktober 1989 Honeckers Nachfolger Egon Krenz, habe Exportschulden in einer Höhe von 49 Milliarden angehäuft – gerechnet in ›Valutamark‹, der Währungseinheit des Exporthandels, die ungefähr einer D-Mark entsprach. Das Defizit der Leistungsbilanz werde im Lauf des Jahres 1989 auf über 12 Milliarden Dollar steigen, allein der Schuldendienst werde 4,5 Milliarden Dollar verschlingen, mehr als 60 Prozent der Exporteinnahmen eines Jahres. Würde man versuchen, die Schulden mit einem Notprogramm zu stabilisieren, hätte dies ein Absinken des Lebensstandards um 25 bis 30 Prozent zur Folge, und selbst mit diesem Opfer hätte man noch nicht die Garantie dafür, die notwendigen Exporterlöse auch zu erzielen.[2] Wie alle nationalen Schuldenkrisen hatte auch das der DDR drohende Desaster seinen Ursprung darin, daß man schon seit langem keinen Weg gefunden hatte, konkurrierende Ansprüche auf das Volkseinkommen auszugleichen. Im besonderen Fall der DDR entsprang dieses Versagen dem Vorrang der Ideologie vor der Ökonomie. Um die Krise zu verstehen, die das Regime schließlich hinwegfegte, muß man auf die lange Zeit wirksamen Hemmnisse zurückgehen, die sich aus der sozialistischen Produktionsweise entwickelt hatten.

Wo aber liegen deren Ursprünge? War der Sozialismus von Anfang an zum Untergang verdammt, oder gab es im Lauf seiner Entwicklung schicksalsträchtige Entscheidungen und Wendepunkte? Günter Ehrensperger, der führende Finanzexperte des Zentralkomitees der SED, legte den Ursprung aller Probleme in den November 1973. Er beschreibt Honeckers damalige Reaktion auf seine Hochrechnung, die ergeben hatte, daß die Exportschulden von den zu dieser Zeit noch bescheidenen 2 Milliarden Valutamark bis 1980 auf 20 Milliarden steigen würden.

> Ich wurde am gleichen Abend zu ihm bestellt, und er hat mir gesagt, ich habe ab sofort an solchen Rechnungen und Ausarbeitungen nicht mehr zu arbeiten. Das Material bekomme ich nicht wieder, und ich habe zu veranlassen, daß in der Abteilung alle Unterlagen dazu vernichtet werden. Das war der Anfang. Das war der Anfang.[3]

Als Schürer dem Zentralkomitee das Ausmaß der Auslandsverschuldung eröffnen mußte, erklärte er, die Probleme seien 1971, mit dem VIII. Parteitag der SED entstanden. Damals war beschlossen worden, daß der deutsche Kommunismus eine Gesellschaft des Konsums und einen großzügigen Wohlfahrtsstaat fördern müsse. Diese Entscheidung schloß ein, was unter der Formel »Einheit von Wirtschafts- und Sozialpolitik« bekannt wurde, die Günter Mittag für die nächsten anderthalb Dekaden unbeirrt als die korrekte Linie der Partei verteidigte. In der Praxis hieß das: Verbraucherpreise, Urlaube und soziale Dienstleistungen wurden subventioniert, damit kein zu großer Abstand zum »Lebensniveau« in Westdeutschland die Akzeptanz des Regimes bedrohte. Damit aber beschnitt man Investitionen, und sie allein hätten die DDR in die Lage versetzt, international wettbewerbsfähige Waren produzieren zu können. Die Folgen erklärte Schürer dem Zentralkomitee: »Dort war es kaum sichtbar, aber dort wurden die Weichen gestellt. Damals fuhr der Zug millimeterweise in die falsche Richtung. Er fuhr von den Realitäten der DDR weg.«[4]

Die meisten westlichen Kommentatoren dagegen wären sich wohl einig darin, daß die Weichen direkt nach dem Krieg falsch gestellt waren: von dem Moment an, als die zentrale Planwirtschaft in Osteuropa eingeführt wurde. War der Sozialismus jemals lebensfähig gewesen? Hätte er es unter anderen Umständen, nämlich als abgeschlossenes System, sein können? Das ist die entscheidende historische und wirtschaftstheoretische Frage, der sich dieses Kapitel zuwenden muß. Was es seinen erschütterten Verfechtern 1989 so unmöglich erscheinen ließ, in irgendeiner Weise steuernd in den Niedergang des Sozialismus einzugreifen, waren die internationalen Verflechtungen der DDR. Ganz gleich, wie funktionsfähig der Sozialismus in jedem einzelnen Land ursprünglich gewesen sein mochte, 1980 waren die kommunistischen Gesellschaften vom Weltmarkt abhängig, genauer: von ihrem eigenen und wachsenden Bedarf an Waren, die außerhalb des sozialistischen Wirtschaftsblocks hergestellt wurden. Mit dieser Verflechtung verschärfte sich jede Schwachstelle des Sozialismus. Die Technik, die für die Modernisierung gebraucht wurde, aber auch die Konsumartikel, nach denen die Bevölkerung verlangte – PCs ebenso wie Telekommunikationssysteme, Blue jeans oder Walkmen – kamen aus dem Westen, doch die sozialistischen Länder konnten nur einen geringen Teil der Exportartikel erzeugen, die man gebraucht hätte, um jene Waren bezahlen zu können. Es gab keine andere Wahl: Entweder man trieb mit den weniger begehrten Produkten Handel untereinander, oder man mußte auf Pump leben: in Abhängigkeit von der nichtsozialistischen Welt. Tatsächlich fühlten sich die führenden Politiker der großen sozialistischen Volkswirtschaften an den Rat für Gegenseitige Wirtschaftshilfe (RGW) gekettet wie an einen Club armer Verwandter. Jedes Mitgliedsland wurde immer ungeduldiger mit den – relativ zum eigenen – noch rückständigeren Ländern dieser Gemeinschaft. Jeder im Kreis der Partner drängte darauf, daß die anderen in konvertiblen Währungen zahlten, für die man dann anderswo hätte Waren kaufen können. So etwas wie eine protokapitalistische Unruhe begann die industrialisierten Volkswirtschaften der sozialistischen Welt zu ergreifen. Einerseits sorgte der RGW 1989 für Beschränkungen, andererseits wäre es schwierig gewesen, das bestehende Geflecht der Wirtschaftsbeziehungen einfach aufzukündigen.

Von 1980 an stand die DDR immer mehr unter dem Druck, Waren und Technologie aus dem Westen zu importieren. Auch wenn das Land versuchte, sich exportierte Waren zunehmend in konvertiblen Währungen zahlen zu lassen, seine Importe konnte es nur durch ein rapides Aufhäufen von Schulden finanzieren. In der Summe waren die Auslandsschulden der DDR nicht so hoch wie die Polens, aber immer noch besorgniserregend, und pro Kopf gerechnet war die Schuldenlast gleichermaßen drückend. Diese Summe der Gesamtschulden öffentlich zu nennen sei, wie Schürer im Oktober 1989 zugeben mußte, unmöglich geworden, denn damit wäre man Gefahr gelaufen, daß die kapitalistischen Banken ihre Kredite eingeschränkt oder gar gekündigt hätten: »Die Erhaltung der Kreditwürdigkeit der DDR ist jedoch eine Grundvoraussetzung für das weitere Funktionieren unserer Volkswirtschaft auf sozialistischer Grundlage.« Betrogen wurden jedoch nur die Getreuen im Parteivolk. Die leitenden Kader in der Wirtschaft hatten selbst längst begriffen, daß die Förderung des Wohlstands in der DDR und der im Vergleich mit den anderen RGW-Ländern hohe Privatkonsum nicht auf ihrem Verdienst, sondern auf dem wachsenden Schuldenberg beruhte. Dies offen auszusprechen hätte aber »im

Widerspruch zu der allgemeinen Darstellung der ökonomischen Stärke der DDR, der Erfüllung der Pläne und der internationalen Stellung der DDR (zehntstärkstes Industrieland)« gestanden.[5]

Die Exporterlöse der DDR wuchsen, aber sie wuchsen nicht schnell genug, um mit den Verbindlichkeiten aus dem Import mitzuhalten. Die DDR hatte für westdeutsche und ausländische Besucher einen Zwangsumtausch angeordnet – für jeden Besuchstag eine bestimmte Summe ihrer harten Währungen in Mark der DDR –, wodurch der Staat 1989 den Betrag von 1,5 Millionen Valutamark pro Woche kassierte. Für das bestehende Regime jedoch war das nicht viel mehr als ein kleines Handgeld.[6] Der Verbrauch im Land stieg, und der Anteil an Rücklagen bezogen auf das Volkseinkommen sank. Schürer berichtete Hans Modrow Ende 1989, daß die Rate der »Produktivinvestitionen« von 16,1 Prozent im Jahr 1970 auf 9,9 Prozent 1988 gefallen war.[7] Vor allem von Krediten aus der Bundesrepublik war die DDR abhängig, und die führenden Politiker dort, ganz gleich wie antikommunistisch sie sich ansonsten gebärdeten, überboten sich gegenseitig mit der Anbahnung solcher Kreditgeschäfte. Nachdem die von Bundeskanzler Kohl geführte Koalition die SPD-Regierung abgelöst hatte, wetteiferten der neue Kanzler und sein Finanzminister Franz Josef Strauß miteinander, die Kontakte mit dem DDR-Regime zu normalisieren, und gewährten Ende Juni 1983 einen ersten Kredit von einer Milliarde D-Mark. Ein zweiter »Milliardenkredit« (950 Millionen D-Mark waren es genau) folgte im Sommer 1984.[8] Aber auch die deutschen Kredite waren für die DDR Schulden. Und die Schuldendienste übertrafen rasch alle ihnen gegenüberstehenden Exporterlöse. Schürer berichtete den entsetzten Genossen, daß nach einer Leitlinie der Westbanken die Lasten aus dem jährlichen Schuldendienst eines Landes nicht mehr als ein Viertel seiner Exporterlöse betragen sollten. Die jährlichen Schuldenlasten der DDR gegenüber der kapitalistischen Welt waren inzwischen jedoch auf das Anderthalbfache seiner Einnahmen aus Westexporten gestiegen. In DDR-Währung beziffert, entsprachen die Schulden etwa zwei Dritteln des jährlichen Volkseinkommens.[9]

Mit steigender Verschuldung im Westen (Tabelle 2-1) wuchsen auch die Spannungen in der Handelsgemeinschaft der sozialistischen Staaten. Die regelmäßigen Konferenzen der Wirtschaftsmi-

Tabelle 2-1
Schulden in konvertibler Währung des RGW und ausgewählter Mitgliedstaaten (in Milliarden US-Dollar)

	1975	1980	1985	1989
DDR				
Brutto	5,188	13,896	13,234	20,600
Netto*	3,548	11,750	6,707	11,045
Polen				
Brutto	8,388	24,128	29,300	41,400
Netto*	7,725	23,482	27,705	37,953
UdSSR				
Brutto	10,577	23,512	25,177	52,392
Netto*	7,450	14,940	12,115	37,621
RWG				
Brutto	34,778	88,588	96,931	153,425
Netto*	26,290	73,505	69,999	119,866

Quelle: Internationale Wirtschaftsvergleiche (Hg.), *COMECON Data 1989*, London: Macmillan 1990, S. 379.

* Netto = Schulden nach Abzug der Reserven in konvertibler Währung. Es ist anzumerken, daß die hier genannten Zahlen für die DDR von den geschätzten 26,5 Milliarden Dollar abweichen, die Gerhard Schürer im Oktober 1989 vorlegte.

nister aus den RGW-Staaten zeigten, wie stark die zentrifugalen Kräfte waren. Den gleichen Effekt hatten die wichtigen bilateralen Handelsbeziehungen zwischen DDR und UdSSR. Der Rat für Gegenseitige Wirtschaftshilfe, nach der englischen Übersetzung auch COMECON genannt, war als Gegenpart zur wirtschaftlichen Zusammenarbeit der westeuropäischen Staaten gedacht, zunächst in der OEEC (Organisation für europäische wirtschaftliche Zusammenarbeit, gegründet 1948) und, nach deren Umstrukturierung 1961, in der nachfolgenden Organisation für wirtschaftliche Zusammenarbeit und Entwicklung (OECD). Der RGW sollte einerseits die zentrale Planung in den Satellitenstaaten verankern, andererseits zwischen den sozialistischen Volkswirtschaften, die über keine größeren Reserven konvertibler Währungen verfügten, Handelsbeziehungen auf Tauschbasis koordinieren. Die Volkswirtschaften Westeuropas strebten eine »Integration« ihrer Märkte an;

darum jedoch, um eine Spezialisierung und Arbeitsteilung zwischen den Wirtschaftsregionen, war es den Planern des RGW ursprünglich gerade nicht gegangen. Statt diese miteinander zu verbinden, suchten die sozialistischen Wirtschaftsführer vielmehr, jeweils für ihr Land die nach stalinistischem Vorbild aufgebauten Volkswirtschaften zu kopieren. Natürlich entstanden auch im RWG durch Arbeitsteilung bedingte Wettbewerbsvorteile: für Bulgarien mit Obst und Wein, für die Sowjetunion mit Erdöl, für die Tschechoslowakei mit dem Fahrzeugbau, mit Werkzeugmaschinen für die DDR. In den sechziger und siebziger Jahren versuchten die Sowjets, von jeder nationalen Volkswirtschaft bestimmte Beiträge zu fordern. Die dort führenden Kader und Politiker jedoch wollten keine Planaufträge auf niedrigem technischem Niveau akzeptieren, sondern versuchten instinktiv, die Schwerindustrie ihrer Länder zu entwickeln: Sie galt als Zeichen sozialistischer Reife. Auf jeden Fall wollten sie nicht gerade jene Waren und Rohstoffe an die Blockstaaten verkaufen, die ihnen harte Devisen hätten bringen können. Ende der achtziger Jahre hintertrieben denn auch die Volkswirtschaften, die lieber mit der nichtsozialistischen Welt Handelsbeziehungen entwickelt hätten, die meisten der Anstrengungen, die auf Teilnahme an einer gemeinsamen Planung gerichtet waren.[10]

Der RGW war ein Schutz für die kommunistischen Volkswirtschaften, verlängerte aber auch deren relative Rückständigkeit. In den achtziger Jahren wurden die Beschränkungen unübersehbar, aber die Subventionen durch die UdSSR verhinderten ebenso wie der allgemeinpolitische Druck, der von der Konfrontation zwischen Ost und West ausging, daß man so ohne weiteres an Reformen hätte denken können. Moskau war auch bereit, für seine Führungsrolle zu zahlen. Während der siebziger Jahre sorgten die Sowjets mit ihren Ölexporten, die zu beweglichen, auf den Fünfjahresdurchschnitt des Weltmarkts bezogenen Preisen abgerechnet wurden, zumindest dafür, daß die RGW-Partner in den Genuß subventionierter Energie kamen, als die von der OPEC festgesetzten Ölpreise stiegen. Auch andere Rohstoffe, wie etwa Eisenerz, lieferten die Russen zu Preisen, die niedriger lagen als der Durchschnitt auf den westlichen Märkten. Man schätzt die sowjetischen Subventionen von Beginn der siebziger bis Mitte der achtziger Jahre auf Summen zwischen 30 und 118 Milliarden Dollar. Als jedoch der Ölpreis auf dem Weltmarkt Mitte der achtziger Jahre wieder sank, wurde sowjetisches Öl im Vergleich teurer, was die RGW-Länder beunruhigte. Gleichwohl profitierten sie davon, daß die Sowjets weiterhin bereit waren, die zweitklassigen Produkte, die die RGW-Partner losschlagen mußten, um ihre Ölimporte bezahlen zu können, zu relativ hohen Preisen einzukaufen.[11] Was auf diesem Weg innerhalb des Ostblocks zusätzlich an Subventionen floß, läßt sich nur schätzen. Die Binnenpreise im Wirtschaftsblock des RGW waren weiterhin politische Preise, für viele Produkte gab es zudem gar keinen westlichen Markt, und die Ostwährungen waren nicht konvertibel. (Natürlich waren auch die Ölpreise im Westen vor und nach den drastischen Preissteigerungen durch die OPEC-Länder Anfang 1974 politisch bestimmt.)

So groß die Vorteile, die die osteuropäischen Wirtschaften aus den sowjetischen Subventionen zogen, auch gewesen sein mochten: Die Unfähigkeit, innerhalb des RGW zu konvertiblen Währungen zu kommen, erwies sich in der Folge als immer lähmender. Die nichtsozialistische Welt versprach Zugang zu Modernisierung und Konsum, doch die hochentwickelte wissenschaftliche Ausrüstung, die Elektronik, aber auch Staatskarossen der Marke Mercedes, Rockkonzerte und ähnliches waren nur zu bezahlen, wenn man im Westen Kredite aufnahm. Man konnte aber auch versuchen, aus Osteuropa importierte Waren wieder zu exportieren, was in begrenztem Umfang gelang: im Fall der DDR waren es russisches Öl und Gas, Kunstgewerbe wie tschechisches und polnisches Kristall oder Billigversionen westlicher Waren wie Anzüge und Kostüme aus Polen und Rumänien. Gelegentlich kam es zum Verkauf von Kunst, oder Leistungen darstellender Künstler aus Osteuropa sorgten für den warmen Regen westlicher Devisen. Für dessen Erzeugung und Verteilung war in der DDR Alexander Schalck-Golodkowski verantwortlich. Aber all das blieb nur ein mageres Zubrot. So bedeutsam der RGW als Markt für zweitklassige Produkte auch blieb, die Behinderungen durch diesen Wirtschaftsverbund wurden immer drückender.

Handelsbeziehungen im RGW beruhten weiterhin auf direkten bilateralen Verträgen und kollektiven Fünfjahres-Vereinbarungen, bei denen die Preise der Handelsgüter in sogenannten Valuta- oder Transferrubel festgesetzt wurden. Diese Recheneinheit diente der

Abrechnung innerhalb des Wirtschaftsblocks, war aber keine konvertible Währung, weshalb man auch damit an Dinge aus jenen Ländern nicht herankam, die in der DDR unter dem Kürzel NSW – nichtsozialistisches Wirtschaftsgebiet – zusammengefaßt wurden. Auch die Sowjetunion selbst wollte dies System verändern, um größere Spielräume zum Kauf von Qualitätsgütern im Westen zu gewinnen. So signalisierten sowjetische Wirtschaftsexperten im November 1985, ihre Exporte von Waren und Rohstoffen an RGW-Partner würden nicht weiter wachsen und »das gegenwärtige Modell der Kooperation hat in der Tat keine Zukunft«.[12] Die weniger industrialisierten sozialistischen Volkswirtschaften wie Vietnam und Kuba wendeten sich gegen jegliche Entwicklung von Marktbeziehungen, dagegen drängten Ungarn und Polen Mitte der achtziger Jahre und bald darauf auch Bulgarien, die Tschechoslowakei und die Sowjetunion unter Gorbatschow auf eine viel umfassendere Liberalisierung. Besonders Ungarn war daran interessiert, den Handel auf konvertible Währungen umzustellen, denn es verzeichnete einen Handelsüberschuß mit der UdSSR.[13] Kein Wunder, daß die DDR-Führung nicht erst als Ungarn im September 1989 seine Grenzen nach Österreich öffnete, davon überzeugt war, dies Land sei de facto zu einem kapitalistischen Staat degeneriert. Die DDR-Führung widerstand diesem Trend, wie sie auch der politischen und gesellschaftlichen Liberalisierung widerstand. Im Juni 1987 erklärte Günther Kleiber beim Zusammenstoß mit dem ungarischen Delegierten im Exekutivkomitee des RGW, daß die Forderungen nach freierem Austausch von Waren und Dienstleistungen unvereinbar seien mit der Notwendigkeit, die planwirtschaftliche Kooperation beider Länder zu stärken.[14] Die Wirtschaftsführer der DDR fühlten sich vom neuen Enthusiasmus für Reformen des Marktes geradezu verfolgt, nicht anders als vom wachsenden Drängen auf politische Liberalisierung.

Anfang 1987 schlug Moskau dem RGW eingreifende Handelsreformen vor, die die DDR-Experten voller Sorge als einen weiteren Schritt in den seit langem spürbaren Anstrengungen interpretierten, die Zustimmung zu gestützten Preisen für Industrieexporte der DDR zu umgehen. In einer langen internen Analyse vom Jahresbeginn 1987 warnten die Außenhandelsstellen der DDR, die sowjetischen Vorschläge liefen darauf hinaus, daß man sich von 1988 an auf Marktpreise zubewegen und innerhalb der nächsten acht bis zehn Jahre vom Valutarubel vollends abkommen werde.»Die von den sowjetischen Experten vorgesehene Annäherung des Niveaus der Binnenpreise und des Mechanismus der Preisbildung [im RGW] widerspricht prinzipiell der auf dem XI. Parteitag der SED beschlossenen Wirtschafts- und Sozialpolitik der DDR, insbesondere hinsichtlich der Beibehaltung der Preisstabilität für Waren des Grundbedarfs und Tarife für Dienstleistungen.« Die RGW-Preise für Werkzeugmaschinen lagen höher als die Herstellungskosten der DDR, darum wären die von den Sowjets vorgeschlagenen direkten Verträge zwischen Kombinaten in der UdSSR und der DDR, die auch direkte Bezahlung vorsahen, die Maschinenbauindustrie der DDR teuer zu stehen gekommen. Zudem wollte Moskau den Automatismus der Kreditbeziehungen im RGW außer Kraft setzen und auch von den langfristig ausgehandelten Preisen und Vereinbarungen der Wirtschaftsplanung loskommen – kurz: die UdSSR wollte vom subventionierten Handel zu tatsächlichen Marktverhältnissen gelangen und damit Entwicklungen vorantreiben, die »unübersehbare ökonomische Nachteile für die DDR« zur Folge gehabt hätten.[15]

Aber während sie auf der einen Seite den sowjetischen Vorschlägen für Reformen des RGW widerstanden, beharrten die DDR-Planer andererseits auf dem Recht, besondere Geschäftsbeziehungen zur kapitalistischen Welt zu unterhalten. Umgekehrt haben auch russische Planer weiterhin auf Kosten von Marktbeziehungen mit den bekannten Aufrufen an die sozialistische Blocksolidarität appelliert. Wie die Verhandlungen zwischen Nikolai Ryschkow, dem Vorsitzenden des sowjetischen Ministerrats, und seinem ostdeutschen Kollegen Willi Stoph im Mai 1987 zeigen, waren die Handelsvereinbarungen zwischen der UdSSR und der DDR in ziemlich großer Gefahr. Die DDR wollte lieber ein japanisches Walzwerk kaufen als eine Fabrikanlage aus der UdSSR, zu deren Übernahme sie sich zwei Jahre zuvor vertraglich verpflichtet hatte. Die Russen ließen sich jedoch durch das Versprechen aus Ostberlin, zusätzliche Ausrüstung zu kaufen, nicht beruhigen und drohten, das Eisenerz zurückzuhalten, auf das der neue Betrieb angewiesen war. Ryschkow erklärte, die Qualität russischer Fabrikanlagen sei nicht schlechter als die irgendwelcher anderer aus der kapitalistischen Welt (die einzige Ausnahme, die er einräumte, waren Steuerungssysteme von Siemens). Insofern brächten Verträge mit der nichtsozialistischen Welt »uns keine Vorteile, sondern [sind] vom politischen Standpunkt ein Schritt auf den Westen zu«. Außerdem verzögere die DDR, wie die Sowjetführung fand, die versprochene Kooperation bei der Modernisierung der ukrainischen Eisenerzminen von Krivoi Rog.

Die DDR wiederum mußte um die Verfügbarkeit sowjetischen Erdöls fürchten. Beide Länder hatten in einem Fünfjahrvertrag ihre Handelsgeschäfte für 1986–1990 als Gesamtpaket festgelegt, dessen Umfang auf 82 Milliarden Valutarubel geschätzt wurde (rechnerisch waren das 380 Milliarden interne Mark). Aber der Verfall sowjetischer Ölpreise (wiederum bezogen auf den beweglichen Durchschnitt der Weltmarktpreise) bedeutete, daß der Wert der russischen Exporte um 4 bis 5 Milliarden Rubel fallen würde (etwa 18–24 Milliarden interne Mark). Die DDR-Planer wollten das zwischenzeitliche Sinken der Weltmarktpreise für Öl kompensieren, indem sie die Sowjets aufforderten, sie sollten, statt ihre Importe aus der DDR zu senken, ihre Öllieferungen doch wieder von jährlich 17 auf die 19 Millionen Tonnen anheben, die vor dem Fünfjahrvertrag von 1981 vereinbart worden waren. Da die Russen 85 Prozent des in der DDR verbrauchten Erdöls lieferten, war die Reduzierung von 1981 ein schwerer Schlag gewesen. Die Stimmung hatte sich auch nicht gebessert, als Breschnew, angeblich unter Tränen, Honeckers persönlichen Appell mit dem Argument abgewiesen hatte, die Ostdeutschen müßten den Russen helfen, die Last ihrer zu diesem Zeitpunkt heftigen wirtschaftlichen Schwierigkeiten zu tragen. 1987 machte die Sowjetführung noch einmal deutlich, daß es für sie einfach unmöglich sei, mehr Öl zu liefern.[16] So ging die Debatte um die Öllieferungen über zwei Jahre hin und her. Die Russen boten an, anstelle des Öls mehr Erdgas zu liefern, aber Schürer erklärte seinem sowjetischen Verhandlungspartner im Juli 1988, derartige Ersatzlieferungen seien unbefriedigend. Es ging ja auch gar nicht nur um Brenn- oder Treibstoffe – um diesem Mangel abzuhelfen, baute die DDR damals ihren Braunkohletagebau aus –, es ging um Westwährung. Denn tatsächlich wanderten 75 Prozent des importierten Erdöls in die Raffinerien der DDR, wo es zur Weiterverarbeitung in der chemischen Industrie raffiniert und gecrackt wurde – und ein Teil dieser Erzeugnisse wurde in den Westen exportiert. 1985 hatte die DDR-Wirtschaft mit Exporten von raffiniertem Benzin, Dieselkraftstoff und Heizöl in die nichtsozialistische Welt einen Erlös von mehr als 2,5 Milliarden Valutamark erzielen können. 1986 allerdings hatte sich dieser auf ungefähr 1 Milliarde und 1987 auf 900 Millionen Mark verringert. Schürer übertrieb nicht, als er flehentlich darauf hinwies, daß »geringere Erdöllieferungen aus der UdSSR ... katastrophale Folgen für die DDR« hätten.[17]

Die Aufzeichnungen des Verlaufs der sowjetisch-ostdeutschen Verhandlungen werfen einiges Licht in die undurchsichtigen internen Verhältnisse im sozialistischen Block. Für beide Partner waren die langjährigen Wirtschaftsbeziehungen viel zu wertvoll, als daß man den Konflikt hätte verschärfen wollen. Die DDR war gefangen zwischen ihrem Bedarf an Gütern aus dem Westen und ihrer Abhängigkeit von der gesicherten Nachfrage nach Exporten in die UdSSR. Die Sowjets kauften Werkzeugmaschinen, landwirtschaftliche Geräte und Schiffe für ihre Ostseeflotte in der DDR. Diese war sicherlich die stärkste Exportmacht im Ostblock. 1988 beliefen sich die Einfuhren in die Sowjetunion auf (in offizieller Rechnung) 108 Milliarden Dollar; davon lieferte die DDR, die gerade ein Fünfzehntel der Bevölkerung zählte, rund 48 Milliarden, gefolgt von den Tschechen mit 26 Milliarden, den Polen mit 13 Milliarden und den Ungarn mit rund 10 Milliarden Dollar.[18] 39 Prozent der in der DDR hergestellten Güter gingen in die Sowjetunion, darunter knapp zwei Drittel der produzierten Werkzeugmaschinen.[19] Sowjetisches Öl wiederum war lebenswichtig für die Industrie der DDR und die stets gefährdete Chance des Landes, Industrieprodukte gegen Westwährung zu verkaufen.

In der Tat waren die intensiven Abhängigkeiten zwischen der UdSSR und der DDR ebensosehr ein Zeichen von Schwäche wie von Stärke. Vergleicht man die Handelsbeziehungen, dann blieb, was die DDR anging, ein größerer Teil davon an den RGW gebunden, als dies in Ungarn oder Polen der Fall war. Der prozentuale, in Dollar ausgedrückte Anteil der Westgeschäfte am gesamten DDR-Handel stagnierte in der zweiten Hälfte der achtziger Jahre (genauer: er fiel von 30,1 Prozent im Jahr 1985 auf 26,6 Prozent 1988). Und tatsächlich sank die Gesamtleistung der DDR, Ost- und Westhandel zusammengenommen, nach 1985 auch, was den Wirtschaftsplanern durchaus bewußt war.[20] Während einer Sitzung von RGW-Vertretern im Juli 1988 in Prag warnte Ryschkow, daß die RGW-Länder in bezug auf Technologie und Arbeitsproduktivität sogar noch weiter hinter den Westen zurückfallen würden. Die Strukturen des sowjetischen Außenhandels waren »archaisch«. Seit 1985 war das Gesamtvolumen des RGW-Handels um nur vier Prozent gestiegen. Mochte Willi Stoph auch erklären, das neue »Komplexprogramm des wissenschaftlich-technischen Fortschritts« erziele spürbare Ergebnisse, die Sowjets hielten dagegen, daß es für die Modernisierung ihrer Produktion nur wenige schwache Impulse bewirkt habe. Ryschkow warnte: »Das historisch entstandene, extensive Modell der Arbeit zwischen unseren Ländern hat seine Möglichkeiten ausgeschöpft.«[21]

Die Diskussionen über das Erdöl setzten sich 1989 fort. Eine hochrangige, von Mittag und Schürer geleitete Handelsdelegation der DDR reiste Ende Januar nach Moskau, Folgegespräche fanden Anfang Februar statt. Die Funktionäre aus Ostberlin mußten erkennen, daß sie ihre Zuteilung von 17 Millionen Tonnen Öl nicht würden erhöhen können; es schien sogar fraglich, ob sie diese Menge ohne weitere Abstriche erhalten würden. Die offene Forderung der Ostdeutschen, den Ölimport um 2 Millionen Tonnen pro Jahr zu steigern, quittierten die Russen mit der Drohung, noch unter die 17 Millionen-Marke zu gehen.[22]

Beide Seiten hatten das Problem, daß jede Tonne Öl, die in der Sowjetunion bzw. in der DDR verbraucht würde, eine Tonne weniger für den jeweils eigenen Export bedeutete. Nikolai Sljunkow, der Hauptunterhändler auf sowjetischer Seite, erkannte die Forderungen der DDR und ihre Abhängigkeit vom sowjetischen Rohöl an. Dennoch bat er um Verständnis für die sowjetischen Schwierigkeiten. Jede zusätzlich geförderte Tonne Öl würde den Preis in die Höhe treiben. Die Erträge waren niedrig, die Felder lagen verstreut und weit auseinander, und die Preise für die technische Ausrüstung waren um das Drei- bis Vierfache gestiegen. Bis dahin war es der Sowjetunion gelungen, ihre Energiereserven zu entwickeln und den Bedarf des gesamten sozialistischen Blocks zu decken. Das sei nun vorbei: »Der Prozeß der Entwicklung der Struktur der Wirtschaft ist für die UdSSR zu einem langwierigen Prozeß geworden.

Ganz zu schweigen von den Ressourcen.« Sljunkow erinnerte an die Energiekrise Ende 1970, als in fünf Jahren 4500 Kilometer Pipeline gebaut und Pumpen mit einer Gesamtleistung von 31 Millionen Kilowatt bereitgestellt werden mußten, und das sei auf Kosten von Sozialleistungen, Bildung und Lohnsteigerungen geschehen. Aber darüber wolle er ja gar nicht klagen: »Wir arbeiten für die Ziele des Sozialismus.« Die Planer in der Sowjetunion müßten die Wirtschaftsreform durchführen und der gesellschaftlichen Entwicklung den Vorrang geben. »Deshalb haben wir keine Möglichkeit und vor dem Volk kein Recht, für den nächsten Fünfjahrplanzeitraum und bis zum Jahre 2000 die ökonomischen Strukturen in die Richtung zu gestalten, daß der Rohstoff- und Energiekomplex weiterhin forciert wird und wir bei der Effektivität der Wirtschaft noch weiter zurückfallen und in der Befriedigung der Bedürfnisse der Menschen noch weiter zurückbleiben.« Der Wirtschaftsplan erfordere es, den Energieverbrauch um jährlich 3,5 Prozent zu kürzen. Sljunkow räumte ein, daß die vorgeschlagene Kürzung der Erdölexporte um zwei Millionen Tonnen für die Wirtschaft der DDR schwer zu verkraften sein werde, da es ja nicht nur um Treibstoff, sondern um den Rohstoff für die Raffinerien und die bedeutende petrochemische Industrie gehe. In Anerkennung dessen sei die Sowjetunion bereit, die Exportquote für Erdöl zu halten und die Erdgaslieferung zurückzunehmen, wenn man sich auf eine längere Liste von DDR-Produkten einigen könnte, die es der Sowjetunion erlauben würde, auf entsprechende Importe aus nichtsozialistischen Ländern zu verzichten.

Schließlich gehe es beiden Seiten darum, so faßte Sljunkow zusammen, wechselseitig den jeweiligen Bedarf an Importen aus dem nichtsozialistischen Block zu minimieren. Die Zahlungsbalance beider Länder hänge eng mit deren Bedarf an Erdöl zusammen. Wenn die Sowjets ihr Öl einsetzten, um rückständige ländliche Regionen zu entwickeln – Sljunkow verwies auf die unhaltbaren Zustände in russischen Dörfern –, könnten sie dies nicht im Ausland verkaufen. Wenn sie es der DDR lieferten, dann müßte diese im Gegenzug liefern, was die Sowjets sonst aus dem Westen einführen müßten. In seiner Antwort erklärte Mittag, daß die DDR, wenn die Sowjetunion das Öl nicht liefere, keine Produkte ihrer Petrochemie in den Westen exportieren könne, die Maschinen also dorthin verkaufen müsse, die ansonsten für die Sowjetunion bestimmt gewesen wären. Schürer wurde noch deutlicher. Er wies darauf hin, daß die DDR nicht irgendein sozialistischer Handelspartner sei. Sie allein verfüge über die Raffinerien, und sie sei darauf angewiesen, das Öl aus der einen oder anderen Quelle zu bekommen. »Ich muß hier offen sagen, jede Million Tonnen, die wir nicht bekommen, ist eine Million Tonnen Import aus dem NSW. Die DDR hat keine Bewegung[smöglichkeiten] mehr, weil für die tiefere Spaltung alle Möglichkeiten ausgeschöpft sind.«

Aus dem wechselseitigen Bedarf ergab sich dann der Umriß der schließlichen Vereinbarung. »Die DDR ist ein Maschinenbauland und muß ein Maschinenbauland bleiben«, räumten die Sowjets ein. Es bestand auch gar keine andere Wahl. Rußland war bereit, größere Mengen seines mittlerweile noch teureren Öls zuzuteilen und lieber ostdeutsche als Waren aus dem Westen zu akzeptieren, so daß die DDR ihre Chemie- und Maschinenbauindustrie weiter betreiben konnte, ohne westliche Käufer für ihre Produkte suchen zu müssen. Die wechselseitige Abhängigkeit war zu bestätigen, wenn nicht gar noch zu vertiefen. So sollte die DDR Anfang Februar eine Liste hochwertiger Werkzeugmaschinen und chemischer Exportgüter präsentieren, die die Sowjets sonst in nichtsozialistischen Ländern gegen harte Währung hätten kaufen müssen. (Tatsächlich wurde diese Liste noch durch Kleidung und Konsumartikel abgerundet.) Die Russen blieben beim Erdölexport von 17 Millionen Tonnen und fuhren statt dessen die Erdgaslieferung zurück; mit diesem Gas würden sie vermutlich den Bedürfnissen anderer RGW-Handelspartner entgegenkommen. Zugleich aber baten die Sowjets, daß diese besondere Vereinbarung vor den übrigen RGW-Partnerländern geheimgehalten werden möge: »Wir können einen solchen Weg unter keinen Umständen für alle sozialistischen Länder gehen. Das ist vollkommen unrealistisch.« Moskau hatte gegenüber der Tschechoslowakei schon verlauten lassen, daß für die DDR keine besonderen Konditionen gelten würden.[23] Die wechselseitigen Abhängigkeiten zwischen UdSSR und DDR wurden also auf Kosten der allgemeinen Solidarität innerhalb des RGW realisiert; für beide Seiten waren die direkten Beziehungen wichtiger. Schürers Bericht im Politbüro wurde von Honecker mit den Worten quittiert: »Gerhard, das hast du gut gemacht!«[24]

Trotz alledem pochte die DDR heftiger auf Solidarität im RGW als die meisten der anderen Partner. Im März 1989 setzten sich die Sowjets das Ziel, bis 1995 die Konvertibilität der RGW-Währungen im wesentlichen, wenn auch noch nicht vollständig erreicht zu haben.[25] Als sich Anfang Juni 1989 die Wirtschaftssekretäre der kommunistischen Parteien in Ostberlin trafen, kündigten die Bulgaren an, sie wollten eine sogenannte Planmarkt-Wirtschaft aufnehmen, gleichzeitig verwiesen sie darauf, daß die sozialistische Welt Kooperationsmöglichkeiten mit führenden kapitalistischen Ländern und Unternehmen auf dem Gebiet der Technik nicht unterschätzen dürfe. Der ungarische Delegierte stimmte zu und betonte die wichtige Aufgabe, die Wettbewerbsfähigkeit auf dem Weltmarkt zu steigern. Der RGW solle auf bindende Leitlinien verzichten, auf realistische Preise hinarbeiten und den Transferrubel auf das westliche Währungsgefüge abstimmen. Der sowjetische Vertreter versuchte, die divergierenden Standpunkte zu überbrücken: »Mir scheint, daß die vorhandene Meinungsvielfalt nicht zufällig ist. Sie entspringt aus den Besonderheiten der nationalen Mechanismen und aus dem Übergangscharakter der Gegenwart ... Bei uns koexistieren, aber wirken noch ungenügend zusammen, zwei qualitativ unterschiedliche Sphären der Integration, nämlich die auf staatlichen und die auf wirtschaftlichen Rechnungsführungen beruhende ...« Darauf, auf den Einsatz von konvertibler Währung und auf Weltmarktpreise unter den sozialistischen Partnern, wollte die Sowjetunion hinarbeiten – aber das würde seine Zeit kosten.[26]

Das Gerüst gestützter Preise und geschützter Tauschgeschäfte bei wenig Rücksicht auf solide Staatshaushalte brach früher als erwartet zusammen. Nur zwölf Monate nach jenen Verhandlungen kündigten die Sowjets aus den Trümmern ihres osteuropäischen Imperiums heraus an, daß sie mit Ablauf des Jahres 1990 für ihre Exporte nur noch Weltmarktpreise, zahlbar in harten Währungen, akzeptieren würden. Gerade ein halbes Jahrzehnt hatte der RGW in seinem geschwächten Zustand fortexistiert. Die Kredite aus dem Westen haben seine Auflösung hinausgezögert. Westliche Banken und Regierungsanleihen versetzten die sozialistischen Volkswirtschaften in die Lage, sich für ihre mit niedriger Produktivität und unter Energieverschwendung arbeitenden Fabriken wechselseitig Märkte zu schaffen und zu erhalten und dennoch ihren Bedarf an technischer Ausrüstung und Konsumgütern aus dem Westen zu befriedigen. Ende der achtziger Jahre holten die Zwänge des Weltmarkts auch den RGW ein, insbesondere die Mitgliedsländer DDR und Polen. Natürlich hatte es zuvor Warnsignale gegeben, seit langem waren die Schulden angestiegen. Welche Möglichkeiten erwogen die Führungskader der DDR, als die latente Krise auszubrechen drohte?

Zwei konkurrierende Strategien gab es, es gab auch Stimmen gegen beide. Schürer insistierte, manchmal unterstützt von Willi Stoph, dem langjährigen Vorsitzenden des Ministerrats, beharrlich auf High-Tech-Entwicklungen in der Mikroelektronik. Er hielt es für möglich, daß die DDR zu einem der bedeutendsten Entwickler computergestützter Produktion von numerisch gesteuerten Werkzeugmaschinen werden könnte (CAD/CAM). Seine Strategie hätte den Import von Investitionsgütern, langfristige Modernisierung und Kürzungen der Preissubventionen für heimische Konsumgüter erforderlich gemacht. Außerdem hätte man die ehrgeizigen Bauprojekte zurückstellen müssen, mit denen Honecker und Mittag Ostberlin als »Hauptstadt der DDR« und Schauplatz sozialistischer Errungenschaften ausstaffieren wollten. Mittag, seit zwei Jahrzehnten Honeckers enger Wirtschaftsberater und Schürers Hauptgegner, wandte sich scharf gegen Kürzungen, die die staatliche Konsumförderung getroffen hätten, wie sie die Politik der achtziger Jahre bestimmt hatte. Der Kommunismus müsse und könne Konsum und Investition gleichermaßen fördern, das eben sei die »Einheit von Wirtschafts- und Sozialpolitik«, die der VIII. Parteitag 1971 zum Grundstein der sozialistischen Entwicklung erklärt habe. Auch Handelsminister Werner Jarowinski kritisierte Schürers Versuch, eine Computerindustrie zu entwickeln, weil dies eine hoffnungslose Mißverteilung der Ressourcen nach sich ziehen würde. Gleichwohl hielt auch er eine Kürzung der Preissubventionen für notwendig, die von 8 Milliarden Mark 1970 auf 58 Milliarden Mark im Jahr 1989 gestiegen waren, womit sie fast doppelt so schnell gewachsen waren wie das Sozialprodukt.[27]

Keinen, der die Entwicklung der Staatsfinanzen in den USA unter den Regierungen Reagan, Bush und Clinton beobachtet hat, sollte es überraschen, daß die Politiker der DDR sich um eine eindeutige Entscheidung zwischen diesen widerstreitenden Positionen herumdrückten. Den Kadern eines kommunistischen Staats, in dem die wichtigsten Entscheidungen immer noch der Zustimmung eines alternden Diktators bedurften und die Parteidisziplin verhinderte, daß Dissens öffentlich ausgetragen wurde, blieb verborgen, welche Konsequenzen die unterschiedlichen Positionen in diesem Disput tatsächlich haben würden. Honeckers Interventionen verfolgten keine klare Linie. Er gab sich mit beruhigenden Beispielen zufrieden, was zu der Annahme führte, daß er das ganze Ausmaß dessen, was aus dieser Vogel-Strauß-Politik folgen würde, möglicherweise gar nicht begriff; auf jeden Fall vermied er einen Kurs klarer Entscheidungen. Sogar innerhalb der halbkonstitutionellen Strukturen wie Kabinett oder Politbüro, die die DDR kennzeichneten, umging Honecker offene Auseinandersetzungen, indem er ökonomische Debatten im allgemeinen an einen »kleinen Kreis« verwies: an den »Kreis der besonders für die Wirtschaft verantwortlichen Genossen des Politbüros«.[28] Erst als das Regime auseinanderbrach, eröffneten die Berater mit abweichenden Standpunkten den, wie es hieß, schockierten Mitgliedern des Zentralkomitees die Geschichte der seit langem begangenen politischen Fehler. So berichtete Schürer, daß Honecker zwischen 1976 und 1978 einige Versuche unterstützt habe, sich mit der Schuldensituation auseinanderzusetzen, aber der Zwang, im Ausland kaufen zu müssen, habe die hoffnungsvollen Ansätze stets wieder zunichte gemacht. Im Mai 1978 habe der Ministerrat gegenüber der staatlichen Plankommission darauf beharrt, daß deren Versuch, durch eine entsprechend neu orientierte Politik die Zahlungsbilanz nicht weiter zu verschlechtern, die Einheit von Wirtschafts- und Sozialpolitik störe. Damit sei ein weiterer Ansatz zur Reform vereitelt worden. Doch Honecker habe diese Linie abgesegnet und Schürer gerügt. Weitere Beratungen habe es im Oktober 1978, im Februar 1979 und im Juni 1980 gegeben. Und im Juni 1982 habe sogar Stoph »entscheidende Maßnahmen« ökonomischer Sparprogramme unterstützt. Das habe ihm im Politbüro Honeckers Bemerkung eingetragen: »Die Wörter über entscheidende Maßnahmen wollen wir hier nie wieder hören.« Das freilich hatte die verhängnisvollen Defizite nicht daran gehindert, weiter zu steigen, bis der Plankommission 1986 die Aufgabe übertragen wurde, einen Weg zu finden, die akkumulierte Summe zu halbieren.[29]

Im November 1987 war das Handelsdefizit mit dem Westen auf 38,5 Milliarden Valutamark gestiegen. Der Finanzminister wurde im Politbüro für seinen Pessimismus getadelt (vermutlich von Mittag, der allerdings nicht in die Einzelheiten ging). Wahrscheinlich hatte er darauf hingewiesen, daß das Defizit nicht länger zu kontrollieren sei: »Wenn es so wäre, müßten wir aufhören.«[30] Ende April und im Mai 1988 habe Schürer seinen »größten persönlichen Vorstoß« unternommen und versucht, seine Ideen durch das Politbüro zu bringen. Honeckers Haltung war kritisch, aber er war sich noch nicht sicher. Schürer hat den Generalsekretär um ein besonderes Treffen gebeten, um die Situation zu klären. »Ich kann schwer einschätzen, inwieweit du den Überlegungen Unterstützung geben kannst.«[31] Einige Tage später antwortete Mittag mit einer scharfen Attacke. Wenn man Schürers Vorschlägen folge, bedeute dies, die Entscheidungen des VIII. und des XI. Parteitags in Frage zu stellen. Die Preissteigerungen, die dieses Programm nach sich ziehe, seien inakzeptabel; seine Klagen über das extensive Bauprogramm in Berlin konzentrierten sich zu ausschließlich auf die Kosten.[32] Willi Stoph, dem Vorsitzenden des Ministerrats, gelang es, Schürers Vorschläge Anfang Mai durch dieses Gremium zu bringen, aber im Zentralkomitee, wo letztlich die Entscheidungen getroffen wurden, fielen sie durch.

Der Disput hatte Folgen für alle wirtschaftspolitischen Organe des Regimes. Schürer selbst hat später bekannt, daß er es nicht gewagt habe, die Parteidisziplin zu brechen. »Ich selbst lebe seit vielen Jahren mit dem Konflikt«, erklärte er vor dem Zentralkomitee, »wie weit kann ich mit meiner als Wahrheit erkannten Meinung gehen, wenn sie nicht der offiziellen Parteilinie entspricht?« Bis zur Revolution von 1989 jedoch hat er sich im Sinn der Treue zur SED entschieden.[33] Er, der dem Politbüro stets nur als »Kandidat« angehörte, galt als Fachmann in dessen Dienst, hatte aber nicht die volle Beglaubigung durch die herrschende Elite der SED. Die Hauptabteilung XVIII des Staatssicherheitsdienstes, die Stasi-Schnüffler für Wirtschaftsfragen, warnte vor den demoralisierenden Auswirkungen, die Mittags Angriffe auf die wirtschaftliche Debatte in den Reihen der Partei hätten: »Nicht verstanden werde allerdings der

Vorwurf, Genosse SCHÜRER habe mit diesen Gedanken gegen die Grundlinie der Beschlüsse des VIII. und XI. Parteitages der SED argumentiert ... In diesem Zusammenhang wurde die Meinung geäußert, künftig werde wohl kaum ein leitender Funktionär noch den Mut aufbringen, derartige Vorschläge, die darauf gerichtet sind, Aufkommen und Verteilung in eine günstigere Relation zueinander zu bringen, zu unterbreiten. Bei Beibehaltung derartiger ›Tabus‹ seien die anstehenden Probleme, d. h. einen realen, anspruchsvollen Plan 1989 vorzulegen, nicht zu lösen.«[34]

Honecker schien zu ahnen, wie schicksalhaft diese Entscheidungen waren, aber offensichtlich hoffte er, daß man sich weiterhin durchwinden könne. In einem größeren politischen Bericht im September 1988 gab er zu, daß die Sicherung internationaler Zahlungsfähigkeit der DDR »grundlegend für unsere weitere Entwicklung« sein werde. Aber Honecker schob das Hauptproblem den Sowjets zu, die die Notlage der DDR nicht erkennen wollten, was sich in den Kürzungen der Öllieferungen und in einer schädlichen Preispolitik manifestiere. Er erinnerte daran, was Breschnew 1981 auf seine, Honeckers, Beschwerde über die Kürzung der Öllieferungen geantwortet habe: »Wir haben die lakonische Antwort erhalten, daß die DDR das lösen muß. Ich habe das auch mit Genosse Gorbatschow besprochen, und der sagte, er halte die Antwort nach wie vor für richtig.«[35] Aber selbst wenn Honecker die Schuldenkrise tatsächlich erkannt hat – er konnte sich nicht dazu durchringen, den Kurs zu ändern. Als ihm Wadim Medwedjew, der Sekretär des sowjetischen Zentralkomitees, zwei Wochen zuvor die Notwendigkeit von Perestroika und Glasnost erklärt hatte, hielt Honecker daran fest, daß die DDR versuche, diese neuen und unerwarteten Entwicklungen in der Sowjetunion, die weit über alle Erwartungen hinausgegangen seien, für sich zu bewerten, »dies mit der weiteren Durchführung der Beschlüsse des XI. Parteitags zu verbinden und zugleich die Erfahrungen der Sowjetunion nicht einfach zu kopieren«.[36] Schürer zufolge habe Mittag großen und verderblichen Einfluß auf den Generalsekretär ausgeübt.»Genosse Erich Honecker selbst hat die Zeichen der Zeit nicht verstanden.«[37] Als Schürer dies sagen konnte, waren Mittag und Honecker nicht mehr an der Macht.

Die Kosten der Computerisierung

Die Zwänge und Absprachen waren so strikt, daß die Planer die problematischen Abläufe mit Input/Output-Modellen beschreiben konnten, die sich insbesondere aus den Belastungen ergaben, die Ende der achtziger Jahre zunahmen. Die Wirtschaft der DDR hatte mit genügend eigenen Unzulänglichkeiten zu kämpfen, doch zeigte sich die aktuelle Krise in der fragilen Lage des Landes im Feld der internationalen Beziehungen: Auf der einen Seite war man, wegen ihrer Rohstoffe und Energiequellen, abhängig von der Sowjetunion, auf der anderen Seite brauchte man die Kredite aus dem Westen, um Konsumgüter und hochwertige Vorprodukte importieren zu können, die man für das anspruchsvolle Vorhaben brauchte, eine eigene Computerindustrie aufzubauen. An diesem Programm, deutlicher als an allen anderen Bereichen, kamen die Widersprüche in den Strategien zur Entwicklung der DDR zum Ausdruck. Verkürzt ausgedrückt: Die DDR-Wirtschaft befand sich in einem Wettlauf zwischen Computerisierung und Zusammenbruch.

Zum Produktionsbereich Mikroelektronik in der DDR gehörten mehrere Hauptproduktlinien. Zunächst unternahm man den Versuch, hochleistungsfähige Chips zu entwickeln. Schürer war klar, daß die DDR westlichen und japanischen Wettbewerbern hinterherhinkte. Der DDR-Chip selbst war nach westlichen Vorbildern entwickelt. Aber Schürers Kalkül lief darauf hinaus, daß man den einigermaßen hohen Standard, der in der DDR zu entwickeln war, mit der traditionellen Kompetenz der DDR in der Herstellung von Werkzeugmaschinen verknüpfen könne.[38] Die Werkzeugmaschinen aus der DDR waren auf den Märkten des RGW führend. Auf der anderen Seite war die Nachfrage in den achtziger Jahren hochspezifisch geworden. Die Massenproduktion standardisierter Artikel wurde überflüssig und ohnehin von Niedrigpreisanbietern wie Bulgarien übernommen. Die DDR war auf den Einsatz von Mikroelektronik angewiesen: Die rasche Produktion spezialisierter Werkzeugmaschinen setzte die computergestützte Entwicklung (CAD) voraus, und zu entwickeln waren Produkte, die ihrerseits computergesteuert operieren konnten (CNC, Computerized Numerical Control).[39]

Nach den Vorstellungen der Plankommission sollte die Entwicklung von computergestützten Entwurfs- und Konstruktionsmethoden die DDR-Industrie insgesamt produktiver machen. Selbst wenn dies immense Investitionen erforderte, war es entscheidend, daß man diese Schlüsseltechnologie im eigenen Land produzieren konnte. Und dabei ging es nicht nur um wirtschaftliche Unabhängigkeit. Schürer erwartete, daß Erfolge auf dem Gebiet computergestützter Entwurfs- und Fertigungstechniken der DDR eine Monopolstellung im Ostblock verleihen würden. Die ostdeutschen Rechner mochten teurer werden als vergleichbare westliche Produkte, doch die Länder des RGW konnten wegen ihrer Devisenknappheit gar nicht anders, als in der DDR zu kaufen. Und mit dem, was die DDR selbst an konvertierbaren Devisen erwirtschaften würde, wollte man dann die notwendigen Vorleistungen aus dem Westen bezahlen.[40] Wenn die DDR, das war wohl Schürers große Hoffnung, für ihre Exporte in das Gebiet des RGW Weltmarktpreise erzielen könnte, dann würde sie sich wiederum bessere Handelsbedingungen für die Rohstoffeinfuhren schaffen, die das Land brauchte, um mehr Produkte oder petrochemische Erzeugnisse im Westen absetzen zu können. So würden es gerade die Bedingungen eines geschlossenen Handelsblocks ermöglichen, daß sich die DDR gegenüber den nichtsozialistischen Wirtschaften in eine tragfähige Position hinaufschrauben könnte. Kurz: Schürer hoffte, daß die Verbindung zwischen Computertechnik und Maschinenbau der DDR einen direkten Brückenkopf in die westlichen Märkte schaffen und sichern würde.

Machte eine solche Strategie Sinn? Schürer zweifelte nicht daran, mit der Computertechnik die Schlüsselindustrie, die alle anderen Zweige durchdringt, gefunden zu haben. Würde die DDR nicht auf Modernisierung setzen, müßte das Land in die zweite Liga absteigen. Anders würde es die Quellen seiner Produktivität nicht nutzen können: die Zentren für Forschung und Entwicklung im mikroelektronischen Kombinat in Erfurt, Robotron in Dresden, Zeiss in Jena sowie die angeschlossenen Universitätsinstitute. Gerade während der Wochen, in denen das System kippte, erarbeiteten staatliche Planer einen umfassenden Überblick über den Schlüsselbereich CAD. Als Rechtfertigung für die fortgesetzten Investitionen in derart teure Vorhaben verfaßt, war dieser Bericht, was die Möglichkeiten anging, eine lebensfähige Industrie aufzubauen, wahrscheinlich viel zu optimistisch. Dennoch zeugt er von einem bedeutsamen Fortschritt und von ernsthaftem Engagement:

> Hinsichtlich des erreichten qualitativen Niveaus der wissenschaftlich-technischen Ergebnisse im Rahmen des Staatsauftrages ist einzuschätzen, daß bei vorhandener leistungsfähiger 16- und 32-bit Rechnertechnik die eingeführten CAD-Lösungen im internationalen Vergleich Spitzenergebnisse darstellen... Nicht erreicht werden konnte dies Niveau dagegen dort, wo diese Rechnertechnik nur eingeschränkt zur Verfügung steht. Insbesondere das Fehlen oder die unzureichende Ausstattung mit peripheren Geräten, wie externen Massenspeichern und grafischen Bildschirmgeräten, aber auch das gegenüber führenden kapitalistischen Industrieländern geringere Leistungsvermögen der Arbeitsplatzrechner sowie ein zu kleines Angebot an rechnergestützten Technologien der Software-Herstellung wirken sich ungünstig auf das wissenschaftlich-technische Niveau aus. Qualität und Tempo vor allem der Einführung komplexer Lösungen werden künftig von weiteren Fortschritten in der Bereitstellung leistungsfähiger Gerätetechnik entscheidend bestimmt.[41]

In diesem Bericht war zu lesen, daß der kleine Staat in seinem Bemühen, im fortgeschrittenen Maschinenbau Weltstandard zu erreichen, bedeutende Fortschritte gemacht hatte. Auf der anderen Seite blieben für das Vorhaben wesentliche Komponenten Mangelware oder waren gar nicht zu beziehen. Hohe Funktionäre im Ministerium für Elektrotechnik und Elektronik ebenso wie Kombinatsdirektoren hielten, Stasi-Berichten zufolge, die Exportziele von 1989 für unrealistisch.[42] Auch nach Schürers eigener Einschätzung hinkte die Industrie dem Plan ernsthaft hinterher. Die DDR wollte 256 KB-Speicher (im Ausland bereits veraltet) in einer Stückzahl von 500 000 produzieren, hatte es aber, obwohl sie westliche Ausrüstung importiert hatte, nur auf 90 000 gebracht. (Das kleine Österreich, so erinnerte Schürer der skeptische Handelsminister Werner Jarowinski, hatte 50 Millionen produziert, die Weltproduktion liege bei 800 Millionen.) Die Pilotproduktion des 1 MB-Systems hinkte ebenso hinterher. Außerdem erschien die Industrie in der DDR gemessen an den anderen Wettbewerbern erbärmlich ineffizient. Alles, was man hätte tun können, wäre falsch gewesen. Die Entwicklung von CAD war vor allem darum notwendig, weil inländische Nutzer und ausländische Käufer spezialisierte maschinentechnische Ausrüstung nachfragten. Doch die DDR hätte, um sich im eigenen Land für eine derart spezielle Produktion zu rüsten, Chips und Speicherplatinen in viel größerem Rahmen herstellen müssen, als es ihr möglich war. Ein ähnlicher Widerspruch betraf die Arbeitssituation. Facharbeit blieb, das sah auch Schürer, ein Engpaß. Andererseits, so mahnte Jarowinski, wäre es eine »Verschwendung ›intellektuellen Kapitals‹, wie die Kapitalisten sagen würden«, einen Arbeiter einzustellen, der zehn Jahre lang auf einer Produktionslinie ausgebildet worden war, die in Hongkong von einem Monteur mit drei Jahren Schulausbildung bedient wird.[43] Hätte die DDR also jemals »fordistisch« genug werden können, um in den post-fordistischen Wettbewerb einzutreten?

Jarowinski sah in Schürers Versuch eine schwerwiegende Fehlverteilung von Ressourcen. Das mikroelektronische Programm hatte 12 bis 14 Milliarden Mark gekostet. Herausgekommen war, daß das Land einen 40 KB-Speicherchip entwickelt hatte, der im Land 40 Mark kostete, während der Weltmarktpreis bei 1,00 oder 1,50 Valutamark lag. Dasselbe Mißverhältnis bestand beim 256 KB-Speicher, der einen DDR-Nutzer 534 Mark kostete und nicht 4 oder 5 Valutamark – womit jede produzierte Einheit mit 517 Mark subventioniert wurde. Und das, so Jarowinskis ironischer Kommentar, »sollten die Zugpferde sein, um die übrige Volkswirtschaft zu entwickeln«.[44]

Es ist nicht einfach, diese konträren Einschätzungen fair gegeneinander abzuwägen. Wären die Ostdeutschen in den Weltmarkt integriert gewesen, hätten sie ihre gerade flügge gewordene Industrie nicht stützen können. Die rapide De-Industrialisierung Ostdeutschlands nach der Vereinigung zeigt, wie vernichtend der ungeschützte Wettbewerb für die Industriestruktur des Landes war. Schürers Strategie setzte jedoch auf eine kontinuierliche Entwicklung, nicht auf die gegebene Verteilung von Vorteilen und Möglichkeiten. In dieser Hinsicht folgte sie vielen vorangegangenen Versuchen staatlich geförderter Aufhol-Entwicklung der Industrie, die – im Interesse zukünftiger Produktion – für eine Generation oder länger Wettbewerbsvorteile opfert. Doch lagen die Dinge im Fall DDR möglicherweise noch viel komplizierter. Denn Schürers Vorschlag lief praktisch darauf hinaus, zwischen zwei ganz unterschiedlichen Märkten zu vermitteln: Die DDR sollte ihre Monopolsituation im Ostblock ausnutzen, um langsam die Erfahrung aufzubauen und sich die Mittel zu schaffen, im Wettbewerb mit den nichtsozialistischen Volkswirtschaften mithalten zu können. Schürers Festlegung auf Entwicklung der Computertechnik setzte den Fortbestand des sozialistischen Blocks voraus, gerade wenn und weil er versuchte, die DDR-Wirtschaft besser für den Wettbewerb in der nichtsozialistischen Welt anzupassen. Noch bis ins Frühjahr 1990 ging die Planungskommission davon aus, daß die DDR die weiterhin höheren sowjetischen Ölpreise, die auf Weltmarktniveau steigen würden, ausgleichen könnte: durch die Vermarktung von »Spitzenerzeugnissen auf dem Gebiet des Werkzeug- und Verarbeitungsmaschinenbaus, die ein bestimmtes Monopol der DDR unter sozialistischen Ländern begründen; ein Angebot attraktiver Konsumgüter, für die außerordentlicher Bedarf in der UdSSR besteht; eine feste Marktposition bei vielen Erzeugnissen des Maschinenbaus und der Elektrotechnik, die zu engen Beziehungen zwischen den Lieferanten der DDR und den Käufern der UdSSR geführt haben«.[45] Dazu aber hätte die sozialistische Wirtschaft eine geschützte Enklave bleiben müssen, anders hätten sich die Investitionen nie einspielen lassen. Aber je mehr sich die sozialistischen Wirtschaften von den Zwängen des RGW lösten, um so mehr mußte die DDR um die Tragfähigkeit ihrer Strategie und Position fürchten.

Wie immer in solchen Fällen war die Knappheit konvertierbarer Währungen das Hauptmotiv für die Produktion im eigenen Land. Als das russische Erdöl teurer wurde, steigerte die DDR den Braunkohletagebau, ließ ein Viertel ihrer industriellen Investitionen in den Energiebereich fließen und nahm unglaublich hohe ökologische Folgekosten hin. Die Planer der DDR versuchten beileibe nicht nur im Bereich der Mikroelektronik, wirtschaftlich unabhängig zu werden. Sie hatten zum Ziel, einen osteuropäischen Markt zu erobern, der weit größer war als ihr eigener. Aber war es denn überhaupt sinnvoll, noch einmal all die mühsamen Entwicklungen nachzuvollziehen, die Produzenten in den USA und in Japan mit ihren viel größeren Umsätzen und mit einer viel größeren Zahl qualifizierter Ingenieure viel rasanter bewältigen konnten?[46] Es mache keinen Sinn, meinte Günther Kleiber, einer der Vertreter der DDR im RGW, 4 und 16 MB-Chips zu entwickeln, wenn man nicht einmal 256 KB-Chips in Massen fertigen könne. Die Planer hätten auch einen eigenen »Walkman« entwickelt, ein wichtiges Produkt, wenn man der Jugend endlich etwas bieten wollte. Aber für das Gerät müßten die Jugendlichen, die sich einen wünschten, 399 Mark bezahlen – das wären auf westdeutsche Verhältnisse übertragen an die 1000 DM. Und der Import der Teile aus Japan, die man nicht selbst habe produzieren können, koste den Staat mehr als die Einfuhr eines ganzen Geräts.[47]

In dieser Hinsicht trafen, von entgegengesetzten Standpunkten ausgehend, Mittag und Jarowinski den entscheidenden Punkt. Die Planungskosten der Elektronik-Industrie waren enorm. Die Investitionen in die Produktion von Chips und anderen Bauteilen ging zu Lasten vieler anderer Bereiche. Zu welchem Erfolg das Bemühen um Wettbewerbsfähigkeit im High-Tech-Sektor auch immer führen würde, er mußte mit einer Verschlechterung in anderen Bereichen bezahlt werden. Noch bei der Tagung des Ministerrats vom 19. Oktober 1989 wiederholte Willi Stoph, Computer seien nicht alles: »So wichtig die Mikroelektronik auch ist, sie kann nicht allein unsere Volkswirtschaft modernisieren. Ich sage noch mal: ... sie ist kein Allheilmittel.«[48] Andere Wirtschaftsbereiche waren in fürchterlicher Verfassung. Das Ministerium für Staatssicherheit berichtete über das Veralten der Fabrikanlagen in den Bereichen Chemie, Kohle und Energie. Trotz großem Reparaturaufwand hatte der Verschleiß an vielen wichtigen Stellen gefährliche Ausmaße erreicht. 1985 hatten Brände und Unfälle in zehn Betrieben – vor allem in den Buna-Werken in Sachsen – für nahezu 2400 Produktionsunterbrechungen und Fertigungsverluste von 600 Millionen Mark gesorgt. Insbesondere die Stromversorgung in den Chemiebetrieben war anfällig für Zusammenbrüche.[49] Absolut verheerend war auch der Bericht über die Bauindustrie vom Herbst 1989: Es gab nur noch wenige Löffelbagger und Baufahrzeuge, allesamt abgenutzt und entsprechend störanfällig. Nur 30 Prozent der Maschinen waren jederzeit einsatzbereit; 70 bis 90 Prozent waren zu alt; die Summen, die für Reparaturen gezahlt werden mußten, lagen doppelt so hoch wie die für die Amortisation angesetzten Beträge. Wichtige Ersatzteile waren rar, jeder dritte Arbeiter mußte harte körperliche Arbeit verrichten, um den Maschinenverschleiß auszugleichen.[50] Jeder, der sich in den großen Städten abseits der Hauptstraßen bewegte, konnte sehen, wie heruntergewirtschaftet und marode die Bausubstanz der DDR inzwischen war. Die Wirtschaft litt chronisch am Mangel westlicher Devisen, mit denen man Importe hätte bezahlen können, die für Modernisierung und Konsum gebraucht wurden. Knapp waren auch Fachkräfte und Facharbeiter. (Aufschlußreich, daß der Bericht über Computer genau vorrechnet, welche Ersparnis an Arbeitern die Automatisierung in den verschiedenen Bereichen bewirkt hatte – ein Manpower-Budget, dem man entnehmen kann, daß Facharbeit als große Belastung angesehen wurde.) Die Unzufriedenheit der Verbraucher wuchs, als auch an der Oberbekleidung für Männer und Frauen gespart wurde, an Haushaltselektronik, Schuhen und vor allem an Ersatzteilen für Autos und Motorräder. In kleinen Städten gab es kaum noch Obst und Gemüse. In den Stasiberichten vom Herbst 1987 kann man nachlesen, daß sich die Bürger beschweren: »Das Versorgungsniveau liegt – so schätzen sie ein – weit unter dem vergangener Jahre.«[51]

Am verheerendsten für die zukünftige Zahlungsbilanz war, daß die industrielle Produktion im Vergleich zu der Westdeutschlands kontinuierlich abgenommen hatte – von etwa 70 Prozent in den fünfziger bis auf weniger als 50 Prozent in den achtziger Jahren.[52] Im September 1989 mußte Schürer den Minister für Schwerindustrie für das Absinken der Produktivität in seinem entscheidenden und hochqualifiziert besetzten Sektor tadeln.[53] Und zwei Monate später ging die Reformregierung unter Hans Modrow davon aus, daß sie den privaten Konsum 1990 auf 95 Prozent des Standards von 1989 würde senken müssen, um die Zahlungsbilanzen mit den nichtsozialistischen Volkswirtschaften auszugleichen.[54] Veraltende Anlagen, technische Pannen, im Vergleich zu den nichtsozialistischen Volkswirtschaften sinkende Produktivität und viel zu geringe Einnahmen in harten Devisen – dieser Teufelskreis schien gegen die rosigen Aussichten möglicher CAD-Exporte zu sprechen. Doch Schürers strategisches Konzept orientierte sich viel entschiedener am Weltmarkt als Mittags Vorschläge; es nahm eine schmerzhafte Perestroika vorweg. Gleichwohl bleibt zweifelhaft, ob es schnell genug Erfolg hätte bringen können, um den vollständigen Zusammenbruch abzuwenden.[55]

Das Ende der Reformen: Staatssozialismus im Rückblick

Die Schulden im Westen und die Interessengegensätze zwischen den nationalen Wirtschaftssystemen innerhalb des RGW hatten ihre Ursache in den unauflösbaren Strukturproblemen der sozialistischen Produktionsweise. Um sie zu überwinden, hätte man die ideologischen Imperative kommunistischer Herrschaft beiseite schieben und sich über eingefahrene politische Interessen hinwegsetzen müssen. Reformer in allen kommunistischen Gesellschaften, Michail Gorbatschow eingeschlossen, glaubten, daß die teilweise Einführung von Marktprinzipien eine relativ schmerzfreie Modernisierung erlaube. Das jedoch, so stellte sich in der Zeit der achtziger und frühen neunziger Jahre heraus, war eine illusorische Hoffnung. Trotz all ihrer Schwierigkeiten war die DDR noch immer der fortschrittlichste und effizienteste Produzent unter den sozialistischen Ländern, aber auch sie war handlungsunfähig. Sie blieb der zehnt- oder elftgrößte Industrieproduzent der Welt und setzte, wie die fortgeschrittenen kapitalistischen Gesellschaften, auf importierte Arbeitskräfte. Man wollte 6000 Arbeiter aus Mozambique ins Land holen und hatte auch schon entsprechende Vorbereitungen getroffen, als die Mauer fiel. Man versuchte, die Wünsche moderner Verbraucher zu befriedigen: 1,2 Millionen Jeans wurden aus Hongkong importiert, im Jahr 1990 waren es noch einmal 5000 Judojacken und Hosen.[56] War der Zusammenbruch des Systems wirklich unausweichlich?

Auf jeden Fall hätte es sich radikal ändern müssen. Trotz aller Enttäuschungen und trotz der Unzufriedenheit der Verbraucher stieg das frei verfügbare Einkommen schneller als die Wirtschaftsleistung des Landes: »In der Verteilung sind wir Spitze«, meinte Willi Stoph in einem seltenen Anflug von Ironie.[57] Doch das Familieneinkommen wurde um den Preis aufgeschobener Investitionen im Land und weiterer Auslandsschulden aufgestockt. Und selbst damals waren die Verbraucher noch immer frustriert über die andauernden Mangelsituationen. Wäre es 1989 nicht zur politischen Krise und zur Öffnung der Grenzen gekommen, wer weiß, wie sich die ökonomische Fallkurve der DDR entwickelt hätte. Umweltprobleme (auf die das Regime mit Verspätung zu reagieren begann, und wahrscheinlich auch nur, weil es die möglicherweise auch aus ökologischen Befürchtungen gespeiste politische Unzufriedenheit richtig einschätzte), Verbraucherwünsche und der Bedarf an technischer Modernisierung hätten den ungeschickt und engstirnig realisierten »Sozialismus« wahrscheinlich langsam untergraben. Von Gorbatschow inspirierte Reformer hätten mit orthodoxen Marxisten gerungen, die diesen Mann haßten; tatsächlich trat der Konflikt bereits Ende der achtziger Jahre zutage. Die Reformer im Land waren bereits vor 1989 entmutigt, ein rechtzeitiger Generationswechsel jedoch hätte ihre Stimmen möglicherweise entschiedener klingen lassen.

Die Perestroika hatte die Zeit auf ihrer Seite. Das Regime hätte – ausgestattet mit mehr westlichen Krediten – seine autoritäre Herrschaft über das Land langsam vermindert. Kultureller und ökonomischer Austausch mit der Bundesrepublik hätte so etwas wie einen osmotischen Austausch intensiviert. Der Verkehr über Mauer und Grenze hinweg hätte sich verstärkt. Vielleicht wäre die Mauer auf dem Verhandlungsweg zum Verschwinden gebracht worden – gegen mehr Kredite, höhere Subventionen, Joint-ventures und Transfer von Technik. Die Frage ist, in welchem Umfang sich in einem derart westlich durchtränkten Sozialismus die zentrale Planung hätte halten können. So wie die Dinge sich entwickelten, kam der politische Umsturz von 1989 einem Übergang durch schrittweise Reformen zuvor. Aber die politische Unruhe hatte ja viele ihrer Wurzeln in der Unzufriedenheit mit der wirtschaftlichen Lage. So wie Präsident Gorbatschow vor der Litauischen KP Mitte Januar 1990 erklärte: »Die Politik folgt der Ökonomie und nicht umgekehrt.«[58]

Aber warum waren die Planwirtschaften in den achtziger Jahren derart in Bedrängnis geraten? Die meisten westlichen Beobachter gehen davon aus, daß die finale Krise des Kommunismus nur die Kulmination ihrer langfristig wirksamen und unlösbaren Widersprüche war. Die ökonomischen Schwierigkeiten, die den Sozialismus schließlich überrollten, waren diesem aus ihrer Sicht von Anfang an inhärent. Langfristige Schwierigkeiten müssen nicht zum Ende eines Systems führen. Alle Volkswirtschaften haben Engpässe und Bereiche, in denen sie stagnieren. Ich möchte mit dem Folgenden ein etwas anderes Szenario skizzieren: Ich gehe davon aus, daß die führenden sozialistischen Politiker in den sechziger Jahren auf eine flexibler organisierte Produktionsweise hätten hinarbeiten können, statt dessen aber haben sie für ein fatales Jahrzehnt oder auch länger keine Reformen zugelassen. Letztlich war es eine politische und keine wirtschaftliche Krise, die 1989 zur Wende führte.

Zugegeben: Die zentrale Planwirtschaft war oft schwerfällig und irrational. Alle Prozesse bedurften des Feedbacks, verlangten ständige Überwachung, da die Preise administrativ festgesetzt wurden. Um die Arbeit des Planungsstabes zu unterstützen, etablierte der Staat eine »Arbeiter-und-Bauern-Inspektion« (ABI), die wiederum eine Armee von Inspektoren beschäftigte, um gesellschaftlichem Mißbrauch auf die Spur zu kommen. ABI, Staatsbank, Plankommission und staatliche Bauaufsicht schickten 16 700 Agenten in 5013 Firmen, um jede Investition mit einem Volumen von mehr als 100 000 Mark zu überprüfen. Ende 1989 hatten sie 970 Verfehlungen aufgedeckt, bei denen es um eine Gesamtsumme von 589 Millionen Mark ging. Der größte Teil dieser Summe, das wurde eingeräumt, sei aber in Bauaufgaben geflossen, in Maßnahmen, die die Produktivität oder die Lebensbedingungen in Fabriken und einzelnen Gebieten verbessern sollten.[59] Eine andere Gruppe der ABI stellte im Sommer 1988 fest, daß der Einzelhandel nicht das liefere, was der Plan festsetzte, auch legte man schwerwiegende Managementfehler offen. Glücklicherweise gab es auch andere Meldungen: Im August 1989 konnten die Inspektoren der ABI berichten, daß die Mehrheit der Restaurantbetriebe fleißig arbeite und eine größere Auswahl an Speisen und Getränken auf höherem »gastronomischem Niveau«[60] anbiete. Doch da langte eine reichhaltigere Speisekarte schon nicht mehr aus, um den Massenexodus durch Ungarn aufzuhalten.

Das, was die Menschen in der DDR »die tausend kleinen Dinge« nannten, war in der Regel knapp. Legionen von Planern bis hinauf zur Ebene des Kabinetts mußten im voraus die zehntausend und mehr Produktionsentscheidungen einschätzen und am Schreibtisch beurteilen, was ein dezentralisierter Markt quasi automatisch signalisieren kann. Wie Honeckers Statthalter einen Tag nach seinem Sturz unterstrichen, häuften sich die Widersprüche: Es gab viele Gefriertruhen, aber nicht genügend Alufolie und Gefrierbehälter. Großhändler boten Anoraks für Kinder in neunzehn verschiedenen Modellen an, aber die Geschäfte des Einzelhandels kauften sie nicht, weil Vorratshaltung unter Strafe stand. Die Verbraucher bevorzugten Raumsprays mit einigen wenigen, immer gleichen Duftnoten (deren Beliebtheit wohl damit zusammenhängt, daß das Fachwissen der Sanitär-Handwerker zu wünschen übrigließ, nachdem Anfang der siebziger Jahre viele kleine und mittlere Betriebe verstaatlicht worden waren), aber die Fabrik mußte das Sortiment immer wieder ändern, weil eine vorgeschriebene Innovationsrate von 30 Prozent zu erreichen war.[61]

Auch große Projekte scheiterten an der organisatorischen Schwerfälligkeit. Es gab in der DDR einen Industriebetrieb, der leistungsfähig genug war, um 1984 den von der staatlichen Energiebehörde Spaniens ausgeschriebenen Auftrag zu erhalten, zwei Mammut-Schaufelradbagger zu bauen, die im Tagebau eingesetzt werden sollten. Das Kombinat TAKRAF, auf Maschinen für schwere Erdbewegungen spezialisiert, unterbot bewußt westdeutsche Firmen, die auf diesem Sektor führend waren, um selbst einen Fuß in diesen Markt zu setzen. An sich ein kühner unternehmerischer Schritt, bald jedoch kam das Unternehmen in alle möglichen Schwierigkeiten. Wie aus den Berichten der staatlichen Inspektoren hervorgeht, sagte TAKRAF unrealistische Lieferzeiten zu. Das Unternehmen mußte aber ein riesiges Konsortium zusammenbringen, eingeschlossen viele spanische Subunternehmer, was für alle möglichen Verzögerungen sorgte und vor allem viel höhere Vorauszahlungen in Westwährung erforderte, als kalkuliert waren. Das wiederum erlaubte den Kunden, in Nachverhandlungen kompliziertere technische Spezifikationen durchzusetzen. Schließlich mußte TAKRAF für defekte Teile und die Folgen von Arbeitsunfällen aufkommen. Die vielversprechende Initiative, in einen westlichen Markt einzudringen, versandete in einer desaströsen Folge von Rückschlägen.[62]

Aber war das nun wirklich ein Problem des Staatssozialismus oder nicht doch die Folge leichtfertig formulierter Erwartungen, mit denen schwer überschaubare Großprojekte, ob Stealth-Bomber, Concorde oder Kanaltunnel, generell zu kämpfen haben? Die neueren Untersuchungen zur Praxis des Staatssozialismus dokumentieren erschöpfend das in diesem System liegende Unvermögen, unproduktive Arbeit zu vermeiden und Verbraucherwünsche zu befriedigen. Sie zeigen auch so etwas wie eine besondere Affinität dieses Systems zu Knappheit und Mangel.[63] Es stimmt, der Markt und ein funktionierendes Preissystem erlauben in der Regel, ganz sicher nicht immer, einen effizienteren Einsatz der Mittel und die effizientere Befriedigung von Wünschen. Sie fördern auch Innovationen. Aber auch westliche Volkswirtschaften haben nicht jederzeit reibungslos funktioniert und sind ganz bestimmt nicht immer gerecht. Umgekehrt sind sozialistische Wirtschaften nicht stets derart spektakulär gescheitert. Immerhin gelang es ihnen in der Nachkriegszeit, den Wiederaufbau Osteuropas zu organisieren. Und wie ich noch genauer ausführen werde, waren die Wachstumsraten von den fünfziger über die sechziger bis in die siebziger Jahre mit denen im Westen vergleichbar, obwohl doch die Ausgangsbedingungen für die Gesellschaften Osteuropas viel schlechter waren.

Ich gehe davon aus, daß Mißerfolge, die die Wirtschaftssysteme des Sozialismus lähmten, erst später auftraten. Schürer hatte recht, wenn er den Beginn der siebziger Jahre als Wasserscheide für diese Wirtschaftssysteme betrachtet.[64] In diesem Jahrzehnt kulminierten die Fehler, und diese zeigten im Verlauf der achtziger Jahre dann ihre dramatischen Folgen. Und dies geschah übrigens zu genau der Zeit, in der von allen Seiten anerkannt wurde, daß auch die westlichen, die kapitalistischen Volkswirtschaften in einer Periode schwerwiegender systemimmanenter Schwierigkeiten steckten. Man darf nicht vergessen, daß die Probleme der siebziger Jahre an den Grenzen der Wirtschaftssysteme nicht haltmachten. Der Zusammenbruch des Systems von Bretton Woods, der Ölpreisschock, die Militanz der Arbeiter und das Entstehen dauerhafter Arbeitslosigkeit im Westen rief reichlich Krisendiagnosen auf den Plan: die Inflation, das Management, die Legitimationsfähigkeit, der Kapitalismus selbst wurden für die Krise verantwortlich gemacht.[65] Zugegeben: Das Wort Krise ist der am meisten überstrapazierte Tropus, wenn es um gesellschaftliche Analysen geht. Und trotz Alarm und Totenbettgejammer hat der Kapitalismus überlebt; in der »Enterprise Culture« einer Margaret Thatcher, im glitzernden Wohlstand der Reaganomics in den USA wurde der Wiederbelebte gefeiert. Der Kommunismus dagegen ist ein Jahrzehnt später zusammengebrochen. Gleichwohl stürmten viele Schwierigkeiten, mit denen der Kommunismus zu kämpfen hatte, auch auf den Westen ein und führten auch dort zu ernsthaften, wenn auch weniger lähmenden Problemen. Gewiß läßt sich die innere Auflösung des Kommunismus aus seiner Starrheit und seinen Ungerechtigkeiten ableiten, aber sie resultierte auch aus den Zwängen und Belastungen, die beide Wirtschaftssysteme gleichermaßen bedrängten. Beide Systeme mußten mit wachsenden Energiekosten fertig werden, beide waren an den Grenzen der »fordistischen« Großproduktion angelangt, beide Systeme bekamen zu spüren, daß sie mehr Mittel bereitstellen mußten, sei es als direkten Lohn, sei es in den jeweiligen Sozialsystemen, um den Forderungen der Arbeiter nachzukommen. Kapitalismus wie Kommunismus verließen damals eine Epoche rascher und relativ einfacher Kapitalakkumulation, die das Vierteljahrhundert seit dem Zweiten Weltkrieg gekennzeichnet hatte, und traten in eine viel konfliktreichere Ära härterer Produktionsziele, schärferer Verteilungskämpfe und unsicher werdender Beziehungen zu den Ländern der sogenannten dritten Welt ein. Es war eine epochale Umwandlung, die alle Industrienationen herausforderte. Beide Systeme jedoch antworteten darauf mit den je eigenen Mitteln und zahlten schließlich einen unterschiedlichen Preis. Die Flexibilität der Marktwirtschaft erlaubte den westlichen Volkswirtschaften, ihre Prioritäten neu zu strukturieren und sich neu zu orientieren, vor allem das Nachkriegsversprechen der Vollbeschäftigung zu modifizieren. Die kommunistischen Regime jedoch schraken vor der Konsequenz der Reform zurück und versuchten, noch einmal die Prinzipien zu etablieren, von denen die Sowjetunion sich seit den dreißiger Jahren hatte leiten lassen. Der Versuch, sich Ende der achtziger Jahre zuletzt doch noch vom Plansystem zu lösen, kam zu spät, um dem politischen Aufruhr den Wind aus den Segeln zu nehmen.

Wie sind die Systeme des Staatssozialismus in diese Sackgasse gelangt? Wurde doch der DDR bis Ende 1989 sogar von westlichen Beobachtern eine Erfolgsgeschichte attestiert: Ein kleines Land mit 17 Millionen Einwohnern, dessen Industrieprodukt pro Kopf unter den weltweit höchsten rangierte, auch wenn die Produktivität pro Arbeiter hinterherhinkte. Maschinenbaubetriebe, optische Werke und Computerfabriken (wie Robotron) versorgten ganz Osteuropa mit Qualitätsprodukten. 1990 dann sah man plötzlich nur noch den ökonomischen Rückstand des Landes: zweitklassige Maschinen, baufällige Häuser, »Pappautos« und die von Fabrikabgasen und Braunkohlestaub verpestete Luft. Gleichwohl, in den fünfziger und sechziger Jahren hatten sich die Gesellschaften in Ost und West an etwa gleichen Wachstumsraten erfreut. Sozialismus wie Kapitalismus konnten die Aufgaben lösen, die sich mit Wiederaufbau und Überwindung der Nachkriegszerstörungen stellten. Der Westen blieb dem Osten überlegen, hatte aber auch eine bessere Startposition gehabt. Ostdeutschland mußte den Sowjets bis 1950 als Hauptquelle der Wiedergutmachung dienen; danach mußte die DDR für den entstehenden Warschauer Pakt einen ganz erheblichen militärischen Beitrag leisten. Und für vielleicht ein weiteres Jahrzehnt danach nutzten die Russen ihre Hegemonie, um durch günstige, innerhalb des RGW durchgesetzte Handelsabkommen Industriegüter aus ihren Satellitenstaaten herauszupressen. Erst später begannen die Sowjets diese tatsächlich zu unterstützen: durch billige Energie- und Rohstofflieferungen.[66]

Die vorliegenden Statistiken liefern keine gesicherten Zahlen. Die Schätzungen des Nationalprodukts weichen stark voneinander ab; im Osten wurde zudem anders gerechnet, insofern Dienstleistungen häufig nicht einbezogen wurden. Offizielle Statistiken weisen ein »Nettoprodukt« aus, das die Leistung signifikant überbewertet, die in westlichen Ökonomien als Bruttoinlandsprodukt (BIP) errechnet worden wäre. Um Daten aus den sozialistischen Wirtschaftssystemen mit westlichen vergleichen zu können, müßte man den Anteil der Dienstleistungen abwägen, den man, den westlichen Statistiken entsprechend, aufnehmen müßte. Und wenn das Bruttoinlandsprodukt in der jeweiligen Landeswährung errechnet wurde, steht man vor einem weiteren Problem: Man muß es in eine konvertible Währung umrechnen. Doch die osteuropäischen Wäh-

Tabelle 2-2
Durchschnittliche jährliche Wachstumsraten (in Prozent)

	1950/52–1967/69	1967/69–1979
Bulgarien	6,9	7,3 (Nettoprodukt)
BRD	6,2	3,6
DDR	5,7	4,9 (Nettoprodukt)
Griechenland	6,0	5,6
Italien	5,4	3,5
Österreich	5,0	4,4
Polen	6,1	6,3 (Nettoprodukt)
Portugal	5,1	5,0
Rumänien	7,2	9,3 (Nettoprodukt)
Spanien	6,1	4,5
Tschechoslowakei	5,2	5,1 (Nettoprodukt)
Ungarn	4,8	5,4 (Nettoprodukt)

Quelle: Nita Watts, »Eastern and Western Europe«, in: Andrea Boltho (Hg.), *The European Economy. Growth and Crisis*, Oxford: Oxford University Press 1982, S. 262, Tabelle 9.3.

Wenn nicht anders vermerkt, auf das Bruttoinlandsprodukt bezogen, sonst auf das Nettoprodukt.

rungen waren nicht frei konvertierbar, vielmehr setzen die Regierungen den verbindlichen Wechselkurs willkürlich fest, so daß auch diese Zahlen keine realistische Basis für einen Vergleich bieten. Somit blieben Vergleiche über die jeweilige Kaufkraft die gangbarste Annäherung, doch selbst das gestaltete sich oft schwierig, weil die Osteuropäer nicht aus dem gleichen Warenkorb auswählen konnten. Trotz dieser Schwierigkeiten wurden immer feinere Vergleichsmethoden ausgearbeitet.[67]

Die verläßlichsten Quellen zur Darstellung der Planwirtschaftsysteme lieferten UN-Organisationen und die Weltbank mit ihren Beobachtungen. Diese legen nahe, daß deren eigene Wirtschaftskennzahlen die Leistungen der einzelnen Planwirtschaften zu hoch einschätzen; die Trends waren aber insgesamt positiv (Tabelle 2-2).[68] Die Leistungen der osteuropäischen Volkswirtschaften blieben zwar konstant hinter denen des Westens zurück, verzeichneten aber dennoch während der sechziger Jahre ein bedeutendes Wachstum.

Bedenkt man die anfängliche Rückständigkeit und auch die Kriegszerstörungen, dann wird man die relativen Wachstumszahlen durchaus beachtlich nennen.[69] Von diesen Daten ausgehend hätten sich osteuropäische Volkswirtschaften eigentlich rasch entwickeln müssen. Aber in den herkömmlichen Statistiken kann sich die mindere Qualität der Wirtschaftsprodukte aus den sozialistischen Ländern nicht niederschlagen, solange die Blöcke in sich geschlossen agieren. Aus diesem Grund war der drastische Zusammenbruch der Nachfrage nach ostdeutschen Industrieprodukten nach der Wende eine böse Überraschung. Rein statistischen Auswertungen kann man nicht entnehmen, daß bereits in den fünfziger Jahren, schon bald nach Fertigstellung die Platten von den Fassaden der Prachtbauten in der Stalin- und späteren Karl-Marx-Allee fielen; daß die Schuhe aus sowjetischer Massenproduktion nicht hielten und daß viele Kernkraftwerke (nicht nur das in Tschernobyl) immer hart an der Katastrophe operierten. In den Statistiken tauchen auch die Stunden nicht auf, die man aufwenden mußte, wenn man einen der knappen Artikel erwerben wollte; aber mit Lauferei und Warterei ging faktisch Arbeitskraft verloren. Schätzungen gehen davon aus, daß das Schlange-Stehen in der DDR – in der immerhin blühendsten Gesellschaft im Ostblock – gegen Ende der siebziger Jahre die Reallöhne praktisch um 13 Prozent senkte.[70] Die Statistiken berücksichtigten auch nicht, daß das, womit sich die Verbraucher nach langem Warten zufriedengeben mußten, nicht das war, wofür sie angestanden hatten.[71] Und schließlich geht aus den Zahlen hervor, daß der Faktor Arbeit unter dem Kommunismus durch extensiv eingesetztes Kapital für Maschinen und Anlagen unterstützt wurde, aber sie geben keine Auskunft darüber, daß diese Anlagen viel älter waren als die im Westen und auch nicht abgeschrieben wurden.[72]

In den Statistiken taucht auch nicht auf, daß produzierte Güter in großen Mengen direkt zwischen den Unternehmen gehandelt wurden, was für die Konsumenten zur Folge hatte, daß ihnen weniger Endprodukte zur Verfügung standen. Der Kapitalismus versucht, Waren zu verbilligen oder zu verbessern, und das auch auf Kosten von Arbeitsplätzen. Dem Sozialismus dagegen geht es um Vollbeschäftigung, die Arbeitsplätze werden auch um den Preis des verlangsamten technischen Fortschritts erhalten. Sozialistische Fabrikdirektoren hielten ihre Unternehmen gegenseitig flott, behielten und beschäftigten ihre Arbeiter, versuchten Produktionsfaktoren wie einen Schatz zu horten und produzierten technisch mindere Geräte für ihre Kollegen. Dieser fortwährende Austausch undurchsichtiger Lagerbestandsverzeichnisse hat die undurchdringliche Staatsindustrie der Sowjetunion Anfang der neunziger Jahre am Leben erhalten. Die Wiedervereinigung kam solchen Tricks in der ehemaligen DDR zuvor. Nichtsdestotrotz mußte das vereinigte Deutschland verborgene Scheinbeschäftigung (»Kurzarbeit-Null«: verkürzte Stundenzahl, keine Arbeit) hinnehmen, damit ostdeutsche Arbeiter weiterhin auf der Lohnliste blieben, obwohl es für sie nichts zu tun gab.

Politische Zwänge, wie sie im Binnenbereich des sozialistischen Blocks herrschten, produzierten charakteristische Anomalien der Entwicklung. Nach der wirtschaftlichen und politischen Teilung Europas Ende der vierziger Jahre versuchten die kommunistischen Staats- und Wirtschaftsführer einen intensiveren Austausch zu organisieren, der den Abbruch des Handels zwischen den Blöcken kompensieren sollte. Zur gleichen Zeit oktroyierte der Stalinismus aber ein Modell der Zwangszentralisierung und -kollektivierung, das nicht wechselseitige Ergänzung, sondern eine Kopie der Systeme vorschrieb.[73] Ein allgemeines Modell für die Schwerindustrie diente allen kommunistischen Planern, gleichgültig wie verschieden die Ausgangslage ihrer jeweiligen Wirtschaften und deren produktiver Möglichkeiten war, als Grundlage. Alles beherrschende Leitidee war der Großbetrieb der Sowjetunion, der in den dreißiger Jahren eine kräftezehrende Umwandlung durchgemacht hatte – was im Nachkriegsjahrzehnt zum leuchtenden Pfad in den Sozialismus idealisiert wurde – und der im Krieg unglaublichen Materialverschleiß und menschliche Verluste hinnehmen mußte.[74] In Ostdeutschland und in der Tschechoslowakei gab es relativ reife, fortgeschrittene Wirtschaftssysteme, auch wenn der Osten Deutschlands beträchtliche Zerstörung erlitten hatte und anschließend mit intensiver Demontage ausgeplündert wurde. Ungarn und Polen hatten sich auf den Weg der Entwicklung begeben, blieben aber einen Schritt zurück. In Jugoslawien, Rumänien und Bulgarien herrschten ähnliche Verhältnisse wie im mediterranen Südeuropa; hier konnten sich, als die Länder mit weitreichenden Umgestaltungen aus der peripheren Rückständigkeit zum Prozeß der Industrialisierung übergingen, die größten Wachstumsraten entwickeln.[75] Vor dem Hintergrund der Gesamtleistung bis in die sechziger Jahre konnten auch ernsthafte Wirtschaftswissenschaftler behaupten, daß die Zentralwirtschaft ein besseres Modell für die Entwicklungsländer sei als der Kapitalismus westlicher Prägung. Sozialismus – im strengen Sinn von staatlicher Planung, verstaatlichten Schlüsselindustrien, strenger Kontrolle des nationalen Akkumulationsprozesses – erschien Intellektuellen in Indien, Ägypten, aus der Sahelzone und anderen Entwicklungsländern noch zwei Jahrzehnte nach dem Krieg als ein erstrebenswertes Modell. Ganz unabhängig von der leidenschaftlichen Rhetorik des Internationalismus gewann der Sozialismus Anhänger, weil er den Weg zu zeigen schien, auf dem die subalterne Rolle jener Gesellschaften in der Weltwirtschaft überwindbar erschien. Er war verlockend als »Sozialismus in einem Land«[76], konnte in den achtziger Jahren dann aber auch nur noch die sektiererischsten Köpfe für sich einnehmen.

Wie entwickelte sich die Politik des Staatssozialismus? Die Verschärfung sowjetischer Herrschaft nach 1947/48 brachte eine rapide Verstaatlichung, Kollektivierung der Landwirtschaft (mit Ausnahme von Polen) und die zentrale Planung, die den Wirtschaften Ost- und Mitteleuropas den im wesentlichen unveränderten Sowjetapparat der dreißiger Jahre überstülpte.[77] Betrachtet man Investitionen und Wiederbewaffnung, waren die Resultate beeindruckend, ebenso die Kosten gemessen am Konsumverzicht. Die Diskrepanz zwischen den allgemeinen Wachstumsraten und den Steigerungen des Lebensstandards war in der DDR am höchsten, wo die Reparationsleistungen etwa 20 Prozent der Produktion ausmachten. 1946 ging möglicherweise mehr als ein Viertel des Einkommens der Besatzungszone an die Sowjets – das war mehr als das Doppelte dessen, was die Westmächte zur gleichen Zeit in ihren Zonen abschöpften. Die Leistungssteigerung von 1949 wurde möglich mit der sowjetischen Entscheidung, die Demontage zu bremsen.[78] Zu diesem Zeitpunkt hatten die Russen im Licht der europäischen Teilung praktisch akzeptiert, daß ihr Einfluß wohl auf den östlichen Teil Deutschlands begrenzt bleiben würde. Wie eine ganz frühe, sehr exakte Studie belegt, war der Wachstumssprung von 1950 bis 1955 deshalb so rasant, weil das Ausgangsniveau so niedrig gewesen war.[79] Zieht man in Betracht, was die Sowjets bis 1950 aus der Wirtschaft in Ostdeutschland herausgezogen haben, berücksichtigt man weiterhin, daß demgegenüber Westdeutschland von den britischen und amerikanischen Besatzern beträchtliche Subventionen und anschließend Hilfe nach dem Marshallplan erhielt, lassen sich die unterschiedlichen Leistungen nicht eindeutig auf die Unterschiede im Wirtschaftssystem zurückführen.

Mit Stalins Tod lockerte sich der drakonische Zwang zur sozialistischen Entwicklung. Arbeiter, die zu hart angetrieben wurden, revoltierten, wie der Aufruhr in der DDR von 1953 zeigt. Tatsächlich sehnte sich der ganze Ostblock nach einer Atempause. Nachdem Nikita Sergejewitsch Chruschtschow an die Macht gekommen war und nach dem Ende des Stalinkults bewegten sich die osteuropäischen Regime auf eine Verlangsamung der Investitionsraten zu. Mitte der fünfziger Jahre konnten die Reallöhne, die von 1950 bis 1953 gedrückt worden waren, ansteigen. Mit Amtsantritt von Władysław Gomułka 1956 skizzierten die Polen mit aller Vorsicht einen Plan, nach dem den Unternehmen Autonomie garantiert, wieder nach Kriterien der Profitabilität gearbeitet und die Preisbildung freigegeben werden sollte. Trotz heftiger Kritik durch die DDR-Führung (die nach dem Ungarnaufstand noch immer jede Abweichung scharf verfolgte) verbreiteten sich solche Konzepte; ein Jahr später verfolgte die tschechische Führung ähnliche Projekte. Solche Pläne hätten bloße Versuchsballons bleiben können, weil die vorsichtige Dezentralisierung von 1956–57 nicht die erwarteten Ergebnisse erbrachte. Aber auch die neostalinistische Planungs- und Investitionspolitik, die gegen Ende des Jahrzehnts wiederaufgenommen wurde, geriet in Schwierigkeiten. Die kommunistischen Systeme hatten Anfang der sechziger Jahre, als Fabrikleiter und Zentralplaner mit Engpässen und Defiziten fertig werden mußten, ganz offensichtlich unter dem stockenden Geschäftsgang zu leiden.[80]

Diese Rückschläge jedoch eröffneten den Reformern eine zweite Chance. Im Oktober 1962, mit der Veröffentlichung des Aufsatzes »Plan, Profit und Prämie« von Jewseij Liberman, eines Wirtschaftswissenschaftlers aus Charkow, in der *Prawda*, begann im ganzen

Ostblock eine intensive Debatte. Chosrastschet, das auf Lenin zurückgehende Prinzip der wirtschaftlichen Rechnungsprüfung, wurde erneut zum Mantra des Kommunismus. Ota Šik drängte in der Tschechoslowakei auf Dezentralisierung, indem er die Ideen der polnischen Wirtschafter Oskar Lange und Włodimierz Brus weiterentwickelte. Er plädierte für Eigenverantwortlichkeit der Unternehmen, für höhere Arbeitsanreize und resolutere Liberalisierung der Preise. In Šiks Arbeiten wurde der Markt zum entscheidenden Feld, auf dem die Interessen von Verbrauchern und Produzenten auszusöhnen seien. Zwischen 1965 und 1968 gaben die tschechischen Reformer einigen Unternehmen die Autonomie zurück, erweiterten den Spielraum für Lohndifferenzierungen, reformierten die Besteuerung von Unternehmen, um Leistungsanreize zu geben, und begannen mit einer schrittweisen Liberalisierung der Großhandelspreise. Die Einführung eines derartigen Wirtschaftsprogramms konnte nicht ohne politische Folgen bleiben. Die Rolle von Staat und Parteiplanung mußte notwendigerweise neu umschrieben werden, wenn administrative Rechte auf die Unternehmen und die dortigen Arbeiterräte übertragen wurden.[81] Zur gleichen Zeit leiteten auch die Ungarn Reformen ein, führten zunächst aber ängstliche Debatten über kleinbürgerliche Tendenzen, wie sie der »Kühlschranksozialismus« (der Vorgänger des »Gulaschkommunismus«) befördern würde. 1968 stutzten sie dann den Bereich der zentralen Planung zurück, ließen den Preismechanismen größeren Spielraum, förderten landwirtschaftliche Kooperativen und sanktionierten Gewinnbeteiligung der Betriebe und Investitionsfonds.[82]

Im Rückblick scheint es paradox, daß ausgerechnet Ulbricht, der jeder politischen Liberalisierung feindselig und auch Gomułkas früheren Reformkonzepten kritisch gegenüberstand, zwischen 1963 bis 1970 ein bedeutendes Paket ökonomischer Veränderungen einführen sollte. Ulbrichts Vermögen, sich den neuen, von Chruschtschow in Gang gesetzten Strömungen im Kommunismus taktisch anzupassen, steht im Gegensatz zu der Starre, die für die Sowjets ein Jahrzehnt später so ermüdend war. (Und es unterschied sich mit Sicherheit von der sturen Front, die sein Nachfolger Honecker Ende der achtziger Jahre gegen Glasnost aufbaute!) Die Verwundbarkeit der DDR ließ Ulbricht aber auch kaum eine andere Wahl. 1958 hatte Chruschtschow den Westen gewarnt, daß er der DDR die Kontrolle über den Zugang nach Ostberlin übertragen würde, ein Jahr später prahlte die Partei damit, daß der Staat der SED bis 1961 den westdeutschen Lebensstandard eingeholt haben würde (ein Ziel, an das Planungsgremien und -behörden der DDR selbst nie wirklich geglaubt haben). Adenauers Aufhebung der innerdeutschen Handelsabkommen 1960 und die erneuten Wellen von »Republikflüchtigen« – 200 000 Menschen verließen die DDR 1960 Richtung Westdeutschland – zeigten, wie hohl solche Parolen waren. Ulbricht antwortete am 13. August 1961, indem er entlang der bis dahin offenen Sektorengrenzen Stacheldraht ausrollen und in den Tagen darauf die Berliner Mauer errichten ließ, die für die folgenden drei Jahrzehnte das Gesicht der Republik prägen sollte. Die neue Grenze stoppte den Abfluß von Facharbeitern und stabilisierte die politische Situation, konnte aber nicht verhindern, daß es 1962 erneut zu wirtschaftlichen Schwierigkeiten kam.

Wie sollte die Partei die Frist zur Stabilisierung nutzen, die ihr mit dem Mauerbau unter Chruschtschows Schirmherrschaft gegeben war? Die Veröffentlichung von Libermans Vorschlägen in der DDR löste auch dort längere Debatten über die Wirtschaftspolitik aus, führte zu einer neuen Beurteilung der Lage und gab Anlaß zur Selbstkritik. Von Dezember 1962 bis Anfang 1963 erörterte die SED die Hauptvorschläge zur Dezentralisierung ausführlich und folgte dabei der Linie, die von den sowjetischen und tschechischen Reformern anvisiert wurde. Mitte 1963 waren die Reformkonzepte so weit, daß sie vorgestellt und umgesetzt, im Lauf der nächsten Jahre auch verbessert werden konnten, und bis 1968 funktionierte das neue System mit offensichtlich guten Ergebnissen. Die neuen Strukturen sahen vor, daß die Entscheidungskompetenzen vom Wirtschaftsrat der DDR an die sozialistischen Unternehmen (die Volkseigenen Betriebe oder VEB) und auch an rund achtzig Vereinigungen Volkseigener Betriebe (VVB) übertragen wurden, die ökonomischen Führungsorgane der jeweiligen Industriebranchen. Daß man sich auf die Überwachung der einzelnen Bereiche verließ, blieb ein Fixpunkt der DDR-Wirtschaftspolitik. Die VVBs waren zunächst Instrumente der Dezentralisierung, dann wieder die Basis für die neu etablierte zentrale Planung durch die neuen »Kombinate« der siebziger und achtziger Jahre.[83] Wie ähnliche Reformen anderswo drängte das Neue Ökonomische System (NÖS) die zentrale Wirtschaftsplanung in den Hintergrund und gab den Zusammenschlüssen (VVB) der verstaatlichten Betriebe mehr Macht. Profite sollten als Maß für die Leistung des Unternehmens dienen und konnten im Betrieb zurückbehalten werden, um neue Investitionen und neuen Finanzbedarf abzudecken. Banken sollten beim Ausbau des Kreditwesens Überwachungsaufgaben übernehmen; die Preise für Energie und Rohstoffe wurden angehoben, um die realen Einsatzkosten widerzuspiegeln. 1968 bis 1970, im dritten Stadium der Reform – dem sogenannten Ökonomischen System des Sozialismus (ÖSS) –, lenkte die Konzentration der zentralen Planung von »strukturenbestimmenden Erzeugnissen, Erzeugnisgruppen, Verfahren und Technologien« die staatlichen Investitionen in »fortschrittliche« oder High-Tech-Bereiche, nämlich in die Petrochemie, die hochspezialisierte und hochqualifizierte Metallurgie und die elektronische Datenverarbeitung.[84]

Da gab es natürlich Widersprüche: Staatliche Planung für Schlüsselbereiche sollte mit größerem Vertrauen in die Marktmechanismen zusammengehen, gleichzeitig wurde der Sozialismus als so weit fortgeschritten angesehen, daß der private Bereich, so reduziert, wie er 1959 war, seinen Anteil an der nationalen Aktivität behalten sollte. 1967 kam die Regierung zu dem Schluß, daß die VVB die für sie vorgesehene Rolle nicht erfüllten, und begann, horizontale Betriebsverbindungen oder Kombinate aufzubauen. Trotz all der inhärenten Spannungen zwischen Markt und Plan erwirtschaftete man nach dem Neuen Ökonomischen System bis 1970 ermutigende Ergebnisse: Zwischen 1968 und 1971 stiegen die jährlichen Wachstumsraten plötzlich auf 5,2, dann auf 6,1 und schließlich auf 5,9 Prozent – nicht ganz die Leistungen der Bundesrepublik, Japans oder Italiens, aber doch ein rascher und substantieller Zuwachs. (Tabelle 2-3) [85]

Schaut man von den frühen neunziger Jahren auf diese Entwicklung zurück, ist es leicht, das Reformprogramm der sechziger Jahre und seine Bedeutung kleinzureden. Vor dem Hintergrund des Zusammenbruchs des Staatssozialismus nach 1989 erscheinen die Reformbemühungen in Osteuropa tatsächlich nur als Stückwerk und in ihrer Wirkung begrenzt. Kühnste Neuerung war das dezentralisierte Management, von Privatisierung war keine Rede.[86] Wo es um

Tabelle 2-3
Ostdeutschland: Durchschnittliche jährliche Wachstumsraten
(in Prozent)

	Offizielles Nettoprodukt	Westliche Schätzungen Bruttoinlandsprodukt – Bruttosozialprodukt
1960–65	3,4	3,0–3,5
1965–70	5,2	3,1–5,1
1970–75	5,4	3,5–5,1

Quelle: Irwin L.Collier, *The Estimation of Gross Domestic Product and its Growth Rate for the German Democratic Republic*, World Bank Staff Working Papers, No. 773, Washington, DC: World Bank 1985.

das Setzen übergeordneter Wirtschaftsziele ging, waren auch die meisten Reformpolitiker nicht bereit, Abstriche an der Rolle von Partei und Staat zu machen. Alle schreckten zurück vor der Vorstellung, den Kapitalismus wieder einzuführen. Reformlinie in den späten sechziger Jahren war es, die Preisbildung freizugeben, weil die Preise allein verläßlich über gesellschaftliche Präferenzen Auskunft geben, Produktion und Bedarf aufeinander abstimmen und die Bedürfnisse der Gegenwart mit den Zielsetzungen für die Zukunft in Einklang bringen konnten. Eigentumsverhältnisse schienen dagegen ein weniger drängendes Thema zu sein. Anders als 1989 bestanden die Reformer der ausgehenden sechziger Jahre nicht darauf, daß Privateigentum die Voraussetzung dafür sei, den Unternehmergeist zu fördern. Ota Šik hat das – indem er Überlegungen des sozialistischen Theoretikers Karl Korsch aus den frühen zwanziger Jahren weiterführte – am ausführlichsten dargelegt. Seiner Meinung nach sollte jedes Unternehmen aus der Motivation des Kollektivs leben. Auf gar keinen Fall wollten die Reformer die Führungsrolle der kommunistischen Partei in Frage stellen.

Trotz des eher enggesteckten Rahmens bargen die Reformen jedoch einigen Zündstoff: Die Logik von Dezentralisierung, Anreizen und freier Preisbildung drängte von sich aus über enggesetzte Grenzen hinaus. Wären die Reformmaßnahmen auf der Tagesordnung geblieben, hätten sie wahrscheinlich Kräfte für den Pluralismus freigesetzt. Auf jeden Fall bemächtigten sich die einem Wechsel förderlichen Umgebungsbedingungen beider Blöcke. Nachdem sie in den fünfziger Jahren immense Energien in die Verankerung der kommunistischen und der antikommunistischen Orthodoxie, in den Wiederaufbau der kriegszerstörten Volkswirtschaften und in das Schmieden rivalisierender Bündnissysteme investiert hatten, setzten sich beide Seiten, kapitalistische und sozialistische Gesellschaften, neue Prioritäten: Nun ging es um Sozialstaat, Erziehung und privaten Konsum. Die Rückkehr der Demokratischen Partei an die Macht in den Vereinigten Staaten, die »Öffnung nach links« in Italien (erleichtert durch die Wahl des Reformpapstes Johannes XXIII. 1958), die Wahl einer Labour-Regierung in Großbritannien 1964 und 1966 die Bildung der Großen Koalition in der Bundesrepublik Deutschland, die antizyklisch, dem keynesianischen Modell folgend, die öffentlichen Ausgaben steigerte – all diese Ereignisse brachten Zugluft in die westlichen Gesellschaften, ließen eine Atmosphäre des Aufbruchs entstehen, die schließlich im Versuch der Entspannung kulminierte. In der spiegelbildlichen Symmetrie, die bereits die unmittelbare Nachkriegsgeschichte gekennzeichnet hat, ließen Ost und West gleichzeitig von den Orthodoxien, die sie in den Jahrzehnten zuvor so eifrig befestigt und verteidigt hatten. Die Reformer beider Seiten wurden durch die Versuche des jeweiligen Gegenübers ermutigt. Theoretiker interpretierten die Ziele und Errungenschaften beider Systeme in Begriffen von »Industriegesellschaft«, »Modernisierung« und gelegentlich auch »Konvergenz«.[87]

Die Reformen im sozialistischen Block wurden jedoch Opfer der Logik imperialer Machtausübung. Im August 1968 kamen die Führer in Moskau – heftig in diese Richtung gedrängt von der Regierung Ulbricht – zu der Überzeugung, die tschechischen Reformer würden sich, hielte man sie nicht mit Gewalt zurück, aus dem Griff der Partei lösen und aus dem sozialistischen Block und Warschauer Pakt ausbrechen. Die sowjetische Intervention in Prag 1968 folgte dem niederschmetternd vertrauten Szenario, das zuerst der russische, dann der Sowjetstaat mit seiner kontinuierlich imperialistischen Organisation mindestens seit dem polnischen Aufstand von 1862/63 vorgeführt hatte. Reformen im Zentrum oder auch in der Peripherie wecken ein Streben nach Unabhängigkeit, das das Auseinanderbrechen des Reichs befürchten läßt. Und die damit geweckten Zentrifugalkräfte liefern denen, die jeder Liberalisierung in Rußland widerstehen, die Argumente, die sie brauchen, um die Reformbewegung zu ersticken. 1968 waren es die emanzipatorischen Strömungen in Prag, die Breschnew nötigten, auf der zentralisierten Macht zu bestehen. Und damit waren alle Reformer in Osteuropa in die Defensive gezwungen.[88] Dieser Zyklus: Herausforderung von außen, Reform, Machtverlust und Repression, ist in Rußland immer wieder abgelaufen. Michail Gorbatschow war der erste führende Politiker, der der Logik des Eindämmens nicht folgte, auch wenn die Sache in der Konfrontation mit den Litauern 1990 auf der Kippe stand. Es drohte tatsächlich, wovor die Hardliner immer wieder gewarnt hatten: die zumindest zeitweise Auflösung der territorialen und politischen Macht Moskaus. Für Gorbatschow jedoch erschien es lähmender und riskanter, die Reformen zurückzudrehen, als sie voranzutreiben. Tatsächlich war es das Zurückdrehen der marktwirtschaftlich orientierten Modernisierung nach 1968, war es der fünfzehn Jahre währende Rückfall in anachronistische neostalinistische Gesellschaftsmodelle, mit denen Rußland auf keinen Fall in eine postindustrielle Wirtschaftsweise finden würde, der Gorbatschow dazu brachte, sich auf das Risiko eines möglichen Zusammenbruchs von Sozialismus und Sowjetreich einzulassen, von dem Breschnew noch geglaubt hatte, er müsse ihn verhindern.

Im Osten wie im Westen: Die Krisen der siebziger Jahre hatten sowohl politische als auch wirtschaftliche Gründe. Die politischen Schocks der späten sechziger Jahre – der Prager Frühling in Osteuropa, die Studentenunruhen und die Militanz der Arbeiter im Westen – waren eine heftige Herausforderung für den »modernisierenden« oder reformerischen Übergang der sechziger Jahre. Wenn auch nicht sofort: In Osteuropa tendierten die kommunistischen Parteien dazu, ihre Experimente mit den dezentralisierten Entscheidungsstrukturen einzustellen. Nicht nur politische Gründe brachten sie dazu. Die Reform war vorbei, als sie bemerkten, daß die teilweise Liberalisierung zu Engpässen und Mangelsituationen führte. In Westeuropa unterbrach der Ausbruch von militanten Auseinandersetzungen zwischen den Klassen die Selbstvergessenheit des makroökonomischen Managements. Verschärfte Probleme der Wirtschaft verstärkten Anfang der siebziger Jahre noch den politischen Schock von 1968. Die Weigerung der Vereinigten Staaten, Haushalt und Zahlungsbilanz durch eine scharfe Steuerpolitik auszugleichen, trug mit dazu bei, daß das internationale Währungssystem des Westens aus den Fugen geriet. Die ölproduzierenden Länder organisierten ein Kartell und revoltierten erfolgreich dagegen, daß sich der Westen ohne adäquate Gegenleistung Energievorräte zulegen konnte, die die Stabilität des Wachstums der Industrienationen garantiert hatten. Als sie sich mit einer Verlangsamung des Wirtschaftswachstums konfrontiert sahen, wollten Unternehmer und Gewerkschaften ihre jeweiligen Anteile am nationalen Einkommen sichern. Resultat des aufs neue belebten Verteilungskonflikts waren Lohn- und Profitspiralen, wachsende Forderungen an den Sozialstaat, heftiger inflationärer Druck und die all das begleitende Verlangsamung produktiven Wachstums.

Blickt man auf das halbe Jahrhundert Nachkriegsgeschichte zurück, das gerade zu Ende geht, zeigen sich die siebziger Jahre als Jahrzehnt heftiger Neuorientierung in Politik und Wirtschaft. Die keynesianischen Mittel makroökonomischer Reflation, die schließlich bei den sozialdemokratischen Regierungen der sechziger Jahre offenbar allgemein Akzeptanz gefunden hatten, schienen, kaum eingesetzt, auch schon zu versagen. Die Inflation beschleunigte sich, ohne daß dies die Arbeitslosigkeit spürbar gemildert hätte. Und dies nicht zuletzt, weil Unternehmer und Arbeiter mit ihren hohen Ansprüchen und Forderungen den inflationären Druck in einer Art *self-fulfilling prophecy* vorwegnahmen. Außerdem mußten Regierungen mehr vom Sozialprodukt verteilen, einerseits um die Arbeitslosen zu alimentieren, andererseits um die in den letzten Jahren ausgeweiteten sozialen Dienste finanzieren zu können. Es war und ist äußerst beunruhigend, wenn man verfolgt, wie die westlichen Gesellschaften versucht haben, mit dem durchschlagenden und langfristigen Wandel der industriellen Strukturen so fertig zu werden, als handele es sich nur um eine Folge kurzzeitiger zyklischer Störungen. Auch die europäischen und nordamerikanischen Märkte für industrielle »Vorprodukte« wie etwa Rohstahl waren gesättigt, um so mehr, als sich dann auch noch japanische und koreanische Produzenten auf den Markt drängten. Zwar wuchsen die Möglichkeiten für neue Dienstleistungen und die datenverarbeitende Industrie, ebenso stieg die Nachfrage nach differenzierten

Produkten, die einen hohen Einsatz von Facharbeit forderten (ebenso wie der Bedarf an ungelernter Arbeit, die Migranten übernehmen sollten). Aber Arbeitskräfte, die bestimmte Fähigkeiten erworben hatten, an andere, modernisierte Arbeitsplätze zu bekommen wäre schon in guten Zeiten schwierig gewesen. Im Ruhrgebiet, in Lothringen oder im Great Lakes District war diese Aufgabe geradezu aussichtslos, zumal die Manager mit Turbulenzen auf dem Devisenmarkt, höheren Energiepreisen und Arbeitskämpfen schon genug zu tun hatten. Und was dagegen zu tun war, das schien auch die Vorstellungskraft in großen Teilen Osteuropas zu übersteigen.

Weder Kapitalismus noch Sozialismus konnten sich diesem Druck entziehen. Bedrängt von sozialen Konflikten und politischen Turbulenzen, setzten westliche Wirtschaftsführer und Politiker schließlich auf Disziplin dem Weltmarkt gegenüber. Und während der Westen sich beugte, versuchte der Osten ohne Erfolg zu widerstehen. Trotz aller inneren Schwierigkeiten der Planwirtschaft: Der Zusammenbruch des Kommunismus wurde verursacht durch die Kräfte der Umwandlung, in deren Griff sich Ost und West gleichermaßen befanden. Auf diese Kräfte hatten Westeuropäer (und Nordamerikaner) einfach früher und mit weniger umwälzenden Veränderungen reagiert. Aus den in Ost und West unterschiedlichen Antworten auf den die siebziger Jahre prägenden seismischen Druck ergab sich die Geschichte der achtziger Jahre. Daß im kommunistischen Europa nach 1968 Gewalt eingesetzt wurde, um das Reformprojekt zu stoppen, hatte bedeutsame Folgen. Die Reformen wurden nicht sofort zurückgenommen, aber die Zentralisierung wurde unerbittlich (re)etabliert. Dubček kapitulierte vor fast allen Forderungen aus Moskau, dennoch waren seine orthodoxen Gegner im nächsten Frühjahr fest an der Macht und bestraften die Enthusiasten des Prager Frühlings. Die ökonomischen Reformen fielen der sozialistischen Gegenrevolution zum Opfer, als die Arbeiterräte, die in Šiks Konzepten eine bedeutende Rolle spielten, abgeschafft und die zentrale Kontrolle wieder eingesetzt wurde. Bereits im Oktober 1968 hatte Günter Mittag, Wirtschaftssekretär des Zentralkomitees und der Parteiführer, der am meisten mit dem Neuen Ökonomischen System identifiziert wurde, alle kritisiert, die eine »sozialistische Marktökonomie« einführen wollten.[90]

Auch wenn die Wirtschaftsreformen in der DDR nicht auf der Stelle Opfer der politischen Reaktion wurden, war abzusehen, daß sie nicht lange zu verteidigen waren. Der bedrohliche Protest der polnischen Arbeiter erhöhte den Druck, die Experimente abzuwürgen. Aus den verschiedensten Gründen konnten die Rumänen, Ungarn und Polen während der siebziger Jahre an gewissen Linien festhalten, die DDR jedoch hatte sich unterworfen und war behilflich gewesen, die Sowjets in das benachbarte »Bruderland« zu rufen, um den Dissens zu ersticken. Das Neue Ökonomische System war nicht das Werk von Dissidenten, es trug die Handschrift orthodoxer Kommunisten. Aber selbst das rettete das Programm nicht. Es ist eine Ironie des Schicksals, daß Ulbricht, der zur Unterdrückung im Nachbarstaat Truppen der DDR geschickt hatte, dann im Gefolge der Prager Ereignisse seinerseits gestürzt wurde. Auch ihn hat man mit dem NÖS identifiziert, und trotz, vielleicht aber auch wegen seiner ideologischen Standpunkte paßte er zu wenig zu einem Mann wie Breschnew, um sich noch lange halten zu können. Zudem waren die Reformen in sich angreifbar; die Wirtschaftsleistung der DDR flaute 1969–70 ab, und es war leicht, den Finger auf die inhärenten Widersprüche zu legen: Man konnte keine Wirtschaft führen, wenn man zugleich auf Planung und Marktimpulse setzte. Wie ein erfahrener westlicher Besucher während der siebziger Jahre beobachtete, verlangte das Neue Ökonomische System mehr Marktkoordination auf dem Papier, als es in Wirklichkeit zuließ.[91] Die halbherzigen Innovationen führten zu Engpässen und Stagnation bei den Konsumgütern. Staatliche Investitionsfonds wurden in Automationsprogramme gesteckt, während das Land 1966 und im Winter 1969/70 Energiekrisen durchlitt. Das Jahr 1970 brachte dann Engpässe bei Waren des Grundbedarfs und eine uneingestandene Inflation. Im Herbst fand Mittag sich selbst unter Beschuß und mußte Fehler und ungelöste Probleme eingestehen. Im Dezember 1970 beschloß die SED, das auf sieben Jahre angelegte Reformprogramm abzubrechen. Der streitsüchtige Ulbricht wurde im Mai 1971 zum Rücktritt gezwungen. Ohne ernsthafte Analyse der Wirtschaftspolitik führte die Partei auf dem VIII. Parteitag im Juni 1971 die zentralistische Entscheidungs- und Kontrollstruktur wieder ein.[92] »Das Trauma des Untergangs des NÖS sehe ich«, so Günter Mittag später, »als eine Hauptsache dafür, daß es später nie wieder umfassende Reformansätze gegeben hat. ... Die Reformvorschläge und der Versuch zu einer wirklichen Kooperation mit dem Westen sind an der gleichen Ursache gescheitert, daran, daß es immer eine Betonfraktion der Dogmatiker in der Führung gegeben hat, bis ins Jahr 1989 hinein.«[93] Als hätte Mittag nicht seinen Teil zum Dogmatismus beigetragen.

Die Verstaatlichung der noch verbliebenen, gemischt privatstaatlichen Unternehmen, vor allem Handwerksbetriebe und kleine Industriebetriebe, erfolgte 1972. Die Zentralisierung wurde verstärkt vorangetrieben: Produzierten 1970 noch 546 Betriebe Baumaterial, waren sie 1988 auf 132 reduziert; aus 876 chemischen Betrieben wurden 236; die Zahl von 2589 Maschinenbau- und Transportproduktionsbetrieben wurde auf 1157 mehr als halbiert (während die Zahl der Arbeiter um etwa ein Achtel gestiegen war). Insgesamt 11 564 Industrieunternehmen mit 2 818 000 Werktätigen sind bis 1970 auf 3408 Betriebe mit 3 219 000 Beschäftigten reduziert worden – von einer durchschnittlichen Beschäftigtenzahl von 243 war man zu 945 pro Betriebseinheit gekommen.[94] Dabei hat man auch weiterhin versucht, Initiativen der Betriebsleitungen zu ermutigen. Doch Mittag und andere führende Politiker kümmerten sich weniger um einzelne Betriebe als um die neuen Kombinate oder Produktionsgenossenschaften. Wie ein sozialistisches Äquivalent der zur gleichen Zeit im Westen favorisierten Mischkonzerne schienen sie Koordination mit Initiative in Einklang zu bringen. Aber ihre Bildung ließ auch eine neue mächtige Lobby von Generaldirektoren entstehen, die das Interesse verfolgte, eine weitere schmerzliche Umstrukturierung zu bremsen.[95]

Die Entwicklungen in der DDR reflektierten weitergreifende Schwierigkeiten des Systems. Die Sowjets folgten der DDR innerhalb eines Jahres, indem auch sie versuchten, Einzelbetriebe zu Produktionsgenossenschaften zusammenzufassen. Die Ära Breschnew, die heute pauschal (wenn auch nicht ganz zutreffend) für ihre »Stagnation« verurteilt wird, war letztlich ein ehrgeiziger Versuch, die alten Formeln – zentrale Leitung, Großprojekte, Mobilisierung von billiger Energie und billiger Arbeit, Massenausstoß – neu zu beleben; das galt auch für den Versuch umfassender Neubewaffnung, den die Breschnew-Regierung anschob, wobei sie zu vermeiden suchte, den Privatverbrauch zu beschneiden. Sozialistischer Fordismus ist vielleicht die angemessenste Bezeichnung für die wiederbelebte industrielle Entwicklung der siebziger Jahre; eine Bezeichnung, die man auch auf Polen anwenden kann, wo der neue Premierminister Edward Gierek für große Investitionen in neue Stahlwerke und Schiffswerften die Hilfe von westlichem Kapital heranzog, damit ineffiziente Produktionsweisen am Leben erhielt und für ungefähr ein Jahrzehnt größere Preissteigerungen, wie sie die Revolten von 1970 und den Sturz seiner Vorgänger ausgelöst hatten, vermeiden konnte. Im Ergebnis sollten die oft unwirtschaftlichen Investitionen die Schuldenkrise von 1980 und die wirtschaftlichen Engpässe heraufbeschwören, die wiederum Lohnerhöhungen erzwangen und 1980 die Entstehung von Solidarność förderten.

Die tschechoslowakischen Reformer wurden zum Kohleschaufeln und Fensterputzen geschickt. Auch die Gegner der ungarischen Reformer machten gegen die Innovationen mobil; ihre Kritik führte dazu, daß die Hauptarchitekten der Reformen aus ihren Positionen vertrieben wurden. Es gelang jedoch nicht, den Planzwang wieder einzuführen. Als offensichtlich wurde, welchen Tribut Ölkrise und weltwirtschaftliche Turbulenzen fordern würden, blieb Ungarn bei seiner Politik von Dezentralisierung und Anreizen und entwickelte diese weiter. So entstand eine merkwürdige Mischung aus Staatssozialismus und privatwirtschaftlicher Produktion, oft in ein und demselben Betrieb.[96] Auch anderswo in Osteuropa wurde die Uhr nicht einfach zurückgestellt; einige der Reforminitiativen wurden weiterverfolgt. Nichtsdestotrotz kamen die Rückbesinnung auf Zentralisierung, der Rückzug auf die ideologisch gesicherten Prioritäten der Planwirtschaft zu einem Zeitpunkt, an dem das Kräftespiel der Weltwirtschaft derartige Rezepte besonders unangemessen erscheinen ließ. Die siebziger Jahre mit steigenden Energiepreisen, Tendenzen zur Stagflation (die in östlichen wie westlichen Volkswirtschaften spürbar wurden) und einer beschleunigten Entwicklung und Verbreitung elektronischer Technologien waren kaum der richtige Zeitpunkt, wieder zentralistische Wirtschaftsformen, wie modifiziert auch immer, einzurichten. Doch half die Subventionierung der Ölpreise durch die UdSSR bis in die Mitte der siebziger Jahre zu verhindern, daß es zu heftigen Wachstumseinbrüchen kam. Gleiche Wirkung hatten auch die Kredite des Westens, die während der siebziger und in den achtziger Jahren massiv anstiegen und äußerst freigebig auch an Polen und die Sowjetunion verteilt wurden.[97] Anleihen im Westen ließen das Bedürfnis, sich mit der Frage von Strukturreformen zu befassen, erst gar nicht aufkommen. Die staatlichen Planer hatten eine neue *raison d'être*: Sie kanalisierten das westliche Kapital. Sogar dort, wo wie in Ungarn die zentrale Planung minimiert wurde, blieb es bei der nicht-marktwirtschaftlichen Steuerung der ökonomischen Entwicklung. Halbherzige Reformen schufen ein Miasma verkümmerter Anpassungsversuche, entschiedene Anstrengungen, die Preisbildung zu liberalisieren oder Konkurse zu erlauben, wurden jedoch bis an das allerletzte Ende der achtziger Jahre hinausgeschoben.[98]

So wurden die siebziger Jahre für die sozialistischen Volkswirtschaften zu einem Jahrzehnt verfehlter Zielsetzungen. Man ließ sich von unbestimmten Ängsten und undurchschauten wirtschaftlichen Widersprüchen in die Orthodoxie zurücktreiben, und eben das verhinderte die notwendige Modernisierung, mit der man anderswo auf die Entwicklungen des Weltmarkts reagierte. Die katastrophalsten Konsequenzen wurden überdeckt, weil sich führende Politiker, Intellektuelle und Geschäftsleute im Westen auf das mehr oder weniger gemeinsame Interesse verständigt hatten, den Ostblock zu stabilisieren. Sollte Hegels List der Geschichte im Spiel gewesen sein, dann hat sie selten so falsch agiert wie in der Ära Breschnew. Indem westliche Banken und Staaten den sozialistischen Fordismus subventionierten, halfen sie ihm noch einmal auf die Beine, trugen aber zugleich dazu bei, den ganzen Wirtschaftsblock zum Einsturz zu bringen, dessen führende Politiker wähnten, man sei auf dem Weg der Stabilisierung. Entspannung und Ostpolitik waren der Versuch, für die große Menge der Normalbürger in Osteuropa etwas zu erreichen, indem man mit den einzelnen Regimen verhandelte. Der rasche Anstieg der Investitionen war die finanzielle Seite jener Politik, die zu den Verträgen von Helsinki führte. Wachsende Inflation und das Überangebot an Dollarreserven in Europa, das sich Anfang der siebziger Jahre akkumulierte, machten es den westlichen Banken leicht, Kredite zu erhöhen: den nordamerikanischen Banken in Lateinamerika, den westdeutschen in Polen und der DDR. Indem sie die eigene Inflation exportierten, halfen die Vereinigten Staaten die Schwäche des Sozialismus zu verdecken.

Aber verstecken heißt eben nicht beheben. 1980 hinkten alle Länder Osteuropas deutlich hinter den westlichen Standards her, wobei die DDR noch die beste Position hielt. Das Bruttosozialprodukt pro Kopf, berechnet nach der Kaufkraft, rangierte 1980 in Osteuropa in der Spanne zwischen einem Viertel und der Hälfte des Vergleichswerts in den Vereinigten Staaten; das Bruttosozialprodukt der DDR wurde auf 52 Prozent dieses Werts geschätzt (Tschechoslowakei 42, Ungarn 39, UdSSR 37, Polen 33 und Rumänien 24 Prozent).[99] Aber unabhängig von deren jeweiligem relativem Wohlstand: In den siebziger Jahren vertieften sich die Schwierigkeiten aller Volkswirtschaften des RGW. Ein fundamentaler Widerspruch sorgte für ihre Verwundbarkeit. Überall nämlich setzten die Parteiführer unbeirrt auf den Versuch, so viel Zentralismus und Planwirtschaft wie möglich zu retten. Aber diese Strategie hätte nur funktionieren können, wären die Volkswirtschaften gegen den Westen abgeschottet gewesen. Und das genau war nicht der Fall: Durch die Kredite aus dem Westen wurden alle RGW-Volkswirtschaften in den Weltmarkt hineingezogen, und zwar über den Weg der Kredite, die eigentlich nur aufgenommen wurden, um der Planwirtschaft wieder auf die Beine zu helfen.

Als die Kritiker der erlöschenden DDR 1989/90 befragt wurden, führten sie die wirtschaftlichen Schwierigkeiten des Systems auf die Reetablierung der orthodoxen Wirtschaftspolitik zu Beginn der siebziger Jahre zurück. Ein Wort war während der Vereinigungsperiode am häufigsten zu hören, wenn es darum ging, den Zustand der DDR zu beschreiben: *verkommen*. Verkommenheit war das Vermächtnis der neuerlichen Verstaatlichungen der siebziger Jahre. Sozialisierung der zahlreichen »Betriebe mit staatlicher Beteiligung« während der frühen siebziger Jahre hieß effektive Zerstörung der kleinen Handwerksbetriebe und des Mittelstands, die in beiden Deutschland eine entscheidende Komponente des Wirtschaftslebens geblieben waren. Danach gab es in der DDR keine Handwerker mehr. Wer durchhielt, wurde übermäßig besteuert, es gab kaum Möglichkeiten der beruflichen Aus- und Weiterbildung. Klempner mußten improvisieren, Dachdecker waren nicht zu bekommen, die Gebäude wurden feucht und verfielen. Der Wohnungsbau hinkte zuletzt dem Bedarf hinterher. Der Neubau von Wohnungen und Einzelhäusern stieg bis 1980 von 66 000 auf 103 000 Einheiten jährlich, ging aber dann 1988 wieder auf 83 000 zurück.[100]

In den achtziger Jahren wurde die Krise in großen Teilen des Ostblocks sichtbar. Unübersehbar ist das schwere Vermächtnis der letzten Breschnew-Jahre, als die Entspannungspolitik einen Rückschlag erlitt und die sowjetische Wirtschaft sich in nicht einlösbaren Planvorgaben, im Mangel an Getreide, Stahl und Erdöl festfuhr, als sogar ein Ansteigen der Sterblichkeitsrate gemeldet wurde.[101] Das Jahrzehnt hatte mit einem ernsthaften Einbruch des Wirtschaftswachstums in der Sowjetunion begonnen: drei aufeinanderfolgende schlechte Ernten, ein alternder Führer, bedrohliche Fehlzeiten in den Betrieben und allgemein der Verfall gesellschaftlicher Beziehungen. Noch bedenklicher war der wirtschaftliche Einbruch in Polen (minus 13 Prozent 1981, minus 8 Prozent 1982), dazu kam die Kreditkrise, als der Konflikt zwischen Solidarność und Regierung in der Verhängung des Kriegsrechts kulminierte.[102] Sicher kamen auch inhärente Probleme des Kommunismus zum Ausdruck, als die RGW-Länder in die Rezession absackten und das steile Ansteigen der amerikanischen Zinssätze die Last der Auslandsschulden für Osteuropa noch drückender machte.[103] Nun hätten aber die Ernteerträge auch wieder steigen können, und Juri Andropow hat ja auch versucht, bis zu den Eisenbahnen und Ministerien die Disziplin wiederherzustellen. Mitte des Jahrzehnts sah es so aus, als sei Rettung in Sicht.[104] Aber selbst wenn Andropow überlebt hätte, wären die tieferliegenden Schwierigkeiten nicht ohne weiteres zu überwinden gewesen. Die Produktivität pro Arbeiter wuchs kaum, die Maschinen wurden nicht effizienter. Die technische Entwicklung in der Sowjetunion hatte sich nach dem Reformintervall der sechziger Jahre verlangsamt. In den fünfziger und sechziger Jahren wurde ein ganzer Strom von Prototypen neuentwickelter Maschinen und Geräte vorgestellt, aber dieser Strom versiegte in den siebziger und achtziger Jahren immer mehr.[105] Entsprechend wird die Produktivität insgesamt gesunken sein.

Das System beruhte auf einem Mehr an Muskelkraft und Menschen: Nicht die geniale Erfindung, die Masse sollte für den Durchbruch sorgen. Die Erfolge der sozialistischen Wirtschaft in der Sowjetunion basierten auf »extensiver« Entwicklung: Wachstum wurde mit einem höheren Einsatz von Arbeit, Kapital und Land erreicht, nicht durch erhöhte Produktivität. Extensive Entwicklung bedeutet jedoch sinkende Rückflüsse. Der Kapitalertrag sinkt, so daß der Anteil der Investitionen bei gleichbleibendem Wachstum kontinuierlich größer werden muß, eine Bedingung, die ebenso schwer zu erreichen ist, wie man für unaufhörliche Vermehrung der Arbeitskraft sorgen kann.[106] Die 1980 in der Sowjetunion eingesetzte Arbeitskraft war höher als in irgendeinem anderen Land; die demographischen Ressourcen waren nahezu erschöpft. Die siebziger Jahre brachten 24 Millionen neue Arbeitskräfte in Lohn und Brot; die achtziger Jahre nur noch etwa 6 Millionen.[107] Und als der Nachschub zu versiegen drohte, gingen Betriebe dazu über, den »Faktor Arbeit« zu horten. Zu Buche schlagende Kosten entstanden dabei keine, Betriebsleiter mußten die Planerfüllung im Auge behalten, die Nettoerträge waren weniger wichtig. Vielleicht war dies Horten von überschüssiger Arbeitskraft ein Stück im Sozialismus bewahrter Menschlichkeit, aber dem Umbau der Wirtschaft setzte das ernsthafte Grenzen. Auch Boden, Erdöl und andere Produktionsfaktoren waren erschöpft. Das Wachstum des Pro-Kopf-Verbrauchs in der Sowjetunion verlangsamte sich zwischen 1950 und 1970 von etwa 4 Prozent jährlich auf ungefähr 2,4 Prozent in den siebziger, und auf weniger als 1 Prozent in den achtziger Jahren. Der gesellschaftliche Zusammenhalt schien sich aufzulösen; das Gesundheitssystem konnte seine Aufgaben immer weniger erfüllen.[108]

Zunächst sah es so aus, als stürze die DDR nicht derart tief in Schwierigkeiten wie die Sowjetunion. Während der achtziger Jahre, kulminierend 1987 in der Berliner 750-Jahrfeier, entwarf die DDR das Selbstbild, das ihr am liebsten war: die sozialistische Nation als erfolgreicher Erbe preußisch-bürokratischer Effizienz. Doch, wie wir gesehen haben, stagnierten Produktivität und Investition in der zweiten Hälfte des Jahrzehnts.[109] Die Bürokratie war zum Bürokratismus ausgewuchert und mußte vereinfacht werden. Die Eigenverantwortlichkeit der Betriebe war, wie Schürer ausführt, entscheidend für die dynamischsten der Kombinate und mußte weiter ausgebaut werden.[110] Doch scheiterte jeder, der als Staatsbeamter so etwas verfolgte, was man im Westen Unternehmensstrategie nennen würde, an den viel zu vielen, die nur kontrollieren wollten. Der Generaldirektor der Carl Zeiss Werke richtete eine Anfrage an Günter Mittag, ob es nicht besser wäre, das Ministerium für Wissenschaft und Technologie abzuschaffen, das doch nur bürokratische Berichte anfordere, aber »keinerlei inhaltlich strategische Impulse gegenüber den Kombinaten auslöst...«[111]

Die Frage war, ob ein Prozeß verstärkter Reformen die Tendenzen zu Sklerose schnell genug würde umkehren können. In den politischen Debatten in der Spitze des Politbüros wurde gegen Dezentralisation polemisiert. Die Wirtschaftsreformbewegungen in Ungarn (das, wie Honecker Gorbatschow mitteilte, für den Sozialismus längst verloren sei), General Jaruzelskis Wiederaufnahme der Verhandlungen mit Solidarność in Polen und natürlich Glasnost in der Sowjetunion erschienen zunehmend bedrohlich. Wie hätten die Wirtschaftsreformer, ob Schürer oder die Direktoren der führenden Kombinate, nachhaltig eine ostdeutsche Version der Perestroika vorantreiben sollen, wenn die politische Führung Glasnost stur ablehnte? Die alternden, stockkonservativen Ideologen im Politbüro bremsten die Reformwelle aus, die von Moskau ausging. Das Motto »Von der Sowjetunion lernen heißt siegen lernen« galt nicht länger. Jetzt erklärte Honecker, die Zeiten seien vorbei, da es unter den sozialistischen Nationen Lehrer und Schüler, Meister und Lehrlinge, gegeben habe: »Wir lernen gemeinsam.«[112] Tatsächlich aber lernten nur wenige der führenden Politiker in der DDR etwas dazu, die meisten wurden vom politischen Aufruhr überrollt.

Kohle und Stahl. Eine Archäologie

Werfen wir einen Blick zurück auf die zentrale Planwirtschaft: auf ein lange in der Geschichte bestehendes System, nicht nur in der DDR, sondern auch in Osteuropa und der Sowjetunion. Wo hat der Kommunismus denn einigermaßen funktioniert? Sein wirtschaftlicher Erfolg, das kann der Rückblick zeigen, hing an einem besonderen Stadium industrieller Entwicklung. Zentrale Planung und Entwicklung waren zwischen 1930 und 1960 wirtschaftlich, weil die in dieser Epoche vorherrschende Technik auf großen Produktionseinheiten und Schwerindustrie basierte. Der Kommunismus idealisiert die Fabriken und ihre Massenarbeitskraft. So lobten die führenden Politiker der DDR immer wieder die in Sachsen konzentrierte chemische Industrie, den Stahlkomplex von Eisenhüttenstadt und ihre erstklassige Werkzeugmaschinenindustrie. Zwar sahen einige ihrer Führer seit Ulbrichts Neuem Ökonomischem Plan, wie dringlich es war, auch Elektronik und Computertechnik zu entwickeln. Dennoch konnte man den Eindruck gewinnen (die Realität war sicher komplizierter), daß alle, die sich der marxistischen Lehre verpflichtet fühlten, die wirtschaftliche Entwicklung direkt an die Massenproduktion gebunden sahen. Das Fließband, der mechanisierte Ausstoß standardisierter Produkte, schien Effektivität zu symbolisieren. Kommunistische Planer schwelgten nicht weniger begeistert im mystifizierten Fordismus wie westliche Wirtschaftsführer.[113] Montageband, Methoden der Arbeitszerlegung, Mechanisierung, verdichtete, an repetitive Tätigkeiten gebundene Leistungen der Arbeiter: All das akzeptierte man als Elemente eines produktiven Prozesses, der unter Sozialismus und Kapitalismus gleichermaßen vorangetrieben werden konnte. Die dreißiger und vierziger Jahre hatten in Ost und West Bilder gigantischer Industrielandschaften hinterlassen: Tennessy Valley Authority, die Staudämme am Dnjepr, das Donbecken, River Rouge bei Detroit, die Werften von Kaiser Aluminium and Steel. In den fünfziger Jahren noch galten Stahlwerk und Montageband der Automobilindustrie als industrielle Statussymbole, das Nonplusultra des Fortschritts in der Stahlindustrie waren kontinuierliche Walzstraßen. Jedes Land im Westen versuchte in den vierziger und fünfziger Jahren, als Herzstücke des Nachkriegswachstums solche Werke aufzubauen. Jean Monnet drängte französische Stahlunternehmen zur Gründung von USINOR als Holdinggesellschaft für ein solches neues Walzwerk. Ob Wiederaufbaupläne für Thyssen in Duisburg-Hamborn, die Pläne zum Ausbau von Finsider in Italien oder zur Erweiterung von Hoogovens N.V. in den Niederlanden: Überall sah man in den modernen Stahlwerken die Grundpfeiler industrieller Entwicklung.

Mit noch größerer Begeisterung haben sich die kommunistischen Gesellschaften der Romantik der Massenproduktion verschrieben, die wiederum auf Stahl basierte. Bolschewismus, hatte

Lenin gesagt, sei Sowjetmacht plus Elektrifizierung. Stalinismus, so könnten wir heute sagen, waren Stahlwerke plus Geheimpolizei. Was die kommunistischen Staaten konnten, war Stahlwerke aufzubauen. Zeitgenössische Beobachter haben von ihrer technischen Fortentwicklung im Verlauf der fünfziger und sechziger Jahre berichtet. Wo es um Entwicklung der Kohle und Stahlkomplexe der spätindustriellen Ära ging – der hohen Zeit der Schornsteinindustrie –, war Planwirtschaft das Richtige, das zeigt auch der Bedarf an staatlicher Lenkung in einigen der westeuropäischen Volkswirtschaften. Über die Maßen stolz über die Leistungen der Kohle- und Stahlindustrie, dem Ausweis industrieller Tüchtigkeit, von der alles andere abhing, hörten die osteuropäischen Volkswirtschaften nicht auf, Eisenerz zu fördern. Nach den Auseinandersetzungen auf der Lenin-Werft in den siebziger Jahren bemühte sich Polens Premierminister Gierek um massiven Zufluß von westlichem Kapital: Mit dem Geld wollte er die Bergwerke und Schwerindustrie ausbauen, ohne dafür den Lebensstandard senken zu müssen. Der Stahlkomplex im polnischen Nova Huta produzierte mehr Eisen und Stahl, als sich absetzen ließen, und der schwarze Ruß legte sich auf den mittelalterlichen Figurenschmuck der Kirchen im benachbarten Krakau. Auch die DDR preschte voran, und 1970 rückten die Sowjets auf den Platz eins in der Weltrangliste der Stahlproduzenten. (Tabelle 2-4)

Aber ist die Stahlproduktion tatsächlich ein Ausweis für wirtschaftliche Fortschritte und Fortschrittlichkeit? 1970 war die große Ära der Stahlproduktion und ihrer Nachkriegsexpansion vorüber. Japanische (und später südkoreanische) Stahlwerke lösten die kostenintensiveren Produzenten in den Vereinigten Staaten und Westeuropa ab. Nun wurden die Gewinne in der Eisen- und Stahlproduktion in Asien eingefahren. Westliche Länder mußten ihre Stahlwerke schließen oder sie für den Betrieb mit weniger Arbeitern umrüsten. Es war für westliche Gesellschaften mit den dort zunehmend teureren Arbeitskräften sinnvoller, die Produktion umzustellen: auf Dienstleistungen, auf Produkte, die entweder weniger Arbeit pro Einheit forderten (Chemie) oder bei denen die Kosten hochqualifizierter Arbeit leichter erwirtschaftet wurden, so etwa auf Spezialstähle, Werkzeugmaschinen und elektrische Anlagen.

Tabelle 2-4
Rohstahlproduktion (in 1000 Tonnen)

	1950	1971	1980	1988
Belgien	3 789	12 444	12 321	11 280
BRD	14 019	40 313	43 838	41 023
DDR	995	5 350	7 308	8 133
Frankreich	8 652	22 859	23 176	18 598
Großbritannien	16 554	24 175	11 278	19 008
Italien	2 362	17 452	26 501	23 760
Japan	4 839	88 557	11 395	105 681
Polen	2 515	12 688	19 485	16 872
UdSSR	27 329	120 637	147 931	163 037
USA	87 848	109 055	101 698	90 012

Quelle: Wirtschaftskommission der Vereinten Nationen für Europa, *Quarterly Bulletin of Steel Statistics for Europe,* 61, Genf 1955, S. 12–13; dies., *Annual Bulletin of Steel Statistics for Europe,* 16: 1988, New York 1990: 8-9, und 8, 1980 (New York 1981): 10–11.

Das gleiche geschah in der Kohleförderung. Eine der großen wirtschaftlichen Herausforderungen der siebziger Jahre war es, die Zechen stillzulegen und die Arbeitskräfte in der Rohstoffindustrie zu reduzieren. Die Zechen, die weiter förderten, mußen so umgerüstet werden, daß sie effizienter betrieben werden konnten. (Die Vereinigten Staaten verfolgten eine gegenläufige Strategie zu den Europäern: Sie erhöhten die Kohleförderung, um weniger Öl importieren zu müssen.) Auch das war ein schmerzhafter Übergang. Die Arbeitslosigkeit in Northumberland, an der Ruhr und in Lothringen machte die ökonomischen Schwierigkeiten sichtbar. Daß in Asturien, den Midlands oder Charleroi die Arbeitslosigkeit weiter fortbesteht, zeigt, daß der Übergang keineswegs einfach zu bewerkstelligen ist. Man kann Arbeiter nicht ohne weiteres vom Kohlehauen und Stahlwalzen auf das Montieren von Mikrochips umschulen. Der umgekehrte Weg funktioniert aber auch nicht: Daß sie die Produktion erhöht und noch mehr Kohle gefördert haben, hat die sozialistischen Volkswirtschaften nicht schützen können. Sobald sie ihren Überschuß auf den Weltmarkt bringen wollten, mußten sie sich eingestehen, daß ihre Zechen und Betriebe nicht wettbewerbsfähig waren. Und als sie sich schließlich auch mit ökologischen Problemen auseinandersetzen mußten, da standen sie vor einigen der schlimmsten Umweltzerstörungen auf dem Planeten. Jahrzehntelang hatte sich der Sozialismus von der Romantik von Kohle und Stahl leiten lassen, ohne die Möglichkeiten auszuloten, die in anderen Wirtschaftsbereichen hätten liegen können. Ende 1980 kam das große Erwachen, und man fand die Lieblingskinder überaltert, voller Ansprüche, verschwenderisch und heruntergekommen. Sehr treffend hat das eine französische Journalistin während der Unruhen rumänischer Bergarbeiter zusammengefaßt: »Kommunismus und Kohle. Kohle und Kommunismus. Von Anfang an vereint durch produktivistische Ideologie, die Verteidigung nationaler Bodenschätze, durch den Hang zur Schwerindustrie und zum Klassenkampf. Von [Zolas] *Germinal* nach ... Bukarest, wo die körperliche Intervention der ›schwarzen Gesichter‹ wieder einmal spektakulär diese natürliche Allianz veranschaulichen, die in tiefem Konservatismus verankert ist.«[114]

Die Mystifizierung der Kohlezechen gehörte ins Zentrum der Industrialisierungsprojekte und der Hoffnungen, die in Ost und West in den Sozialismus gesetzt wurden. Kein Zufall, daß Stachanow ebenso Bergmann war wie der »Aktivist« Adolf Hennecke: Übermenschliche Leistung sollte alle Normen sprengen. Der Glaube der britischen Labour Party an den Kollektivismus, Jaurès' Unterstützung von Caillaux, die Sozialisierungspläne der SPD nach beiden Weltkriegen – jedesmal steht dahinter die belebende Vision kohlefördernder Gemeinschaften und einer auf Kohle gegründeten industriellen Ordnung. Orwell hat geschrieben: »Wir alle verdanken unsren verhältnismäßig anständigen Lebensstandard armen Teufeln unter Tage, die, schwarz bis an die Augen und die Kehlen voll Kohlestaub, mit stahlharten Armen und Bauchmuskeln ihre Schaufeln vorwärtsstoßen.«[115]

In den sechziger und siebziger Jahren jedoch schickten die westlichen Ökonomien ihre Bergarbeiter nach Hause. Im Ruhrgebiet beispielsweise sank ihre Zahl von knapp einer halben Million um 1950 auf 128000 im Jahr 1977.[116] Die heroischen Kämpfer für industriellen Fortschritt wurden so entschieden demobilisiert wie die Armeen des Weltkriegs eine Generation zuvor. Allein die Steigerung der Produktivität hätte die Zahl der Bergleute verringert, sinkende Gewinne und höherer Mechanisierungsgrad der Arbeit ver-

Tabelle 2-5
Kohleproduktion und Produktivität (1 000 Tonnen)

	Ertrag 1980	Tonnen/ Mannstunde[a]	Ertrag 1988	Tonnen/ Mannstunde[a]
Belgien	6321	Keine Angabe	2487	Keine Angabe
BRD	94492	539	79319	630
DDR	307720 (nur Braunkohle)	Keine Angabe	360014 (nur Braunkohle)	Keine Angabe
Frankreich	18136	399	12139	498
Großbritannien	130096	385 (1985)	101386	633
Polen	193171 (+36866 Braunkohle)[b]	534 (1985)	193015 (+73849 Braunkohle)	512
Sowjetunion	552952 (+163417 Braunkohle)	Keine Angabe	599486 (+172395 Braunkohle)	Keine Angabe
USA	714472	976	783492	Keine Angabe

Quelle: Wirtschaftskommission der Vereinten Nationen für Europa, *Annual Bulletin of Coal Statistics*, 23: 1988, New York 1989.

a Untertagearbeiter. Die hohen Produktivitätsziffern in den USA verweisen möglicherweise auf Erträge aus dem Tagebau.
b Braunkohle enthält pro Gewichtseinheit nur 2/7 der Energiekapazität von Steinkohle. Für die DDR sind die Mengen von Rohbraunkohle und Briketts zusammengefaßt.

setzten ihnen einen doppelten Schlag. Die Verbindung zwischen den Bilderwelten der industriellen Revolution, den Visionen des Sozialismus und den mystifizierten Zechen hatte sich aufgelöst – nicht mit einem Schlag, aber unwiderruflich. (Tabelle 2-5)

Die Länder des RGW jedoch machten sich erst Mitte der achtziger Jahre daran, ihre Industrien neu zu strukturieren. Nur wenige Funktionäre aus der staatlichen Finanzverwaltung hatten den Mut, sich gegen bedrückte Manager oder erschreckte Arbeiter zu stellen und den Betrieb zu schließen. Trotz aller Reden über *Chosrastschet* und die Eigenverantwortlichkeit der Betriebe – Ideen, die ihre Verknüpfung mit dem Reformprojekt der späten sechziger Jahre überlebt hatten – konnten die Betriebe um Unterstützung bitten. Eine »weiche« Auslegung von Budgetzwängen oder finanzielle Hilfen waren im Osten weit verbreitet.[117] (Natürlich eröffneten während der siebziger Jahre auch die »Bailouts« im Westen vergleichbare Kreditverlängerungen. Dem folgte dann ein dramatisches öffentliches Lamento der Manager, mit dem die neuen Bosse geplagte post-keynesianische Gemüter beruhigten und sich die Absolution für den Stellenabbau holten.) Erst vor einigen Jahren stellte man sich schließlich auch in Polen und der Tschechoslowakei der schmerzlichen Aufgabe, Stellen abzubauen. Das Problem sei, so der Generaldirektor der polnischen Bergbauunternehmen, die Zechen auf humane Weise zu schließen. Die Situation sei vergleichbar mit der in den französischen Departements Pas-de-Calais und Nord.»Charbonnages de France ist ein Vorbild für uns«, erklärte der tschechische Grubendirektor einem Reporter von *Le Monde* – er meinte die staatliche französische Kohleagentur, die ihre Belegschaft innerhalb von vier Jahren um die Hälfte reduzierte und zum Haßobjekt der Kommunistischen Partei Frankreichs wurde.[118]

An manchen Standorten ergab sich der Zwang zur Schließung von Produktionsanlagen auch aus den katastrophalen Umweltbelastungen: Schwefel verteilt über der sächsischen Ebene oder das Erzgebirge, Chemikalien in Seen und Flüssen. Der Tschechoslowakei könnten Nuklearenergie und importiertes Erdgas vielleicht eine sauberere Zukunft verschaffen, unseligerweise für die Ostdeutschen sind die Atomkraftwerke dort jedoch sowjetischer Bauart, einige von ihnen regelrechte Zeitbomben, die jeden Moment hochgehen können wie der Reaktor von Tschernobyl. Weniger gefährlich, aber unmittelbar schädlich für die Umwelt war die Abhängigkeit der DDR von Braunkohle. Von diesem Energieträger war der ostdeutsche Staat ähnlich abhängig wie Polen von der Steinkohle, denn Braunkohle half indirekt Devisen sichern. Das von den Sowjets subventionierte Erdöl war viel zu wertvoll, als daß man es in der Republik als Brennstoff hätte verbrennen können. Es wurde, wie bereits dargestellt, raffiniert und für harte Währung in den Westen weiterverkauft oder in chemische Produkte veredelt. Die DDR kam auch, indem sie die heimische Braunkohle aus den ausgedehnten Tagebaustätten bei Leipzig kratzte, durch den Winter und konnte die notwendige Energie produzieren. Auch in der Bundesrepublik nutzen die Elektrizitätswerke Braunkohlevorkommen, doch müssen die riesigen Abbaustätten rund um Jülich und Aachen, wenn die monströsen Bagger ihre Arbeit getan hatten, wieder rekultiviert werden, während die Abbauflächen bei Leipzig kahl und vernarbt liegenblieben. In der gleichen Region waren Luft und Wasser von den Abgasen der maroden Betriebsanlagen verschmutzt. Staub, Schwefeldioxid, Stickoxid, Schwefelsäure und andere Schadstoffe zogen über Bitterfeld und Umgebung; Säuren, Chloride, Phenole und Schwermetalle gelangten in die Mulde und weiter in die Elbe; Industrieabfälle und Aschen wurden mit Hausmüll in offenen Gruben deponiert.[119] Der gleiche Abfall wird natürlich auch die Gegend um Cleveland, Tourcoing oder die Potteries verschmutzt haben. Doch auch das Reinemachen hat im Westen ein Jahrzehnt früher beginnen können. Solange wie die DDR und die anderen Volkswirtschaften des RGW jedoch in ihre wechselseitige Abhängigkeit eingeschlossen blieben, konnten sie es sich nicht leisten, sich aus einem industriellen Prozeß zu befreien, der in mancher Hinsicht der Brandrodungswirtschaft am Amazonas vergleichbar ist.

Weil die westlichen Volkswirtschaften die an den alten Industriestandorten »freigesetzten« Arbeiter nicht ohne weiteres in die neuen konkurrenzstarken Wirtschaftszweige verpflanzen können, wurde Arbeitslosigkeit zum schmerzlichen Dauerzustand. Aber auch erfolgreiche Umstrukturierungsprozesse werden von Arbeitslosigkeit begleitet. (Nur Japan konnte seine Stahlproduktion ausbauen und gleichzeitig einen neuen Industriezweig für Elektronik/Datenverarbeitung entwickeln; in beiden Fällen für den eigenen Markt wie für den Export in die westlichen Industrieländer. In den achtziger Jahren verlagerte sich die Stahlproduktion allerdings auch aus Japan heraus nach Korea und Taiwan.) All diese Übergangsprozesse waren schmerzlich. (Tabelle 2-6)

Die Planwirtschaften haben tatsächlich versucht, diesen Entwicklungen entgegenzuwirken. So wie Osteuropa einen proportional viel größeren Anteil seiner Arbeiter in der Landwirtschaft beschäftigte, hielt es auch daran fest, den Montansektor mit Kohle und Stahl auszubauen. Und damit ist es ihnen tatsächlich gelungen, das trostlose Geschäft zu vermeiden, das Gewerkschafter und Lokalpolitiker in Gary/Indiana oder in Oberhausen betreiben müssen. Ob Fließbandarbeit oder Toilettenaufsicht: irgendeine Arbeit fanden sozialistische Wirtschaftslenker für jeden. Was das betrifft, so leistete sich der sozialistische Block ein industrielles Schla-

Tabelle 2-6
Arbeitslosigkeitsraten (in Prozent der Gesamtarbeitskräfte)

	Frankreich	BRD	Italien	Großbritannien	USA
1970	2,5	0,8	5,3	3,0	4,8
1975	4,0	3,6	5,8	4,3	8,3
1980	6,3	3,0	7,5	6,4	7,0
1981	7,4	4,4	7,8	9,8	7,5
1982	8,1	6,1	8,4	11,3	9,5
1983	8,3	8,0	8,8	12,4	9,5
1984	9,7	7,1	9,3	11,7	7,4
1985	10,2	7,2	9,6	11,2	7,1
1986	10,4	6,4	10,5	11,2	6,9
1987	10,5	6,2	11,2	10,2	6,1
1988	10,0	6,1	11,2	8,3	5,4
1989	9,5	5,6	11,4	6,4	5,2

Quelle: Wirtschaftskommission der Vereinten Nationen für Europa, *Economic Survey of Europe in 1989–1990*, New York 1990, Anhang, Tabelle A.12, S. 385

raffenland, ein subventioniertes System von Unterstützungen, Arbeitsangeboten oder Ersatzjobs.

Das Beharren auf Vollbeschäftigung hing im Westeuropa der sechziger Jahre bestimmt noch immer mit den Erfahrungen der Weltwirtschaftskrise und dem Bemühen um den Sozialstaat der Nachkriegszeit zusammen. Ich bin, so wie viele meiner Leser wahrscheinlich auch, mit der Überzeugung aufgewachsen, daß Arbeitslosigkeit als eine soziale Geißel zu betrachten ist. Doch westliche Manager mußten sich mit den Marktzwängen auseinandersetzen. In einer Zeit der rasanten technischen Entwicklung und der raschen Industrialisierung von Agrarländern kamen Politiker und Wirtschaftsführer offensichtlich gar nicht auf die Idee, daß sie beides auf einmal tun könnten, nämlich Arbeitsplätze zu garantieren und neue wertschöpfende Industrien und Dienstleistungen zu entwickeln.[120] Bis vor kurzem, bis zum Ausgang der siebziger Jahre ließen sich westeuropäische Politiker von der aus der Zeit der Wirtschaftskrise stammenden Vorstellung lähmen, zweistellige Arbeitslosenraten seien ein Skandal. Wirtschaftsstatistische Studien legen nahe, daß die nur widerstrebende Entlassung von Arbeitern in den siebziger Jahren Westeuropas Anpassung an die von der Ölkrise veränderten Verhältnisse beschwerlicher gemacht hat als in den Vereinigten Staaten, wo das »hire and fire« selbstverständlicher gehandhabt und kaum in Frage gestellt wird.[121] Mit Beginn der achtziger Jahre hatten westeuropäische Wirtschaftler und politische Vordenker ihre ideologische Aversion gegen Arbeitslosigkeit überwunden. Sie hatten erkannt, daß es weniger kostete, ehemalige Arbeitnehmer dafür zu bezahlen, daß sie nicht arbeiteten, als überflüssige Fabriken als Arbeitshäuser offenzuhalten. Damit haben sich Politiker und Beamte in der Regel noch nicht zu der monetaristischen Auffassung verstanden, wenn jemand ohne Arbeit sei, dann sei dies eine Entscheidung, entspringe einer freien Wahl oder zumindest einer wählerischen Einstellung gegenüber den angebotenen Arbeitsplätzen. Doch man akzeptierte den Gedanken, daß die einige Jahre dauerhaft während Arbeitslosigkeit von zehn Prozent (eines Zehntels der Arbeitskräfte eines Landes) eine Bedingung industrieller Modernisierung sei.

Sogar ehemals linientreue Keynesianer mußten jetzt eingestehen, daß die Arbeitslosigkeit zu einem großen Teil »strukturell« bedingt war, Ergebnis des technischen Wandels im industriellen Prozeß und der Entwicklung neuer Chancen im Wettbewerb. Versuche, die stabile und, wie man annahm, nicht inflationsbedingte Arbeitslosenrate (die die Monetaristen zuerst noch »natürlich« genannt hatten, die aber später neu definiert wurde als die Rate, die die Inflation nicht beschleunige) zu senken, setzten damit nur die Preisspirale in rascheren Gang, führten zu Handelsbilanzdefiziten und zur Erhaltung überflüssiger Arbeitsplätze. Diese neuen Einsichten lieferten so etwas wie eine Theodizee der Arbeitslosigkeit, die den menschlichen Weg der Wirtschaft rechtfertigte, womit zumindest die Menschen gemeint waren, die ihre Papiere noch nicht abholen mußten. Ein Jahrzehnt der Stagflation, das heißt ein Jahrzehnt weitverbreiteter Arbeitslosigkeit und gleichzeitigem, von Ölkrise und Arbeitsmarkt verursachtem inflationärem Druck lastete von Beginn der siebziger bis Anfang der achtziger Jahre auf den Volkswirtschaften des Westens. Unter diesem Druck verloren die Sozialdemokraten in der Bundesrepublik, den Vereinigten Staaten und in Großbritannien Rückhalt und die politische Führung; sahen sich die regierenden Sozialisten in Frankreich und Spanien gezwungen, so marktorthodox zu werden wie ihre konservative (bzw. neoliberale) Opposition.[122] Am Ende der siebziger Jahre hatten sich in manchen Industriestädten Westeuropas ausgedehnte Industriebrachen entwickelt, aber Büros waren computerisiert worden und Dienstleistungsunternehmen sind entstanden. Therapeuten, Reiseagenten und Versicherungsangestellte hatten Drucker und Puddler ersetzt. Um dieses schmerzhafte Jahrzehnt des Umbauens und Neustrukturierens hatte man sich fast überall in Osteuropa herumgedrückt. Nun aber konnten die Kommunisten diese Aufgabe nicht länger aufschieben, vor allem, nachdem sie begriffen hatten, daß sie den Anschluß an die Weltwirtschaft finden mußten.

Mit dieser Beobachtung nun müssen unsere Überlegungen wieder an den Ausgangspunkt des Kapitels zurückkehren: zum alles erfassenden Weltmarkt. Wir könnten noch einmal fragen, ob denn der Sozialismus nicht doch hätte weitergeführt werden können – als Enklave von Schwerindustrie und fordistischen Montagebändern, als fortlaufendes lebendes Monument von Wirtschaft und Technik der fünfziger Jahre? Aber das eben war das Problem: Die kommunistische Welt konnte nicht länger Enklave bleiben. Zuerst hatte diese Welt ihre ideologische Rechtfertigung aus dem Wettbewerb mit dem Westen bezogen, dann hatte man darauf gesetzt, zumindest einige der Waren, an denen die Menschen im Westen Gefallen fanden, selbst zu produzieren oder zu liefern. Und damit geriet die kommunistische Welt immer mehr ins Hintertreffen.[123] Statistiken des RGW spiegeln die fortgesetzte Ghettoisierung der Handelsgeschäfte wider; nur sehr langsam öffnete man sich dem Westen. 1970 blieben 63,5 Prozent der Exporte der RGW-Länder im eigenen Block; und selbst als der Umfang des Exports in den Westen in absoluten Zahlen ausgedrückt wuchs (von 6,374 auf 39,415 Milliarden), blieben 1982 noch immer 56 Prozent der gehandelten Güter im eigenen Bereich. (In den genannten Jahren beliefen sich die Importe in den Wirtschaftsblock des RGW auf 63 bzw. 57 Prozent.)[124] Hätte man das eigene System geschlossen halten wollen, hätte man zunehmende Rückständigkeit und Opfer in Kauf nehmen müssen – das galt für die Sowjetunion als beherrschende Macht ebenso wie für die von ihr abhängigen Volkswirtschaften.[125] Der RGW war in seinem Gebiet auf dem Weg, etwa so zu funktionieren wie ein heruntergekommenes Viertel einer modernen Stadt, in dem sich wucherische Geldverleiher, Industriebetriebe mit Knochenjobs und Händler mit allerhand Schund und minderwertigen Waren ihr eigenes nachbarschaftliches Gleichgewicht sich selbst tragender Armut geschaffen haben. Nur die Bewohner dieses Viertels wollten sich mit derart mediokren Aussichten nicht länger zufriedengeben.

Dabei waren die Menschen in der DDR in einer noch ziemlich vorteilhaften Position; ihnen war es möglich, den Zwängen des RGW zu entkommen, weil sie sich an die Bundesrepublik wenden konnten. Der deutsch-deutsche Handel wuchs, von einem Import-Export-Handelsvolumen von 2 Milliarden Deutsche Mark im Jahr 1961 auf fast 5 Milliarden im Jahr 1970, auf 11 Milliarden Anfang der achtziger und 14 bis 15 Milliarden in der zweiten Hälfte der achtziger Jahre. Es stiegen auch die Importe aus der Sowjetunion (auf bescheidene 5 Prozent des Bruttosozialprodukts) und aus dem Gebiet des RGW.[126] Das Gierek-Regime in Polen hatte sich Stabilität durch Pump im Westen verschafft. Doch als in den achtziger Jahren Zahlungsverzögerungen bei den in Lateinamerika gewährten Krediten drohten, wollten die westlichen Geldgeber die Aussicht auf Rückzahlung gesichert sehen. Der konzertierte internationale Druck erschütterte logischerweise zunächst das polnische Regime, das 1981 schließlich Zuflucht zu militärischer Repression nahm, um die Forderungen der Solidarność zu unterdrücken. Die kommunistischen Volkswirtschaften wurden in das zwischen den Blöcken immer dichter werdende Netz von Waren und Kapitalströmen hineingezogen. Nun mußten sie sich wohl oder übel westlichen Spielregeln anpassen, und 1986 hatten die ersten vier von ihnen den Schritt getan, dem IWF beizutreten, um zu beweisen, daß sie ein zuverlässiger Partner für erneute westliche Investitionen seien.[127] In dieser Zeit veröffentlichten die zuständigen Stellen der DDR die Zahlen ihrer Auslandsverschuldung schon gar nicht mehr, damit ihre westlichen Kreditgeber nicht beunruhigt den Hahn zudrehten.[128]

Der Durst auf westliche Kredite war ein Hauptmotiv der Modernisierung; militärische Ambitionen der Sowjets ein anderes. Wenn die Sowjets auch nicht länger davon ausgingen, daß sie die Kluft in der wirtschaftlichen Leistung würden überbrücken können, so wußten sie doch, daß ihre Waffenarsenale Respekt einflößten. Doch Breschnews militärische Ambitionen waren nicht länger mit den wirtschaftlichen Ressourcen in Einklang zu bringen. Riesige Armeen, gigantische Raketen und ein Verteidigungshaushalt, dessen Anteil am Gesamthaushalt doppelt so hoch war wie der in den Vereinigten Staaten, reichten immer noch nicht aus, um Gleichheit zu sichern. Der sowjetische Generalstab begriff die zunehmende Bedeutung computerisierter Lenksysteme und Optik. Der arabisch-israelische Konflikt, andere gelegentlich mit der Luftwaffe ausgetragene Zwischenfälle bestätigten die Überlegenheit »intelligenter« Waffen über herkömmliche Systeme. Ein nicht unbedeutender Teil der Anhänger von Perestroika kam aus den Führungsrängen in Verteidigungsapparat und Geheimdienst; man hoffte, der frühere KGB-Chef Andropow würde die Dringlichkeit wirtschaftlicher Umgestaltung erkennen.[129] Das Drängen auf Reform kam jedoch zu spät. Als ihre westlichen Wettbewerber den Prozeß der Neustrukturierung bereits begonnen hatten, faszinierte das Modell industrieller Tüchtigkeit, das Leitbild für die Führungsgeneration von 1940 bis 1970, die sozialistischen Länder noch ein weiteres Jahrzehnt.

Diese zehn Jahre Verspätung kosteten die Nomenklatura die Macht und führten zum Ende des Systems. Ende der achtziger Jahre, angesichts des Entwicklungsdefizits, das zu überwinden war, konnte die Kommunistische Partei ihren Führungsanspruch in Politik und Gesellschaft nicht länger aufrechterhalten.[130] Kein Grund zum Triumph: Der Historiker läge falsch, der an dieser Stelle nicht darauf verwiese, daß die Umstrukturierung auch im Westen gewaltsame Veränderungen erzwungen hat; viele Beobachter sprechen davon, daß große Opfer zu bringen waren. Dazu zählen der mindestens ein Jahrzehnt währende Vertrauensverlust in makroökonomisches Management; das Ende des Engagements für Vollbeschäftigung – von 1945 bis 1975 ein unerschütterlicher Glaubenssatz –; ein immer stärkeres soziales Auseinanderdriften von Facharbeitern und ungelernten Arbeitern in der postindustriellen Wirtschaft; wachsende Einkommensungleichheit selbst innerhalb des industriellen Sektors; das Herunterwirtschaften infrastruktureller Einrichtungen, vielleicht auch das Verspielen von gesellschaftlichem Kapital – ganz zu schweigen von so schwer zu quantifizierenden Hinweisen wie neu entstandene Armut, Suchtprobleme und

Gewalt. Manchen Menschen in Europa und Amerika schien dieser Verfall ein akzeptabler oder zumindest notwendiger Preis. Was in den achtziger Jahren zählte, war die Modernisierung von Wirtschaftsaktivitäten und Unternehmungen, die Wiederbelebung des Marktliberalismus, die Chance, neue Vermögen zu machen, und die Schaffung ganz neuer Arbeitsplätze. Ganz gleich, wie hoch die Kosten der kapitalistischen Stagflation der siebziger Jahre waren, ganz gleich wie pessimistisch die Vorhersagen: das System hat überlebt. Und 1989 erschien der Kapitalismus als triumphaler Sieger.

Zur Zeit der amerikanischen Präsidentschaftskampagne von 1992 und der gleichzeitigen Rezessionen im Westen jedoch war von Sieg und Triumph nicht mehr viel zu hören. Die westlichen Volkswirtschaften sahen sich starken, in entgegengesetzte Richtungen wirkenden Kräften ausgesetzt, sie standen vor den globalen Folgen der im vorangegangenen Jahrzehnt exzessiv und wie im Rausch verteilten Kredite. Das Weltfinanzsystem mußte die lawinenartig wachsenden Forderungen auf stark überbewertete Aktiva in Osteuropa, Lateinamerika, dem amerikanischen Westen und anderswo abschreiben. Sogar als Mitte der achtziger Jahre Erholung spürbar wurde, blieb die Arbeitslosigkeit in Europa, im Westen wie im Osten, besorgniserregend hoch. Die Erfolge, die Unternehmen zu verzeichnen hatten, waren begleitet von Verschlankung und freigesetzten Mitarbeitern.

Der »Sieg« des marktorientierten Kapitalismus war seine Fähigkeit, den technischen Wandel voranzubringen und für viele Menschen Reichtum und Wohlstand zu schaffen – trotz der Opfer, die auf der Strecke blieben. Das Opfer, das der Kommunismus gefordert hat, war demgegenüber gleichmäßiger verteilt, traf nicht nur einzelne, führte nicht zu Vereinzelung und Marginalisierung. Die Opfer folgten aus allgemeiner Knappheit, nicht aus Arbeitslosigkeit, die die einen traf, die anderen nicht. Allerdings litten die Menschen in Osteuropa weiterhin unter den politischen Beschränkungen, unter fehlender Freizügigkeit und Meinungsfreiheit – ein, als die sozialistischen Regierungen den Willen verloren, das Schweigen der Menschen zu erzwingen, starker Stimulus der Rebellion. Die ökonomischen Mißerfolge machten jede Legitimation zunichte, die die kommunistischen Regierungen zumindest in Teilbereichen, mit Teilerfolgen hätten für sich reklamieren können. Alle Unzufriedenheiten der achtziger Jahre konnte man vor die Türen der Herrschenden kehren, weil sie es versäumt hatten, der ökonomischen Entwicklung ihren freien Lauf zu lassen: den in Erfolg oder Mißerfolg von politischer Herrschaft unabhängigen Aktivitäten.

In Stasi-Berichten vom September 1987 ist zu lesen, daß wirtschaftliche Unzufriedenheit das System der DDR diskreditiere. Im Licht der fortgesetzten Knappheit vieler Güter äußerten die Menschen »offen ausgesprochene Zweifel an der Objektivität und Glaubwürdigkeit der von den Massenmedien der DDR periodisch veröffentlichten Bilanzen und Ergebnissen der Volkswirtschaft«. Die Bevölkerung war nicht länger bereit, sich mit der Bevormundung durch die Partei abzufinden, die so lange als eigentliche Regierung gedient hatte. »Häufig fordern Werktätige, konkret über auftretende Probleme und entsprechende Lösungswege informiert zu werden. Teilweise wird dies mit der Fragestellung verbunden, ob die Partei- und Staatsführung die reale Lage überhaupt kenne ...« Wenn sie die Möglichkeit hatten, mit Besuchern aus Westdeutschland zu sprechen, verurteilten Ostdeutsche die produktive Kapazität ihrer eigenen Wirtschaft und verurteilten die verschwenderischen Ausgaben für Berlin. »In zunehmendem Maße würden sich Gleichgültigkeit bis hin zur Resignation zeigen.« Fortschrittliche Bürger seien entsetzt über wachsende Korruption und Bestechung, die besonders auf dem Gebrauchtwagen-Markt für Westmodelle grassierte. Vergleiche zwischen dem Konsumniveau in der DDR und der BRD, gezogen von ostdeutschen Bürgern, die von Familienbesuchen zurückkehrten, »verherrlichten« den Westen. Aus diesen Vergleichen würden von den Rückkehrern »Zweifel an der Leistungskraft der Volkswirtschaft der DDR überhaupt abgeleitet bzw. die angebliche Überlegenheit der kapitalistischen Produktionsweise herausgestellt«.[131]

Für eine nachhaltige Veränderung aber hätte die Konzentration auf die ökonomisch bedrückende Realität nicht ausgereicht, da fehlte wiederum der Bezug auf die Politik. Was aber war damals notwendig, um eine entmutigte Bevölkerung aus Apathie, Resignation und brummiger Unzufriedenheit herauszuholen und ihr die Überzeugung zu geben, daß Massenprotest tatsächlich eine Veränderung herbeiführen könnte? Reicht die Möglichkeit, das Land verlassen zu können? Oder die Entdeckung, daß viele andere die eigene Unzufriedenheit teilen? Der Wille, öffentlichen Raum zu beanspruchen? Damit Menschen an den Punkt gelangen, an dem sie ihre Passivität überwinden, braucht es einige den Prozeß beschleunigende Ereignisse. Im Spätsommer 1989 war es soweit.

3 Die Herbstunruhen

Prolog: Eine Revolution in Deutschland

Was war geschehen? Rasch hatten sich die Nachrichten von den überraschenden Umwälzungen in anderen Hauptstädten verbreitet; die Regierung in Berlin war unfähig zu begreifen, was auf dem Spiel stand; war dann, immer noch zögernd, bereit, Minister auszutauschen; Massendemonstrationen bestimmten Tempo und Umfang der Zugeständnisse; unwiderruflich verpuffte die Autorität eines Staatsapparates, der dafür bekannt gewesen war, daß er sich seiner Machtmittel bewußt war und sie auch effektiv zu nutzen wußte; immer neue Anläufe, die Regierung umzubilden, um den Druck von der Straße zu dämpfen; dann mußte sich der bisherige Regierungssprecher entschuldigen für die Versuche, die Demonstrationen der letzten Tage mit Polizeigewalt zu unterdrücken; es wurde über eine neue Verfassung verhandelt, überall sprach man von der nationalen Einheit; eine kurze Phase kollektiver Euphorie – alles in allem eine völlig überraschende und mitreißende Revolution von unten. Das war Deutschland im Herbst 1989. Das war auch Deutschland im Frühjahr 1848. Eigentlich Mitteleuropa im Herbst 1989 und Mitteleuropa im Frühjahr 1848.

Warum wir auf diese lang vergangenen Ereignisse zurückkommen? Weil sie verdeutlichen, daß Aufruhr in Deutschland wiederkehrende Muster hat, die auch nach eineinhalb Jahrhunderten ihre Bedeutung nicht verloren haben. Auf den ersten Blick könnten die Gesellschaftsstrukturen nicht unterschiedlicher sein: Mitteleuropa in der Mitte des 19. Jahrhunderts war vorwiegend ländlich und arm, rudimentär industrialisiert, in nur wenigen Städten, in einer weit verstreuten Heimindustrie. Worte von Mund zu Mund und gemeinsam gelesene Nachrichtenblätter bildeten das Netzwerk der öffentlichen Kommunikation. Familien mit erblichen Adelstiteln und Großgrundbesitz beherrschten Kreisverwaltungen und Dörfer östlich der Elbe. Zur bürgerlichen Oberschicht, die aktiv an administrativen und lokalen Angelegenheiten teilnahm oder sich lesend über internationale Geschehnisse informierte, gehörten protestantische Pastoren im Norden, Lehrer, Tutoren, Professoren in den Universitätsstädten und Staatsbeamte. In einigen Städten schuf die örtliche Garnison einen Rahmen für gesellschaftliches Leben; in Berlin und Potsdam und anderen Verwaltungszentren wurde das Stadtbild stark vom Militär geprägt. Das gesellschaftliche Leben war provinziell und begrenzt, jedoch nicht ohne ein dichtes Netzwerk von Verbänden: Zünfte, Kirchen, ambitionierte landwirtschaftliche oder Gewerbevereine, Turnerbünde und Schützenvereine. In den protestantischen Regionen zumindest waren die Menschen recht gebildet, und obwohl die Deutschen eine hochentwickelte Sprache mit einer großen Vielfalt an Dialekten und Akzenten besaßen, entwickelte sich eine fast obsessive Kultur der Schriftsprache und des gedruckten Wortes, verständlich und verbreitet genug, um dem öffentlichen Diskurs ein weites Feld zu eröffnen. In katholischen Städten herrschte ein gelegentlich populistischer, oft konservativer Geist, der den säkularisierten, vom Protestantismus ausgehenden Staatsvorstellungen vielfach feindlich gesonnen war. Die Gesellschaft war strikt ständisch gegliedert und bestimmt durch viele, noch aus dem alten Regime stammende Privilegien. Quer zu diesen an den Status gebundenen Trennlinien verliefen die von der gleichen Tätigkeit geprägten Beziehungen unter den Mitgliedern der einzelnen Gewerbe auf dem Land und in Werkstätten und ersten Fabriken. Einen anderen Weg zur Herausbildung einer aufstrebenden Elite boten der Zugang zur Schriftkultur und die Ausbildung für die freien Berufe. Menschen aus dieser aufstrebenden Schicht sollten zu den Revolutionären von 1848 werden. Genauer gesagt, aus dieser Schicht sollten diejenigen kommen, die dann versucht haben, den revolutionären Umsturz zu lenken und die Macht des Volkes zu institutionalisieren. Gleichwohl war diese Schicht vor der revolutionären Krise nie eine wirklich in sich geschlossene Kraft gewesen, und sie zerfiel im Verlauf der Revolution in viele Splittergruppen und Fraktionen.

Ein Beobachter aus den westeuropäischen Ländern hätte sich von der Zeit vor 1848 leicht täuschen lassen. Der Mangel an gesellschaftlichem Glanz und das Fehlen einer Metropole, die Allgegenwart der Uniformen und die Fixierung auf Stellung und Rang in der Gesellschaft, das Fortbestehen der Zensur, das Mißtrauen gegenüber den Intellektuellen: All das hätte den Eindruck von Rückständigkeit erweckt. Ins Exil Getriebene wie Heinrich Heine etwa mochten Heimweh gehabt haben, aber die lähmend unausweichliche Provinzialität war unerträglich. Aber in ebendieser Zeit waren führende deutsche Denker bestens mit Vorstellungen und Ideen des Auslands vertraut: Sie studierten englische Naturwissenschaften, schottische Volkswirtschaft, amerikanische Wirtschaftspraxis und französische Verfassungsideen; Poesie und Philosophie betrieben sie auf einem ebenso hohen Niveau wie ihre vor allem in Fragen des gesellschaftlichen Lebens weltläufigeren Nachbarn. Und Regierungsbeamte förderten, trotz ihres engstirnigen Mißtrauens gegenüber jeder öffentlichen Debatte, den Bau von Eisenbahnen, die Ausbildung von Ingenieuren, Handelsabkommen und die Entwicklung der nationalen Einheit.

Es ist überraschend, wie viele Grundmuster dieses gesellschaftlichen Lebens, zumindest auf einen ersten Blick, den Bereich der DDR noch 1989 prägten. Die Bundesrepublik war eine moderne europäische Gesellschaft geworden, in der internationale Unternehmen, Massenkonsum, Jugendkultur und die Möglichkeit zu reisen dazu verholfen hatten, die frühere Einmischung des Staates in das Privatleben aufzuheben. Und während der Westen sich offensichtlich dem Strom der Modernisierung ausgesetzt hatte, pflegte der Osten Deutschlands weiterhin seine provinzielle preußische Ordnungsliebe. Obwohl sich Industrialisierung, die beiden Weltkriege, die politischen Massenbewegungen und die Diktatur in ihren Folgen bemerkbar machten, bewahrte Ostdeutschland die Hinterlassenschaften einer früheren Epoche. Natürlich waren inzwischen auch im östlichen Teil Deutschlands viele Regionen städtisch besiedelt mit einer in großen formierten Kollektiven organisierten Arbeiterschaft. Dennoch, außerhalb der grauen Steinmassen von Berlin oder außerhalb der sächsischen Industrielandschaften täuschten die Provinz- und Kleinstädte mit ihrer Abgeschiedenheit über Enge und dichte Besiedelung des Staatsgebiets hinweg. Selbst in den großen Städten widmeten sich viele Familien hingebungsvoll ihren Schrebergärten und Parzellen im Grünen. Vor 1848 waren die Familienstruktur und die Beziehungen zwischen Eheleuten, Eltern und Kindern durch Religion und die Sitten des Dorflebens bestimmt. Nach 1949 war die DDR entschlossen, die Wirtschaft anzukurbeln und die Beteiligung weiblicher Arbeitskräfte am industriellen Prozeß zu fördern; Bestrebungen, die staatliche Familienpolitik und staatliche Kinderbetreuung notwendig machten. Beide Epochen bedurften, um den kameralistischen Begriff für die staatliche Bevormundung der sogenannten Privatsphäre zu verwenden, einer aktiven »Polizei«, die in einem Standardhandbuch des 18. Jahrhunderts so beschrieben wird:

> In weitläuftigen Verstande begreifet man unter der Policey alle Maaßregeln in innerlichen Landesangelegenheiten, wodurch das allgemeine Vermögen des Staats dauerhaftiger gegründet und vermehret ... werden kann ... In engem Verstande begreifet man unter der Policey alles dasjenige, was zur guten Verfassung des bürgerlichen Lebens erfordert wird, und mithin vornämlich die Erhaltung guter Zucht und Ordnung unter den Unterthanen ... Die Policey hat also nach Maaßgebung dieser Grundregel ... zu beobachten, 1) vor den sittlichen Zustand der Unterthanen, 2) vor den bürgerlichen Zustand, und 3) vor die innerliche Sicherheit und Steurung der Bosheit und Ungerechtigkeit.[2]

Dieser kameralistische Schriftsteller wäre sicher beruhigt gewesen, hätte er gehört, wie sich zwei Jahrhunderte später ein Bürger der DDR an das Leben dort erinnert: »Der DDR-Bürger wurde ja dazu erzogen, schön ruhig zu sein und alles mitzumachen. Man hat uns unser Selbstbewußtsein genommen. Im Grunde hatten wir ja immer einen, der an unserer Stelle sprach.«[3] So ist es auch nicht sehr verwunderlich, daß die Textur des politischen Lebens eine erstaunliche Kontinuität aufwies. Noch in den späten achtziger Jahren des 20. Jahrhunderts waren Staatsbehörden ganz sicher, daß man auf Zensur keinesfalls verzichten könne. Sie jagten die Intellektuellen ihres Landes nicht mehr bis nach Paris, aber doch über die Grenze nach Westdeutschland, von wo aus diese mit ähnlichem Spott antworteten wie die Exilanten früherer Zeiten.

Regierungen in Deutschland verfolgten zwei Wege. Nach den Napoleonischen Kriegen strebten die Beamten tatsächlich nur danach, Gehorsam und Ordnung zu sichern. Anderthalb Jahrhunderte später brachten erfolgreiche neuere Ideologien – nationalistische, nationalsozialistische und schließlich marxistisch-leninistische – die führenden Politiker auf die Idee, daß man sich mit gut organisierten Inszenierungen nicht nur Gehorsam, sondern auch öffentliche Zustimmung verschaffen kann. So bemühte sich die offizielle Politik der DDR um öffentliche Rituale der Begeisterung und der Zustimmung. Und doch verlangte die Staatsmacht im ausgehenden 20. Jahrhundert nicht anders als die zu Anfang des 19. Jahrhunderts Unterwürfigkeit und Ergebenheit im Alltagsleben sowie Akzeptanz der bürokratischen Ordnung. Ganz zu Beginn hatten die Funktionäre versucht, die französisch-napoleonische Mischung von Mobilisierung der Bürger und bürokratischer Reform zu übernehmen; in den späteren Jahren der DDR orientierten sie sich an der Sowjetunion, die sich auf einen sich selbst erhaltenden Parteiapparat verließ, um die Gesellschaft zu mobilisieren, sie aber zugleich auch zu disziplinieren.

Wenn sich schon im politischen Alltag die Analogien geradezu aufdrängen, dann muß es sie auch im Verlauf gesellschaftlicher Umbrüche geben. Die Revolution von 1848 und die zweite Welle der Aufstände von 1849 wurden als Fehlschlag erlebt, vor allem außerhalb Frankreichs. Ihre ursprünglich begeisterten Protagonisten drängte es entweder zurück in die Arme der Reaktion, oder sie waren zum Schluß bitter enttäuscht. Zwar kam es in der Folge der Ereignisse zu bedeutsamen Veränderungen in der Rechtsordnung – zur Aufhebung der Leibeigenschaft in Österreich, zur Abschaffung der Ghettos, zum Zugeständnis der Preußischen Verfassung –, doch die Agenda der Revolution hatte sich grundlegend verändert. Die Monarchen und ihre Armeen hatten die Macht zurückerlangt, sie setzten die Reformen durch, um die eigene Autorität zu stärken, und sie zerschlugen die Hoffnungen auf eine nationale Einheit Deutschlands. Sie stürmten die Barrikaden, vertrieben Demonstranten, lösten Versammlungen auf, sperrten Revolutionsführer, die nicht nach London, Paris oder New York geflohen waren, ins Gefängnis und richteten sie hin. Im Hinblick auf institutionellen Wandel erwiesen sich die Aufstände von 1848 (wie übrigens auch die Unruhen von 1968) insofern als äußerst bedeutsam, als sie zeigten, daß der radikale Weg gerade nicht zu Reformen führt. Sie wiesen damit zugleich den Weg, auf dem fünfzehn bis zwanzig Jahre später schrittweise Kompromisse mit Staatsführung und gesellschaftlichen Eliten möglich wurden. Das hieß freilich auch, daß die Reformer und Revolutionäre ihre Ziele nicht nach ihren eigenen Vorstellungen umsetzen konnten. 1989 schien alles ganz anders verlaufen zu sein: Hier schien eine neue demokratische Ära heraufzuziehen, und in äußerst kurzer Zeit wurde die deutsche Wiedervereinigung Realität.

Viele Gründe können für die unterschiedlichen Verläufe und Resultate angeführt werden. Einer ist geostrategischer Natur: Abgesehen von einigen Salons der adligen Gesellschaft, wo die Revolution für Unruhe sorgte, blieb Rußland für die Ereignisse in Berlin oder Paris unempfänglich. Die Wellen des Wandels rollten zwar ostwärts, zerstoben aber wirkungslos am Wellenbrecher des Zarismus. Der russische Autokrat konnte den Habsburgern in den aufsässigen Ländern bei der Wiederherstellung der militärischen Ordnung helfen und anschließend den preußischen König dazu zwingen, alles zu unterlassen, was die Herausbildung von föderalistischen Strukturen in Norddeutschland gefördert hätte. 1989 war das anders: Der Umbruch, der Ende der achtziger Jahre in der Sowjetunion bereits im Gange war, sorgte dafür, daß Rußland nicht mehr länger als Bollwerk der Stabilität in Mitteleuropa fungierte. Vielmehr gingen gerade von Glasnost und teilweise auch von Perestroika Impulse für die Unruhen im gesamten kommunistischen Block aus.

Der Präzedenzfall von 1848 erlaubt uns noch weitere Einsichten. Von 1989 aus betrachtet, erweist sich 1848 als sehr aufschlußreich gerade durch die dramatische Auseinandersetzung zwischen den Massen und der Macht. In beiden Fällen war die Staatsmacht bekannt für ihre Effizienz und Autorität, für die reibungslose Umsetzung der Befehle von oben, für die Loyalität der herrschenden Eliten; und in beiden Fällen hörte der Staat irgendwann einfach auf zu befehlen. Wie eine Marionette ohne die sie führende Hand sackte der jeweilige deutsche Staat in sich zusammen und wurde zum Bündel kraftloser Glieder. Ein ähnlich plötzlicher Zusammenbruch charakterisiert die Novemberrevolution von 1918, als die drohende Niederlage im Ersten Weltkrieg die Netzwerke der Macht plötzlich reißen ließ. Das imposante Kaiserreich, das vier Jahre lang einen gewaltigen Zweifrontenkrieg geführt hatte und im Frühjahr des letzten Kriegsjahres dem Sieg in der Tat nahe gewesen schien, verlor plötzlich Autorität und Befehlsgewalt. Als die Armeeführer die zahllosen vorherigen Versprechungen zurechtrücken und die Niederlage Deutschland eingestehen mußten, löste sich die Verwaltung auf. Soldaten strömten von der Front nach Hause, in den Häfen meuterten die Matrosen, die Massen drängten nach Berlin, der Kaiser ergriff die Flucht. Und weil sich sonst niemand danach drängte, übernahm eine zögerliche sozialdemokratische Parteiführung die Macht. Was dem alten Machtgefüge wirklich widerstand, hatten auf lokaler Ebene die Räte aus Soldaten, Arbeitern und lokalen Honoratioren bewirkt.

Diese drei Aufstände im Abstand von jeweils siebzig Jahren lassen ein charakteristisches Modell des politischen Zusammenbruchs erkennen, das wir beispielsweise dem klassischen Szenario der französischen Revolutionen gegenüberstellen können. Im Herbst 1989 lag es ja nahe, historische Parallelen zu 1789 zu ziehen und den Verlauf der Unruhen in der DDR dem kanonischen Fortschritt der Revolution in Paris gegenüberzustellen: Die Massen hatten sich versammelt, hatten die Mauer niedergerissen, so wie zweihundert Jahre zuvor die Bastille erstürmt und niedergerissen worden war. Ein Stadium weiterer Radikalisierung war bereits im Januar 1990 erreicht, als eine aufgebrachte Menschenmenge das Hauptquartier der Stasi in der Normannenstraße besetzte. Trotz beschleunigtem Tempo schien sich für einen Beobachter mit historischem Bewußtsein der Übergang zu einer radikalen Republik paradigmatisch abzuzeichnen. Überhaupt neigen Geschichtswissenschaftler und Zeitzeugen dazu, jede Revolution mit dem stilisierten Drama im Paris der Jahre 1789 bis 1794 zu vergleichen. Sie werden das unterschiedliche Tempo der Ereignisse konstatieren, aber der Prozeß, den sie herausarbeiten, ist immer der gleiche: von öffentlichen Beschwerden und Massendemonstrationen über substantielle, liberale Reformen und radikale Machtübernahme bis zum Thermidor.[4]

Wer sich auf das Paradigma der Französischen Revolution fixiert, wird sich den Blick für wichtige Elemente der deutschen Revolutionen verstellen. Und damit meine ich nicht nur, daß 1989 die Phase der spontanen Massenaktionen sehr kurz war, während sich solche Aktionen im revolutionären Frankreich für fast ein Jahrzehnt immer wieder erneut mobilisieren ließen.[5] Der entscheidende Unterschied liegt darin, daß die Revolutionen in Frankreich (wie auch sonst überall im Westen) einen Augenblick erlebten, in dem die Macht an eine Opposition überging, die es auch danach drängte, diese Macht auszuüben. Als im Mai und Juni 1798 die Autorität des französischen Königs langsam ausblutete, strebten reformwillige Adlige, Intellektuelle und Vertreter des dritten Standes begeistert an die Macht. Die Delegierten des dritten Standes konstituierten sich als Nationalversammlung und schworen den gemeinsamen Eid, ihren Kampf um Rechte und Macht fortzusetzen. Eineinhalb Jahrhunderte zuvor hatte in England die parlamentarische Opposition König Karl I. dazu gedrängt, sein Kabinett abzusetzen und den eigenen Anspruch auf Alleinherrschaft aufzugeben. Als des Königs Soldaten daraufhin kamen, um die Oppositionsführer zu verhaften, fühlten sie sich in ihrer Gleichwertigkeit und Autorität bestätigt.

In den Verlauf der Revolutionen in Deutschland jedoch griff keine Opposition ein, die danach gedrängt hätte, die Macht zu übernehmen. Die Träger der Schriftkultur und die Zeitungsleser waren vor 1848 niemals als einheitliche »Intelligenz« in Erscheinung getreten, noch weniger als politische Partei. Die Zeitzeugen vom Sommer 1989 weisen darauf hin, daß die Regierung die Opposition in deren »Nischen« gedrängt und damit zersplittert habe, daß sie deren Sprecher ins BRD-Exil verbannt und die Kritiker auf die Kirchenräume beschränkt habe, wobei viele dieser Kritiker ihre Oppositionsrolle sowieso überschätzt hätten. Und vor allem hörte man immer wieder, die Möglichkeit, in den Westen zu reisen, habe die Bildung einer geschlossenen, solidarischen Gegenmacht im Land unmöglich gemacht. Entsprechend schrieb ein Möchtegern-Anführer: »Die Opposition in der DDR ist heute programmatisch so blaß wie die Polizei.«[6] Die gleiche Kraftlosigkeit und Vereinzelung hatte bereits die Opposition der früheren Revolutionen charakterisiert. Kleine Gruppen von Liberalen hatten die jeweiligen Regierungen im zersplitterten Deutschland bereits vor 1848 provoziert, doch haben sie sich niemals zur kohärenten Gruppe formiert, die Anspruch auf die Übernahme der Regierung erhoben hätte. Vor dem Zusammenbruch des Wilhelminischen Kaiserreiches hatte die sozialdemokratische Opposition zwar als ein einheitlicher Block im Reichstag abgestimmt und lautstark Reformen gefordert, hatte es aber nie fertiggebracht, eine überzeugende Schattenregierung zu präsentieren. Als sich im besiegten Deutschland revolutionäre Massen und Rätebewegung formierten, hatte die größte organisierte Oppositionsgruppe genug damit zu tun, die gerade eingesetzte Reformregierung zu unterstützen. Die Macht, die sie besaß, war ihr aufgedrängt worden. Die Formierung einer Oppositionsbewegung, die bereit gewesen wäre, der noch amtierenden Elite – als Gegen-Elite – die Macht zu entreißen, bevor sich die Macht auf die Straße verlagerte, das hat es im Verlauf der Revolutionen in Deutschland nie gegeben.

Man sollte durchaus daran erinnern, daß einige Krisenperioden in Rußland einige bemerkenswerte Analogien zu deutschen Verhältnissen aufweisen. Wer sich die Ereignisse von 1905, vom Jahresbeginn 1917 und die Zeit der Unruhen zwischen 1990 und 1991 vor Augen führt, dem fällt zunächst der zunehmende Machtverlust der Regierung auf. Nicht das Machtstreben einer geschlossenen Gegen-Elite, nicht die verschworene Opposition der Liberalen oder der Arbeiterklasse, sondern der fortschreitende Zerfall von Autorität und Wirtschaftsleben ist das, was einem zuerst auffällt. Die Ereignisse in der Sowjetunion im Verlauf des Jahres 1989 erinnern sehr an den politischen Zusammenbruch zwischen Frühjahr und Herbst 1905. Lassen sich allgemeine Schlüsse daraus ziehen? Einerseits die Revolutionen in Großbritannien des siebzehnten, in Nordamerika im achtzehnten Jahrhundert, am spektakulärsten natürlich die Französische Revolution: Sie bilden jeweils den Höhepunkt einer Periode wachsender Spannungen, in der die Entwicklung einer zusammenhängenden Opposition Schritt hält mit der sich verschlimmernden Krise der herrschenden Macht. Die westeuropäische und amerikanische Revolution ist ein kämpferisch geführter Prozeß, eigentlich der Schlußpunkt eines Kampfes zwischen einem Regime, das seine weitere Auflösung fürchtet, und der Phalanx der zur Reform entschlossenen Kräfte, die es auf ebendiese Auflösung abgesehen haben. Andererseits die Revolutionen in Deutschland: Ob 1848, 1918 oder 1989, jedesmal war die Opposition, als es auf den Straßen losging, kaum mehr als ein loses Netzwerk von Dissidenten. Sie organisierte sich erst, nachdem der zuvor herrschende Staatsapparat Einfluß und Macht verloren hatte. In allen zuvor autoritär beherrschten Staaten in Mittel- und

Osteuropa (mit Ausnahme von Polen) bestand der Prozeß der Revolution historisch eher in der Auflösung der Bürokratie als in deren organisierter Herausforderung.

Können wir diesen sich durchhaltenden Unterschied erklären? Kritiker haben die Zögerlichkeit der deutschen Revolutionäre oft mit dem etwas abgegriffenen Witz bedacht, daß die Polizei den Deutschen eben niemals erlaubt habe, eine Revolution abzuhalten. Reichskanzler von Bülow hielt es für undeutsch, Politik auf der Straße zu machen.[7] Möglicherweise hat die exzessive Verehrung der Staatsmacht tatsächlich direktes politisches Handeln verhindert. Aber die Deutschen sind doch auf die Straße gegangen, wenn auch sehr selten. Nicht nur während der beiden Revolutionen. Die Berliner zum Beispiel demonstrierten 1910 für das allgemeine und direkte Wahlrecht für Männer in Preußen (ohne Erfolg), die Arbeiterklasse protestierte im Jahr 1922 gegen die Ermordung von Walther Rathenau oder, am Ende der Weimarer Republik, gegen den Terror der SA. Während der letzten Jahrzehnte haben sich erst die Studentenbewegung, dann die Anti-AKW-Demonstranten aktiv der Polizei entgegengestellt. Was die Umstürze in Deutschland charakterisiert, liegt auch weniger im Zögern, eine Revolution zu beginnen, als vielmehr in der Unfähigkeit, diese auch zu Ende zu führen. Wenn die wütende Menge schließlich auf die Straße geht, brechen deutsche Regierungssysteme zusammen und verlieren über Nacht jede Fähigkeit, sich Gehorsam zu verschaffen. Doch die Revolutionen in Deutschland und Mitteleuropa hatten, im metaphorischen Sinn, keine Zukunft. Nie bildete sich eine revolutionäre Führung heraus, die den öffentlichen Protest für eine entschiedene Demokratisierung der Institutionen hätte nutzbar machen können. So konnte 1848 die alte Regierung schließlich ihre Fassung wiedererlangen und sich die politische Macht zurückerobern. 1989 warteten westdeutsche Politiker, allen voran Bundeskanzler Helmut Kohl, nur darauf, den augenblicklichen Sieg der Menge für sich zu nutzen. In beiden Fällen war der Moment revolutionärer Autonomie flüchtig, so als sei für einen Augenblick von irgendwoher die historische Spontaneität hervorgetreten, habe durchdringendes Licht aufstrahlen lassen, um sich gleich darauf wieder zu verziehen.

Es sind sicher nicht nur weise Zurückhaltung oder eine kollektive

Sanftmut, die die Phasen des Umbruchs in Deutschland begrenzen. Václav Havel bezeichnete den tschechischen Aufstand vom November 1989 als »Samtene Revolution«, die dem politischen Kurs des Landes im großen und ganzen treu geblieben sei. Mit Ausnahme der obszönen, selbstverzehrenden Erniedrigung und der mörderischen Verfolgung des kommunistischen Regimes nach 1948 hatte eine gewisse Selbstbeherrschung die politischen Leidenschaften in Prag gemildert: Zurückhaltung, Toleranz und der Unwille, einen politischen Sieg dazu zu benutzen, die Opposition zu bestrafen. Frühere Revolutionen in Deutschland dagegen sind kaum mild gewesen. Politische Gegner wurden hart und unerbittlich angeprangert. 1848 und 1918/19 waren militärische Kämpfe und physische Gewalt Bestandteil der Massenmobilisierung. Die Männer, die sich freiwillig zur konterrevolutionären Unterdrückung meldeten, erhielten die Lizenz zu töten. Die Phasen einer Revolution waren nicht »samten«, eher schon kurze und verworrene Bürgerkriege.

Manchmal haben sich überlagernde geographische Loyalitäten eine wesentliche und dämpfende Rolle gespielt. 1848 schwächte die Rivalität zwischen den Zentren der Revolution in Mitteleuropa die gerade erst flügge gewordenen Regime – die neuen Minister in Berlin standen den Forderungen der Liberalen in Frankfurt feindlich, die Radikalen in Wien den Bestrebungen in Budapest mißtrauisch gegenüber. 1989 nahm der nun mögliche Zugang zum Westen der Revolution erheblichen Schwung; das war zumindest eine unglückliche Entwicklung. Lothar de Maizière, übergangsweise Ministerpräsident der DDR in den letzten Monaten ihrer Existenz, hat im November 1989 in einem privaten Gespräch eingeräumt: »Unser Volk hat sich auf Reisen gemacht.« Als die Revolutionäre in Frankreich, England oder Amerika die Macht forderten, waren sie auch bereit, die Macht zu übernehmen, manchmal schroff, manchmal nicht sehr geschickt, aber nie ohne Selbstvertrauen. Sie hatten begriffen, daß die Regierung den politisch Gleichgesinnten, den Gefährten mit gleichen Problemen und gemeinsamen Zielen der Umgestaltung als Instrument dienen müsse. Deutsche Eliten regierten die Städte und erörterten vielleicht auch nationale Angelegenheiten. Deutsche aller gesellschaftlichen Schichten hatten ein komplexes Gewebe von Verbindungen geschaffen, um den wirtschaftlichen Wettbewerb zu regeln, Handwerker auszubilden und zu lenken, Städte zu verwalten, Musik zu pflegen, Gartenarbeit sowie Sport und Schützentum zu fördern. Sie unterhielten vielfältige Zeitschriften, um aktuelle Ideen und Vorstellungen zu erörtern und zu kritisieren. Kurzum, sie verfügten doch über die wesentlichen Institutionen einer »zivilen Gesellschaft«.[8]

Daraus folgten jedoch nicht zwingend bürgerliches Selbstbewußtsein und Zivilcourage. Weder 1848 oder 1918 noch ursprünglich 1989 verfügten die politischen Führer in Deutschland über ein intuitives Gespür dafür, wie man Koalitionen bilden muß, um die eigene Autorität und die eigenen politischen Absichten zu sichern. Die Macht war einer bürokratischen Führungsschicht anvertraut worden. Und nach 1933 dann konnte jede Form der Opposition nur noch im verborgenen stattfinden, oder sie wurde brutal unterdrückt. Die Werkzeuge der Unterdrückung trugen nach 1945 weniger sadistische Züge, dennoch blieb die politische Überwachung weiterhin erdrückend. Die Menschen in Ostdeutschland hatten nach 1945 kaum die Chance, Nachhilfekurse in westlichen Traditionen politischer Mitbestimmung zu belegen. (Und das Regime der DDR richtete sich in seinem eigenen Regierungsstil zunehmend nach dem Modell der Bürokratie des Preußenstaats. Geradezu fossilienhaft wirkte es in seiner Hochschätzung des gesitteten Gehorsams, in seiner gönnerhaften Haltung gegenüber seinen Bürger-Untertanen.)

Wie aber, muß man sich fragen, kam es zu dieser langen Tradition einer verhältnismäßig schwach ausgebildeten politischen Streitkultur in Deutschland? Wir haben gesehen, wie Deutschland von den Mustern anderer Länder abwich, und stehen vor der Aufgabe, Gründe dafür zu finden, die nicht bloß tautologisch sind. Man kann den schwach ausgeprägten Liberalismus nicht einfach auf eine schwache liberale Tradition zurückführen. Es sind viele Gründe angeführt worden, aber jede weitergreifende Generalisierung in der Geschichte umfaßt für gewöhnlich zu viele mögliche Ursachen, die als Erklärung herangezogen werden könnten.[9] Ich denke, es ist am sinnvollsten, mit der Betrachtung nationaler Muster aus dem siebzehnten Jahrhundert zu beginnen; was nicht bedeuten soll, daß sie unauslöschlich in die Nationalgeschichte eingraviert seien. (In der Geschichte bietet sich oftmals die Chance, etwas aufzuholen oder zurückzudrehen; nur wenige Optionen sind unwiderruflich verbaut, auch wenn sie praktisch mehrfach ausgeschlossen wurden.) Moderne politische Ambitionen kamen in Europa erstmals bei den Großgrundbesitzern auf und bei den gebildeten Händlern und Rechtsanwälten, die jene in ihren Kreisen zuließen. Mit zwei von ihnen angeführten Revolutionen machten britische Aristokraten ihrem König deutlich, daß die Krone die Forderung des Adels akzeptieren müsse, im Parlament über Festsetzung der Steuern und den Haushalt mit zu entscheiden. Die eher diffusen französischen Aristokraten erhoben ihre Forderungen nach Teilhabe an der Herrschaft im Staat nicht als Kollektiv, sondern einzelne Sprecher beharrten auf den Privilegien ihres Standes. Sie forderten Ausnahmeregelungen bei der Besteuerung und traten dafür ein, daß sie, die immerhin Ämter an Gerichtshöfen übernähmen, wenn schon nicht beim Verfassen von Gesetzen mitwirken, so doch zumindest per Amt an der königlichen Gesetzgebung beteiligt werden müßten. Angehörige des Adels sollten dem Hof dienen und die großen Ämter des Königreiches nach ihrem Wunsch beanspruchen können

Das Verhältnis der Großgrundbesitzer zur Krone war in Mittel- und Osteuropa anders. Der dortige Landadel und die gebildeten Staatsbeamten waren nicht in der Lage, sich am Hof Geltung zu verschaffen oder Zugeständnisse auszuhandeln. Umgekehrt dämmten die Herrscher von Preußen, Rußland und Österreich die Autonomiebestrebungen ihres Adels ein, auch wenn sie diesen dazu verpflichteten, die militärische und kommunale Verwaltung selbst zu übernehmen. Dazu erzogen, ihrem König, Zar oder Kaiser zu dienen, war diesen Adligen die Vorstellung fremd, gegen ihren obersten Feudalherrn anzutreten oder gar dessen Stelle einzunehmen. Nicht jeder Adlige wird diese Unterordnung akzeptiert haben, und mancher nutzte daher die große Krise, die die napoleonischen Eroberungszüge in Deutschland hervorriefen, um die Verteilung der Zuständigkeiten neu auszuhandeln. Eine parlamentarische Regierung konnte sich dennoch nicht durchsetzen; die adligen Grundherren blieben weiterhin Staatsbeamte, oder sie verwalteten ihre Güter, ansonsten identifizierten sie sich mit König und Vaterland. Die aufstrebenden Bürger, ob Freiberufler oder

Industrielle, waren gesellschaftlich noch eine so unbedeutende Gruppe, daß sie den Verlauf der Ereignisse von 1848 nicht bestimmen konnten. Sie begeisterten sich für die Idee des Nationalstaates und akzeptierten den Verfassungskompromiß, mit dem Bismarck ihren parlamentarischen Einfluß im neuen Deutschland beschnitt. Die rasche Industrialisierung des zusammenwachsenden Deutschland und das Emporkommen einer militanten, gut organisierten Arbeiterklasse machte den älteren Eliten, ob Grundbesitzer oder Gewerbetreibende, ob Beamte oder Freiberufler, nicht gerade Mut, wirklich nachdrücklich auf eine Wahlreform oder das Recht zu dringen, die Staatsministerien zu kontrollieren. Um die Mitte des neunzehnten Jahrhunderts wimmelte es in Deutschland von erfolgreichen Geschäftsmännern und stolzen Stadträten; man förderte ein fortschrittlich denkendes akademisches Establishment und eine breite Volksbildung. Die städtischen Eliten drängten häufig auf eine imperialistische Expansionspolitik, sie teilten die darwinistischen Überzeugungen und nahmen die Konflikte zwischen den Nationen weitaus schicksalhafter und militaristischer wahr als ihre Gegner anderswo. Sie unterstützten weltanschaulich bestimmte Parteien und förderten damit auch die öffentliche Debatte. Doch der leidenschaftliche Wunsch zu regieren – Einfluß zu nehmen auf die wesentlichen Ämter des Staates, Schlüsselpositionen mit vertrauten Kollegen zu besetzen, eine gesetzgeberische Vision durchzusetzen – war weniger entwickelt als in den westlichen, auf Repräsentation gegründeten Regierungen. Es gab keinen deutschen Gladstone, keinen Lincoln, der es verstanden hätte, Mehrheiten hinter sich zu bringen, und es gab auch die Institutionen gar nicht, die demokratische Leidenschaften belohnt hätten. Im Westeuropa des ausgehenden neunzehnten Jahrhunderts ging es in der Politik ganz wesentlich auch um Zahlen, Wählerzahlen beispielsweise; aber genau das, sich auf Zahlen stützen, sich von Zahlen abhängig zu fühlen, erschien vielen Deutschen als eine angstmachende Erniedrigung – Deutschen, die ansonsten durchaus die Verpflichtung verspürten, sich im Bereich der zivilen Sphäre zu engagieren. Der Soziologe Max Weber hat den Unterschied zwischen der britischen und der deutschen Regierungsform erfaßt, seine Kritik an der deutschen Monarchie ließe sich durchaus auf die DDR übertragen. »Eine solche lediglich *passive Demokratisierung* wäre eine gänzlich reine Form der uns wohlbekannten *kontrollfreien Beamtenherrschaft* ... die sich ›monarchisches Regiment‹ nennen würde.«[11] Nur demokratische Politik, der Kampf um Politik und Führerschaft, der von Parlament und Parteien ausgetragen wurde (und nicht durch bedeutungslose Volksabstimmungen) könne einen verantwortlichen Gebrauch nationaler Energien ermöglichen.

Das Potential für einen derartigen politischen Reifeprozeß hätte Deutschland nicht gefehlt. Das 1871 eingeführte allgemeine Wahlrecht für Männer war so fortgeschritten wie das jedes anderen Systems. Die Wahlbeteiligung war hoch, und die Wahlkämpfe wurden mit viel Energie geführt. Die 350 Jahre alten konfessionellen Rivalitäten waren in den differierenden politischen Kulturen von Protestanten und Katholiken noch deutlich spürbar. Doch wurden diese Rivalitäten nach und nach von gesellschaftlichen und wirtschaftlichen Spaltungen überlagert. Sie mochten vor den Abstimmungen im Reichstag engagierte Auseinandersetzungen führen, den Rücktritt der Regierung konnten die Abgeordneten nicht erzwingen, und sie konnten auch keinen nennenswerten Einfluß auf die Militär- und Außenpolitik gewinnen. Bismarck betrachtete die Parlamentarier mit wachsender Geringschätzung. Die Nachfolger jedoch besaßen nicht mehr sein Prestige und hatten zunehmend Schwierigkeiten, die Mehrheiten zusammenzuhalten. Hätte der Erste Weltkrieg diesen politischen Kampf nicht unterbrochen, wäre Deutschland wahrscheinlich zu einem liberaleren Staat geworden. Natürlich gibt es in Deutschland so etwas wie eine Tradition, das eigene Volk zu überwachen, eine Tradition, die in England kaum und auch in Italien und Frankreich nicht derart ausgeprägt war. Der kameralistisch begriffene, wohlgeordnete »Polizeystaat« hatte das Schnüffeln zu einer bürokratischen Tugend gemacht (und das sollte in der DDR wie selbstverständlich fortleben). So hätten die deutschen Institutionen also durchaus eine Basis und Raum für die Entwicklung einer freiheitlich-parlamentarischen Regierungsform bieten können, doch standen dieser eben auch spürbare Hindernisse im Weg. Im Lauf der Zeit trugen politische Gepflogenheiten in Deutschland zur Passivität des Volkes bei. So konnte die Demokratisierung dort kein automatischer Prozeß sein, sie hätte vielmehr Beharrlichkeit und Ausdauer verlangt.

Der Bankrott des imperial-militaristischen Regimes am Ende

des Ersten Weltkrieges führte für kurze Zeit zur Diskreditierung der Bürokraten und Generäle. So konnten die Massen mit ihren Leidenschaften ins Spiel kommen, und demokratische Unternehmensführung lohnte sich. Deutschlands Experiment mit der Demokratie blieb jedoch überlagert vom latenten Bürgerkrieg, dem nationalen Unmut über den verlorenen Krieg und von einer hochdoktrinären Politik. Bevor sich 1945 eine ähnliche Reaktion im Volk hätte entwickeln können, kamen die Alliierten und brachten ihrerseits eine Agenda für eine methodisch-friedliche Reform mit. Die Deutschen im Westen des Landes konnten lernen, gute Demokraten zu werden, die im Osten dagegen hatten die verfälschten Forderungen der Volksdemokratie zu akzeptieren, was rasch in die Dominanz einer marxistisch-stalinistischen Einheitspartei mündete. Erst 1989 ergab sich in Ostdeutschland wieder die Gelegenheit, den verknöcherten Machthabern, die inzwischen den Kontakt zu den wirklichen Verhältnissen verloren hatten, die Macht zu entreißen. Wobei im Unterschied zu 1848 nicht erst eine einheitliche Nation gebildet werden mußte. Im Gegenteil, die nationalen Ziele Westdeutschlands lähmten den Prozeß der ostdeutschen Erneuerung wohl eher; so zumindest sahen das die intellektuellen Wortführer des Aufstandes. Die meisten Beteiligten erhofften mit der Einverleibung durch Westdeutschland genau die Garantie für Freiheit und Wohlstand, die sie so lange ersehnt hatten. Im Unterschied zu 1918 herrschte keine Verbitterung über einen verlorenen Krieg, nicht das Gefühl, von zurückkehrenden Soldaten betrogen worden zu sein, es gab auch keine plausiblen ideologischen Alternativen, weder rechts noch links. (Tatsächlich war 1989 eine Revolution gegen den Marxismus, der 1918 Teile der Arbeiterklasse begeistert hatte, ihnen 1945 aber von außen aufgezwungen worden war.) Insofern war der Umbruch im Jahr 1989 weit weniger doktrinär und polarisierend, viel toleranter und ziviler als die Revolution von 1918. Endlich konnten die Deutschen eine Revolution für sich beanspruchen, die nicht in einen Bürgerkrieg ausgeartet und in militärischen Auseinandersetzungen erstickt wurde.

Von Anfang an allerdings stritten die Kommentatoren darüber, ob sich der Begriff Revolution auf die damaligen Umwälzungsprozesse überhaupt anwenden ließ.[12] Was in Budapest und Prag mit dem Auszug der Urlauber aus der DDR begann und in den großen, aber friedlichen Demonstrationen im Oktober und November 1989 gipfelte, verlief wohl zu reibungslos, und der Prozeß war wohl auch zu kurz. Mit der großen Demonstration vom 9. Oktober in Leipzig und mit der Öffnung der Berliner Mauer einen Monat später erreichten die Manifestationen auf der Straße ihren Höhepunkt. Danach bestätigten und beschleunigten die Massen nur den Zerfall der kommunistischen Staaten. Verglichen mit den Aufständen in Frankreich in den Sommern von 1789 und 1792, mit den Kämpfen in St. Petersburg oder mit dem Chinesischen Bürgerkrieg, erscheint dieser leichte Sieg auch kaum als eine Revolution.

Einige Politikwissenschaftler fanden die Parallele zur Entkolonialisierung überzeugender, wobei der Sowjetunion eine ähnliche Rolle wie Großbritannien nach 1945 eingeräumt wurde. Aber auch Entkolonialisierung spräche ja nicht unbedingt gegen Revolution. Man kann beide Beschreibungen der Geschehnisse nebeneinander anwenden. Der geostrategische Rückzug der Sowjetunion und schließlich ihre eigene Auflösung können als erneute und letzte Welle der Entkolonialisierung betrachtet werden. Doch läßt sich mit dieser international gerichteten Perspektive nicht erfassen, welche Tiefenwirkung beabsichtigt war und welche Art von Veränderung denn in den gerade unabhängig gewordenen Regionen vor sich ging. Wenn sich Kolonialherren aus eigenem Willen zurückziehen, können gut vorbereitete Nachfolger durchaus deren Rolle übernehmen. Folgt auf den Abzug aber ein langer Kampf um die Macht, führt dies oft zur Erschütterung der kolonisierten Gesellschaft. Selbst wenn der Abzug friedlich vor sich geht, brechen in gerade unabhängig gewordenen Ländern häufig heftige Kämpfe aus, teils um Territorien, teils um die ideologische Ausrichtung. Wie dem auch sei, trotz der vielfältigen Analogien, die zur Herrschaft des sowjetischen »Weltreichs« bestehen, kann man unter dem Aspekt der Entkolonialisierung kaum verdeutlichen, woher das Schwinden der Loyalitäten, die Leidenschaften der Massen und der plötzlich frei werdende Raum kamen, den die DDR-Behörden dann für autonome Entscheidungen nutzen konnten. Faßte man die Ereignisse allein als Entkolonialisierung zusammen, dann überginge man ein gutes Stück dieser Geschichte.

Dennoch, innerhalb einiger Monate war auch vielen Deutschen die Vorstellung einer Revolution nicht mehr geheuer. Ihr Zögern muß man ernst nehmen und muß, wenn es angemessen erscheint, auch darauf reagieren. Menschen aus der DDR, die Ende der achtziger Jahre aktiv an den demokratischen Protestbewegungen teilgenommen hatten und dann über die rasche Verschmelzung ihres Staates mit dem Westen enttäuscht waren, haben vermutet, daß ihre Landsleute gar keinen wirklich revolutionären Wandel gewollt hätten. Diese Menschen waren vom Wahlsieg der CDU und der überstürzten Wiedervereinigung enttäuscht. Veränderungen, wie sie Demokraten in Leipzig, Berlin und anderen Städten ursprünglich angestrebt hatten, führten zu einer radikalen Liberalisierung der politischen Ordnung in der DDR. Als die Bürger im März 1990 für die Wiedervereinigung stimmten, begriffen sie dies nicht als eine Wahl zwischen Thermidor oder reiner Stabilisierung. Sie wollten eine Konsolidierung der Verhältnisse, die sich politisch bereits geändert hatten, allerdings noch nicht im Hinblick auf materiellen Wohlstand.

Auch manche Beobachter aus der Bundesrepublik behaupteten, es habe gar keine Revolution stattgefunden. Die DDR sei, so argumentierten sie, in der Folge ihrer innenpolitischen Schwierigkeiten kollabiert, habe an »Systemversagen« gelitten oder sei daran »implodiert« – ein in der Sicht dieser Kommentatoren tatsächlich unvermeidlicher Ausgang. Solche Urteile haben gelegentlich etwas herablassendes. Ja, die Volksbewegung in der DDR schien einigen westdeutschen Sozialwissenschaftlern in gewisser Weise sogar unangenehm gewesen zu sein, insbesondere denen, die fünfzig und älter waren und deren Ausbildung, wie es für die erste Nachkriegsgeneration typisch war, von der strukturell-funktionalen Soziologie bestimmt gewesen war. Gewohnt, in Begriffen abstrakter Prozesse zu denken, schienen die machtvolle Einmischung des Volkes und seine Demonstrationen sie irgendwie zu bedrohen, auch wenn sich diese Aktionen gegen die DDR und nicht gegen die Bundesrepublik richteten. Die Protestierenden wirkten wie widerspenstige Kinder auf einer Dinnerparty von Erwachsenen. Eine Volksbewegung steigerte sich zu einer Leidenschaft, zu einer Explosion der Massen, wie sie die Bundesrepublik bis dahin niemals erlebt hatte, mit Ausnahme vielleicht der Studentenunruhen Ende der sechziger Jahre. Die Volksbewegung erschien unreif. Vielleicht erlebten sie die Westdeutschen auch als kritischen Hinweis auf die politische

Ordnung im eigenen Land und auch darauf, daß sie sich mit der Teilung Deutschlands abgefunden hatten. Der Massenaufstand war das seltsame Ergebnis von monatelangen Unruhen, ein Ergebnis, das Sozialwissenschaftler und politische Berichterstatter niemals erwartet hätten, im nachhinein jedoch für völlig selbstverständlich und voraussehbar erklärten.

Tatsächlich hat das Regime Symptome von »Systemversagen« gezeigt, doch schmälert dies die Bedeutung der Volksbewegung keineswegs. Jedes Regime, das einer Revolution unterliegt, durchläuft zuvor eine Phase des Drucks auf seine Institutionen, ja deren Zusammenbruch. Zu direkten Aktionen kommt es, wenn Finanzkrisen und administrative Verkrustung bereits eingesetzt haben. Selbst wenn gewalttätige Aktionen ausbleiben – auch das hat man gegen die Vorstellung angeführt, 1989 sei eine Revolution gewesen –, schmälert dies nicht die Authentizität eines revolutionären Aufstandes. Sterbende Regierungssysteme greifen oft nicht mehr zu gewaltsamer Unterdrückung. Die Mobilisierung des Volkes, nicht das Blutvergießen, ist das Kriterium. Die Mitglieder des Politbüros waren unschlüssig, und über die Anwendung von Gewalt herrschten unterschiedliche Meinungen. In einem entscheidenden Moment in der Geschichte des kommunistischen Regimes spaltete sich die Führungselite und schreckte vor einer Eskalation der Gewalt zurück. Die Macht ging an die Straße über, wo sich Demonstranten in anhaltendem Protest versammelten. Wie in den seltenen revolutionären Augenblicken der deutschen Geschichte – März 1848 oder November 1918 – ging die Macht von der zur Masse gewordenen Öffentlichkeit aus, nicht mehr von der noch amtierenden Regierung. Daß der Sieg so rasch kam, sollte das Ergebnis nicht disqualifizieren. Revolutionen sind eine Folge von *grandes journées*, »großen« Tagen.

Es ist natürlich leicht, die Volksbewegung zu kritisieren. Betrachtet man die Photos der Protestierenden, dann spielten junge Menschen eine überproportional große Rolle, sie bildeten die Basis der demonstrierenden Massen. Wenn wir den Aufstand von 1953 einmal beiseite lassen, dann haben ja auch nicht die Deutschen die lange Kette von Protesten eröffnet, die die kommunistische Herrschaft zu Fall brachte. Polen und Ungarn hatten im Herbst 1989 bereits einen Demokratisierungsprozeß in Gang gesetzt, und die

Tschechen hatten es einundzwanzig Jahre zuvor bereits versucht. In jenem historisch kritischen Augenblick jedoch waren es die Massen in Leipzig und Berlin, die den Prozeß des Zurückweichens und der Erosion des Kommunismus an einen Punkt trieben, an dem es dann kein Zurück mehr gab. Woher nahmen diese Ereignisse ihre Kraft und ihren Schwung?

Zerfall und Flucht

»Am Schluß waren wir zu müde, Witze über die Regierung zu machen. Es war alles gesagt ... Wir haben erfahren, daß wir in der Lage sind, eine Regierung zu stürzen ... Es war leicht, weil diese Regierung morbid und wacklig bis in die Knochen war, aber nicht, weil wir gut organisiert gewesen wären. Jede Organisation wäre nur Futter gewesen für eine Geheimpolizei.«[13] Jede Revolution bringt eine doppelte Transformation von Empfindungen mit sich: einen tiefgreifenden Wandel bei gewöhnlichen Bürgern und einen andern auf der höchsten Ebene der politischen Macht. Zorn und Erregung in der Masse der Bevölkerung, dann vielleicht ein berauschendes Gefühl der Brüderlichkeit – »... in Wirklichkeit – laßt uns das nicht vergessen – war es einfach schön, in dieser Menge von Menschen zu sein, zu lachen unter der Anspannung, den Nachbarn zu spüren, mit ihm einverstanden zu sein« – und zur gleichen Zeit Meinungsverschiedenheiten und wechselseitige Schuldvorwürfe innerhalb der bislang verschworenen Elite.

Diese beiden Veränderungen beeinflussen sich wechselseitig, jede Beschleunigung der einen beschleunigt die Bewegung der anderen. Jede Revolution verläuft so gesehen zweigleisig, enthält im Grunde zwei Geschichten. Und im Grunde ist sie noch vielschichtiger. Keine Gesellschaft ist einfach nur zweigeteilt. Zwischen der Elite und der breiten politischen Öffentlichkeit vermitteln gesellschaftliche Schlüsselgruppen. Deren Angehörige haben an beiden Gruppen teil: Durch Bildung, gesellschaftliche Herkunft oder Qualifikation sind sie potentielle Mitglieder der Elite, stehen aber noch immer außerhalb, teilen also auch den Zorn der breiteren Öffentlichkeit und sind bereit, deren Unzufriedenheit zu artikulieren. Ihre wachsende Entfremdung zerstört die noch vorhandene moralische Basis für Konsens und Gehorsam. Intellektuelle, Journalisten und Universitätsstudenten haben in den europäischen Gesellschaften diese Doppelrolle gespielt. Schriftsteller, die sich gegen die herrschende Meinung gewendet hatten, machten, als sie nach Westdeutschland ausgewiesen wurden – Reiner Kunze 1977, Wolf Biermann 1976 –, sichtbar, welche Unzufriedenheit in der DDR herrschte, oder sie trieben die Literatur einfach an die Grenzen tolerierter Kritik. Die Rolle der Universitäten in der DDR war zwiespältiger. Zu Beginn des neunzehnten Jahrhunderts haben Universitätsdozenten und Studenten eine Rolle als Katalysator gespielt, indem sie radikale Bestrebungen artikulierten. Auch in den letzten Jahrzehnten haben die Universitäten wesentlich zur Herausforderung der staatlichen Führung beigetragen, im Westen wie im Osten: Bereit, die Beschwerden breiterer Bevölkerungsschichten auszusprechen, und in der Lage, eine Rolle in der führenden Elite zu spielen, waren sie die Unruhestifter, Anstifter ziviler Unzufriedenheit. In der DDR befanden sich die Universitätsseminare und die Studenten im Klammergriff der SED. Aufstieg, ja schon die Immatrikulation in den Geistes- oder Sozialwissenschaften – eine Ausnahme bildete allein die Theologie – erforderten in der Regel die Parteimitgliedschaft. Diejenigen, die sich mit den Herrschenden nicht arrangieren konnten, kamen erst gar nicht in akademische Institutionen. Diejenigen, die erst später aufsässig wurden, wurden manchmal hinausgeworfen, manchmal auf akademische Nebengleise abgeschoben. Lästige Studenten konnten exmatrikuliert werden, wie in den siebziger Jahren an der Humboldt-Universität geschehen.[14] Während der letzten Jahre des Regimes entwickelte sich in den Universitäten eine tendenziell alles durchdringende Kluft zwischen den Generationen oder aber ein Klima unwirsch-unwilliger Anpassung. Jüngere Akademiker, die sich zunehmend über die Ausflüchte (wenn nicht über direkte Kollaboration) der Generation ihrer Lehrer ärgerten, versuchten ihren Weg unter Anleitung von vorsichtigen Professoren mittleren Alters zu machen. Meinungsverschiedenheiten wurden ausdiskutiert, Neuerungen wurden eingeführt.

Das Regime stellte diese Lockerungen jedoch wieder in Frage, als es im Januar 1988 versuchte, die Nachrichten über den Fortschritt der sowjetischen Glasnost zu zensieren, und die Zeitschrift

Sputnik aus den Kiosken verschwinden ließ. »Die Diskrepanz zwischen den Anschauungen Gorbatschows und denen der SED-Führung hat den Leuten die Augen ganz geöffnet.«[15] Das *Sputnik*-Verbot war ein Zeichen dafür, daß das DDR-Politbüro Gorbatschows Vorbild nicht folgen konnte oder wollte: Das Verbot rüttelte sogar SED-Mitglieder wieder auf; Proteste und Enttäuschung wurden laut. Es war gewiß nicht der erste Protest in der DDR, aber noch nie zuvor hatten die Russen den Standard für Reformen vorgegeben. Zu jedem Jahrestag von Rosa Luxemburgs Ermordung durch die Freikorps in jener verhängnisvollen Januarwoche 1919 organisierte die SED Festveranstaltungen, Paraden und Reden. Honecker sang gerne die alten Lieder. Zum Jahrestag 1988 marschierten die Protestler unter Rosas Parole: »Freiheit ist immer nur die Freiheit des Andersdenkenden.« Die Partei, obschon hin- und hergerissen zwischen einer nachwachsenden Generation, die sehr wohl sah, daß die alten Herren in katastrophalem Konservatismus erstarrt waren, und den Hardlinern, die glaubten, jedes Nachgeben führe direkt in den Untergang, gab nicht auf und zwang ihre Kritiker ins westdeutsche Exil.

In diesen letzten ein, zwei Jahren der SED konnten Beobachter den Konflikt spüren, in dem die alte Partei steckte. Die Parteimitglieder, die reisen durften – ein Privileg, das nur den als zuverlässig geltenden »Reisekadern« gewährt wurde –, gaben zu verstehen, daß sie sich für ihre Person von den Repressionen distanzierten. Akademiker unter ihnen begannen damals in der Forschung neue Wege zu gehen: Die Historiker verfaßten Studien zur Sozialgeschichte, zur preußischen Monarchie und über Friedrich II., und schließlich beschäftigten sie sich nun auch mit der Geschichte des Holocaust. Auch Schriftsteller äußerten ihren Dissens auf neue Weise, sorgten damit für Diskussionen im Schriftstellerverband. Damals hat Christoph Hein seine Parabel von der kraftlosen Tafelrunde des König Artus erzählt. Sogar in den Reihen der Partei wurden die alten Dissidenten, vor allem Robert Havemann, als Untergrundklassiker gelesen – als zum Schweigen gebrachte und von Ulbrichts Apparatschiks unterdrückte Generation »guter« Kommunisten. Selbst Fabrikarbeiter, die ja keinen Westkontakt hatten, waren aufgestört worden. »Aber es ist ja nicht so gewesen, daß wir als Genossen an der Basis keine Probleme gehabt hätten«, erinnert sich ein Ingenieur nach den Leipziger Demonstrationen, als wir »eine klare Stellungnahme zur Perestroika in der SU gefordert haben und uns gegen die Haltung führender Genossen dazu aussprachen«.[16] Wie hätte man in dieser, von tiefen inneren Konflikten gestörten Atmosphäre anders als mit manipulativen Mitteln weiterhin Zustimmung signalisieren können? Am 7. Mai 1989, nach den Kommunalwahlen, sorgte die Partei für Wahlergebnisse, die der SED angeblich 98,85 Prozent der Stimmen bescheinigten. Nur die allertreuesten Anhänger gingen nicht davon aus, daß die Ergebnisse gefälscht waren.

Die Parteiführung war gespalten. Im Februar bezog Gerhard Schürer, ganz im Bann der drohenden Schuldenkrise, Egon Krenz in seine Überlegungen mit ein, Honecker vor dem Politbüro frontal anzugreifen: »Egon, ich mach' dir einen Vorschlag. Ich werde im Politbüro auftreten, ich bin jetzt sowieso ein alter Mann, ich komme schon ins Rentenalter und muß sowieso mal ausscheiden, und ich werde fordern, daß Honecker und Mittag abgesetzt werden ... Du kannst ja nicht auftreten und sagen, ich will, daß ich Generalsekretär werde, aber ich kann dich vorschlagen ... Ich provoziere diese Frage und trete auf, weil sonst die DDR kaputtgeht.« Nach einem dreistündigen Gespräch habe Krenz allerdings erklärt, er sehe sich außerstande, Honecker abzusetzen, seinen »Ziehvater, seinen politischen Lehrer«.[17] Die zweite Riege des Politbüros mochte die Zeichen der Zeit erkannt haben, aber die alte Garde, Honecker, Mielke, Hager und andere, sahen nur ein bedauerliches Nachlassen von Mut und Überzeugung.

Honeckers Verhältnis zur Sowjetunion blieb stets etwas ganz Eigenes. Er hätte sich niemals von ihr lossagen können, ihren neuen Kurs jedoch lehnte er ab. In einem langen Gespräch am 1. Februar 1988 hatte der sowjetische Botschafter Kotschemassow Honecker mitgeteilt, Sowjetunion und DDR seien schicksalhaft, »untrennbar« miteinander verbunden, aber er hatte auch darauf bestanden, daß es zur Transformation des sowjetischen Kommunismus und einem besseren Verhältnis zu den USA und zur Bundesrepublik keine Alternative gäbe. Wir, so habe Honecker geantwortet, mischen uns nicht in die inneren Angelegenheiten unserer Freunde ein, »der Botschafter werde aber auch nicht die Illusion haben, daß die Umgestaltung in der Welt nur Begeisterung hervorruft«. Dann habe er einiges angeführt, was ihm Sorgen bereite. »Es gibt jedoch auch Dinge, mit denen wir nicht einverstanden sein können. Man kann Stalin nicht mit Hitler gleichsetzen.« Aus diesem Grund habe er die Übersetzung der *Neuen Zeit* verhindert, einer sowjetischen Zeitschrift, die als Sprachrohr der Reform fungierte; es hätte zuviel zusätzliche ideologische und politische Arbeit erfordert, um zu erklären, warum solche Texte in der Sowjetunion erschienen. Honecker habe noch einmal seine tiefen Gefühle für die Sowjets zum Ausdruck gebracht – seine Rede auf dem 27. Parteitag der KPdSU sei kein bloßes Ritual gewesen. »Die sowjetischen Genossen müssen jedoch auch verstehen, daß die Entwicklungen in der Sowjetunion von uns ›verdaut‹ werden müssen, was zuweilen nicht einfach ist.«[18]

Andere Regime im Warschauer Pakt, so dachten Honecker, Mielke, Hager und Mittag, mochten abtrünnig werden, nicht aber ihre DDR. Anfang Mai 1989 erzählte Honecker dem tschechischen Führer Miloš Jakeš, daß die westdeutsche Regierung ihre eigene Basis öffentlicher Unterstützung verloren habe und nicht von ihrem Ziel lassen werde, die DDR zu zerrütten. Es sei schön und gut, über eine »allgemeinmenschliche Atmosphäre« in der Welt zu sprechen, aber »wir wissen, daß die Menschheitsgeschichte eine Geschichte von Klassenkämpfen ist«.[19] Honecker nahm am Gipfeltreffen des Weltkommunismus in Havanna am 6. Juni teil, wo ihm, wie er dem Politbüro nach Hause berichtete, Schewardnadse gesagt habe, die Situation in Polen sei beunruhigend, woraufhin er, Honecker, seine eigene Befürchtung geäußert habe, daß Ungarn für den Sozialismus so gut wie verloren sei.[20] Die Diskussionen während des Treffens der Warschauer Pakt-Staaten in Bukarest Ende Juli wirkten wohl noch beunruhigender. Gorbatschow äußerte sich besorgt über das gewaltsame Vorgehen der Chinesen auf dem Platz des himmlischen Friedens in Peking. Der ungarische Delegierte Nyers sah die innere Entwicklung der sozialistischen Staaten »an der Schwelle einer neuen Epoche« stehen, so daß die »Erfordernisse des neuen Denkens eine immer bestimmendere Rolle spielen«. Sogar Jakeš sprach von einem Durchbruch, der sich in der heutigen Zeit vollziehe, und erklärte, eine komplexe Transformation der tschechischen Gesellschaft, die umfassende Demokratisierung erfordere, habe bereits begonnen. Und Jaruzelski rechtfertigte die Gespräche seiner Regierung am runden Tisch mit der Solidarność, indem er das wiederholte Anschwellen der Proteste aus der Arbeiterklasse nachzeichnete. 1981, so hob er hervor, sei Solidarność über das Leben der Polen hereingebrochen wie ein Taifun, wie ein Tornado. Aber die Polen versuchten, die gegenwärtige Krise »ohne Einsatz von Gewalt, ohne Blutvergießen [zu lösen]. Wir können nicht unendlich einen Weg gehen, der uns in Widerspruch zur Arbeiterklasse bringt, der eine Kluft aufreißt, die nur sehr schwer, wenn überhaupt jemals zu überwinden« sei. Die Partei sei der Garant für Stabilität und Stärke des Sozialismus. Aber sie sei eben »keine absolute Monarchie. Ich kann natürlich nur von Polen sprechen. Hier muß ich allerdings feststellen, daß wir uns wie ein absoluter Monarch verhalten haben, der immer recht hat, der immer weiß, was notwendig ist, der befiehlt und anordnet, sozusagen ein Superbeamter, der zwar über die militärischen Sicherungsapparate verfügt, aber eine politische Niederlage erlitten hat.« Bei einigen Mitgliedern des Politbüros wuchs die Unsicherheit. Am 1. August trafen sie sich mit kämpferischen Führern aus Nicaragua, die ihren eigenen Sorgen über die nachlassende sowjetische Hilfe und die allgemeinen Trends in der Sowjetunion, in Polen und Ungarn Luft machten.[22] Die Nicaraguaner wollten mehr brüderliche Hilfe, und sie beteten die Befürchtungen der linientreuen Führer der DDR nach: Ungarn sei tatsächlich kapitalistisch geworden, Polen auf dem Weg dahin, und die Sowjetunion befinde sich mitten in allerhand riskanten Experimenten. Die Politbüromitglieder konnten daraus zwei Schlüsse ziehen: Entweder galt es, im eigenen Land hart zu bleiben, oder sie mußten dem neuen Trend folgen. Zu diesem Zeitpunkt setzte sich die alte Linie durch.

Eine Spaltung innerhalb der Partei allein hätte noch nicht den Untergang des Regimes bedeutet. Intellektuelle allein konnten die Macht der Masse nicht ersetzen; sie konnten Forderungen aufstellen, aber zuletzt kam es auf die große Zahl an. Wie hätte man eine politische Öffentlichkeit formieren sollen, wenn bislang Schrebergärten, vier Wochen in den abgewirtschafteten Ferienorten an der Ostsee oder der Sport die Begeisterung der Bürger absorbiert hatten? Doch auf den Übergang vom Privaten zum Politischen wäre es angekommen: Die Massen hätten begeistert werden müssen. Intellektuelle können diesen Prozeß kanalisieren, ihn auch beschleunigen – aber sie können diese Begeisterung allein nicht hervorrufen. Der entscheidende Impuls kam im Sommer 1989 jedoch von draußen, über die empfindlichen Grenzen der DDR hinweg. Innerhalb weniger Wochen stürzte die Auseinandersetzung um das Recht zu reisen das Regime in seine Krise.

Wenn es eine massenhaft verbreitete Unzufriedenheit gab, dann darüber, daß man nicht ins Ausland reisen konnte. Die Gewährung solcher Reisen war das Zahlungsmittel des Regimes, ausgegeben gegen gutes Betragen.[23] Die Berliner Mauer und der anschließende Ausbau der Grenzanlagen stoppte nicht nur das Ausbluten durch Auswanderer; sie schufen auch den auf allen Ebenen wirksamen Anreiz der Reform, und sie gaben Gewerkschaften und Berufsverbänden (die die Reiseerlaubnis faktisch erteilten) ein Mittel an die Hand, Unterordnung zu erzwingen. Sie machten den Mangel an Freiheit aber auch zu einem fast greifbaren Zustand, der nicht länger nur abstrakt war und allenfalls Intellektuelle interessierte. Freiheit sei immer nur die Freiheit des Andersdenkenden, hatte Rosa Luxemburg gesagt. Freiheit, so glaubten viele Bürger der DDR, wäre vor allem die Möglichkeit, in den Westen reisen zu können.

Die Unruhen begannen, weil sich plötzlich, dank der Liberalisierung in Ungarn, eine Chance zu reisen auftat. DDR-Bürger durften in den einst verläßlichen Ostblockstaaten Urlaub machen: Aber wie oft mochten sie, wenn sie die Plakate von der bulgarischen Riviera sahen, von Italien geträumt haben! Kommunistische Staaten hatten sich untereinander verpflichtet, Reisenden aus befreundeten Ländern die Ausreise in Drittländer zu verwehren. Ein Protokoll vom 20. Juni 1969 hielt fest, daß Ungarn und die DDR die Reisebeschränkungen des jeweils anderen Staates anerkannten. Am 2. Mai 1989 jedoch öffneten die Budapester Reformer, die ihr System allmählich in Richtung der westlichen Linie bewegten, den Stacheldraht, der die ungarische Grenze verschlossen hatte. Die Budapester Regierungsstellen hatten ursprünglich nicht vorgehabt, Nicht-Ungarn die offiziellen Grenzübergänge passieren zu lassen (dies sollte am 10. September erfolgen), noch hatten sie sich vorstellen können, in welchen Massen Urlauber aus der DDR nun durch das Land mit den offenen Grenzen ziehen würden. Aber da kamen sie nach Ungarn gefahren, ließen ihre sperrholz- und plasteverkleideten Zweitakt-Trabants einfach stehen und schlugen sich durch die Wälder. »Mir war klar, daß viel passieren würde, als in Ungarn der Stacheldraht durchgeschnitten wurde. Natürlich hat sich jeder Gedanken gemacht, ob er gehen sollte oder nicht ... Das hatte alles sein Für und Wider. Aber hätte es diese Leute nicht gegeben, dann würden wir heute noch immer dasitzen und uns auf den 41. Jahrestag vorbereiten.«[24]

Wer von den DDR-Reisenden in den Wäldern erwischt wurde, wurde normalerweise zurückgeschickt; sein Paß wurde gestempelt, und das konnte zu Hause Strafen nach sich ziehen. Als die Menschen aus der DDR Anfang August erfuhren, daß die Ungarn, angeblich unter westdeutschem Druck, die Pässe derjenigen nicht länger stempeln würden, die auf dem Weg nach Österreich abgefangen wurden, war klar, daß keine Sanktionen mehr möglich waren.[25] Wer den Mut hatte, konnte die Sommerferien dazu nutzen, sich über die Tschechoslowakei nach Ungarn abzusetzen. Viele dieser Menschen warteten nur die weitere Entwicklung ab oder baten in der westdeutschen Botschaft um Asyl. Am 7. August drängten sich 200 Menschen in der Bonner Botschaft in Budapest – sie überfüllten die wenigen Räume, kampierten im Freien, drängten sich vor den Toiletten und erlangten schließlich die Erlaubnis der Ungarn auszureisen. Ende August äußerte die Regierung in Budapest die Absicht, das mit Ostberlin geschlossene Protokoll über die Reisebestimmungen nicht länger anzuerkennen und die Beschränkungen an allen Grenzübergängen aufzuheben. Verärgerte Politbüromitglieder klagten, Ungarn habe sie richtiggehend betrogen.[26] Horst Dohlus berichtet von den Fragen, die sich Parteimitglieder stellten: »Wieso lassen wir auf uns herumtrampeln? Wir müssen aufpassen, daß es keine Resignation gibt – auch wegen der Entwicklung in der Sowjetunion, Polen und Ungarn. Immer mehr wird die Frage gestellt: Wie geht es mit dem Sozialismus überhaupt weiter?«[27]

Trotz der Zusicherungen durch die DDR-Behörden, Rückkehrer würden nicht bestraft, mußte sich DDR-Außenminister Oskar Fischer bei einem Treffen von seinem ungarischen Kollegen Gyula Horn am 31. August sagen lassen, daß die DDR-Bürger in Ungarn – es waren mittlerweile 150 000 – ihrer Regierung nicht glaubten. DDR-Bürger stießen mit der ungarischen Grenzpolizei zusammen, so der Bericht des stellvertretenden Außenministers Ferenc Pallazi; das Flüchtlingslager, das in Budapest anschwoll, wurde spontan von den Menschen aus der DDR selbst eingerichtet, nicht von den Ungarn. Außenminister Horn ließ Günter Mittag wissen, daß Ungarn kein Interesse an einer Verschlechterung der Beziehungen zur DDR habe, daß aber »inhumane Lösungen ausgeschlossen seien«. Daß die Flüchtlinge in der westdeutschen Botschaft immer mehr wurden, war eine besondere Provokation. Ungarn wollte die Souveränität der DDR nicht verletzen, indem es der bundesrepublikanischen Botschaft erlaubte, den Flüchtlingen einfach BRD-Pässe auszugeben, aber sie konnten nicht gegen humanitäre Überlegungen handeln. Wenn sich nun die Österreicher bereit fanden, die DDR-Pässe mit Visa-Stempeln zu versehen, wie am 11. September geschehen, dann wollte man DDR-Bürgern die Ausreise gestatten.[28] Am ersten Tag strömten 8100 Menschen über die Grenze, und innerhalb von drei Tagen wurden es 18 000.

Die Russen hielten sich bewußt zurück. Sie sahen davon ab, direkten Druck auf die DDR auszuüben, empfanden aber die wechselseitigen Beschuldigungen unter den Staaten des Warschauer Pakts als störend. Als Fischer vorschlug, die Versammlung der Außenminister des Warschauer Pakts einzuberufen, um die Ungarn unter Druck zu setzen, reagierten die Sowjets zurückhaltend, obwohl auch sie der Meinung waren, die Ungarn beugten sich dem westdeutschen Druck. Mittag behauptete, die Bundesrepublik belohne die neue Liberalität der Ungarn mit einem Drei-Milliarden-Kredit. Auf der Sitzung des Politbüros vom 5. September ging Heinz Keßler immerhin so weit, davon zu sprechen, daß junge Leute im Westen reale Möglichkeiten sähen und sogar in Ungarn die Läden voll seien; seine Genossen reagierten mit Verärgerung. Stoph wütete über die Ungarn, die gegen alle Verträge verstießen, was doch nur langfristig angelegten Umsturzplänen der Bundesrepublik entspringe. Horst Sindermann sah »einen Generalangriff gegen den Sozialismus. Wir sind das erste Ziel.« Und Mittag fügte hinzu: »Ungarn verrät den Sozialismus ... Es geht um die Machtverhältnisse im Sozialismus generell.«[29] Und eine Woche später sagte er: »Was Ungarn gemacht hat, ist der Bruch der Vereinbarungen mit der DDR unter dem Deckmantel des Humanismus.« Reszö Nyers, der Führer des Reformflügels der ungarischen KP, wiederholte mehrfach, daß die Genossen sich hätten täuschen lassen: »Das ist reiner Schwindel.«[30] Krenz notierte im September privat: »Die Situation ist angespannt, wie ich dies bisher nicht erlebt habe.« Reagan und Bush hatten die Tagesordnung geschrieben, und Reagans rhetorischer Aufruf in Berlin »Die Mauer muß weg« wurde nach Krenz' Meinung zu einer allgemeinen NATO-Kampagne – eine, die überdies unter der Bevölkerung weit wirkungsvoller war als frühere Vorstöße.[31]

Wie würde die Bundesrepublik auf diese Entwicklung reagieren? Zumindest den Juli hindurch zeigte sie sich nicht darauf vorbereitet, von der Generallinie der Ostpolitik abzuweichen, die im Namen der Liberalisierung auf eine stillschweigende Partnerschaft mit der DDR-Regierung hinauslief. Rudolf Seiters, der Kanzleramtsminister, traf sich am 4. Juli mit Honecker. Die DDR, so erklärte er, müsse die Abkommen von Helsinki einhalten, wenn sie von der Bundesrepublik erwarte, daß diese ihrerseits an der Ostpolitik festhalte. Der Fortschritt bei den Reiseerleichterungen sei vielversprechend, könne aber verbessert werden. Honecker unterstrich in seiner Interpretation von Helsinki die Anerkennung, nicht die Menschenrechte: Es sei illusorisch, neue Reisegesetze zu erwarten.[32] Als sich Beamte der mittleren Ebene fünf Wochen später, am 11. August, zu einer Konferenz trafen, hatten 131 Bürger der DDR in der ständigen Vertretung der BRD in Ostberlin Zuflucht gesucht. Man könnte sie nicht auf die Straße setzen, sagte der Vertreter des Kanzleramtes, könne diesen Menschen aber raten, die Vertretung zu verlassen, wenn sich die DDR bereit erklärte, sie aus der DDR ausreisen zu lassen. Entsprach es der Wahrheit, wenn der Vertreter des Kanzleramtes sagte: »Der Bundeskanzler hat keinerlei Interesse daran, in irgendeiner Weise Druck auf die DDR auszuüben«? Die Abgesandten der BRD zeigten sich bereit, auch diesmal Wolfgang Vogel einzuschalten, den DDR-Rechtsanwalt, der in so vielen Einzelfällen die Ausreise über die Grenze ausgehandelt hatte; aber sie drängten auch auf Gespräche auf höchster politischer Ebene. Der ostdeutsche Vermittler war ärgerlich: Die Westdeutschen hätten die Menschen aus der DDR das Gelände ihrer Vertretung betreten lassen und ließen sie nun, gegen alle Abmachungen, dort bleiben. Gleichwohl sei die DDR bereit, vertraulich

Straffreiheit zu garantieren; dagegen sei man nicht bereit, Ausreisevisa auszustellen.[33]

Eine Woche später traf sich der stellvertretende Außenminister Herbert Krolikowski mit Rudolf Seiters im Außenministerium der DDR und fragte, was Bonn tun wolle, um die Besetzer aus ihrer Vertretung zu bekommen. Seiters war wie üblich zurückhaltend: Er sei gekommen, um »ein schwieriges politisches und humanitäres Problem« zu lösen. Entschieden wies er jedoch darauf hin, daß Bonn, auch wenn die DDR das Recht habe, eigene Reiseregelungen festzusetzen, der Verfassung entsprechend dazu verpflichtet sei, zugunsten aller Deutschen zu verhandeln. Damit bezog er sich auf die Position, auf der Willy Brandt als Zusatzklausel zu den deutsch-deutschen Verträgen von 1972 bestanden hatte, die allerdings von der DDR niemals akzeptiert worden war. Nun aber diente sie als rechtlicher Hebel, den die Westdeutschen im August 1989 möglicherweise nutzen konnten – und angesichts der öffentlichen Meinung in der BRD auch tatsächlich nutzen mußten. Um die DDR-Bürger dazu zu bewegen, die Botschaften in Ostberlin, Budapest und Prag zu verlassen, stellte Seiters weiter fest, müßten die DDR-Autoritäten mehr als Straffreiheit versprechen. Krolikowski erwiderte, die Ausreiseanträge dieser Menschen würden der gesetzlich für alle Antragsteller vorgesehenen Prüfung unterzogen, könnten aber nicht mit besonderer Behandlung rechnen. »Eine Bevorteilung der Bürger, die sich widerrechtlich in Botschaften der BRD aufhalten, sei nicht möglich.«[34] Erwartungsgemäß war Honeckers Ton schärfer, als er am 30. August an Kohl schrieb, die Praxis der Bundesrepublik, Bürgern der DDR Zuflucht zu bieten, »negiert die sich aus dem Völkerrecht ergebende Tatsache, daß die BRD für Bürger der DDR keinerlei Zuständigkeiten wahrnehmen kann«.[35]

Daß die Frage der Reisen plötzlich derartige Bedeutung erlangt hatte, brachte den Status quo ins Wanken, der seit den Verträgen der frühen siebziger Jahre so mühsam ausgehandelt worden war. Die Regierung in Ostberlin mußte sich nun nicht nur darum sorgen, daß hier Präzedenzfälle für alle, die ausreisewillig waren, entstanden, sondern spürte auch schon bald, wie sich ganz allgemein ihre Autorität auflöste, auch bei denen, die bleiben wollten. Die Regierung hatte in den letzten fünf Jahren zugelassen, daß sich die

Zahl der Reisen und der Übersiedelungen beträchtlich erhöht hatte – schließlich war das eine der Haupteinnahmequellen für harte D-Mark. 1987 waren 2 475 804 Menschen nach Westdeutschland gereist, 1988 waren es 2 790 582.[36] Vom 1. Januar bis 1. September 1989 wurden 2,2 Millionen Privatreisen in nichtsozialistische Länder genehmigt, 10 Prozent mehr als im gleichen Vorjahreszeitraum. Die Liberalisierung schien der DDR weder zu Hause noch im Ausland Anerkennung zu bringen. DDR-Bürger ärgerten sich über die Richtlinien, die befolgt werden mußten. Außerdem wurden vom 30. November 1988 bis zum 30. September 1989 von 160 785 Anträgen auf Ausreise 86 150 genehmigt – ein Mehrfaches der Zahlen des Vorjahres, aber man erachtete dies als »dringend notwendig«, um außenpolitische Schwierigkeiten zu vermeiden.[37]

Mit ihren Grenzbeschränkungen schufen sich die ostdeutschen Führer, wie sie verbittert feststellen mußten, nicht länger nur im Westen Schwierigkeiten. Ungarns Reformkommunisten gelangten im Frühjahr 1989 in maßgebende Positionen in Regierung und Partei. Sie hatten freie Wahlen riskiert, suchten Rituale nationaler Wiedererweckung für sich zu nutzen (am ausgiebigsten demonstriert bei der Umbettung Imre Nagys Mitte Juni) und überall die Kontrolle über einen beschleunigten Prozeß der Demokratisierung zu erlangen. Sie strebten nach einer wirtschaftlich weichen Landung in der nichtsozialistischen Welt, hofften auf Kredite aus westlichen Ländern, in denen über Hilfspakete für Osteuropa diskutiert wurde. Die Bundesrepublik sollte bei der Beförderung dieser Entwicklungen eine entscheidende Rolle spielen. Die Budapester Behörden hatten außerdem den Status rumänischer Flüchtlinge zu klären, denen sie kaum raten konnten, unter das Ceaușescu-Regime zurückzukehren. Als die Menschen aus der DDR ins Land strömten, mußte hier eine Entscheidung getroffen werden; es kam zu Zusammenstößen zwischen Flüchtlingen und ungarischen Grenzwächtern, die noch angewiesen waren, niemanden über die Grenze zu lassen. Am 25. August flogen Ministerpräsident Németh und Außenminister Horn zu einem vertraulichen Gespräch mit Außenminister Genscher, Kanzlerberater Horst Teltschik und schließlich Bundeskanzler Kohl auf Schloß Gymnich bei Bonn. Ostdeutsche beklagten untereinander, daß Bonn den Ungarn eine halbe Milliarde Deutsche Mark versprochen hätte, wenn sie die

DDR-Bürger ausreisen ließen. (Mittag berief sich gar auf eine Zahlung von drei Milliarden.) Wie Németh später berichtete, hätten die Westdeutschen gefragt, was Budapest verlange, doch habe seine Delegation die BRD-Beamten gedrängt abzuwarten, bevor sie irgendein förmliches Angebot machten. Am 1. Oktober wurden Darlehen in Höhe von einer Milliarde angekündigt, je zur Hälfte von der Bundesregierung und den Landesregierungen Bayerns und Baden-Württembergs. Die Kredite hätten natürlich auch ohne eine Veränderung in der Politik gewährt werden können. Ungarn befand sich jedoch in einem Prozeß langandauernder Neuorientierung; seine Führer mußten realisiert haben, daß dies wie keine andere Geste Ungarns Bindung an westliche Werte demonstrieren würde. Am 10. September kündigte die ungarische Regierung an, sie werde Bürger der DDR nicht länger daran hindern, die Landesgrenze zu passieren. Ob er, Horn, verstehe, »daß wir damit unter den beiden deutschen Staaten den westdeutschen wählen?«, habe der Innenminister seinen Kollegen gefragt. Worauf Horn geantwortet habe, er wähle Europa.[38]

Das Votum für Europa aber bedeutete, die DDR in ihre letzte Krise zu stoßen. Die Sowjets verhielten sich, als wollten sie die DDR-Führung weiter stützen. Voller Verständnis schrieb Schewardnadse an Fischer, er glaube, die Wurzel des Problems liege in Bonns Anspruch, alle Deutschen zu vertreten.[39] Nominell unterstützten die Russen die Position der DDR, unterstrichen jedoch gleichzeitig, Reisebeschränkungen schadeten dem Ansehen des Sozialismus, und warnte davor, daß Bonn den Konflikt stetig anheizen werde.

Nun hätte Bonn seine Bindung an die Linie der Ostpolitik überdenken können. Warum die DDR weiter stabilisieren? Hätte die Flüchtlingsfrage nicht die Möglichkeit geboten, das Regime in Ostberlin zu stürzen? Würde sich die Regierung Kohl nicht mitschuldig machen, wenn sie nicht entschieden zugunsten derer handelte, die sich auf dem Gelände ihrer Botschaften drängten? Beiden Seiten erwuchsen Risiken, als deutlich wurde, daß DDR-Bürger in die Tschechoslowakei strömten: nicht nur auf der Durchreise nach Ungarn, sondern auch um Zuflucht in der westdeutschen Botschaft in Prag zu suchen. Unter normalen Verhältnissen hätte die Tschechoslowakei die hartnäckigen Versuche der DDR, den Kommunismus zu erhalten, am strammsten unterstützt. Im Gegensatz zu den Ungarn waren die Tschechen nicht kurz davor, den Stacheldraht entlang ihren Grenzen zu durchschneiden und damit die Macht über die eigenen unterdrückten Bürger zu gefährden. Gleichwohl war die tschechische Führung beunruhigt durch die wachsende Menge von Flüchtlingen aus der DDR, die die Botschaft der Bundesrepublik belagerten, ein elegantes Gebäude zwischen den barocken Plätzen und Gärten des zu anderen Zeiten so ruhigen Prager Botschaftsviertels. Anfang September sollen sich 3500 zur Flucht bereite Menschen auf dem Botschaftsgelände gedrängt, die Betten geteilt, vor Wasserhähnen und Toiletten Schlange gestanden haben, während draußen weitere DDR-»Touristen« umherschwärmten und, der unschlüssigen tschechischen Polizei zum Trotz, versuchten, die Botschaftsmauer zu überklettern. Den Tschechen war es nicht sonderlich angenehm, daß sie vor den Kameras aus aller Welt als Grenzverteidiger für die DDR agieren mußten. Andererseits waren sie aber auch noch nicht bereit, dem DDR-Regime die Anerkennung zu entziehen und DDR-Bürgern zu erlauben, das tschechische Staatsgebiet zu verlassen. Am 25. September informierte die Prager Führung die DDR, daß sie nicht länger eingreifen könne, um die DDR-Bürger davon abzuhalten, über die Mauern der westdeutschen Botschaft zu klettern, und sie baten Honecker dringend, irgendeine Art der Lösung zu finden. Doch auch die westdeutsche Botschaft konnte nicht unbegrenzt Flüchtlinge beherbergen. Man telegrafierte nach Bonn, daß die hygienischen Verhältnisse sich verschlechterten, daß aber immer noch weitere Menschen aufs Gelände kamen, so daß Cholera und andere Seuchen drohten. Wie aber hätten sich die Westdeutschen der ganz elementaren Suche nach Zuflucht ausgerechnet von Menschen verweigern können, deren Vertretung sie doch sonst immer beanspruchten?[40] Die Bundesregierung war in jedem Fall auf die Kooperationsbereitschaft der Tschechen angewiesen, noch besser wäre aber das erklärte Einverständnis der DDR gewesen, die Auswanderer in den Westen bringen zu dürfen.

Hans-Dietrich Genscher nutzte die Möglichkeit, die sich mit der Vollversammlung der Vereinten Nationen in New York bot, um mit Ostberliner Regierungsvertretern zu verhandeln.[41] Die Ostberliner standen unter dem Druck der tschechischen Genossen, aber auch unter dem der bundesrepublikanischen Öffentlichkeit, und wollten auch vermeiden, daß die Fernsehbilder der Flüchtlinge den bevorstehenden 40. Jahrestag der Staatsgründung störten, darum suchte Honecker einen Ausweg ohne Gesichtsverlust. Er nutzte eine Operngala anläßlich des 40. Jahrestages der Volksrepublik China, um sein Politbüro zusammenzurufen und dessen Mitglieder zu informieren, daß die widerspenstigen Flüchtlinge in Prag ausreisen dürften, allerdings nur in besonderen Zügen, die durch das Territorium der DDR zurückfahren sollten. Unter den Getreuen löste die Entscheidung Bestürzung aus; andere sahen sie als eine »Bankrotterklärung« für einen Teil des Regimes.[42] Wahrscheinlich sollte die Sprachregelung demonstrieren, daß es sich um aus dem eigenen Land Ausgebürgerte, um »Republikflüchtige« handele, die Würde der DDR wahren helfen; auch sollte demonstriert werden, daß Prag kein Schlupfloch war. Am 30. September erklärten Bonner Regierungsstellen, sie würden den Menschen aus der Botschaft Asyl gewähren, und die DDR-Regierung bewilligte Sonderzüge – die bei der Durchfahrt durch das Gebiet der DDR verschlossen blieben, damit nicht noch andere in die Züge klettern könnten –, um diejenigen hinauszuexpedieren, die Honecker zu Vertriebenen erklärt hatte. Am 3. Oktober untersagte die DDR-Regierung die Ausreise in die Tschechoslowakei, und in den folgenden zwei Tagen wurden 7000 weitere DDR-Bürger, die unterdessen die Botschaft gestürmt hatten, durch das Territorium der DDR nach Hof in Bayern transportiert. Diesmal war die Zugstrecke bekannt, und große Menschenmengen stürmten den Dresdner Hauptbahnhof. Bevor die Mauer dann fiel, waren insgesamt 10 000 DDR-Bürger über die BRD-Botschaft in Budapest, 17 000 über Prag und fast 5000 über Warschau in den Westen gelangt.[43]

Wie konnte ein Regime den Zugang zu sowjetischen Zeitschriften beschränken, die Glasnost propagierten, und sich gleichzeitig, aus Anlaß des 40. Jahrestags der Staatsgründung, auf den Empfang von Michail Gorbatschow vorbereiten? Wie konnte ein Staat, der seine staatliche Ordnung durch die Kontrolle der Grenzübergänge geltend machte (über 200 der sogenannten Republikflüchtigen waren seit 1961 an den Grenzen gestorben), seine Normen aufrechterhalten, wenn er andererseits die Züge bewilligte, die Flüchtlinge aus seinem Machtbereich von Prag in die Bundesrepublik brachten? Zwei Jahrzehnte zuvor hatte der Ökonom Albert Hirschman einen einflußreichen Essay geschrieben, der die Rolle von Konsumenten oder Mitgliedern von Organisationen in Begriffen wie »Abwanderung«, »Widerspruch« und »Loyalität« analysierte. Hirschman und andere Wissenschaftler haben versucht, dieses Spektrum von Antworten auf die verfallende DDR anzuwenden.[44] In deren Situation bedeuteten Optionen auf Abgang tatsächlich einen Anstieg des Niveaus von »Widerspruch«. Unter einem Regime, das nur ein Minimum an Emigration zuließ und häufig bereits das Stellen von Ausreiseanträgen ahndete, lief »Abwanderung« auf einen Akt des Widerstandes hinaus. Es war ein Akt, der auch diejenigen, die blieben, ermutigte, ihren eigenen, alternativen Protest zu artikulieren, so daß deren Ruf »Wir bleiben hier« zu einer ebenso entschiedenen Herausforderung für den Staat wurde. Für die offiziellen Sprecher des Regimes war es die alte Geschichte: Der Westen lockte seine Bürger mit Versprechungen eines falschen Konsumismus. Tatsächlich räumten diejenigen, die für die Sicherheit der Regierung verantwortlich waren, ein, daß sich Demoralisierung breitmache. Die Menschen glaubten nicht länger an die Ziele der Partei und des Regimes, erwarteten nicht länger persönliche Verbesserungen. Wie die Stasi selbst erkannte: »Derartige Auffassungen zeigen sich besonders auch bei solchen Personen, die bisher gesellschaftlich aktiv waren, aus vorgenannten Gründen jedoch ›müde‹ geworden seien, resigniert und schließlich kapituliert hätten.«[45]

Zwei Sprachen der Revolution

»Der Exodus ist nur ein Zeichen für angestaute grundsätzliche Probleme in allen Bereichen der Gesellschaft«, schrieben Regimekritiker im Oktober.[46] Bleiben wir für einen Moment bei dieser Formulierung. Die Sprache ist bezeichnend: weniger für Politik selbst als für die Bedürfnisse einer Gesellschaft. Doch die regimetreuen Analytiker benutzten dieselbe Ausdrucksweise: Welche Kräfte standen denn auf der Seite »gesellschaftlicher« Entwicklung? Gegner und Verteidiger des Status quo gingen davon aus, daß es grundlegende gesellschaftliche Bedürfnisse gebe, und beide behaupteten sie, diese Bedürfnisse zu vertreten. Sogar im Augenblick der politischen Konfrontation gab es eine Tendenz, gesellschaftliche Bedürfnisse zu vergegenständlichen (wie es die Generation zuvor in ihrer marxistischen Begrifflichkeit ausgedrückt hätte). Marxistische Soziologen, die ebenso mit westlicher Terminologie wie mit ihrem eigenen Jargon hantierten, faßten den Diskurs tatsächlich mit Begriffen wie »gesellschaftliche Bedürfnisse«, »Praxis« (d. h. Alltagsleben), »Lernprozesse« oder »Wissensprozesse« und »Leistungsgesellschaft«. Natürlich waren persönliche Bedürfnisse akut; daß man sie nach außen trug, folgte jedoch aus den gesellschaftlichen Mängeln. Sogar die allgegenwärtigen Gestalter und Überwacher der Staatssicherheit faßten ihre Aufgabe als eine Art gesellschaftlicher Fürsorge auf und hielten Defizite für den Ausdruck einer mangelhaften Befriedigung gesellschaftlicher Bedürfnisse. Monate vor der Maueröffnung fragten sich die Sicherheitsorgane der DDR zum Beispiel, warum Bürger der DDR unbedingt in den Westen abwandern wollten. »Im wesentlichen handelt es sich um ein ganzes Bündel im Komplex wirkender Faktoren.« Westliche Massenmedien mochten sie übertrieben dargestellt haben, aus sich heraus aber werden sie real genug gewesen sein. »Die überwältigende Anzahl dieser Personen wertet Probleme und Mängel in der gesellschaftlichen Entwicklung, vor allem im persönlichen Umfeld.«[47]

Im Geist der Fürsorge und Bevormundung wurden die Kommunalwahlen vom 7. Mai 1989 als eine Bestätigung gesellschaftlicher Solidarität gefeiert – als politischer »Höhepunkt im gesellschaftlichen Leben in der DDR, mit dem das Vertrauen der Bürger in die Politik von Partei und Regierung erneut bekräftigt« wurde. Aber die Rituale, mit denen Solidarität beschworen wurde, fruchteten nichts mehr, wenn sich sogar örtliche Kader mit wachsender Unzufriedenheit über das »Verkaufsniveau«, Probleme mit Wasser und Abwasser, die »auftretenden Umweltbelastungen« und »Fragen der gesellschaftlichen Überwachung von Bürgern« äußerten.[48] Als feindseliges Verhalten bezeichneten die Sicherheitskräfte, daß protestantische und katholische Geistliche der Wahl fernblieben und daß immer mehr Wähler die bereitgestellten Wahlkabinen nutzten, um ihre Stimme unbeaufsichtigt abgeben zu können, wobei dann sogar gegen die staatlichen Kandidatenlisten votiert wurde! An der Hochschule der Künste in Berlin stimmten 105 Studenten gegen die Liste und nur 102 dafür, während die Wahl von 1986 gerade von einem einzigen Nichtwähler beeinträchtigt worden war! Pastoren und andere hatten ihren Stimmkreuzen Proteste gegen die Umweltverschmutzung hinzugefügt. Unter den Wahlberechtigten aller Altersgruppen gab es Nichtwähler, unter Arbeitern ebenso wie unter Angestellten. Doch auch dieses gegen die Gesellschaft gerichtete Verhalten änderte nichts daran, daß weiterhin behauptet wurde, 98,85 Prozent der Wähler hätten der Liste zugestimmt. Da die Funktionäre Wahlen nie als Wettbewerb verstanden hatten, galt ihnen, wer die Wahlergebnisse in Frage stellte, als schlichtweg subversiv. Das seien Elemente, die sich verschworen hätten, den Staat international und auch im Inneren zu diskreditieren, einen Pluralismus »westlicher Prägung« zu erzwingen und für »unkontrollierte gesellschaftspolitische Bewegungen« einen Raum zu öffnen und damit auf eine »Destabilisierung der politischen Machtverhältnisse in der DDR« hinzuwirken.[49] Aber die Ergebnisse waren tatsächlich gefälscht worden. Wie Günter Schabowski, der Berliner Bezirkssekretär der SED, berichtete, hatte die Regierung etwa 5 bis 7 Prozent abweichende Stimmen erwartet (eine Zustimmung also von nur 93 oder 95 Prozent) und die Bezirksbürgermeister in Berlin instruiert, eine saubere Wahl abzuhalten. Diese seien jedoch auch weiterhin davon ausgegangen, daß die Partei höhere Ergebnisse wolle. Aber ganz abgesehen davon, auf welcher Ebene die Auszählung frisiert wurde: Wie Günter Schabowski zu erklären versuchte, war es tatsächlich so, daß die Funktionäre, die dies stillschweigend duldeten, die Politik »ob sie nun falsch war oder nicht, als ihre Lebensaufgabe ansahen und sich dafür einsetzten ... sie haben es aus Gewohnheit und Disziplin und im Glauben getan, es sei von oben gewollt und abgesegnet«.[50]

Eine zusammenbrechende Gesellschaft, ein Regime ohne Verbindung zu seiner Gesellschaft: Das Gründungsmanifest des Neuen Forums begann mit den Worten: »In unserem Land ist die Kommunikation zwischen Staat und Gesellschaft offensichtlich gestört.«[51] Im Versuch, den Umbruch in adäquate Begriffe zu fassen, sahen die Teilnehmer auf beiden Seiten den Zusammenbruch durch die Brille von Gesellschaftswissenschaftlern. Die Synode des Bundes der Evangelischen Kirchen, die sich am 19. September in Erfurt versammelte, benannte die Folgen der sich beschleunigenden Auswanderungswelle: »Familien und Freundschaften werden zerrissen, alte Menschen fühlen sich im Stich gelassen, Kranke verlieren ihre Pfleger und Ärzte, Arbeitskollektive werden dezimiert ... Wir sehen uns vor die Herausforderung gestellt, Bewährtes zu erhalten und neue Wege in eine gerechtere und partizipatorische Gesellschaft zu suchen ... Wir brauchen die offene und öffentliche Auseinandersetzung mit unseren gesellschaftlichen Problemen [und] jeden für die verantwortliche Mitarbeit in unserer Gesellschaft...«[52]

Genauso tönte es in den hölzernen Lobgesängen der Partei über kollektiven Fortschritt. Wie ein kritischer Soziologe aus Ostberlin beobachtete, herrschte in den Erklärungen der SED ein Stil vor, der sich als »harmonielastig« definieren läßt: »Annäherung der Klassen und Schichten«, die »Reduzierung wesentlicher Unterschiede zwischen körperlicher oder geistiger Arbeit sowie zwischen Stadt und Land«.[53] Gleichwohl führte die Polarisierung vom Herbst 1989 dazu, daß der Jargon auch die Kraft gewann, seine gestelzt soziologische Ausdrucksweise hinter sich zu lassen. Der Zusammenbruch der Fügsamkeit ließ die Soziologie zu Politik werden, so wie das Regime umgekehrt schon lange bestrebt war, Politik in Soziologie zu verwandeln.

Wer im Herbst 1989 zuhörte, konnte zwei Diskurse verfolgen. Einen in der Sprache des gesellschaftlichen Funktionalismus, von dem Stasi und Protestler, Regime und neue Reformgruppen gleichermaßen Gebrauch machten. Es war die Sprache der Dürkheimschen Soziologie, die vom Wechselspiel der Rollen und kollektiven Bedürfnissen ausgeht. Darin zeigt sich einerseits der Paternalismus der Sicherheitskräfte, andererseits die Ernsthaftigkeit, mit der die Bürgergruppen ihren Protest vorantrieben. Es war die Sprache moderner gesellschaftlicher Komplexität.

Aber neben diesem den Akteuren gemeinsamen Diskurs der Komplexität tauchte eine auf ganz andere Art altehrwürdige Rhetorik der Simplizität wieder auf. Das begann mit den Friedenspredigten und ihrer Sprache christlicher Gewaltlosigkeit: Christof Wonneberger predigte der am 25. September in der Nikolaikirche versammelten Gemeinde, daß sich die Stasigewalt nicht durchsetzen werde: »Mit den Worten Jesu: ›Fürchtet euch nicht, mir ist gegeben alle Gewalt im Himmel und auf Erden‹ ... Gegenüber solcher Vollmacht ... sind Stasi-Apparat, sind Hundestaffeln, sind Hundertschaften nur Papiertiger ... Wir können auf Gewalt verzichten.« Pastor Hans-Jürgen Sievers von der Reformierten Kirche zitierte Martin Luther King, und die Gottesdienstbesucher sangen »We shall overcome«.[54] Außerhalb der Kirchen griff die Sprache weitaus ältere Töne politischer Mobilisierung in Deutschland auf, etwa den Diskurs der militanten Reformation, die Befreiung und Rache ankündigte. Als im Herbst die Massendemonstrationen in Schwung kamen, setzten sich Luthers Worte durch: »Wir sind das Volk« trat neben die Rede vom »gesellschaftlichen« Fortschritt und »gesellschaftlichen« Bedürfnissen. Was das Regime gegen diese uralten Sprachschichten hätte setzen können, wäre allein die Sprache schlichter Repression und Machtbehauptung gewesen. Nur der Leiter des Ministeriums für Staatssicherheit sprach im Kreis der Regierung diese Sprache. Aber kein Sprecher des Staates wagte es, diese Sprache in der Öffentlichkeit zu gebrauchen. Tatsächlich fand die Rhetorik der Einfachheit und Emanzipation keine offizielle Entsprechung oder Antwort.

So könnte man die Geschichte der Revolution in der Terminologie zweier rhetorischer Traditionen schreiben. Zum einen stützte sich das Regime genau wie die Intellektuellen, die es transformieren wollten, auf den Diskurs des brüchigen Funktionalismus – das Vokabular gesellschaftlicher Bedürfnisse, Interessen, Rollen, Gruppen. Andererseits entstand anonym aus der Masse eine Rhetorik uralter öffentlicher Versammlungen – die Sprache der »Anti-Struktur« einer Gemeinschaft von Menschen, die Schulter an Schulter standen.[55] Diese Sprache war die machtvollere; wie Josuas Trompete brachte sie die Mauer zu Fall. Sie verband sich oft mit Musik, mit Kirchenliedern oder als eine sich durchhaltende subversive Alternative mit Bands und Rocksongs, die den Zusammenhalt der Solidarität für die jungen Leute darstellten. Dennoch wäre die Erwartung, daß daraus ein dauerhaft etablierter Diskurs werden könnte, zu hoch gegriffen. Eher die Sprache gesellschaftlicher Differenzierung, die Sprache artikulierter Gruppen als die einer ganzheitlichen Gemeinschaft eroberte das linguistische Terrain immer wieder zurück. Viereinhalb Jahrhunderte zuvor hatten sich Luthers zornige Worte den legalistischen Formulierungen der Synoden, der Besitzenden und der Vertreter einer feudalen Ordnung gefügt. Im postrevolutionären Frankreich verebbte die begeisterte Sprache der Brüderlichkeit (die ja auch ausgebeutet worden war, um den politischen Terror zu rechtfertigen) vor dem ideologischen Appell an die Gesellschaft. Die entflammende Sprache verschwindet niemals vollständig, sie läßt sich immer wieder anwenden und dient, gelegentlich zur Schau gestellt wie alt gewordene Veteranen, zu ritualisierten Beschwörungen. Doch diese Sprache eignet sich nicht dazu, eine neue politische Ordnung verbal zu strukturieren. Gleichwohl aber kann ihre mächtige Kraft für einen kurzen Moment oder auch über einen längeren Zeitraum hinweg dem sich wieder verhärtenden Diskurs der gesellschaftlichen Struktur ein Reformpotential einflößen. Die Soziologie konnte nicht verdrängt, aber vorübergehend zur Sprache der Reform gemacht werden. In der Tat entstand aufgrund dieses linguistischen Zwieklangs und in dessen Folge – auf diesen Punkt werden wir im nächsten Kapitel zurückkommen – überall in Mittel- und Osteuropa 1989 das zentrale reformistische ideologische Konzept: Die Forderung nach einer »Zivilgesellschaft«.

Montagsdemonstrationen in Leipzig

Natürlich spricht nicht die Sprache selbst. Häufig entstehen bleibende Sprachzusammenhänge, in denen die Teilnehmer ihre Forderungen beschreiben und ihre Sehnsüchte zum Ausdruck bringen. Manchmal führt die Logik der politischen Auseinandersetzung in deren Verlauf zum Glauben an einen konspirativen Gegenspieler oder sie treibt zum radikalen Widerstand. Der Diskurs scheint ein eigenständiges Leben zu führen; er kann als autonomes Produkt analysiert werden. Seit Hegel und Dilthey und lange bevor moderne französische Theoretiker Sprache als ein undurchlässiges, von der Macht errichtetes Gefängnis aufgefaßt haben, haben deutsche Denker Text und Artefakt als eine Sphäre des objektiven Geistes begriffen. Noch immer mystifiziert der Historiker seinen Gegenstand, wenn er die real Sprechenden vergißt. Wer waren die Sprecher im Herbst 1989? Auf die Gefahr der Vereinfachung hin kann der Historiker auf drei Hauptgruppen verweisen, die zusammenkamen, um in Leipzig Konflikte hervorzurufen (und zu begrenzen): Menschen, die voller Ernst und motiviert durch Menschenrechte, Frieden und andere allgemeine Probleme an den Gebeten teilnahmen, Angehörige der traditionellen großstädtischen Arbeiterklasse, die beunruhigt waren durch den Niedergang der industriellen Basis in der Region, durch verfallende Wohnhäuser und ein mangelhaftes Transportwesen, und schließlich die Polizei des Regimes, die zwischen umsichtiger Vorsicht und harter repressiver Taktik schwankte.

Diese Gruppen von Akteuren wußten, daß sie regelmäßig im Rampenlicht standen. Die Messe rückte Leipzig im März und September »weltoffen« in den Blick der Fernsehkameras. Am ersten Montagabend im März, als die Frühjahrsmesse eröffnet wurde, trugen einige hundert Demonstranten Transparente mit der Forderung nach dem Recht zu reisen. Vor laufenden Kameras arbeitete sich die Polizei an die Demonstranten heran, und die Kameras liefen noch, als die Polizei Demonstranten festnahm, mit Härte gegen sie vorging, und die Menschen in die Kirche flohen. Auch am 13. März wurde eine Menge von 850 Demonstranten von der Polizei vor westlichen Kameras auseinandergetrieben.[56] Am folgenden Montag waren die Gottesdienste noch besser besucht, und die Gemeindevorsteher der Nikolaikirche wiesen die Versuche des Staates zurück, sie zur Aussetzung der montäglichen Friedensgebete zu bewegen. Mit dem Ende der Messe reisten die westlichen Zeugen ab, aber es blieb bei den Treffen zum Gebet, besonders nach den Protesten gegen die Wahlen vom 7. Mai. Demonstranten, die ihr Recht auf Ausreise einforderten, machten auf ihr Anliegen aufmerksam, wenn die Besucher zu den Friedensgottesdiensten kamen und diese wieder verließen. Seit dem 8. Mai (nach den Protesten gegen die Wahlfälschung) demonstrierte die Polizei außerhalb der Gottesdienste Stärke. Die Polizisten kamen mit Hunden, nahmen Verhaftungen vor und installierten eine Videokamera über dem Kirchenportal, um die Eintretenden zu filmen.[57]

Ende August/Anfang September war wieder Messe, und wieder brachte sie Besucher nach Leipzig. Schon flohen Bürger der DDR durch die Wälder über die ungarische Grenze, und am 10. September gestattete ihnen die Regierung in Budapest, die Grenze nach Österreich legal zu passieren. Wer geblieben war, fühlte sich berufen, seine Entscheidung durch verstärktes Drängen auf Reformen im Land zu rechtfertigen. Befürworter der Auswanderung konkurrierten mit Verfechtern der Reform. Am 28. August trafen sich vier Pastoren und ein Vertreter der Gruppe »Frieden und Menschenrechte« in der Leipziger Golgathakirche, um die Gründung einer sozialdemokratischen Partei zu fordern, die für eine parlamentarische Demokratie und Marktwirtschaft eintrete. Eine Woche später, am 4. September, wurden nach einer Sommerpause die Friedensgebete wiederaufgenommen, auch wenn die staatlichen Funktionäre darauf drangen, die Gottesdienste bis nach der Messe auszusetzen. Superintendent Friedrich Magirus sagte vor 1200 Teilnehmern, das Regime mache einen Fehler, wenn es vor den Gründen für die Ausreise die Augen verschließe. Aber der folgende Protestmarsch löste sich auf, als sich die Demonstranten, die bürgerliche Freiheiten im eigenen Land verlangten und »Wir bleiben!« sangen, von denen absetzten, die ihr Recht auf Ausreise einforderten und »Wir wollen raus!« skandierten.[58] Es lag schon eine gewisse Ironie darin, daß ausgerechnet die Möglichkeit auszureisen den Anlaß bot, daß sich Oppositionsgruppen unter denen formierten, die bleiben wollten. Die immer größere Zahl der Fliehenden brachte diejenigen, die nicht bereit waren, sich selbst zu entwurzeln, dazu, Reformen zu fordern, die ihr Bleiben rechtfertigen würden.

Am 9. September kündigten führende Oppositionelle die Gründung des Neuen Forums an – schon bald unterstützt von einigen Dutzend Pop- und Rockmusikern. Das Gründungsmanifest beklagte die Kluft zwischen Staat und Gesellschaft, verurteilte die Spitzel und die Gewalt des Staates. Man vermied eine flammend-aufrührerische Rhetorik, aber der unverblümte Aufruf, sich auf einer breiten Basis zusammenzuschließen, war eine Herausforderung; ebenso das Verlangen nach einem öffentlich geführten demokratischen Dialog.[59] In altbekannter Manier verdammte die SED die Dissidenten – die nun mit Veranstaltungen in der Kirche, mit Manifesten und Bürgerbewegungen in Schwung kamen – als Komplizen eines vom Ausland gesteuerten Versuchs, den Sozialismus und die DDR zu verleumden. Beim Montagsgebet in der Nikolaikirche vom 11. September – die Herbstmesse war bereits beendet und die Westbesucher wieder abgereist – nahm die Polizei Besucher des Gottesdienstes beim Verlassen der Kirche fest und trug damit zu weiterer Polarisierung bei.[60] »Seit dem 19. September lief das Studium wieder, und in den sogenannten roten Einführungsveranstaltungen wurde innerhalb der Seminargruppen viel diskutiert, und eine Hauptfrage war: Wieso wird das Neue Forum nicht zugelassen ...«[61]

Nach der Wiederaufnahme der Friedensgebete am 4. September hatten die Teilnehmer an den Gebeten in der Nikolaikirche versucht, einen Friedensmarsch zu organisieren. Die erste der großen Montagsdemonstrationen fand am Abend des 25. September statt. Die örtlichen Verhältnisse in Leipzig ließen es zu, daß sich die dramatischen Konfrontationen räumlich konzentrierten. Die zweitgrößte Stadt der DDR war mit ihren 600 000 Einwohnern groß genug, um wirklich Massen aufzubieten, aber nicht so offen wie das wuchernde Ostberlin. Das alte Zentrum von Leipzig umfaßt einen Innenstadtbereich von vielleicht einem Kilometer Durchmesser; es wird umschlossen von einer breiten Ringstraße, die dem Verlauf der alten Stadtmauern folgt. Der Raum innerhalb des Rings war 1989 geprägt von den öden Plätzen, mit denen engstirnige sozialistische Planer gezeigt hatten, daß sie mit den Zerstörungen des Zweiten Weltkrieges durchaus mithalten konnten, und einem Konglomerat aus einigen restaurierten Bauwerken – dem Rathaus aus dem sechzehnten Jahrhundert und den Kirchen – sowie einigen Neubauten. (Karte S. 236) Seit der Wiedervereinigung hat sich das Tempo, in dem das Stadtbild sich wandelt, beschleunigt, weil Banken und Behörden ihren Ehrgeiz darein setzen, neoklassizistische Bauwerke und Zeugnisse der Pracht des neunzehnten Jahrhunderts zu renovieren. Am südöstlichen Teil des Rings stehen die Monumente der DDR-Moderne aus den sechziger und siebziger Jahren: das architektonisch gelungene Gewandhaus, das Opernhaus und, neben niedrigerer Bebauung mit einem riesigen Relief von Marx und Engels das siebzehnstöckige Hochhaus der Universität. Im Nordosten des Zentrums, schon außerhalb des Ringes, befindet sich der Hauptbahnhof, ein breiter stattlicher Jahrhundertwendebau, der größte Kopfbahnhof Europas. Vor dem Bahnhof liegt der weite nördliche Teil des Ringes, der etwa 200 Meter lange Platz der Republik, auf dem sich die Massen versammelt haben. In der alten Innenstadt, auf beiden Seiten von Auerbachs Keller – einer touristischen Attraktion, weil er als Schauplatz jener berühmten Szene gilt, in der Faust und Mephisto die Studenten an der Nase herumgeführt haben –, befinden sich auch die beiden spätgotischen Hauptkirchen. Die Thomaskirche unter dem konservativen Pastor Hans-Wilhelm Ebeling, an der einmal Johann Sebastian Bach als Kantor gewirkt hatte, spielte bei den wachsenden Protesten keine Rolle. Die näher am östlichen Ring gelegene Nikolaikirche dagegen, die zur Zeit des Rokoko ihre Empore und den gemeißelten Palmenschmuck der Säulen, auch ihre Farbfassung in Weiß, Apfelgrün und Mauve erhielt, wurde zum Zentrum der Dissidenten, denn ihr Pastor Peter Zimmermann gehörte selbst zur Reformbewegung und gewährte Wehrdienstverweigerern und Umweltschützern Zuflucht.[62]

Die genannten Plätze wurden zum Amphitheater des Protestes, als am 25. September Tausende von Demonstranten von der Nikolaikirche aus den im Ring zwischen Gewandhaus und Oper gelegenen Karl-Marx-Platz, gewissermaßen den Vieruhrpunkt eines gedachten Zifferblattes, füllten und sich von dort aus gegen den Uhrzeigersinn zum Platz der Republik (»ein Uhr«) bis zum Tröndlinring (»elf Uhr«) fortbewegten. Die *Leipziger Volkszeitung* verurteilte die Demonstrationen am nächsten Tag als nicht »genehmigte, ungesetzliche Zusammenrottungen ... mit eindeutig antisozialistischen Tendenzen«, die nur durch das zurückhaltende und umsichtige Verhalten der Polizei in Schranken gehalten worden seien.

Leipzig hätte nicht die erste Stadt sein müssen, der Umbruch hätte auch in Berlin oder Dresden beginnen können. Im Februar hatte sich das Politbüro mit Dresden beschäftigen müssen; die sächsische Hauptstadt ist nicht viel kleiner als Leipzig. Auch dort war die Wohnsituation angespannt, und in Dresden wurden die im Verhältnis meisten Ausreiseanträge gestellt, was Honecker zu der Bemerkung brachte: »Wenn wir alle antragstellenden Ärzte ausreisen lassen würden, dann bräche das Gesundheitswesen in Dresden zusammen.«[63] Dresden liegt an der Bahnstrecke, auf der in den kritischen ersten Herbsttagen die nach Prag geflohenen DDR-Bürger in die Bundesrepublik gebracht wurden. Auf dem Dresdner Bahnhof kam es zu gewalttätigen Zusammenstößen mit der Polizei. Andererseits gab es in Dresden eine Stadtregierung, die versuchte, die Probleme der Stadt zu bewältigen. Aber in Dresden wurde auch keine Herbstmesse veranstaltet, von hier gab es keine Fernsehübertragungen, die ein Anreiz für Demonstrationen hätten sein können.

Und Dresden war auch kein Foyer für die Gebetsveranstaltungen der Kirche, die zu einem Katalysator hätten werden können.

Die Leipziger Universität war die intellektuelle Heimat der älteren, kritischen marxistischen Denker wie Hans Mayer und Ernst Bloch sowie des Historikers Walter Markov, die in den fünfziger Jahren fliehen mußten oder mundtot gemacht wurden. 1989 jedoch war die Leipziger Universität kein Ursprungsort des Protestes. Unter den Lehrenden und Mitarbeitern dominierte eine jüngere Generation von SED-Mitgliedern, die häufig enttäuscht waren über ihre starrsinnige und vergreiste nationale Führung, die sich dennoch weiterhin an die Partei gebunden fühlten und darum kaum bereit waren, öffentlichen Protest zu organisieren oder sich zum Gebet zu versammeln. Die Demonstrationen fanden Zulauf aus dem in sich sehr heterogenen Feld von ernsthaft besorgten Bürgern der Mittelklasse, jungen Leuten und verärgerten Arbeitern, die ihre Beschwerden zusammentrugen. Als Christoph Hein am 4. November zu der großen in Berlin versammelten Menge sprach, der bis dahin größten der Herbstdemonstrationen, nannte er Leipzig eine Heldenstadt. Warum Leipzig und nicht Berlin? Die Antwort wird man wohl in der Zufälligkeit oder der Wucht der einmal angestoßenen Ereignisse suchen müssen. Die Arbeiterdemonstrationen, die das Regime 1953 erschüttert hatten, waren von der Hauptstadt und dort von den Baustellen ausgegangen. Die Proteste von 1989 aber waren nicht mehr proletarisch. In der Hauptstadt gab es inzwischen mehr Staats- und Parteiangestellte und diese waren vielleicht bereit, sich einer Bewegung anzuschließen, die schon im Gang war, hätten aber sicher nicht zu den ersten gehört, die aus dem Schatten der Hardliner getreten wären und an Demonstrationen teilgenommen hätten. Dem kam Leipzig sicher sehr viel eher entgegen. Die Stadtverwaltung erlaubte andersdenkenden Schriftstellern und Malern, sich mit eigener Stimme zu artikulieren, die Schriftsteller hier hörten damit auf, kritische Berufskollegen aus ihren Reihen und Verbänden auszuschließen.[64]

Auch ökonomische und ökologische Faktoren spielten eine Rolle. Berlin hatte von den Bauprojekten profitiert, die Honecker und Mittag der Hauptstadt so großzügig verordnet hatten, Leipzig blieb eine heruntergekommene Stadt. Gründe, auf die Führer in der bevorzugten Metropole ärgerlich zu sein, gab es genug. Wie

Kurt Meyer, der Leipziger Bezirkssekretär der SED und einer der Unterzeichner des Aufrufes, der mit zur Gewaltlosigkeit am 9. Oktober beitrug, sagt, bot vor allem auch die Diskrepanz zwischen der alle halbe Jahre stattfindenden Messe und dem alltäglichen Verfall einen Anreiz zum Protest. Über Jahre hinweg wurde die Infrastruktur vernachlässigt, und gleichzeitig präsentierte das Regime alles an glitzernden Waren, was es aufzubieten hatte, um die ausländischen Gäste zu beeindrucken.»Also, die Widersprüche stellten sich in Leipzig weitaus drastischer und plastischer dar ... werden anfaßbar, erlebbar, ganz konkret für den Bürger.«[65] Auch die Braunkohle- und Chemieindustrie der Region spielte eine Rolle. Sie arbeitete mit voller Kraft, und trug damit zur beängstigenden Verschmutzung der Region bei – die Konzentration von Schwefeldioxid war in Leipzigs Luft zwölfmal so hoch wie im DDR-Durchschnitt, dreimal so hoch wie im Ruhrgebiet. Aber als das Regime Ende der achtziger Jahre begann, die schädlichsten Betriebe in der Gegend zu schließen, schlossen sich die von Arbeitslosigkeit bedrohten Arbeiter den Protestlern an.[66]

Entscheidend waren die Versammlungen in den Kirchen, zuerst in Sachsen, dann in Berlin. Bereits 1982 hatte der Diakon Günter Johannsen in Leipzig jeden Montag um fünf Uhr Gebetsversammlungen initiiert. Diese über Jahre hinweg jede Woche veranstalteten Friedensgebete boten bereits einen vorweg existierenden Kristallisationskern der Dissidenz. Das Regime hatte der Kirche ihren alternativen politischen Raum und auch ihre Stimme gelassen – solange sie in ihren eigenen Kreisen blieb und sich nicht offen oppositionell zeigte. Aber als dann Ende der achtziger Jahre die Massen in die Kirchen strömten, mußten sie wegen Überfüllung von den Stufen, von den umliegenden Grünflächen oder von der Straße aus zuhören: Die Versammlungen fanden nicht länger hinter verschlossenen Türen statt, und die unzähligen symbolisch flackernden Kerzen trugen die ketzerische Botschaft nach außen und bildeten einen starken Kontrast zu den behelmten, mit Wasserwerfern aufgefahrenen Sicherheitskräften. Auch als sich die Demonstranten an anderen Orten versammelten, so etwa im Dresdner Hauptbahnhof, bot die Kirche rasch den Schutz einer ausgleichenden Legitimität, indem die Menge für Frieden betete und dann gemeinsam mit dem Bläserchor den Reformationshymnus: »Wach auf, wach auf, du deutsches Land ...« sang.[67]

Tatsächlich entschied sich das Schicksal des ostdeutschen Regimes am Leipziger Ring an den vier Montagabenden zwischen dem 25. September und dem 16. Oktober, was sich dann in Berlin zwischen Samstag, dem 4. November, und Donnerstag, dem 9. November, bestätigte. Während der Leipziger Zusammenstöße standen zwei Ansichten über die Masse gegeneinander: die des Regimes gegen die des Neuen Forums. Für die örtlichen Gewerkschafts- und Parteifunktionäre, die in der *Leipziger Volkszeitung* zitiert wurden, war die Bewegung eine Verschwörung, eine Verleumdung des Sozialismus oder entsprang – die Allzweckerklärung – bloßem Rowdytum. »Es ist meiner Meinung nach an der Zeit, daß alle Glaubensrichtungen, Vereinigungen und Organisationen zu den Ereignissen unserer Tage, insbesondere in Leipzig, Farbe bekennen, damit nicht einige weiter im zwiespältigen Licht von Wort und Tat erscheinen. Selbst verurteile ich solcherart Aktionen, weil sie nichts vorwärtsbewegen. Den Genossen der Partei und des Ministeriums des Inneren gelten meine volle Unterstützung und mein Dank für die Wiederherstellung von Ruhe, Ordnung.«[68] »Wir verstehen nicht, daß einige Vertreter der Kirche solche Aktionen zulassen, wo in unserem sozialistischen Staat jedem Bürger Glaubensfreiheit zugesichert ist.«[69] 1988/89 hatten FDJ-Kollektive noch, fernab von allem Rowdytum und in Aktionen ganz anderer Art – wie im Zusammenhang mit dem 40. Jahrestag berichtet wurde – 80 212 junge Arbeiter zu Überstunden veranlaßt, die 871 561 Tonnen Schrott und 227 241 Tonnen Altpapier geliefert und die Bewässerung von 102 397 Hektar landwirtschaftlich genutzten Bodens wiederhergestellt haben.[70]

Den Demonstranten half die Solidarität, ihre Furcht zu überwinden. Viele, die kamen, kamen zunächst aus Neugier. Viele waren jung; andere, die die DDR nicht verlassen konnten, machten ihre Forderung zu einem Pendant derjenigen der Botschaftsflüchtlinge: »Wir bleiben hier.« Der Ruf erklang außerhalb der Nikolaikirche während der Demonstration vom 11. September, wurde dann zu einem regelrechten Schlachtruf.[71] Ein junges Paar erinnerte sich an einen alten Mann, der trotz der Wärme einen russischen Pelz mit einem daran angehefteten Gorbatschow-Foto trug, als wäre es eine schützende Ikone: »Und in mein Entzücken über dieses ›Arbeiterdenkmal‹ mischte sich die plötzliche Erkenntnis, daß dies die Revolution ist, die süße, die lange herbeigesehnte, die in Gedanken schon aufgegebene. Wir haben erfahren, daß wir in der Lage sind, eine Regierung zu stürzen, und ich habe beschlossen, das nicht mehr zu vergessen.«[72]

Am 2. Oktober riefen die Demonstranten den Stasibeobachtern erneut entgegen: »Wir bleiben hier.« Mit den Kirchgängern, die aus der Nikolaikirche kamen, drängten sie dann zum Marx-Engels-Platz, wo sie Reformen und die Legalisierung des Neuen Forums forderten.[73] Die Polizisten – viele von ihnen waren jung und hatten Angst – versuchten den Platz der Republik abzuriegeln, aber die Demonstranten drängten durch, und die Polizei konnte nicht mehr tun, als zu verhindern, daß sie vom Ring aus wieder in die Innenstadt zurückströmten. Jugendführer der SED wurden gegen die sogenannten *Chaoten* – das in der DDR umgehende Gespenst jugendlicher Anarchistenbanden – mobilisiert. Aber diese kamen gar nicht, weswegen dann am nächsten Tag in der Zeitung zu lesen war, die Jugendführer hätten die Stadt gegen Rowdies verteidigt. Zwei Sechzehnjährige erinnern sich an die Freundlichkeit der Menge und an eine phantastische Solidarität: »Das habe ich ganz deutlich gesehen, wenn man so neben den Menschen gestanden hat, das waren einfache Arbeiter, das Volk eben.«[74] Immer noch kam es zu Festnahmen und zum Einsatz von Gewalt: Die individuellen Darstellungen, in Zeitungen abgedruckt oder vor den Bürgerkomitees, die das Verhalten der Polizei in Leipzig oder Berlin untersuchten, zu Protokoll gegeben, wurden in den Tagen nach der »Wende« zu einer eigenen literarischen Kleinform.[75] Am 5. Oktober erließ das Ministerium für Staatssicherheit den Befehl, hart durchzugreifen. Vom 5. bis 8. Oktober gab Erich Mielke die Instruktion aus, Kampfgruppen in den Fabriken zu mobilisieren und die Polizei durch Parteireservisten zu verstärken. Mit allen Mitteln sei zu gewährleisten, daß die Demonstranten »an weiteren feindlich negativen Aktivitäten gehindert werden«: »Angehörige, die ständige Waffenträger sind, haben ihre Dienstwaffe entsprechend den gegebenen Erfordernissen ständig bei sich zu führen.«[76] Gleichwohl wurde tödliche Gewalt vermieden, und es gab weniger Schwerver-

Leipzig Stadtmitte

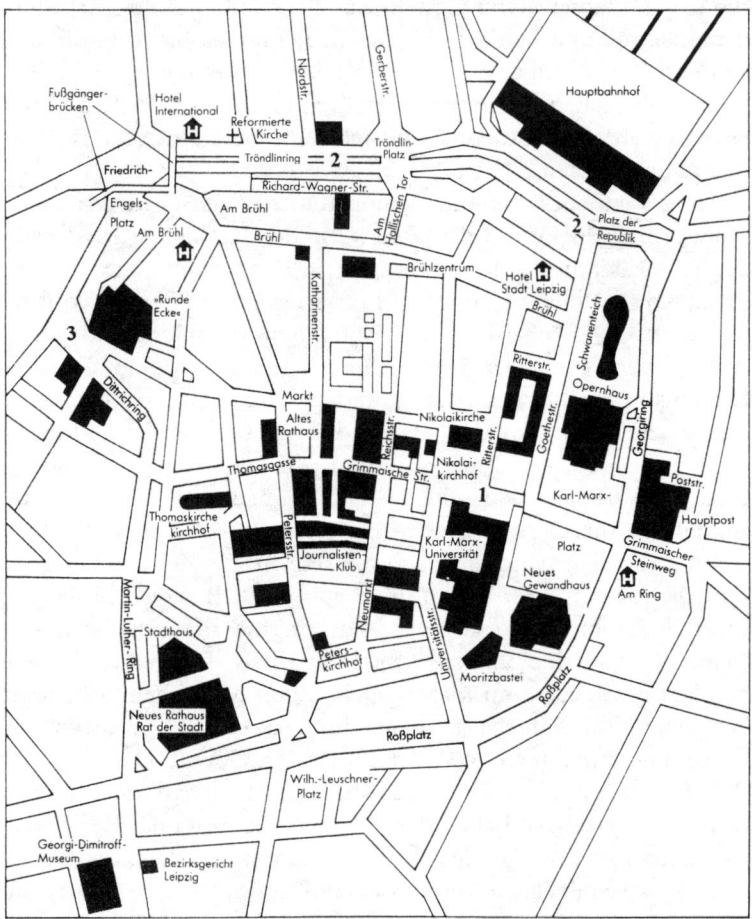

1. Nikolaikirche und Nikolaikirchhof. Hier fanden die Montagsgebete statt.
2. Platz der Republik – Tröndlinring, wo sich die Demonstranten versammelten.
3. »Runde Ecke«: Staatssicherheits-Bezirksverwaltung

letzte als bei den Rassenaufständen oder Studentenunruhen der sechziger Jahre in den Vereinigten Staaten – aber Uniformen, Schlagstöcke und gelegentlich auftauchende automatische Waffen wirkten beängstigend. Zeugen hatten den Eindruck, die Polizei habe geradezu auf eine Provokation gewartet, um den Schlagstock einsetzen zu können. Kinder wurden auf Polizeilastwagen zusammengetrieben, in Massengewahrsam genommen und zusammengepfercht mindestens über Nacht, manchmal auch mehrere Tage lang festgehalten. Wer protestierte oder den Versuch machte, mit einem Polizisten, der einem Häftling das Handgelenk verdreht hatte, vernünftig zu reden, riskierte gewöhnlich einen weiteren Hieb mit dem Schlagstock. Bei den Jüngeren weckte das die Erinnerungen an das, was die DDR-Jugend über SS und Gestapo gehört hatte. »In der Schulzeit lehrte man mich, wie die Nazis waren. In Friedenszeiten zeigte man mir die Praxis, denn diese Polizisten führten sich ebenso uns gegenüber auf.«[77] Tatsächlich war die Polizei gespalten; junge Wehrpflichtige wurden eingesetzt, um die Milizeinheiten (Bereitschaftspolizei oder Bepo) zu verstärken. Aber manche waren eindeutig unzuverlässig, sie waren nicht bereit, Schlagstöcke mit sich zu führen, und debattierten die Ereignisse in den Kasernen. Einer richtete den Strahl seines Wasserwerfers über die Köpfe der Demonstranten hinweg.[78]

Der dritte Massenaufmarsch am 9. Oktober brachte die Entscheidung. Am vorangegangenen Samstag war es erneut zu Zusammenstößen gekommen, als die Polizei eine Menge von 10000 Menschen auflöste;[79] Demonstranten waren verletzt worden. Nun zog das Regime Panzer und Wasserwerfer zusammen und bereitete angeblich Krankenhausbetten und Blutplasma vor. Die Ereignisse vom Platz des himmlischen Friedens in Peking waren beiden Seiten noch frisch in Erinnerung, als die SED-Führung in der am weitesten verbreiteten *Leipziger Volkszeitung* am 6. Oktober ankündigte, man werde »ein für allemal Ruhe und Ordnung wiederherstellen«, wenn nötig mit Gewalt.[80] An der »Gebetswand« in der Thomaskirche, an die Besucher Zettel mit ihren Zielen heften konnten, drückten viele auch ihre Befürchtungen aus: Einer schreibt von seiner »Angst, daß der 9. 10. 89 ein Tag wird, wie vor kurzer Zeit am Roten Platz in China. Und daß der Rest der Jugend noch ihr Blut für diesen sinnlosen Staat verliert. Ich, wir haben Angst.«[81] An diesem

Mittag war die Nikolaikirche bereits um ein Uhr voller Menschen – und umstellt von der Polizei, diesmal von erfahrenen Einheiten. Die Spannung wuchs: Von draußen hörte man die Sprechchöre »Gorbi, Gorbi«, »Wir bleiben hier«, »Keine Gewalt« und »Wir sind das Volk«. Und in der Kirche herrschte Angst vor einem gewaltsamen Zusammenstoß und Verhaftungen.

Um fünf Uhr wurden die Emporen für reguläre Gottesdienstbesucher geöffnet, und Pastor Peter Zimmermann – »völlig erschöpft und entnervt« – verlas eine Stellungnahme, mit der Kurt Masur, der Dirigent des Gewandhausorchesters, der Kabarettist Bernd-Lutz Lange, drei Bezirkssekretäre der SED und er selbst sich für einen Dialog einsetzten. Die Menge strömte hinaus in die Straßen. Susanne Rummel erinnerte sich: »Nun war die Angst in mir schon so groß, daß ich dachte, ich müsse jetzt etwas dagegen tun. Da bin ich dann auf Leute von den Kampfgruppen zugegangen ... Wir haben mit ihnen geredet, sie gefragt, ob wir wie Chaoten oder Staatsfeinde aussähen und ob sie denn tatsächlich auf uns eingeschlagen hätten.« Gudrun Fischer überwand den Widerstand ihres Mannes, der nicht mitmachen wollte: »Ich wußte, daß nur möglichst viele Menschen Schlimmes verhindern können« – und sie zogen in die Innenstadt, hörten die Erklärung Masurs – »die erste öffentliche Anteilnahme von führenden Persönlichkeiten an dem, was uns bewegte« – und schlossen sich der Demonstration an. »Wir sind noch heute stolz«, erinnert sich die Rentnerin Sybille Freitag, »am 9. Oktober mit dabeigewesen zu sein.«[82]

»Als die Polizei die Sperrketten auf dem Ring, der die Innenstadt umzieht, öffnete, und der Demonstrationszug unbehindert den Ring passierte, mit einer verblüffenden und fast schon erschreckenden Disziplin ... war klar, daß es kein Zurück in die alte DDR gab ...«[83] In Leipzig gab es keine SED-Führer von Format. Anders als in Dresden, wo Bürgermeister Wolfgang Berghofer und der örtliche Parteisekretär Hans Modrow die erregten Demonstranten mit einem Prozeß der gelenkten Dialoge beruhigen konnten, konnte die Partei in Leipzig ihren Führungsanspruch nicht bewahren. Die Leipziger Demonstranten blieben souverän und gaben nicht nach. Mitte November stiegen die Teilnehmerzahlen von 70–80 000 am 9. Oktober auf 300 000, und die skandierten Parolen änderten sich: Aus »Wir sind das Volk« wurde jetzt »Wir sind ein Volk«.[84]

Tatsächlich war die Partei in Berlin wie in der Provinz am 9. Oktober bereits in Auflösung begriffen. Im Politbüro waren Krenz, Schabowski und andere davon überzeugt, daß Honeckers Starrsinn sie in ein Desaster führe. Egon Krenz, der Honecker ablöste, behauptete später, er habe dazu beigetragen, daß es bei der Berliner Entscheidung blieb, in Leipzig auf den Einsatz von Gewalt zu verzichten – solange die Demonstranten ihrerseits auf Gewalt verzichteten.[85] In der aufgeheizten Atmosphäre konnte diese einschränkende Bedingung wenig Sicherheiten bieten. Die Parteimitglieder waren, wie wir aus Stasi-Berichten wissen, gespalten: Die einen wollten mit Härte durchgreifen, die anderen glaubten, den Parteiführern sei inzwischen alles egal.[86] SED-Getreue von der Universität, Angehörige der marxistisch-leninistischen sozialwissenschaftlichen Fakultät, erhielten den Auftrag, sich unter die Leute in der Nikolaikirche zu mischen. Aber die Partei hatte ihre eigenen Schwierigkeiten. Ein Treffen von SED-Kadern im Rathaus führte nur zu Beschuldigungen gegen die Führung und zu Protesten über die entstellten Zeitungsberichte von den Demonstrationen, die in der offiziellen Presse veröffentlicht worden waren. Diejenigen, die die Partei entsandt hatte, um die Versammlung in der Kirche zu infiltrieren, wurden ausgepfiffen und aufgefordert zu gehen; sie mußten in einen Hörsaal der Universität zurückkehren, theoretisch um sich bereitzuhalten, falls sie gebraucht würden (oder um geschützt zu werden). Währenddessen wurden Kampfgruppen aus den Fabriken mobilisiert, die gegen die Demonstranten vorgehen sollten, resolute und tapfere Leute, aber einige waren genauso verängstigt durch das Gespenst drohender Gewalt wie ihre Gegner – und sie waren offensichtlich demoralisiert, weil man sie behandelte wie Parias. Sie fanden sich schließlich in Debatten mit Demonstranten des Neuen Forums verwickelt, denen sie in vielen Punkten zustimmen mußten. »Bei vielen Genossen sind da Erkenntnisprozesse in Gang gesetzt worden. Auch aus der großen Angst heraus...«[87] Wie hätten sie sich verhalten, wenn es zu einem Zusammenstoß gekommen wäre? »Das ist schwer zu sagen. Wir hätten uns sicher nicht heraushalten können. Aber wir waren uns einig, daß wir nicht eingreifen wollten.« Beide Seiten hatten Angst. Und so führte die Demonstration zu dem Ergebnis, daß diejenigen, die man hatte mobilisieren wollen, sich mißbraucht fühlten: Es würde keine Einberufung von Kampfgruppen neben der Polizei mehr geben. Eine Woche später schlossen sich die Universitätsdozenten den Demonstrationen an: »Doch ich hatte das Gefühl, daß ich eigentlich nicht das Recht habe, da mitzulaufen. Es waren die Lösungen der anderen. Mit manchen stimmte ich überein. Aber ich hatte selbst nichts einzubringen.«[88]

Die Erklärung, die die »Leipziger Sechs« unterzeichnet hatten, trug entscheidend dazu bei, daß die Entwicklung zu einer Eskalation der Gewalt am 9. Oktober gestoppt wurde. Masur und sein Orchester hatten die Menge in der Nikolaikirche direkt beobachten können, als sie in der vorangegangenen Woche auf ihrem Weg zur Konzerthalle dort vorbeikamen. Das Orchester arbeitete in dieser Zeit, von den Ereignissen beunruhigt, an einer Aufnahme von Beethovens *Eroica*. Die Aufnahme fand statt, aber Masur befürchtete, daß die Ereignisse vor dem Gewandhaus die notwendige künstlerische Konzentration verhindern könnten. Am 2. Oktober erklärte Masur westdeutschen Interviewern, er fühle sich beschämt; am nächsten Tag beschloß das Orchester, an den öffentlichen Diskussionen teilzunehmen. Die Nachrichten von den Berliner Zusammenstößen vom 7. und 8. Oktober waren beängstigend. Als Leipzig fürchtete, sich selbst auf einen Kampf am Montagabend zuzubewegen, machte der Dirigent am Telefon (was er später als einen »humanitären Akt des Augenblicks« beschrieb) dem Bezirkssekretär Meyer den Vorschlag einer gemeinsamen Erklärung. Die Männer trafen sich Montagnachmittag, um ihren Aufruf zu entwerfen. Zwei Monate später räumte Masur rückblickend ein, die politische Botschaft des Aufrufs – man wolle den Sozialismus reformieren – sei damals schon überholt gewesen: »Ich denke, es gibt eine ganze Reihe von Wörtern, die eine enorme Bedeutungswandlung durchgemacht haben.« Was er damals wollte, war das gleiche wie das Neue Forum: nämlich den Dialog, und nicht die Wiedervereinigung oder den Wettbewerb pluralistischer Parteien. Entscheidend jedoch war der demonstrative Effekt, nicht ideologische Spitzfindigkeiten.[89] Tatsächlich konnte Masur den örtlichen SED-Sekretären das Versprechen abringen, keine Gewalt anzuwenden, solange die Demonstranten friedlich blieben.[90] Mitunterzeichner Peter Zimmermann glaubte, daß der Aufruf seine Wirksamkeit der »moralischen Autorität« des Dirigenten zu verdanken hatte, es sei eine »Sicherheitspartnerschaft« gewesen zwischen drei SED-Funktionären, Masur und einem Theologen: »Diese Kombination im Angebot machte es akzeptabel – für die Demonstranten, für die Einsatzkräfte.«[91] Auf der anderen Seite gaben Masur und der mitunterzeichnende Kirchenmann ihr Wort, die SED sei darauf vorbereitet, mit dem nun viel beschworenen Kurs des »Dialogs« zu beginnen, den das Neue Forum und andere als so zentral herausgestellt hatten. Es war ein riskantes Geschäft: das minimale Vertrauen in die Behörden und die Disziplin der Menge gegen ernsthafte Gespräche über die Öffnung des Systems.

Hätten die Ereignisse in gewaltsame Unterdrückung umschlagen können? Ganz gewiß in einen Versuch der Repression. Die Behörden hatten sich für Zusammenstöße gerüstet und auch die Krankenhäuser vorbereitet. Die Berliner Führung konnte sich anscheinend jedoch nicht auf den Befehl einigen, die Demonstranten mit Gewalt aufzuhalten. Krenz soll Kotschemassow berichtet haben, er sei von Honecker gebeten worden, in Leipzig die Führung zu übernehmen, doch war Krenz offenbar vor allem daran interessiert, den sowjetischen Botschafter zu treffen und ihn zu mahnen, auf jeden Fall auf Gewalt zu verzichten. Andererseits waren Honecker, Mielke und andere von den alten Unentwegten durchaus bereit, den Einsatz von Gewalt, auch den von Feuerwaffen mitzutragen, falls es zu einer offenen Konfrontation kommen würde. Die nach Leipzig übermittelten Befehle haben den Einheiten dort offenbar freies Ermessen gelassen. Mit diesem Spielraum, den die lokalen Sicherheitskräfte für ihre Entscheidung hatten, war es möglich, daß die Entwicklung nicht notwendig auf Schießerei und Blutvergießen hinauslief, auch wenn das durchaus reale Möglichkeit blieb. Selbst die Polizisten, die nicht schießen wollten, hätten von Angst und Panik überwältigt werden können. Die ideologisch Verbohrten glaubten, man habe es nur mit Faschisten, Schlägern und Rowdies zu tun. Andere, vor allem die Hilfseinheiten, hatten einfach nur Angst, sie wußten gar nicht, was es hieß, Massenverhaftungen vorzunehmen.[92] Die Demonstrationen wurden von Tag zu Tag größer. Am Dresdner Bahnhof versammelten sich am 4. Oktober, als die versiegelten Züge mit den DDR-Bürgern aus der Prager Botschaft durchfuhren, 10 000 Menschen. Die Polizei setzte Schlagstöcke, Wasserwerfer, Tränengas ein, die Demonstranten antworteten mit

Pflastersteinen. Die Zusammenstöße wiederholten sich am folgenden Tag, und am 7. Oktober trieb die Polizei eine Menge von 30000 Menschen auseinander.[93] Am gleichen Tag gingen in der kleinen Stadt Plauen, ebenfalls an der Strecke der Emigranten, zehntausend Demonstranten auf die Straße und verbarrikadierten den Bürgermeister in seinem Rathaus. Alles schien auf eine gewaltsame Explosion hinauszulaufen.[94] 3000 Menschen gingen im sonst so ruhigen Potsdam auf die Straße. Am 8. Oktober versammelten sich in Dresden erneut Demonstranten, und die Polizei schien für den Einsatz gewaltsamer Mittel vorbereitet zu sein, als sich die Nachricht verbreitete, Bürgermeister Wolfgang Berghofer habe sich mit Kirchenleuten und anschließend mit einer Bürgerdelegation getroffen. Seine Bereitschaft, die zuvor Verhafteten freizulassen und einen kontinuierlichen Dialog zu beginnen – der erste politisch bedeutendere Regierungsvertreter, der vernünftig zu sein schien –, machten aus der Konfrontation ein Straßenfest. In der Nacht des 9. Oktober strömten 22000 ausgelassene Bürger zu »Informations«-Treffen in die Dresdner Kathedrale (die ehemalige Hofkirche) und drei andere innerstädtische Kirchen.[95] Und als am gleichen Abend 4100 meist junge Menschen zum Montagsgebet in den Magdeburger Dom strömten, war es das Dialogversprechen des Pastors, das – wie es in den Stasi-Berichten heißt – das Treffen friedlich verlaufen ließ: »Nun will man aber auch bezüglich des Dialoges Ergebnisse sehen; die Geduld dürfe nicht überspannt werden.«[96]

Die spannende Frage ist nicht, ob man damals Repressionen plante, sondern ob diese unter den bestehenden Bedingungen mehr als nur einen kurzen Aufschub gebracht hätten. Das erscheint sehr ungewiß. Die DDR verfügte nicht über diese unermeßliche Autonomie wie die VR China, die DDR-Führung konnte sich nicht unabhängig machen von der umfassenderen Bewegung innerhalb des Kommunismus, die Gorbatschow in Richtung Reform getrieben hatte. Wenn wir berücksichtigen, was wir von den Berliner Entwicklungen wissen, dann liegt eigentlich nahe, daß die Triebkraft der Ereignisse nicht mehr aufzuhalten war: Gewalt hätte die Lösung nur hinausgeschoben oder aber den Aufstand radikalisiert. In den kleineren Städten im Norden waren die Massendemonstrationen noch nicht explodiert, hier lebten weniger Intellektuelle und weniger Fabrikarbeiter. Gleichwohl füllten sich auch die Kirchen in Mecklenburg und Brandenburg; und es hätten sich auch dort Demonstrationen entwickelt. Vielleicht war es viel entscheidender, daß das Politbüro so tief gespalten war: Wer mit Gewalt reagieren will, braucht Entschiedenheit, und nur einige Mitglieder aus der alten Garde hätten diese noch aufgebracht. Zuletzt verfügte die Führung nicht mehr über die Klarheit oder Überzeugung, daß sie mit Erfolg zu gewaltsamen Mitteln hätte greifen können.

Berlin: Herrscher und Beherrschte

Im Gefolge der Leipziger Demonstrationen vom 2. Oktober und der Dresdner Zusammenstöße vom 4. Oktober wurde Berlin in die Bewegung hineingezogen. Dort hatten die Aktionen zwei Epizentren. Im modernen Zentrum von Ostberlin etwa zwei Kilometer östlich des Brandenburger Tors, in einem Viertelkreis, begrenzt von der S-Bahn-Kurve zwischen dem Bahnhof Marx-Engels-Platz im Norden, dem »Alex« (Alexanderplatz) im Osten und dem Roten Rathaus im Süden, einem weiteren Denkmal der Vorliebe für gepflasterte Plätze und funktionale Hotelbauten, standen sich die Massen und die Polizei gegenüber. Der Alex war die Straßenkreuzung der Ostberliner City, am Tage lebendig, aber öde in der Nacht. Nur wegen der Umsteigestationen von S- und U-Bahn war es ausgerechnet dieser Platz, auf dem sich die Massen zusammenfanden und auf dem die Polizei die Bahnausgänge kontrollierte.

Das andere Epizentrum befand sich ein paar Kilometer weiter im Norden, am Prenzlauer Berg, dem Viertel der selbsternannten Avantgarde in der DDR, von deren wortführenden Mitgliedern sich später einige als Stasi-Informanten herausstellten. Prägend für dieses Viertel sind die einst prächtigen, aber seit langem verfallenden Mietshäuser, deren abgebröckelte Fassaden noch immer die protzigen Giebel und von Karyatiden getragenen Balkone der bürgerlichen Gründerzeit erkennen ließen. Rund um den Kollwitz-Platz, einen freundlichen kleinen Park, in dessen Mitte, stets umringt von einigen Dutzend spielender Kinder, die sentimentale Bronzeskulptur der sitzenden Künstlerin steht, zeugten einige, auf

244 Die Herbstunruhen

1 Alexanderplatz
2 Rathaus
3 Palast der Republik
4 Marx-Engels-Platz
5 Staatsrat
6 Gebäude des Zentralkomitees der SED
7 Grenzübergang Bahnhof Friedrichstraße
8 Checkpoint Charlie
9 Potsdamer Platz
10 Brandenburger Tor
11 Reichstag
12 Charité
13 Zionskirche
14 Kollwitz-Platz
15 Gethsemane-Kirche
16 Grenzübergang Bornholmer Straße

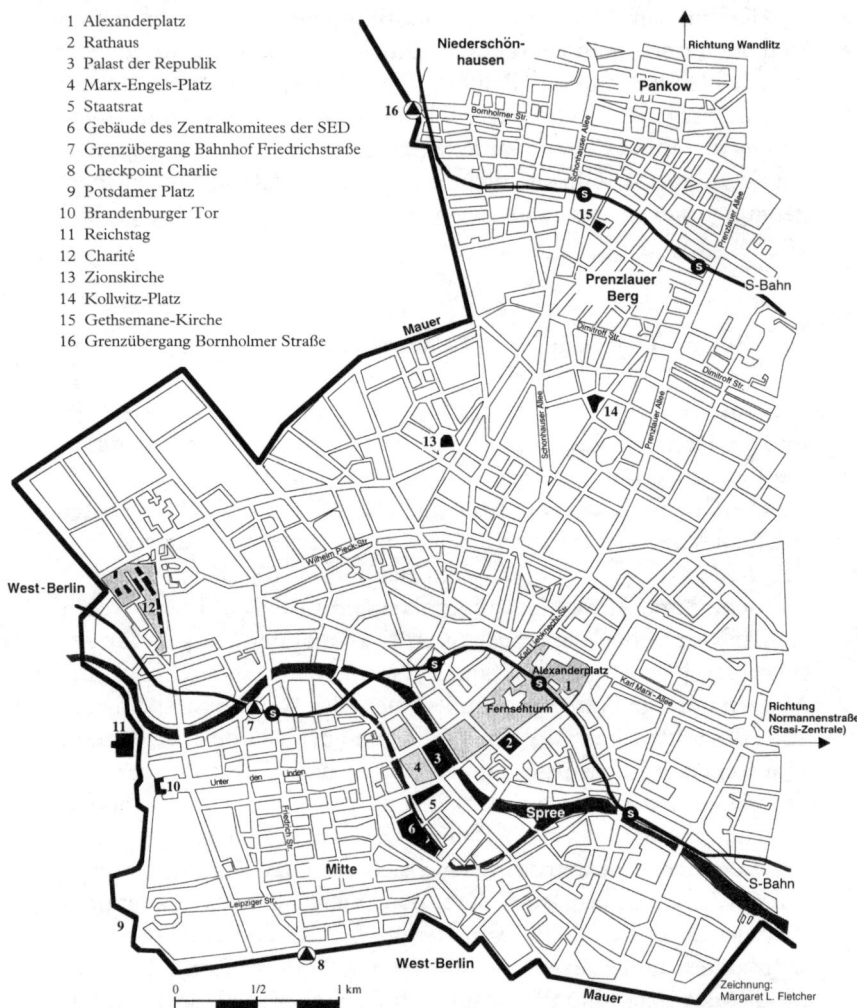

eigene Faust aufpolierte Cafés von einer langsamen Gentrifizierung. Etwa ein Kilometer weiter nördlich, nahe dem U-Bahnhof Schönhauser Allee, diente die in den neunziger Jahren des vorigen Jahrhunderts aus roten Ziegelsteinen errichtete neogotische Gethsemane-Kirche als Stätte für Friedensgebete und Nachtwachen. Ihr enges Portal öffnet sich in einen überraschend geräumigen Innenraum, der wie die weiten Hallenkirchen der Franziskaner gestaltet ist, wo es aber auch weitgeschwungene Seitenemporen gibt, die ungefähr 2000 Gottesdienstbesucher fassen konnten. Am 5. Oktober drängten sich hier Menschenmengen, ihre Kerzen flakkerten in der abendlichen Dunkelheit. Ganz in der Nähe verlief die Mauer, dort wurden auf westlicher Seite Kameras fest postiert, in der Hoffnung, die Demonstrationen verfolgen zu können.

Die Partei machte ihren Anspruch, die Herrschaft über die Innenstadt behalten zu wollen, in der folgenden Nacht ein letztes Mal geltend, als sie 100 000 Mitglieder der Freien Deutschen Jugend in einem Fackelzug an Honecker und Gorbatschow vorbeimarschieren ließ. Aber in den beiden folgenden Nächten des 7. und 8. Oktober versuchten Tausende von Protestlern ins Zentrum Berlins vorzudringen; sie versammelten sich erneut in den Straßen um die Gethsemane-Kirche. Der Student Martin M. verließ sein Haus am 7. Oktober um 20.15 Uhr, um die Aktionen aus erster Hand zu erleben, von denen in den Nachrichten berichtet wurde, und er fand die Kirche und die Treppen vollbesetzt: »Die Kerzen brannten, [es] sah phantastisch aus.« Die Polizei sperrte eine Straße nach der anderen ab, die Masse versuchte durchzubrechen. Die Polizei begann, auf die Menge einzuknüppeln. »Ich wußte gar nicht, wie hart so'n Gummiknüppel ist. Und in dem Augenblick hab' ich gedacht: Ja, ist richtig, daß ich hier bin.« Und er würde bleiben, bis zum Schluß. Die Polizei verhaftete mehrere Tausend Menschen, auf die nun eine Nacht voller Mißhandlungen wartete. Sie mußten in stinkenden und überfüllten Zellen mit nicht einmal den notwendigsten sanitären Einrichtungen ausharren. Martin M. verbrachte eine Woche der Angst in seiner Massenzelle als einer der »Krawallmacher«, die, wie die offizielle Nachrichtenagentur der DDR im Neuen Deutschland berichtete, versucht hätten, die Feierlichkeiten zum 40. Jahrestag zu stören. Als er schließlich entlassen wurde, stellte er fest, daß seine Eltern seine Gedichte und Briefe verbrannt hatten, weil sie eine Durchsuchung befürchteten.[97]

Die Vorbeugehaft oder »Zuführungen« hatten in mehrfacher Hinsicht bemerkenswerte Folgen. Einerseits erschienen die Konfrontationen des 7. und 8. Oktober traumatisch. Das Regime setzte 16 000 Polizisten ein und verhaftete in den zwei Nächten 1047 Demonstranten. Wie die Inhaftierten später berichteten, wurden sie mit Schlagstöcken traktiert, in Polizeiwagen zum Gefängnis gefahren, in Garagen zusammengedrängt, bedroht und auch geschlagen, tagelang bei begrenztem Zugang zu Toiletten festgehalten. Ihre gelegentliche Berufung auf die Verfassung der DDR wurde ignoriert und blieb erfolglos. Nur sehr junge Inhaftierte sollen in die Obhut ihrer Eltern entlassen worden sein. Doch dieses letzte Durchgreifen machte die Bürgerschaft nur noch wütender. Nachdem das Regime zerfallen und die Mauer offen war, sollte eine wachsende Zahl von Bürgergruppen, Künstlern, Akademikern und anderen eine Untersuchung dieser Ereignisse fordern. Die Berliner Stadtregierung ernannte eine Kommission, die die Gefängnisse inspizieren sollte; je ein Drittel der Kommissionsmitglieder wurden aus Stadtverwaltung und Justizstellen rekrutiert, ein Drittel war unabhängig. Diese Kommission erklärte sich rasch bereit, mit einem unabhängigen Untersuchungskomitee zusammenzuarbeiten, das am 3. November von der Akademie der Künste, demokratischen Bürgerinitiativen und Kirchenleuten gebildet wurde. Ende November hatten sie eine Menge Zeugenaussagen gesammelt – eine Auswahl davon wurde zur öffentlichen Verteilung vervielfältigt.[98] Mit dem Niedergang der SED wurde die Polizei kooperativ; Polizeiaufgebote wurden abgezogen, Anklagen gegen Demonstranten fallengelassen. Dennoch kam die Untersuchung während der folgenden Monate nicht wirklich voran. Demonstrationsteilnehmer, die sich immer noch voller Empörung an die Polizeiaktionen erinnerten, waren enttäuscht, daß keine Sanktionen erfolgten. In seinem Bericht über die Arbeit der Kommission läßt Hans-Dietrich Schmidt, der an der Universität Psychologie lehrte, einige Resignation erkennen.[99] Es zeichnete sich ab, daß die Polizeiführung nicht bestraft werden würde. Zu dieser Zeit wurde aber auch deutlich, daß das Verhalten der Polizei ein zweitrangiges Problem war verglichen mit der heimtückischen Rolle der

Stasi in den Jahren zuvor. Es war äußerst schwierig, Recht zu sprechen, wenn so viele in diesem Geflecht von Informantentum und Denunziation mitgewirkt hatten. Gleichwohl bleibt im Rückblick bemerkenswert, daß die Verhaftungen, die häufig von grundlosen Schlägen begleitet und sicherlich erniedrigend waren, keine langen Haftstrafen nach sich zogen, und diese auch gar nicht nach sich ziehen konnten. Eine Woche in einer überfüllten Zelle war kein Gulag. Polizeigewahrsam ohne Vernehmung und Verhandlung war die letzte und kaum noch wirksame Reaktion des Regimes.

Verfolgen wir noch einmal das Crescendo des Volksaufstands. Zugladungen junger Bürger fuhren voller Hoffnung ins Exil. Am 2. Oktober die ersten Massendemonstrationen in Leipzig; am 5. Oktober strömten die Massen aus der Gethsemane-Kirche in Berlin; am 7. und 8. Oktober, kaum hatte der sowjetische Präsident sein Flugzeug bestiegen, kam es erneut zu massiven Zusammenstößen in der Hauptstadt, während die SED-Stadtoberen in Dresden nach den Zusammenstößen in der Nähe des Hauptbahnhofs formellen Gesprächen mit Bürgervertretern zustimmten; am 9. Oktober der erneute Triumph der Massen in Leipzig. Auf welchen Rest an Legitimität hätte sich das Regime noch beziehen, wie hätte es seine Glaubwürdigkeit zurückgewinnen können, wenn es noch immer die üblichen Drahtzieher, Rowdies oder westlich-kapitalistischen Verschwörer für die Ereignisse verantwortlich machte?

Was glaubten die führenden Politiker des Regimes, wie bewerteten sie das Geschehen tatsächlich? Wir sind in der glücklichen Lage verfolgen zu können, wie das Politbüro den Verfall seiner Autorität wahrnahm, weil die Stasizentrale gestürmt wurde und die Demonstranten alles daransetzten, daß die Akten des Staatssicherheitsdienstes in die Hände von Bürgerkomitees gerieten, die die Geschichte der Unterdrückung aufarbeiten sollten; außerdem stehen uns die frühen Veröffentlichungen oppositioneller Historiker aus der DDR zur Verfügung. Lokale Informanten haben ihre Berichte über »negative und feindliche Kräfte« nach Berlin geschickt, dort wurden sie von der Zentralen Auswertungs- und Informationsgruppe (ZAIG) vorsortiert und an Minister Erich Mielke weitergeleitet, der Teile dieses Materials dem Politbüro und Honecker selbst mitteilte. Die Akten enthalten auch Mitschriften von einigen der entscheidenden Sitzungen, die sich mit der wachsenden Unruhe befaßt haben. Weiterhin verfügen wir über einige der unmittelbaren Erinnerungen der Hauptakteure: Transskripte von Bandaufnahmen mit einem irgendwie benommenen Erich Honecker, der vom einst entschlossenen, wenn auch irregeleiteten ersten Mann zu einem entmachteten Gefangenen geworden war; dann das kurz nach den Ereignissen erschienene Buch *Wenn Mauern fallen* von Egon Krenz, in der ernsten und doch banalen Prosa eines Menschen geschrieben, der über Jahre in der Jugendorganisation der Partei aufgestiegen war; den Bericht *Das Politbüro* von Günter Schabowski, dem noch am wenigsten voreingenommenen politischen Beobachter aus den Reihen des alten Regimes. Setzt man all das zusammen, beginnt man zu begreifen, nach welchen inneren Mechanismen das Regime funktionierte.

Dank seiner Informanten war dieses Regime heimlicher Zeuge von nahezu jedem Versuch, Dissens zu organisieren. Sicherlich hat die Verletzlichkeit seiner Führer, ihr wachsendes Bewußtsein der Isolation und ihr innerer Zwang, Agitation von jenseits der Grenze für den Verfall der Loyalität verantwortlich zu machen, auch die Berichte bestimmt, die sie erhielten. In jeder Organisation neigen Untergebene dazu, schlechte Nachrichten zu unterdrücken. Nachdem sie jahrelang geschnüffelt und die orthodoxe Linie verteidigt hatten, waren die oberen Ränge des Ministeriums für Staatssicherheit kaum vorbereitet, das Potential der Unzufriedenheit in seinem wahren Umfang zu erfassen. Es fiel ihnen gewiß nicht schwer, die Manifestationen der Unzufriedenheit zu zählen; die Erkenntnissperren lagen dort, wo es um die hausgemachten Gründe ging. Das Ministerium sammelte die Berichte über Ökologiegruppen und verfolgte, wie der Pastor der St. Lukas-Kirche und Superintendent Magirus in Leipzig oder der Lutherische Bischof in Dresden den Kreis der Sympathisanten erweiterten.[100] Der Bericht vom 1. Juni enthielt eine detaillierte Aufstellung dort »subversiv« genannter Gruppen, die seit den achtziger Jahren entstanden waren und meist unter dem Dach der protestantischen Kirchen Schutz fanden. Immer wieder findet man die Vermutung, sie seien von den Botschaften der Bundesrepublik, Großbritanniens oder der USA unterstützt worden und sympathisierende Fernsehkorrespondenten westdeutscher Sender hätten ihnen geholfen, ihre Botschaften zu verbreiten.[101] Es gab rund 160 solcher Gruppen und 10 Koordinationskomitees, die offen für Umweltschutz, Frieden und ähnliche Ziele agitierten.[102] Die Informanten berichteten von der Versammlung von 1500 Menschen in der Sophienkirche am 7. Juni – eine »Veranstaltung, die kaum einen religiösen Bezug hatte« – und in der Gethsemane-Kirche in der folgenden Nacht, wo in Gegenwart von westlichen Korrespondenten und einem Angehörigen der amerikanischen Botschaft der Wahlbetrug des Vormonats diskutiert wurde. Der Stasibericht zeigt, wie genau man über die Diskussionen unter evangelischen Kirchenoberen unterrichtet war; diese hätten vor jeglicher anschließenden öffentlichen Demonstration außerhalb der Kirche gewarnt.[103] Auch die Kontroverse der Jahre 1990/91 über die Gespräche, die der Leiter des Konsistoriums der Brandenburger Landeskirche (und spätere Ministerpräsident Brandenburgs) Manfred Stolpe mit der Stasi geführt hat, zeigt, wie leitende Mitarbeiter der evangelischen Kirche versuchten, die beschriebene Autonomie ihrer Kirche zu erweitern, indem sie dem Regime versicherten, wie begrenzt ihr Dissens war. Stolpe in Brandenburg, Pastor Zimmermann, der den Aufruf »Keine Gewalt« in Leipzig unterschrieben hatte, und andere waren gefangen in einem Netz von Berichterstattung und Kollaboration. Wenn man sich nicht dazu entschließen konnte, die DDR zu verlassen oder auf öffentliche Aktivitäten ganz zu verzichten, mußte man den Preis zahlen und bis zu einem gewissen Grad kollaborieren: Das bedeutete Berichte über Treffen im Ausland, Berichte über das eigene Tun, Selbstrechtfertigung, führte wohl auch zum Versuch, das Ministerium von den eigenen guten Absichten zu überzeugen, manchmal auch zu direkter Denunziation. Saß man erst einmal am Tisch des Vernehmungsbeamten, wird es schwer gewesen sein, das Ausmaß der eigenen Enthüllungen zu begrenzen. Das Regime verstrickte selbst seine Gegner in ein Netz alles durchdringender Denunziation.[104]

Einen Monat später erschien ein detaillierter Bericht über die Menschen, die das Land verlassen hatten. Er verzeichnete eine Zunahme gegenüber dem gleichen Zeitraum von sechs Monaten im Vorjahr, die Zunahme war alarmierend, auch wenn man sich einredete, diese Flüchtlinge hätten sich vom Lebensstandard im Westen verführen lassen oder aus persönlichen Problemen gehandelt.

Obwohl das Regime tat, was es konnte, es wurde immer schwieriger, die Ausreiseanträge zu unterdrücken.[105] Ausreisewillige waren überwiegend aktiv Beschäftigte, darunter auch gut ausgebildete Fachleute. Parteiaktivisten versuchten, die Ausreisewilligen von ihren Plänen abzubringen, aber trotz des Drucks zogen nur wenige ihren Antrag zurück.[106]

Die Berichte sprechen von Subversion, Provokationen, von feindlichen und negativen Kräften. Gleichwohl bezeugten die Informanten ausdrücklich die soziale Unzufriedenheit und Beschwerden und verzeichneten auch den erlahmenden Geist in den Reihen der Parteitreuen. Am 31. August trafen sich die regionalen Kommandeure des Ministeriums für Staatssicherheit, um über Demonstrationen zu diskutieren, die möglicherweise den bevorstehenden »Weltfriedenstag« stören könnten. Dem lag ein nicht sehr entschiedener, aber enthüllender Bericht aus dem Süden der Republik zugrunde. Generalmajor Hähnel, der Berliner Kommandeur, berichtete, daß zeitweilige Gegenmaßnahmen die Wahlproteste vom Juni und Juli unterdrückt hätten; es sei gelungen, offene Demonstrationen unter Kontrolle zu bekommen, aber die protestantischen Kirchenführer hätten aktiv neue Vereinigungen gefördert. (Pastor Hilsberg von der Golgatha-Kirche hatte zugestimmt, das Ministerium vom Fortschritt der Initiative zu informieren.) Erich Mielke habe verlangt, loyale Parteigenossen zu mobilisieren, und nach der Stimmung in den Fabriken gefragt. Hähnels Antwort: »Das ist natürlich eine ganz komplizierte Frage, Genosse Minister, im Augenblick.« Mielke: »Das ist eine sehr einfache Frage. Das ist eine Frage der Macht, nichts weiter.« Sein militärischer Berater war sich dessen offenbar nicht so sicher. Die Bevölkerung schaue Westfernsehen, loyale Parteigenossen seien entsetzt über das Verständnis, das die Botschaftsflüchtlinge fanden; alles, was das Regime erreicht habe, zähle demgegenüber wenig. Mielke selbst sprach es aus: »Sie anerkennen die Vorzüge des Sozialismus ... aber trotzdem wollen sie dann weg, weil, das betrachten sie als Selbstverständlichkeit ... Wir wollen ja hier etwas finden und wollen suchen und finden, was wir vorschlagen können, was noch verbessert werden kann.« Doch nach Ansicht des skeptischen Militärberaters hatte man zu wenig Aufschwung zu bieten. Besonders die Flucht junger Leute sei demoralisierend. Sie zeige »die gesamte

Palette der Versorgungsprobleme, das ist eine Palette der Durchsetzung der Prinzipien der Leistungsgesellschaft, daß wirklich jeder gefordert wird und nur das bekommen sollte, was er wirklich ehrlich erarbeitet hat.«[107] Stasispitzel berichteten auch, warum die Bürger ihres Staates so überdrüssig waren. Ihre Klagen beträfen »Unzufriedenheit über die Versorgungslage; Verärgerung über unzureichende Dienstleistungen; Unverständnis für Mangel in der medizinischen Betreuung und Versorgung; eingeschränkte Reisemöglichkeiten innerhalb der DDR und nach dem Ausland; unbefriedigende Arbeitsbedingungen und Diskontinuität im Produktionsablauf; Unzulänglichkeiten/Inkonsequenzen bei der Anwendung/Durchsetzung des Leistungsprinzips sowie Unzufriedenheit über die Entwicklung der Löhne und Gehälter; Verärgerung über bürokratisches Verhalten von Leitern und Mitarbeitern staatlicher Organe, Betriebe, und Einrichtungen sowie über Herzlosigkeit im Umgang mit den Bürgern; Unverständnis über die Medienpolitik der DDR.«[108]

Stasiagenten waren sehr entsetzt über diesen Verlust an Rückhalt. Nach den überlieferten Protokollen zu urteilen, haben sie ihre Rolle, daß sie nämlich in erster Linie Polizeiagenten waren, gar nicht wirklich begriffen. Natürlich waren sie eine riesige Agentur mit keiner anderen Aufgabe, als Nachrichtenmaterial zu sammeln, zu schnüffeln, unter möglichen Feinden des Regimes Zweifel zu säen. In ihren großen Zentralen in der Normannenstraße in Berlin oder an der »Runden Ecke« in Leipzig sammelten sie Dossiers in kilometerlangen Regalen. Über Dampf öffneten Agenten Abertausende von Briefen und verschlossen sie wieder. Sie entwickelten falsche Bäuche, in denen sich Kameras verstecken ließen. Sie wischten die Stühle ab, auf denen sie Verdächtige bei der Befragung hatten sitzen lassen, und steckten die kleinen Lappen in Gläser: die sogenannten Geruchskonserven, falls sie einmal Hunde einsetzen müßten, um diese Menschen zu verfolgen. Sie verhörten die Familien und beschlagnahmten das Notizbuch eines Studenten, der den Trabbi unvorteilhaft mit dem Golf verglichen hatte. Sie waren bestrebt, in ihrer Republik jegliche Form von unabhängigem Denken zu überwachen. Motiviert war dieses gelegentlich absurde Ziel von der mitteleuropäischen Tradition staatlicher Bevormundung, im Grunde vom kameralistischen Begriff der »Polizei«. Je mehr Bürger sie zu »inoffizieller Mitarbeit« verführen konnten, desto eher würden sie ihre Untertanen vor abweichendem Denken und Tun bewahren können. »Ich war überzeugt, daß das Ziel der SED, einen sozialistischen Staat, eine sozialistische Gemeinschaft aufzubauen, für alle Menschen machbar und gut ist«, so ein Stasi-Offizier 1990.[109] Tatsächlich verstand das Ministerium für Staatssicherheit seine kollektive Aufgabe nicht als polizeiliches Tun, sondern als gesellschaftliche oder Sozialarbeit. Und am Ende waren die Agenten verblüfft, daß ihre Klienten über diese »väterliche« Überwachung derart verärgert waren.

Während der Sitzung vom 31. August erinnerte Minister Mielke an den Aufstand von 1953 und stellte Oberst Dangrieß aus Gera die schwierige Frage: Ob es denn wieder soweit sei, daß morgen ein 17. Juni stattfinden könne? »Der ist morgen nicht, der wird nicht stattfinden, dafür sind wir ja auch da.«[110] Doch ein Gebietskommandeur nach dem anderen wies auf Demoralisierung und Unzufriedenheit hin – auf die sinkende Wertschätzung der Errungenschaften des Sozialismus, auf Klagen über die wirtschaftliche Situation. Generalleutnant Gehlert berichtete über die Entfremdung von Ärzten in Karl-Marx-Stadt, wo das Dach des Krankenhauses seit 1980 nicht mehr repariert worden sei und sich zwölf Krebspatienten ein Zimmer und ein Waschbecken teilen müßten.[111] Und aus Leipzig hieß es: »Die Stimmung ist mies. Es gibt umfangreiche Diskussionen über alle berechtigten und unberechtigten Probleme, die es gibt, und was uns hierbei besonders bewegt, es gibt solche miesen Stimmungen auch innerhalb der Parteiorganisation. ... Ansonsten, was die Frage der Macht betrifft, Genosse Minister, wir haben die Sache fest in der Hand, sie ist stabil. Wir haben auch nicht eine solche Situation, wie wir das aus der Vergangenheit kennen [1953], aber es ist außerordentlich hohe Wachsamkeit erforderlich... Es ist tatsächlich so, daß aus einer zufällig entstandenen Situation hier und da auch ein Funke genügt, um etwas in Bewegung zu bringen.«[112] Mielke wollte bereit sein. Demonstrationen, besonders solche mit symbolischen Elementen wie Kerzen, seien zu unterdrücken. Kirchenleute würden auf Grenzen achten, gleichwohl seien Berlin, Leipzig und Dresden gefährlich. Immer noch hätten die Kirchen das Recht, Gottesdienste abzuhalten, und Interventionen führten zu nur noch mehr Ärger. Überall heiße es, wachsam zu sein, stets könne es zu Zwischenfällen kommen: »Daß man darauf eingestellt ist, das ist überhaupt unsere wichtigste Aufgabe in der DDR. Und die ganze Wut und der Haß des Feindes besteht darin, sie möchten zu einer ganz großen Geschichte kommen.«[113]

Das Regime und seine Kader waren sich jedoch untereinander nicht mehr einig. Krenz und Schabowski, die die offiziellen Freundschaftsdelegationen in China geleitet hatten, sollen mit der Überzeugung heimgekehrt sein, daß der Einsatz von Gewalt gegen Demonstranten kein angemessenes Mittel sei.[114] Die nach der Öffnung der ungarischen Grenze wachsende Zahl von Ausreisewilligen enthülle eine deutliche Krise, »allen Bemühungen um Pseudostabilität« zum Trotz.[115] Informanten des Ministeriums für Staatssicherheit nahmen kein Blatt vor den Mund. In einer Notiz, die den Autoritätsverfall des Regimes belegt, schrieb die Zentrale Auswertungsgruppe (ZAIG), selbst Mitglieder der SED glaubten, »daß die sozialistische Staats- und Gesellschaftsordnung in der DDR ernsthaft in Gefahr ist. ... Viele Werktätige, einschließlich zahlreiche Mitglieder und Funktionäre der Partei, sprechen ganz offen darüber, daß die Partei- und Staatsführung nicht mehr in der Lage und fähig sei, die Situation real einzuschätzen und entsprechende Maßnahmen für dringend erforderliche Veränderungen durchzusetzen.« Die Führungskader seien zu alt, um konstruktiv zu reagieren.[116] Dennoch, trotz der Hilflosigkeit des Regimes war die Situation noch nicht reif zur Diskussion darüber, ob man das System nicht aufgeben müsse. Krenz und Schabowski, die späteren Kritiker, erklärten, sie seien mit der Rigidität des Regimes zunehmend uneins gewesen, auch wenn sie den Hardlinern nicht entgegentraten. Auf der Politbürositzung von Anfang September – deren Vorsitz ein kranker Honecker dem selbsternannten Verteidiger der Parteilinie Günter Mittag übertragen hatte – fragte der frühere stellvertretende Ministerpräsident Werner Krolikowski, ob die Regierung nicht eine Erklärung zur Situation in Ungarn abgeben müsse, wenn auch nur deshalb, um für die Schwierigkeiten, wie üblich, die geheime Verführung durch den Westen verantwortlich zu machen. Schabowski will daraufhin die Frage gestellt haben, welche positive Absicht eine solche Erklärung verfolge: Wie man denn darauf vorbereitet sei, den Reisebeschränkungen und den ökonomischen Mängeln zu begegnen, die so entfremdend wirkten? Seine Haltung wurde unterstützt von den Gebietssekretären aus Karl-Marx-Stadt, Cottbus und Halle. Kurt Hager, der Chefideologe der Partei, verlangte, man solle diese Debatte verschieben, bis Honecker wieder den Vorsitz übernehmen könne. Im Rückblick betrachtete Schabowski diese Vertagung als verhängnisvoll; damals aber habe der Vorschlag die Situation innerhalb des Regierungszirkels beruhigt. Eine solche Debatte bis hin zum Angriff auf den Vorsitzenden – ob anwesend oder nicht – treiben zu können schien noch immer hoffnungslos.[117]

In dieser Situation war keine wirklich offene Debatte möglich, wenn man keine Personaldebatte eröffnen wollte. Jede Kursänderung hätte einen Personalwechsel bedeutet. Gab es denn einen möglichen Nachfolger? Willi Stoph war als Vorsitzender des Ministerrates Staatsoberhaupt und hatte, wie aus einem Bericht des Berliner KGB-Chefs hervorgeht, versucht, für eine Absetzung von Mittag und Honecker Rückendeckung aus Moskau zu erhalten.[118] Stoph, der in den achtziger Jahren Schürer gegen Mittag unterstützt hatte, erklärte den Sowjets, daß mindestens ein Drittel der Politbüromitglieder Honecker fortwünschte, aber er selbst, als alter Parteikämpe, identifizierte sich zu sehr mit der Partei, um einen Reformversuch anzuführen. Ebensowenig konnte das Schabowski; trotz seines schnellen Aufstiegs in die Berliner Führung – er war gewiß nicht ganz so unorthodox, wie er sich in seiner späteren Erinnerung darstellte – war er ein zu bedeutungsloser Apparatschik. Auch Modrow war neu in der Runde und genoß außerhalb Sachsens noch zu wenig Vertrauen. Blieb Krenz, der wie Honecker vor ihm die Jugendorganisation leitete und von Schürer angesprochen worden war. Es schien unwahrscheinlich, daß ein aus dem Amt vertriebener Honecker Mittag als Nachfolger einsetzen könne, dem angesichts der gärenden ökonomischen Krise und seiner Selbstgerechtigkeit mittlerweile gründlich mißtraut wurde. Jedenfalls kam Gorbatschow, die Feierlichkeiten zum 40. Jahrestag zu unterstützen: Honecker wollte keine unziemlichen Störungen; und alle, deren Unzufriedenheit wuchs, hofften, der sowjetische Vorsitzende würde erneut Druck ausüben. Der erste Mann der DDR, möglicherweise unter dem Eindruck seiner physischen Schwäche, schien Mittag mehr Funktionen zu übertragen. Tatsächlich dachten die übrigen

Mitglieder des Politbüros (irrtümlich, wie sich herausstellen sollte), daß Honecker Mittag favorisiert habe, indem er ihn am Morgen des 7. Oktober zum persönlichen Treffen mit Gorbatschow hinzuzog und das Staatsoberhaupt Willi Stoph überging.

War Gorbatschow bereit, in die deutsche Situation einzugreifen? Spätere Berichte machten großes Aufheben um die Warnung, die er bei seinem Staatsbesuch aussprach: »Wer zu spät kommt, den bestraft das Leben.« Tatsächlich übte sich der Führer der Sowjetunion in Zurückhaltung. Er würde die brüderliche Feier kaum dazu nutzen, um die Führung seines empfindlichsten und ökonomisch stärksten Verbündeten zu schwächen. Im Jahr 1989 waren beide Länder sehr damit beschäftigt, ihre wirtschaftlichen Beziehungen zu stabilisieren und zu intensivieren: Wie wir in Kapitel Zwei gesehen haben, brauchten die Sowjets deutsche Werkzeugmaschinen und Computersachkenntnis; die Deutschen wiederum waren abhängig vom russischen Erdöl. Im Herbst 1988 hatten die beiden führenden Politiker Vereinbarungen über eine fortgesetzt enge Zusammenarbeit paraphiert. Was ihre ideologischen Divergenzen anging, so waren beide Seiten stillschweigend übereingekommen, unterschiedlicher Meinung zu sein. Honecker mochte sein Festhalten am Kommunismus noch so pathetisch beteuern und sein Studium in Moskau im Jahr 1931 sentimental beschwören, an seinem hartnäckigen und spürbaren Widerstand gegen Glasnost und Perestroika änderte das gar nichts. Er wollte nicht wirklich zuhören, wenn Gorbatschow seit dem Herbst 1986 immer wieder auf das Thema eines gemeinsamen europäischen Hauses zurückkam. Tatsächlich hatte Kurt Hager im April 1987 mit Blick auf die Perestroika die Frage gestellt, ob man denn die eigene Wohnung neu tapezieren müsse, nur weil der Nachbar das getan habe. Auch als der sowjetische Botschafter Anfang 1988 Moskaus Bewertung der internationalen Lage verdeutlichte und betonte, welche Bedeutung die Sowjets ihrer Kooperation mit der Bundesrepublik beimäßen, nahm Honecker diese Botschaft nicht wirklich auf.[119] Während der Treffen der Staaten des Warschauer Pakts betonten die Vertreter der DDR die Gefahr, die noch immer von der NATO und westdeutschen Kreisen ausgehe, während Russen, Ungarn und Polen die Möglichkeiten der Zusammenarbeit hervorhoben. Wenn Honecker auch gelegentlich von den Risiken beunruhigt war, auf die sich die Sowjets einließen, so meinte er noch immer, sich auf seine eigene standhafte Bastion des Sozialismus verlassen zu können. Dieses Selbstvertrauen aber beruhte auf einer Fehleinschätzung der Lage im eigenen Land. Bis zum Ende begriff er nicht, wie sehr sich die gesamte Bevölkerung der DDR entfremdet hatte und, was nicht weniger gravierend war, wie desorientiert mittlerweile auch einige der Parteikader waren.

Gleichwohl: Gorbatschow war nicht bereit, einen Wechsel in der Führung zu erzwingen. Während seines ersten Besuches am 7. Oktober traf er sich zuerst mit Honecker und Stoph und hörte, wie der erste Mann der DDR sich über Ungarns Verrat beklagte. Im eigenen Land dagegen sei alles in Ordnung, und Honecker fügte selbstgefällig hinzu: »Eure Probleme sind bedeutend schlimmer als die unsrigen.« Als sich der sowjetische Führer dann mit dem gesamten Politbüro traf, stellte er die selbstbewußte Einschätzung von dessen Vorsitzendem nicht in Frage, sprach statt dessen über die Schwierigkeiten, auf die seine eigenen Reformen in der Sowjetunion stießen. Bei diesem Treffen soll er den berühmt gewordenen Satz gesagt haben, daß die Geschichte den bestrafe, der zu spät komme. Krenz und andere bezogen dies als Warnung auf sich, obwohl Gorbatschow, wie er Krenz später sagte, dabei über seine eigenen Erfahrungen sinniert haben wollte.[120] Welche Differenzen auch immer bestanden, für die öffentlichen Auftritte der Führungsriege der DDR mit Gorbatschow wurden sie heruntergespielt. Der russische Präsident reiste schließlich wieder ab, und als er in den Wagen zum Flughafen stieg, soll er einige Abweichler im Politbüro gedrängt haben zu handeln, bevor es zu spät sei – eine Bestätigung dafür haben wir nicht. Wahrscheinlicher ist es, daß er seinen eigenen Botschafter anwies – der die Weisung an seinen Stab weitergab –, keinen Druck auf die deutschen Genossen auszuüben, die über ihre Politik selbst zu entscheiden hätten: »Keine Ratschläge geben! Zuhören, jedoch nicht kommentieren!« Sich raushalten also? Aber wie verhält sich das zu seinem Beharren, das mit den folgenden Sätzen überliefert ist? »Wir können die Destabilisierung der DDR und die Demontage des Sozialismus in der Republik nicht hinnehmen... Unter keinen Umständen dürfen wir die DDR verlieren.«[121]

Widersprüchliche Äußerungen sind häufig genaue Indikatoren für die Tiefe einer politischen Krise: Die Sowjets waren weder bereit, Honecker auszuschalten, noch dazu, dem Regime mit Gewalt den Rücken zu stärken. Als Krenz sich am Abend der Demonstration vom 9. Oktober bei Kotschemassow erkundigte, gab der Botschafter trotz der Anweisung, dies nicht zu tun, einen »kategorischen Rat: auf keinen Fall repressive Maßnahmen ergreifen und schon gar nicht mit der Armee«. Krenz war einverstanden; er wollte mit seinem Anruf vor allem mitteilen, daß er für eine andere Politik stand als Honecker. Es wurde jedoch klar, daß Honecker selbst gar nicht mehr resolut genug war, um auf einer militärischen Antwort zu bestehen, und daß die Führung in Berlin lokale Lösungen erwartete. Anscheinend überließ man die Parteiführung in Leipzig ihrem eigenen Ermessen, und diese ging auf den Appell »Keine Gewalt« ein, den bedeutende Persönlichkeiten vor Ort verbreitet hatten. Wir haben noch weitere Hinweise darauf, daß die Partei einen möglichen militärischen Eingriff erwog, als die Mauer einen Monat später fiel. Die SED hat die Sowjetunion zu keinem Zeitpunkt um militärische Unterstützung gebeten, und Kotschemassow wies die sowjetischen Kommandeure an, russische Truppen hätten in ihren Kasernen zu bleiben; ein Befehl, den die Moskauer Führung kurz bevor die Menge durch die Mauer brach, wiederholte.[122]

Schabowski und Krenz waren davon überzeugt, daß Honecker gehen müsse. Als die beiden am Morgen des 8. Oktober an einem Planungstreffen für Sicherheitsmaßnahmen im Stasi-Hauptquartier teilnahmen, zeigte Krenz Schabowski den Entwurf eines Kommuniqués für das *Neue Deutschland*, der das nächste Politbürotreffen zusammenfassen sollte. Trotz vorsichtiger Wortwahl: das Dokument sollte sowohl eine Debatte über die Führung einleiten als auch den Parteimitgliedern signalisieren, das Politbüro werde sich mit der Unzufriedenheit befassen, die aus der ökonomischen Situation resultiere und durch die Massenemigration signalisiert werde. Nachdem Krenz und Schabowski das Kommuniqué abgestimmt hatten, wurde es Honecker vorgelegt. Dieser war verärgert, versuchte Krenz am selben Tag mit einem Telefongespräch davon abzubringen; gleichzeitig soll er angedeutet haben, daß der Herausforderer als zukünftiger Nachfolger vorgesehen sei, auch wenn es bislang immer so ausgesehen habe, als habe er, Honecker, Günter Mittag favorisiert. »Mach, was du willst. Du wirst schon sehen, was du davon hast«, habe er schließlich gewarnt. Die Verschwörer riefen die Mitglieder zusammen, von denen sie annahmen, sie würden ihre Pläne unterstützen oder sie zumindest nicht völlig ablehnten, und wollten sie auf die Auseinandersetzung vorbereiten. Auf ihrer Seite standen Siegfried Lorenz, Harry Tisch, der Vorsitzende des Freien Deutschen Gewerkschaftsbundes (FDGB) und einige Bezirkssekretäre; Mittag, Krolikowski, Mielke und Joachim Herrmann waren eindeutig gegen einen Führungswechsel. Während der eigentlichen Sitzung am nächsten Tag richtete Honecker den größten Teil seiner Empörung auf einen Bericht darüber, daß die desillusionierte Parteijugend die Führung für zu alt für ihre Aufgabe hielt. Die Debatte über das Krenzpapier verlief enttäuschend: Die meisten Diskutanten, so glaubte Schabowski, mochten angenommen haben, die Verlautbarung sei als Diskussionsbasis mit Honecker vereinbart worden. Dennoch wurde Unmut laut; und was sich zunächst gegen Mittags Rolle richtete, wurde bald zu einer allgemeinen Klage. Werner Jarowinski, verantwortlich für den Handel, ließ sich mit seiner Kritik am Versuch der DDR vernehmen, ausgerechnet bei solch gewöhnlichen Gütern wie Mikrochips Autarkie erreichen zu wollen. Alfred Neumann, 80 Jahre alt und selbst Vertreter der alten paternalistischen Garde, ließ seine schlechte Laune an Mittag aus, der, wie er glaubte, verhindert habe, daß er, Neumann, zu Ulbrichts Nachfolger ernannt worden war. Tatsächlich aber waren sich alle Sprecher einschließlich Mittag über den Ernst der Lage einig. Verteidigungsminister Heinz Keßler warnte vor Uneinigkeit in den eigenen Reihen. Honecker gab nach, er faßte als Konsens zusammen, daß es große Probleme gebe. Man habe keine andere Wahl, als ein Kommuniqué zu veröffentlichen, er drängte dennoch darauf, daß dessen Formulierung einer Arbeitsgruppe zusammengesetzt aus Krenz und zwei seiner alten Getreuen, nämlich Mittag und Herrmann, übertragen würde. Auf Krenz' Drängen nominierte er noch Schabowski, bestand aber darauf, daß die Beschlüsse zu Beginn seines eigenen Berichts zum 40. Jahrestag mit Krenz' Warnungen harmonisiert werden müßten. Tatsächlich ließen die vier Herausgeber die kritische Version im wesentlichen bestehen: So erfuhr die Welt, daß einige Einsichten in die prekäre Situation bis ins innere Heiligtum gedrungen waren. Kaum eine Basis, um quasi über Nacht das Vertrauen in ein bankrottes System wiederherzustellen![123]

Während der folgenden Woche schwand die Macht des Vorsitzenden weiter. Er verließ das Treffen vom 9. Oktober mehr oder weniger isoliert. Die Bezirkssekretäre der Partei, die nach Berlin gerufen worden waren, besonders Hans Modrow aus Dresden, beklagten, die nationale Führung biete keine Hilfe zur Überwindung der Krise, zu der die Demonstrationen während der letzten zehn Tage geführt hatten. Diskussionen in Berliner Fabriken mündeten in scharfer Kritik an den wirtschaftlichen Schwierigkeiten, die das Regime zu verantworten hatte; Schabowski erklärte Honecker, die Gemüter seien zu erhitzt, als daß man persönlich auftreten und loyale Arbeiter um sich scharen könne. Krenz und Schabowski sprachen über das Wochenende mit zehn oder elf der potentiellen Verbündeten über die nächste Politbürositzung am Dienstag, dem 17. Oktober; sie informierten den russischen Botschafter. Den ersten Stoß schließlich führte Willi Stoph, der Honeckers Eröffnungsbemerkungen unterbrach, um die Absetzung seines Meisters zu veranlassen. Vielleicht hoffte er dadurch seine eigene Position als Staatsoberhaupt zu retten. Und nun schonte den Generalsekretär kein Redner mehr, sogar Mittag lud seine Vorwürfe vor dessen Haustür ab. Mielke tobte, sein Chef habe ihn gezwungen, die so unpopuläre Politik durchzusetzen. Die Runde vereinbarte einstimmig, dem ZK auf seiner Sitzung am 19. Oktober die Absetzung Honeckers, Mittags und Herrmanns – verantwortlich für »Propaganda« – zu empfehlen. Honecker kapitulierte. Auf der nächsten Sitzung des Politbüros am 18. Oktober präsentierte er den Entwurf einer Rücktrittserklärung, die er dem ZK vorlegen wollte, das nun noch am gleichen Tag zusammentreten sollte. Als er dann seinen Text tatsächlich verlas, empfahl er, was Schabowski als machiavellistischen Trick einschätzte, das ZK möge Krenz zu seinem Nachfolger berufen: Dieser »Fluch des Pharaos« schadete Krenz' Glaubwürdigkeit als Reformer.[124]

Krenz blieb denn auch nur ein kurzes Interregnum. Er präsentierte sich dem ZK mit einer Rede, der es an Visionen mangelte; er versprach ganz allgemein, was zum Schlagwort für den gesamten Reformprozeß wurde: die sogenannte *Wende*; mit dem gleichen Wort war sieben Jahre zuvor Kohls Korrektur des Kurses der von ihm abgelösten Sozialdemokraten zusammengefaßt worden. »Eine Partei wie unsere«, erklärte Krenz, »hat keine anderen Interessen als das Volk. ... Unser historischer Optimismus resultiert aus dem Wissen von der Unabwendbarkeit des Sieges des Sozialismus, den Marx, Engels und Lenin begründet haben.« Nur sanft war Modrows Tadel, »daß es notwendig ist, zu erkennen, daß wir mit der heutigen Erklärung, die uns Egon gegeben hat, ein Stückchen weiter ausbauen können«.[125] Sechs Tage später bestätigte die Volkskammer Krenz routinegemäß als Vorsitzenden des Staatsrats, doch wurden zum ersten Mal in dieser gesetzgebenden Körperschaft Gegenstimmen abgegeben.

Der neue Vorsitzende – reif für eine Karikatur als »Krenzmann« im Umhang, als Wolf mit einem Maul voller riesiger Zähne, der sich wie im Märchen vom Rotkäppchen als Großmutter verkleidet hatte – setzte sich nie wirklich mit der in der Bevölkerung wachsenden Unruhe auseinander. Er versprach Wahlen auf der Basis der Verfassung, die die »führende Rolle« der SED garantiere, und er beschwor eine »marktorientierte sozialistische Planwirtschaft«. Dialog blieb das Wort des Tages, aber wie es aussah, würden die Ergebnisse des Dialogs begrenzt bleiben.[126] Die Montagsversammlungen blieben gigantisch – die Stimmung war weniger gespannt, sie glichen eher großen Bürgerfeiern, in deren Verlauf bald das Thema Wiedervereinigung auftauchte. In Leipzig wurde am 22. Oktober das erste der »Sonntagsgespräche« veranstaltet, zu denen sich SED-Führer und die Protestler des Neuen Forums trafen, um über notwendige Reformen zu diskutieren. Am 4. November verfolgten eine halbe Million Menschen auf dem Alexanderplatz die Reden von Schriftstellern und Künstlern, die mehr Reformen verlangten – vor allem das Recht zu reisen. Diese riesige Kundgebung auf dem »Alex« war ein Höhepunkt der Demonstrationen, doch lief dieses Ereignis mehr auf die Bestätigung des anlaufenden Transformationsprozesses hinaus als auf eine revolutionäre Herausforderung. Die Organisatoren versuchten das breiteste Spektrum von Teilnehmern einzubeziehen, es reichte von Rednern des Neuen Forums über führende Schriftsteller wie Christoph Hein und Christa Wolf bis hin zu Markus Wolf, dem Chef der DDR-Spionageabwehr. Die Demonstranten machten deutlich, daß die neue Regierung das ungehinderte Recht auf Reisen ins Ausland gewähren mußte, um guten Willen zu beweisen.

Wie die Ereignisse bald zeigen sollten, war es in der veränderten

Landschaft des osteuropäischen Kommunismus unmöglich geworden, bei einer halbherzigen Liberalisierung stehenzubleiben. Das Team um Krenz hatte am 20. Oktober Beratungen über die Liberalisierung des Rechts zu reisen und auszuwandern aufgenommen, die Grenze zur Tschechoslowakei wurde am 1. November wieder geöffnet. Die neuen Regelungen, die am 6. November angekündigt wurden, erschienen als ein schüchtern bürokratischer Kompromiß: Auslandsreisen nach Genehmigung durch die Behörden und für höchstens einen Monat pro Jahr. Die vorgeschlagene Gesetzesänderung sollte vor ihrem Inkrafttreten außerdem noch einen weiteren Monat diskutiert werden. Gleichzeitig mit der Ankündigung dieser Reform verlangte eine Massendemonstration in Leipzig – nur zwei Tage nach der gigantischen Versammlung auf dem Alexanderplatz – Reisen ohne Visum oder gesetzliche Regelung, forderte den Sturz der Mauer und sogar der SED-Regierung.[127] Berichte aus Prag zeigten unterdessen, daß seit dem 1. November die westdeutsche Botschaft erneut gestürmt wurde. Diesmal drängte der tschechische Parteisekretär Jakeš Krenz dringend, den DDR-Bürgern, die nach Prag und in die Botschaft strömten, die Reise in die Bundesrepublik sofort zu erlauben. Am 3. November sah das Politbüro ein, daß ihm keine Wahl blieb, als die DDR-Botschaft zu ermächtigen, die Erlaubnis zur Ausreise sofort zu erteilen, ausdrücklich verbunden mit dem Recht, die Staatsbürgerschaft zu behalten und ohne Sanktionen zurückkehren zu können. Insgesamt passierten am Wochenende vom 4. bis zum 6. November 23 000 DDR-Bürger die Grenze zwischen der Tschechoslowakei und Bayern, und nun veranlaßte die Welle der erwarteten Emigranten die Prager Führung dazu, mit der Schließung des Fluchtlochs DDR-Grenze zu drohen. DDR-Außenminister Oskar Fischer rief Delegierte des Ministeriums für Staatssicherheit und des Innenministeriums zusammen, um mit ihnen eine neue Reise- und Visaregelung auszuarbeiten. Am 7. November schlugen sie einen Erlaß vor, der die Öffnung eines einzigen Grenzübergangs zur Bundesrepublik nahe der tschechischen Grenze, jedoch auf DDR-Territorium vorsah. Krenz wollte sich, wie immer, der Billigung durch die Sowjets versichern. Das war kein Hindernis. Doch erkannte man rasch, daß es kontraproduktiv sein würde, nur erklärten Ausreisewilligen Reisemöglichkeiten zu garantieren, nicht aber den DDR-Bürgern, die den Westen nur besuchen und dann zurückkehren wollten.

Die Ereignisse der folgenden Tage waren der Anlaß für konfuse und manchmal widersprüchliche Neuregelungen. Die halbherzigen Reisereformen öffneten die Berliner Grenze nicht. Am 7. November wies die Volkskammer, die ihre neue Unabhängigkeit zu spüren schien, die neuen Bestimmungen als rechtsverdrehend zurück. Angesichts dieser völlig unvorhergesehenen Verweigerung traten Willi Stoph und der Ministerrat zurück und behielten nur die Geschäftsführung bis zur Ernennung eines neuen Rates. Im Verlauf tumultuarischer Sitzungen des Zentralkomitees während der nächsten drei Tage sollte dann das gesamte Politbüro seinen Rücktritt beantragen. Die meisten Mitglieder wurden sofort ersetzt (Modrow stieß hinzu, Mielke verschwand), und das erneuerte Politbüro beauftragte Krenz, eine weniger restriktive Reiseregelung vorzulegen. Am Morgen des 9. November erarbeiteten je zwei Beamte aus Innenministerium und Ministerium für Staatssicherheit eine neue Gesetzesvorlage, die besagte, daß alle Bürger, die einen Paß besaßen, Anspruch hätten auf ein Visum für einen Grenzübertritt, auch nach Westberlin. Auch mit dieser Regelung hoffte man noch, die Flut irgendwie eindämmen zu können. Nur vier Millionen DDR-Bürger hatten einen Paß, und es würde Antragsteller einen Monat oder mehr kosten, sich einen zu beschaffen. Wieder wurden die Sowjets konsultiert; diesmal, weil die Öffnung der Berliner Grenze sowjetisches Recht und das Viermächteabkommen von 1971 tangierte. Wieder gab es eine Genehmigung – offenbar aber von Gorbatschow direkt und nicht auf dem offiziellen Weg über das Außenministerium.

Am 9. November legte Krenz das revidierte Dekret dem Zentralkomitee vor, das sich mitten in quälenden Debatten über die chaotische politische Situation befand. Diesmal genehmigte das Zentralkomitee die Änderungen »ab sofort«, wenn »sofort« auch erst am folgenden Tag, am 10. November sein sollte. Den revidierten Entwurf präsentierte Krenz nicht noch einmal der Volkskammer oder den Sowjets (wobei es darüber widersprüchliche Berichte gibt). Schabowski erhielt den Auftrag, am Abend des 9. November die Neufassung in einer Presseerklärung anzukündigen. Er hatte nicht an der Diskussion des Zentralkomitees teilgenommen, war offenbar erstaunt, daß auch Berlin als Grenzübergangspunkt galt, und als er gefragt wurde, wann denn die Regelungen in Kraft träten, verkündete er: »Sofort, unverzüglich.« Wann und unter welchen Bedingungen, wenn es denn welche geben sollte, blieb unklar.[128]

Um 21.30 Uhr versammelte sich eine Menge am Grenzübergang Bornholmer Straße nördlich des Brandenburger Tors. Die Grenztruppen wußten nicht, daß die Ausreisenden Anspruch darauf hatten, wieder zurückzukehren, und stempelten deren Personalausweise wie die endgültig Ausreisender. Bald drängten Kurzzeitbesucher wieder zurück, die nicht bemerkt hatten, daß ihr Ausweis den Emigrationsvermerk trug, manchmal zu den Kindern, die sie zurückgelassen hatten, andere wollten einfach wieder nach Hause. Um 23.00 Uhr forderten vielleicht 20 000 Ostberliner die Öffnung des Grenzübergangs. Die örtlichen Grenztruppen entschieden selbständig, daß sie gar nicht mehr anders konnten, als freien Übergang zu gewähren, und die Menge strömte über die Grenze, die bis wenige Stunden zuvor tödlich gewesen war. In den nächsten anderthalb Stunden wurden auch die übrigen Berliner Grenzübergänge geöffnet, und Massen von jungen Leuten tanzten auf der Mauer. Auch im Westen versammelten sich die Massen. Als sie hörten, die Grenze sei offen, strömten die Ostberliner zur Mauer. Grenztruppen und Funktionäre erwarteten das Schlimmste: ein unkontrolliertes Hinausströmen von Ostdeutschen, womit die DDR-Behörden mit einem Schlag alle ihnen verbliebene Autorität verlieren würden. Zu ihrem Erstaunen legten die DDR-Bürger aber ihre Personalausweise vor und wollten sie offiziell gestempelt haben. Die Grenze verschwand also nicht, sie wurde nur normalisiert.[129] Aber auch damit war die Gefahr eines gewaltsamen Zusammenstoßes noch nicht gebannt. Obwohl weder politische noch militärische Führer zu diesem Zeitpunkt an eine »chinesische Lösung« dachten, wurden die Truppen in höchste Alarmbereitschaft versetzt, was den lokalen Funktionären immerhin die Möglichkeit bot, auch gewaltsame Mittel zu ergreifen. Während des nächsten Tages verfolgten Unruhe und Unsicherheit das Regime. Dreimal, in drei Telefongesprächen erklärte der sowjetische Botschafter Kotschemassow am Morgen des 10. Novembers seine Bedenken über die improvisierte Weise, in der die Grenze geöffnet worden war.[130] Die DDR hätte auch in einer blutigen Konfrontation enden können, sie endete aber in den Nachwirkungen eines Volksfestes. Das war der 9. November; genau 71 Jahre zuvor, am 9. November 1918, hatte Philipp Scheidemann, der Vorsitzende der Sozialdemokratischen Partei, die Abdankung des Kaisers verkündet, um die riesige Menge zu beruhigen, die sich vor dem Reichstag versammelt hatte – eine ungeplante, nicht mit seinen Parteigenossen abgesprochene Erklärung, mit der er sich jedoch den Forderungen der Menge beugte, die ihre Macht und ihre Wünsche anerkannt haben wollte. So war auch das Öffnen der Mauer ein letzter verzweifelter Versuch, den Tiger zu reiten, den Ärger und den Aufruhr zu kanalisieren, mit denen die Regierung herausgefordert worden war. Reformkommunisten und die friedliche Opposition hatten den Dialog gefordert – Kirchenleute, die Bürgerkomitees, die immer mehr wurden, das Neue Forum, zu dem Beitrittswillige drängten. Während der nächsten Monate sollten die lokalen und nationalen »runden Tische« in Aktion treten. Aber der Dialog war längst über den kontrollierten Reformprozeß hinausgeschwappt.

Das revolutionäre Zwischenspiel war kurz, aber es war authentisch. Wie Otto Reinhold, Vorsitzender der Akademie für Gesellschaftswissenschaften, der Denkfabrik der Partei, dem Zentralkomitee am 9. November während dessen turbulentester Sitzung sagte, befand man sich mitten in einer gesellschaftlichen und zugleich politischen Krise. Die Führung habe das Vertrauen der Parteibasis, die gesamte Partei habe ihre Autorität in der Bevölkerung verloren. Er beschuldigte Kurt Hager, den grauen Hüter der ideologischen Orthodoxie, er habe die Veröffentlichung der auf Reformen zielenden Diagnosen der gesellschaftlichen Krise verhindert, die die Akademie der Sozialwissenschaften erarbeitet hatte.[131] Entsetzte Delegierte hörten, wie Gerhard Schürer und Günter Ehrensperger das ganze Ausmaß der Finanzkrise enthüllten. Und eine heftige Debatte folgte über die Verantwortung der Polizei für die Berliner Zusammenstöße von Anfang Oktober. Man plädierte dafür, viele der Interventionen gar nicht erst in die zur Veröffentlichung bestimmten Zusammenfassungen der Debatte aufzunehmen, denn, so warnte ein Delegierter: »Wir gießen Öl ins Feuer. Die Arbeiterklasse ist so verärgert, die geht auf die Barrikaden. Die brüllt: Partei raus aus den Betrieben. Die wollen die Gewerkschaften ablösen, die Parteisekretäre ablösen.«[132] Während die Diskussion am nächsten Tag, am 10. November, fortgeführt wurde, strömten die Ostberliner ungehindert durch die Mauer. Auch Krenz berichtete nun von wachsendem Aufruhr, und nicht nur in den Fabriken. »Die Lage hat sich in der Hauptstadt, in Suhl und in anderen Städten zugespitzt.« Er erwähnte Streiks, die Erstürmung von Banken in Schwerin und Dresden. In den Reihen der regierenden Partei zeugten Rücktrittsgesuche von Panik und Auflösung. Die alte Garde hatte sich mit dem Ärger der jüngeren SED-Aktivisten auseinanderzusetzen. Frank Fichte, ein freimütiger Fabrikdelegierter, berichtete, daß die Mitglieder in lokalen Gliederungen der Partei halbherzige Erneuerungsmaßnahmen vorwürfen. Diskreditierte Politbüromitglieder, die abgelöst worden seien, sollten sich auch aus dem größeren Zentralkomitee zurückziehen. Hager widerstand. Einigermaßen unglaubwürdig bekannte er nun, die Partei habe das Potential für Demokratisierung unterschätzt. Sie habe »Mitgestaltung und Mitwirkung der breiten Massen an der Ausarbeitung unserer Konzeptionen« nicht angemessen berücksichtigt. Die Situation sei, wie Hager einräumte, sogar bedenklicher als 1953, als die Partei ihre Autorität fast verloren und das Regime sich beinahe aufgelöst hätte. Nun müsse sich die Regierung an die Öffentlichkeit wenden und klarstellen: »Jetzt ist Ruhe die erste Bürgerpflicht«.[133]

Tatsächlich merkte die Mehrheit der Delegierten, daß jetzt nichts wichtiger war, als sich von der alten Garde zu befreien. Zwei Tage vorher hatten sie das Politbüro abgelöst. Nun stimmten sie dafür, Günter Mittag und den Parteipropagandisten Joachim Herrmann aus dem Zentralkomitee auszuschließen, provozierten damit allerdings erbitterte Einwände: »Ich finde das katastrophal«, verkündete der fünfundsiebzigjährige Leiter des Leipziger Theaters; er wolle freiwillig zurücktreten, aber nur aus Altersgründen und aus Abscheu vor den Vorgängen. Ein anderer, namentlich nicht identifizierter Sprecher erklärte: »Ich habe mein ganzes Leben versucht, mit dieser Partei zu leben. ... Aber was ich hier erlebt habe, ist so deprimierend, so erschütternd, daß ich es nicht verwinden kann. Und wenn jetzt gesagt wird: an die Arbeit. Wie sollen wir denn jetzt an die Arbeit gehen. Die Partei ist kaputt im Grunde genommen. ... Es ist eine Lawine.«[134]

Dieses begrenzte Opferangebot war dennoch nicht ausreichend. Als das Zentralkomitee am Montag, dem 13. November, erneut zusammentrat, berichtete Moritz Mebel, die Parteisekretäre in den Fabriken würden einer nach dem anderen »geschlachtet«. Er beschwerte sich, daß es auch den laufenden Debatten in der Volkskammer völlig an humanem Geist fehle, der erkennen ließe, daß hier trotz allem zivilisierte Männer beteiligt seien. Noch einmal plädierte Kurt Hager dafür, man solle keine weiteren Rücktritte verlangen, bis das neue Zentralkomitee einberufen worden sei. Individuelle Rücktritte zu fordern oder zu akzeptieren – er wäre zweifellos der nächste gewesen – würde einen Prozeß der Auflösung entfesseln. Hager, der so beharrlich den Wachhund der Orthodoxie abgegeben hatte, kam sich »jetzt allmählich [so] vor, als ob wir in der mittelalterlichen Inquisition wären«. Dem erwiderte Fichte: »Ich verstehe ein paar nicht... ich verstehe nicht, daß sie nicht abtreten. Die Basis verlangt das. ... An der Basis sind die Genossen kaputt, glaubt mir das.«[135]

Krenz rief ziemlich verzweifelt nach Disziplin – »Wir sind nur ein einfacher Haufen« –, aber er konnte die schmerzliche Debatte nicht beenden. Als Hager noch einmal fragte, ob die Partei der Forderung nach Sündenböcken nachgeben solle, sagte ihm Schabowski, er, Hager, hege Illusionen. Modrow behauptete besänftigend, die Partei wünsche keine massive »Säuberung«. Das neu gewählte Politbüro fordere Respekt, aber Mitglieder des alten sollten sich (wie bereits Honecker, Mittag und Herrmann) aus dem Zentralkomitee zurückziehen, in dem sie noch Sitze innehätten. Eine Unterbrechung der Sitzung um eine Stunde erlaubte der Gruppe, ein schmerzliches Votum für Ausschließung zu umgehen: Als die Mitglieder um 22.15 Uhr erneut zusammentraten, konnten sie hören, wie ein von Hager und der alten Garde gemeinsam verfaßter Rücktrittsbrief verlesen wurde.

Wechselseitige Beschuldigungen, das Gefühl, betrogen worden zu sein, und Ärger verbreiteten sich rasch in allen Institutionen der DDR, die bis dahin von der SED dominiert worden waren. Harry Tisch, der Kopf des FDGB, sah sich gezwungen zurückzutreten, trotz seines Votums gegen Honecker.[136] Viele, die während der nächsten Monate unter Beschuß kamen (und mit denen ich habe sprechen können), redeten von Pogrom oder Scherbengericht. In kommunistischen Fabrikzellen und in Universitätsseminaren kam es zu regelrechten Aufständen. Langjährige Parteimitglieder fühlten sich von ihren Führern betrogen, demoralisiert von der Zurückweisung ihrer Mitarbeiter, manchmal trauten sie sich auch nicht mehr, weiterhin moralische Autorität zu beanspruchen. Rücktritte sollten in den kommenden Monaten zur Flut anschwellen. Während des Winters schlug den Repräsentanten der alten Ordnung Ärger entgegen, wobei man diese alte Ordnung in Wandlitz symbolisiert sah, dem nördlich von Berlin gelegenen Vorort mit Residenzen von Stasi und Nomenklatura. Mit den Standards anderswo verglichen waren die Privilegien dort einigermaßen bescheiden: Es gab gut ausgestattete Lebensmittelläden, gepflegte Rasenflächen, eine Enklave mit komfortablen Häusern, aber Luxus war auch das nicht. Korruption gehörte gewiß zum System, saß in allen Poren. Später würde man dem System vorwerfen, daß die Funktionäre in der Berliner Charité versorgt worden seien, dort Bluttransfusionen und Transplantationen erhalten hätten, während die Mittel und Möglichkeiten moderner Medizin andernorts rar waren und rationiert wurden.[137] Die Partei konnte daran nicht viel ändern, und die Bitterkeit sollte noch zunehmen. Richtig Luft machte sich die Verärgerung der Menschen mit der Erstürmung der Stasi-Zentrale in der Normannenstraße am 15. Januar 1990: Hier war die Menge gar nicht mehr ausgelassen und auch nicht in Feierstimmung, sie war regelrecht böse und tobte sich aus. Aber die Turbulenzen überschlugen sich, als Modrow beschloß, die Wahlen vom Mai in den März vorzuziehen. Wahlen könnten zu einem Referendum über die Wiedervereinigung werden, was aber auch bedeutete, daß sich in der DDR kein wirklich autonomer Verlauf der Ereignisse würde entwickeln können. Kaum heraus aus dem Machtfeld der SED, geriet das Land in die Gravitation der Bundesrepublik. Die Phase des Dialogs – eines Dialog auf der östlichen Seite der Mauer und nicht über diese hinweg – sollte tatsächlich nur kurz andauern.

Die Schwungkraft der Liberalisierung jedoch war immens. Auch die Tschechen, die ihre eigenen Grenzen zum Westen nicht hatten öffnen wollen, bekamen nun eine ganz ähnliche Volksbewegung zu spüren. Das Jahresende 1989 war ein Fest friedlicher Heiterkeit: Die Situation war reif für einen revolutionären Wandel. Später würden viele enttäuscht sein – insbesondere jene, die den Fortbestand eines reformierten Sozialismus wollten. Doch die Ereignisse im Oktober und November hatten Großes bewirkt: die nachhaltige Mobilisierung von Massenaktionen, Menschen, die sich nun um Politik kümmerten, Massenaktionen ohne Gewalt, die von einem hohen Grad ziviler Verantwortung zeugten. Solche Augenblicke waren in der deutschen Geschichte nicht häufig gewesen, und sie hatten in der Regel enttäuschende institutionelle Ergebnisse gehabt. Lange Zeit hatten die Menschen der DDR in ihren »Nischen« gelebt, hier waren die Massen weniger fordernd als in Polen, die Intellektuellen weniger fordernd gewesen als in der Tschechoslowakei. Im Herbst 1989 machten sie diese Passivität wieder wett.

Bei den Märzwahlen sah Robert Darnton, ein amerikanischer Historiker der Französischen Revolution, der damals in Berlin lebte, die Möglichkeit einer Reaktion wie im Thermidor.[138] Im nachhinein wurden einige Intellektuelle zynisch. Diejenigen, die die alte DDR reformieren und nicht auflösen wollten, hielten die Öffnung der Mauer fast für einen machiavellistischen Trick. Sie nahmen es ihrem Volk beinahe übel, daß es mit seiner Stimmabgabe die ganze Republik abschaffen und dem krud materialistischen Westen beitreten konnte und sich wohl auch entsprechend entscheiden würde. Der deutsche Nationalgeist, der sich bald als so ansteckend herausstellte, erfüllte sie nur mit Bitterkeit. Diejenigen von uns, die während der ersten Monate des Jahres 1990 mit DDR-Reformern und Intellektuellen sprachen, stießen auf gelegentlich geradezu elitäre Ressentiments, was die Reisemöglichkeiten anging – als sei die Mauer tatsächlich nur wegen der vielzitierten Bananen in Westberlin zum Einsturz gebracht worden. Die Begrenztheit der Aktionen und ihre rasche Kanalisierung in Richtung Wiedervereinigung sind nicht zu übersehen. Doch anders als 1871 erfolgte die deutsche Wiedervereinigung diesmal nicht auf Kosten des Liberalismus. Im Rückblick und wenn man die hilflosen Notizen der Stasi liest, scheint es unwahrscheinlich, daß man entschieden genug zu gewaltsamen Mitteln gegriffen hätte, um die anschwellenden Proteste im Zaum zu halten. Doch darf man daraus nicht schließen, daß die Demonstranten sich hätten sicher sein dürfen, daß die Vernunft die Oberhand behalten würde. Sie bekamen es mit Polizeischlagstöcken und brutalem Arrest und einigem mehr zu tun. Die Westdeutschen hatten, um ihre Demokratie aufzubauen, zu keiner Zeit ein solches Risiko eingehen müssen. Ihre Quasi-Landsleute hinter der Mauer – die Westdeutschen waren gar nicht sicher, welchen nationalen Status sie ihnen verleihen sollten – verdienten zunächst volle Anerkennung. In den kommenden Monaten – als die Ostdeutschen sich angesichts ihrer zerrütteten Wirtschaft und Umwelt zunehmend elend fühlten, die Westdeutschen dagegen mit immer ungläubigerem Staunen all den institutionellen Schutt hinter der Mauer entdeckten – wuchsen Inferiorität auf der einen und Selbstgefälligkeit auf der anderen Seite. Nur wenige sprachen davon, daß allein die Menschen aus der DDR, wenn denn eine Staatsverfassung auf dem direkt wirksam gewordenen Volkswillen beruht, diesen Mut demonstriert hätten, zunächst für einen kurzen Augenblick 1953 und dann noch einmal 1989, massiver, großzügiger, toleranter, aber voller Entschiedenheit.

Die Demonstrationen vom Herbst 1989 führen unausweichlich auf die Frage, ob nationale und demokratische Regierungen durch ein begründendes Moment des direkten Eingreifens durch das Volk gestärkt werden; gestärkt letztlich durch einen feierlich-symbolischen Augenblick kollektiver und unmittelbarer Bekräftigung, so daß spätere repräsentative Institutionen auf einem Ausdruck des Volkswillens ganz zu Anfang ruhen. Ein solcher Augenblick der Gründung muß nicht lange dauern; doch wenn er erforderlich ist, muß man dazu auch ein Risiko eingehen: Es muß die Bereitschaft geben, sich repressiver Gewalt auszusetzen. Nun könnte der nüchterne politische Analytiker oder auch der Historiker, der ja die beunruhigende Erfahrung hat, daß die *grande journée* und die Entfesselung des Mobs und des manipulierten Terrors nur durch eine glatte schiefe Ebene voneinander getrennt sein können, die Frage stellen, ob solche Volksmassen zur Begründung einer Demokratie wirklich nötig oder förderlich sind. Wenige Monate, bevor sie Aufregung und Freude über die Transformationen von 1989 hinter dem Eisernen Vorhang teilten, haben Europäer und Amerikaner das Vermächtnis von 1789 entschlossen abgeleugnet, zumindest abgeschwächt. Trotz der Festivitäten des offiziellen französischen Gedenkens schienen die blutigen Nachwirkungen dieses so viel älteren revolutionären Augenblicks dunkel genug, um den konstitutiven Beitrag kollektiver, außergesetzlicher Aktion zu diskreditieren. Bei allen wundervollen festlichen Veranstaltungen: Die Zweihundertjahrfeier schien eher darauf angelegt, die sichere Distanz zur Französischen Revolution zu beschwören, als eine Konfrontation mit deren problematischen Seiten zu riskieren. Aus der Perspektive des zweihundertsten Jahrestags wurden die Massen von 1789 zu etwas Bedrohlichem, obwohl nur ein paar Monate später die Massen von 1989 befreiend erschienen. Können diese Perspektiven miteinander versöhnt werden? Ist die eine berechtigter als die andere?

Ein Teil der Diskrepanz wurde überwunden, als aus der politischen Versammlung der deutschen Massen von 1989 eine festliche wurde. Teilnehmer oder Beobachter konnten Ende 1989 intuitiv begreifen, was mit dem am schwersten faßbaren Element der revolutionäre Trilogie gemeint war: mit Brüderlichkeit. Wie Darnton den Neujahrsabend des scheidenden Jahres 1989 zusammenfaßt: »Weder apollinisch noch dionysisch, sondern telegen: Zum Folk-Rock in der Menge baden.«[139] Am 9. November, am 22. und am 31. Dezember 1989 auf der Mauer zu tanzen ließ die Massen sich selbst wahrnehmen und versetzte sie in den erregten Enthusiasmus der Pariser Straßenfeste des vergangenen 13. und 14. Juli. Als es an der Grenze von Westberlin am 21. Juli 1990 zum Pink-Floyd-Konzert kam, war die Masse zu einem Haufen von Partygängern geworden, und die Organisatoren mußten die inzwischen abgebaute Mauer in Segmenten aus Styropor wiederbeschwören. Nun sagten die jungen Leute, die daran teilnahmen, sie erlebten das Rockkonzert selbst als historisch. Für diese Groupies der Geschichte brach psychisch die Distanz zwischen dem Ereignis und seiner Feier einfach in sich zusammen.[140]

Allerdings wäre es zu einfach, ließe man das Auftreten der Massen zu einer unproblematischen historischen Erinnerung werden, das sich auflöst in ein *moment musicaux* der Folk-Community. Die viel aufschlußreichere Lehre, die man daraus ziehen kann, ist, daß die Massen und die Massenaktionen nicht alle aus einem Stück waren. Die Massen lassen sich bestimmt nicht als monolithische Akteure verstehen, die von nur einem einzigen intoleranten Willen besessen sind. Die politische Masse konnte diszipliniert werden, sie konnte als eine zurückhaltende Proto-Vereinigung agieren. Doch schwingt im Begriff der Vereinigung möglicherweise eine viel zu instrumentelle Bedeutung mit. Die Massen in Leipzig waren zurückhaltend, aber doch mehr als eine Interessengruppe, die auf die

Straße gegangen ist. Sie waren verbunden durch die Vision einer alternativen öffentlichen Sphäre, sie teilten während des Monats ihrer Proteste eine brüderliche Identität, sie demonstrierten die Erhebung des Willens, die Durkheim und Victor Turner betont haben, sie halfen das Regime zu stürzen und waren in genau diesem Sinn revolutionär.

Wie Kommentatoren der amerikanischen »Krawalle« der späten sechziger Jahre anführten – und so auch Historiker der Massen des 18. Jahrhunderts –, waren die Massen dieser Demonstrationen nicht in jedem Fall »Mob«.[141] (Vielleicht und trotz des Eindrucks, den konservative Büßer im Zusammenhang der französischen Zweihundertjahrfeiern erweckten, waren auch die Massen von 1789 nicht nur Mob!) Für das Jahr 1989 jedenfalls zeigten die Kerzen, die vor der Gethsemane-Kirche flackerten, zeigten die Selbstpolitisierung in Leipzig und die ernsten Aufrufe zum Dialog, daß die Massen noch ein ganz eigenes emanzipatives Potential verkörperten. Sie konnten der Geschichte ein Fenster öffnen oder ein Moment der Grundlegung schaffen, das einer späteren institutionellen Entwicklung möglicherweise würde die Richtung weisen können. Erhebungen des Widerstands und die Befreiung durch die Alliierten 1944/45 haben solche Gründungsmomente in Westeuropa gestiftet. Ähnlich haben die Bürgerrechts- und die Friedensbewegung in den Vereinigten Staaten die früheren Gründungsmomente des 18. Jahrhunderts erneuert. Es bleibt eine offene Frage, ob demokratische Einrichtungen eines solchen begründenden Moments allgemeiner Mobilisierung bedürfen. Skandinavien erfreut sich stabiler Freiheiten ohne revolutionäre Erbschaft. Eine genauere Untersuchung von Nordeuropa mag bestätigen, daß entscheidende breit befolgte Generalstreiks oder entscheidende und dramatische Wahlkampagnen als ausreichende Momente konstitutioneller Mobilisierung dienen können. In Westdeutschland ist eine repräsentative Staatsverfassung entstanden ohne das Moment einer konstitutiven Aktion der Massen – dieser Staat wurde vor dem Hintergrund beunruhigender Erinnerung und mit alliierter Geburtshilfe geschaffen. Dies hat sehr gut funktioniert. 1989 mochten sich viele Westdeutsche angesichts der Gewaltpotentiale, die den Massenaktionen innewohnen, unbehaglich fühlen; Willy Brandt war da eine herausragende Ausnahme. Bundeskanzler Kohl dagegen hat alsbald versucht, die DDR so nahtlos wie möglich der fortbestehenden Bundesrepublik aufzupfropfen. Aber auch bewußte Sozialdemokraten in Westdeutschland sollten sich im Frühjahr 1990 davon überzeugt zeigen, daß es sich nicht lohnte, die erreichte konstitutionelle Stabilität des westlichen Deutschland für irgendeine demagogische und möglicherweise gefährliche Feier nationaler Rekonstitution zu riskieren. Gleichwohl wurden Ende 1989 auch die Westdeutschen zu Nutznießern der Volksbewegung hinter der Mauer. An der Schwelle der Demokratie liegt ein Moment öffentlicher ziviler Durchsetzungskraft, des kollektiven Beharrens gegen willkürliche und repressive Macht.[142] Die Massen in Leipzig, Berlin und überall auf den Straßen der kleinen Bastion paternalistischer Herrschaft, die die DDR gewesen war, brachten ihrer erneuerten größeren Nation ein Gründungsgeschenk mit.

4 Die Protagonisten des Übergangs

Interviewer: Alle Welt spricht vom NEUEN FORUM: Was ist das?

Schult: Am 9. September haben sich dann dreißig Leute aus elf Bezirken der DDR in Grünheide getroffen, anderthalb Tage diskutiert und am Ende beschlossen, eine Vereinigung mit dem Namen NEUES FORUM zu gründen und ihre Legalisierung zu beantragen. Eine Partei, da waren wir uns einig, wollten und konnten wir nicht gründen.

Interviewer: Gut, das waren dreißig Leute. Inzwischen haben mehr als 150 000 Leute beim NEUEN FORUM unterschrieben. Auf Demonstrationen im ganzen Land wird seine Zulassung gefordert. Hattet ihr damit gerechnet?

Schult: Nein. Und ein bißchen hat uns das auch überrollt. Wir haben keine Büros, keine Telefone. Nur unsere Wohnungen, unsere Privattelefone. Und die meisten von uns müssen auch weiter ihre acht-dreiviertel Stunden im Betrieb oder im Institut abkloppen. Und jeden Tag kommen Dutzende von Briefen. Die Leute kommen aus dem ganzen Land. Da ist man schon manchmal überfordert.

> Interview mit Reinhard Schult,
> Mitbegründer des NEUEN FORUMs
> in: *neuesforum 1/1989.*

Auskunft: Schult, Reinhard (36), geb. 23. 9. 1951 ... Beruf: Baufacharbeiter ... Seit Ende der 70er Jahre ist er aktiv in verschiedenen feindlich-negativen Gruppierungen wirksam und gehört als Leiter des kirchlichen »Friedenskreises« Berlin-Friedrichsfelde zu den maßgeblichen Organisatoren zahlreicher, darunter auch einer Reihe überörtlich wirksamer Aktivitäten im Sinne politischer Untergrundtätigkeit (Organisierung sogenannter Ost-West-Seminare, von »Fahrradkorsos« und anderen »Umweltschutzaktionen«, Organisierung von überregionalen »Menschenrechtsseminaren«, Mitgestaltung von »Bluesmessen« und »Friedenswerkstätten«, Verfassung und Unterzeichnung von zahlreichen politisch provokatorischen Schreiben u. a.) ... Mitglied der Redaktionsgruppe des illegal hergestellten und verbreiteten Informationsblattes »Friedrichsfelder Feuermelder«. Er fungiert als Informant und Gewährsmann von in der DDR tätigen westlichen Journalisten und anderen feindlich-negativen Kräften in der BRD und Westberlin.

Stasi-Information Nr. 454/87, Berlin 30. 11. 1987[1]

Neue Foren und Runde Tische

»Für uns ist klar: Jetzt ist zunächst die Zeit der Bürgerkomitees.«[2] Das Neue Forum wollte keine Partei sein. Damit war es erfolgreich. Bei den Wahlen zu einem neuen Parlament der DDR im März 1990 kam die Wahlorganisation des Neuen Forums auf einen Stimmenanteil von etwa zwei Prozent. Manche werteten dieses Ergebnis als beschämend und enttäuschend, andere sahen es in Übereinstimmung zu der Haltung, die die Gruppen des Forums seit dem vergangenen Herbst vertreten hatten. Reinhard Schult, der Klempner und Heizungsmonteur, der das eingangs zitierte Interview im Namen des Neuen Forums gegeben und über den die Stasi Informationen eingezogen hatte, ist typisch für die Aktiven der ersten Stunde. Typisch für die späten achtziger Jahren ist auch sein Netzwerk von sich überschneidenden Grüppchen – Jazz- und Friedensgruppen, Seminare und Ökogruppen, die zum Teil von der Evangelischen Kirche unterstützt wurden (wobei sich herausstellte, daß ein Pastor ein Stasi-Informant war!) und die der staatliche Sicherheitsapparat als subversiv betrachtete. Typisch ist auch, daß er sich von der Massenpolitik überfordert fühlte. Vielleicht war es nur folgerichtig, daß er und ein Dutzend anderer Mitarbeiter Ende Januar 1990 die Versammlung des Neuen Forums verließen, in deren Verlauf sich die Bewegung mit Blick auf die bevorstehenden Wahlen als politischer Verband konstituierte.[3]

Auf der letzten Sitzung der DDR-Volkskammer im Juli 1990 hielt ein zeitweise entmutigter und entnervter Jens Reich – einer der

Mitbegründer des Neuen Forums – Rückschau auf die heroischen Wochen des vergangenen Herbsts und bekräftigte noch einmal, daß das Neue Forum niemals an die Regierung wollte. »Die Machtfrage wurde nie diskutiert. Wir glaubten an den Willen des Volkes, wenn es darum ging, wie wir mit der Geheimpolizei fertig werden sollten. Aber keine Gruppe war bereit, die Macht zu übernehmen.« Im November 1990 überlegte er dann noch mal, ob man nicht »die Gelegenheit verpaßt« habe: »Wir wollten die Macht nie. Wir wären mit unserer Gesetzestreue in Konflikt gekommen. Die Machtübernahme kam einfach nie auf uns zu; wenn wir Ansätze dazu gemacht hätten, wären wir zu Staub zermahlen worden.«[4] Manche fanden diese Verzichthaltung bewundernswert, vielen aber erschien sie als naiv. So oder so – es war beachtlich, wie diese machtvolle Reformbewegung scheiterte, als sie sich daranmachte, Wähler zu gewinnen.

Nicht zum ersten Mal ist es damit einer großen spontanen Bewegung mißlungen, ihre Energien für weiterreichende politische Prozesse zu sammeln und sich entsprechende institutionelle Voraussetzungen zu schaffen. Loyalität, die aus kollektiver Begeisterung erwächst, läßt sich nur schwer bewahren. In ähnlicher Weise sahen die nichtkommunistischen Parteien, die 1944 und 1945 aus dem französischen und italienischen Widerstand hervorgingen und sich ihres moralischen Anspruchs auf die Zukunft so sicher waren, bei Wahlen 1945/46 ihren Stimmenanteil auf ein paar Prozent zusammenschrumpfen. Es führt kein leichter Weg vom moralischen Aufbruch zur Wahlmaschinerie. Und die Menschen vom Neuen Forum betrachteten die Wahlen nicht als das Allerwichtigste.

Das Neue Forum war nicht die einzige Organisation, die sich in der Opposition herausbildete, aber es war die Initiative, der es gelungen war, die frühere Zersplitterung der Widerstandsgruppen zu überwinden. »Mit Beginn der 80er Jahre hatten die gegnerischen Versuche des Mißbrauchs der Kirchen und Religionsgemeinschaften in der DDR eine neue Qualität angenommen«, erkannte das Ministerium für Staatssicherheit, als es den Untergrund von Friedens- und Öko-Aktivisten durchkämmte.[5] »Seit Beginn der 80er Jahre«, warnte es in seinem Spitzeljargon ein paar Wochen später noch einmal, »anhaltende Sammlungs- und Formierungsbestrebungen solcher Personen, die sich die Aufweichung, Zersetzung und politische Destabilisierung bis hin zur Veränderung der gesellschaftlichen Verhältnisse in der DDR zum Ziel setzten, führten zur Bildung entsprechender Gruppierungen und Gruppen.«[6]

Wie war die Kirche zur Friedensbewegung gekommen? In der Geschichte des deutschen Protestantismus im 20. Jahrhundert hat es viele Debatten über die Frage gegeben, wie die quälenden Unklarheiten aus dem Römerbrief zu lösen sind: »Jedermann sei untertan der Obrigkeit, die Gewalt über ihn hat. Denn es ist keine Obrigkeit ohne von Gott.« (Kapitel 13, Vers 1) Hatte Gott die DDR eingesetzt? Unwahrscheinlich. Konnte sie sich so entwickeln, daß sich Gehorsam rechtfertigen ließe? Vielleicht. Im Unterschied zur Lage der katholischen Kirche nach Johannes XXIII. waren die sechziger Jahre für freiheitlich denkende Protestanten kein günstiges Jahrzehnt. Das Regime machte dem ostdeutschen Klerus Friedensangebote, während es gleichzeitig den Zugang zum Westen abschnitt und auf die Eltern Druck ausübte, ihre Kinder von der Kirche fernzuhalten.

Unter diesen Umständen suchten die Kirchenführer nach Wegen, mit dem System zurechtzukommen. Vielen war die kompromißlose Opposition eines Otto Dibelius, des streitbaren Bischofs von Berlin-Brandenburg, unbequem. Sie fanden die Theologie der Kooperationsverweigerung oder des Widerstands lästig, die von der »Bekennenden Kirche« und Dietrich Bonhoeffer im Widerstand gegen den Nationalsozialismus entwickelt worden war und die auf der grundsätzlichen Trennung zwischen christlichem Leben und den Forderungen des Staates bestand. Statt dessen schufen sie im Lauf der späten sechziger und der siebziger Jahre einen ostdeutschen »Bund der Evangelischen Kirchen« und versuchten, als »Kirche im Sozialismus« einen Modus vivendi zu finden. Dieser Prozeß verlief weder glatt noch ohne Widersprüche. Menschenrechtsaktivitäten im Geist von Helsinki und Friedensthemen drangen auch im Kirchenbund durch. Das Regime teilte mit der einen Hand aus, um mit der anderen zu nehmen: Im März 1978 empfing es die Kirchenleitung erstmalig zu einem Gipfelgespräch, und kurze Zeit später führte es in der neunten und zehnten Klasse »sozialistische Wehrerziehung« ein. Die Kirchenbehörde protestierte vergeblich und startete, aufgerüttelt durch die allgemeine Akzeptanz des neuen Unterrichtsplans, ein neues Unterrichtsprogramm auf Pfarreiebene – die Erziehung zum Frieden. So militarisiert, wie die Gesellschaft war, wurde die Entscheidung zwischen Kirche und Staat zu einem ständigen Punkt der Auseinandersetzung.[7]

Der hausgemachte Streit zwischen Kaiser und Gott wurde bald von der europaweiten Friedensbewegung eingeholt, die im Gefolge des NATO-Doppelbeschlusses entstanden war, mit dem die NATO auf die sowjetische Stationierung von Mittelstreckenraketen und auf Moskaus Intervention in Afghanistan reagierte. Ein sich weniger in der Defensive fühlendes Regime hätte sich die Friedensagitation vielleicht zunutze gemacht. Denn die streitbaren Kirchenmänner mobilisierten ihre Pfarreien nicht so sehr gegen das eigene Regime, sie betrachteten sich vielmehr als Stimme im internationalen Protest von Christen gegen das Wettrüsten.[8] Mit seiner feindseligen und mißtrauischen Haltung sorgte der Staat allerdings dafür, daß auch er zur Zielscheibe des Protests wurde. In Dresden verlangten protestierende Gläubige, freilich ohne Erfolg, die Einführung eines »sozialen Friedensdienstes« als Alternative zum Wehrdienst. Im Berliner Appell vom 7. Februar 1982 (der von Robert Havemann unterzeichnet und von Pastor Rainer Eppelmann organisiert worden war) wurden die Beseitigung der Atomwaffen und der Rückzug der fremden Truppen aus beiden Teilen Deutschlands gefordert; in den Jahren 1981 und 1982 trugen Sympathisanten der Friedensbewegung voller Stolz Abzeichen mit der Aufschrift »Schwerter zu Pflugscharen«, bis die Kirche vorsichtiger wurde. 1983 wurden in Halle in Anlehnung an ähnliche frühere Versuche die jährlich stattfindenden »Friedensseminare« mit ihren ständigen Ausschüssen »Konkret für den Frieden«, »Ärzte für den Frieden« und »Christlicher Ärztekreis« ins Leben gerufen.[9] Im Februar 1986 versammelten sich 170 Delegierte von achtundfünfzig kirchennahen Friedenskreisen, um über ihre Bewegung zu diskutieren, nach Einschätzung der Regierung ohne wesentliche Ergebnisse. Im Mai 1987 organisierten Schult und Vera Wollenberger die »Kirche von unten«. (Die ostdeutschen Behörden waren nicht die einzigen, die diese Aktivitäten als subversiv verurteilten: Auch viele Befürworter des NATO-Doppelbeschlusses denunzierten die westliche Friedensbewegung der frühen achtziger Jahre als destabilisierend und als Produkt des gleichen politischen Romantizismus, der in den Nationalsozialismus geführt habe. Allerdings konnten diese Kritiker keine Demonstranten festnehmen, ihnen auch keine Pässe verweigern oder sie aus den Universitäten entfernen.)[10]

An die Friedensbewegung schlossen, wie aus Stasi-Berichten hervorgeht, 1983–1984 Versuche derselben unzufriedenen Personenkreise an, auch Umweltinitiativen für sich zu nutzen. Unter dem Eindruck des von westlichen Ökologiegruppen prophezeiten und von westlichen Massenmedien hysterisch aufgebauschten sogenannten Waldsterbens seien die Unruhestifter dazu übergegangen, Fahrradausflüge zu organisieren oder demonstrativ Bäume zu pflanzen, um das Regime zu diskreditieren. Sie besorgten sich aus dem Westen Geräte, um die Luftverschmutzung zu messen, und hatten ein Underground-Video mit dem Titel »Bitteres aus Bitterfeld« über die angeblich am meisten verschmutzte Stadt der DDR gedreht. Die Polizei stellte die politische Bedeutung dieser Aktivitäten klar, indem sie im November 1987 die »Umweltbibliothek« der Berliner Zionskirche überfiel, die Herausgeber festnahm und Zeitschriften und Druckerei beschlagnahmte.[11] Einige Monate später kam es zur Konfrontation mit dem neuen kirchennahen »Grün-ökologischen Netzwerk Arche«.[12]

Nach dem Umweltschutz stellte die Opposition die Menschenrechte als zentrales Thema in den Mittelpunkt ihrer Mobilisierungsbemühungen. Im Sommer und Herbst 1985 half der von Havemann beeinflußte und wegen seiner Unterstützung des Sängers Wolf Biermann mit Berufsverbot belegte Physiker Gerd Poppe zusammen mit seiner Frau Ulrike die »Initiative Frieden und Menschenrechte« (IFM) ins Leben zu rufen; Ulrike Poppe war eine der Mitbegründerinnen von »Frauen für den Frieden«. Die IFM vertrieb im nächsten Jahr eine mit einfachen Mitteln hergestellte Zeitung mit dem mehrdeutigen Titel *Grenzfall*. Wie im Fall der »Kirche von unten« operierten die Leute von *Grenzfall* jenseits einer immer noch vorsichtigen Unterstützung und Förderung durch die Kirche; sie waren jung und, was ihr berufliches Fortkommen anging, ohnehin diskriminiert. Doch wo das nicht ausreichte, war der Sicherheitsapparat auch bereit, noch mehr Druck auszuüben. Einige Monate nach dem Überfall auf die Umweltbibliothek nötigte die Polizei die Wollenbergers zur Übersiedlung nach England, sie gab ihnen Pässe und drohte mit Repressalien gegen ihre

Familien oder mit Gefängnis, sollten sie bleiben wollen. Andere wurden als Unruhestifter in die BRD abgeschoben.[13]

Wer blieb, nahm an kurzlebigen Diskussionszirkeln und an Dichterlesungen in den Cafés am Prenzlauer Berg und in Wohnungen von Freunden teil oder vertrieb Untergrundzeitschriften und -literatur. So entstand nach und nach eine oppositionelle Subkultur. Bei all dieser gärenden Unzufriedenheit blieb die Opposition nach Erkenntnissen des Geheimdienstes jedoch bis weit in das Jahrzehnt hinein zersplittert. Der Kirche nahestehende Soziologen begrüßten die wachsende Zahl der Gruppen »unter dem Dach der Kirche« als eine Abfuhr an alle, die überall verkündeten, daß die Säkularisierung nicht aufzuhalten sei.[14] Aber während einige Gruppen sich tatsächlich an der Kirche orientierten – so etwa »Absage an Theorie und Prinzip der Ausgrenzung«, eine Gruppe, aus der später »Demokratie Jetzt« hervorging –, nutzten andere einfach nur den geschützten Raum, den die Kirche gewährte. Auch gab es Streitigkeiten und Spaltungen. Die bereits erwähnte Demonstration zum Gedenken an die Ermordung von Rosa Luxemburg Mitte Januar 1988, die die Partei so in Harnisch brachte, weil die Demonstranten ihren Umzug unter Rosa Luxemburgs Diktum »Freiheit ist immer nur die Freiheit des anders Denkenden« gestellt hatten, zeigte ebenfalls anhaltende Meinungsverschiedenheiten. Nicht alle Organisatoren waren damit einverstanden, daß die Befürworter des Rechts auf Auswanderung neben denen marschierten, die Rechte für Bürger forderten, die bleiben wollten.[15]

Auch die evangelischen Kirchen selbst waren in ihren Ansichten über den Schutzraum, den sie gewähren sollten, keineswegs einig. Viele Geistliche und Theologen waren sich über den Charakter der Opposition zu wenig im klaren, um den Aktiven Unterstützung zu gewähren. Sie sympathisierten mit den Idealen einer sozialistischen Alternative zum Kapitalismus; sie bestanden darauf, daß »Gruppen« im kirchlichen Raum ausschließlich religiös ausgerichtet sein sollten.[16] Manche Bischöfe meinten, sie müßten sich von Friedenserklärungen distanzieren, um den Grad an kirchlicher Autonomie, den sie bis dahin ausgehandelt hatten, zu erhalten und auch den Spielraum, den sie brauchten, um inhaftierte Amtsbrüder freizubekommen. Ebenso wie die Universitäten hatte sich die offizielle Kirche in ein dichtes Gewebe von Verhandlungen und Berichterstattung einspinnen lassen, um ihre institutionelle Rolle wahren zu können. Selbst führende Kirchenmänner mit Sympathien für die Dissidenten, Bischof Forck etwa oder Manfred Stolpe, waren wohl der Ansicht, beispielsweise den vorbehaltlosen Erklärungen eines Rainer Eppelmann nicht beipflichten zu können. Vielleicht hatten sie auch manchmal das Gefühl, daß die Friedens- und Umweltaktivisten unverantwortlich viel Aufhebens um ihre Sache machten. Die Bischöfe und Superintendenten mußten mit einem Regime auskommen, das ihnen eine prekäre, stets nur partielle und immer wieder neu auszuhandelnde Autonomie zugestand. Daher waren die Resultate, wie auch die Stasi erkannte, mager: »Nicht zuletzt im Ergebnis staatlicher und gesellschaftlicher Einflußnahme scheiterten bisher alle Versuche, diese kirchlichen Friedens- und Umweltkreise einheitlich zu organisieren, ihnen eine gemeinsame Plattform zu geben und damit ihre starke Differenziertheit zu überwinden. Überregionale Treffen, Zusammenkünfte, Seminare und dergleichen, die auch weiterhin stattfinden, blieben bisher ohne verbindliche Aussagen und zeigten die Unfähigkeit der Organisatoren, tragfähige politische Konzeptionen zu entwickeln.«[17]

Mit der Zuspitzung von 1988/89 änderte sich diese Situation. Das Regime mit seiner unverhohlenen Ablehnung der Perestroika und seiner Zensur sowjetischer Zeitschriften isolierte sich von seiner äußeren Stütze. »Demagogisch werden Begriffe wie Glasnost, Demokratisierung, Dialog, Bürgerrechte, Freiheit für ›Andersdenkende‹ oder Meinungspluralismus mißbraucht, um damit eigene politische Konzeptionen und Ziele zu bemänteln.«[18] Im Frühjahr 1989 gab es ungefähr 160 Ortsgruppen von Dissidenten und 10 Dachorganisationen, aber die Stasi glaubte, nur etwa 2500 Personen seien ständige Aktivisten und der »harte Kern« umfasse vielleicht 60 Personen.[19] Deren Namen traten immer wieder in Erscheinung: die Pastoren Markus Meckel und Rainer Eppelmann, Bärbel Bohley und ihr Mann Michael Bohley, Sebastian Pflugbeil, einer der Physiker für den Frieden, Ulrike Poppe, Reinhard Schult, Wolfgang Templin, Pastor Hans-Jochen Tschiche, Vera Wollenberger. Ihr bevorzugter Wirkungsort war Berlin: Die Kirchenleitung von Berlin-Brandenburg hatte Sympathien mit der Bewegung, und so konnten viele »Basisgruppen« bei Kirchengemeinden unterkommen – in der Bartholomäus- und der Bekenntniskirche, in der Gethsemane-, Golgatha- und Alt-Pankow-Kirche, in der Erlöser-, der Auferstehungs-, der Samariter- und der Zionskirche. Im weiträumigen Ostberlin konnten sie sich mit sympathisierenden westdeutschen Journalisten treffen, Telefonnetzwerke organisieren, Verbindungen zur Charta 77 oder zu ungarischen Umweltaktivisten aufnehmen; sie hatten Zugang zu illegal eingeführten Photokopierern und Computern und brachten ungefähr 25 Untergrundblätter heraus. Weitere Zentren waren Leipzig, Karl-Marx-Stadt (Chemnitz), Dresden, Gera und Erfurt – die Städte in der südlichen Hälfte der DDR, wo die Demonstrationen im Herbst 1989 am stärksten waren. Und es gab Außenposten, ein paar Jugendliche in Nord-Mecklenburg, einige Gruppen in Halle sowie Pastor Friedrich Schorlemmer in Wittenberg, in dessen Obhut Luthers Wohnhaus und Kanzel standen.

Die manipulierten Wahlen vom Mai 1989 und die Flüchtlingswelle im Sommer 1989 mehrten die Zahl derjenigen, die bereit waren, Manifeste zu unterschreiben und an Protestmärschen teilzunehmen. Auf einer Versammlung in der Ostberliner Bekenntniskirche vom 13. August rief der Physiker Hans-Jürgen Fischbeck, einer der zahlreichen Redner und späteres Mitglied von Demokratie Jetzt, zu einer republikweiten Oppositionsbewegung auf. Die Gründung des Neuen Forums sorgte für eine vereinheitlichende, von den Kirchen unabhängige Struktur, die, wie das Regime wußte, fehlte. Im »Aufruf 89«, dem Gründungsaufruf vom 12.-13. September (drei Tage nach dem Treffen, an dem Schult teilnahm), rief die neue Gruppe zum »Dialog« und zur Veränderung der gesellschaftlichen Strukturen auf. Im Gründungsaufruf wurden ein Ende von Gewalt und geheimpolizeilicher Tätigkeit, Freiheit für privatwirtschaftliche Initiativen ohne unsozialen Wettbewerb (»keine Ellenbogengesellschaft«) und ohne unbegrenztes Wachstum verlangt. Die Gruppe erklärte, sie wolle sich auf der Grundlage von Artikel 129 der Verfassung der DDR und der Verordnung vom 6. November 1975, die die Bildung und Tätigkeit von Vereinen regelte, als politischer Verein eintragen lassen.[20] Als die Behörden versuchten, auf Zeit zu spielen, trat das Neue Forum als Schirmherr einer Welle spontan entstehender lokaler, regionaler und auf akademischer Ebene stattfindender Diskussionen und Organisationsansätze auf. Es hatte das Charisma der Opposition, und unter seinem Dach sammelten sich schnell die anderen Vereinigungen, die teils mehr zur Zusammenarbeit bereit, teils eher Konkurrenzunternehmen waren.[21] »Wir sind vom Neuen Forum aus einer schrecklichen Lethargie endlich aufgeweckt worden«, erklärte ein Neurologe aus der Kleinstadt Quedlinburg.[22] Am 18. September hießen Rockmusiker das Neue Forum willkommen und riefen zur Gründung demokratisch organisierter Gruppen auf, die die Lösung der dringenden Probleme in die Hand nehmen sollten. Am 19. September, als sich Anhänger des Neuen Forums in allen Bezirken der DDR bei den Behörden eintragen ließen, sprach die Synode der Evangelischen Landeskirchen in Eisenach bei ihrem Treffen auch über die Flut der Auswanderer, und man rief zu tiefgreifenden Reformen auf.[23]

Ob wegen prinzipieller Erwägungen oder nur aus persönlichem Ehrgeiz heraus: Es kam in der Führung der Oppositionsbewegung zu programmatischen Differenzen. Dissidenten aus SED und FDGB, die das Neue Forum mißtrauisch beobachteten, kündigten die Bildung einer »Vereinigten Linken« an. Sie mobilisierten etwa 300 bis 500 Anhänger und hofften, die alten Betriebsräte wiederbeleben zu können.[24] Die »Bürgerbewegung: Demokratie Jetzt« legte den Schwerpunkt auf sozialistische und ökologische Reformen. Auch in dieser Gruppierung fand sich eine Reihe von Geistlichen, deren Wortführer der 1929 geborene Kirchenhistoriker Wolfgang Ullmann war.[25] Die Pastoren Eppelmann, Richter und Schorlemmer wollten eine stärker strukturierte Organisation als das Neue Forum und riefen am 1. Oktober den »Demokratischen Aufbruch« (DA) ins Leben. Eppelmann (der von der Stasi zwei Jahre zuvor als engagierter Führer der Opposition eingestuft worden war) mißfielen die Massendemonstrationen in Leipzig; er rief dazu auf, sie zu beenden, wenn sich Vertreter des Regimes zu Gesprächen bereit zeigten. Ibrahim Böhme und Angelika Barbe setzten sich darüber hinweg, daß die meisten neuen Protestteilnehmer zögerten, für einen Machtwechsel einzutreten, und kündigten die Bildung einer ostdeutschen Sozialdemokratischen Partei an, betonten dabei aber ausdrücklich ihre Unabhängigkeit von der westdeutschen SPD. Der Gärungsprozeß im Herbst brachte fortlaufend neue politisch auftretende Gruppierungen hervor. Als es in Dresden zu Zusammenstößen kam, erklärten Schauspieler des Staatstheaters, sie hätten ein Recht auf den Dialog, sie ließen ihre Rollen sein und riefen zu Reformen auf. Berliner Homosexuelle standen nicht zurück: »Als linke Lesben, Schwule und Menschen ... verbinden wir das Streben nach der umfassenden menschlichen Emanzipation mit dem Kampf um befreite Sexualität und Liebe«; die Gruppe forderte ein »rosa-lila« Forum.[26] Die *Tageszeitung* (*taz*) schrieb: »Innerhalb weniger Wochen hat sich die gesellschaftliche und politische Situation in der DDR dramatisch verschoben. Bis dahin präsentierte sich das Regime konzeptionslos, politisch paralysiert, machtvollkommen und – unangreifbar. Die Opposition verdankte ihre fast vollkommene gesellschaftliche Isolation einer hochgradigen Provizialität und Zerstrittenheit, einem allgegenwärtigen Staatsapparat und einer Bevölkerung, deren Zukunftsoption sich auf die Alternative Resignation im Lande oder Ausreise in die BRD beschränkte.«[27]

Für alle diese Gruppen wurde *Dialog* zum Wort der Stunde. Ob Neues Forum, Demonstranten, Demokratischer Aufbruch – alle forderten sie den Dialog. Mit den Massen konfrontiert, griffen Parteioffizielle den Appell auf und machten ihn sich zu eigen. Zuerst versuchte Dresdens Oberbürgermeister Wolfgang Berghofer die Lage zu entschärfen, die nach zwei Tagen mit Zusammenstößen entstanden war. Am 10. Oktober traf er sich mit Demonstranten.[28] Die nächste offizielle Reaktion erfolgte am 11. Oktober, zwei Tage nach dem Protestmarsch in Leipzig; in einer Erklärung des Politbüros hieß es: »Wir haben alle erforderlichen Formen und Foren der sozialistischen Demokratie. Wir rufen auf, sie noch umfassender zu nutzen.«[29] Allerdings stand darin auch: »Der Sozialismus auf deutschem Boden steht nicht zur Diskussion.«

Diese Einschränkung war illusorisch. Zwei Voraussetzungen gab es für den Dialog. Zunächst hätte die Polizei sofort aufhören müssen, den Knüppel zu schwingen und Demonstranten festzunehmen. Und dann hätte das Regime in den kommenden Tagen und Wochen zugestehen müssen, daß mehr als nur eine Interpretation der Wahrheit und der Politik legitim war. Die Partei hätte tun müssen, was sie immer verweigert hatte – ernsthaft auf das hören, was Menschen jenseits ihrer eigenen Reihen zu sagen hatten. Darauf hätte sie eingehen müssen, und zwar nicht nur mit einer abweisenden paternalistischen Geste. Ob die »Einheitspartei« sich hätte zu einem derartigen Pluralismus durchringen können, ist zweifelhaft. Die SED kannte im Grunde nur die harte Gangart. Zwar hatte das Neue Forum in seinen Anfängen keine Ziele verfolgt, die außerhalb eines repressiven Systems für revolutionär gehalten worden wären, aber die Forderung des Dialogs hatte über sich selbst hinausweisende Konsequenzen. Denn gemeint war damit, daß immer weitere Bereiche der öffentlichen Angelegenheiten und auch der Vergangenheit für kritische Untersuchung und öffentliche Auseinandersetzung geöffnet würden.

Auf der anderen Seite setzte der »Dialog« den Protestierenden bestimmte Grenzen. Auch wenn Zehntausende von Demonstranten auf den Straßen die Situation in Fluß brachten, so bedeutete der Appell zum Dialog fürs erste doch, daß die Massen eine gewisse Selbstbeschränkung akzeptieren mußten und auf die Übernahme der Staatsmacht verzichteten. Dialog hieß, daß beide Seiten die gewaltsame Konfrontation zugunsten eines offenen Prozesses mit ungewissem Ausgang aussetzen mußten. Auf lange Sicht aber mußte der Dialog entweder die Grenzen durchbrechen, von denen die SED hoffte, sie ließen sich festhalten – oder es würde gelingen (und daran klammerten sich die Hardliner), die Massen hinzuhalten, bis sie der Sache müde würden und sich mit einigen kleinen kosmetischen Veränderungen des Status quo abfänden.

Wie aber ließe sich der Dialog institutionalisieren? Auf Regierungsseite bestand die Hoffnung, man könne ihn in kontrollierten und nichtöffentlichen Unterredungen führen, die Massen dagegen bestanden auf öffentlichem Meinungsaustausch. Am Abend des 16. Oktober verließen Demonstranten eine Gebetsversammlung in der Dresdener Kreuzkirche und schlossen sich den Massen vor dem Rathaus an. Im Rathaus nahm der Bürgermeister an einem »Dialog mit den Bürgern« teil, in dem es um Fragen wie Umwelt, Reisen, Wahlen und sogar um die Probleme der Pendler ging. Die Demonstranten draußen verlangten Übertragung und Mikrophonverbindung, damit sie mit den Delegierten drinnen in Verbindung bleiben konnten.[30] Die Form des Dialogs auf nationaler Ebene war der Runde Tisch, der auf Anraten der nunmehr als Vermittler fungierenden Kirchenleute nach dem polnischen Beispiel eingerichtet wurde. Während der nationale Runde Tisch quasi Parlamentsfunktion bekam und zwischen dem 7. Dezember 1989 und dem 12. März 1990 sechzehnmal zusammentrat, erst in der Kirchenhalle der Herrnhuter Brüder und dann in einer hübschen Villa in Niederschönhausen, einem vorstädtischen Viertel im Norden von Ostberlin, entstanden Runde Tische unverzüglich auch auf lokaler Ebene.

Im Unterschied zum Runden Tisch in Polen, an dem die Delegierten von Solidarność der Regierung als vereinte Kraft gegenübersaßen, oder auch zur tschechischen Variante – dort dominierte das Bürgerforum – war der Runde Tisch in der DDR zwischen den verschiedenen Bürgerbewegungen, der neu gegründeten SPD, den zuvor mit dem Regime kollaborierenden Blockparteien und der SED selbst aufgeteilt und zersplittert. Während man in Prag und Warschau davon ausging, daß die Runden Tische als Keimzellen von verfassunggebenden Versammlungen dienen könnten, war die Bedeutung dieser Einrichtung in Berlin angesichts der immer greifbarer werdenden Wiedervereinigung unsicher. Dennoch wurde der Runde Tisch weit mehr als die bei den letzten manipulierten Wahlen gewählte Volkskammer zum Träger der wie immer vorhandenen Legitimität. Der Tisch war eigentlich nicht rund, sondern ein offenes Rechteck wie bei internationalen Verhandlungen. Am Kopfende des Tisches standen Stühle für bis zu sieben Regierungsvertreter (von denen der von Demokratie Jetzt abgeordnete Wolfgang Ullmann der bedeutendste und geachtetste war) und drei Moderatoren, die von der Kirchenleitung kamen. An den beiden Flügeln saßen jeweils zwei Delegierte vom offiziellen, höchst kompromittierten Gewerkschaftsbund (FDGB) und der Vereinigten Linken (dem Verband der alternativen Gruppen), der neuen SPD und den verschiedenen Bürgerbewegungen – Demokratie Jetzt, Demokratischer Aufbruch, der Grünen Partei, der Grünen Liga, des Unabhängigen Frauenverbands (UFV), der Initiative für Frieden und Menschenrechte (IFM) und des Neuen Forums, dem ein dritter Vertreter zugeordnet wurde. Diese Reformenthusiasten, die gerade erst auf der Straße mobilisiert und noch frisch waren, saßen den alten Blockparteien gegenüber, die jeweils drei Delegierte stellten und nun aus ihrer konformistischen Vergangenheit aufzutauchen suchten – der SED (die bald zur

PDS werden sollte), der CDU, den Liberaldemokraten (LDPD), den Nationaldemokraten (NDPD), dem Bauernbund – und schließlich einem Vertreter der kleinen sorbischen Minderheit.[31]

Die Delegierten des Runden Tisches hatten ebenso wie die neuen und unerfahrenen Minister der Regierung ein neues Spiel zu lernen, dessen Regeln noch gar nicht festgelegt waren. Die alte Regierungspartei und ihr Staat fielen rasch auseinander. Zwischen Parlament und Rundem Tisch entwickelte sich ein neuer Dualismus. »Zweite Macht« hieß sehr rasch »keine Macht«. Nach den Wahlen vom 18. März und den Verhandlungen über die wirtschaftliche und soziale Union wurde klar, daß eigentlich nur das Kleingedruckte der Fusion beider deutscher Staaten als Verhandlungsmasse blieb. Dieses Ergebnis jedoch war im Winter noch unsicher, und keiner der beiden einander folgenden Ministerpräsidenten, die noch der SED angehörten, war in der Lage, für einen geordneten Übergang zu sorgen. Egon Krenz, der am 17. Oktober Honecker als Generalsekretär der SED ablöste, wurde eine Woche später von der Volkskammer als Nachfolger Honeckers auch zum Staatsratsvorsitzenden und zum Vorsitzenden des Nationalen Verteidigungsrats gewählt. Willi Stoph behielt den Vorsitz des Ministerrats noch bis zum 7. November, dem Tag vor dem traumatischen Rechenschaftsbericht auf der zehnten Sitzung des Zentralkomitees. Im Zuge der schleunigst durchgeführten Gesetzgebung zur Regelung des Reiseverkehrs und der »Säuberung« der alten Garde bestätigte das zehnte ZK die Ernennung von Modrow zu Stophs Nachfolger und stellte demokratische Wahlen zu einem neuen Parlament in Aussicht. Bis dahin war die Volkskammer nur ein handlungsunfähiges Parlament gewesen. Die Abgeordneten, allesamt Mitglieder der SED und der Blockparteien, ratifizierten die Ernennungen und Maßnahmen, die von den Parteiorganen der SED oder vom Ministerrat vorgeschlagen wurden. Nicht alle waren auf einen Wechsel vorbereitet, und manch einer aus der alten Führungsclique wollte an der dekorativen Rolle dieser Versammlung festhalten. Andere Abgeordnete versuchten nun jedoch, die gesetzgebende Gewalt, die ihnen von der alten Verfassung der DDR nominell übertragen war, auch auszuüben. Am 13. November bestätigte die Volkskammer die von der Partei getroffene Wahl Modrows zum Ministerpräsidenten und setzte einen Ausschuß ein, der ein neues Wahlgesetz erarbeiten sollte. Am 1. Dezember hob das Parlament die in der Verfassung festgeschriebene »führende« Rolle der SED als Staatspartei auf.

Die Abwicklung des Einparteienstaats hatte begonnen. Wut und Ärger des Parteivolks veranlaßten das Zentralkomitee auf seiner zehnten Sitzung, eine besondere Parteikonferenz zu vereinbaren, und innerhalb der nächsten zwei Tage sahen sich Politbüro und das nochmals zusammengetretene Zentralkomitee gezwungen, einen Außerordentlichen Parteitag einzuberufen, der am 7. und 8. Dezember stattfinden sollte. Am 3. Dezember legten Krenz, der Parteisekretär geblieben war, nachdem er als Ministerpräsident zurückgetreten war, und das Politbüro geschlossen ihre Ämter nieder. (Am 6. Dezember gab Krenz seinen letzten Posten als Vorsitzender von Staatsrat und Verteidigungsrat auf, und Manfred Gerlach, der langjährige Vorsitzende der liberaldemokratischen Blockpartei, wurde zum amtierenden Staatsoberhaupt gewählt.) Modrow, inzwischen Ministerpräsident, richtete einen leidenschaftlichen Appell an den Außerordentlichen Parteitag der SED, die Partei zu säubern; zum neuen Vorsitzenden wurde dann Gregor Gysi gewählt. Mühen und Qualen der SED blieben den ganzen Winter über sichtbar; alle Konferenzen waren von wechselseitigen Anschuldigungen bestimmt, auf allen wurde über die Auflösung oder einen neuen Namen für die Partei debattiert. Der Parteitag im Dezember zeigte eine unentschlossene SED, die ihrem alten Namen das Etikett Partei des demokratischen Sozialismus (PDS) hinzufügte; Ende Januar liebäugelte die Partei damit, sich vollständig aufzulösen, und am 24./25. Februar rang sie sich zu dem Entschluß durch, den alten Namen aufzugeben und unter dem neuen Namen PDS in den Wahlkampf zu ziehen.[32]

Trotz eines hoffnungsvollen Anfangs und einiger entscheidender Schritte zur Demokratisierung verschlechterte sich Modrows Position als Regierungschef zusehends. Er erschien durchaus als der richtige Politiker auf seinem Platz, doch er war zwischen unvereinbaren Kräften eingekeilt. Er war nicht bereit, auf rasche Privatisierung zu setzen, und seine Wirtschaftsministerin Christa Luft hatte für ein Wirtschaftsreformprogramm keine beschlußfähigen Konzepte anzubieten. Außerdem war offen, wem er von Rechts wegen verantwortlich war: der Volkskammer, die zwar neue Energien zeigte, aber immer noch aus Mitgliedern der SED und der Blockparteien bestand, oder dem Runden Tisch, der zur Hälfte aus Vertretern der Bürgerbewegungen zusammengesetzt war und dessen führende Kraft, das Neue Forum, Modrow anmaßend und opportunistisch fand? Und wie sollte er seine Verantwortung gegenüber der SED sehen, die sich in Krämpfen wand, von gegenseitigen Anschuldigungen zerrissen und von Spaltung bedroht fühlte, die ihn aber dennoch ernannt hatte und deren Mitglieder noch das Personal in den Ministerien stellten?

Der heikelste Punkt, mit dem sich Modrow auseinanderzusetzen hatte, war das Schicksal des ehemaligen Ministeriums für Staatssicherheit, der alten Stasi, das Mitte Dezember zu einem Amt für nationale Sicherheit umgewandelt (oder auch nur umbenannt) worden war, dem man als künftige Rolle die eines Amts für Verfassungsschutz zugewiesen hatte. Vom Runden Tisch kamen Stimmen, die auf dessen Abschaffung drängten, weil sie in ihm eine Bastion der alten Ordnung sahen; Mitglieder der SED-PDS vertraten die Auffassung, daß es diese Behörde geben müsse: als Schutz gegen die ansteigende Welle von Neonazi-Provokationen und mögliche Gewalt. So war das sowjetische Kriegerdenkmal in Berlin-Treptow um die Jahreswende beschmiert worden, es gab alarmierende Gerüchte über einen bevorstehenden Putsch. Brauchte denn nicht jeder Staat eine Einrichtung zum Schutz der inneren Sicherheit gegen Extremisten? Modrow verhielt sich schwankend. Während des Treffens des Runden Tischs vom 8. Januar stieß die fehlende Bereitschaft des Kabinetts, die Auflösung der Stasi definitiv zuzusagen, auf einhellige Kritik der Oppositionsgruppen; sie verlangten, daß Modrow innerhalb der nächsten zwei Stunden erscheinen und am Runden Tisch über diese Angelegenheit Rede und Antwort stehen solle. Modrow war aber, wie sich dann herausstellte, in Sofia beim Abschlußtreffen des RGW. Die Blockparteien (CDU und Liberale) drohten mit ihrem Auszug aus der Koalition, daraufhin nahm Modrow am 13. Januar den Vorschlag, die Stasi in ein Amt für Verfassungsschutz umzuwandeln, zurück und versprach, zwei Tage später vor dem Runden Tisch zu erscheinen. Trotz dieses Zugeständnisses, das zwar spät kam, aber immerhin gegeben wurde, mußte seine Regierung einen schweren Schlag einstecken: Am gleichen Tag, an dem der Ministerpräsident zum ersten Mal am Runden Tisch erschien, rief das Neue Forum zu einer Protestdemonstration in der Normannenstraße vor dem Hauptquartier der Stasi auf. Die Stimmung der Menge schlug um, die Massen drangen in den kasernenartigen Komplex ein und verwüsteten einige Büros. Modrow eilte mit Vertretern des Neuen Forums und anderen Delegierten an den Ort des Geschehens und versuchte, die Ruhe wiederherzustellen. Sollte es nun zu einem zweiten großen Aufstand kommen? War die DDR wirklich als unabhängiger Staat regierbar? Hatte Modrow genügend Rückhalt, wenn er sich in ein paar Wochen mit Kohl treffen würde? Wieviel Einfluß wollten die Oppositionsparteien nehmen?[33] »Das alles zeigt, daß die Situation in der DDR immer unübersichtlicher und widersprüchlicher wird«, hieß es in der *Zeit*.[34] Modrow sah sich nicht nur der Opposition von seiten der Bürgerbewegung, sondern auch den früheren Blockparteien, einer Bevölkerung, die immer noch in den Westen strömte und einer demoralisierten SED-PDS gegenüber, die sich eilig alter Genossen entledigte (so auch seines Dresdener Kollegen, des Bürgermeisters Berghofer); also mußte er versuchen, seine politische Basis zu vergrößern. Nur wenn er vom Runden Tisch unterstützt wurde, konnte er auch auf demokratische Legitimation hoffen. So rief er auf der Sitzung vom 22. Januar die neuen Parteien dazu auf, Kandidaten für ein breites Regierungsbündnis der demokratischen Erneuerung zu benennen.

Modrows Einladung führte aber in ein politisches Dilemma. SPD-Führer schlugen zwar ihre Aufnahme in die Regierung vor, aber angesichts der bevorstehenden Wahlen hüteten sie sich, mit Ministern der SED-PDS und der Ost-CDU zusammenzuarbeiten. Bei der ersten Verhandlungsrunde am 24. Januar wurde keine Einigung erzielt. In den nächsten Tagen sollte sich die CDU schwankend und unschlüssig zeigen. Jetzt erschien Lothar de Maizière, der stellvertretende Ministerpräsident, als das Haupthindernis. Kurzerhand rief er die CDU-Mitglieder aus der Regierung zurück. Richtete sich das wirklich, wie er vorgab, gegen Modrows eigenmächtigen Führungsstil? Versuchte er seinen Gönnern in den Reihen der West-CDU (insbesondere Volker Rühe, der den Bruch verlangte) zu zeigen, daß sich seine Partei keineswegs zu weit mit der PDS einließ? Oder wollte er Druck auf die SPD ausüben, eine klare Entscheidung zu treffen und zu demonstrieren, daß sich die beiden großen Parteien im Vorfeld der Wahlen die Verantwortung teilen müßten? Mit diesem Manöver machte sich die CDU aber die anderen Blockparteien zum Gegner, und de Maizière zog sich zurück. An diesem Wochenende jagten sich die Verhandlungen, und schließlich kamen Modrow und die Parteien überein, ein neues Kabinett zu bilden. Schwer angeschlagen durch Übertritte und mit geschmälertem Einfluß in der Regierung, stimmten auch die Bezirksdelegierten von der SED-PDS zu. Sie erwogen, die Partei aufzulösen, ließen sich aber von Gregor Gysi, ihrem neuen Vorsitzenden, wieder aufbauen und beschlossen, doch durchzuhalten. Zwischen 28. Januar und 5. Februar gelang es Modrow, mit der SPD und Delegierten der früheren Blockparteien eine »Regierung der nationalen Verantwortung« zu bilden.[35]

Für die Anhänger des Runden Tisches war das ein Sieg. Sie hatten, so glaubten sie, der fortgesetzten Herrschaft von SED-PDS über die Regierung ein Ende gemacht und die pseudodemokratische Volkskammer an den Rand gedrängt. Tatsächlich aber sah es nun so aus, als besäße die DDR-Regierung kaum noch Autorität. Die Wahlen zur Volkskammer wurden vom 6. Mai auf den 18. März vorverlegt; beide Parteiführungen, die von SPD wie die von PDS, glaubten damit besser zu fahren; die SPD, weil es logisch schien, daß sie das Erbe der Macht antreten würde, und die PDS, weil sie immer schneller zerfiel. Die meisten Beobachter werteten den vorgezogenen Termin als Zeichen dafür, daß das alte Regime nicht mehr stark genug sei, noch weitere vier Monate zu überstehen; es erhöhte auch den Einsatz der ostdeutschen Politik, denn Modrow und Gorbatschow hatten zu diesem Zeitpunkt beide Interesse daran, einen Wahlsieg der CDU zu verhindern; man wollte nicht, daß Kohl eine führende Rolle im Prozeß der Vereinigung bekäme. Als Modrow Ende Januar daranging, seine Regierung zu bilden, flog er nach Moskau, um die Unterstützung der Sowjets für seinen Plan einer schrittweisen Föderation zu gewinnen, um so seine Position im eigenen Land und bei den für Mitte Februar angesetzten Gesprächen in Bonn zu stärken (vgl. Kapitel Fünf). Er kehrte mit den mündlichen Zusicherungen Gorbatschows zurück, war sich aber nicht sicher, wie ernst es dieser wirklich meinte. So wie es aussah, schwand die mühsam aufrechterhaltene Hoffnung auf eine autonome, demokratische und sozialistische DDR, alles schien auf die Einheit, die wirtschaftliche Hilfe und die führende Rolle der Bundesrepublik hinauszulaufen.[36] Zehn Tage später, bei seinem Besuch bei Bundeskanzler Kohl in Bonn, würde Modrows Konzept auf eine noch ablehnendere Reaktion stoßen.

Am 5. März 1990 tagte der Runde Tisch zum fünfzehnten Mal in voller Besetzung. Ich konnte Michael Schmitz, einen Journalisten des ZDF, der ein Jahr zuvor von der Stasi als Provokateur bezeichnet worden war, zu dieser vorletzten Sitzung begleiten. Zu diesem Zeitpunkt war das Verfahren schon ziemlich normalisiert; die Atmosphäre der Konfrontation war verschwunden, zwei Wochen später sollte gewählt werden. Die Vorschläge, die zur Diskussion standen, betrafen die gesellschaftlichen Rechte, die den in der Runde repräsentierten Gruppierungen besonders wichtig waren. Vor allem ging es den Teilnehmern in dieser vorletzten Sitzung um das Problem, wie man die großzügigen Leistungen, die in der DDR zur Unterstützung der Familien und für die Kinderbetreuung gewährt wurden, in der neuen verfassungsmäßigen Ordnung verankern könnte, so daß sie in kommenden Verhandlungen mit der Bundesrepublik bewahrt werden könnten. Der Unabhängige Frauenverband schlug vor, ein Ministerium für die Gleichstellung von Männern und Frauen einzurichten. Der exkommunistische Gewerkschaftsbund und die Grünen drängten die Regierung, eine umfassende Sozialcharta anzunehmen, die unter anderem ein in der Verfassung verbrieftes Recht auf Arbeit enthalten sollte.

Im Rückblick bekommen solche sozialstaatlichen Wunschlisten sicher etwas Blauäugiges, für nüchterne Beobachter hatten sie es wahrscheinlich schon damals. Aber sie waren nützlich als Vehikel, die verschiedenen Gruppierungen und ihre Programme in den Verhandlungsprozeß einzubinden. Die zivile Gesellschaft erhob ihre Forderungen jetzt nicht auf der Straße, sondern in den vervielfältigten Gesetzesvorschlägen, die während der Sitzungen des Runden Tisches herumgereicht wurden. Ein wichtiger Aspekt für die Runden Tische war, daß hier klassisch liberale Verfahren und postmoderne soziale Forderungen aufeinandertrafen. Die DDR hatte, selbst wenn gleichzeitig die Freiheit der Rede und der Versammlung verwehrt wurde, ein fortschrittliches System sozialer Sicherungen gehabt. Der Runde Tisch war bestrebt, diese Sicherungen zu erhalten und auch einzufordern. Der Verfassungsentwurf des Neuen Forums, mit dem der Runde Tisch das neue Kabinett de Maizière konfrontierte, zeigt deutlich diese doppelte Stoßrichtung. Der Runde Tisch überbrückte zwei Gräben: den zwischen SED-Herrschaft und Wiedervereinigung sowie den zwischen autoritärer und sozialer, demokratischer Gesetzgebung.

Im Winter 1989/90 wurden auch auf lokaler Ebene immer mehr Runde Tische eingerichtet, einen nationalen Runden Tisch gab es in der DDR, später auch in der Tschechoslowakei und in Ungarn. Als Institution bewegte er sich zwischen Legalität und Revolution. Die geschwächten Regime, die nicht anders konnten, als diese Einrichtung zu dulden, sahen darin eine letzte Möglichkeit, ihre Autorität aufrechtzuerhalten, indem sie direkt mit den Delegierten verhandelten, die ihrerseits die Demonstrationen beeinflussen konnten. Die an den Runden Tischen repräsentierten Bewegungen sahen in dieser Einrichtung einen revolutionären und zugleich legitimen Ausdruck der autonomen Bedürfnisse der Gesellschaft. Die deutschen Vertreter kamen allerdings aus ganz unterschiedlichen und zersplitterten Oppositionszirkeln. Es waren die Demonstrationen, die die Partei zwangen, ihnen Gehör zu schenken. Der Runde Tisch in Polen ging aus einer lange hin- und herwogenden Konfrontation zwischen Solidarność und dem Regime des General Jaruzelski hervor. Das seit Dezember 1981 geltende Kriegsrecht konnte Mitte der achtziger Jahre weder den Niedergang der polnischen Wirtschaft aufhalten noch dem Regime Legitimität verschaffen. Einige Regierungsmitglieder haben in dieser Zeit begriffen, wie isoliert sie tatsächlich waren. Das Regime hatte mit den Oppositionellen Katz und Maus gespielt, manche ins Gefängnis gesteckt, dann wieder mit anderen debattiert, aber das alles half nichts.

Ein derartiges Schwanken zwischen Repression und Liberalisierung ist charakteristisch für das letzte Stadium von autoritären Regimen. Das gilt sicher nicht immer: Das kurz vor dem Zusammenbruch stehende Dritte Reich suchte seine Zuflucht bei immer rabiateren Mitteln der Unterdrückung, anstatt die Niederlage hinzunehmen; und in Stalins letzten Jahren wurden Vorbereitungen für eine neue Welle des justiziellen (und antisemitischen) Terrors getroffen. Aber diese beiden Diktaturen sind Ausnahmen; es waren deren Führer, die nicht lockerließen. In anderen verbreitete sich, als es soweit war, das Gefühl, daß es zu Ende gehe. Napoleon III. in den späten sechziger Jahren des vorigen Jahrhunderts, die faschistischen Hierarchien in Italien von 1940 bis 1943, die herrschende Clique in Spanien in den späten sechziger und siebziger Jahren und Brasiliens Militärregime Anfang der achtziger Jahre suchten nach Wegen zu einem Übergang. Niedergehende despotische Regime nehmen mehr oder weniger deutlich wahr, wie ihre Herrschaftsstrukturen von Dissidenten und Menschen infiltriert werden, die etwas Neues wollen. Wenn es keinen alle beherrschenden ideologischen Mythos mehr gibt, der die an der Macht befindlichen alternden Kader motiviert, reagieren sie gewöhnlich mit schrittweisen Zugeständnissen. Sie sehen dann keinen anderen Weg mehr, als mit der bis dahin illegalen Opposition zu verhandeln. Solche Situationen sind unbeständig und prekär, sie werden ausgenutzt von ungeduldigen oppositionellen Kräften und zynischen Hardlinern in der Regierung. Jederzeit kann eine der Seiten zu gewaltsamen Mitteln der Auseinandersetzung greifen, beide Seiten suchen den Konflikt ideologisch, unter Berufung auf ihre jeweilige Diagnose der Krise zu definieren.

In Polen um 1986/87 haben beide Seiten erkannt, daß sich das Land in einer Wirtschaftskrise befand. Die Regierung ging sogar so weit, ihrem Dialog mit der Opposition in der Zeitschrift *Konfrontacje* einen Rahmen zu schaffen und ihn damit zu kontrollieren. In einem Ende 1987 in *Konfrontacje* veröffentlichten Interview schlug Bronisław Geremek, der Sprecher von Solidarność, vor, seine Organisation solle angesichts der von beiden Seiten anerkannten Schwierigkeiten mit dem Regime im Namen der Öffentlichkeit verhandeln. Diesem Vorschlag lag eine dualistische Vorstellung zugrunde: Solidarność – legitimiert durch ihre heldenhafte Führung der Streikbewegung von 1980/81 – repräsentierte die verschiedenen Komponenten der Gesellschaft, der Staat konnte noch die politische Hegemonie beanspruchen, und beide zusammen arbeiten einen Pakt zur Lösung der Krise aus. Angesichts neuer Streiks im Mai und August 1988 wurde der Regierung klar, daß sie kaum eine andere Wahl hatte, und so schlug Innenminister General Kiszczak Verhandlungen vor, aus denen dann der Runde Tisch hervorging und die Lech Wałęsa am 31. August akzeptierte. Sie führten nicht nur zu wirtschaftspolitischen Maßnahmen, sondern auch zu einer provisorischen Abmachung mit Blick auf die Verfassung. Neben einem proportional gewählten Oberhaus sollte es ein Unterhaus geben, in dem die Partei 65 Prozent der Sitze haben sollte. Doch der Prozeß der Demokratisierung war schon zu weit fortgeschritten, der Zustand der Wirtschaft weiterhin so schlecht, daß sich dieser Kompromiß im Lauf des nächsten Jahres nicht mehr aufrechterhalten ließ und Polen schließlich ein frei gewähltes Parlament mit einem starken Präsidenten erhielt, dessen Kompetenzen allerdings nicht genau definiert sind.[37]

Der Runde Tisch der DDR wurde nach dem Warschauer Vorbild eingerichtet. Doch hatte es in der DDR zuvor keine Bewegung gegeben, die für sich hätte in Anspruch nehmen können, eine ähnlich verdienstvolle Rolle gespielt zu haben wie Solidarność in den achtziger Jahren. Das Neue Forum und seine Mitglieder haben (nicht anders als das »Bürgerforum« zwei Monate später in Prag) Autorität nur durch das Gewicht der Proteste und des Ausreisestroms gewinnen können. Die Verhandlungsführung wurde ihnen geradezu aufgedrängt: »Jeder, der sich als Neues Forum ausgibt, bekommt Zuhörer. Das ist eine ganz neue Situation.«[38] Die Führer von Solidarność dagegen hatten eine lange Lehrzeit hinter sich, zu der auch das Gefängnis gehörte; Geremek, Adam Michnik und Jacek Kuron hatten im Gefängnis gesessen und viele Jahre damit verbracht, das Verhältnis zwischen Gesellschaft und Regime genau zu durchdenken und eigene Thesen zu entwickeln. Die Oppositionellen aus der DDR konnten keine wissenschaftlichen Untersuchungen über die autoritäre Staatsführung oder gesellschaftliche Forderungen vorweisen. Allerdings hatten auch einige von ihnen im Gefängnis gesessen. Dies verlieh ihnen, wie den Oppositionellen in Polen (und der Tschechoslowakei), die aktuell erforderliche repräsentative Legitimität. Zugleich wurden nun diejenigen, die für die Haftstrafen verantwortlich waren, vom Runden Tisch gezwungen zuzugeben, daß ihre Gegner von damals mutig und ihre Forderungen gerechtfertigt waren. Hiermit erfüllte der Runde Tisch eine ins symbolische reichende Funktion, welche die späteren Parlamente gar nicht entwickeln konnten.

Die Verfolgung in früheren Jahren verschaffte den Betroffenen aber nicht nur Legitimität, sondern sie hatte auch klug gemacht. Solidarność wollte 1988 auf der Basis eines Gesellschaftsvertrags verhandeln, das Neue Forum setzte den Dialog durch. 1987/88 wußten die Führer von Solidarność, daß die politische Macht noch bei ihren Gegenspielern lag, und das wußte man 1989 auch im Neuen Forum. Selbst wenn aus wirtschaftlichen Gründen Kompromisse notwendig waren: Noch immer war es möglich, daß die Kommunisten, die sich in die Enge getrieben fühlten, aus Wut oder Verzweiflung zuschlugen. Den Dissidenten war klar, daß es in den Regimen, mit denen sie es zu tun hatten, einerseits Leute gab, die vermitteln wollten, andererseits Hardliner, die dazu nicht bereit waren; daß die kompromißbereiten Kräfte die Oberhand behalten würden, konnte niemand garantieren. Aus solchen Überlegungen heraus versuchte man die Mobilisierung der Straße in einem vorläufigen wechselseitigen Arrangement zu kanalisieren: Man suchte den Waffenstillstand zwischen den Protestlern und dem Staat, für den die Runden Tische die Übergangsform darstellten. Das war der Aspekt der Unruhen, den Tschechen und Polen als »Selbstbegrenzung« bezeichneten.[39] Diese Selbstbegrenzung beeinflußte, als es 1991/92 um rückwirkende Sanktionen und »Säuberungen« ging, auch die Art und Weise, in der man ehemalige Parteileute behandelte.

Anfangs schien Erich Honecker nicht zu den Kompromissen bereit zu sein, die General Jaruzelski widerstrebend akzeptierte und die der tschechische Führer Miloš Jakeš schlucken mußte, als Ende des Jahres der Aufstand über Prag hereinbrach. Im Hinblick auf die Machtfrage wußte Jaruzelski den Faktor Sowjetunion, seine Wirksamkeit bzw. Nichtwirksamkeit einzuschätzen. Er behauptete, er habe 1981 gehandelt, um einer sowjetischen Invasion zuvorzukommen, und 1988 wußte er ebensogut, daß Gorbatschow ihn, wenn es zu direkten Konfrontationen kommen würde, nicht unterstützen würde. Den gemäßigten Mitgliedern der Warschauer Regierung war auch klar, daß Bajonette und Panzer die Produktion nicht in Schwung bringen konnten, und Polen war bei westlichen Banken stark verschuldet. Solidarność und die katholische Kirche bildeten innerhalb Polens gewaltige Machtreservoirs, und die Abhängigkeit von ausländischen Gläubigern, Privatbanken und Regierungen setzte die Regierung von außen unter Druck. Was später in Osteuropa »zivile Gesellschaft« genannt wurde, machte sich im Fall von Polen als sowohl transnationale wie inländische Kraft bemerkbar.

Im Fall der DDR war es, als die Grenzen geöffnet waren, der Lohndruck, der die Rolle des grenzüberschreitenden Drucks einnahm, während dies anderswo der Mangel an Investitionsgütern war. Die Arbeitskräfte der DDR waren fast so mobil geworden wie das westliche Kapital, und ihre zunehmende Flucht erwies sich als eine entscheidende Kraft zur Erzwingung von Kompromissen.

Die Runden Tische taten ihren Dienst nur für einen kurzen Zeitraum, sie spielten jedoch in zumindest dreierlei Hinsicht eine besondere Rolle. Sie bildeten eine institutionelle Brücke zwischen dem Anspruch der Kommunisten, alle legitimen gesellschaftlichen Kräfte einzubinden, und dem der Opposition, daß es eine wirklich zivile Gesellschaft nur außerhalb der Partei geben könne. Weiterhin waren sie ein Ersatz für die konstituierenden Versammlungen, die im Übergangsprozeß nie in einem angemessen feierlichen Rahmen zusammengerufen wurden und die im Fall der DDR auch nicht zustande kommen würden, weil die DDR schließlich als eine Anzahl losgelöster Bundesländer der Bundesrepublik einfach beitrat. Der Konsens, der an den Runden Tischen gepflegt wurde, hatte etwas Mystisches, und davon konnten die entstehenden Parlamente nicht mehr zehren. Und, als letzte Funktion, setzten die Runden Tische den später erfolgenden politischen »Säuberungen« und Verurteilungen bestimmte Grenzen. Trotz der vielen alten Rechnungen, die es zu begleichen gab, verlangte der Verhandlungsprozeß innerhalb einer institutionalisierten Arena von jeder Seite, den anderen als Gesprächspartner anzuerkennen und nicht einfach nur als Gegner oder wie einen Gesetzesbrecher zu behandeln. Wolfgang Ullmann versuchte einige Monate, nachdem die Runden Tische ihre Arbeit eingestellt hatte, festzuhalten, worin die historische Einzigartigkeit dieser Institution bestanden hatte: Die Perspektive des Runden Tisches, so notierte er für eine Rede, würde nicht einfach verschwinden. Sie sei etwas ganz anderes als die »Linearperspektive« von Links-Mitte-Rechts-Parteien in normalen Parlamenten. Die Teilnehmer am Runden Tisch seien vielmehr gezwungen, sich an einer unsichtbaren Mitte zu orientieren, »die nicht mit Gewalt und Konkurrenz erzwingbar ist, sondern nur im gemeinsamen Diskurs und in gemeinsamer Entscheidung für eine realisierbare Zukunft. Der Runde Tisch hat uns diese Zirkularperspektive gelehrt. Er tat dies durch den auf ihm lastenden Zwang zum Konsens, durch ideologieunabhängige Diskussion und durch ständig wirksame Beweispflicht für seine Entscheidungsfähigkeit.«[40] Ullmanns Vertrauen darauf, daß der Runde Tisch für die Politik nach der Wende zur dauerhaften Institution werden könnte, sollte sich nicht erfüllen. Trotzdem wird es in künftigen Jahren Politologen geben, die den Runden Tisch in seiner einzigartigen Bedeutung für die zu einem bestimmten Zeitpunkt mögliche Erneuerung eines Gesellschaftsvertrags hervorheben werden.

Die befreiende Rolle der »zivilen Gesellschaft«

In einer unentschiedenen Konfrontationssituation zwischen einem autoritären Regime und seinen Gegnern beanspruchen beide Seiten Legitimität, das heißt das moralische Recht, die bürgerliche Öffentlichkeit zu repräsentieren. In Polen hatte sich Jaruzelski mit seiner Regierung bemüht, als überparteilicher nationaler Retter aufzutreten, und das Andenken von Piłsudski beschworen. Für die alte Führung der DDR war es selbstverständlich, daß die Sozialistische Einheitspartei historische Legitimität besaß, denn sie repräsentierte die geschichtlich fortgeschrittensten Klassen. In den achtziger Jahren ging die Partei noch weiter und reklamierte nationale deutsche und sogar preußische Traditionen für sich. Und für wen sprachen die Demonstranten? Die Menschen in der DDR widmeten sich solchen Fragen nur beiläufig: Sie hoben die neue Bedeutung von »Gruppen« innerhalb der Kirche hervor; sie protestierten gegen die Deformation der »Gesellschaft«; sie sprachen im Namen der Umwelt und der »Menschenrechte«; sie argumentierten für die Sache des »Friedens«, für »Bürgerbewegungen«. Sie fanden es schwierig, das passende alternative Kollektivsubjekt zu definieren; selbst die »Kirche im Sozialismus« hatte einen nicht gerade leichten Waffenstillstand mit dem Regime geschlossen. Zum Zeitpunkt der Massenproteste im Herbst 1989 schließlich ließ die Parole »Wir sind das Volk« an eine nationale Erhebung denken.

Man muß sich unbedingt die kommunitäre Dimension der Proteste, die den Kommunismus zu Fall brachten, vor Augen führen. Kollektive Partizipation und individuelle Rechte traten in der Ideologie der Befreiung zusammen auf. Die Vereinbarungen von

Helsinki und der Druck, den die Regierung Carter zugunsten der Menschenrechte ausübte, betonten die Rechte des Individuums; um sie ging es auch in den Protesten von so mutigen sowjetischen Dissidenten wie Andrej Sacharow. Im Verlauf der siebziger Jahre wurde aber die Rolle der Menschenrechtsbewegung zunehmend gewichtiger. Sie verlangte die individuelle Entscheidung, »in der Wahrheit zu leben«, wie Václav Havel sagte – sich zu weigern, den Anspruch des Staates zu akzeptieren, der vorgab, im Namen der Gesellschaft zu handeln, obwohl er sich selbst harmlosester Kritik verweigerte. Das Leben in der Wahrheit wurde bald eine »Bürgerinitiative« und zur kollektiven Demonstration. Die Gesellschaft bekam Gewicht als unabhängige Macht. Sie konnte und mußte auf dem Wege ihrer »Selbstorganisation« handeln, wie Adam Michnik das nannte. Und wo sie das tat, wurde sie zur Zivilgesellschaft.[41]

In seiner oppositionellen Bedeutung tauchte der Begriff zum ersten Mal in den Schriften von Jacek Kuron auf, nachdem 1976 das Komitee zur Verteidigung der Arbeiter (KOR) entstanden war. Das slawische Wort, das ich mit »civil« (einem Wort, das sich nicht vollständig mit seiner deutschen Entsprechung »zivil« deckt) ins Englische übersetzt habe, bedeutet »gesellschaftlich« im weiteren Sinn; es deckt sich auch nicht mit »bürgerlich« im Sinn des deutschen Begriffs *bürgerliche Gesellschaft*, von dem es ursprünglich herkommt. Im Zusammenhang mit den Erhebungen in Osteuropa und in der DDR bezieht sich »zivile Gesellschaft« oder »Zivilgesellschaft« vor allem auf die mit neuer Energie geladenen Netzwerke von Protestdemonstranten oder von politischen und religiösen Gruppierungen. Die Ideale der partizipatorischen Demokratie aus den späten sechziger Jahren waren in diesen Zirkeln noch lebendig. Ihre Befürworter in den siebziger und frühen achtziger Jahren kritisierten den westlichen Parlamentarismus als bürokratisch oder mechanisch. Es könnte so aussehen, hatte Havel ein Jahrzehnt, bevor er die Tschechoslowakei auf ihrem Weg zurück zur parlamentarischen Demokratie unterstützte, geschrieben, daß die traditionellen parlamentarischen Demokratien keine fundamentale Opposition zum Automatismus der technischen Zivilisation und der Industrie- und Konsumgesellschaft zu bieten hätten.[42]

Wesentliche Impulse gingen von den religiösen Gemeinschaften aus, auch für nicht religiös motivierte Dissidenten. Natürlich setzten protestantische und katholische Traditionen (und Unterschiede zwischen den nationalen katholischen Kirchen) verschiedene Akzente. Schriftsteller aus der DDR hatten die Soziologie der Entfremdung und der Angst aufgenommen; für sie war die »Gruppe« eine Antwort auf Marginalisierung und Fragmentierung, und sie vertraten die Ansicht, ihre Funktion könne darin bestehen, »ideologiekritisch, protestlerisch und jeder Institution unfreundlich gesinnt« zu sein.[43] Die Kirche als Institution brauche Gruppen, um aus ihren festgefahrenen Strukturen herauszufinden.[44] Sie könnten lehren, wie man mit Uneinigkeit umgeht, sie könnten in einer städtischen Gesellschaft, die »Leidensdruck durch Anonymität und Verflachung der Beziehungen« hervorbringe, wirkliche Kommunikation pflegen.[45] Für die Tschechen hatte die Isolation keine derartige Bedeutung, sie ließen sich eher durch das Zweite Vatikanische Konzil leiten. So überlegte Havel, ob nicht die informellen, nichtbürokratischen, dynamischen und offenen Gemeinschaften, die die »Parallel-Polis« umfassen, eine Art rudimentärer Vorform, ein symbolisches Modell jener bedeutsameren »postdemokratischen« politischen Gebilde seien, die die Grundlage einer besseren Gesellschaft abgeben könnten.[46] Als Anreger derartiger Überlegungen nennt Havel seinen jüngeren Mitkämpfer Václav Benda, einen tschechischen katholischen Philosophen, und dankt ihm dafür. Benda hatte zur Mobilisierung von »parallelen Strukturen« aufgerufen; für jede von der Kommunistischen Partei geschaffene und kontrollierte Organisation wollte er ein authentisches Gegenstück im oppositionellen Untergrund ins Leben gerufen sehen.[47] In den siebziger Jahren ließ der tschechische »Chartismus« Einflüsse des konziliaren Katholizismus und des Sozialismus der sechziger Jahre erkennen.

Um die Mitte der achtziger Jahre verlor die Idee der zivilen Gesellschaft ihre religiösen Obertöne weitgehend, dafür waren nun umfassendere politische Ansprüche mit ihr verbunden. Die Intellektuellen bezogen sie auf alle Kräfte, die im Untergrund für die Unabhängigkeit von Staat und Partei arbeiteten und die sich äußerst lebendig zeigten. Sie meinten damit gewiß nicht nur die Arbeitsgruppen und Vereine, die dem entsprachen, was Gaus so treffend als Nischengesellschaft beschrieben hat. Kleingartenvereine oder Fahrradklubs reichten nicht aus, auch wenn sie unabhängig geblieben waren – das aber hätte sich ändern können, da die Partei auch das Vereinsleben zu kontrollieren suchte.[48] Die zivile Gesellschaft verbindet auch die öffentliche (oder politische) und die private Sphäre, die Liberale eher getrennt sehen. Private Netzwerke – das heißt Verbindungen, die aus vom Staat nicht akzeptierten Vereinen hervorgingen – bildeten Matrix oder Humus für die politischen Bestrebungen. Als Elemente der zivilen Gesellschaft traten diese Vereine nicht mehr nur für ihre begrenzten Ziele ein. Sie hatten implizit etwas auf die Verfassung Gerichtetes: den Anspruch, bei Fragen der Bürgerrechte, der Gesetzgebung und der politischen Macht mitreden zu dürfen. Zur Vorstellung einer zivilen Gesellschaft gehört auch, daß es potentiell eine nationale öffentliche Meinung gibt. Sie spielte eine ähnliche Rolle wie die »Menschenrechte« im späten achtzehnten Jahrhundert, nun allerdings in einer Ära, in der soziale Bewegungen zu Agenten des politischen Wandels geworden waren.

Es war nicht selbstverständlich, daß der Begriff »zivile Gesellschaft« eine derart katalytische Bedeutung bekam. Nicht immer war er mit solch progressiven Ideen verbunden. Im mittelalterlichen Denken bedeutete zivile Gesellschaft einfach nur Staat und Regierung, also den Bereich des Politischen. Politische Schriftsteller in England verwendeten den Begriff später zur Bezeichnung eines Regimes, in dem König und Parlament koexistieren. Das Parlament repräsentierte die Interessen und Stände, auf denen die Nation beruhte: die Bischöfe, den Adel, die Gutsbesitzer, die großen Handelsgesellschaften und die alten Städte. Seit dem ausgehenden 17. Jahrhundert betonten die Whigs in England, daß die gesellschaftlichen Interessengruppen selbst fähig seien, Märkte und Regierungsgewalt zu organisieren, der Staat habe nur für die allgemeine Verteidigung zu sorgen und dem Geschäftsleben einen gesetzlichen Rahmen zu garantieren.[49] Die schottischen Philosophen Adam Ferguson, John Millar, David Hume und Adam Smith sahen in der zivilen Gesellschaft eine geschichtliche Errungenschaft. Sie habe sich entwickelt, seit Handel, Kultur und städtische Gesellschaft sich an die Stelle der unkultivierten ländlichen Feudalordnung gesetzt hätten.

Für Hegel, der die Ideen der Schotten in das System des Deutschen Idealismus übernahm, war die »bürgerliche« Gesellschaft

Vermittlungsinstanz zwischen Familie und Staat. Natürliche Verwandtschaftsverhältnisse sah er als unterste Schicht der Gemeinschaft, die den privaten Bereich umfaßt. Gewerbe und Korporationen, Zünfte, kulturelle Vereinigungen und Universitäten seien die Stützpfeiler der bürgerlichen Gesellschaft, während die staatliche Bürokratie, die keine ökonomischen Interessen verfolgt, das allgemeine öffentliche Wohl vertrete und befördere. Zu den Bindungskräften, die die bürgerliche Gesellschaft zusammenhalten, gehörten Interessen und eine Ethik des Eigennutzes; der Staat sei zuständig für die Durchsetzung von Recht und Gesetz und eine höhere patriotische Moralität. Für Hegel wie für Adam Smith (und auch für John Locke) ist die bürgerliche Gesellschaft geprägt durch eine außerordentlich fruchtbare Verbreitung von Interessen, Verbänden und allgemeinen Bemühungen zur Hebung des Wohlstands. Sie umfaßt aber mehr als nur die gewerbliche Arbeit und die Rationalität des Marktes; sie ist auch die Sphäre der öffentlichen Diskussion, des Zeitungswesens, der kulturellen Aktivitäten, der Universitäten, des bürgerlichen Rechts und organisierter Wohltätigkeit. Mit dem Protestantismus, der allgemeinen Bildung und der Aufklärung sei die bürgerliche Gesellschaft zu sich selbst gekommen. Dennoch glaubte der deutsche Philosoph nicht, daß sie von sich aus imstande sei, die überlegene und umfassende öffentliche Rationalität sicherzustellen, die der Staat verschaffe.[50] Das Handeln in der bürgerlichen Gesellschaft sei nämlich durch eigensüchtige Motive und eine utilitäre Moral beschränkt. Der Staat sei notwendig, um ein ethisch höherstehendes, am allgemeinen Wohl interessiertes öffentliches Verhalten zu befördern. Der bürokratische Staat sei der höchste Punkt in der dialektischen Selbstkonstruktion der Rechtsordnung.

Marx übernahm Hegels Auffassung von den rastlosen, immer umfassenderen und sich rational entfaltenden gesellschaftlichen Beziehungen, aber er legte sein Augenmerk mehr auf die Produktionsverhältnisse und den Warentausch, die er als treibende Kräfte der bürgerlichen Gesellschaft erkannte. Darunter verstand er die bloße Gesellschaft des Bürgers, des Bourgeois, und nicht die an universalistischen moralischen Maßstäben orientierte bürgerlich-zivile Gesellschaft des Citoyen. Der egoistische Besitzbürger sei vielmehr von kaltem Liberalismus, er erkenne nur das und den Verdienst an, wolle das Ende aller feudalen Privilegien und unterwerfe sich zugleich der Rationalität des Marktes, wo den letzten die Hunde beißen – für die höheren rationalen und menschlichen Werte, wie sie nur der Sozialismus realisieren werde, sah Marx in dieser bürgerlichen Gesellschaft keinen Raum. Während Hegel der staatsbürokratischen Monarchie die Aufgabe zuwies, die bürgerliche Gesellschaft auf eine ethisch höhere Ebene zu heben, war es nach Marx das Proletariat, das die bürgerliche Gesellschaft über sich hinausführen sollte. Für seine Schüler im 20. Jahrhundert, vor allem für Lenin, wurde es die Kommunistische Partei, die die kollektive Mission des Proletariats erfüllen sollte. Sie interpretiere und transformiere die Stadien der geschichtlichen Entwicklung, sie fordere, wenn nötig, individuelle Opfer und schmiede die bürgerliche Gesellschaft auf dem Amboß der proletarischen Diktatur. In den sechziger Jahren erwärmte sich eine über den Leninismus entsetzte europäische Linke für die Theorien des Führers des italienischen Kommunisten Antonio Gramsci, der von den Faschisten inhaftiert worden war und zehn Jahre im Gefängnis verbrachte, bevor er 1937 starb. Gramsci setzte sich explizit mit dem Wesen der bürgerlichen Gesellschaft und mit der Rolle auseinander, die den Intellektuellen bei der Aufgabe zukomme, sie in der nationalen Kultur zu verwurzeln. Er lenkte die Aufmerksamkeit der Linken auf die bürgerliche Gesellschaft, aber als Revolutionär war er sich unsicher über deren Rolle. Jedenfalls zeigte er, daß in einem katholischen Land wie Italien – und hier liegt eine bedeutsame Parallele zu Polen – die bürgerliche Gesellschaft nicht nur ökonomische, sondern auch kulturelle Kräfte umfaßt. Dazu gehörten die Rolle der traditionellen Intellektuellen, gehörten Kirche und Klerus sowie die Rechtskultur. In einem Land wie Italien, in dem es keine demokratische Revolution gegeben hatte und die Faschisten vor allem im Süden auf die rückschrittlichen Überreste des alten Regimes bauten, habe die bürgerliche Gesellschaft etwas Regressives. Sie sei, so Gramsci mit einer treffenden Metapher, wie eine Festung, die es den hegemonialen Klassen erlaube, sich den Reformkräften zu widersetzen.[51]

Wahrscheinlich wandte sich die polnische Opposition Mitte der siebziger Jahre den Stärken der bürgerlichen Gesellschaft zu, weil die kommunistische Ideologie immer wieder betont hatte, daß man sie überwinden, beherrschen und umgestalten müsse. Doch wie eine tiefverwurzelte Eiche widerstand die bürgerliche, die zivile Gesellschaft dem totalitären Projekt. Ideen werden oft selektiv und außerhalb ihres Kontextes wieder hervorgeholt. Im Westen wandten sich Intellektuelle in den sechziger Jahren Gramsci zu, weil er die Bedeutung der Kultur und der Intellektuellen hervorhob, weil er mechanische Entwicklungsgesetze ablehnte und weil er einen so leidvollen Lebensweg hatte. Man erinnerte sich an ihn als Opfer des Totalitarismus und nicht an einen Mann, der diesem möglicherweise Vorschub geleistet hätte. In verschiedenen Interpretationen seiner Theorie wurde versucht, seinem Begriff der zivilen Gesellschaft das reaktionäre Potential zu nehmen und ihm die Bedeutung einer Ressource für den Widerstand zu geben. »Zivile Gesellschaft« schien außerdem das Versprechen zu enthalten, so etwas wie ein Schutzraum gegenüber der Unterdrückung durch Staat oder Partei zu sein, was auf den Begriff »Gesellschaft« nicht zutraf. Im kommunistischen Polen schien es Leuten wie Michnik, Kuron und Geremek vielleicht plausibel, an die »Gesellschaft« zu appellieren, weil die Kirche und die Arbeiterbewegung ihre Unabhängigkeit vom Regime hatten weitgehend bewahren können. In den meisten anderen kommunistischen Milieus aber hatte das Regime eine solche Vorstellung von Gesellschaft durch deren Korrumpierung hoffnungslos verbaut. Überhaupt hatte der Begriff Gesellschaft seit der Aufklärung im allgemeinen eine eher zweideutige Karriere. Mehr als einmal diente er pseudo-emanzipatorischen Zielen und half nur, Kollektive zu beschwören, wenn es darum ging, die Rechte des Individuums zu beschneiden. Revolutionäre berufen sich auf die Gesellschaft, um deren Unterdrückung im Namen der zukünftigen Entwicklung zu rechtfertigen. Reaktionäre appellieren an die Gesellschaft, um die Kritiker von Ungerechtigkeiten, die aus vergangenen Zeiten stammten, zum Schweigen zu bringen. Mit dem Begriff »zivile Gesellschaft« läßt sich diese verhängnisvolle Heuchelei vermeiden. Im Gegenteil, mit diesem Begriff lassen sich alle zusammenbringen, die die Rechte der Gegenwart gegen und über die Loyalitäten setzten, die ihnen im Namen von Vergangenheit oder Zukunft abverlangt worden waren.

Die Vorkämpfer der zivilen Gesellschaft in Polen und der Tschechoslowakei wollten revolutionär und selbstbegrenzend zugleich sein.⁵² Aber was sollte begrenzt werden? Die Gewalt, wie im Fall von Havels »Samtener Revolution«? Oder der Anspruch auf die Regierungsgewalt? Die Führer von Solidarność waren sich zum Beispiel in der Frage uneins, wieviel Macht sie eigentlich haben wollten, als von Mitte der achtziger Jahre an die Autorität des polnischen Regimes dahinzuschwinden begann. Adam Michnik erinnerte an die Unterdrückung in der Tschechoslowakei 1968 und an die Einführung des Kriegsrechts in Polen 1981 und vertrat die Auffassung, die Reformer müßten den Verbleib Polens im Warschauer Pakt als eine Grenze ihrer Erwartungen akzeptieren. In einem 1987 in *Konfrontacje* veröffentlichten Interview schien Geremek bereit, sich mit einem von Verhandlungen abhängigen Gleichgewicht zwischen Parteiführung und frei organisierten gesellschaftlichen Kräften unter der Führung von Solidarność zu begnügen.⁵³ Aleksander Hall, ein anderer Führer von Solidarność, lehnte Geremeks dualistische Architektur ab; seiner Meinung nach sollte Solidarność die politische Macht beanspruchen. Auch andere, nicht der Partei angehörende Gruppen griffen die Führung von Solidarność an; die jungen Arbeiter, die nach Verhängung des Kriegsrechts volljährig geworden waren, hatten die Gewerkschaft und ihre Intellektuellen hinter sich gelassen. Doch Halls allgemeine Forderung galt weiterhin: Die Vertreter der zivilen Gesellschaft konnten dem Staat auf Dauer keinen Bereich unbeschränkter Macht einräumen.⁵⁴

Die Debatte in Polen war ein Nachklang von Kontroversen, wie sie im 18. und 19. Jahrhundert in Westeuropa geführt wurden. Die Liberalen damals sahen die Vertretung von gesellschaftlich-ökonomischen Interessen als wichtige politische Aufgabe und in der Legislative das geeignete Mittel dafür. Die Konservativen hielten dagegen, daß Monarchen und ihre Beamtenschaft die widerstreitenden gesellschaftlichen Forderungen besser miteinander versöhnen und integrieren könnten. In ihrer kurzen Lehrzeit mußten sich Bürgerbewegungen und Runde Tische den Beruf des Gesetzgebers, so wie er ursprünglich von der klassischen liberalen Theorie abgesteckt worden war, noch einmal erarbeiten und auch ausfüllen. Die osteuropäischen Intellektuellen mußten sich mit den Argumenten auseinandersetzen, die Montesquieu, Madison und Mill, Constant und Tocqueville entwickelt hatten. Formal betrachtet, bewegten sich ihre Theorien oft auf altem Gelände.

Aber die alten Schriftsteller und Staatsmänner früherer Zeiten hatten sich nicht mit totalitären Ansprüchen und Institutionen auseinandersetzen müssen. Den »Despotismus« kannten sie aus der Antike, von stilisierten Vorstellungen über orientalische Reiche oder von den kurzen jakobinischen Experimenten. Für Tocqueville war das Zweite Kaiserreich ein Modell, und das war ein im Vergleich mit den kommunistischen Regimen relativ harmloses. Die Aktivisten der achtziger Jahre waren dagegen in einem ununterbrochen repressiven Milieu aufgewachsen. Wo sie mit ihren wissenschaftlichen Untersuchungen brillierten, ging es um die systematische Verdrehung der Wahrheit, wie sie von Privilegien und Begünstigungen ebenso wie von Angst und Zwang produziert wurde. Die Osteuropäer haben die Leute, die Macht ausübten und die Dissidenten ins Gefängnis brachten, gut amerikanisch formuliert eher nach dem Muster des »good cop – bad cop« als im Sinn eines nicht nachlassenden Despotismus beschrieben. Vor allem haben sie gezeigt, wie leicht und mit welch hinterlistigen Mitteln man zum Komplizen gemacht werden konnte. Stets geriet man in Versuchung, der Polizei zu versichern, daß man selbst beziehungsweise dieser oder jener Freund sich nicht aktiv illoyal verhielt. Ob Havel oder Jens Reich, ob zuvor Leszek Kolakowski und Czesław Miłosz – Exilanten wie Dissidenten berichteten von den korrumpierenden Folgen des Lebens in der Diktatur.

Als die osteuropäischen Reformer begannen, unter posttotalitären (wie Havel sagte) oder, genauer, unter poststalinistischen Bedingungen, mit denen sie es zu tun hatten, über institutionelle Reformen nachzudenken, hatten sie gegenüber den älteren liberalen Theoretikern einen Vorteil. Die poststalinistischen Regime waren Erben von Interessenlagen, die von den autoritären Regierungen in untergeordneten Organisationen zusammengefaßt worden waren: in Gewerkschaften, Bauernverbänden, Intellektuellen- und Schriftstellerverbänden, Vereinigungen von Frauen oder Sportlern. Die kommunistischen Regierungen hatten nie ernsthaft daran gedacht, diese Gruppierungen zu zerstören, sie hatten sie vielmehr genutzt, um die Gesellschaft zu kontrollieren. Im poststalinistischen Umfeld gab es so etwas wie die zivile Gesellschaft »an sich«, wenn auch noch nicht »für sich«.

Auf der anderen Seite waren die poststalinistischen Dissidenten im Vergleich zu ihren liberalen Vorgängern sehr im Nachteil. Die kommunistische Gesellschaft hatte den Markt abgeschafft. Der aber ist eine Rahmenbedingung für gesellschaftlichen Verkehr, für Koalitionen und Vereinigungen, der Markt vermittelt organisatorische Fähigkeiten und das Rechnen in den Kategorien von Kosten und Nutzen. Von westlichen Intellektuellen war früher oft zu hören, daß eine zu starke Rolle des Marktes das zivile, öffentliche Bewußtsein untergrabe. Von Adam Ferguson im achtzehnten Jahrhundert bis zu Charles Lindblom in den siebziger Jahren dieses Jahrhunderts wurde immer wieder die Frage gestellt, ob nicht die in der zivilen Gesellschaft virulenten ökonomischen Interessen auf die öffentliche Sphäre übergreifen und zur Errichtung einer Art privater Tyrannei führen könnten. Tocqueville dagegen war der Meinung, daß die Frage auf diese Weise falsch gestellt sei: Ohne private Zusammenschlüsse könnten die Menschen nie lernen, sich für öffentliche Zwecke zusammenzuschließen, und umgekehrt.[55] In den achtziger Jahren gab es zwischen den Intellektuellen in West und Ost kaum noch Differenzen.

Natürlich ist die wirtschaftliche Basis einer zivilen Gesellschaft ohne Markt höchst unsicher und gefährdet. Ein zentrales Thema findet sich in allen Übergängen zur Demokratie, die sich in den beiden letzten Jahrzehnten abgespielt haben: nämlich die Frage, welche gesellschaftlichen Interessen und Gruppen die für die zivile Gesellschaft strategisch wichtigsten seien. Unternehmer, Gewerkschaften, Intellektuelle und Kirchenleute, aufgeklärte Minderheiten innerhalb der herrschenden Bürokratie, ausländische Investoren? Beim Übergang zur Demokratie in Spanien hatten ausländische Investitionen und die wirtschaftliche Entwicklung eine zentrale Rolle gespielt. Die Folge war die Herausbildung eines eher technokratischen Stils der Politik in den späten fünfziger Jahren. Das aber ermöglichte das Einsickern unabhängiger gewerkschaftlicher Bestrebungen in die offiziellen Arbeiterorganisationen, und unter den Intellektuellen konnte ein vorsichtiges Suchen nach Unabhängigkeit beginnen. Die wirtschaftliche Entwicklung hatte die Voraussetzungen geschaffen, daß sich unter dem autoritären Panzer, der das Land umschloß, liberales Gedankengut wie Metastasen verbreiten konnte. In Osteuropa aber waren die Kräfte des Marktes mit der Wurzel ausgerissen oder sehr geschwächt worden. Selbst wo eine

Gewerkschaft stark blieb und nicht nur eine unechte Frontorganisation wurde wie in Polen, waren die Märkte unterentwickelt. (Starke Gewerkschaften und schwache Märkte fördern eher korporatistische als parlamentarische Regelung.)[56] In Osteuropa waren es vor allem die Kirchen und kulturelle Foren, die die Netzwerke zur Wiederbelebung der zivilen Gesellschaft herstellen mußten. Waren sie für diesen Zweck kräftig genug? Einerseits waren es im neunzehnten Jahrhundert immer Journalisten und Intellektuelle, die Zellkerne von Dissens und Liberalismus bildeten. In Deutschland hatten pietistische Geistliche und Universitätsprofessoren gegen die absoluten Monarchen gearbeitet und versucht, die Stände mit parlamentarischer Gesinnung zu erfüllen. Andererseits waren sie schwach und standen mit ihren Bemühungen allein.

In Osteuropa mußte man begreifen, daß die zivile Gesellschaft zuerst politische Rechte erobern mußte, bevor anschließend die Infrastrukturen für eine Marktgesellschaft geschaffen werden konnten. Im Unterschied zu den Reformern der sechziger sahen die Protagonisten der achtziger Jahre ein, daß dafür die Privatisierung und nicht nur die Freigabe der Preise Voraussetzung war. Unter den Literaten und Intellektuellen Osteuropas herrschte keine besondere Begeisterung für den Materialismus. Aber sie wußten, daß Kommunismus ständigen Mangel bedeutete, und waren der Überzeugung, daß die Bürger das Recht haben sollten, sich als Unternehmer zu betätigen, Mut und Initiative aufzubringen und hart zu arbeiten. Eine Marktwirtschaft, so ließen sie sich zu einem guten Teil auch von den begeisterten westlichen Beratern sagen, die scharenweise in ihre Hauptstädte kamen, sei die stärkste Stütze für eine lebendige und kraftvolle zivile Gesellschaft.

Am zögerlichsten bekannten sich die Menschen aus der DDR zu der zivilgesellschaftlichen Mission des Kapitalismus. Geremek, der gebildetste Emissär des polnischen Übergangsprozesses und Autor einer *Geschichte der Armut*, konnte dem amerikanischen Multimillionär höflich sekundieren, der sich vor einem erlesenen ost-westlichen Publikum mit großen Worten über die Errungenschaften des Kapitalismus ausließ. Der Schriftsteller-Präsident Havel war bereit, den harten Schnitt mitzutragen, den sein selbstsicherer, monetaristisch denkender Finanzminister und späterer Premier Václav Klaus dem Land verordnete. Die DDR-Intellektuellen dagegen blieben zurückhaltend. Im Winter 1989/90 unterstützten noch viele Ministerpräsident Modrow und die neue Wirtschaftsministerin Christa Luft, die hofften, eine auf den Kombinaten beruhende und zugleich marktorientierte Mischökonomie aufbauen zu können. Daß sie einen »Dritten Weg« zwischen Sozialismus und Kapitalismus befürworteten, läßt die Klemme erkennen, in der sie sich im Hinblick auf die nationale Frage befanden, und auch ihre ökonomischen Präferenzen. Im Winter 1990 gerieten die Bürgerbewegungen, die Ostdeutschland dahinschwinden sahen, in eine nostalgische Stimmung. Sie hofften, die gemütliche Autonomie ihrer überschaubaren Republik behalten und dem Druck zu einer Vereinigung mit der unvergleichlich größeren und reicheren Bundesrepublik standhalten zu können. Einige wenige klarsichtige Intellektuelle wie Jens Reich und die die Dinge beim Namen nennende Helga Schubert erkannten, daß zivilgesellschaftliche Erwartungen vielleicht doch eher in einem wiedervereinigten Nationalstaat zu erfüllen seien. Aber viel häufiger war die Klage zu hören, mit der auch ich in vielen Gesprächen mit den Aktivisten von 1989 konfrontiert war, daß man es den Ostdeutschen von westdeutscher Seite nicht gestatten würde, auch nur ein kleines bißchen von ihrer früheren »nationalen« Identität beizubehalten.

In dieser Hinsicht nahm das Unbehagen der Menschen aus der DDR das weiterreichende Problem des im zerfallenden kommunistischen Block wiederauflebenden Nationalismus vorweg.[57] Konnten der demokratische Wandel und der Nationalismus in einem harmonischen Verhältnis zueinander bleiben? In den Bürgerbewegungen sah man das Wiederaufleben eines deutschen Nationalgefühls gar nicht gern und bedauerte den Schwenk von »Wir sind *das* Volk« zu »Wir sind *ein* Volk«. Christa Wolf teilte Hans Modrow mit, die flaggenschwenkenden Massen seien nicht ihr Volk. Liberale und Konservative in der Bundesrepublik wandten sich gegen diese Sichtweise. Ähnlich verhielten sich auch viele neue Mitglieder von SPD und CDU im Osten; sie akzeptierten ohne Vorbehalte, daß die Vereinigung ein lange gehegter Wunsch war, der die demokratische Selbstbestimmung vorwärtsbringen würde. Durch die Spannung, die sie zwischen demokratischen Reformen und neuen nationalen Orientierungen sich entwickeln sahen, drohten sich die Intellektuellen zu isolieren. Das Wahlergebnis vom 18. März zeigte, daß das

Neue Forum (das im Wahlkampf mit dem Bündnis 90 zusammenging) nicht zu einer politischen Massenpartei berufen war. Solidarność hatte länger bestanden, aber 1991 zerfiel die Organisation in eine eher populistische und eine mehr parlamentarisch orientierte Fraktion. Kurze Zeit schien es, daß die Juden – unabhängig davon, wie dezimiert ihr zahlenmäßiger Anteil an den Bevölkerungen Osteuropas war – populistischen Strömungen in Ungarn, Polen und anderswo ein weiteres Mal als Symbol des zersetzenden Kosmopolitentums dienten. Wer hatte denn über das Kriegsrecht triumphiert: eher die katholischen Massen mit ihren gesunden religiösen und nationalen Instinkten, die Werftarbeiter von Danzig, oder aber die Intellektuellen?[58] In der Tschechoslowakei waren die Repräsentanten beider nationaler Gruppen nicht bereit, die Meinungsverschiedenheiten zwischen den katholischen und exkommunistischen Slowaken, die sich als Opfer fühlten, und den agilen Tschechen, die auf die Modernisierung des Marktes und ihre intellektuellen Führer setzten, zu überbrücken.

Der Reiz, den der populistische Nationalismus ausübte, war zum Teil auch eine Reaktion auf die moralische Haltung der früheren Dissidenten. Die große Mehrheit ihrer Landsleute hatte sich keine Gefängnisstrafen zugezogen, hatte nicht an gefährlichen Protestaktionen teilgenommen oder herausfordernde Petitionen unterschrieben. Die Intellektuellen der tschechischen Charta 77 waren, nicht anders als die ersten Organisatoren der »Initiative für Menschenrechte« in der DDR, eine verschwindend kleine Minderheit. Wer sich abseits gehalten hatte, wollte nicht an seine Passivität erinnert werden; es ist leicht, sich über die vermeintliche moralische Überlegenheit derer zu ärgern, die den Kampf geführt haben.[59] Das gleiche Phänomen hat sich nach 1945 gezeigt, als die Wähler in Frankreich, Italien und Belgien den Parteiorganisationen der Résistance bei Wahlen in der unmittelbaren Nachkriegszeit eine Abfuhr erteilten. Der Name der italienischen Bewegung zur Mobilisierung der Wählerressentiments gegen den Moralismus der Resistenza im Jahre 1946 ist bezeichnend: Uomo Qualunque, Jedermann. Der *Qualunquismo* war eine Mischung aus neofaschistischer Nostalgie, rückständigem Konservatismus und manipulierbarem Ressentiment. Seine Anhänger hatten die Nase voll von der Resistenza und ihrem Pochen auf ihre moralische Überlegenheit.

Auch in Ostmitteleuropa nach 1989 lauerte der *Qualunquismo* in Gestalt eines nationalistischen Populismus und Antiintellektualismus, zeitweise auch des Antisemitismus.[60]

Auch in Deutschland sahen sich die viel kleineren Widerstandskreise, die Hitlers harte Repressalien nach dem 20. Juli 1944 überlebt hatten, zwei Jahrzehnte lang einer von Unsicherheit und Mißtrauen geprägten Stimmung in der Öffentlichkeit ausgesetzt. Keine Partei, ausgenommen die Kommunisten, machte in der Nachkriegszeit den Widerstand gegen die Nationalsozialisten zur Grundlage ihrer Politik. Selbst die Kommunisten spielten die Rolle ihrer Genossen herunter, die im Untergrund oder in Konzentrationslagern überlebt hatten; die Kader, die zum Aufbau der DDR aus Moskau gekommen waren, fürchteten sie als mögliche Rivalen. Auch in der Bundesrepublik gab es Versuche, dieselben Ressentiments auszunutzen, die nach 1989 in Osteuropa in Erscheinung traten, so nur drei Jahre vor dem Umbruch im sogenannten Historikerstreit. Es sei endlich an der Zeit, meinten westdeutsche Konservative damals, darunter bedeutende Historiker, mit dem ständigen Reden über die NS-Verbrechen aufzuhören.[61] In beiden deutschen Republiken herrschte vor dem Aufstand von 1989 ein gewisser Druck, den deutschen Patriotismus wieder zu einer annehmbaren politischen Option zu machen.

Die angebliche Trennung zwischen den Intellektuellen und den Gruppen, die die öffentlichen Räume besetzt haben (ganz zu schweigen von den Massen, die als Zuschauer kamen), hat nach 1989 zwar die politische Auseinandersetzung nicht nachhaltig bestimmt, ist aber zu einer Streitfrage unter Historikern geworden. Haben die Streikenden in Polen die Intellektuellen »geführt«? Oder hat KOR, eine Bewegung, der es um höhere Löhne ging, den Kampf auf eine andere, nämlich auf eine politische Ebene gehoben? War das Neue Forum eine wirkungslose Protestbewegung, die schließlich von den Massen, die das Regime 1989 niederzwangen, abgelehnt wurde? Oder war es der Führung durch das Neue Forum zu danken, daß die Massen, die gegen die Ausreise- und Reisebeschränkungen auf die Straße gegangen waren, einen Wandlungsprozeß durchmachten, der zum Sturz des repressiven Regimes führte? Wenn der Begriff der zivilen Gesellschaft eine bleibende Resonanz, und das heißt über den Diskurs von 1989 hinaus Bedeutung behalten soll, dann muß er genau dazu dienen, den Gegensatz zwischen diesen beiden Auffassungen und Verständnisweisen zu überwinden. Nur unter Aspekten zeitgenössischer Parteipolitik kann es notwendig erscheinen, auf einer einseitigen Geschichtsdeutung zu bestehen. Eine historische Darstellung dagegen kann festhalten, daß politisch denkende Intellektuelle, Gewerkschafter und sogar jugendliche Demonstranten einander wechselseitig brauchten – Ideen und politische Masse –, um die kommunistischen Regime zu stürzen. Im Begriff der zivilen Gesellschaft lassen sich die Auswirkungen aufbewahren, die aus der Verbindung aller handelnden Kollektive entsprangen. Hierin besteht sein möglicher Beitrag zu Historiographie und Politik. Es wäre schade, hätte er in der einen oder der anderen Hinsicht nur eine rasch wieder versinkende Bedeutung. Gleichwohl war der historische Augenblick der »zivilen Gesellschaft« Mitte der neunziger Jahre vorbei. Die Parteien, auch diejenigen, die von ehemaligen Kommunisten aufgebaut und in Osteuropa zunehmend populärer wurden, haben den Bürgerbewegungen die politische Arena wieder abgenommen. Die zivile Gesellschaft im Sinne von Interessengruppen und Verbänden hat nach wie vor ihre Bedeutung. Sie ist zum Glück befreit von dem schwer auf ihr lastenden autoritären Staat, dennoch herrschen weiterhin Streit und Rivalität, doch ist das zwischen gesellschaftlichen Gruppen nichts Besonderes. Gleichwohl wird die zivile Gesellschaft nicht mehr als unmittelbar konstitutiv für demokratische Politik betrachtet. Die Parteien haben die Funktion der politischen Repräsentation für sich beansprucht. Die zivile Gesellschaft hat ihre Faszination, aber der Begriff war auch immer etwas vage und mysteriös; es ist nicht erstaunlich, daß seine politische Kraft sich so rasch verbraucht hat.

Die Parteien und die Wahlen vom 18. März 1990

Der Zusammenbruch der kommunistischen Regime bedeutete eine geschichtliche »Grenze«, es war ein magischer Augenblick, in dem öffentliche Kundgebungen, Runde Tische und die gefühlvolle Rehabilitierung der Opfer aus früherer Zeit das Startsignal für die Wiederbelebung einer demokratischen Teilnahme an politischen Entscheidungen gaben.[62] Wie in vielen revolutionären Situationen bekam das Politische liturgische Bedeutung. Wo es Helden von früher gab, die einen hohen Preis gezahlt hatten, brachte es Vorteile, deren Vermächtnis in Anspruch zu nehmen – gleich, ob es sich um die Werftarbeiter von Danzig handelte oder um den zum Märtyrer gewordenen Imre Nagy. Nach den Wahlen von 1981 wurde der Résistanceführer Jean Moulin von der neuen sozialistischen Regierung Frankreichs im Pantheon beigesetzt, so wie die Volksfrontregierung dem im Juli 1914 ermordeten Sozialistenführer Jean Jaurès eine feierliche Beisetzung hatte zuteil werden lassen. Die Menschen aus der DDR hatten kein vergleichbares Repertoire, auf das sie zurückgreifen konnten: Der 17. Juni 1953 bot sich für ein Pantheon nicht an. Aber im Zug der ersten Reformen mußte es rituelle und wirkliche Akte der Rehabilitierung geben. Im Oktober 1989 berichtete Walter Janka vor einem Theaterpublikum von seiner qualvollen Zeit im Jahr 1957, und im November wurden Ernst Bloch und Robert Havemann von der Akademie der Wissenschaften posthum zu Mitgliedern ernannt.

Freilich konnte die Phase der gewissermaßen liturgisch gerahmten Politik nicht lange währen. So kostbar die Rituale der Partizipation sein mögen, es kommt der Moment der nachrevolutionären Melancholie, in dem sich wieder feste Strukturen und parteiabhängige Trennlinien geltend machen.[63] In Deutschland war die nachrevolutionäre Melancholie heftiger als anderswo. Der Grund dafür war die schnelle Wendung, die die radikale Bewegung zu einer Bewegung für die Vereinigung genommen hatte. Seit Ende November und den ganzen Dezember lang waren auf den Montagsdemonstrationen in Leipzig immer häufiger nationale Parolen zu hören, gelegentlich traten auch Skinheads auf. Das neue Motto »Wir sind ein Volk« bedeutete freilich keinen moralischen Niedergang, auch keine Vergröberung der politischen Erwartungen. Die Wiedervereinigung war ein akzeptables Ziel, auch wenn sie länger als eine Generation stillschweigend als unrealisierbar begriffen worden war. Die Bundesrepublik war eine stabile Demokratie, und man konnte kaum verlangen, daß sie um der Einheit willen ihre verfassungsmäßige Regierung aufgeben solle, wie das Bismarck in den sechziger Jahren des vergangenen Jahrhunderts gefordert hatte. Nationalbewußtsein erschien 1989 als ein neuer Ausdruck des demokratischen Wollens in Osteuropa, wo es wie 1918 mit dem Fortschritt in Richtung Selbstbestimmung Hand in Hand ging. Dem Fall der Mauer folgte eine Welle spontaner Verbrüderung. »Jetzt wächst zusammen, was zusammengehört«, sagte Willy Brandt am 10. November. Nein, nicht die Sehnsucht nach nationaler Einheit als solche hat den neuen Gruppen, die für die zivile Gesellschaft eintraten, das Wasser abgegraben.

Dennoch war es ein schwerer Schlag für diese Gruppen, daß die nationale Frage auf der politischen Tagesordnung erschien. Der Schriftsteller Rolf Schneider schrieb Ende November im *Spiegel*: »Nun fällt auf, daß alles Reden über die staatliche Einheit der Deutschen derzeit eine ausschließliche Übung der westdeutschen Konservativen ist. Die Linke, SPD und Grüne, hatte sich derart in den Status quo verliebt, daß sie von den Ereignissen völlig überwältigt wurde und jetzt dasteht mit offenem Mund, leeren Händen und leeren Hirnen... Die DDR-Opposition kennt nur noch ein Tabu: die deutsche Einheit.« Zum Bedauern der Intellektuellen, so Schneider, stimme die in der Bürgerbewegung unterrepräsentierte Arbeiterklasse der DDR mit den Füßen ab. »Ihre *volonté générale* ist gesamtdeutsch.«[64]

Es ist das Verdienst von Bundeskanzler Kohl, dies begriffen zu haben, und er nutzte die Gelegenheit mit unerwarteter Einsatzfreude. Während die SPD unschlüssig schwankte und ausländische Beobachter einen langen, schrittweisen Prozeß ins Auge faßten, der bestenfalls auf eine Konföderation hinauslaufen könne, schlug Kohl rasch sein Zehnpunkteprogramm vor. Er setzte in der Frage der nationalen Vereinigung ganz oben an, und seine Politik von Dezember 1989 bis Oktober 1990 verlieh ihm zu Recht das Profil eines Staatsmannes, das er sich bei früheren Gelegenheiten nicht durch sein taktisches Geschick hatte verschaffen können. Der Kanzler handelte entschlossen, weil er erkannt hatte, daß es sich in nationaler Hinsicht um einen historischen Augenblick handelte, und weil es die richtige Politik war. Hätte sich die SPD der Entwicklung mit der Leidenschaft eines Willy Brandt angenommen, so hätte sie sich vielleicht mit dem Bundeskanzler verbündet. Die Einheit wäre möglicherweise von einer Großen Koalition in Westdeutschland als besondere nationale Pflicht in Angriff genommen worden, die es gebot, die Parteipolitik für eine Weile auf sich beruhen zu lassen. Natürlich war es für die CDU vorteilhafter, allein im Mittelpunkt des öffentlichen Interesses zu stehen, und die SPD tat ihr den Gefallen und hinkte hinterher, indem sie sich über die hohen finanziellen Belastungen, die die Einheit mit sich bringen würde, aufregte (in dieser Hinsicht verhielt sie sich allerdings korrekter als Kohl, der die Kosten jämmerlich unterschätzt hat). Ihr intelligenter, aber arroganter Führer Oskar Lafontaine zeigte keine Begeisterung. Eine politische Partei zieht sich von einer großen nationalen Aufgabe auf eigene Gefahr zurück. Und die SPD fiel in einen Zustand der Desorientierung, was die Wahlen von 1990 und 1994 auch deutlich erkennen ließen. Wenn man an die Zusammenarbeit der CDU mit DDR-Politikern denkt, war es sicher nicht ganz fair, daß die Sozialdemokraten ihre früheren Verhandlungen mit der SED über größere Spielräume in Sachen Meinungs- und Reisefreiheit in der DDR rechtfertigen mußten. Im Sommer 1987 hatten Delegationen von SPD und SED ein gemeinsames Positionspapier vorgelegt, in dem ein verstärkter kultureller Austausch verabredet und zugleich bekräftigt wurde, daß es trotz der ideologischen Rivalitäten zwischen den Systemen nicht zu Auseinandersetzungen um ihre grundlegenden Wert- und Sicherheitsvorstellungen kommen dürfe.[65] Als die Unterhändler der SED die Macht verloren, erschien die Politik der Sozialdemokraten plötzlich als Kollaboration, die nur dazu beigetragen habe, die kommunistische Herrschaft über die Gesellschaft in der DDR zusätzlich zu legitimieren.

Wie auch immer man die Politik der SPD beurteilen mag, daß der Kanzler die Frage der Einheit auf den Tisch brachte, als das Regime der DDR völlig orientierungslos war, ließ zukünftige Wahlen zum Prüfstein für diese Frage werden. Ganz gleich, wie schnell und wie geschickt die neue Regierung in der DDR Reformen in Angriff nahm, von nun an sah sie sich der Drohung ihrer vielleicht schon bald bevorstehenden Beseitigung ausgesetzt. Modrow hoffte, Kohl seinen Plan einer Vertragsgemeinschaft plausibel machen zu können, die westdeutsche Hilfe bringen, die Autonomie der DDR jedoch zumindest vorübergehend gewährleisten sollte. Aber der Kanzler bewegte sich schnell auf eine vorgeschobenere Position zu. (Darauf komme ich in Kapitel Fünf zurück.)

Modrow repräsentierte in vielerlei Hinsicht das Beste, was das Regime in vierzig Jahren hervorgebracht hatte. Er gehörte nicht zu den Gründerideologen oder zu denen, die während des Dritten Reichs ins Exil gegangen waren, sondern stammt aus jenen Teilen der Arbeiterjugend, die wegen ihrer Klugheit und ihrer Talente gehätschelt wurden. Als Provinzstatthalter hätte er im Österreich oder Bayern des 18. Jahrhunderts sicher seinen Weg gemacht. 1928 geboren, hatte er eine Lehre als Mechaniker absolviert, hatte gegen Kriegsende kurz bei der Flak gedient und hatte über vier Jahre in sowjetischer Kriegsgefangenschaft verbracht. Er kehrte in die neue DDR zurück, und als vielversprechender junger SED-Führer war er 1953 in Moskau. Er verkörperte jene Generation, die den Aufbau der Institutionen betrieb und denen, wie Lutz Niethammer gezeigt hat, die DDR soziale Mobilität ermöglichte und Aufstiegschancen bot. Er kam aus Dresden, und 1989 war es, wenn die Partei überleben sollte, von größter Bedeutung, einen entscheidenden Schritt über den engen Kreis der abgewirtschafteten Bürokraten von Wandlitz hinauszukommen.[66] Modrow packte seine Aufgabe möglicherweise viel zu vorsichtig an. Er wollte die alten Blockparteien mitnehmen, wollte den Staat erhalten, Hilfe aus dem Westen bekommen und einen völligen Zusammenbruch der SED verhindern. Mit seinen ersten Äußerungen zu Fragen der Wirtschaft drängte er auf Öffnung des Systems für private Unternehmen und ausländische Investitionen. Er sah ein, daß es notwendig war, die exzessive staatliche Subventionierung der Wirtschaft zu beenden, aber er hütete sich, ein schnelles und dramatisches Ende des Sozialismus in Aussicht zu stellen.[67] Wirtschaftsexperten aus Westdeutschland gaben zu verstehen, daß sie mehr erwarteten.

Aber welche Chancen hätte denn ein SED-Führer im Winter 1989/90 überhaupt gehabt? Kohls Initiative fand ein schnelles Echo, wo nicht unter den Intellektuellen, dann immerhin in der breiten Masse der DDR-Bevölkerung. Kohls Vorschläge kosteten die Regierung Modrow den Rest ihrer Autorität; die eigentlichen Entscheidungen fielen in Bonn, Moskau und Washington. Wie bereits erwähnt, war Modrow gezwungen, den Wahltermin vorzuverlegen; er konnte das leicht irreale Zwischenstadium einer künstlichen Autonomie nicht in die Länge ziehen. Das Neue Forum und die Bürgerbewegungen waren dagegen, aber die neue ostdeutsche SPD, die sich ausdrücklich als eine politische Alternative für die kommenden Wahlen organisiert hatte, unterstützte die Vorverlegung. Die Wahlen stellten die politischen Kräfte in der DDR vor die Entscheidung, die westdeutschen Parteien in die DDR zu verpflanzen oder die ostdeutschen Entsprechungen, die schon da waren, aufzupolieren. Es gab seit 1949 die kleinen Blockparteien, die dazu dienten, die Fiktion eines politischen Pluralismus aufrechtzuerhalten. Es existierte eine ostdeutsche CDU, und die FDP hatte ihr östliches Gegenstück in der LDPD. Jetzt ließen selbst diese Blockparteien Anzeichen neuer Kraft erkennen, veranstalteten Hausputz und pochten auf ihre Autonomie. Mit der Möglichkeit der Vereinigung winkte plötzlich eine Prämie für die richtige Weichenstellung, für das Zusammengehen mit den entsprechenden westdeutschen Parteiorganisationen.

Aber auch die Bürgerbewegungen, allen voran das Neue Forum, konnten den politischen Raum, der sich jetzt auftat, nutzen. Die Bewegung war sehr geachtet. Doch fühlten sich die Führer des Neuen Forums gerade in den kritischen Monaten nach dem November 1989 sehr unsicher im Hinblick auf sich abzeichnende Möglichkeiten. Bärbel Bohley, Mitbegründerin des Neuen Forums, hatte die Öffnung der Mauer als ein Unglück bezeichnet, weil dies den Anreiz für Reformen dämpfe. Sie fürchtete, in der DDR könnten freie Wahlen stattfinden, bevor die Wähler eine gewisse zivilgesellschaftliche Reife erlangt hätten. Ihre Kollegen vom Neuen Forum überredeten sie, mit dieser Äußerung nicht an die Öffentlichkeit zu gehen; zwei Tage brauchten Reich, Pflugbeil, Bohley, Schult sowie Eberhard und Jutta Seidel dann, um eine gemeinsame Erklärung zu formulieren: »Auf diesen Tag haben wir fast 30 Jahre gewartet. Mauerkrank haben wir an den Gitterstäben des Käfigs gerüttelt. Die Jugend wuchs mit dem Traum auf, einst frei zu werden und die Welt zu erfahren. Dieser Traum wird jetzt erfüllbar sein: Es ist ein Festtag für uns alle.« Gleichwohl zeigte sich das Neue Forum befangen und argwöhnisch. Das neue Ostdeutschland könnte einem krassen Managerkapitalismus oder dem Konsumismus zum Opfer fallen.»Laßt Euch nicht von der Forderung nach einem politischen Neuaufbau der Gesellschaft ablenken... Achtet genau darauf, wem die jetzt eintretenden Unternehmungen und Geschäfte Vorteil bringen werden und wie hoch die sozialen Kosten sind. ... Wir werden für längere Zeit arm bleiben, aber wir wollen keine Gesellschaft haben, in der Schieber und Ellenbogentypen den Rahm abschöpfen.«[68] Die Ellenbogengesellschaft, als die sich die Bundesrepublik unübersehbar zeigte, wurde für die DDR-Reformer bald zur Schattenseite der demokratischen Zukunft. Friedrich Schorlemmer, der zum Demokratischen Aufbruch gehörende Pastor aus Wittenberg, erklärte, Machtfragen interessierten ihn nicht, und machte den Vorschlag, man solle das, was von der Mauer übrig sei, »noch ein bißchen bestehen« lassen.[69] Eine Sprecherin des Neuen Forums in Leipzig forderte freie Wahlen, aber nicht so bald.[70] »Keiner«, sagte der Delegierte des Neuen Forums aus Magdeburg, »hat damit gerechnet, daß es so schnell geht ... In Magdeburg fordern wir erst mal ein neues Wahlgesetz. Das muß im Volk diskutiert werden. Als zweiter Schritt wären Kommunalwahlen im Sommer oder Herbst nächsten Jahres notwendig und 1991 erst Volkskammerwahlen ... Zunächst ist die Zeit der Bürgerkomitees.« Das Neue Forum war gespalten. »Ja, im Moment herrscht Spannung darüber, was wir tatsächlich wollen. Übernahme politischer Verantwortung, sagen die einen. Die anderen wollen so etwas wie eine außerparlamentarische Opposition bleiben. Wieder andere optieren für eine Partei.«[71] Mitte Februar schlugen drei Bezirksleiter des Neuen Forums aus dem Süden der DDR vor, die Bewegung solle Bärbel Bohley von ihrem Posten als offizielle Sprecherin abberufen; sie folgte Reinhard Schult, der schon früher aus Protest zurückgetreten war, und gab den Vorsitz der Bürgerbewegung ab, die sie ein halbes Jahr zuvor mitgegründet hatte.[72]

Die Aussicht auf Parteienkampf und vorbehaltlose Einführung kapitalistischer Zustände brachte das Neue Forum offensichtlich aus der Fassung. Seine Delegierten legten dem Runden Tisch weiterhin wesentliche Reformvorschläge vor, im März präsentierten sie einen Verfassungsentwurf. Dieser Entwurf, der einen umfangreichen Katalog von individuellen und kollektiven Menschenrechten, so zum Beispiel Minderheitenschutz für Frauen, alte Menschen, Behinderte und Homosexuelle, enthielt, wurde von der Arbeitsgruppe des Runden Tisches für Verfassungsfragen bearbeitet.[73] Doch die Diskussionen drifteten in eine immer utopischere Richtung. Das machte sich auch im Appell »Für unser Land« bemerkbar, den Stefan Heym, Christa Wolf und andere Intellektuelle, die die Errungenschaften des Sozialismus und die separate Existenz der DDR retten wollten, am 28. November veröffentlichten.

Aber was war überhaupt der Rettung wert? Der relative Wohlstand in der DDR, auf den viele stolz waren, war ein Kunstprodukt der mittelmäßigen Durchführung der zentralen Planwirtschaft. Und nun änderte sich der Bezugsrahmen äußerst rasch. Die wirtschaftliche Lage wurde zunehmend trostloser, während die größere deutsche Republik nebenan Überfluß und eine starke wirtschaftliche Zukunft versprach. Das Beharren auf Unabhängigkeit oder einem Sozialismus des »Dritten Wegs« hätte zur Folge, daß man weiterhin in relativer Armut leben müßte. Die eigentliche Frage war, wie Heym richtig erkannt hat, warum die DDR denn überleben solle, wenn sie nicht sozialistisch blieb. »Reden wir über die Einheit. Tatsache ist, zwei kapitalistische deutsche Staaten sind nicht vonnöten. Die *raison d'être* der Deutschen Demokratischen Republik ist der Sozialismus, ganz gleich in welcher Form, ist, eine Alternative zu bieten zu dem Freibeuterstaat mit dem harmlosen Namen Bundesrepublik. Einen anderen Grund für die Existenz eines ostdeutschen Separatstaates gibt es nicht.«[74]

Im ersten Monat nach Öffnung der Mauer glaubte man in der Bürgerbewegung noch, daß Modrow vielleicht einen reformierten sozialen und demokratischen Staat retten könnte, aber im Verlauf des Winters wurden die Aussichten immer trüber. Die Delegierten des Neuen Forums reagierten, wenn auch zögernd, auf die veränderte Stimmung. Am Wochenende vom 27./28. Januar traf sich die Gruppe in Ostberlin, um ihren Programmentwurf zu überarbeiten, und ließ den ursprünglichen Aufruf für zwei deutsche Staaten und einer Alternative zum Kapitalismus fallen. Das Neue Forum solle, so die Gruppe, eine Bürgerbewegung bleiben, gleichwohl aber konstituierte sich das Forum als politische Vereinigung. In der Frage der Einheit war die Versammlung gespalten. Um die Meinungsverschiedenheiten zu überbrücken, einigte man sich schließlich darauf, daß die deutsche Einheit im Rahmen der Entwicklung zu einem größeren europäischen Vereinigungsprozeß erreicht werden sollte. Die im ursprünglichen Entwurf ausgesprochene Warnung, die Diktatur der Planwirtschaft könnte von einer Diktatur des Marktes abgelöst werden, wurde ersetzt durch einen Appell für die soziale Marktwirtschaft; ein Aufruf zur Bildung von Räten fand keine Mehrheit.[75]

Die Erneuerung der Volkskammer stellte Neues Forum und Demokratischen Aufbruch vor die unwillkommene Notwendigkeit, sich wie politische Parteien verhalten zu müssen. Beide Organisationen konnten ihre Anhängerschaft nicht mehr als eine große spontane Bewegung gegen ein repressives Regime gewinnen, sondern mußten sich dem offenen Wettbewerb stellen. Umgekehrt hatten nun die ehemaligen Blockparteien – möglicherweise sogar die PDS – die Chance, sich im Wahlkampf zu reorganisieren. Eine offene politische Konkurrenz war neu für sie, war aber, vor allem wenn man an die Zukunft dachte, den immer neuen politischen Wellen sicher vorzuziehen, die von den Bewegungen ausgelöst wurden und denen gegenüber die Parteien immer nur den Eindruck machten, als wollten sie Zeit gewinnen. Selbst die SED war entschlossen, eine möglichst gute Figur abzugeben. Egon Krenz blieb nicht lange Regierungschef. Er genoß kein Vertrauen; sein breites zähnefletschendes Lächeln konnte die Tatsache nicht wettmachen, daß er stets ein zu allem bereiter Funktionär gewesen war, der Pfadfinderführer des alten Regimes. Unmittelbar nach Öffnung der Mauer entbrannte der Volkszorn vor allem gegen die beiden feudalen Einrichtungen der Partei, mit denen nach allgemeiner Meinung am meisten Mißbrauch getrieben worden war: das privilegierte, der Öffentlichkeit unzugängliche Wohngebiet der Parteibonzen in Wandlitz und die Rolle der Stasi. Die Stasi wurde zu einem immer brennenderen Thema, denn damit war die Frage gestellt, wie denn eine ehemalige Diktatur mit ihrer Vergangenheit umgehen werde; das ist auch der Grund, warum wir dieses Thema ausführlich in Kapitel Sechs behandeln werden. Auch die Weiterungen aus Wandlitz waren bedeutend, doch der Schatten, den sie warfen, war nicht so lang.

Wandlitz war nicht so korrupt, wie wir uns das nach westlichen Maßstäben vorstellen mögen, und schon gar nicht im Vergleich zu den persönlichen Bereicherungen, wie wir sie von Diktatoren anderer Weltgegenden kennen. Gleichwohl war dieses Wohngebiet typisch für die Privilegien, die sich die Parteielite in wachsendem Maß zu verschaffen wußte, während die gewöhnlichen Bürger jahrelang auf eine Wohnung oder ein kleines Auto warten mußten. Das Thema Korruption erregte erst richtig Aufsehen, als Alexander Schalck-Golodkowski in den Mittelpunkt des öffentlichen

Interesses rückte, der Staatssekretär im Außenhandelsministerium, der mit der Beschaffung von ausländischen Währungen betraut war und sein eigenes schmutziges Vermögen mit der Vermarktung von knappen westlichen Waren in Läden gemacht hatte, in denen mit westlichen Währungen bezahlt wurde.[76] Einige wenige schäbige Individuen genügten, um die Nomenklatura insgesamt zu diskreditieren. Schalck und Wandlitz zeigten, daß das Regime korrupt gewesen war. Später kamen neue Enthüllungen hinzu oder auch nur Gerüchte, wie zum Beispiel, daß für die Parteifunktionäre in der Berliner Charité teure medizinische Geräte angeschafft worden sein sollten, während die Krankenhäuser in der Provinz dahinsiechten. Wie sich zeigte, war das SED-Regime anfällig für die Art von Korruption, vor denen eine Einparteienherrschaft nirgends gefeit ist. Und diese Korruption war typisch für die Gesellschaft im ganzen, in der ideologische Speichelleckerei und Parteimitgliedschaft Privilegien einbrachten.

Nun waren die achtziger Jahre überall in der industrialisierten Welt das Jahrzehnt der Anhäufung von Reichtum und Privilegien. Einer der großen geschichtlichen Trends dieses Jahrzehnts war die sichtliche Zunahme wirtschaftlicher Ungleichheit oder zumindest einer Massierung von Einkommen und Eigentum bei einigen wenigen, was von Kritikern in früheren und empfindsameren Perioden rigoros aufgedeckt und angeprangert worden wäre. Die Transfers von Kaufkraft, die sich in den Entwicklungsländern, aber auch in den fortgeschrittenen Wohlfahrtsstaaten von den Armen und Benachteiligten zu der schmalen Oberschicht der Wohlhabenden verlagerten, waren immens. Die Folgen dieses regressiven Trends könnten sich für die Demokratie als ebenso schädlich erweisen, wie sie das Ende des Kommunismus beschleunigten. Doch ist diese Verlagerung des Reichtums wahrscheinlich weit weniger bemerkenswert als das weltweit festzustellende Ausbleiben von ernsthaften Untersuchungen und kritischen Auseinandersetzungen. Als sich Empörung bemerkbar machte, ließen sich in der Öffentlichkeit nur wenige kritische Stimmen vernehmen, die jene Empörung auf »strukturelle« oder systemische Trends im Westen verwiesen. Es war wohl leichter, das Augenmerk auf »Korruption« oder auf das Treibgut eindeutiger Fälle von Unehrlichkeit zu richten als auf Strömungen tief unter der Oberfläche. Und sowohl

im Osten wie im Westen, ob Schalck oder ein Wallstreet-Hai wie
Ivan Boesky, Wandlitz oder der japanische Skandal um die japanische Recruit Co. Ltd., stets war es einfacher, spektakuläre Einzelfälle auszumachen und anzuprangern als die gesellschaftlichen
Mechanismen, die das Plutokratentum im Westen und die Privilegienmacherei im Osten beförderten. Nur zu oft verzichteten Journalisten auf die Analyse des Systems; die Redakteure in Zeitung
und Fernsehen setzen auf den spektakulären Skandal. Kritiker mit
analytisch-wissenschaftlichen Neigungen gelten als verschrobene
Radikale, die zu Fossilien geworden sind.

Zum Teil rührte das mangelnde allgemeine Bewußtsein auch daher, daß die Reformen früherer Zeit zu Enttäuschungen geworden
waren. Nach den siebziger Jahren, einem Jahrzehnt der Inflation
und der wirtschaftlichen Unsicherheit, gab es wenige Stimmen in
der Öffentlichkeit, die es der Mühe wert fanden, die Ungleichheit
zu kritisieren, die die offensichtliche Wiederbelebung der produktiven Energien im Westen begleitete. Außerdem boten die Marktgesellschaften ein gemischtes Bild. Der von Susan Strange so genannte »Kasinokapitalismus« im Westen belohnte Spekulation und
Glück, die Manipulation konzentrierter Finanzkraft, die massenhaften Gerichtsprozesse, Lobbyismus in der Politik und psychologische Massenmanipulation. Doch die Marktwirtschaften setzten
auch Prämien auf technische Intelligenz und wirkliche Organisationsfähigkeit (auch im Finanzierungsmanagement). Und selbst
wenn gerade der groß herauskommt, der mit faulen Tricks arbeitet,
die Märkte boten eine völlig eigene Hierarchie der Anerkennung
im politischen Amt oder von kulturellem Prestige. In den kommunistischen Ländern war jede Art von Anerkennung in ein und demselben Autoritätssystem verankert. Außerdem äußerten sich die
Marktteilnehmer, ihre begeisterten Zuschauer und ihre angestellten Wortschmiede immer ganz offen über ihre Anerkennung: Sie
versprachen Reichtum, auf den alle hoffen konnten, in jedem Fall
aber die erfolgreichen Mitspieler. Das Privileg war zur Basis der sozialistischen Parteien geworden, auch wenn sie steif und fest behaupteten, es abschaffen zu wollen. Im Herbst 1989 schlug die Enttäuschung auf ihr Ansehen zurück.

Hatte die SED Ende 1989 überhaupt Aussichten, ihre Chancen
noch einmal nutzen zu können? Sie hätte wie die kommunistischen

Parteien in den anderen osteuropäischen Ländern ihren Namen ändern und sich zu einer sozialdemokratischen Partei umfirmieren können. Nur in Rumänien war aufgrund des Widerstandes von Ceauçescu jede aktive Antwort der Partei ausgeschlossen, so wie in Rußland, nachdem es im August 1991 zu dem gescheiterten Putschversuch gekommen war. In Ungarn, der Tschechoslowakei, in der DDR und anderswo zogen sich die Kommunisten für kurze Zeit wie in einen Kokon zurück, um als große haarige Motten oder gar als Schmetterlinge mit schillernden Farben wieder hervorzukommen. In Ostdeutschland gab es Reformkräfte innerhalb der SED, jetzt PDS. Ihre Mitglieder waren als loyale Kommunisten großgeworden, jahrzehntelang hatten sie die Einschränkungen, die erlogenen Errungenschaften der DDR und die Verunglimpfung der Bonner Republik internalisiert und verteidigt, um nun zu sehen, wie ihre Landsleute auf den Straßen ihrem Zorn über diese Lügen freien Lauf ließen. Jetzt merkten die Parteigetreuen, daß sie ihr Leben lang die Dummen gewesen und betrogen worden waren. Auch sie forderten nun Reformen. Anfang November demonstrierten mehrere Tausend Parteimitglieder vor der Parteizentrale; sie hatten genug vom Stalinismus, sie fühlten sich übergangen, als die Massen ihren Protest auf die Straße trugen – »Wo waren wir, als das Volk auf die Straße gegangen ist?« Sie glaubten, ihre Partei hätte noch eine Chance und ihre »Deformation« ließe sich noch korrigieren. Die meisten machten die Führung für den Zusammenbruch der Partei verantwortlich, die Führung, die ihre Macht mißbraucht habe – »Durch wieviel Korruptheit, Machtmißbrauch und Entscheidungswillkür haben führende Kräfte der SED diese Krise des Sozialismus herbeigeführt?« –, und manche waren bereit, auf die von der Verfassung vorgeschriebene Führungsrolle der Partei zu verzichten. »Niemand«, sagte ein Parteimitglied, »hat ein Monopol auf die Wahrheit.«[77]

Als Modrow Ministerpräsident wurde, schienen die Chancen für eine Erneuerung zu steigen. Auch der neue Parteivorsitzende Gregor Gysi, der als Anwalt für Dissidenten gearbeitet hatte und einen typischen Berliner Humor besaß, gab zu Hoffnungen Anlaß. Parteivertreter in der Provinz begannen, sich für die neuen Verhältnisse einzusetzen, in Quedlinburg machte sich der Ratsvorsitzende zum Sprecher der »wahren Demokratie« und erklärte öffentlich, er werde nicht zögern, die von Krenz verkündete »Wende« in die Wege zu leiten.[78] In der ersten Novemberhälfte wurden alle 15 Bezirksvorsitzenden der SED ausgewechselt: vier von ihnen, unter ihnen Modrow, wurden in das neugebildete Kabinett oder Zentralkomitee berufen, elf schieden aus. Fünf von denen, die in Pension gingen, waren zu Ulbrichts Zeiten an die Macht gekommen. Das Durchschnittsalter der Bezirksvorsitzenden fiel von 62 auf 47 Jahre. Die neuen Parteiführer waren keine Außenseiter, sie waren aktiv in ihren Organisationen; sechs von ihnen hatten sogar an der Parteihochschule in Moskau studiert. Ihre neue Rolle erschien als Zeichen des Wandels. Roland Wötzel, der neue Parteichef von Leipzig, war neben Kurt Masur einer der Unterzeichner des Aufrufs an die Demonstranten, sich der Gewalt zu enthalten.[79] Wir haben einen sehr eindrucksvollen Bericht über die Mitgliederdebatten, die im thüringischen Bad Salzungen geführt wurden, wo sich der erste Sekretär an die Spitze eines lebhaften Reformprozesses stellte. Enttäuschte Delegierte stritten sich mit orthodoxen SED-Veteranen, die Disziplin verlangten; die ihr Leben lang Kommunisten gewesen waren, klagten, sie könnten ihre marxistisch-leninistischen Überzeugungen jetzt nicht wie alte Kleider ablegen. Auf dem außerordentlichen Parteitag der Berliner Partei Ende Dezember wurde beschlossen, die politischen Büros der Partei in den Betrieben aufzulösen. Im Bezirk gab es 119 Parteisekretäre in Betrieben und Grenzorten, 100 mußten gehen. Die Arbeiter wollten diese Bürokraten aus ihren Pfründen in den Betrieben verjagen. Die Partei mußte ihre Bezirksverwaltung in ein sehr viel bescheideneres Gebäude verlegen. Ein Drittel der 12 000 Mitglieder im Bezirk war bereits ausgetreten. Keine dieser Maßnahmen bewahrte die kämpfenden lokalen Parteiführer vor bösen anonymen Briefen oder vor Demonstrationen vor ihren Wohnhäusern.[80]

Konnte die unübersehbare Öffnung der SED die Partei in einer offenen Wahlschlacht wirklich retten? Wer würde ihre aufgemöbelten Kader im Winter 1990 noch unterstützen? Die Staatsfunktionäre, von denen es gerade in Berlin besonders viele gab, die überzeugten Kommunisten, von denen einige vielleicht sogar abgestoßen waren von dem ihrer Meinung nach krassen Moralismus der Opposition, diejenigen, die sich daran gewöhnt hatten, auf Autorität zu vertrauen, oder diejenigen, die immer noch daran glaubten oder glauben wollten, daß die Partei zu Reformen fähig sei? Gleichwohl schien sich die SED in der ersten Januarhälfte zu erholen. Die in Aussicht gestellte Wirtschaftshilfe aus der Bundesrepublik trug zur Stabilisierung ihrer Position bei. Die Partei, so lamentierte ein Kolumnist in der konservativen *Frankfurter Allgemeinen Zeitung*, überlebe viel besser als ihre Bruderparteien in den anderen exkommunistischen Ländern.[81] Es gab unzufriedene Stimmen in der Bundesrepublik, die Kohl drängten, sein geplantes Treffen mit Modrow abzusagen. Aber trotz des Drucks von seiten des Koalitionspartners FDP bestand der Kanzler darauf, die Chance zu nutzen und auf seinen verwundbaren Gegenspieler mit wirtschaftlichen Hilfsangeboten Einfluß zu nehmen. Er sah keinen anderen Weg, die Menschen aus der DDR von der Flucht nach Westen abzuhalten; außerdem würde die in Aussicht gestellte Wirtschaftshilfe dafür sorgen, daß die DDR-Regierung nichts dagegen unternehmen würde, wenn die neuen Parteien, die zum ersten Mal einer wirklichen Wahl im Osten entgegensahen, aus dem Westen unterstützt würden.[82] Doch trotz der eiligen Voraussagen erholte sich die SED kaum. Auf den Leipziger Montagsdemonstrationen und in der Provinz wurde die Partei weiterhin angegriffen. »Lügen haben kurze Beine – Gysi zeig uns doch mal deine.« »SED- und Stasi-Macht haben noch nicht Schluß gemacht.«[83] Ende Januar wurde die Partei durch den Rücktritt des Dresdener Bürgermeisters Wolfgang Berghofer und 39 weiterer sächsischer Parteivertreter erschüttert. Nach den gewalttätigen Zusammenstößen am Dresdener Hauptbahnhof vom 6. und 7. Oktober war Berghofer der erste SED-Politiker gewesen, der eine Politik des »Dialogs« angekündigt hatte. Jetzt erklärten er und seine Kollegen, sie glaubten nicht mehr daran, daß die Partei noch die Kraft zur Veränderung habe.[84]

Die anderen Parteien hatten es leichter. Ihnen standen westdeutsche Partner zur Seite, die für den Fall des Anschlusses an den Westen Belohnungen in Aussicht stellten. Nach Kohls Zehnpunkteplan erschien die CDU als die Partei einer schnellen und reibungslosen Wiedervereinigung. »Die CDU, so mies sie in der Vergangenheit war, hat bestehende Strukturen und ist dadurch technisch überlegen«, erklärte ein Arzt aus der Provinz, der in die Politik gewechselt war.[85] Die bayerische CSU bot jeder lebensfähigen konservativen Bewegung ihre Hilfe an. Der konservative Pastor der Leipziger Thomaskirche Hans-Wilhelm Ebeling, der seine Kirche für die Demonstranten der Nikolaikirche verschlossen hatte, wurde Vorsitzender einer neuen Christlich Sozialen Partei Deutschlands (CSPD), unterstützt von Peter-Michael Diestel, einem jungen Rechtsanwalt, der sich bei öffentlichen Auftritten gern in zweireihigen italienischen Anzügen mit wattierten Schultern zeigte. Als Innenminister der Regierung Modrow wurde er mit der schwierigen Aufgabe betraut, das Erbe der Stasi aufzuarbeiten, doch aufgrund seiner Jugend, seiner Naivität oder einer bestimmten Vorliebe für Ordnung fand er es schwierig, die Geheimpolizei wirklich bis in ihre Wurzeln zu beseitigen. Andere Konservative gründeten eine ostdeutsche Christlich Soziale Union (CSU); mit der Zeit und auf Veranlassung der Bayern erklärten sich diese Splittergruppen bereit, sich zur Deutschen Sozialen Union (DSU) zusammenzuschließen. Auch manche CDU-Mitglieder im Westen unterstützten lieber diese neue DSU: wegen deren konservativer Haltung und weil ihnen die Nähe der ostdeutschen CDU-Kollegen zur Regierung Modrow mißfiel.[86] Insgesamt jedenfalls erschien die ostdeutsche CDU als Anwalt des schnellsten Wegs zur Vereinigung, des schmerzlosesten Weges zum Reichtum und zu der Sicherheit des Westens; die CSU versprach ähnliches, aber mit einer stärkeren Betonung von Ruhe und Ordnung. Das Neue Forum und die anderen Bürgergruppen dagegen schienen einem unklaren Programm zur Rettung eines Reformsozialismus in einer konföderierten DDR verpflichtet. Ihr Gesprächspartner im Westen war die politisch weniger bedeutende Partei der Grünen.

Die Gruppierung, die nach allen Überlegungen am vielversprechendsten erschien, war die neue ostdeutsche SPD, die nach einigen Monaten vorbereitender Diskussionen am 7. Oktober 1989 offiziell als Sozialdemokratische Partei (SDP) in der DDR gegründet worden war und die auf ihrer Delegiertenkonferenz vom 13. Januar 1990 die offizielle historische Bezeichnung Sozialdemokratische Partei Deutschlands für sich reklamierte.[87] Ostdeutschland, vor allem das Industriezentrum Sachsen, war vor dem »Dritten Reich« traditionell eine Bastion der Parteien der Arbeiterklasse gewesen. Bergbau-, Chemie- und andere Industriebetriebe bestimmten weiterhin die Wirtschaftsstruktur des Landes, und so erschien der Verweis auf diesen Zusammenhang sinnvoll. Für die Wahl 1990 war die Sozialdemokratie eine mächtige Alternative; sie versprach Reformen, konnte sich auf ein lokales historisches Erbe berufen, und sie war mit einer großen Westpartei verbunden. Wenn sich einige Intellektuelle und Kandidaten der SPD (West) der ostdeutschen Frage mit einiger Verspätung annahmen, so galt das sicher nicht für den Parteipatriarchen Willy Brandt, der bei seinem bahnbrechenden Besuch in Erfurt im Jahr 1970 begeistert empfangen worden war und der die Herbstereignisse als getreuer und emotional beteiligter Beobachter verfolgte. In mancher Hinsicht schien die SPD, nachdem das Neue Forum den günstigen Augenblick verpaßt hatte und die Mauer gefallen war, der logische Erbe der Reformimpulse zu sein; zugleich bot sie praktische Mittel zu ihrer Durchsetzung. Mitte Januar baten die Parteimitglieder ebenso dringend um die mittlerweile häufigen Besuche der westdeutschen Parteiführung der SPD, wie sie nach den Faxgeräten, Kopierern, Computern und Schreibmaschinen fragten, die ihre Genossen aus dem Westen herbeischafften. Sie traten für die Vereinigung mit dem Westen ein, sowohl was ihre Partei als auch was ihr Land betraf. Seit ihrem Gründungskongreß waren sie entschlossen, nicht nur die frühere SED, jetzige PDS zu bekämpfen (Stefan Reiche empfahl der Partei, sich aufzulösen), sondern auch, wie immer klarer wurde, das Neue Forum und seine Verbündeten vom November.[88]

Dennoch begann die SPD 1989 als merkwürdiges Implantat in der DDR. Im Westen waren die Sozialdemokraten zwar nicht mehr auf die Arbeiterklasse beschränkt, aber sie stützten sich immer noch auf eine starke soziale Basis in verbündeten oder sympathisierenden Gewerkschaften. Der Deutsche Gewerkschaftsbund, formell unabhängig von der Partei, repräsentierte, ebenso wie seine mächtigen Einzelorganisationen, die Metallarbeitergewerkschaft (IG Metall) zum Beispiel, ein großes Wählerreservoir. Im Osten dagegen fehlte eine derartige organisierte Basis in der Arbeiterschaft. Der FDGB, der Gewerkschaftsbund der DDR, war eine Kreatur des Regimes und bis zum Herbst 1989 keine wirkliche Interessenvertretung der Arbeiter.[89] Neue Gewerkschaften gab es noch keine. Die lohnabhängige Bevölkerung von Sachsen und anderswo schien vor allem damit beschäftigt, ihre wirtschaftliche

Lage zu verbessern. Für dieses Ziel mochte die CDU mit Kohl an der Spitze durchaus als die vielversprechendste Alternative erscheinen. Und als ganz besonderer Umstand noch kam hinzu, daß die ostdeutsche SPD als eine Pastorenpartei in Erscheinung trat, als eine Partei von Kirchenleuten, die eine politische Berufung verspürten und ein disziplinierteres und wahltaktisch konkurrenzfähigeres Instrument suchten, als es das Neue Forum bot.

Einige von ihnen hatten die gleiche Ausbildung durchlaufen und teilten viele Erfahrungen. Richard Schröder, eines der klügsten und überzeugendsten Gründungsmitglieder, vertrat die Auffassung, daß er und seine Parteikollegen das Studium der Theologie weniger aufgrund einer echten Berufung aufgenommen hätten als vielmehr deshalb, weil die Theologie neben den Naturwissenschaften das einzige Studienfach gewesen sei, das keine Mitgliedschaft in der SED verlangte. Die wichtigsten Mitglieder der SPD (Ost) waren zudem Absolventen des Sprachenkonvikts, dem ursprünglichen Lutherischen Spracheninstitut, das zum protestantischen Seminar geworden war, weil für die Ostberliner seit der Errichtung der Mauer im Jahr 1961 das Studium an der Kirchlichen Hochschule Berlin-Zehlendorf im Westteil der Stadt unmöglich geworden war. Dieses Institut, das jährlich etwa fünfundzwanzig bis dreißig neue Studenten aufnahm, war aus dem Umkreis der antinationalsozialistischen »Bekennenden Kirche« entstanden, deren verfolgte oder ins Exil gegangene Führung die umstandslose Akzeptanz staatlicher Autorität ablehnte, die deutsche Lutheraner immer wieder zur Stütze autoritärer Regierungen gemacht hatte. Die Theologie der Bekennenden Kirche wahrte eine skeptische Distanz zur Macht und hatte zugleich eine hohe ethische Auffassung von politischer Aktivität und politischem Widerstand.

Schröder lehrte am Sprachenkonvikt Philosophie und Theologie. Teilnehmer des Arbeitskreises Philosophie und Theologie waren Markus Meckel und – als externer Teilnehmer – Ibrahim Böhme, einer der Gründer der SPD. Während Meckel von einer unerschütterlichen und gleichmütigen Art war, hatte Böhme etwas eher Unbeständiges und Flatterhaftes, er hatte keinen festen Grund unter den Füßen und war letzten Endes ein Phantast. Er selbst war kein Theologe, hatte aber Freunde unter den Pastoren der SPD und hatte sich im Zusammenhang der Friedensseminare auch mit

Rainer Eppelmann angefreundet. Er blieb eine Art Außenseiter – behauptete, auch jüdische Vorfahren zu haben, änderte die Schreibweise seines Namens, um seine Sympathie mit den Palästinensern zum Ausdruck zu bringen, machte die verschiedensten Arbeiten und wechselte von einem Dissidentenzirkel zum anderen. Zunächst war er der SED bei-, dann aber wieder ausgetreten, er arbeitete als Maurer, Buchhändler, Postangestellter, Sägerei- und Friedhofsarbeiter, Theaterdirektor; außerdem schrieb er Artikel für die illegale Zeitschrift *Grenzfall*. Mit seinem Charme fand er immer wieder Menschen, die seine Unternehmungen unterstützten, er gefiel und erweckte den Eindruck einer aktiven Persönlichkeit. Im Winter 1990 war er, unwahrscheinlich genug, ein aussichtsreicher Favorit für das Amt des ersten gewählten Ministerpräsidenten auf dem Gebiet der ehemaligen DDR.[90] Dann aber stellte sich heraus, daß er mit der Stasi Gespräche geführt hatte, und so mußte er sich aus der Politik zurückziehen und verschwand ganz plötzlich wieder von der Bildfläche. Dieses Ereignis war kein schwerer Schlag für seine Partei. Trotz seiner vielen Verbindungen war Böhme für die im Entstehen begriffene SPD weniger wichtig als die anderen Mitglieder der Kerngruppe aus dem Sprachenkonvikt, die zu den führenden Figuren gehörten, bevor die Partei in der gesamtdeutschen SPD aufging. (Absolventen des Sprachenkonvikts waren auch anderweitig politisch aktiv, so wie zum Beispiel Wolfgang Ullmann in Demokratie Jetzt.) Hochrangige Theologen und Denker hat dieses Milieu allerdings nicht hervorgebracht: keinen Barth, Bonhoeffer oder Bultmann, die drei oder vier Jahrzehnte zuvor die Bekennende Kirche berühmt gemacht hatten. Erfolgversprechend an dieser Parteiinitiative erschien vor allem der früh erhobene Anspruch auf den Parteinamen der Sozialdemokratie.

Gespräche mit diesen SPD-Kirchenmännern haben mich zu der Auffassung gebracht, daß sie politischer waren als die Pastoren, die sich von den abendlichen Friedensgebeten und den Demonstrationen vom Herbst hatten mitreißen lassen. Für die sozialdemokratischen Pastoren gab es den Konflikt zwischen der Ethik der Evangelien und politischem Handeln nicht, wie ihn Max Weber beschrieben hat. »Wir wollen die Macht«, erklärte der Hegelianer Markus Meckel.[91] Martin Gutzeit, ein junger Pastor und aktives Parteimitglied, Freund von Meckel aus Studienzeiten und Assistent von Richard Schröder am Sprachenkonvikt, kam in Gesprächen mit mir auf das Gebot in der Genesis zurück: »Macht euch die Erde untertan.« Von demselben Gleichmut waren seine Überzeugungen, wo es um Verbesserung der wirtschaftlichen Lebensbedingungen anging. Einem »Dritten Weg« zu sozialistischen Reformen stand er skeptisch gegenüber. Die Bürger könnten sich guten Gewissens für ihre wirtschaftliche Zukunft interessieren; wenn man für ehrliche Arbeit ehrlich bezahlt sein wolle, dann sei das nicht nur Ausdruck von materialistischen Einstellungen, sondern auch eine Anerkennung der Würde und einer würdigen Arbeit. Unter diesen Geistlichen hatte Schröder sicherlich die größte Sensibilität und Weite des Denkens. Sie alle waren überzeugt, das Richtige zu tun, und sie waren mit Recht zufrieden darüber, daß sie die vergangenen Jahre ihre politischen Freundschaften gepflegt hatten, erst in privaten Zirkeln, dann in der politischen Arena. Im März 1990 kehrte der junge Michael Moeller aus South-Dakota zurück, wo er an einem kleinen lutherischen Kolleg unterrichtet hatte, um an der Wahl zur Volkskammer teilzunehmen. Auch er hatte am Sprachenkonvikt studiert und wurde von seinen Lehrern und Freunden angeworben, einige Monate Dienst im DDR-Außenministerium zu tun – kurze Zeit war er sogar, wie er sagte, als designierter Botschafter für Washington ausersehen, um die Botschaft dort abzuwickeln, bevor das westdeutsche Außenministerium die Operation beendete. Auch unter den designierten Botschaftern für Paris, London und Washington waren Moeller zufolge zwei Absolventen des Sprachenkonvikts.

Obwohl es in diesem Zusammenhang schwierig ist, allgemeine Aussagen zu treffen, glaube ich doch, daß der Protestantismus des Sprachenkonvikts weniger von einem Gefühl der eschatologischen Konfrontation bestimmt war als der Protestantismus der offiziellen Vertreter der sächsischen Kirche, die im Oktober und November 1989 aktiv waren. Die Protestanten vom Konvikt traten erst nach den großen Demonstrationen öffentlich auf, deshalb war es ihnen weniger um eindringliche Gebete für den Frieden und Bitten um Gewaltlosigkeit zu tun. Auch die SPD-Geistlichen glaubten, eine Mission zu haben, aber sie lebten nicht in der Freude und dem Schrecken entscheidender letzter Schlachten. Sie waren unerschütterlich wie Dürers berühmter Ritter, in politischen Dingen möglicherweise ein wenig naiv, gleichwohl aber von einer gewissen taktischen Gewitztheit. Im Frühjahr 1990 beurteilten die Leute vom Neuen Forum, ihre Verbündeten vom Herbst, die Sozialdemokraten als recht opportunistisch. »Sie kamen mit Fragen der Parteihierarchie besser zurecht«, erklärte mir ein aktives Mitglied des Neuen Forums. Die wirklich treibende Kraft schien aber ein unverbrauchter Enthusiasmus zu sein. Um noch einmal Meckel zu zitieren: »Wir suchen die Macht. Wir wollen sie, weil wir niemanden sehen, bei dem sie besser aufgehoben wäre als bei uns.«[92] Rainer Eppelmann, auch er Pastor mit einer langen Protestgeschichte, ging es ähnlich. Er war nicht der SPD beigetreten, aber er hatte den Demokratischen Aufbruch organisiert, weil ihm das Neue Forum zu unstrukturiert erschienen war. Auch bei ihm war eine protestantische Begeisterung für die Eroberung der Staatsmacht spürbar: in den siebziger Jahren habe er sich gefühlt »wie einer, der pflügt und sät und, wenn er Glück hat, noch den Samen aufgehen sieht. Und jetzt stelle ich mit tiefer Befriedigung fest, daß ich noch zu den Erntenden gehöre. Da kann ich nur mit Ulrich von Hutten sagen: Es ist eine Lust zu leben.«[93]

Das Frühjahr 1990 war eine Hochsaison für Amateure unter den mitteleuropäischen Parteipolitikern.[94] Es war mildes Wetter – der warme Winter habe Berlin vor einer wirtschaftlichen Katastrophe bewahrt, meinte Lothar de Maizière –, und hier und da heiterten gelbe Forsythiensträucher das Grau der Hauptstadt auf. Der Runde Tisch stand kurz vor Abschluß seiner Bemühungen, einen weitgefaßten Katalog von sozialen Rechten und Ansprüchen zu erstellen. Die SPD war in die wenig einladenden Büroräume eines früheren SED-Gebäudes nahe der Jannowitzbrücke umgezogen und verstellte die Korridore mit neuen Kopiergeräten. Bürgergruppen und neugegründete Parteien fanden Platz in einem Bürogebäude in der Friedrichstraße, das in *Haus der Demokratie* umbenannt worden war. Inzwischen gehört das Haus dem Deutschen Beamtenbund, und den noch verbliebenen Bürgergruppen wurde gekündigt. Südlich des Corsos Unter den Linden gelegen, machte es den Eindruck einer heruntergekommenen amerikanischen High School kurz vor der Wahl des Schülerrats. Hier hatten die Bürgerallianz, der Demokratische Aufbruch, der Unabhängige Frauenverband und die Blockparteien ihre Räume, im Erdgeschoß befanden sich von allen für Redaktionskonferenzen genutzte Räume. Neben neuen Faxgeräten und Photokopierern türmten sich auf grobem, grauem DDR-Papier vervielfältigte Parteiprogramme, die zusammen mit leuchtend bunten Aufklebern, die von den jeweiligen westdeutschen Verbündeten kamen, verteilt wurden. In ähnlich improvisierten Büros am Jochmannplatz im Prager Zentrum und mit Lachen im Gesicht verteilten Mitglieder des tschechoslowakischen Bürgerforums ihre Broschüren und Buttons. Aus diesen hektischen Camps sind die Parteien inzwischen längst wieder ausgezogen. Aber für die ersten, damals völlig unkalkulierbaren Kampagnen taten sie ihre Dienste.

Nach den Wahlen vom 18. März hatten die Abgeordneten der Volkskammer Fraktionsbüros und einen parlamentarischen Sitzungssaal im Palast der Republik, der im international verbreiteten Glaskastenstil der sechziger Jahre genau dort errichtet worden war, wo das Stadtschloß gestanden hatte. Heute fordern Traditionalisten den Abbruch des Palastes, obwohl seine zugegeben banale Architektur auch nicht schlechter ist als die einer ganzen Reihe öffentlicher Gebäude in den Vereinigten Staaten. Die Abgeordneten und die Parteien hatten ihre Büros im »Haus der Parlamentarier« (das ich in Kapitel Drei beschrieben habe), jenem großen Zweckbau mit den langen parallelen Korridoren, der für die Reichsbank errichtet worden war und später als Sitz des Zentralkomitees diente.

Waren diese freudlosen Gebäude schuld an der freudlosen Politik? Auf den Korridoren, vor den Räumen der Kandidaten und Parteien machte sich eine ungemütliche Stimmung bemerkbar, die den ganzen Wahlvorgang begleitete. Wie sehr sich diese Stimmung von der Euphorie des vergangenen November oder von der hoffnungsvollen Spannung unterschied, die im Frühjahr und im Sommer 1990 in Prag herrschte, als sich das Bürgerforum auf die Wahl und Václav Havel auf das Präsidentenamt vorbereitete! Irgendwie lag die Vereinigung in der Luft. Die Regierung Modrow war nahezu handlungsunfähig. Kohl hatte die Vereinigung auf die Tagesordnung gesetzt, und keine der Mächte außerhalb Deutschlands schien den Prozeß bremsen zu wollen – nicht einmal die Sowjetunion. Doch die vorherrschende Stimmung im Land war offenbar ein Gefühl der Angst; einer Angst davor, daß die bevorstehenden Verhandlungen den bescheidenen, aber gesicherten Lebensstandard gefährden würden. Würde die Währung der DDR im Verhältnis zur D-Mark nicht drastisch abgewertet werden? Würden die Mieten, die auf einem niedrigen Niveau gehalten wurden, nicht ins Unermeßliche steigen? Welche Trümpfe hätte dieser ausgemergelte Landesteil denn in den Vereinigungsprozeß einzubringen?

Der Wahlkampf wurde zur Volksabstimmung über die Einheit. Mitte Februar schien Kohl auf dem besten Weg, von den Sowjets die Zustimmung zur deutschen Vereinigung zu erhalten. Die Prozeduren für parallele Verhandlungen zwischen den Deutschen und dann zwischen ihnen und den vier Alliierten des Zweiten Weltkriegs wurden in eilig einberufenen Konferenzen ausgehandelt und festgelegt (vgl. Kapitel Fünf). Modrow suchte mit der Würde eines zu Besuch weilenden Regierungschefs aufzutreten, als er sich mit Kohl am 13. Februar traf, aber es gingen Gerüchte um, daß der Staat der DDR schon vor den Wahlen am 18. März zusammenbrechen würde. Modrow bat um Soforthilfe. In seiner Antwort entwarf Kohl das Bild eines Vertrages für eine Wirtschaftsunion: Die Deutsche Mark sollte während der Monate bis zur Herstellung der Einheit die zu Ende gehende DDR stützen.[95] Modrow gewann dem Vernehmen nach den Eindruck, daß der Kanzler von der Unterstützung, die er Mitte Dezember in Dresden angeboten hatte, abgerückt war. In der Zwischenzeit sah es tatsächlich so aus, als stünde die DDR kurz vor dem Zusammenbruch: 26000 DDR-Bürger waren allein in der ersten Februarhälfte nach Westen gezogen. Für Kohl gab es keinen Grund, Modrows Stellung zu Hause irgendwie zu stützen, er mußte nur darauf achten, daß er sich keine Sympathien verscherzte. Man muß Kohl keine feindseligen Absichten unterstellen, er sah sich eben als demnächst amtierenden Kanzler eines vereinigten Deutschland. Die Wirklichkeit war bitter für die Unterhändler aus dem Osten, die als Bittsteller kamen und doch glaubten, sie wären als Gleiche zu behandeln.[96]

Den Bürgern der DDR stellte sich nur eine Frage: Welche Partei würde bei der bevorstehenden Vereinigung die besten Bedingungen herausholen? Die Kandidatur von Neuem Forum/Bündnis 90 litt unter ihrer ablehnenden Haltung zur Einheit. Ihre führenden Intellektuellen bedauerten das Tempo, mit dem auf die Einheit zugesteuert wurde – »Zu schnell, viel zu schnell, furchtbar!« klagte ein aktives Mitglied im Juli. Die andere Bürgerbewegung, der Demokratische Aufbruch, hatte ihren Schwung verloren. Der Aufbruch hatte sich, im Unterschied zum Neuen Forum, stets mehr als Partei gefühlt, und Rainer Eppelmann, die wichtigste Führungsfigur, hielt sich eher für einen politischen Pragmatiker.[97] Den Wahlkampf führte der Demokratische Aufbruch an der Seite der ostdeutschen CDU und der konservativen DSU im sogenannten Bündnis für Deutschland, dessen zweitwichtigster Kandidat de Maizière bald als Stasi-Mitarbeiter identifiziert wurde.

Die große Frage war, wie sich die Stimmen zwischen den Ex-kommunisten der PDS (behielten sie einen genügend großen Wählerstamm?), den Sozialdemokraten und den Christdemokraten verteilen würden. Wie Eppelmann sagte, war es illusionär zu glauben, man könne eine unabhängige politische Struktur aufbauen. »Ich habe die Wirkung von vierzig Jahren DDR auf die Menschen wohl überschätzt und die Wirkung der westlichen Medien unterschätzt. Die meisten DDR-Bürger haben sich schon immer abends die Bundesrepublik reingezogen und in Kategorien von SPD, CDU und FDP gedacht und gelebt.«[98] Aber der PDS gelang es viel besser als den in Windeseile nach westdeutschen Vorbildern geklonten Parteien, ein durchaus modernes Gesicht aufzusetzen. Ihre Aufgabe im Wahlkampf war es, die verärgerten Wähler davon zu überzeugen, daß die Partei die Methoden der vergangenen vierzig Jahre völlig aufgegeben hatte. Modrow schien sich nicht sicher, ob er weiterhin zur Verfügung stehen sollte, aber er ließ sich überreden.[99] Auf einem dramatischen Parteikongreß sprach er davon, wie überlastet er sei von seinem dreißigjährigen Dienst im Zentralkomitee und von seiner gegenwärtigen Aufgabe, ein Volk und eben keine Partei zu repräsentieren. Schließlich gab er bekannt, daß er sich zur Wahl stellen werde. Auch außerhalb der Partei genoß er Anerkennung und Sympathie; die Menschen in der DDR hatten den Eindruck, daß Kohl ihn während seines Besuches im Februar doch sehr von oben herab behandelt hatte. Zeigte seine Beharrlichkeit nicht, daß ein ehrliches Bekenntnis zu seiner früheren Rolle, verbunden mit dem Bemühen, sie von innen heraus zu erneuern, mehr zu bewundern war als ein bloßer Rücktritt? Gysi war kultivierter, von einem bissigen Humor und einem scharfen Intellekt. (Buttons mit der Aufschrift »Take it Gysi« waren damals zu sehen.) Von den Parteigetreuen glaubte niemand, daß sie künftig in der Regierung eine Rolle spielen würden, denn keine der anderen Parteien würde nach der Wahl eine Koalition mit der PDS eingehen. Ihre Aufgabe bestand lediglich darin, sich als lebensfähige Alternative zu präsentieren und zu verhindern, daß man dem historischen Vergessen anheimfiele.[100]

Im Gegensatz zur PDS, für die es im Wahlkampf ums Überleben ging, war unter den Sozialdemokraten das Gefühl verbreitet, gut plaziert zu sein und zur führenden Kraft werden zu können. Man schwor sozialistischen Experimenten ab, warb für die Marktwirtschaft, freilich für eine »soziale, ökologische und demokratische« Marktwirtschaft.[101] Die Christdemokraten führten ihren Wahlkampf mit Lothar de Maizière, einem gebildeten Rechtsanwalt, der früher Berufsgeiger gewesen war. Er war von kleinem Wuchs und wirkte, wenn er mit Kohl zusammentraf, etwas hilflos neben dessen mächtiger Gestalt. De Maizière war überzeugt davon, daß die schnelle Vereinigung der einzige Weg sei, die DDR vor zunehmendem wirtschaftlichem Niedergang und Entvölkerung zu bewahren. Er hatte Regimekritiker verteidigt, aber innerhalb des Systems gearbeitet. In einem Streichquartett habe er das letzte Mal gespielt, erzählte er mir, als vor einigen Monaten Freunde aus Anlaß seines fünfzigsten Geburtstags einen musikalischen Abend veranstaltet hätten. Die Christdemokraten mußten mit dem Odium ihrer vierzigjährigen Kollaboration als angepaßte »Blockpartei« fertig werden. »Kann einer erster Geiger sein, der vorher Blockflöte gespielt hat?« spotteten de Maizières Kritiker. Aber seine Bescheidenheit verfehlte ihre Wirkung nicht. Leider erlebte auch er ein schnelles politisches Ende, als sich herausstellte, daß er als inoffizieller Mitarbeiter für die Staatssicherheit gearbeitet hatte. Vielleicht hätte er diese Anschuldigung überstanden, ließ sie sich doch Ende 1990 und 1991 gegen viele erheben; alle mußten für ihre Bemühungen zahlen, innerhalb des Systems Verhandlungsspielräume zu gewinnen, indem sie Informationen über Regimegegner, mit denen sie zu tun hatten, weitergaben. Aber er bestritt, von seinen Anwaltspflichten einen falschen Gebrauch gemacht zu haben, und als dann bekannt wurde, daß er in den Stasi-Akten mit einem Codenamen geführt wurde, war es mit seiner Glaubwürdigkeit vorbei.

Die Ostdeutschen nahmen die Chance, zum ersten Mal seit 1933 an einer wirklichen Wahl teilnehmen zu können, sehr ernst. 93,2 Prozent der Wahlberechtigten gaben ihre Stimme ab. In der ganzen Republik gewann die CDU 40,9 Prozent der Stimmen und erhielt 184 Sitze in der neuen Volkskammer. Die SPD kam auf 21,8 Prozent und 87 Sitze. Die PDS brachte es dank ihrer Stärke in Ostberlin auf 16,3 Prozent und 65 Sitze. Die konservative DSU kam auf einen Stimmenanteil von 6,3 Prozent und gewann damit 25 Sitze; die Liberalen, die der FDP entsprachen, folgten mit 5,3 Prozent und 21 Sitzen dicht auf. Aber während die westdeutsche FDP mit ihrem etwas höheren Stimmenanteil und ihrer Rolle als drittstärkster Partei immer wieder die entscheidende Kraft für die Bildung und Auflösung von Koalitionen war, konnte ihr Gegenstück in der DDR diese Funktion nicht übernehmen. Die PDS vereinigte etwa dreimal so viele Stimmen auf sich – auch wenn sie für keine Partei als Koalitionspartner in Frage kam. Bündnis 90, die Wahlorganisation des Neuen Forums, kam nur auf 2,9 Prozent der Stimmen, was 12 Sitzen entsprach; damit lag es knapp ein Prozent vor den ostdeutschen Grünen (2,0 Prozent, 8 Sitze) und nur unwesentlich vor dem ostdeutschen Bauernbund (2,2 Prozent und 9 Sitze).

Dieses Ergebnis war in mehrfacher Hinsicht überraschend. Nach den Umfragen vor der Wahl stand ein Sieg der SPD zu erwarten. Mit seiner zahlenmäßig geringen katholischen Bevölkerung und einer starken sozialdemokratischen Tradition in der Zeit vor 1933 galt Ostdeutschland als eine potentielle SPD-Hochburg. Diese Annahme, hieß es, sei ein Grund für Konrad Adenauer gewesen, sich nicht mit voller Kraft für die Wiedervereinigung einzusetzen. Die andere große Überraschung war die regionale und soziologische Verteilung der Stimmen. Im Westen bezog die SPD ihre Stärke aus der Arbeiterschaft und den Gewerkschaften. In Ostdeutschland, das ergaben Umfragen nach der Wahl bei 12 000 Wählern, stimmten über die Hälfte der traditionellen Arbeiter und Angestellten für CDU und Bündnis für Deutschland (CDU plus DSU und Demokratischer Aufbruch). Bei den akademischen Berufen (darunter den Funktionären) stellte sich heraus, daß sie etwa zu gleichen Teilen die PDS (26 Prozent), CDU (24 Prozent) und SPD (23 Prozent) gewählt hatten. Die soziale Differenzierung, auch das war eine Überraschung, entsprach in etwa der regionalen.

Es wurde erwartet, daß das sächsische Industriegebiet mit Städten wie Dresden, Leipzig und Karl-Marx-Stadt (Chemnitz) sich als Hochburg der SPD erweisen würde. Statt dessen kam hier das Bündnis für Deutschland auf fast 58 Prozent der Stimmen und in Thüringen (Erfurt, Gera, Jena, Weimar) sogar auf knapp über 60 Prozent. In Sachsen-Anhalt (Magdeburg, Halle und der Chemiebezirk um Merseburg und Leuna) erreichte es fast 50 Prozent. Der jeweilige Anteil der CDU an diesen stattlichen Ergebnissen des Bündnisses belief sich auf 44,53 beziehungsweise 45 Prozent. Die DSU schnitt in Sachsen vergleichsweise gut ab (13,2 Prozent), dafür etwas kümmerlich in Thüringen (5,6 Prozent) und blieb sonst marginal. Die dritte Bündnispartei, der Demokratische Aufbruch, kam auf etwa 2 Prozent: Sie hatte den Übergang von der »Bürgerbewegung« nie richtig geschafft und war schwer diskreditiert durch die Stasi-Verbindungen von Wolfgang Schnur, ihrem führenden Mann im Wahlkampf.

Die nördlichen Wahlbezirke – wo die Bevölkerung sich an den Herbstdemonstrationen zögernder beteiligt hatte als in Sachsen und Berlin – zeigten andere Resultate. In Mecklenburg und Brandenburg kam die CDU auf weniger als 40 Prozent. Alles in allem ergab die Wahlgeographie des DDR-Gebiets im Verhältnis zu Weimarer Republik und sogar zur Kaiserzeit ein völlig anderes Bild: Die nördlichen Gebiete, einst der ländliche Sumpf der Reaktion, wählten zu etwa gleichen Teilen Sozialdemokraten, Christdemokraten und auch die PDS. Das industrielle Sachsen und die mittleren Regionen stellten sich mehrheitlich hinter Bundeskanzler Kohls CDU. Kurz: Die Massen, die auf die Straße gegangen waren, stimmten im wesentlichen für eine schnelle Vereinigung. Nur Berlin wich vom allgemeinen Muster ab. In der Hauptstadt, wo die Kommunisten ein wichtiger Arbeitgeber waren und die Bevölkerung auch andere Vorteile genossen hatte, blieb der Stimmenanteil für die PDS hoch (30 Prozent), die Sozialdemokraten erzielten hier mit 35 Prozent ihr bestes Ergebnis, Bündnis 90 kam auf über 6 Prozent, während das Bündnis für Deutschland unter 22 Prozent blieb. Die Berliner Wähler verhielten sich deutlich ambivalent: Sie glaubten eher an die Transformation der PDS und standen in jedem Falle der Vereinigung und Kohls Verbündeten vor Ort zurückhaltender gegenüber.

Andere Differenzierungsmerkmale waren weniger stark als in der Bundesrepublik ausgeprägt. Was das Profil der CDU anging, machte sich der Unterschied zwischen Alt und Jung weniger geltend, während er sich in der Verteilung zwischen SPD und PDS deutlich zeigte. Ältere Wähler wechselten zur SPD, wenn sie »links« blieben; die jüngeren hielten es mit Gysi und Modrow, aber alle Altersgruppen stimmten mehrheitlich für die CDU. SPD und PDS schnitten in städtischen Gebieten mit Einwohnerzahlen über 50000 leicht besser ab, während Bündnis für Deutschland in kleineren Städten profitierte. Konfessionsunterschiede spielten eine ähnliche Rolle wie im Westen, aber die Anteile von Kirchgängern waren viel niedriger. Von den 6,5 Prozent registrierten Katholiken im Osten stimmten 66,3 Prozent für die CDU; bei den 35 Prozent Protestanten kam sie auf 55 Prozent, und selbst in dem nicht kirchlich gebundenen Bevölkerungsanteil erreichte sie 30 Prozent (für das Bündnis als Ganzes lauten die entsprechenden Zahlen 73, 62 und 37 Prozent).[102]

Die Wahl vom 18. März beendete die Revolution in der DDR. Sie zeigte, wie wichtig den Menschen die Vereinigung war; das wirtschaftliche und politische Halbleben der »Rest-DDR« sollte rasch beendet werden. Die Demonstranten, die im Oktober in Leipzig und Dresden auf die Straße gegangen waren, forderten jetzt nicht mehr Reformen und Freiheit, sondern die Einheit. Diese Ziele waren nicht unvereinbar, aber der Weg zur Einheit bedeutete, daß es kein Verlangen mehr gab, einen Mittelweg zwischen Marxismus und westlicher Marktwirtschaft zu suchen und zu erproben. Die Berliner Wähler waren weniger auf das Alltagsleben fixiert, sie hielten beharrlicher an der Vision eines reformierten unabhängigen Staates fest. Ob sie nun glaubten, daß Modrow und Gysi in der Lage wären, einen lebensfähigen demokratischen Sozialismus aufzubauen, oder ob sie auf die alten »Seilschaften« zählten, in jedem Fall hielten sie an der PDS fest oder vertrauten wenigstens auf die SPD mit ihren Verbindungen zu Willy Brandt und der westdeutschen Opposition. Die ostdeutsche SPD war keine Pastorenpartei mehr, und sie war mit den Vorwürfen, die gegen Böhme erhoben worden waren, und mit dessen beleidigtem Rückzug fertig geworden. Noch aber war sie freilich keine in der Arbeiterschaft oder den akademischen Berufen verankerte Partei.

Zum Zeitpunkt der Wahl war nicht absehbar, daß ihr Ergebnis für die ostdeutschen Wähler auf längere Sicht repräsentativ war. Die erste gesamtdeutsche Wahl zum Bundestag im Dezember 1990 sollte ähnliche Resultate zeigen – eine Mehrheit für die CDU, besonders deutlich in Sachsen, und ein zögerndes Berlin. Beide Wahlen waren Volksabstimmungen über den Prozeß der Vereinigung. Die SPD hatte mit dem Handikap ihrer verspäteten Begeisterung für die Einheit zu kämpfen. Dieses Zögern in einer nationalen Angelegenheit von erstrangiger Bedeutung hat sie bestimmt noch bei den Wahlen von 1994 Stimmen gekostet. 1990 jedenfalls wollten die meisten Bürger der Ex-DDR am Erfolg Westdeutschlands partizipieren. Kohls Partei konnte dies mit mehr Entschlossenheit und Geschick versprechen als die Opposition. Kohl zu wählen war dasselbe, was im vergangenen Herbst die Übersiedlung in den Westen gewesen war, nämlich eine Option auf eine anscheinend solidere Zukunft – vielleicht mit weniger Autonomie und weniger sozialen Experimenten und einer geringeren Aussicht, das gemütliche und familienfreundliche Wohlfahrtssystem beibehalten zu können, aber es war die langfristig vielversprechendere Option, weil das Gebiet der DDR an die bedeutendste Volkswirtschaft Europas angekoppelt wurde. Zum Zeitpunkt der Wahl wußten die Wähler nicht, wie rasch ihre wirtschaftlichen Strukturen der gnadenlosen Prüfung durch Konkurrenz und Marktwirtschaft ausgesetzt würden. Sie glaubten, Währungsunion und Deutsche Mark seien bereits die Rettung. Die Augenblicke der politischen Solidarität, der Gefahr und des lebendigen demokratischen Widerstands, die eine Überschreitung eingefahrener Grenzen möglich zu machen schienen, waren vorbei; es kamen die Monate, in denen man versuchte, die Wirtschaft anzukurbeln und über etwas zu verhandeln, das sich dann als Notverkauf herausstellte. Kamen die Bürger der Ex-DDR als Juniorpartner in das neue Deutschland, was Modrow gewollt hatte und de Maizière in die Tat umzusetzen hoffte? Oder kamen sie dazu als heruntergewirtschaftete Provinz, die zwar feierlich willkommen geheißen, im übrigen aber von oben herab behandelt oder gar verdrängt wurde? Die Wahl allein konnte die folgende Entwicklung nicht bestimmen. Entscheidend waren die nun anlaufenden Verhandlungen über die Vereinigung.

5 Die Einheit

> Seit mehr als zwei Jahrzehnten ist der Text der Staatshymne aus Gründen politischer Unerwünschtheit offiziell nicht mehr gesungen worden. Damit ist die DDR das einzige Land, in dem die Staatshymne ohne Text gespielt wird. Hauptgründe bezogen sich auf den im Text ausgedrückten Gedanken eines einzigen Deutschlands. Geschrieben 1949, vorangedacht bereits in den Jahren der Emigration, ist der Text zu rehabilitieren ... Der Bezug auf die nationale und kulturelle Identität des deutschen Volkes kann nicht mehr ausgeklammert werden ...
>
> *Antrag des Volkskammerausschusses fur kulturelle Angelegenheiten an den Ministerrat, 4. Januar 1990*[1]

Es war typisch für die DDR, daß man sich scheute, den Text der eigenen Nationalhymne zu singen. Hanns Eislers und Johannes R. Bechers *Einig deutsches Vaterland* war kein schlechter Versuch: »Auferstanden aus Ruinen und der Zukunft zugewandt, laß uns dir zum Guten dienen, Deutschland, einig Vaterland!« Zu den vielen Reformen, die während der viermonatigen Amtszeit von Hans Modrow in Angriff genommen wurden, gehörte auch die »Rehabilitierung« des Textes: »Rundfunk und Fernsehen der DDR sind zu informieren, daß zum Sendeschluß die Staatshymne der DDR wieder mit dem Text von Johannes R. Becher auszustrahlen ist.«[2]

Fast neun Monate lang konnte die DDR ihre Nationalhymne mit gesungenem Text spielen. Dann hörte der Staat auf zu existieren, und damit verstummte das Lied. In der Zwischenzeit haben westdeutsche Zeitungen Umfragen veranstaltet, welche Nationalhymne nach der bevorstehenden Vereinigung gelten solle. Manche Leser waren der Meinung, daß die Hymne von Eisler und Becher noch immer passend sei, andere schlugen Brechts erfolglosen Versuch von 1949 vor; die Mehrheit war für die Beibehaltung der Hymne der Bundesrepublik: »Einigkeit und Recht und Freiheit«, die patriotischen Verse aus dem 19. Jahrhundert, die ohne die anstößige erste Strophe »Deutschland, Deutschland über alles« zu Haydns bekannter Melodie gesungen werden. Beide deutsche Staaten hatten Probleme mit ihren Nationalhymnen, schließlich setzte sich die unanstößige Alternative der Bundesrepublik durch – und so kam es dann auch bei den meisten anderen umstrittenen Punkten.

Gaben sie noch den Ton an? –
Die Wendungen der sowjetischen Deutschlandpolitik

Warum verschwand die DDR so schnell? Ihre rasche, vollständige Beseitigung war nicht unvermeidlich. Im Gegenteil, sie war erstaunlich. Was für ihre vierzigjährige Geschichte galt, bestimmte auch die Schlußabrechnung: Entscheidend war stets das Zusammenspiel zwischen einer widerspenstigen, eingeschüchterten oder fügsamen Bevölkerung und den sowjetischen Besatzern. Das Ostberliner Regime spielte durchaus eine wichtige Rolle, denn es konnte die Sowjets dazu bewegen, es in zentralen Punkten bei der Aufrechterhaltung seiner angeschlagenen Machtstellung in der Provinz zu unterstützen. Aber schließlich befand sich der SED-Staat in einer merkwürdigen Schwebelage zwischen den Russen oben und den eigenen Leuten unten, mochten diese sich wie bemerkenswert eifrige Arbeitskräfte oder wie ungeduldige Klienten eines modernen Wohlfahrtsstaats verhalten – oder eben als Individuen erweisen, die in den Westen auszubrechen oder zu politischen Rechten und politischer Beteiligung durchzubrechen versuchten.

Freilich hätten die Massen allein, ohne Wandel in den politischen Überlegungen der Sowjets, die schnelle Auflösung der DDR in die Bundesrepublik nicht herbeiführen können. Hätte die Regierung Modrow darauf bestanden, wäre es durchaus möglich gewesen, daß eine reformierte DDR in einer deutsch-deutschen Konföderation zumindest einige Jahre überlebt hätte, vielleicht sogar länger. Eine derartige Lösung wäre in vielen westeuropäischen Hauptstädten auf Gegenliebe gestoßen. Auch in der DDR gab es in den Jahren vor den Erhebungen von 1989 durchaus Diskussionen in diese Richtung.[3] Eine solche Entwicklung hat auch Bundeskanzler Kohl im November 1989 nicht ausgeschlossen, sie widersprach auch den Präferenzen nicht, die die Amerikaner nach der Maueröffnung verfolgten. Westliche Beobachter hatten wenig Grund zu der Annahme, daß Michail Gorbatschows Regierung die DDR völlig aufgeben würde. Warum auch? Die Teilung Deutschlands und die Oberhoheit der Russen über die DDR war schließlich der Siegerpreis für den Großen Vaterländischen Krieg, das nationale Heldenepos der Sowjetunion. Dieser Status war Eckpfeiler des sowjetischen Einflusses in Mitteleuropa und hätte dies auch bleiben können. Noch 1989 waren die Industrieproduktion und das technische Wissen der DDR integrale Bestandteile der sowjetischen Wirtschaftspläne. Auch als sich in den politischen Beziehungen eine gewisse Verdrossenheit bemerkbar machte, bestand die ökonomische Partnerschaft selbstverständlich weiter. Freilich, schon zu Beginn der fünfziger Jahre hatte Berija den von Stalin wohl ernsthaft erwogenen Vorschlag gemacht, die DDR aufzugeben, um Westdeutschland von seinen im Entstehen begriffenen institutionellen Verbindungen mit dem Westen, vor allem mit dem westlichen Verteidigungssystem, fernzuhalten.[4] In den Jahrzehnten danach war jedoch die Verzahnung des Beschützers und des angeblich Abhängigen für beide Teile immer stärker geworden. Was erwarteten sich die Russen von einer solchen Veränderung des Status quo der Nachkriegszeit?

Wir können den sowjetischen Entscheidungsprozeß zumindest teilweise, aber doch gut belegt rekonstruieren. Gorbatschow und einige seiner wichtigsten Berater haben ihre Erinnerungen veröffentlicht. Philip Zelikow und Condoleezza Rice konnten für ihre umfassend dokumentierte Untersuchung über die amerikanische Politik und die internationalen Verhandlungen in der Zeit von der Maueröffnung bis zur Vereinigung auf sowjetische Memoranden, Interviews mit den wichtigsten diplomatischen Vertretern der beteiligten Mächte und vor allem auf diplomatische Korrespondenzen und Protokolle der Amerikaner zurückgreifen. Jeder, der sich mit diesen Fragen wissenschaftlich beschäftigt, ist ihrem Bericht zu großem Dank verpflichtet; auch ich habe ihn ausführlich zu Rate gezogen. Die Protokolle der Gespräche zwischen den Ostberliner Politikern und den Sowjets aus den früheren SED-Archiven bieten zusätzliche Einsichten, die um so bedeutsamer sind, als aus der Sicht Washingtons die DDR-Politiker nur eine marginale Rolle zu spielen scheinen. Was wissen wir außerdem noch über die Sowjets?

Auch als sie sich über Honeckers Sturheit zu ärgern begannen, rieten die zuständigen Moskauer Diplomaten zur Vorsicht, unter ihnen auch Aleksandr Bondarenko, einer der *Germanisti*, die zum Stab der Dritten Europaabteilung des Außenministeriums gehörten, ferner Igor Maximytschew, der als Diplomat in Leipzig und Bonn gearbeitet hatte und schließlich der zweite Mann an der Ostberliner Botschaft war, Julij Kwizinskij, Botschaftsrat in Ostberlin und darauf in Bonn und Botschafter in der Bundesrepublik von 1986 bis 1990, und Valentin Falin, der Unterhändler für die Verträge von 1970/71, mit denen die Ostpolitik verankert wurde, und Botschafter in Bonn bis 1978. Nach seiner Rückkehr nach Moskau wurde er mit verschiedenen Parteifunktionen betraut und schließlich, zum Abschluß seiner Karriere, zum Chef der vereinigten Internationalen Abteilung ernannt. Die langjährige Erfahrung und bürokratische Orthodoxie dieser Männer trugen dazu bei, daß die neuen Impulse, die aus Gorbatschows Kreis kamen, auf Mißtrauen stießen. Zu Gorbatschows Kreis gehörten Außenminister Eduard Schewardnadse, ferner Aleksandr Jakolew, der das Institut für Weltwirtschaft und internationale Beziehungen geleitet hatte und als Mitglied des Politbüros die Internationale Abteilung der Partei überwachte, und Anatolij Tschernajew, der wichtigste außenpolitische Berater des neuen Parteichefs. Von ihnen haben wir Interviews und von einigen auch Memoiren. Auch die jeweiligen Verhandlungspartner dieser Männer haben natürlich ihre Darstellungen veröffentlicht, und obwohl die Archive des DDR-Außenministeriums vom Außenministerium des vereinten Deutschland übernommen und für dreißig Jahre gesperrt worden sind, sind Historiker in anderen, jetzt schon zugänglichen DDR-Archiven auf aufschlußreiche Hinweise gestoßen.[5]

Trotz all ihrer Sachkenntnis sind die Sowjets von den Erhebungen im Herbst 1989 ebenso überrascht worden wie alle anderen Beteiligten auch.[6] Auch die Russen hatten nicht erwartet, daß die DDR-Führung so schnell in Mißkredit geraten würde. Auf frühere Diskussionen über mögliche Strategien in der Deutschlandpolitik konnten sie nicht zurückgreifen. Wofür Historiker eine Erklärung finden müssen, ist die unerwartete Flexibilität der Sowjets: Blieben Gorbatschow und seine Berater aus Überzeugung, aus Verwirrung oder aus einem Mangel an Alternativen so ruhig und gelassen, als diese doch so wichtige internationale Position der Sowjetunion in Bedrängnis geriet? Trotz aller Schwierigkeiten, die die Russen im Verlauf des Jahres 1990 machten, trotz aller Rückzieher, die Gorbatschow in seiner Verwirrung und Unruhe immer wieder unternahm – als wesentliche historische Tatsache bleibt seine Akzeptanz der deutschen Vereinigung und der Zugehörigkeit des vereinten Deutschlands zur NATO. Bei aller Haarspalterei: Er schluckte diesen großen Brocken. Das hätte er nicht tun müssen. Dazu brauchte er den Deutschen noch nicht einmal mit großer Geste ihr Selbstbestimmungsrecht zu verweigern, er hätte nur auf einer längeren Phase des Übergangs in Form einer Konföderation bestehen müssen. Welche Vorteile aber hätten die Sowjets von einer solchen künstlichen Verlängerung der Existenz der DDR gehabt?[7] Wahrscheinlich keine. Jedenfalls nicht in der Perspektive von 1989/90, als Gorbatschow und Schewardnadse sich für gute Beziehungen mit Bonn zu interessieren begannen, weil sie diese als wichtigsten Bestandteil ihrer Europapolitik betrachteten.

Bis Mitte der achtziger Jahre hatten die Sowjets der DDR jeden Versuch der bilateralen Annäherung an die Bundesrepublik verübelt, besonders nachdem diese der Stationierung von NATO-Mittelstreckenraketen zugestimmt hatte.[8] Moskau reagierte verärgert auf die beiden »Milliardenkredite«, die im Juli 1983 und ein Jahr später auf Initiative von Franz Josef Strauß an die DDR vergeben wurden. Im August 1984, während eines eigens dazu in Moskau einberufenen Gipfeltreffens rügte der damalige Parteichef Konstantin Tschernenko seinen Kollegen Honecker wegen dessen Konzessionen auf dem Gebiet des innerdeutschen Verkehrs und seiner wachsenden finanziellen Abhängigkeit vom Westen.[9] Noch nachhaltigeren Druck übten Gorbatschow und die russische Führung auf Honecker aus, um ihn dazu zu bewegen, die Zusage für einen offiziellen Besuch bei Bundeskanzler Kohl zurückzuziehen, der lange vorbereitet war und bei dessen Gelegenheit der erste Mann der DDR sich des öffentlichen Engagements der CDU für die Legitimität der DDR hätte erfreuen dürfen. Bis 1987 waren den beiden führenden deutschen Politikern nur aus Anlaß von Beerdigungen in der Sowjetunion direkte Treffen möglich gewesen: das erste Mal im Februar 1984 anläßlich der Beerdigung von Andropow und das zweite Mal im März 1985 bei Tschernenkos Beisetzung. Bei dieser Gelegenheit veröffentlichten sie auf Vorschlag von Honecker eine gemeinsame Erklärung, in der sie die Souveränität und die gegenwärtigen Grenzen aller europäischen Länder bekräftigten und gelobten, sich dafür einzusetzen, daß von deutschem Boden nie wieder ein Krieg ausgehen werde. Kohl machte mit, und Honecker kam in den Genuß jenes Trends in Richtung Zusammenarbeit, die die Sozialdemokraten fünfzehn Jahre zuvor in Gang gesetzt hatten. Die deutsch-deutschen Gespräche gingen auf unterer Ebene weiter, sie wurden in der Hauptsache von Wolfgang Schäuble vom Bundeskanzleramt geführt und waren großenteils von der westdeutschen Hoffnung motiviert, daß die DDR sich bereit erklärte, die Flut von nichteuropäischen Asylbewerbern, die Visa für die Durchreise durch die DDR bekamen, eindämmen zu helfen. Nach fortgesetzten Gesprächen, nach Kohls erfolgreicher Wiederwahl 1986 und Genschers wichtigem Moskaubesuch im September 1986 konnte Honecker im September 1987 endlich seinen lang ersehnten Staatsbesuch antreten. Dieses Mal suchte er bei den sowjetischen Genossen nicht um Erlaubnis nach, und diese nahmen ihm seine Nichtachtung sehr übel.[10]

Zu diesem Zeitpunkt hatte sich die Ausrichtung der sowjetischen Weltpolitik beträchtlich geändert. Auch als Honecker sich selbst zu der neuen Beachtung und Anerkennung der DDR beglückwünschen konnte – auf den Empfang in Bonn folgte ein Besuch in Paris; SPD und SED gaben ihr gemeinsames Positionspapier heraus; beide deutsche Republiken feierten den 500. Geburtstag von Luther und »750 Jahre Berlin« als bedeutende nationale Gedenktage –, entwickelten sich Gorbatschows neue Konzeptionen weiter. Honecker wird gespürt haben, daß der Wind sich gedreht hatte, als er im April 1986 am 27. Parteitag der KPdSU teilnahm, denn als Gorbatschow einige Wochen später seinerseits beim XI. Parteitag der SED erschien, ließ er gegenüber seinem älteren Kollegen aus der DDR die Bemerkung fallen: »Der Genosse Honecker scheint etwas verstört.«[11] Als Honecker im Oktober 1986 zehn Tage nach Genschers Besuch in Moskau eintraf, um an der Einweihung eines Denkmals zu Ehren von Ernst Thälmann, dem Führer der deutschen Kommunisten vor 1933, teilzunehmen, hob der russische Parteichef die Bedeutung des »Dreiecks« UdSSR, DDR und BRD für den Weltfrieden hervor. Honecker verstand diese Bemerkung als Zustimmung zu seinem geplanten Besuch in Bonn und nicht als Andeutung einer sowjetischen Neuorientierung. Er zeigte sich offen enttäuscht über den Fortschritt der Perestroika und lehnte es ab, seinem eigenen Politbüro die vollständigen Protokolle seiner Unterredungen mit dem sowjetischen Parteichef zuzustellen, wobei er Gorbatschow angeblich mitteilen ließ, die Protokolle erschienen zu naiv. Er ließ die deutschsprachigen Ausgaben von *Sputnik* und *Neue Zeit* verbieten und bereitete Aleksandr Jakowlew im Spätsommer 1987 auf seinem Landsitz einen eisigen Empfang. Als der sowjetische Emissär sagte, Moskau wolle keinen Export der Veränderungen, die in Rußland vor sich gingen, sondern suche Verständnis für seine Politik, wünschte Honecker ihm alles Gute und betonte im übrigen die Stabilität der DDR. Auf der Neujahrsjagd 1988 – jenem alljährlich stattfindenden Ritual, bei dem die Herren des Arbeiter- und Bauernstaats und ihre Gäste in den deutschen Wald kutschiert wurden, um das Wild zu schießen, das vorher zusammengetrieben wurde, damit es leichter zu treffen war – informierte Honecker den sowjetischen Botschafter, daß künftig das Wort »Perestroika« aus den offiziellen sowjetischen Dokumenten, die in der DDR verbreitet wurden, gestrichen werde. »Wir sind gegen die Praxis der reinsten Verleumdung der Geschichte der KPdSU, des sozialistischen Aufbaus in der UdSSR. Erstaunen erregen sehr zweifelhafte Experimente in der Wirtschaft, ganz zu schweigen von der Informationssphäre ... Jahrzehnte haben wir die Bürger der DDR am Beispiel der KPdSU, des heroischen Kampfes des sowjetischen Volkes erzogen. Jetzt erfahren wir aber, daß das eine Kette von Fehlern war.«[12]

Gorbatschow nahm diese Zeichen der Mißbilligung übel, als er seine Überlegungen zur Transformation des Sozialismus entwikkelte.[13] Warum mußte Honecker, der mittlerweile Mitte siebzig war, ihn zur Rechenschaft ziehen und sich zum überragenden Wächter der Orthodoxie aufspielen?[14] Freilich war der Ärger mit dem pedantischen und nörglerischen Führer der DDR-Partei nicht allein entscheidend für einen so grundsätzlichen Wandel der sowjetischen Politik, wie ihn die Aufgabe der DDR darstellte. In außenpolitischen Kreisen in Moskau wurden 1987 und 1988 verschiedene Konzepte diskutiert, die widersprüchliche Schwerpunkte und Implikationen hatten. Ökonomisch war der Beitrag der DDR noch immer entscheidend. Bei seinem Besuch des XI. Parteitags der SED war Gorbatschow sichtlich beeindruckt und trug seinem Botschafter auf, ein Programm auszuarbeiten, mit dem die Beziehungen zwischen der Sowjetunion und der DDR eine neue Qualität erlangen sollten.[15] Als Richard von Weizsäcker im Juli 1987 Moskau besuchte, um unter anderem Kohls beleidigenden Vergleich zwischen Gorbatschow und Goebbels wiedergutzumachen, beantwortete der sowjetische Parteichef von Weizsäckers Anspielung auf ein gemeinsames deutsches Nationalgefühl mit der Bemerkung, die Geschichte werde schon eine Lösung für die deutsche Einheit finden. Vielleicht in einem Jahrhundert werde es zur deutschen Einheit kommen (und als von Weizsäcker nachfragte, reduzierte er den Zeitraum auf vielleicht fünfzig Jahre). Mittlerweile hätten die beiden Staaten gelernt, ihren jeweiligen Beitrag zur Erhaltung des Friedens zu leisten; alles Weitergehende würde unter den Nachbarn verständliche Sorgen hervorrufen.[16] Anläßlich von Honeckers Teilnahme an den Feierlichkeiten zum 70. Jahrestag der bolschewistischen Revolution unterzeichneten die beiden führenden Politiker ein Programm zur engeren Zusammenarbeit auf dem Gebiet der Wirtschaftsplanung. Gleichwohl waren es genau diese Monate zwischen Ende 1986 und Anfang 1988, als in Gorbatschows und Schewardnadses Überlegungen die Aufrechterhaltung der deutschen Teilung ihre selbstverständliche Priorität für die sowjetische Politik verlor. Sie sahen die sowjetischen Interessen immer mehr eingebettet in ein System von Ost-West-Vereinbarungen, mit denen sich die Spaltung Europas überwinden ließe. Die Formel von einem »gemeinsamen europäischen Haus« mag zwar etwas vage gewesen sein, eine leere Phrase war sie darum nicht. In ihr steckte ein Programm zur Überwindung der Rivalität zwischen den Blöcken und zur Verminderung der Lasten, die die Rüstung der sowjetischen Wirtschaft auferlegte. Am 1. April 1987, zwei Tage nach dem Besuch von Margaret Thatcher, erklärte Gorbatschow seinen Beratern, daß keine Frage ohne Europa lösbar sei, und das gelte auch für Fragen, die innere Angelegenheiten Rußlands beträfen. Wie um diesen Punkt besonders hervorzuheben, fügte er hinzu, daß die Japaner immer dann alle anderen hinter sich zu lassen schienen, wenn die Bundesrepublik in der technischen Entwicklung wieder einen Sprung nach vorn gemacht hätte.[17] Auch als er

Weizsäcker die Zwänge verdeutlichte, die der deutschen Einheit entgegenstünden, bot er den Westdeutschen eine umfänglichere und freundschaftlichere Kooperation an.

Es ist nicht leicht, genau zu sagen, wann das Undenkbare in der deutschen Frage denkbar wurde oder, genauer, in welchem weit gespannten, aber doch näher einzugrenzenden zeitlichen Rahmen dies Undenkbare denkbar wurde. Später erklärte Schewardnadse, 1986 sei ihm klargeworden, daß die Teilung Deutschlands im Rahmen eines »neuen Denkens« überwunden werden müsse. Nikolai Portugalow, ein Deutschlandexperte im Zentralkomitee, schrieb im Januar 1987 in einem Kommentar der *Moscow News*, die Bürger der DDR gehörten zu derselben Nation wie die der BRD – eine leise, aber nicht unbedeutende Herausforderung ostdeutscher Ansprüche. Der junge, energische Wjatscheslaw Daschitschew, ein begeisterter Anhänger des Pluralismus und ein Verehrer der wirtschaftlichen Tüchtigkeit der Bundesrepublik, strebte eine Rolle als Katalysator der festgefahrenen Strukturen im Zentralkomitee an. Als Gorbatschow im Februar 1986 Anatolij Tschernajew zum außenpolitischen Berater mit besonderen Aufgaben ernannte, schrieb dieser seinem neuen Chef, die Vereinigung Deutschlands in dieser oder jener Form sei unvermeidlich, wenn die Sowjets ein langfristiges strategisches Konzept entwickeln wollten. Die in den Jahren 1987/88 zu verzeichnenden Fortschritte in den Beziehungen zu den führenden Politikern in Europa machten es seiner Meinung nach leichter, Gorbatschows Zustimmung zur Wiedervereinigung zu erhalten, und im Dezember 1988 gab er Gorbatschow zu bedenken, daß die traditionell demonstrativen, brüderlichen Freundschaftsbesuche bei alten despotischen Kommunisten wie Castro, Ceauşescu, Kim Il Sung – und Honecker Rückschläge für die Beziehungen zum Westen bewirken würden.[18] Die kommunistische Führung in Moskau gestand sich ein, daß die in den siebziger Jahren entwickelte Doktrin von den zwei selbständigen deutschen Nationen – wobei die eine durch ihre sozialistische Gesellschaftsordnung definiert war – eine künstliche, von Breschnew und Gromyko in Zusammenarbeit mit DDR-Ideologen entwickelte Konstruktion war.[19]

Seit Anfang 1988 bekam die Bundesrepublik in den Überlegungen der Sowjets eine immer bedeutendere strategische Rolle. Die zeremonielle Begegnung mit Weizsäcker, Genschers zweiter Besuch und die Reise von Franz Josef Strauß im Dezember 1987 sowie die Mission von Lothar Späth, dem Ministerpräsidenten von Baden-Württemberg, die der Vorbereitung eines Gipfeltreffens mit Kohl dienen sollte, brachten Gorbatschow zu der Überzeugung, daß die Deutschen engere Beziehungen wünschten. Die Nachricht, die Moskaus Botschafter in Ostberlin Honecker überbrachte, ließ erkennen, daß die sowjetische Außenpolitik von einem grundlegenden Wandel in den politischen Einflußzonen ausging. Washingtons Einfluß unter den westlichen Verbündeten nehme ab, während Bonns Einfluß wachse. Das »gemeinsame europäische Haus« könne nicht ohne die Bundesrepublik gebaut werden, meinte der Botschafter Kotschemassow. Die Bundesrepublik sei dabei, zu einer Reihe von wichtigen Fragen realistische Positionen einzunehmen. Ihr industrielles Potential sei mächtig gewachsen, es hätte das der Vereinigten Staaten in bestimmten Produktionsbereichen überholt und nähere sich dem von Japan. »Deshalb will sie sich mit der Rolle eines Juniorpartners der USA nicht mehr abfinden. Vor diesem Hintergrund wachsen die Widersprüche im NATO-Lager an. Von großer Bedeutung sind dabei die Unterschiede im Herangehen an militärische Fragen, aber auch die Interessen-Konflikte auf ökonomischem Gebiet. Diese Prozesse sind im Wachsen begriffen. Deshalb sei die Politik gegenüber der BRD für die SU eine wichtige Frage.« Auch die militärische Zusammenarbeit zwischen Frankreich und der Bundesrepublik sei trotz ihrer wenig wünschenswerten Aspekte »Ausdruck der Unzufriedenheit der westeuropäischen Länder mit den USA«. Kotschemassow hob hervor, daß der Vertrag mit Deutschland von 1970 die Basis für die zukünftigen Beziehungen bliebe und die Ostdeutschen bei den neuen Entwicklungen eine positive Rolle spielen würden; im Mittelpunkt stand für ihn jedoch Bonn, und das verminderte die Bedeutung der DDR.[20] Als Gorbatschow im Juni 1989 Bonn besuchte, bezeichnete er die Gespräche und die herzliche Atmosphäre, in der die persönliche Begegnung stattfand, als einen Meilenstein auf dem Weg zur Wiedervereinigung. Gorbatschow verhielt sich vorsichtig, aber sein Chefberater notierte: »Auch in der DDR wurde oben und unten verstanden, daß in der sowjetischen Deutschlandpolitik jetzt die Bundesrepublik Priorität haben würde. Sie würde auch die wichtigste Partnerin beim Aufbau eines neuen Europas werden. Das Fazit für die Ostdeutschen lag auf der Hand: Die Sowjetunion verhindert die Einigung nicht mehr, also kann man handeln – was die Menschen in der DDR alsbald taten.«[21] Dem mußte jedoch eine Revolution vorangehen.

Die Aufgabe, die sich aus sowjetischer Sicht für die künftigen Beziehungen stellte, bestand weniger darin, den Sowjetblock zu stärken, als darin, die Spaltung zum Westen zu überwinden und mit der bedeutendsten europäischen Macht harmonisch zusammenzuarbeiten. Kotschemassow teilte der Ostberliner Führung Moskaus Einschätzung mit, daß Reagan zum Abschluß seiner Präsidentschaft ein bedeutendes Abkommen erreichen wolle; und wenn dem so sei, um so besser, um so mehr sei dies ein Ansporn, mit den Europäern und besonders mit der BRD zusammenzuarbeiten. Als sich der Politische Beratende Ausschuß des Warschauer Pakts am 7. und 8. Juli in Bukarest traf, erklärte Gorbatschow, der positive Trend in den internationalen Beziehungen sei nicht mehr umkehrbar, selbst wenn sich die westlichen Kreise noch nicht entschieden hätten, ob sie die Veränderungen akzeptieren oder auf einen Konfrontationskurs zurückkehren wollten. Der Wandel in den internationalen Beziehungen, das hob der neugewählte ungarische Parteichef Reszö Nyers hervor, mache eine Entwicklung innerhalb der sozialistischen Länder ebenso erforderlich wie eine Entwicklung ihrer Außenbeziehungen. Die Ostberliner schwiegen, als Ungarn, Polen, Russen und andere ihrer Überzeugung Ausdruck gaben, daß sich die Welt im Fluß befinde.[22] Aber das ostdeutsche Regime existierte noch; noch war die ungarische Grenze dicht. Auch als Gorbatschow sich beim Besuch von Bundeskanzler Kohl im Oktober 1988 für dynamischere und realistischere Beziehungen einsetzte, blieb er, was die DDR betraf, vorsichtig und zeigte eine Zurückhaltung, die er auch auf seiner eigenen Reise nach Bonn im Juni 1989 nicht fallenließ.[23] Er hielt weiter an dem Bild fest, daß sich die russisch-deutschen Beziehungen im »Dreieck« Bonn–Berlin–Moskau und in gegenseitigem Einverständnis entwickeln müßten. Selbst bei seinem berühmten Besuch zum 40. Jahrestag der DDR verhielt sich Gorbatschow – wie wir schon in Kapitel Drei gesehen haben – korrekt. Er wollte nicht direkt intervenieren, und seine berühmte Bemerkung, daß die Geschichte Zuspätkommende bestrafe, bezog sich möglicherweise auch auf die Entscheidungen, die er im Zusammenhang mit der Neuorientierung der sowjetischen Politik selbst getroffen hatte. Als er das Politbüro zu entschlossenem Handeln aufforderte, dachte er in politischen und nicht in personellen Zusammenhängen.[24]

Es kann Gorbatschow kaum überrascht haben, als Honecker abgesetzt wurde. Angesichts der Demonstrationen, die auch am Tage seines Besuchs stattfanden – und erst recht vor dem Hintergrund der Parolen, die bei der offiziellen Parade bis zu ihm hinauf auf die Tribüne drangen und ihm von seinem polnischen Kollegen mit »Gorbatschow, rette uns!« übersetzt wurden –, gewann er die Überzeugung, daß es einer jüngeren und politisch flexibleren Führung bedürfe, um die DDR mit dem Geist von Glasnost zu erfüllen. Trotz der Warnung von seiten seines Botschafters in Bonn, Kwizinskij, daß der Zusammenbruch der DDR nur eine Frage der Zeit sei, gab er die Hoffnung nicht auf, daß auch Ostdeutschland eine Politik der Perestroika betreiben würde und sich so die Situation stabilisierte. Die Öffnung der Mauer am 9. November änderte zunächst nichts an seiner Einstellung; die Ostdeutschen würden ihre Neugier auf das Leben im Westen befriedigen und dann – eben weil sie von nun an hinüberkonnten, wann sie wollten – an ihre Wohnorte und Arbeitsstätten zurückkehren. Es konnte allerdings auch sein, daß sich die Bonner Führung diese Tage des Überschwangs und der massenhaften Demonstrationen zunutze machte. Daher erschien es notwendig, daß Moskau eine Grenze setzte. So brachte Gorbatschow gleich am 10. Dezember Bush gegenüber die Befürchtung über Bestrebungen in der BRD zum Ausdruck, »die Nachkriegsrealitäten, d. h. die Existenz zweier deutscher Staaten rückgängig zu machen«. Er mag nun erkannt haben, daß die deutsche Einheit unvermeidlich kommen würde, aber er rechnete mit einer gewissen Übergangszeit.[25]

Obwohl er sich vermutlich einen entschiedeneren Reformer gewünscht hatte als Egon Krenz, der zu sehr durch das Honeckerregime kompromittiert war und mit seiner Eröffnungsrede im Zentralkomitee einen schwachen Eindruck hinterließ, bereitete er dem neuen Mann Anfang November in Moskau einen herzlichen Empfang und sicherte ihm seine Unterstützung für ein reformiertes Regime in der DDR zu. Das weitschweifige Gesprächsprotokoll zeigt, wie fließend die sowjetische Politik geworden und wie wenig begründet die Hoffnung der Ostberliner Führung war, daß sie trotz der wirtschaftlichen Schwierigkeiten und der Massenmobilisierung in der Lage seien, ihren Staat zu stabilisieren.[26] Gorbatschow gab zu bedenken, daß nach den sowjetischen Erfahrungen Reformen nicht leicht seien: In Rußland sei »das Pferd ... gesattelt, aber der Ritt noch nicht vollendet. Man könne immer noch abgeworfen werden.« Krenz gestand die großen Fehler ein, die das alte Regime gemacht habe: vor allem die Selbsttäuschung über die wirtschaftliche Lage und das harte Vorgehen gegenüber der massenhaften Flucht der Jugend in den Westen. Honecker, bemerkte Gorbatschow, habe es wiederholt abgelehnt, seiner Bitte, über die Schuldenkrise der DDR zu sprechen, nachzukommen. Krenz räumte ein, der ostdeutsche Fünfjahrplan sei ein Mißerfolg gewesen und die Kapitalbildung sowie das Gesamtwachstum seien ins Rutschen gekommen. Er bestand ganz im Sinn von Gerhard Schürers Plänen darauf, daß die DDR weiterhin auf »Schlüsseltechnologien« setzen müsse, aber die Erhaltung der mikroelektronischen Industrie koste jährlich mehr als 3 Milliarden Mark. Zweifellos hoffte Krenz auf konkretere Unterstützung, als Gorbatschow zu geben willens oder fähig war, als er dem sowjetischen Präsidenten klarmachte, daß die DDR Auslandsschulden in Höhe von 49 Milliarden Valutamark oder 26,5 Milliarden Dollar habe und daß für 1989 ein Defizit von über 12 Milliarden Dollar zu erwarten sei, eine Zahl, die sein sowjetischer Gesprächspartner erstaunlich fand. Der Schuldendienst allein belaufe sich auf 4,5 Milliarden Dollar, das waren 62 Prozent der jährlichen Exporterlöse. Krenz versprach rasche Reformen der Wirtschaft, aber er machte keine detaillierten Angaben und hielt daran fest, daß die wirtschaftliche Basis sozialistisch bleiben müsse. Gorbatschow konnte wenig Unterstützung versprechen – er hatte sich mit ähnlich vagen, noch nicht klar definierten Programmen zu befassen. Er betonte, die Sowjetunion würde weiterhin Rohstoffe liefern, fügte aber hinzu, daß die DDR mit der BRD verhandeln müsse, ohne freilich Bonn die Führung zu überlassen.

Die Beziehung zur Bundesrepublik war die eigentliche Frage, aber beide Partner mußten sich hüten, sie allzu offen anzugehen. Nur die Bundesrepublik, räumten die Sowjets ein, konnte der DDR wirtschaftliche Unterstützung zuteil werden lassen, aber um welchen Preis? Krenz drängte Gorbatschow, die internationale Stellung der DDR aufzuwerten und klarzumachen, daß beide deutsche Staaten im »gemeinsamen europäischen Haus« eine wichtige Rolle zu spielen hätten. Die DDR sei in gewissem Sinne das Kind der Sowjetunion, und der Vater müsse sein Kind anerkennen. Gorbatschow versicherte Krenz, die in jüngster Zeit mit Thatcher, Mitterrand, Jaruzelski und Andreotti geführten Gespräche hätten ergeben, daß alle von der weiter bestehenden Existenz zweier deutscher Staaten ausgingen. Selbst die Amerikaner und Willy Brandt wollten nicht, daß die DDR verschwände. Für die sozialistischen Länder sei es das beste, deutlich zu machen, daß die gegenwärtige Situation ein Resultat historischer Entwicklungen sei, gleichwohl aber die Beziehungen zwischen den beiden deutschen Staaten nicht abzuschneiden. Er spielte auf die Bedeutung des Dreiecksverhältnisses zwischen Moskau, Bonn und Ostberlin an. Die DDR sollte ihre Beziehungen zur BRD weiterentwickeln. Kurz, Gorbatschow gab zu verstehen, daß niemand Spekulationen darüber anstellen müsse, wie das deutsche Problem eines Tages zu lösen sei. Die Zusammenarbeit könne sich künftig so gestalten, daß sich andere Möglichkeiten abzeichneten: »Wenn die Tendenz der Annäherung in Europa mehrere Jahrzehnte lang anhalte und sich die Integrationsprozesse unabhängig von den Gesellschaftssystemen ... entwickeln, dann könne die Frage möglicherweise eines Tages anders stehen. Aber dies sei heute kein Problem der aktuellen Politik. In der aktuellen Politik müsse die bisherige Linie weitergeführt werden.« Gorbatschow bat Krenz, diese Empfehlung dem Politbüro mitzuteilen – ein Ratschlag, der überflüssig erscheinen mag, vermutlich hatte er dabei jedoch Honeckers frühere Weigerung im Sinn, die Auffassungen der Sowjets bekanntzugeben.

Krenz schien erleichtert, daß Gorbatschow die Wiedervereinigung anscheinend ausschloß. Aber hatte er genau verstanden, was wirklich hinter der sowjetischen Position steckte, nämlich daß die DDR ihr wirtschaftliches Heil im Westen suchen solle? Und, was die Lage noch verwickelter machte, hatte Gorbatschow ganz klar erfaßt, wie schwach seine Argumente gegen eine schnelle Vereinigung waren? Krenz begriff offenbar nicht, wie heikel seine Position noch werden würde; nicht anders erging es seinem Nachfolger Hans Modrow. »Deshalb sei die Entideologisierung der Beziehungen für das Verhältnis BRD – DDR eine sehr komplizierte Frage«, versuchte Krenz Gorbatschow begreiflich zu machen. Die innerdeutschen Beziehungen unterschieden sich grundlegend von denen zwischen anderen Staaten. »Entideologisierung würde hier den Verzicht auf die Verteidigung des Sozialismus bedeuten.« Erneut werde sich das Problem der Mauer und der Grenzsicherung stellen. »Die DDR befinde sich in der komplizierten Situation, diese nicht mehr recht in die heutige Zeit passenden aber weiterhin notwendigen Dinge zu verteidigen.« Gorbatschow gab zu bedenken, daß die DDR eine Formel finden müsse, die es möglich machte, daß die Menschen ihre Verwandten besuchen könnten, sonst könne das höchst unbefriedigende Folgen haben. Krenz berichtete von seinen Telefongesprächen mit einem redseligen Helmut Kohl; was Gorbatschow mit der Bemerkung quittierte, Kohl sei keine intellektuelle Leuchte ... Aber er sei trotz allem ein geschickter und hartnäckiger Politiker. Schließlich sei auch Reagan populär gewesen und habe sich relativ lange gehalten. Das treffe auch auf Kohl zu.

Für beide führenden Politiker war die »Kaderpolitik« eine unabdingbare Voraussetzung für nennenswerte Reformen, also für die Neubesetzung von Zentralkomitee und Politbüro mit politischen Verbündeten. Als Gorbatschow erfuhr, welche der alten Kommunisten entfernt werden sollten, intervenierte er zugunsten von Willi Stoph (den Krenz gar nicht genannt hatte). »Man dürfe nicht alle alten Genossen in einen Topf werfen.« Es mußte etwas Beruhigendes gehabt haben, sich den Reformprozeß in erster Linie so vorzustellen, daß alte Kader ausgewechselt würden: mit Personen läßt sich leichter verfahren als mit sperrigen ökonomischen Realitäten. In diesem Sinn waren beide, Gorbatschow und Krenz, Opfer ihrer politischen Erziehung. Gorbatschow glaubte, die Massen, die ihn in den Hauptstädten des Auslands begeistert willkommen hießen, hätten für den Erfolg seiner Reformen zu sorgen. Krenz nahm an, daß die Volksmassen zu mobilisieren seien, wenn die alten »Betonköpfe« abgesetzt wären. Er berichtete Gorbatschow von der bevorstehenden großen Demonstration am 4. November in Berlin und gab zu, daß er nicht genau wisse, ob er überhaupt und wenn ja wie er den Kontakt zum Neuen Forum halten solle, damit aus diesem nicht so etwas würde wie die polnische Solidarność. »Durch eine

Maßnahme solle verhindert werden, daß ein Massendurchbruch durch die Mauer versucht werde. Das wäre schlimm, denn dann müßte die Polizei eingesetzt und müßten gewisse Elemente eines Ausnahmezustandes eingeführt werden.« Daraufhin habe Gorbatschow betont, daß »es sich bei der Perestroika um eine echte Revolution handelt«, aber er werde es nicht zulassen, daß sich die Spaltungen innerhalb der Sowjetunion zu bürgerkriegsähnlichen Bedingungen entwickelten. Er räumte ein, daß die Situation in der Sowjetunion sehr gespannt sei und man wirklich politisch kämpfen müsse. Freilich stehe er weiterhin zum Sozialismus. Einer von dessen Mängeln sei aber immer die Schwierigkeit gewesen, führende Leute durch bessere zu ersetzen; die Menschen müßten in die Lage versetzt werden, Entscheidungen treffen zu können, die Gesellschaft müsse konsolidiert und ihre kreative Stärke mobilisiert werden. Obwohl Gorbatschow mit seinem Vorstellungsvermögen Krenz weit überlegen war, unterschätzte auch er die Schwierigkeit ihrer Aufgabe. Beide glaubten, die Kommunisten könnten als die legitime Avantgarde der Reform an der Macht bleiben, wenn die Parteikader erneuert wären. Beide hielten am »Sozialismus« fest, d. h. an einem Rest von politischer Kontrolle der Produktivkräfte, mindestens aber an einem teilweisen Staatseigentum an den Produktionsmitteln und an einer fortgesetzten staatlichen Intervention, um die Folgen des ökonomischen Wandels zu mildern.

Die meisten Kritiker des sich in den neunziger Jahren vollziehenden Übergangs in Osteuropa haben geltend gemacht, daß solche halben Lösungen auf dem Weg zur Marktwirtschaft scheitern mußten. Der Sprecher der westdeutschen Industrie sah den »Dritten Weg« als »Weg in die Dritte Welt«.[27] Wenn Gorbatschow zu umstandslos an die Überlebensfähigkeit eines Reformsozialismus und eines multinationalen sozialistischen Staates glaubte, so war es doch sein großes historisches Verdienst, von einer gewaltsamen Durchsetzung seiner Vorstellungen Abstand zu nehmen. Er ließ sich auch davon überzeugen, daß die Bundesrepublik epochale Bedeutung gewonnen hatte, wogegen der kleinere deutsche Staat, der von der Sowjetunion abhängig war und dessen Zukunft er abzuwägen hatte, ein fragiles, höchst künstliches Gebilde war. Der russische Präsident wäre sicher sehr ärgerlich geworden und hätte gedroht, den Prozeß der Vereinigung abzubrechen, hätte er das Gefühl gehabt, daß die Westmächte ihn über den Tisch ziehen wollten; in den bevorstehenden Verhandlungen mußte er mit Zuvorkommenheit und Würde behandelt werden. Aber einem substantiellen Ergebnis stand kein unüberwindliches Hindernis entgegen.

Die Sowjets waren einst die Herren in der DDR gewesen. Gegen Ende des Jahres 1990 überließen sie die Initiative und die Kontrolle der Macht, die Gorbatschow für den Schlüssel zu Europa und überhaupt seiner internationalen Politik hielt: der Bundesrepublik. Für die sowjetische Führung stand fest, daß der Bundesrepublik die Schlüsselrolle bei der Vermittlung von westlicher Finanzhilfe zukam; im Hinblick auf Wirtschaftskraft und militärisches Potential in Mitteleuropa stand sie mit den Vereinigten Staaten fast gleich. Sie war das unabdingbare Zentrum des gemeinsamen europäischen Hauses und hatte unbestreitbar einen Anspruch auf eine gemeinsame deutsche Nationalität. Die neue ökonomische und politische Präsenz der BRD reduzierte die Bedeutung, die die DDR für die Sicherheit und die wirtschaftliche Zukunft haben könnte. Und wenn die Bundesrepublik zur Zusammenarbeit bereit wäre, dann würde sie wohl auch dazu beitragen, daß die Perestroika daheim in Rußland eingelöst würde. Die farblose DDR – die um so schwächer war, je mehr sie sich den Reformen entgegenstellte – war nach dem November 1989 nicht mehr viel wert. Der Anspruch auf Eigenständigkeit erschien immer künstlicher, auch wenn ihre wirtschaftliche Leistungsfähigkeit immer noch bedeutend war. Aber wenn ein vereintes Deutschland den industriellen Beitrag der DDR ersetzen konnte, dann brauchte man diese nicht mehr am Leben zu erhalten. Welchen Einfluß auf die Geschichte sollten ihre Regierenden oder ihre Menschen noch haben?

2=1 oder 1=1? Die Ökonomie der Vereinigung

Was die Bundesrepublik anging, so war der stärkste Einfluß, den sie geltend machen konnte, wirtschaftlicher Natur. Auf diesem Gebiet agierte Helmut Kohl im vollen Wissen seiner Überlegenheit. Nach drei Monaten brüderlicher Versicherungen an die Adresse der Ostdeutschen machte er Hans Modrow Mitte Februar 1990 unmißverständlich klar, wie sich die Lage der beiden deutschen Staaten für ihn darstellte. Jede Hoffnung auf eine Konföderation sei dahin, ließ der mächtige selbstsichere Kanzler seinen bekümmerten ostdeutschen Kollegen wissen. (Modrow hatte, um daran zu erinnern, gerade eine ihn sehr schwächende Krise mit den Beteiligten des Runden Tisches hinter sich. Sein Zögern, die Stasi aufzulösen, hatte wütende Demonstrationen provoziert.) Die fortgesetzte Übersiedlung von monatlich fast 50 000 Menschen in den Westen machte deutlich, daß die DDR wirtschaftlich auseinanderbrach. Kohl war bereit, die D-Mark als eine Art Rettungsboot einzusetzen, um Ostdeutschland in einer Wirtschafts- und Währungsunion über Wasser zu halten; als Gegenleistung stellte er sich eine schnelle Entwicklung zu einem gesamtdeutschen Bundesstaat vor – das heiße freilich nicht, so zumindest sagte er, daß er eine schlichte Angliederung im Sinn habe.[28]

Dies war weit entfernt von dem, was sich der reformbereite Dresdener Parteichef vorgestellt hatte, als er Mitte November die ineffektive Interimsregierung von Egon Krenz übernahm. Modrow wollte in einem neuen deutschen politischen Gebilde soviel wie möglich von der DDR-Identität bewahren. Die ersten zwei Monate seiner Amtszeit hegte er die Hoffnung, daß Ostdeutschland in einer konföderativen »Vertragsgemeinschaft« seinen Platz fände. Er glaubte, die DDR könne aufgrund der stattfindenden Reformen mit einem besseren Status in die Vereinigungsgespräche gehen. Er zählte auch auf den früheren Einsatz der CDU im Rahmen der Ostpolitik und klammerte sich an die Illusion, die Sowjetunion werde an einer institutionellen Rolle für ihre loyalen Klienten festhalten.

Kohls Zehnpunkteplan vom 28. November mit dem Szenario einer phasenweisen Entwicklung in einer Konföderation kann die Ostberliner Führung zu dem berechtigten Glauben ermutigt haben, daß sie an den Gesprächen als gleichwertiger Partner teilnehmen werde. Diese Hoffnung zerging in den Wintermonaten, als die Schwäche des DDR-Regimes immer deutlicher zutage trat. Bei den deutschen Verhandlungen über die Einheit standen monetäre Fragen im Vordergrund. Die Deutsche Mark war der Star. Solange die ostdeutsche Regierung von Westbesuchern Visagebühren und Tagesumtausch kassierte, ging man offiziell von einer Gleichheit der Währungen aus. Nach eigenen Berechnungen der Ostberliner war aber klar, daß der Wert der DDR-Mark auf der Basis der Kosten für vergleichbare im Inland produzierte Güter etwa ein Viertel von dem der DM betrug. Westliche Devisenhändler, die Währungen für die Reisenden tauschten, werteten die DDR-Mark noch drastischer ab. Sie fiel von einem Verhältnis von 2,5 zu 1 DM im Jahr 1980 auf fast 10:1 Ende 1988 und auf etwa 20:1 in den Wochen nach der Öffnung der Mauer. Der jahrzehntelange Niedergang der ostdeutschen Währung beruhte, wie den Ministern Anfang 1990 gesagt wurde, darauf, daß die Wirtschaft mehr verbrauchte, als sie produzierte. Die Familien in der DDR konnten nicht all das konsumieren, was sie wollten; sie brachten hohe nominale Löhne und Gehälter nach Hause, die über die reale kollektive Wirtschaftsleistung hinausgingen. Vor allem in den Jahren von 1986 bis 1988 hatten die DDR-Bürger einen monetären »Kaufkraftüberhang« akkumuliert, der insgesamt auf über 30 Milliarden Mark angewachsen und auf ihr relativ hohes Nominaleinkommen und die lange nicht zu befriedigende Nachfrage nach Autos, Wohnungseinrichtungen, Elektronik und Auslandsreisen zurückzuführen war.

Auch den Behörden war klar, daß die Mittel dagegen dieselben waren, die von traditionellen Finanzpolitikern überall auf der Welt eingesetzt werden: Senkung der Staatsausgaben, mehr Autonomie für die Kombinate, Einleitung von Schritten zur Herstellung der Konvertibilität der Währung.[29] Der Bericht vom 10. November 1989 zeigte, daß von den für 1989 geplanten 1,3 Milliarden Mark Nettoexportprofiten nur 0,3 Milliarden realisiert wurden.[30] Am 10. November 1989, in seiner ersten Rede vor der Volkskammer, rief Modrow zu einem kreativen Bündnis auf, um die Demokratisierung voranzutreiben, und versprach, er werde »alles tun, damit die dringend notwendige Stabilisierung unserer Volkswirtschaft erreicht und das Sozialprodukt wieder real vergrößert wird«. Der Ministerrat beschloß am 23. November, ein »Grundkonzept für die Stabilisierung der Volkswirtschaft der DDR« zu entwickeln.[31] Er klammerte sich immer noch an Strohhalme. Die Anträge auf Dauervisa und Ausreisegenehmigungen seien, so beglückwünschten sich die Reformer selbst, in den zwei Wochen nach Öffnung der Mauer drastisch zurückgegangen.[32] (Im Januar stiegen die Zahlen dann wieder.) Das Hauptproblem war die Handelsbilanz mit den nichtsozialistischen Ländern: Die DDR mußte 1990 einen Nettoüberschuß von 2 Milliarden Valutamark erwirtschaften, und dafür hätte man den Inlandsverbrauch auf 95 Prozent seines Umfangs von 1989 senken müssen – Sparmaßnahmen, die weit über das hinausgingen, was nach Schürers Berechnungen notwendig gewesen wäre.[33] Wie sollte die neue ökonomische Politik aussehen? Die Antwort: größeres Vertrauen in das Prinzip der Produktivität; mehr Offenheit für Auslandsinvestitionen.

Die Regierung Modrow hatte im Hinblick auf die anstehenden Veränderungen keine wirklich durchdachte Politik. Ihre Strategie bestand darin, die Produktion zunächst zu »stabilisieren« und sie erst dann zu reformieren. Die Planungskommission, die Industrieministerien und das Institut für angewandte Wirtschaftswissenschaften gaben sich alle Mühe, die Produktion trotz der vielen Ausreisenden und trotz der allgemeinen Krise des Vertrauens in die Leistungsfähigkeit der sozialistischen Wirtschaft aufrechtzuerhalten; man versuchte nicht, sie neu zu organisieren. Die neue Wirtschaftsministerin Christa Luft hatte kein besseres Konzept. Sie traf sich gern mit Wirtschaftsführern aus der BRD, setzte aber nur wenige der dringenden Veränderungen durch.[34] Ende April erklärte Lothar de Maizière Gorbatschow, die Aufgabe der Regierung Modrow, der er als Minister angehörte, sei gewesen, die Menschen vor dem Erfrieren und Verhungern zu bewahren. »Die ganze Tätigkeit der Regierung war lediglich eine Reaktion auf diese realen Gefahren jener Zeit. Es gelang uns, sie abzuwenden.«[35]

Diese Politik war verständlich, aber nicht ausreichend. Harry Maier, der 1987 geflohene Experte der DDR-Wirtschaft, meinte, das Bemühen, das System zu stabilisieren, anstatt es aufzugeben, »zeugt von einer völlig konfusen Vorstellung«.[36] Im Winter 1990 waren freilich viele Wirtschaftsdiagnosen ungenau, und zwar sowohl im Osten wie im Westen. Nur langsam dämmerte den Menschen in der DDR (und auch vielen in Westdeutschland), daß die DDR-Industrie, die im Kreis der heruntergekommenen Volkswirtschaften des Ostens noch als einigermaßen lebensfähig gelten konnte, im westlichen Kontext hoffnungslos veraltet war. Die Medien rückten in den Wintermonaten langsam, aber sicher ab von den im Herbst noch recht optimistischen Berechnungen, was an Reform und Hilfsleistung nötig sein würde, um aus der DDR, wie ein ostdeutscher Wirtschaftsführer meinte, innerhalb eines Jahrzehnts eine ostdeutsche Schweiz zu machen.[37] Als dringendstes Problem erschien das ungleiche Verhältnis zwischen Einkommen und Konsum. Man sah das förmlich, als die Ostberliner in ihren kastenförmigen Trabbis durch die gerade geöffnete Mauer in den Westen strömten, um frisches Obst und andere Waren zu kaufen. Was sich zwischen November 1989 und den Wahlen im März 1990 abzeichnete, war weniger ein Zusammenbruch der Produktion als eine präventive Konsumentenrevolution. Aus der Ende Januar 1990 veröffentlichten offiziellen Statistik der DDR für die ersten drei Quartale des Jahres 1989 geht hervor, daß das Wirtschaftswachstum an Stelle der vorausgesagten 4 nur 2 Prozent betrug – eine kaum katastrophal zu nennende Abwärtskorrektur.[36] Industrieprodukte und Ersatzteile für landwirtschaftliche Maschinen waren knapp – aber Ersatzteile waren immer ein schwacher Punkt gewesen. Inzwischen wichen Unternehmen von den Planrichtlinien ab und besorgten sich, was sie brauchten, auf dem privaten Markt: Man ging inoffiziell zu Marktprinzipien über. Lohnerhöhungen wurden schneller gewährt, als die Produktivität stieg; in den Familien wurden Konsumgüter angeschafft. Der Druck der Massenmobilisierung ließ mit den Lohnerhöhungen nach – ein im Europa des 20. Jahrhunderts wohlbekanntes Phänomen, das 1919 in Deutschland, 1968/69 in Frankreich und Italien sowie 1970 und 1980 in Polen zu beobachten war. In fast allen diesen Fällen zahlten Arbeitgeber oder der Staat höhere Löhne, um die Arbeiter und Angestellten in die Fabriken und Büros zurückzuholen, die dann eine Inflation in Kauf nehmen mußten, die rückgängig machte, was zuvor gewährt worden war.

Die Deutschen waren allerdings nicht darauf aus, sich mit dem Mittel der Inflation wieder nehmen zu lassen, was sie sich über ihre Leistungsfähigkeit hinaus zugestanden hatten. Statt dessen neigten sie dazu, die Kostenschätzungen herunterzuspielen, und waren rasch damit einverstanden, daß der Westen diese Kosten in der Hauptsache übernehmen solle. Den meisten Menschen in der Bundesrepublik war im Winter 1990 nicht klar, daß die Rechnung viel höher ausfallen würde als anfänglich vorgestellt, denn letztlich waren auch mehr als zehn Jahre nicht erneuerte Produktionsanlagen einzubeziehen. Die sozialdemokratische Parteiführung stellte

Kanzler Kohl wegen der veranschlagten Kosten für Übernahme der ostdeutschen Gehaltsverpflichtungen sowie Sozialleistungen und für die Erneuerung der Produktionsbasis zur Rede. Damals standen Wahlen bevor, zunächst im Osten und dann auch im Westen, und Zeiten politischer Abgrenzungen sind nicht zu nüchternen Analysen angetan. Zu Recht wies Oskar Lafontaine 1990 für die SPD immer wieder darauf hin, daß die Zahlen, die der Kanzler nannte, viel zu niedrig angesetzt seien; doch als die SPD die Kosten der Einheit zum Wahlkampfthema erhob, machte sie sich eben nicht klar, daß für eine so große nationale Leistung wie die demokratische Wiedervereinigung keine Ausgaben zu hoch sein sollten. Der Kanzler verstand das, aber er hütete sich, das offen auszusprechen.

Die DDR-Wirtschaft befand sich Anfang 1990 in einer paradoxen Lage. In den Monaten vor der Einheit richteten westdeutsche Politiker und Kommentatoren ihr Augenmerk mehr auf die Entbehrungen der ostdeutschen Konsumenten als auf die Defizite des Produktionssektors. In zahllosen Interviews äußerten viele führende Vertreter der bundesrepublikanischen Wirtschaft die Ansicht, die ostdeutsche Wirtschaft werde sich mit Hilfe relativ kurzfristiger und nicht sehr umfangreicher Investitionen schnell erholen, wenn sie sich ganz auf die Marktwirtschaft einstelle. Eher schienen die unterschiedlichen Konsummöglichkeiten Anlaß zur Sorge zu geben, denn sie drohten, zu einer fortgesetzten und zunehmenden Abwanderung von jungen und leistungsfähigen Arbeitern in den Westen zu führen. Dennoch war die Erhöhung der Realeinkommen im Osten vermutlich weniger dringlich, als es damals schien. Die Bürger der DDR blieben auch mit einem Einkommen, das pro Kopf gerechnet etwa halb so hoch war wie in der BRD, im Vergleich zu den weniger reichen Ländern in der Europäischen Gemeinschaft relativ wohlhabend. Dieser Wohlstand beruhte zum Teil auf westlichen Krediten, zum Teil aber auch auf dem Verkauf von Produkten aus billigem sowjetischem Öl. Doch der einzige Vergleich, der im Winter 1990 zählte, war der mit der BRD. In einem Bericht von Ende Februar faßte ein großes Wirtschaftsinstitut der Regierung die ökonomische Situation für Modrow zusammen. Danach beherrschte die Mark der DDR einen ähnlich großen Teil des Inlandsmarktes wie die D-Mark, nur waren die Realeinkommen der Haushalte in der Bundesrepublik doppelt so hoch. Und diese Disparität, die auf die fast zweimal so hohe Arbeitsproduktivität im Westen zurückzuführen war, bestand trotz der Preissubventionen in Höhe von 28 Milliarden Mark, wobei die künstlich niedriggehaltenen Mieten noch gar nicht mitgerechnet waren.[39]

Aber trotz der Einkommensunterschiede war die vorrangige Beschäftigung mit der mißlichen Lage der Konsumenten ein Fehler. Die Menschen in der DDR hatten Anfang 1990 keine Situation katastrophaler Knappheit zu befürchten. Das milde Winterwetter sorgte dafür, daß der Energievorrat ausreichte. Einige Aufregung bereitete der Umstand, daß manches, was man – oft auch mit angesparten Löhnen – kaufen wollte, nicht in genügender Menge vorhanden war; der Wohnungsbau stockte, und es gab weniger Schweinefleisch. Die Verschlechterung der Versorgungslage war nicht katastrophal, aber sie setzte genau in dem Moment ein, in dem die ostdeutschen Konsumenten ihre Erwartungen höherschraubten. Ende Januar wurde der Ministerrat davon unterrichtet, daß die Verbraucher immer unzufriedener würden; es gebe einen monetären »Überhang«, und das Warenangebot sei unzureichend.[40] Doch die Lage war nicht verheerend; die Versorgung mit Grundnahrungsmitteln war den Februar über sichergestellt, es gab Gemüse und Fleisch, die Bevölkerung jedoch wollte mehr Fleisch, sie wollte Kinderkleidung, Schokolade und elektronische Geräte. Der Verbrauch von Gemüse und Genußmitteln stieg im Februar um 5 Prozent gegenüber dem Vorjahresmonat und fast 7 Prozent gegenüber dem Monat Januar, als Westberliner und westdeutsche Nahrungsmittelkonzerne teures Obst und Gemüse auf dem ostdeutschen Markt anboten. Zu diesem Zeitpunkt waren die meisten DDR-Bürger schon im Westen gewesen, oder sie hatten sich über das Warenangebot informieren lassen: 600 000 bis 900 000 Menschen aus Ost und West passierten täglich die Grenzen, an Wochenenden waren es über eine Million. Auch Auswüchse im Konsumverhalten zeigten sich bald. Der Drogenkonsum nahm zu: Zwischen der Maueröffnung und dem 1. März wurden 300 Grenzgänger mit verschiedenen Drogen gefaßt. Die Verkehrsunfälle nahmen ebenfalls zu: In den ersten beiden Monaten des Jahres 1990 wurden fast 8500 Unfälle mit 284 Toten registriert, das waren etwa

50 Prozent mehr als im entsprechenden Vorjahreszeitraum. Kurz, der jahrzehntelange kommunistische Mangel verging so schnell, wie es die dekadenten und gefährlichen Angebote des westlichen Konsumkapitalismus erlaubten.[41] Wegen der steigenden Erwartungen entwickelte sich eine Konsumentenrevolution.

Da man sich vorrangig um die Einkommensunterschiede kümmerte, begann man erst langsam zu merken, wie kostspielig die Erneuerung der heruntergewirtschafteten Infrastruktur und der industrielle Wiederaufbau einer Volkswirtschaft werden würde, die in der sozialistischen Welt gediehen, im kapitalistischen Kontext aber nicht lebensfähig war.[42] Die Experten aus der BRD beschäftigten sich vornehmlich mit der Mangellage der Bevölkerung und spielten den Kapitalmangel herunter. Die Vorausberechnungen, die in der DDR angestellt wurden, waren nicht besser; sie erwarteten einen relativ geringfügigen Rückgang der geplanten wirtschaftlichen Entwicklung. Aber es gab Ausnahmen. Das Institut für angewandte Wirtschaftswissenschaften sah die Möglichkeit eines ökonomischen Zusammenbruchs voraus. Es rechnete für den Übergang zur Marktwirtschaft mit einem Anpassungszeitraum von drei bis fünf Jahren, wenn man eine Massenarbeitslosigkeit vermeiden wollte.[43] Für noch bedrohlicher hielten die Wirtschaftswissenschaftler ihren Befund, daß bis zu 80 Prozent der Unternehmen nicht wettbewerbsfähig und wegen technischer Rückständigkeit, veralteten und verbrauchten Maschinen und Anlagen und mangelhafter Produktqualität in ihrer Existenz bedroht seien.[44] Die Stärke dieses Berichts lag darin, daß er mit etwa 700 bis 720 Milliarden Mark rechnete, die an westdeutschem Kapital benötigt wurden; eine Zahl, die weitaus realistischer war als die in westdeutschen Berechnungen locker anvisierte Summe von 60 bis 100 Milliarden.

Ob sich die Deutschen nun über das Problem des Konsums aufregten oder ihr Augenmerk auf die Investitionen lenkten, eins war klar, der Osten würde so oder so vom Westen immer abhängiger werden. Die Bundesrepublik mußte für die DDR-Währung haften, d. h. die Mark der DDR auf einem hohen Niveau stützen und für die Importe der DDR aus dem Westen zahlen. Als Preis für diese massiven Hilfeleistungen verlangte Kohl die schnelle und vollständige Vereinigung. Konnte die Führung der DDR diesen finanziellen Verlockungen widerstehen? Nur wenn die Menschen in der DDR hingenommen hätten, daß die Kaufkraft ihrer hochgepäppelten Währung reduziert und ihre Mark so weit abgewertet worden wäre, damit dann die Exporte erhöht werden konnten und somit die reale Hoffnung bestand, die Mark der DDR zu einer konvertiblen Währung zu machen. Nur dies hätte die Abhängigkeit von der BRD begrenzen können. Zu befürchten war jedoch, daß ein derartiges Sparprogramm den Strom von ungeduldigen Übersiedlern in die reichere Bundesrepublik noch weiter verstärkt hätte. Dieses Potential massiver Wanderungsbewegungen versetzte beide Seiten in Aufregung: Die DDR-Führung mußte sie fürchten, weil ihre marode Wirtschaft auf die jungen und gut ausgebildeten Arbeitskräfte angewiesen war, die nun jedoch abwandern konnten, wann immer sie wollten. Aber auch in der BRD war man von der Aussicht auf zahlreiche Zuwanderungen nicht gerade begeistert, und so war denn dieser Punkt einer der wenigen Trümpfe, die die DDR bei ihren Verhandlungen mit Bonn ausspielen konnte.

Das Schreckbild einer anhaltenden massenhaften Abwanderung von Ost nach West lenkte die Aufmerksamkeit beider Seiten auf den kritischen Punkt der Kaufkraft in der DDR. Um dieser Anfälligkeit zu begegnen, schien es konsequent, einen Plan zur Rettung der Währung aufzustellen, d. h. die Mark der DDR durch die D-Mark zu ersetzen. Das Abwanderungsproblem nötigte die Ostberliner Regierung, Subventionen anzunehmen und sich in Abhängigkeiten zu begeben. Dabei wäre die Einschränkung des Konsums der einzige Weg gewesen, die DDR als einen unabhängigen Staat zu erhalten. Bei Kohl und seinen Landsleuten führte dies zu der Überzeugung, daß Kaufkraft und Ersparnisse der DDR-Bevölkerung gerettet werden müßten. Also wurde der Vorschlag gemacht, die Mark der DDR zu einem Umtauschkurs durch D-Mark zu ersetzen, der weit höher lag, als er auf dem freien Markt jemals gewesen wäre. Modrows Republik war zu sehr auf milde Gaben angewiesen, als daß sie auf ihrer Unabhängigkeit hätte bestehen können; wie gesagt: Die unerfreuliche Aussicht auf eine Massenflucht von DDR-Bürgern in den Westen war der einzige Punkt, der der DDR einen gewissen Verhandlungsspielraum eröffnete. Als sich Modrow und Rudolf Seiters, der Chef des Bundeskanzleramts, am 25. Januar trafen, äußerte sich Seiters besorgt darüber, daß seit der Jahreswende bereits 42 500 Menschen in den Westen übergesiedelt seien. Modrow nahm das gerne auf, um die Gefahr heraufzubeschwören, daß die Entwicklung aus dem Geleis geraten könnte, und verwahrte sich gegen das Insistieren der Westdeutschen auf schnelle Wiedervereinigung. Dabei bekam er die Ungeduld der Ostdeutschen deutlicher zu spüren als Kohl. Doch er hatte einen Staat zu verlieren, während Kohl nur ein Defizit riskierte. »Wenn die Entwicklung weiterhin wie in Leipzig in eine gesamtdeutsche Richtung provoziert wird«, beklagte sich Modrow bei Seiters im Hinblick auf die mittlerweile routinemäßig zu hörenden Parolen auf den Montagdemonstrationen, »dann besteht die Gefahr der Eskalation.«

Sowohl Modrow als auch Kohl appellierten an »Europa«: der eine, um den Druck in Richtung Einheit zu vermindern, der andere, um zu demonstrieren, daß die Einheit das europäische Projekt voranbringen und nicht gefährden würde. Da »Europa« ein Vorhaben für die Zukunft war und noch keine aktuelle Wirklichkeit, war es als Argument für Kohl nützlicher als für Modrow. Seit den sechziger Jahren des letzten Jahrhunderts hatten Appelle an »Europa« die Deutschen nie ernstlich daran gehindert, ihre nationalen Absichten zu verfolgen. (Andererseits müssen beide auch nicht in jedem Fall unverträglich sein.)[45]

Die Erhaltung der Kaufkraft in der DDR fand in der BRD breite Unterstützung. Man sah darin die richtige Geste, die man den Landsleuten, die lange Zeit große Entbehrungen zu ertragen gehabt hatten, schuldig war. In der Bundesrepublik wußte man, daß die ehemaligen Landsleute umfangreiche Reparationsleistungen an die Sowjets zu erbringen hatten, während der Westen vom Marshallplan profitierte. Die Westberliner SPD-Senatorin Heidi Pfarr und der eigenwillige CDU-Politiker Kurt Biedenkopf (der später Ministerpräsident von Sachsen wurde) schlugen Ende 1989 vor, daß die BRD der DDR Reparationen zahlen sollte. Und Kanzler Kohl stellte bei seinem Besuch in Dresden am 19. Dezember einen »Solidaritätsbeitrag« von 15 Milliarden DM in Aussicht – dieses Angebot zog die Regierung Anfang Februar allerdings wieder zurück, weil der Vorschlag einer Währungsunion immer breitere Unterstützung fand.[46] Die Idee, die Mark der DDR auf dem Weg einer sogenannten Währungsunion zu ersetzen, wurde öffentlich zum ersten Mal Mitte Januar in die Debatte gebracht: von Ingrid Matthäus-Maier, der finanzpolitischen Sprecherin der SPD im Bundestag. Der Vorschlag hatte den Vorteil, daß dieser Weg nicht wie eine bloße Kompensation für das glücklichere Los erschien, das die Bundesrepublik getroffen hatte. Gleichwohl stieß er bei Mitgliedern der CDU-FDP-Koalition auf Ablehnung, die lieber wollten, daß die Ostdeutschen ihre Angelegenheiten selber in Ordnung brächten. Im Bericht des Sachverständigenrats vom 20. Januar über die Wirtschaftslage in West und Ost wird eine Währungsunion noch nicht einmal erwähnt. Zweieinhalb Wochen später reagierte das Gremium auf die nunmehr auftauchenden unterschiedlichen Konzepte mit einem Stufenplan. Die meisten Kommentatoren und Organisationen in der BRD waren nur für eine schrittweise Währungsunion. Wirtschaftsminister Haussmann von der FDP lehnte den Vorschlag einer sofortigen Währungsunion mit der Begründung ab, sie könne die Stabilität der D-Mark untergraben. Er sprach sich für einen Beginn der Währungsunion Anfang 1993 aus, zugleich mit dem Start des europäischen Binnenmarktes und nachdem die DDR ihre Wirtschaft von innen heraus reformiert hätte. In ähnlicher Weise schlug Tyll Necker, der Präsident des Bundesverbandes der Deutschen Industrie, am 23. Januar einen Fünfstufenplan vor, der seinen Abschluß in einer Währungsunion erst Ende 1992 finden sollte. Die Befürworter einer stufenweise herbeizuführenden Währungsunion gingen davon aus, daß diese eine Umstrukturierung der DDR-Wirtschaft und die Konvertibilität der Mark der DDR voraussetze. Zudem hielten sie eine Preisreform (sprich Preiserhöhung) für erforderlich, mit der die in sozialistischen Wirtschaftssystemen durchgehend vorhandene versteckte Subventionierung zu beseitigen wäre.

Ein sich so lange hinziehender Prozeß paßte Kohl nicht; wie Modrows Ende Januar mit Seiters geführte Gespräche zeigen, drängte der Bundeskanzler auf eine schnelle und vollständige Vereinigung. Am 6. Februar, am gleichen Tag, an dem Wirtschaftsminister Haussmann den FDP-Abgeordneten seinen Dreistufenplan erläuterte, beschlossen die Vorsitzenden der Koalitionsparteien Kohl, Otto Graf Lambsdorff von der FDP und Theo Waigel von der CSU, Modrow sofortige Verhandlungen über eine Wirtschafts- und Währungsunion vorzuschlagen, ein Plan, den sie gleich am nächsten Tag im Kabinett vorlegen und zur Abstimmung bringen wollten. Eine Wirtschafts- und Währungsunion, behauptete die Regierung, würde die Zuwanderung aus dem Osten eindämmen, zu Investitionen in der DDR anreizen und den Prozeß der politischen Vereinigung beschleunigen. Das Tempo, mit dem diese Entscheidung zustande kam, läßt vermuten, daß Kohl und seine Berater alles daransetzten, in einer wirtschaftlich und politisch brisanten Situation die Kontrolle über den Gang der Ereignisse nicht zu verlieren. »Wir müssen zur Kenntnis nehmen«, sagte Waigel, »daß die Dinge sich dort im politischen Bereich ungemein beschleunigen und daß fast alle Kräfte die politische Einheit wünschen und fordern und daß auch immer mehr dort in der DDR eine gemeinsame Währung, ja die Einführung der D-Mark gefordert wird.«[47] Die plötzliche Entscheidung verstimmte Bundesbankpräsident Karl Otto Pöhl, der am 6. Februar von seinen DDR-Kollegen zu ihrer erschreckenden Lage befragt wurde und vor der Presse bekanntgegeben hatte, daß die Finanzexperten auf beiden Seiten eine Währungsunion für »ziemlich verfrüht und ziemlich phantastisch« hielten. Dennoch akzeptiere die Bank, teilte er mit spürbarem Unbehagen mit, den Plan als eine politische Entscheidung: Nur müsse die Bundesbank dann auch volle Handlungsfreiheit bei der Erfüllung ihrer Aufgabe auf dem Gebiet der DDR haben. Mit anderen Worten, Frankfurt schluckte die Währungsunion, vorausgesetzt daß den Währungshütern volle Autonomie sowohl in der DDR als auch in der BRD zugesichert würde: Weder Bonn noch die neuen Länder sollten Sonderwünsche anmelden können. Als die Regierung dann 1990 die Kosten für die Einheit auf dem Wege der Haushaltsverschuldung bestritt, reagierte die Bundesbank denn auch mit einer kräftigen Erhöhung der Leitzinsen. Nachdem die Regierung Kohl nun die zurückhaltende Unterstützung von Pöhl gewonnen hatte, unterbreitete sie Modrow bei seinem Besuch in Bonn am 13. Februar ihren Vorschlag zur Währungsunion. Etliche Bankdirektoren und Mitglieder des Wirtschaftsrats, die nicht offiziell konsultiert worden waren, reagierten skeptisch und machten keinen Hehl aus ihren gegensätzlichen Auffassungen. Sie sahen riesige Kosten und eine gewaltige Arbeitslosigkeit voraus, wenn die Währung der DDR nicht abgewertet und konvertibel gemacht würde. Auch der Rentenmarkt zeigte negative

Reaktionen, als die Zinsen stiegen und Käufer eine inflationäre Entwicklung befürchteten. »Um die DDR mit harter West-Mark zu versorgen«, schrieb der *Spiegel*[48], »müßte die Bundesbank die Notenpresse anwerfen« und liefe Gefahr, das alte Schreckbild der Deutschen, die Inflation, wieder heraufzubeschwören.

In der DDR dagegen rief der Vorschlag einer Währungsunion Begeisterung hervor. Wer der CDU nahestand, unterstützte selbstverständlich diesen Plan, und die Chance, Sparguthaben und Löhne eins zu eins umtauschen zu können, erschien als ein riesiger Glücksfall. Rainer Eppelmanns Demokratischer Aufbruch war die erste Organisation, die sich für die sofortige Einführung der DM in der DDR zu einer Umtauschrate von eins zu eins aussprach. Im März und im April waren fast 90 Prozent der DDR-Bürger für die Einführung der D-Mark, auch wenn zu erwarten war, daß mit diesem Schritt die Sozialleistungen sinken und die Arbeitslosigkeit zunehmen würde. Ökonomisch versiertere Kommentatoren befürchteten freilich, daß es zu einer massiven Rezession und hoher Arbeitslosigkeit kommen würde, wenn die ostdeutschen Unternehmen ihre Schulden, Löhne und Gehälter in DM zu zahlen hätten. Auch der Regierung Modrow war klar, daß eine Währungsunion dem DDR-Regime jeden Handlungsspielraum nehmen würde; sie war de facto gleichbedeutend mit der Vereinigung. Vor den Wahlen war Modrow von verschiedenen Seiten gewarnt worden, daß er nur sehr wenig politische Bewegungsfreiheit habe.[49]

Als er am 5. und 6. März in Moskau mit Gorbatschow und Nikolai Ryschkow, dem Vorsitzenden des sowjetischen Ministerrats, zusammentraf, faßte er wohl etwas Mut, als Gorbatschow aufgeregt und weitschweifig gegen Kohls schnelle Schritte zur Wiedervereinigung wetterte. Aber er machte wenig konkrete Hilfsangebote, und jemand, der so lebhaft war wie er, konnte seine Meinung leicht ändern. Beide Länder sollten, so Modrow zu Ryschkow, auf wirtschaftlichem Gebiet alle Vorteile der Zusammenarbeit weiterhin so weit wie möglich nutzen. Vorsichtiger setzte er hinzu, daß man sich dennoch keinem Wunschdenken hingeben dürfe. Es gebe drei Realitäten: (1) Beide Länder seien auf dem Weg zur Marktwirtschaft. Die DDR habe kürzlich die gesetzlichen Voraussetzungen dafür geschaffen, und ausländisches Kapital werde ins Land fließen. Dadurch entstünden in den nächsten Monaten völlig neue Bedingungen für die Zusammenarbeit zwischen Unternehmen und Institutionen beider Länder. (2) Auch auf dem Weltmarkt entstünden völlig neue Bedingungen, und nicht wenige Unternehmen würden aufgeben müssen. Dies sei nicht nur aufgrund der veränderten Bedingungen des Weltmarktes zu erwarten, sondern auch wegen der Abmachung, daß der Handel zwischen der Sowjetunion und der DDR nach 1991 zu Weltmarktpreisen und möglicherweise mit konvertiblen Währungen abgewickelt werden sollte. (3) »Die Währungsunion der DDR mit der BRD und damit die Übernahme der DM als Zahlungsmittel auch auf dem Territorium der DDR [sei] nicht mehr lange aufzuhalten.« Er werde sich dafür einsetzen, sagte Modrow, daß die gemeinsame deutsche Wirtschaftstätigkeit sich sowohl zum Nutzen der Sowjetunion als auch der DDR auswirke. Kohl hatte zugesagt, die DDR bei ihren Lieferungsverpflichtungen den Sowjets gegenüber zu unterstützen, um einerseits Moskaus Duldung des Vereinigungsprozesses zu kaufen und andererseits die Lasten der DDR zu verringern.

Modrow war der Ansicht, daß der Vorschlag in einigen Punkten problematisch sei, aber er lehnte ihn nicht völlig ab. Es ging nicht anders, als Dreiecksbeziehungen zu entwickeln. Ein empfindlicher Punkt war der große ostdeutsche Uranbergbaubetrieb, die Wismut AG, die seit der Besatzungszeit für die Sowjets von höchstem Interesse war. Die Nachfrage nach Uran sank, und 40 000 Arbeitsplätze waren bedroht. Außerdem setzten die Sowjets einseitig ihre Öllieferungen herab. Lösungen dieser Probleme wurden nicht in Aussicht gestellt.[50] In der DDR-Öffentlichkeit konzentrierte sich das Interesse auf den Bundeskanzler und die Erhaltung der Kaufkraft, für die er stand. Wenn die Ostdeutschen jetzt noch auf die Straße gingen, dann wegen des Wahlkampfs. Die Montagsdemonstrationen in Leipzig brachten es nur noch auf 5000 Teilnehmer, die hauptsächlich aus der Bundesrepublik kamen (unter ihnen die rechtsgerichteten Republikaner), während am 1. März in Karl-Marx-Stadt 100 000 Menschen zusammenströmten, um Bundeskanzler Kohl zu hören.[51] Die Stimmen für die CDU am 18. März waren ein Votum für die schnelle Wiedervereinigung und eine Aufforderung an Kohl, die Deutsche Mark für die Währungsunion einzusetzen. Anfang April legten Finanzexperten ein Papier vor, in dem die Bedingungen für eine Wirtschaftsunion skizziert waren.

Modrows Bemühungen, die gesetzlichen Voraussetzungen für ausländische Kapitalbeteiligungen und andere wirtschaftliche Rahmenbedingungen zu schaffen, wurden ignoriert; die neue Sachlage brachte es mit sich, daß Gesetzesinitiativen in der Finanzpolitik von Bonn ausgingen.[52]

Nach der Wahl verurteilte der aufgeschreckte Jürgen Habermas, einer der einflußreichsten linken Intellektuellen der Nachkriegszeit, den DM-Nationalismus und den übereilten Ausschluß der DDR aus den sie betreffenden Entscheidungsprozessen.»Was wird aus der Identität der Deutschen? Lenken die wirtschaftlichen Probleme den Einigungsprozeß in nüchterne Bahnen? Oder wird die D-Mark libidinös besetzt und in der Weise emotional aufgewertet, daß eine Art wirtschaftsnationale Gesinnung das republikanische Bewußtsein überwältigt?« Gesamtdeutsche Interessen würden erwogen in Begriffen der Deutschen Mark.»Gewiß, schlimmer als dieser Code war die Sprache der Stukas. Aber obszön ist der Anblick des deutschen Muskelspiels allemal.«[53] Habermas stand im März mit seiner Sorge über die berauschend nationale Stimmung und besonders über Kohls offensichtliches Zögern in der Frage der endgültigen Anerkennung der polnischen Grenze nicht allein. Aber wenn man nicht die Mehrheit vom 18. März beschuldigen wollte, aufgrund falschen Bewußtseins abgestimmt zu haben, dann war es schwierig, die Entscheidung des Wahlvolks zu kritisieren. Zudem wäre es selbst auf der Ebene von Habermas' philosophischen Argumenten möglich gewesen, die Währungsunion nicht als ein alarmierendes Zeichen für einen atavistischen Nationalismus zu konstruieren, sondern unter dem Vorzeichen einer Akzeptanz der Tatsache, daß sich die Veränderungen, die das Leben einer Nation in der Moderne typischerweise betreffen, vorrangig auf der Ebene von Wirtschaft und Handel, von Krediten und Sparguthaben und nicht auf der Ebene der Machtsouveränität vollziehen. Immerhin stimmten die Bürger der DDR für eine einige zivile Gesellschaft und nicht für eine starke Autorität des Staates. Wenn Zivilgesellschaft in Osteuropa bedeutete, daß es wieder eine freie Presse, freie Kirchen und Gewerkschaften gab, dann bedeutete das auch gleichzeitig die Wiederbelebung von autonomen Wirtschaftsorganisationen: eine Chance für den Kapitalismus. Die Wähler in der DDR stimmten mehr für ihre Sicherheit als Konsumenten als für die unternehmerische Freiheit, daher war die öffentliche Meinung schlecht vorbereitet auf das böse Erwachen, das auf den wirtschaftlichen Niedergang der DDR folgte. Die Währungsunion war im März 1990 so etwas wie ein Traum, eine Hoffnung spendende Regenbogenbrücke zu einem ökonomischen Walhalla, nicht zu einem neuen deutschen Nationalismus. Am Ende kam weder das eine noch das andere dabei heraus.

Bei der Entscheidung über die Währungsunion war die Umtauschrate nicht festgelegt worden; mit diesem nun vorrangigen sozialen und wirtschaftlichen Problem war die Regierung Kohl nach den Wahlen vom 18. März konfrontiert. Es existierte freilich, seit von der Währungsunion zum ersten Mal die Rede war. Sollten die Sparguthaben der DDR-Bürger eins zu eins getauscht werden, oder sollte es nur einen Bruchteil geben, der sich nach dem gefallenen Kurs der Mark der DDR richtete? Kohl hatte den »kleinen Sparern« kurz vor der Wahl eine Rate von eins zu eins versprochen. Ein paar Tage später, am 22. März, drängte der Bundesbankpräsident Karl Otto Pöhl den Kanzler, eine niedrigere Rate anzusetzen. Er verwies darauf, daß ja auch die Schuldenlast der DDR in D-Mark zu tilgen sein würde: 34 Milliarden Mark Nettoschulden bei ausländischen Kreditgebern und 260 Milliarden Schulden von Kombinaten und Unternehmen bei der Staatsbank der DDR, die von der Bundesbank übernommen werden sollte. Pöhl wies Kohl auch darauf hin, daß es der Bundesbank gesetzlich untersagt sei, Auslandsschulden zu übernehmen; diese seien Sache des Bundeshaushalts und könnten nur durch staatliche Kreditaufnahme oder Steuern gedeckt werden. Was die Kombinate anbetreffe, so hätten deren Schulden, würden sie eins zu eins getauscht, eine jährliche Zinsbelastung von 20 Milliarden zur Folge, und das heiße, eine Reihe von ostdeutschen Unternehmen werde einfach Bankrott machen. Daher beschlossen die Minister, daß die Schulden der Staatsbetriebe mit einer Rate von 2 Mark der DDR zu einer D-Mark halbiert werden sollten.

Doch die Schulden der Kombinate waren Vermögenswerte der Zentralbank. Deren Senkung um 50 Prozent würde die Guthaben der Bundesbank um 130 Milliarden DM verringern. Wenn Frankfurt die DDR-Sparkonten (die als Verbindlichkeiten der Zentralbank geführt wurden) nicht entsprechend abschreiben konnte, dann mußte die Differenz durch Kreditschöpfung der Bundesbank gedeckt werden. Selbst wenn diese Kredite als öffentliche Schuldverschreibungen an westdeutsche oder ausländische Anleger verkauft würden, müßte die Wirtschaft jährlich 10 Milliarden DM an Zinsleistungen aufbringen. Je höher also die Umtauschrate für Sparguthaben war, desto größer müsse der Transfer von West nach Ost werden. Wie sich zeigte, mußte die Bundesbank schließlich die gesamtdeutsche Geldbasis (die Geldmenge M3, die sowohl Sparguthaben und Bankkredite als auch Bargeld umfaßt) auf 180 Milliarden DM im Jahr 1990 erweitern. Dieser Betrag bedeutete eine Erhöhung gegenüber der vorherigen westdeutschen Geldmenge M3 um 15 Prozent. Diese erste Spritze würde erst der Anfang einer Flut von Transferzahlungen und Krediten sein, deren Ausmaße sich kaum jemand vorstellen konnte oder wollte.[54] Mit Sicherheit auch nur wenige der Regierungsvertreter, die vor allem die ersten gesamtdeutschen Wahlen im Dezember vor Augen hatten.

Ein weiteres kniffliges Problem war die Umtauschrate der in der DDR gezahlten Löhne. In Mark der DDR gezahlt waren sie bedeutend niedriger als die Löhne in der BRD, konnten also durch den Umtausch nicht noch weiter gesenkt werden, weil die Bürger der DDR bald auch höhere Sozialversicherungs- und Krankenkassenbeiträge zu zahlen haben und die Mieten steigen würden. Jedenfalls würde man nach der Einheit progressive Lohnerhöhungen aushandeln müssen. Von der Höhe der Löhne hängt auch der Beitrag zur Sozial- und Rentenversicherung ab. Auch wenn die ostdeutschen Rentenansprüche nicht so wie im Westen bemessen wurden, waren die Beiträge doch auf einem bestimmten Prozentanteil der Löhne festzulegen. Norbert Blüm, Kohls Arbeits- und Sozialminister, der stets für eine aktive Sozialpolitik eintrat, setzte sich für einen Eins-zu-eins-Kurs auch bei Renten und Löhnen ein, um auf entsprechende Versicherungsbeiträge zu kommen. Finanzminister Theo Waigel dagegen bevorzugte eine weniger großzügige Rate, um die zusätzlichen Sozialleistungen zu verringern, die, wie er befürchtete, der Staat übernehmen müsse.[55] Bei derart gegensätzlichen Positionen konnte der Öffentlichkeit die Debatte im Regierungslager nicht verborgen bleiben. Ende März schlug die Bundesbank eine Umtauschrate für Sparguthaben von zwei zu eins vor, fünfzig Pfennig für eine Mark der DDR. Als diese Empfehlung durchsikkerte und von der Presse aufgegriffen wurde, kam es in Ostberlin und Dresden zu massiven Demonstrationen, auf denen gegen den »Verrat« vom 3. April protestiert wurde: »Ohne 1:1 werden wir nicht eins.«[56]

Angesichts dieser Forderungen, die auf die westdeutsche Wirtschaft zukamen, begann Kohl, im Hinblick auf sein Wahlversprechen, eine Mark werde eine Mark bleiben, unsicher zu werden. Wenn er auf zu hohe Forderungen seitens der Ostdeutschen einging, riskierte er eine inflationäre Entwicklung und gefährdete seine Aussichten auf eine Wiederwahl bei den gesamtdeutschen Wahlen im Herbst 1990. Wenn er von dem Versprechen eins zu eins abrückte, setzte er sich Lafontaines wiederholtem Vorwurf der Wählertäuschung aus. Otto Graf Lambsdorff, der Vorsitzende des Koalitionspartners FDP, rief den Bundeskanzler zur Ordnung: Die Sparguthaben der DDR dürften nicht geopfert werden. Die neu gewählte Volkskammer trat am 5. April zusammen, um den CDU-Abgeordneten Lothar de Maizière zum Ministerpräsidenten einer großen Koalition aus allen Parteien, allerdings ohne die exkommunistische PDS, zu wählen. Als er in seiner Rede auf das Thema Umtausch zu sprechen kam, erhob er seine sonst eher dünne Stimme und verkündete laut und deutlich: »Eins zu eins ist unser Ziel.« Auch Walter Romberg von der SPD, Finanzminister in der großen Koalition, plädierte für den großzügigen Umtauschkurs.

Welche Rate wäre in Frage gekommen, hätte man den wirklichen Wert der beiden Währungen zugrunde gelegt? Gewiß nicht eins zu eins. Der inoffizielle Wechselkurs war kurz vor der Maueröffnung auf acht zu eins und Ende November auf zwanzig zu eins gefallen, aber dieser Kurs war natürlich auf dem Weg spekulativer Geschäfte entstanden. Bevor die Krise des Regimes die Mark der DDR im freien Fall stürzen ließ, schätzten Wirtschaftsfachleute, daß etwa 3,73 Mark der DDR an Arbeits- und Materialkosten notwendig waren, um im Westen den Gegenwert von 1 DM zu erzielen. Von seiten des Regimes ist sogar ein Kurs von 4,40 DDR-Mark für eine Valutamark (deren Wert einer D-Mark entsprach) berechnet worden. In diesem Betrag war eine Prämie enthalten, die ostdeutschen Exporteuren zufiel, wenn sie ihre Einnahmen bei der Staatsbank eintauschten. Jedenfalls blieben diese Umtauschkalkulationen ohne ein System von Marktpreisen bloße Schätzungen.[57]

Ein Umtausch eins zu eins war problematisch, aber auch jede andere Umtauschrate würde zu Komplikationen führen. Theoretisch versuchte die DDR, die Löhne und Preise für ihre Bürger so zu gestalten, daß sie in etwa dem entsprachen, was westdeutsche Bürger jenseits der Grenze in D-Mark zahlten bzw. erhielten. Zugleich zeigte sich aber, daß die Kaufkraft der D-Mark im Osten etwa viermal so hoch war wie die einer DDR-Mark. Eine Umtauschrate von eins zu eins würde den Ostdeutschen die Sicherheit geben, daß ihre Ersparnisse nach der Einheit ihre Kaufkraft behielten; zugleich hätten sie einen weitaus größeren Zugriff auf Westwaren, als sie mit ihren Ersparnissen zuvor gehabt hätten (wenn sie diese in den Westen hätten mitnehmen können). Aus westlicher Perspektive bedeutete die Gleichstellung der Währungen einen unverhofften Gewinn für die Menschen aus der DDR; aus deren Sicht war sie nur ein Schritt, die Enteignung der DDR-Bürger zu vermeiden. Die Festsetzung des Werts mußte willkürlich erfolgen.

Für die Bundesbank und weite Teile der westdeutschen Industrie bedeutete der Gewinn, den der Osten machen würde, eine Gefahr; die neue Umtauschrate hätte den großen Verlusten an realen Vermögenswerten, die aufgrund der DDR-Politik in den vergangenen Jahren entstanden und durch eine nicht konvertierbare Währung verhüllt worden waren, Rechnung zu tragen. Die Option der Bundesbank lief auf eine »Währungsreform« hinaus, eine Beschneidung von Papiergeldforderungen an die Wirtschaft ähnlich derjenigen, die die Alliierten 1948 verfügten, als die alten Reichsmarkguthaben zu einem Umtauschkurs von zehn zu eins durch die neue Deutsche Mark ersetzt wurden. Und nach der großen Inflation nach dem Ersten Weltkrieg hatte die Weimarer Republik die alte Mark durch neue Währungen ersetzt, erst durch die Rentenmark und dann durch die Reichsmark, und zwar zu einem Kurs von eins zu einer Billion! Eine solche Abschreibung von Papiergeldforderungen führt dazu, daß Sparkonten und Hypotheken gelöscht werden und nur reale Vermögenswerte wie Fabrikanlagen und Häuser erhalten bleiben. Renten und Versicherungen müssen, wenn sie einen Wert behalten sollen, in einem solchen Falle angepaßt werden. Die Ersetzung des alten Geldes trägt der bis dahin verschleierten Tatsache Rechnung, daß eine Gesellschaft ihre Produktivkräfte in einem Krieg verschleudert oder in veraltete Industrieanlagen investiert hat. Sie trifft die am meisten, die sich rechtschaffen bemüht haben, ihren Verbrauch einzuschränken, und macht mit Recht empörten Sparern und Rentnern klar, daß sich ihre Sparsamkeit nicht gelohnt hat. Auf der anderen Seite hat eine solche Abschreibung den Vorteil, daß die Unternehmen ihre alten Schulden loswerden und eine neue Geschäftstätigkeit beginnen können. Und wenn keine zu hoch bewertete Währung geschützt werden muß, dann kann die Zentralbank die Zinsen niedrig halten, womit Investitionen erleichtert werden und die Wirtschaft expandieren kann. Arbeitsplätze lassen sich auf Kosten der Ersparnisse erhalten. Anders gesagt: Man investiert auf Kosten der Vergangenheit und der Alten in die Zukunft und die jungen Generationen.

Wird der Wert der alten Währung erhalten (oder weit über ihre effektive Kaufkraft erhöht), dann stellt sich die gegenteilige Wirkung ein. Ein Umtausch eins zu eins bedeutete folgendes: Die irgendwo zu einem Kurs zwischen zehn zu eins und zwanzig zu eins gehandelte Mark der DDR wird zu einer Rate von eins zu eins ersetzt. Dieses Umtauschverhältnis garantiert den Kontoinhabern den Wert ihrer Geldforderungen in DM, dadurch wird die von der DDR-Regierung lange aufrechterhaltene Fiktion zur Wirklichkeit. Die ostdeutschen Sparguthaben und Rentenansprüche gehen mit ihrem vollen Wert in die neue gesamtdeutsche Wirtschaftsunion ein. Und nicht nur das: Ihre Kaufkraft im Westen steigt auf ein Verhältnis von etwa vier zu eins, bei größeren Anschaffungen wie Autos oder elektronischen Artikeln sogar noch mehr. Ein Industriearbeiter mußte in der BRD für einen Farbfernseher 83,5 Stunden arbeiten, in der DDR 739 Stunden.[58] Doch fordert, wie bereits gesagt, ein Eins-zu-eins-Umtausch höhere Kreditschöpfung, umfangreichere Transfers von West nach Ost und hätte auch einen größeren inflationären Druck zur Folge. Da für die Bundesbank die Preisstabilität Priorität hat, muß dieser Druck letztendlich durch Steuer- oder Zinserhöhungen aufgefangen werden, damit die internationalen Märkte nicht aus der D-Mark fliehen, weil sie zu hoch bewertet ist. Höhere Zinsen belasten die verschuldeten Kombinate noch mehr und behindern deren Modernisierung. Wie die Krise auf den internationalen Finanzmärkten vom Schwarzen September 1992 schließlich zeigte, führten die hohen Zinsen dazu, daß ein Teil der realen Kosten für die Rekapitalisierung Deutschlands auf das europäische Währungssystem abgewälzt wurde. Je »höher« andererseits die Umtauschrate im Sinne des Verhältnisses Mark der DDR zu D-Mark ist (d. h. je niedriger der Wert der DDR-Mark eingestuft wurde), um so weniger müssen die Zinsen erhöht werden, die verschuldeten Kombinate werden nicht noch zusätzlich belastet und neue Investitionen erleichtert.

In diesem Streit ging es nicht nur um die Ersparnisse der DDR-Bevölkerung, sondern auch um das Beschäftigungsniveau. Dieses wäre nicht nur von einer Zinserhöhung betroffen, sondern auch von den erwartungsgemäß kräftig steigenden Löhnen. Die Arbeitsproduktivität in der DDR war so viel niedriger, daß eine Angleichung der Löhne an westliche Standards die Finanzkapazität vieler Unternehmen überstiegen und massenhaft Arbeitsplätze gefährdet hätte. Trotzdem trat der DGB für eine schnelle Lohnangleichung ein: um das Lohnniveau im Westen zu halten. Der ostdeutsche Gewerkschaftsbund (FDGB), der endlich, nach vierzig Jahren Bevormundung durch den Staat, mit einiger Unabhängigkeit sprechen konnte, hängte sich an diese Forderung an und trat ebenfalls für eine schnelle Angleichung der Löhne ein. Der Umtausch der Sparguthaben zum Kurs von eins zu eins sei genau das Modell für die Lohnangleichung. Das Argument, daß mit einem derart hohen Lohnniveau viele Arbeitsplätze verlorengingen, leuchtete DGB und FDGB zu diesem Zeitpunkt noch nicht ein.

Die Währungsunion von 1990 war die dritte große deutsche Währungsreform im zwanzigsten Jahrhundert. Der Ausdruck »Währungsreform« wurde allerdings vermieden, weil dies bislang drastische Verminderung der Geldforderungen bedeutet hatte, während die Maßnahme, die 1990 ergriffen wurde, die einzige »Währungsreform« war, bei der die Geldvermögen ihren Wert behielten, d. h. die Sparguthaben Priorität vor der Sicherung der Arbeitsplätze hatten. 1924 und 1948 mußten die Kontoinhaber ihr angespartes Geld opfern, dafür konnte sich die Wirtschaft mit dem Wegfall der Schulden schnell erholen und eine neue Spartätigkeit beginnen. 1990 ging man den umgekehrten Weg: Mit Unterstützung der Gewerkschaften wurde die Erhaltung der Sparguthaben vorrangig vor der Erhaltung der Arbeitsplätze behandelt. Es ist nicht ohne Ironie, daß gerade die Gewerkschaften diese Politik mittrugen. Unter einem gewissen Aspekt war sie auch durchaus sinnvoll; bei der Währungsreform von 1990 ging es um wirtschaftliche Disparitäten, die von den früheren Währungsoperationen völlig verschieden waren. Es handelte sich um Anpassungen, die einen relativ kleinen Teil des Landes betrafen. Die neuen Währungen der Jahre 1923/24 und 1948 betrafen den Transfer von Vermögensforderungen innerhalb der gesamten Volkswirtschaft (im großen und ganzen den Transfer von Forderungen der Kontoinhaber zugunsten der Eigentümer von Unternehmen und Grundstücken), während die Wirtschafts- und Währungsunion einen Transfer von Ressourcen aus dem Westen in den Osten vorsah. Im Osten dachten alle – Sparer und Lohn- bzw. Gehaltsempfänger – und in der BRD ein großer Teil der Bevölkerung, daß dieser Transfer so hoch sein müsse, damit möglichst bald gleiche Lebensbedingungen herrschten.

Doch erschien der volle Umfang dieser Transferleistungen im Jahr 1990 auch noch nicht kritisch. Deutschland hatte seine wirtschaftliche Produktivität nicht in einem verlorenen großen Krieg verschleudert; die mächtige Ökonomie der BRD schien groß und stabil genug, um der kleinen DDR unter die Arme zu greifen; nur langsam dämmerte den Experten, wie umfangreich die Kapitalspritzen sein müßten, bis die DDR-Industrie wettbewerbsfähig würde. Auch Harry Maier, der erfahrene ehemalige Wirtschaftsfachmann der DDR, sah keine Notwendigkeit, die Bankguthaben der DDR-Einleger abzuschreiben. Obwohl die Löhne in der DDR ein Geldvolumen geschaffen hatten, das größer war als das Angebot von Waren, die DDR-Bürger dafür hätten kaufen können, war der »Überhang« an Geldvermögen gar nicht so hoch: die Sparguthaben lagen pro Kopf im Durchschnitt bei etwa 9000 Mark der DDR, in der BRD dagegen bei 11 600 DM. Gerhard Fels vom Kölner Institut der deutschen Wirtschaft war auch der Ansicht, daß »10 000 Mark Ersparnis pro Kopf ... nichts Exzeptionelles« seien. Solange die Zentralbank der DDR unabhängig blieb, ließ sich eine Rate von eins zu eins vertreten; immerhin hatten auch die Österreicher ihren Schilling fest an die Deutsche Mark gekoppelt, und die Ostdeutschen könnten dasselbe tun, wenn sie nicht sofort gleiche Löhne haben wollten.[59]

Die innenpolitischen Debatten über die Vorzeichen, unter denen die Wirtschafts- und Währungsunion vollzogen werden sollte, dauerten noch etwa einen Monat über die Wahl vom 18. März hinaus an. Der Bundeskanzler sah sich zunehmend im Widerspruch zu seiner Partei und zur verbündeten CSU, die sich die zögernde Haltung der Bundesbank immer mehr zu eigen machten. Ein bedingungsloser Umtausch von Bankguthaben, Löhnen und Renten zu einem Kurs von eins zu eins würde, so der Sprecher der CSU im Bundestag Michael Glos, die Gefahr der Inflation heraufbeschwören, da die Bundesbank für diese neuen Forderungen das entsprechende Geld schöpfen müßte.[60] Auf Betreiben von Bundesbank und Finanzminister kam es zu einem Kompromiß: Sparer zwischen vierzehn und neunundfünfzig Jahren konnten ihre Guthaben bis zu einer Höhe von 4000 Mark eins zu eins umtauschen, Kinder unter vierzehn Jahren bis 2000 Mark und die über Neunundfünfzigjährigen bis zu 6000 Mark. Über diese Beträge hinaus war ein Umtausch von 50 Pfennig für eine Mark der DDR möglich, also ein Kurs von eins zu zwei. Bei den Löhnen und Renten erreichte Blüm, daß sie eins zu eins berechnet wurden, was nichts daran änderte, daß die Löhne in der DDR erheblich niedriger lagen als die im Westen. In seiner Regierungserklärung vor der Volkskammer vom 19. April gab de Maizière die Hauptpunkte des bevorstehenden Kompromisses bekannt, der nach dem Modell der Bundesbank entwickelt worden war, die Bundesregierung veröffentlichte ihre Vorschläge am 23. April.[61] Die DDR-Bürger nahmen die Bedingungen am 2. Mai an, und am 18. Mai wurde der Staatsvertrag über die Währungs-, Wirtschafts- und Sozialunion in Bonn unterzeichnet. Er sollte am 1. Juli, sechs Wochen später, in Kraft treten.[62] Beide Parlamente ratifizierten den Vertrag am 21. und 22. Juni, nachdem sie beide eine Resolution gefaßt hatten, mit der die Oder-Neiße-Linie als endgültige Grenze zwischen einem vereinten Deutschland und Polen anerkannt wurde.

Der »Staatsvertrag« war das erste von zwei innerdeutschen Vertragswerken, die die Herstellung der Einheit zum Ziel hatten (auf das zweite, den sogenannten Vereinigungsvertrag, der am 31. August unterzeichnet wurde, komme ich noch zurück): Mit diesem ersten Abkommen wurde in aller Form zum Ausdruck gebracht, daß beide Länder sich zu einem Staat zusammenschließen wollten, und zwar auf der Grundlage von Artikel 23 des Grundgesetzes (Beitritt von einzelnen Ländern oder aller Länder gemeinsam zur Bundesrepublik) und nicht nach Artikel 146 (der die Möglichkeit einer neuen verfassunggebenden Versammlung vorsah). Als Grundlage der gemeinsamen Wirtschaftsordnung der beiden Vertragspartner wurde die »soziale Marktwirtschaft« angenommen und die in der DDR geltende gesetzliche Regelung einer »sozialistischen« Legalität oder Suprematie von sozialistischen Parteien und politischen oder wirtschaftlichen Konzepten abgeschafft. Die gesetzlichen Prinzipien und Bestimmungen der Bundesrepublik, darunter auch die bestehende Rolle der Bundesbank, wurden auf das Gebiet der DDR ausgedehnt. Auch die schwierigen Fragen der Eigentumsrechte wurden geregelt: Das Recht auf Rückgabe von privatem Eigentum wurde denjenigen zugesprochen, deren Vermögen nach Gründung der DDR enteignet worden war (was die Vermögen ausschloß, die während der sowjetischen Besatzungszeit zwischen 1945 und 1949 enteignet worden waren). Am 1. Juli wurden Zweigstellen der Deutschen Bank in Ostberlin eröffnet; Burger King brachte ein mobiles Hamburgerrestaurant nach Dresden; der Bertelsmann-Verlag schickte Bücherbusse. Zwei Tage später bin ich von Prag nach Dresden gefahren. Der tschechische Fahrschein der Ersten Klasse kostete, nach dem Dollarkurs der wertlosen Krone, weniger als das deutsche Taxi für die einen Kilometer lange Strecke vom Bahnhof zum Hotel: Das Taxameter tickte nun in DM. Die Ostdeutschen waren in dem bequemen Geldsessel ihrer ehemaligen und künftigen Landsleute gelandet – aber ihre wirtschaftlichen Schwierigkeiten waren damit nicht zu Ende. Das jetzt teuer gewordene Taxi und sein Unternehmer aus Dresden hatten keine Konkurrenz von Mitanbietern in Stuttgart oder London zu fürchten, aber die Leipziger Computerfirma oder die Werft in Rostock waren nicht mehr geschützt.

2 + 4 = 1: Die Diplomatie der Vereinigung

Die Ostdeutschen haben ihre Geschichte selten selbst gemacht, aber sie hatten häufiger eine bedeutendere Rolle gespielt, als sich westliche Beobachter das vorstellen mochten. Welche Rolle aber konnten die Menschen bei dem willentlich herbeigeführten Ende ihrer Republik spielen? Die Ostberliner Regierung hatte viel weniger Einfluß, als sie dachte. Die neuen Regierungsvertreter der DDR erwarteten anfangs, daß der Status, den sie hatten, aufgrund ihres Reformkurses gegenüber ihren westdeutschen Kollegen erhalten blieb. Aber die politische Führung wurde zwischen November 1989 und Sommer 1990 fortwährend weiter an den Rand gedrängt. Die Öffnung der Mauer nahm dem DDR-Regime schlagartig einen Verhandlungsgegenstand aus der Hand. Sein größter Aktivposten gegenüber der BRD war die Möglichkeit gewesen, den Hahn der Freizügigkeit und anderer Menschenrechte nach Belieben öffnen oder zudrehen zu können. Das ostdeutsche Regime versank in die Bedeutungslosigkeit, aber die Bevölkerung der DDR konnte, ob sie nun, noch einmal mobilisiert, auf die Straße ging wie im Januar oder ob sie Mitte März zur Wahl gehen würde, einen großen Einfluß ausüben.

Zwei Punkte waren zwischen Herbst 1989 und Sommer 1990 entscheidend. Der erste war von größter Wichtigkeit und betraf die Frage, ob das vereinigte Deutschland im nordatlantischen Bündnis bleiben konnte. Würden der Westen und die Westdeutschen einen Verbleib in der NATO wünschen, könnte dies dazu führen, daß die Sowjets doch noch ein Veto einlegten. Der zweite Punkt betraf Verfahrensfragen und das Tempo des Vereinigungsprozesses. DDR-Bürger oder Nichtdeutsche, die zögerten und sich nicht recht mit der Einheit befreunden konnten, äußerten ihre Vorbehalte zumeist eher schüchtern im Hinblick auf die Geschwindigkeit, mit der dieser Prozeß vor sich ging. Man konnte den Deutschen ihr Selbstbestimmungsrecht nicht gut verweigern – immerhin war es als politische Zielvorstellung in allen Erklärungen von westlicher Seite seit Kriegsende enthalten –, aber gegen das Tempo, mit dem die Einheit heranrückte, konnte man etwas unternehmen. »Halt!« zu sagen war nicht möglich, wohl aber: »Langsamer!« Eine übereilte Vereinigung konnte die empfindliche Ordnung in Europa durcheinanderbringen und die Beziehungen auf einem Kontinent schwächen, auf dem beide Lager stets einen Fetisch aus ihrer Sicherheit gemacht hatten. Ob würdevolles Andante einer schrittweisen Konföderation oder ungestümes Allegro, so gaben zögernde Beobachter zu bedenken, worauf es vor allem anderen ankam, war die ungetrübte Perspektive der Sicherheit in Europa und deren Aufrechterhaltung. Man legte Wert auf *Takt*, auf den Zusammenhang zwischen

Tempo und Feingefühl. Eben diese Sorge um das richtige Tempo hatte den Massen in der DDR die Fähigkeit zum kollektiven Handeln verliehen, die ihrer Regierung gerade abhanden gekommen war. Die Massenausreise in den Westen oder weitere Demonstrationen im Osten waren für Kohl und die nichtdeutschen Mächte Anzeichen dafür, daß weitere Fortschritte gemacht werden mußten. Die Demonstrationen konnten Druck auf den Verhandlungsprozeß ausüben, bis Wahlen die Erwartungen der Volksmassen einlösten. Und weil die auswärtigen Mächte nicht willens waren, die Einheit zu verweigern, war es möglich, daß der Gang der Geschichte durch die Massenmobilisierungen etwas weniger zähflüssig wurde. Bundeskanzler Kohl sagte vor den Delegierten seiner Partei Mitte Dezember in Westberlin: »Die Entwicklung der DDR wird von den Menschen dort gestaltet, sie kann nicht am ›grünen Tisch‹ oder mit dem Terminkalender in der Hand geplant werden.«[63]

Seit dem 20. November riefen Demonstranten in Leipzig: »Wir sind ein Volk«, nicht mehr nur: »Wir sind das Volk.« Die Intellektuellen in und um die Bürgerbewegungen hatten den Verdacht, daß die Parole von opportunistischen Trittbrettfahrern der Volkserhebung oder von nationalistischen Gruppen aus dem Westen kam. Aber dem war nicht so. Umfragen, die unter 2000 Demonstranten Mitte Dezember gemacht wurden, zeigten, daß ein Drittel entschieden für die Einheit war und ein weiteres Drittel mehr dafür als dagegen. Von den Demonstranten am 11. Dezember hatte die Hälfte siebenmal an Demonstrationen teilgenommen, d. h. mindestens seit Ende Oktober, und 30 Prozent gaben an, schon bei den kirchlichen Friedensgebeten vor dem 9. Oktober dabeigewesen zu sein. Etwa 85 Prozent waren Einwohner von Leipzig, die meisten Arbeiter und Angestellte. Ein Drittel waren Frauen. Obwohl Leipzig Universitätsstadt ist, beteiligten sich im Dezember nur etwa 4 bis 17 Prozent der Studenten: Der SED, deren Mitglieder im allgemeinen zu Hause blieben, war es gelungen, die Studenten vom Protest fernzuhalten. Kurz, auf der Straße waren engagierte, ältere Arbeitnehmer aus der Stadt und der Umgebung. Bis die Parteien Anfang 1990 auf den Protestmärschen Wahlpropaganda zu betreiben begannen, gaben die Massen und ihre Parolen im großen und ganzen die allgemeine Stimmung wieder – und die verschob sich langsam, aber sicher in Richtung Wiedervereinigung. Der Leipziger Historiker Hartmut Zwahr sah darin nichts Überraschendes oder Unwillkommenes: Die nationale Orientierung der Massen kam von selbst, fast archaisch und, was viele Intellektuelle in Ost und West als peinlich empfanden, aus der Entbehrung nationaler und demokratischer Rechte, die diese gleichmütige Bevölkerung bis dahin zu ertragen hatte. »Ihnen schwebte die Vision eines Nationalstaats vor, die Europa so vielleicht schon nicht mehr benötigt und die angesichts der Normalität weltweiten Austauschs im Generationswechsel auf der bundesdeutschen Seite trotz der deutschen Teilung aus dem Blick zu geraten schien.«[64] »Deutschland, einig Vaterland« – die Parole hatte ihre Logik, und sie löste Echos aus. »Die deutsche Einheit wird kommen, früher, als alle mutmaßen«, schrieb Rolf Schneider im *Spiegel*, der nun wie alle Westmedien den Intellektuellen aus der DDR zugänglich war. »Sie wird kommen und auf das berechtigte, historisch begründete Unbehagen selbst vieler Deutscher stoßen.«[65]

Im Ausland sah man ziemlich schnell, daß die Einheit greifbar und möglich war, auch wenn die Politiker von Kontinuität und Reformen sprachen. Nach der Maueröffnung begaben sich viele Westdeutsche voller Aufregung zu einer Kundgebung vor dem Rathaus Schöneberg, zu der der Regierende Bürgermeister Walter Momper aufgerufen hatte. Noch zehn Tage zuvor hatte dieser wie so viele andere vorausgesagt, daß es zu einer selbständigen und demokratischen DDR kommen werde. Willy Brandt begrüßte überschwenglich das Ende der »unnatürlichen Teilung« Deutschlands und versprach, nun werde zusammenwachsen, was zusammengehöre. Kanzler Kohl kürzte seinen Besuch in Warschau ab und stieg in Hamburg in aller Eile in ein amerikanisches Flugzeug, um nach Berlin zu kommen, das deutsche Maschinen noch nicht anfliegen durften. Die Deutschen waren bewegt, die Russen vorsichtig. Gorbatschow drängte Kohl, dafür zu sorgen, daß sich die Ereignisse nicht überstürzten und es nicht zu einem »Chaos« komme. Der Bundeskanzler dankte Gorbatschow in seiner Rede und rühmte ihre persönliche Beziehung, er forderte das Recht der Selbstbestimmung für alle Europäer und Deutschen und plädierte für »Augenmaß«.[66] Vor einer großen Menschenmenge, die sich spontan vor der Gedächtniskirche versammelt hatte, reagierte er auf die

Jubelrufe mit »Es lebe ein freies deutsches Vaterland. Es lebe ein freies, vereintes Europa!« Auf der Pressekonferenz am nächsten Tag in Bonn bekräftigte er seine Auffassung, daß die Menschen der DDR selber zu entscheiden hätten, was sie wollten, allerdings habe er »keinen Zweifel daran, was sie wollen. Es gibt keinen Zweifel daran, daß die Deutschen die Einheit ihrer Nation wollen.« Und wieder zog er die Verbindung zwischen der deutschen Vereinigung und dem Engagement für Europa, die er schon am Tag vor der Maueröffnung im Bundestag als Grundlage seiner Diplomatie hervorgehoben hatte: »Wir sind keine Wanderer zwischen Ost und West, und wir haben aus der Geschichte dieses Jahrhunderts gelernt. Wiedervereinigung und Westintegration, Deutschlandpolitik und Europapolitik sind wie zwei Seiten derselben Medaille. Sie bedingen einander.«[67]

Von den nichtdeutschen Mächten standen die Vereinigten Staaten einer möglichen deutschen Einheit am wohlwollendsten gegenüber. Freilich reagierte Präsident Bush vorsichtig auf die dramatischen Vorgänge in Berlin. Außenminister James Baker sagte zu Genscher, Reisefreiheit sei noch keine Einheit, und der Präsident meinte vor Journalisten, er wolle gegenüber den Russen nicht schadenfroh erscheinen – er neige auch nicht zu Gefühlsausbrüchen.[68] Insgesamt aber sah die amerikanische Regierung die Wiedervereinigung als den Lohn für Standfestigkeit und Entschlossenheit und nicht als eine beängstigende Entwicklung, die man so lange wie möglich herauszögern müsse. Die Amerikaner hatten ja auch noch an die Möglichkeit der Wiedervereinigung geglaubt, als selbst Deutsche nicht mehr daran glaubten: Im März 1989 meinte Rozanne Ridgway vom amerikanischen Außenministerium, die Einheit sei »ein Thema, das jeden Amerikaner interessiert, um das sich aber kein Deutscher schert«.[69] Die Republikanische Partei ließ sich in der Nachkriegszeit stets mehr von der Sorge leiten, daß Deutschland ein starkes und verläßliches Mitglied der NATO war, dies stand immer mehr im Vordergrund als die Erinnerung an sein aggressives Verhalten in früheren Zeiten. Wenn man durchschnittliche Amerikaner nach ihren Eindrücken von Europareisen befragte, dann bekam man zu hören, daß sie von den nicht englischsprechenden Europäern die Deutschen für diejenigen hielten, die ihnen am ähnlichsten seien. Die Amerikaner, unbelastet von der

Gedankenschwere des alten Kontinents, mochten das gemütliche Biertrinken in großen Runden, die Deutschen waren freundlich zu Studenten und schröpften die Touristen nicht, wie das in den romanischen Ländern schon mal vorkam; sie waren sauber und machten kein solches Getue um ihre Sprache wie die Franzosen; die Städte waren hübsch und nicht so groß, daß man sich bedroht fühlte. Natürlich hatten der linke Flügel der Demokratischen Partei, die Intellektuellen und Akademiker und die große Mehrheit der älteren Juden Auschwitz nicht vergessen. Sie hatten historisch weiter zurückreichende Erinnerungen, und viele gerieten in Aufregung angesichts der Gefahr, die von einem wiedervereinigten Deutschland ausgehen könnte; insgesamt aber war die politisch denkende Schicht in den Vereinigten Staaten durchaus der Meinung, daß Deutschland eine echte, erprobte Demokratie geworden war.[70] Man war beruhigt über Helmut Schmidts und Kohls Erfolg in dem Kampf, den sie in den frühen achtziger Jahren für die Raketennachrüstung gegen eine starke linke Opposition geführt hatten. Ende 1989 und Anfang 1990 unterstützten politische Kreise in den Vereinigten Staaten die Einheit mit offener Begeisterung, so als freuten sie sich, daß das Kind, das sie mit großgezogen hatten und das ein so kräftiger Kerl geworden war, nun seinen Weg in der Welt allein machen konnte. Besonders Bush tat sich als Befürworter der Einheit hervor, sowohl in privaten Gesprächen wie in der Öffentlichkeit. Ziel des Westens sei es, ein »ungeteiltes und freies Europa« zu schaffen, sagte er am 1. Juni vor einer deutschen Zuhörerschaft. »Wir streben die Selbstbestimmung für ganz Deutschland und alle Länder Osteuropas an.« »Es gibt bei manchen ein Gefühl«, stellte er am 18. September auf einer Pressekonferenz in Montana fest, »– nun, daß ein wiedervereinigtes Deutschland dem Frieden in Europa – in Westeuropa – abträglich wäre. Ich kann das nicht nachvollziehen, ganz und gar nicht.« Fünf Wochen später sagte er zu R.W. Apple von der *New York Times*, »ich teile die Sorgen nicht, die manche europäischen Länder in bezug auf ein wiedervereinigtes Deutschland haben«.[71]

Die Schritte zur Einheit

Die Mitglieder des Nationalen Sicherheitsrats (NSC), darunter Robert Blackwill und seine junge Mannschaft, die für die Beobachtung der Entwicklungen in Europa zuständig waren, teilten Präsident Bushs klare Haltung, die nicht von den Schatten des »Dritten Reiches« beeinflußt war. Die Berater des Außenministeriums waren mehr auf Signale aus den europäischen Außenministerien eingestellt und sahen die Deutschlandpolitik im Kontext einer weiten Matrix von zögerndem und abwartendem Verhalten der Nachbarn, das nicht offen eingestanden wurde. Als jüngere Mitglieder des NSC im Frühjahr 1989 vorschlugen, angesichts der abnehmenden Konfrontation in Europa sei es an der Zeit, daß die Vereinigten Staaten das Thema der Teilung Deutschlands und Europas wiederaufnähmen, winkten die Berater des Außenministeriums ab: »Es gibt kein aufrührenderes und entzweienderes Thema, und es dient keinem US-Interesse, wenn wir die Initiative ergreifen und es aufwerfen.«[72] Im Frühjahr 1989 wuchs überall, von Moskau bis Washington, die Erwartung, daß die Frage der deutschen und europäischen Teilung sich bald wieder offen stellen werde. Es war bezeichnend, daß der Londoner *Economist* das Thema der Wiedervereinigung ausgerechnet in seiner Ausgabe vom 17. Juni aufs Tapet brachte. »Durch jeden geäußerten Wunsch [nach Wiedervereinigung] zog sich ein gemeinsamer Faden: wer dies wünschte, meinte es nicht so. Oder er brauchte sich nicht zu fragen, ob er es meinte, denn es konnte nicht sein. Mit dieser bequemen Heuchelei ist es nun vorbei.«[73] Freilich sah auch der *Economist*, daß es von den Russen abhing, was in dieser Frage geschehen würde. Die amerikanischen Politiker waren, bevor es zu der Krise in der DDR kam, zu keiner ernsthaften Anstrengung bereit gewesen, die Wiedervereinigung auf die Tagesordnung zu setzen. Warum sollten sie, solange die Deutschen diese Möglichkeit mit der gewohnten Pietät vor sich herschoben?

Die Amerikaner konnten die Wiedervereinigung selbstverständlich nur dann unterstützen, wenn der Preis dafür nicht die deutsche Neutralität war. Neutralität würde bedeuten, die Russen gewönnen genau so viel, wie sie verloren. Außerdem könnte, wenn man an dieser Stelle von der Frage absieht, ob der Kalte Krieg wirklich zu

Ende war, Deutschland zu einer unberechenbaren Größe heranwachsen. Andererseits würde eine Vereinigung Deutschlands das Machtgleichgewicht innerhalb der NATO erheblich verändern – es sei denn, in der Sowjetunion dachte man nicht mehr unter den Vorzeichen von grundlegenden Rivalitäten. Wären die Sowjets wirklich bereit, ein selbständiges und befreundetes Ostdeutschland, die größte Erwerbung des Zweiten Weltkriegs, aufzugeben? Wären sie auch dann dazu bereit, wenn das neue vereinte Deutschland in der NATO bleiben würde? Selbst wenn Gorbatschow wirklich gemeint hatte, was er vor den Vereinten Nationen im Dezember 1988 gesagt hat, daß nämlich die osteuropäischen Länder »Wahlfreiheit« hätten, dann waren da immer noch seine Militärs und die konservativeren Kommunisten, und es war doch sehr die Frage, ob auch sie auf den Preis, den sie sich vier Jahrzehnte zuvor so teuer erkämpft hatten, verzichten würden. Und reichte »Wahlfreiheit« wirklich so weit, daß sie auch die Wiedervereinigung Deutschlands umfaßte? Das schien äußerst unwahrscheinlich. Nach den Ereignissen behaupteten verschiedene außenpolitische Experten der damaligen Sowjetunion, sie hätten seit Gorbatschows Amtsübernahme über die Überwindung der »unnatürlichen« Teilung Deutschlands nachgedacht (vgl. S. 347). Aber langfristige Perspektiven zu entwickeln ist etwas anderes, als mit der Trägheit einer riesigen und komplexen Bürokratie fertig zu werden. Als Kohl im Oktober 1988 nach Moskau reiste, widersprach Gorbatschow nicht, als er sagte, die Deutschen hätten trotz der Grenze ein Gemeinschaftsgefühl bewahrt, der russische Präsident ging aber auch nicht auf diese Bemerkung ein. Im Februar 1989 erklärte der Chef des Kanzleramtes Wolfgang Schäuble, Bonns Politik müsse sich damit begnügen, Kommunikationsmöglichkeiten zwischen den Menschen in Ost und West herzustellen. Aber Gorbatschow konnte und wollte die sowjetische Politik auf einen anderen Kurs bringen, und er tat dies mit einem enormen Einsatz. Offen war, wann und in welcher Form er einverstanden sein würde, daß die Frage der deutschen Einheit auf den Tisch kam. Die ostdeutschen Demonstranten zeigten, daß sie in der Lage waren, über das politische System, in dem sie leben wollten, zu entscheiden. Aber nur die Sowjetunion – als unterzeichnende Partei des noch gültigen Abkommens von 1945 sowie des Viererabkommens von 1971 und als entscheidende Militärmacht in der DDR – konnte letztendlich bestimmen, ob der Staat erhalten bleiben sollte oder nicht. Es sah nicht so aus, daß sie eine solche Entscheidung treffen würde, ohne die eingetretenen Veränderungen, den Zusammenbruch der ostdeutschen Grenze und die Labilität der DDR-Regierung, sorgfältig abzuwägen.

Der deutlichste Protest gegen die Einheit kam aus London. Margaret Thatcher hatte auf einer Rede vom 13. November vor emotionalen Reaktionen gewarnt und Bush zu verstehen gegeben, der Westen müsse klar zum Ausdruck bringen, »daß die deutsche Wiedervereinigung kein Thema ist, das gegenwärtig behandelt werden muß«. Mehrfach erklärte die englische Premierministerin im Spätherbst 1989, die Festigung der Demokratie in der DDR und in Osteuropa habe höchsten Vorrang, und übereilte Gespräche über die Wiedervereinigung gefährdeten diese Möglichkeit. Auch Gorbatschow und seinem Reformprojekt könnten sie schaden. Diese Zurückhaltung blieb den ganzen Winter über das Leitmotiv der britischen Politik und führte sogar – wie es heißt – zu verdeckten Appellen an Gorbatschow, dem stürmischen Drängen zur Wiedervereinigung mit Standfestigkeit zu begegnen.[74]

Ohne Unterstützung aus Paris war diese britische Politik allerdings wirkungslos. Schon immer, seit den Anfängen von 1950, waren die britischen Versuche, den Prozeß der Verständigung zwischen Frankreich und Deutschland zu verlangsamen, fehlgeschlagen. Und die Franzosen waren nicht bereit, sich offen gegen die Wucht der Ereignisse zu wenden. Mitterrand wäre sicher glücklich gewesen, wenn die Entwicklung langsamer vonstatten gegangen wäre. Auch wenn er am 3. November öffentlich verlauten ließ, er fürchte die Vereinigung nicht, warnte er doch davor, Gorbatschow zu verunsichern, und unterstrich den Vorrang der Europäischen Gemeinschaft. Im Frühjahr 1990 versuchte er auf eine vorsichtige Weise den Sowjets nahezubringen, sich dafür stark zu machen, daß Deutschland nicht in der NATO bleiben könne. Aber der Elysée-Palast und die französische Diplomatie waren nicht willens, die westdeutschen Hoffnungen offen zu brüskieren; da hätte Gorbatschow wohl eine härtere Gangart einschlagen müssen. Zwar äußerten sich französische Kommentatoren gelegentlich entsetzt darüber, daß nun ein politisch und wirtschaftlich noch mächtigeres Deutschland entstehen könnte, das in der Lage wäre, die lange Partnerschaft beider Länder zu dominieren, aber den Franzosen blieb nichts anderes übrig, als so zu tun, als würden sie die sich anbahnende deutsche Einheit wohlwollend unterstützen, und auf der anderen Seite die Sowjets ihrer besonderen Sorge versichern. Das Ergebnis war ein kraftloses Wollen, keine Vetopolitik. Die Deutschen spürten Mitterrands Ambivalenz sofort, und Kohl, ein großer Bewunderer von Adenauer, begriff, wie entscheidend wichtig es für Deutschlands internationale Stellung war, die Franzosen auf seiner Seite zu haben. Frankreich und speziell Mitterrand selbst forderten eine nochmalige Bestätigung von Kohl, daß sich Deutschland voll und ganz für die Europäische Gemeinschaft einsetze: Sie forderten letzten Endes, implizit als Gegenleistung, die Unterstützung der Verhandlungen, die zum Vertrag von Maastricht führen sollten.[75]

Den Bonner Politikern war klar, daß eine allgemeine wohlwollende Einstellung zur Wiedervereinigung schnell in eine reservierte Haltung umschlagen konnte, wenn die Bundesrepublik sich brüsk und ungeschickt verhielt. Es kam auf Feingefühl an; die Erklärungen zugunsten von »Europa« mußten aus vollem Herzen und immer wieder aufs neue kommen. »Europa« war das Mantra – ob als die Europäische Gemeinschaft im Westen oder als KSZE im Osten –, auch wenn Deutschland das Ziel war. Kohls Aufgabe war, die westlichen Verbündeten zu besänftigen, wenn sie unruhig wurden, weil die Vereinigung zu schnell vonstatten ging. Er mußte auch die Wünsche der Menschen in der DDR respektieren; und was das in der Summe bewirken würde, war zu dieser Zeit gar nicht abzusehen. Die Vereinigung schloß ja Zwischenabkommen nach konföderativem Muster mit einer noch bestehenden DDR nicht aus. Am wichtigsten für Kohl war natürlich die Aufgabe, den Sowjets zu versichern, daß ein neues, vereintes Deutschland keine Bedrohung darstelle. Zusammengefaßt: Die Amerikaner begrüßten die Einheit, die Franzosen wollten und die Briten konnten sie nicht verhindern; allein Moskau wäre noch in der Lage gewesen, eine Lösung zu erzwingen, die auf halbem Wege stehenbleiben würde. Aus diesem Grund zog sich der Bundeskanzler am 16. November auf eine Linie vorsichtiger Besonnenheit zurück: Die Menschen in der DDR sollten über ihre Zukunft selbst entscheiden. Und Außenminister Genscher schnitt Präsident Bushs spekulative Frage nach der Möglichkeit einer deutschen Wiedervereinigung mit der knappen Antwort ab, daß davon mehr außerhalb als innerhalb seines Landes die Rede sei.[76]

Ende November begannen sich verschiedene Strategien abzuzeichnen: Die Briten betonten den Liberalisierungsprozeß in der DDR als das Ziel, das gegen die Wiedervereinigung durchzusetzen war; und die vier Mächte galten den Engländern als der Rahmen, innerhalb dessen über die Angelegenheit entschieden werden sollte; die Amerikaner hoben hervor, daß über die Zukunft Deutschlands von den Deutschen selbst entschieden werden sollte; die Westdeutschen setzten auf die neuen Institutionen, die sich aus der Ostpolitik und den Abkommen von Helsinki entwickelten, als den geeigneten Bezugsrahmen; die Franzosen und die Sowjets warteten ab. Hätten die Gegner einer schnellen Vereinigung eine wirkungsvollere Opposition betreiben können? Sie hätten vielleicht eine Politik der Erinnerung für sich nutzbar machen können; die Befürchtungen waren nebelhaft und diffus: In Leitartikeln der *Washington Post* und der *New York Times* hieß es, es dränge nichts zur Wiedervereinigung. Auf dem Weihnachtsempfang des Rats für Auswärtige Beziehungen hielt George Kennan vor den Mitgliedern und den Kindern, die sie (wie ich die meinen auch) mitgebracht hatten, damit sie den legendären Diplomaten hören konnten, ein Plädoyer gegen die politische Vereinigung: Die kulturelle Einheit sei ausreichend.

Angesichts dieser vielfältigen und verworrenen Stimmungslage suchte Bundeskanzler Kohl die Initiative zu ergreifen, um zu verhindern, daß er in eine Politik hineingetrieben würde, die von der Voraussetzung zweier deutscher Staaten ausginge. Wie sein Berater Horst Teltschik notierte, wurde die Diskussion im eigenen Land und im Ausland intensiver, aber auch konfuser. Selbst die Betonung der Selbstbestimmung von seiten der amerikanischen Freunde und ihre Versicherung, daß sie die Einheit akzeptieren würden (wie Genscher bei Baker heraushörte), blieben recht unspezifisch. Da kam ein ermutigender Wink von den Sowjets. Teltschik wurde von Nikolai Portugalow von der internationalen Abteilung des Zentralkomitees informiert, daß in Moskau über alle möglichen Alternativen – »sogar quasi Undenkbares« – spekuliert werde, auch wenn man mittelfristig einer Konföderation den Vorzug gäbe. Teltschik ließ sich von diesem Gespräch ermutigen und drängte Kohl, ein Szenario für die Einheit vorzulegen. Wenn er sich nicht an die Spitze stellte, dann würden sich vielleicht FDP oder SPD der Sache annehmen. (Für die deutsch-deutsche Politik spielte die Tatsache, daß die FDP der Koalitionspartner der CDU war, keine Rolle: Der Kanzler und seine Partei mußten die Richtlinien festlegen.) Am 24. und 25. November arbeitete Teltschiks Mannschaft intensiv am Entwurf zu einer Erklärung, die Kohl vor dem Bundestag in Verbindung mit der Haushaltsdebatte abgeben sollte.[77] Drei Tage später legte der Kanzler ein Zehn-Punkte-Programm vor, das den Vorschlag zu einer Vertragsgemeinschaft enthielt sowie Schritte skizzierte, die zu einem föderalen System innerhalb eines vereinten Deutschland führen konnten, wobei alle neuen Rahmenbestimmungen eingebettet sein sollten in die Europäische Gemeinschaft und einen gesamteuropäischen Rahmen. Mit seiner Rede vom 28. November erhob Kohl den Anspruch auf eine historische Leistung, wofür ihm seine beispiellos lange Kanzlerschaft – 1996 war seine Amtsperiode schon länger als die Bismarcks – zugute kam. Er ließ die Vorschläge des geschwächten DDR-Regimes verblassen, ohne sie offen feindselig zurückzuweisen. Er stellte die Wiedervereinigung als ein Ziel vor, das einer unsicher schwankenden Öffentlichkeit im Westen und einer sich möglicherweise danach sehnenden Öffentlichkeit im Osten erstrebenswert erscheinen mochte; diese Ziele verpackte er in die Rhetorik von europäischer Gemeinschaft und Ost-West-Verständigung, so daß niemand argwöhnen konnte, er wolle die Linie der Ostpolitik verlassen. Mit seiner klaren Initiative machte er die Christdemokraten im Hinblick auf die im kommenden Jahr stattfindenden Wahlen glaubwürdig und brachte die SPD in eine Position, in der sie die Rede entweder unterstützen konnte oder riskieren mußte, als antinational zu erscheinen. Und er verschaffte sich außenpolitische Stoßkraft auf Kosten seines FDP-Außenministers, der ihm allerdings vollendet charmant sagte: »Helmut, das war eine große Rede.«[78]

Kohls Rede barg aber auch Risiken. Er war der Ansicht, es sei besser, die Verbündeten vor der Verkündung des Zehn-Punkte-Programms nicht zu konsultieren, und hatte dies auch nicht getan. Im Ausland war die Resonanz unterschiedlich. Mitterrand erschien ärgerlich – »Mais, il ne m'a rien dit! Rien dit!« –, doch beugte er sich dem deutschen Wunsch nach Selbstbestimmung.[79] Verteidigungsminister Chevènement, der der Sozialistischen Partei angehörte, widersprach mit größerem Nachdruck und wies darauf hin, daß auch Sowjets und Amerikaner wenig Sympathie zeigten. Doch Bush gab sich nonchalant. Und die Russen? Gorbatschow kam zu dem Treffen mit Bush auf einem Schiff vor Malta ohne einen genauen Plan für Deutschland und verlangte nur, daß die geschichtliche Bewegung, deren Zeuge sie seien, nicht überflüssig beschleunigt werde. In den nächsten Wochen und Monaten machte sich das Unbehagen im Ausland mit Klagen über zu große Eile und auch mit Forderungen nach einem schrittweisen Vorgehen bemerkbar. Niemand wollte sich den historischen Veränderungen direkt in den Weg stellen, aber alle fühlten sich unwohl im Hinblick auf das Tempo. Aber welches Tempo, so fragten sich amerikanische Politiker, wäre denn tatsächlich ein Garant für ein stabiles Ergebnis? Eine stufenweise Vereinigung oder ein schnelles Handeln, mit dem sich der Augenblick ergreifen läßt, bevor die Menschen in der DDR vielleicht enttäuscht wären oder die in der BRD anfingen, sich über Kosten Sorgen zu machen, oder aber Gorbatschow in Moskau auf wachsenden Widerstand treffen würde? Ließen sich durch schnelles Handeln nicht auch Umwege und Zeitvergeudung vermeiden?

Als der amerikanische Präsident und der Bundeskanzler am 3. Dezember in Brüssel miteinander sprachen, sagte Kohl, er wolle keinen Druck machen, aber die Zeit arbeite für die Föderation (für eine Stufe der Einheit, der über der bloßen Konföderation liegt), auch wenn dies vielleicht noch fünf Jahre dauern könne. Die Vereinigten Staaten, so Bush in seiner Brüsseler Rede, begrüßten die deutsche Einheit, wenn vier Punkte berücksichtigt würden: die Achtung der Selbstbestimmung; eine fortbestehende Mitgliedschaft Deutschlands in der NATO und der Europäischen Gemeinschaft und die Einhaltung der verbliebenen Vertragsrechte der Alliierten; ein schrittweises Vorgehen; die Bestätigung der Grenzen in Europa entsprechend der Schlußakte von Helsinki. Der Bundeskanzler muß hoch erfreut gewesen sein über die Unterstützung des Präsidenten: Die Einheit war ein amerikanisches und deutsches Projekt, mit dem man die Briten überholen mußte und den Sowjets, die als Partner willkommen waren, nicht das Leben schwermachen durfte, damit »sich alle Staaten Europas in einem Bund freier Völker zusammenfinden«. Die Italiener und die Briten erhoben indirekt Einwände gegen die amerikanische Unterstützung, während die Holländer sich anschlossen.[80]

Der Schwung erlahmt

Die NATO-Staaten hatten ihre Reihen scheinbar geschlossen, nur Gorbatschow machte sich seine eigenen Gedanken über die Initiative aus Bonn. Als Genscher Anfang Dezember nach Moskau kam, übte der sowjetische Parteichef heftige Kritik an Kohls Zehn-Punkte-Plan und dem Versäumnis des Bundeskanzlers, Moskau von seiner Initiative in Kenntnis zu setzen; »Das Gespräch war für uns beide unangenehm«, erinnert er sich. Gorbatschow hielt daran fest, daß Modrows Staat unabhängig bleiben müsse, und gelobte auf der Sitzung des Zentralkomitees vom 9. Dezember, die Sowjetunion werde die DDR nicht aufgeben. Modrow, der gerade eine Woche im Amt war und eben den traumatischen SED-Parteitag vom 8. und 9. Dezember hinter sich gebracht hatte, tat so, als begrüße er Kohls Idee einer konföderalen »Vertragsgemeinschaft«, richtete aber an alle außenstehenden Mächte die Bitte, sich dafür einzusetzen, daß »dieses Land nicht auf dem Altar der Wiedervereinigung geopfert« werde. Kohl, in der Absicht die Sowjets zu beruhigen, schrieb Gorbatschow am 14. Dezember, die wahre Ursache der instabilen Verhältnisse in der DDR sei nicht der westdeutsche Plan, sondern deren Weigerung, wirkliche Reformen anzupacken. Er versprach, daß Bonn aus der gegenwärtigen Schwäche und Verwirrung des ostdeutschen Staates keinen Vorteil zu ziehen gedenke.[81]

Solange kein deutliches Signal von Gorbatschow kam, konnten die Berater in Moskau, die gegen die Vereinigung waren, darangehen, den Schub, der in diese Richtung ging, abzufangen. Angesichts des Widerstands von Bondarenko von der Europaabteilung des Außenministeriums, von Falin im Zentralkomitee und von Kwizinskij, der kurz vor seiner Amtseinführung als Botschafter in Bonn stand, rückte Schewardnadse bei der Vorbereitung seiner für den 19. Dezember geplanten Rede vor dem politischen Ausschuß des Europaparlaments von einer direkten Billigung der Einheit ab. Die Selbstbestimmung der Deutschen, erklärte er zum Abschluß seiner Rede, sei nicht die einzige Erwägung, die in der kommenden Zeit anzustellen sei; jedes neue »nationale Gebilde« müsse sich im Rahmen der Beschlüsse von Helsinki und der KSZE, die die Stabilität der bestehenden Staaten garantiere, bewegen.[82]

Die unbehaglichen Reaktionen auf die Ereignisse und die düsteren Alternativen, die Schewardnadse ins Spiel brachte, unterschieden sich nicht grundsätzlich von der gegen Jahresende in Westeuropa vorherrschenden Stimmung (die sich kurzfristig sogar bei den Beratern des Weißen Hauses und des US-Außenministeriums bemerkbar machte). Alle NATO-Verbündeten der Bundesrepublik fragten sich, welches Ergebnis sie für wünschenswert halten sollten. Auch Mitterrand dachte über die Realisierbarkeit von Alternativen nach, war aber letztendlich doch bereit, die Deutschen machen zu lassen. Anfang Dezember gewann Margaret Thatcher den Eindruck, dem französischen Präsidenten sei bei dem Gedanken an die deutsche Vereinigung ebenso unwohl wie ihr. Mitterrand und sein Außenminister Roland Dumas betonten die Unverletzlichkeit der deutsch-polnischen Grenze, so als ob sie diesen Punkt dazu benutzten (diesen Eindruck hatte jedenfalls der Berater des Bundeskanzlers), die Vereinigung herauszuzögern. Machen wir langsam, forderte Mitterrand, als er mit Bush am Strand von St. Martin spazierenging. Die KSZE und der Prozeß von Helsinki müßten gestärkt und eine eventuelle deutsche Föderation fest in europäische Strukturen eingebunden werden.[83] Diese Auffassung teilten viele. Auf irgendeine Art der Verbindung von Ost- und Westdeutschland lief es wohl hinaus, aber hätte eine Konföderation nicht weniger destabilisierende Folgen als eine direkte Fusion? Wäre nicht eine lange Übergangsperiode wünschenswert? Sollte man nicht von den Deutschen verlangen, daß sie alles dafür täten, sich das Wohlwollen der beteiligten Mächte in West und Ost zu erwerben? Müßten sich die Deutschen nicht respektvoll gegenüber »Europa« verhalten oder »Europa« gar voranstellen, auch wenn es um Dinge ging, die für sie von außerordentlicher Bedeutung wären?

Ob dieses Zögern nun ausdrücklich von Intellektuellen und Journalisten oder *sotto voce* von Politikern zum Ausdruck gebracht wurde, überraschend war es nicht. Der seit fünfundvierzig Jahren in Europa bestehende bipolare Stabilitätsrahmen hatte den Frieden erhalten, auch wenn beide Seiten mit seinen Grenzen unzufrieden waren. Ein vereintes Deutschland war ein Potential der Beunruhigung, ganz gleich, wie aufrichtig es versprach, für Frieden und Demokratie einzutreten. Die Teilung Deutschlands hatte sich als bedeutendes Element der internationalen Ordnung erwiesen, in der ein wie immer auch argwöhnisch beobachteter Friede geherrscht hatte. Erforderte also die Fortsetzung des Friedenszustands, daß die Teilung aufrechterhalten blieb? Kein Thema in Europa konnte von mehr Erinnerungen überschattet oder so von der Aura der Vergangenheit umwölkt sein als dieses. Aber sollte »Europa« entstehen als eine träge Masse, die heraufbeschworen wurde, um die Deutschen zu entmutigen?

Das Europa der KSZE war nicht der einzige Bezugspunkt für diejenigen, die den Lauf der Ereignisse verlangsamen wollten; im Januar 1990 erinnerten die Sowjets an den Viermächtestatus: Sie, als die Unterzeichner der Abkommen von Jalta und Potsdam und des Viererabkommens von 1971, seien die Wächter des internationalen Status von Deutschland. Daß nun wieder die Siegermächte ihre Ansprüche anmeldeten, war überhaupt nicht im Sinn der Deutschen. Daher war in den kommenden Monaten eine Schreckensvorstellung, der Einigungsprozeß könne durch eine »Friedenskonferenz« besiegelt werden. Einen peinlichen Lapsus machten die Amerikaner wieder gut. Im Dezember hatte Baker auf Ersuchen der Sowjets widerwillig zugestimmt, daß die Botschafter der vier Mächte seit 1971 zum ersten Mal wieder in Berlin konferieren sollten. Obwohl die Tagesordnung harmlos war, zeigte sich Genscher pikiert, denn das Treffen fand im alten Kontrollratsgebäude statt und erinnerte an den Besatzungsstatus.[84] Aber es gab keinen Weg für die vier, tätig zu werden: Sie hätten sich, was noch lästiger gewesen wäre, darum kümmern müssen, wie sie es vermeiden könnten, daß noch andere mögliche Mitspieler in Ost- und Westeuropa mitreden. Am Ende dieses bemerkenswerten Jahres 1989 wußte niemand so recht, wie es weitergehen solle.

Der Prozeß geht weiter

Mitte Januar begann plötzlich die Glaubwürdigkeit der Ostberliner Regierung zu schwinden. Und ebendies veranlaßte die Hauptakteure dazu, ihr Zögern aufzugeben. Wiederum, wie im Oktober und November, hatten die Massen einen entscheidenden Einfluß auf das Geschehen. Dieses Mal waren sie ärgerlich und warteten nicht mehr auf Kirchenleute und Intellektuelle, um ihre Aufforderung zum »Dialog« zu artikulieren. Die Wut über die offenkundige Abneigung der Regierung Modrow, die staatliche Geheimpolizei aufzulösen, brachte die Massen in Berlin dazu, in das Hauptquartier der Stasi einzudringen und es teilweise zu verwüsten. Wie in Kapitel Vier bereits erwähnt, kündigte Lothar de Maizière mit der ostdeutschen CDU die Koalition, und die Krise endete damit, daß die Regierung noch mehr in der Klemme war und die Wahlen auf den 18. März vorverlegt wurden. Kohl hatte kein Interesse daran, daß diese Regierung wieder auf die Beine kam. Ende Februar erklärte er Bush, der Zusammenbruch der Regierung Modrow habe ihn veranlaßt, den Zehn-Punkte-Plan von vor gerade zwei Monaten schneller umzusetzen als ursprünglich gedacht.

Die Amerikaner richteten ihre Politik neu aus, dem Zerfallsprozeß folgend, der in Mitteleuropa zu beobachten war. Ende Januar war man im Nationalen Sicherheitsrat wieder davon überzeugt, daß die Zeit reif sei, um schnelle Schritte in Richtung Einheit zu unternehmen – eine Verzögerung würde nur dazu ermutigen, die Neutralität Deutschlands als Forderung ins Spiel zu bringen. Außerdem sei nun auch den Sowjets an einem rasch erzielten Ergebnis gelegen. Bakers engste Berater im Außenministerium, Robert Zoellick und Dennis Ross – der Chef des außenpolitischen Planungsstabs –, waren zu derselben Überzeugung gelangt und rieten dem Minister, auf die »Zeitrafferversion der Vereinigung« umzuschalten. Da die Deutschen gegen Viermächteverhandlungen seien, solange die Sowjets eine Übereinkunft zwischen den Deutschen unterbinden könnten, schlugen sie vor, in der Zeit nach den März-Wahlen Viermächteverhandlungen mit direkten deutsch-deutschen Gesprächen zu kombinieren – die sogenannten Zwei-plus-vier-Gespräche. Nicht alle ihre Kollegen hielten dieses

Szenario für geeignet; das europäische Büro argumentierte, die Viermächtevormundschaft würde die Deutschen verärgern. Zoellick konterte mit dem Hinweis, daß ausschließlich innerdeutsch geführte Verhandlungen Moskau dazu veranlassen könnten, Bonn als Gegenleistung für die Einheit zu einer gewissen Neutralität zu verpflichten. Die Sowjets und die DDR traten beide für den Rückzug aller ausländischen Truppen aus Deutschland ein, aber Bush war der Auffassung, daß es im Interesse der Vereinigten Staaten lag, eine substantielle (wenn auch verminderte) Präsenz amerikanischer Truppen in Europa zu erhalten. (Daß der Warschauer Pakt sich möglicherweise auflöste, hatte auf diesen Plan keinen Einfluß, sein Sinn bestand einfach darin, daß die Vereinigten Staaten Streitkräfte in Europa stationiert lassen wollten, auch wenn sie es nicht wie in den vergangenen vierzig Jahren mit einem ebenso starken Gegner zu tun hatten.) Der entscheidende Punkt war, daß die Sowjets die Rolle des Spielverderbers hatten, gleichgültig ob sie sich an den Viermächteverhandlungen beteiligten oder nicht. Bush hatte die Vorstellung, daß es bei gleichzeitigen Verhandlungen eher zu Ergebnissen im Hinblick auf Truppenreduzierungen und die Erhaltung der NATO kommen würde.[85]

Nur die Sowjets hätten eine andere Entwicklung herbeiführen können – aber sie waren dazu nicht bereit. Als Gorbatschow zu entscheiden hatte, ob die Sowjetunion in Litauen gewaltsam vorgehen sollte oder nicht, mußte er gleichzeitig auch die verschiedenen Möglichkeiten überdenken, die in der Deutschlandpolitik bestanden. Ende Januar kam es zu der grundsätzlichen Entscheidung, daß die Sowjetunion nicht in den Gang der Ereignisse eingreifen würde. Gorbatschow hatte, unter Umgehung der üblichen Kanäle im Politbüro, seine engsten Deutschlandberater zusammengerufen: seinen Hauptberater Tschernajew, Schewardnadse, Ministerpräsident Ryschkow, Jakolew und Falin, die beiden Leiter der Internationalen Abteilung der Partei, und einige andere. Vier Stunden lang debattierten diese Männer über die russischen Optionen. Tschernajew bezog die entschiedenste Position: Es bleibe keine andere Wahl, als mit Kohl zu verhandeln. Modrow und die SED hätten keine Autorität, Gysis PDS existiere noch gar nicht richtig und habe keine Zukunft, und die westdeutsche SPD versuche, mit dem Thema Wiedervereinigung Politik zu machen. Nur der Bundeskanzler sei verläßlich und entschlossen, seine Politik in einen europäischen Rahmen zu stellen. Falin und sein Stellvertreter Fjodorow sowie der Reformer Jakolew setzten auf die SPD. Gorbatschow faßte das Ergebnis zusammen: Es solle eine aus sechs Parteien bestehende Verhandlungsgruppe (die vier Besatzungsmächte und die beiden deutschen Staaten) geben, keine große Konferenz, und er wolle mit Kohl verhandeln, aber auch Modrow und Gysi nach Moskau einladen und sich für Gespräche mit der SPD offenhalten.[86]

Als Modrow am 30. Januar nach Moskau fuhr, stellte ihm Gorbatschow sein Konzept einer schrittweisen Vereinigung unter dem Motto aus der Nationalhymne der DDR *Deutschland – einig Vaterland* vor. Der Ministerpräsident der DDR gab dies zwei Tage später bekannt, ohne es vor den Runden Tisch zu bringen und auch noch bevor seine Regierung der nationalen Verantwortung von der Volkskammer formell bestätigt war. Sprecher der Bürgerbewegungen und der Volkskammer äußerten sich kritisch und warfen Modrow vor, er übe Druck aus in Richtung Einheit. Aber Modrow war klar, daß er gar keine Wahl hatte: Bis Ende Januar hatte er deutlich genug gesehen, wie schwach die Wirtschaft der DDR war und wie weit auch der politische Zerfall der DDR vorangeschritten war. Sein Staat konnte seine Autonomie nicht aufrechterhalten, auch nicht innerhalb einer Konföderation. Außerdem erschien fraglich, ob die Sowjetunion eine Konföderation überhaupt unterstützen würde. Angesichts der Massendemonstrationen gegen die Stasi, der fortgesetzten Abwanderung und der Koalitionskrise der vergangenen Wochen hätte diese Unterstützung durch die Sowjets einigermaßen massiv ausfallen müssen, damit er bei den bevorstehenden Gesprächen mit Bundeskanzler Kohl glaubwürdig genug war und als gleichberechtigter Verhandlungspartner auftreten konnte. Zwar traten auch die sowjetischen *Germanisti* für eine feste Haltung Moskaus zugunsten der DDR ein. Doch obwohl Gorbatschow Modrows Initiative formell unterstützte, nahm dieser den Eindruck mit, daß das Interesse des sowjetischen Staats- und Parteichefs an der DDR erlahmte. Kotschemassow, der russische Vertreter in Ostberlin, war wütend über die Passivität seiner Regierung und Gorbatschows Schwanken: Modrow, behauptete er, sei enttäuscht, und Moskaus laue Unterstützung sei nicht dazu angetan, den Auflösungsprozeß der DDR aufzuhalten. Als der Regierungschef der DDR am 3. Februar auf einer Klausurtagung von Wirtschaftsführern in Davos inoffiziell mit Kohl zusammentraf, zeigte sich der Bundeskanzler zwar persönlich besorgt, machte aber keine Zusagen im Hinblick auf Wirtschaftshilfe durch die Bundesrepublik und wiederholte auch die früher gemachten Zusagen nicht. Nach Ansicht von Kotschemassow und Modrow hatte Gorbatschow Anfang Februar eine wichtige Gelegenheit verpaßt, das Tempo des Einigungsprozesses zu bremsen. Auf der anderen Seite kann es weder Gorbatschow noch Kohl entgangen sein, daß sich die Basis des ostdeutschen Regimes im Land praktisch in nichts aufgelöst hatte. Modrow selbst hatte ihm gegenüber zugegeben, daß die DDR-Bevölkerung die Existenz zweier deutscher Staaten mehrheitlich ablehne. »Die Argumente, die wir bis jetzt benutzt haben, zeigen keine Wirkung mehr.« Die Idee einer stufenweisen Konföderation verblaßte, eine schnelle Vereinigung wurde greifbar.[87]

Falin und Kotschemassow hatten keine positive Alternative anzubieten, aber ihre Aufregung über Gorbatschow war nicht irrational, denn er verhielt sich tatsächlich schwankend, und das in einer Situation, in der nur die Sowjets die Existenz der DDR hätten stabilisieren können. »Ich bin völlig verwirrt«, notierte Tschernajew am 3. März in sein Tagebuch, »der Staat zerfällt, und kein Neuanfang ist in Aussicht.«[88] Wo sollten die Ostdeutschen Unterstützung finden? Sie erhielten Hilfe von Bonn, aber im großen und ganzen nur zu dem Zweck, die Bewohner der DDR von einer massenhaften Abwanderung in den Westen abzuhalten, nicht um das dahinsiechende Regime am Leben zu halten. Briten und Franzosen verhielten sich einer schnellen Vereinigung gegenüber reserviert, aber sie hatten keinen wirklichen Einfluß. Da hätten sie Washington schon davon überzeugen müssen, daß ihr Zögern gerechtfertigt sei. Margaret Thatcher war eine klare Gegnerin des schnellen Tempos. Und als ihr Berater Lord Ridley sagte, Deutschland würde Europa beherrschen und die Franzosen verhielten sich wie Kohls Schoßhund, sprach er vermutlich aus, was seine Chefin dachte (für seine Offenheit mußte er bald darauf seinen Posten aufgeben). Thatchers Treffen mit Mitterrand am 20. Januar blieb ohne konkretes Ergebnis. Einzig und allein die Sowjets hätten in die

Speichen greifen können. Später im Frühjahr waren Thatcher und Mitterrand kurz davor, Moskau dazu aufzufordern.

Ganz eindeutig hätten die Sowjets in die Speichen greifen können, wo es um die NATO ging. Was sprach eigentlich dafür, daß Moskau nichts gegen eine Mitgliedschaft eines konföderativen oder vereinten Deutschland in der NATO einzuwenden hatte? Warum sollte Moskau seine Zustimmung dafür geben, daß ein neues vereintes Deutschland oder innerhalb eines gesamtdeutschen Staatenbundes auch nur Westdeutschland Atomwaffen auf seinem Territorium hätte? Wäre es nicht verständlich, wenn die Sowjets der Einheit stattgäben, um dafür die Neutralität Deutschlands und den Abzug aller ausländischen Truppen einzuhandeln? Außenminister Genscher hat das NATO-Thema in der mehrfach überarbeiteten Rede angesprochen, die er unter dem Titel »Deutsche Einheit in der Europäischen Gemeinschaft« am 31. Januar in der Evangelischen Akademie Tutzing hielt. Der Ort war glücklich gewählt, denn hier hatte Egon Bahr vor zwanzig Jahren die Stoßrichtung der Ostpolitik formuliert: »Wandel durch Annäherung«. Die Rede war auch für Genschers eigene, nicht ganz einfache Rolle im Einigungsprozeß von Bedeutung. Zwar war er permanent in Verhandlungen und hob immer wieder die Zusammenarbeit Deutschlands mit seinen Verbündeten hervor, aber er und seine kleine FDP liefen Gefahr, von den Initiativen des Bundeskanzlers an den Rand gedrängt zu werden. Er stand loyal zu Kohl, war aber ständig besorgt, dieser könne sich verkalkulieren, zum Beispiel durch mangelndes Feingefühl in der Frage der polnischen Grenze oder durch den Genschers Meinung nach durch den Gang der Ereignisse überholten Vorschlag, doch eine Konföderation zu bilden. Genscher war besonders hellhörig, wenn die vier Mächte andeuteten, sie wollten die deutsche Frage selbst regeln. Auf der anderen Seite stand zu erwarten, daß der Versuch, über die Einheit auf einer Neuauflage der Friedenskonferenz oder gar einem großen KSZE-Treffen zu verhandeln, sehr mühsam würde, viel Zeit kosten und Themen wie Reparationen und dergleichen auf die Tagesordnung setzen würde. Hinzu kam, daß Genscher wegen seiner ostdeutschen Herkunft auf den Schwung der Ereignisse mit echter Anteilnahme reagierte; besonders deutlich zeigte sich das, als er Gelegenheit hatte, nach siebenunddreißig Jahren in seine Heimatstadt

Halle zurückzukehren, in der Marktkirche, in die seine Familie manchmal zu Gottesdiensten gegangen war, zu sprechen und seiner Zuhörerschaft im anderen Deutschland zu sagen, daß sie sich für die Einheit entscheiden sollte.

In Tutzing ging es um Wesentlicheres. Hier nahm Genscher das NATO-Thema auf, allerdings mit den gleichen Unklarheiten, die für seine Politik auch früher schon kennzeichnend waren. Im Nationalen Sicherheitsrat der USA wurde die Rede als ein Vorschlag verstanden, die europäische Sicherheitsgrenze in der Mitte eines vereinten Deutschland verlaufen zu lassen. Deutschland sollte in der NATO bleiben, aber es sollte keine NATO-Verbände im östlichen Teil, also auf dem Territorium der DDR, geben. Müßten dort deutsche Einheiten stationiert werden, so wären diese wohl nicht dem NATO-Kommando zu unterstellen. Genscher betonte später, er habe vor allem deutlich machen wollen, daß ganz Deutschland zur Allianz gehören solle, allein das Territorium der DDR solle außerhalb des NATO-Bereichs bleiben und insofern einen separaten Status behalten. Schließlich schlug Genscher vor, NATO und Warschauer Pakt sollten an der Herstellung von kooperativen Beziehungen arbeiten.[89]

Genscher, so ein Mitarbeiter, »bewegte sich in jenen Wochen mit der Vorsicht eines Rieseninsektes, das mit seinen vielen Fühlern vorsichtig das Umfeld abtastete, bereit, zurückzuzucken, wenn es Widerstand spürte, um dann sofort den Fühler an einer anderen Stelle anzusetzen«.[90] Frank Elbe, Genschers Referent, der seinem Chef nach Washington vorausfuhr, hatte den Eindruck, daß Bakers Berater Zoellick und Ross auf seine Erläuterung der Formel von Tutzing positiv reagierten; im Gegenzug drängten sie zu größerer Eile bei der Bildung der Zwei-plus-vier-Runde, um rasch Verhandlungen über die deutsche Frage aufzunehmen. Als Elbe am 2. Februar seinen Chef vom Dulles Airport aus zu halbtägigen Gesprächen zuerst mit Baker, dann mit Bush begleitete, stimmte Genscher zu, wenn es denn zwei plus vier und nicht vier plus zwei werden würde. Der Außenminister hob hervor, es sei der Wunsch seiner Regierung, daß die Bindung eines vereinten Deutschland an die NATO unverrückbar fest bleibe, daraufhin waren die beiden amerikanischen Politiker mit Genschers Formel einverstanden. Baker hatte noch nicht einmal Einwände gegen den von Genscher vorgeschlagenen Sonderstatus für die DDR.[91] Der Stab des Weißen Hauses blieb vorsichtig, desgleichen sein deutsches Pendant im Kanzleramt. Teltschik, Kohls persönlicher Berater, zeigte sich skeptisch im Hinblick auf zwei Sicherheitssysteme auf einem Territorium; außerdem wollte er dem FDP-Minister nicht die außenpolitische Initiative überlassen. Das Kanzleramt und der Nationale Sicherheitsrat in Washington gaben einer Verhandlungsstruktur den Vorzug, in der die anderen Verbündeten sowie die anderen außenpolitischen Dienststellen der jeweiligen Länder eine untergeordnete Rolle spielten. Das amerikanische Außenministerium und der westdeutsche Außenminister stellten sich dagegen eine größere europäische Beteiligung vor, also eine Aufwertung der KSZE und die Unterordnung der NATO. Mrs. Thatcher war nur an der NATO interessiert, nicht an der KSZE; sie wollte, daß Deutschland hübsch artig in der NATO bleibe. Im übrigen machte sie sich Gedanken über die anglo-amerikanischen Beziehungen. Dies war aber eine etwas idiosynkratische Position: Die Frage, um die es wirklich ging, war doch die, ob die Spaltung Europas durch ein innerhalb der NATO verbleibendes größeres Deutschland und unter dem Schutz der Vereinigten Staaten zu überwinden war oder aber durch ein neues, noch etwas vages und die Blöcke übergreifendes Sicherheitssystem. Nur die Sowjets konnten diese Frage lösen.

Wo lagen deren Interessen? Die Experten in den politischen Instituten erwarteten sich große wirtschaftliche Vorteile von der Zusammenarbeit mit einem dankbaren vereinten Deutschland.[92] Alte Kommunisten, bestürzt über das Ausbluten der Sowjetmacht, konnten nicht begreifen, daß es zu Moskaus Vorteil sein sollte, wenn es den Weg zur deutschen Wiedervereinigung freimachte. Schewardnadse teilte sicher nicht deren dumpfe Reaktion, aber er wollte den deutschen Wünschen Grenzen setzen. Anfang Februar begann eine rege Reisetätigkeit von führenden westlichen Politikern nach Moskau. Am 7. Februar äußerte der sowjetische Außenminister gegenüber Baker, ein vereintes Deutschland könne nationalistisch und gefährlich werden, es sei denn, es würde neutralisiert und entmilitarisiert. Dem entgegnete Baker, Deutschlands Zukunft sei kalkulierbarer, wenn es in der NATO bleibe, in der die US-Streitkräfte für Stabilität sorgten. Zwei plus vier würde dieses Resultat ermöglichen; im übrigen könne das Gebiet der DDR, wie

Genscher vorgeschlagen habe, außerhalb des NATO-Bereichs bleiben. Zur großen Überraschung teilte Gorbatschow Bakers Auffassung, obwohl er lieber vier plus zwei gesehen hätte. Demgegenüber vertrat Baker die Auffassung, daß mit zwei plus vier die Selbstbestimmung der Deutschen und nicht die alte Siegerallianz in den Mittelpunkt des Prozesses rücken würde. »Wir wollen ganz gewiß keine Wiederholung von Versailles, als die Deutschen sich unabhängig wiederbewaffnen konnten«, sagte der sowjetische Parteichef zu Baker, bat sich aber Bedenkzeit aus.[93] Damit hatte er die Position bezeichnet, die unter allen, die die Sowjets bis dahin eingenommen hatten, am flexibelsten war, doch Baker mußte ein Stück zurückweichen. Sein Stab hielt es für besser, die Schutzzone der NATO nicht auf den Westteil eines vereinten Deutschlands zu beschränken, sondern sie auf ganz Deutschland auszudehnen. Verhandelt werden könne über die Stationierung von NATO-Truppen im Ostteil – und über die Zahlungen der Deutschen für den Abzug der russischen Streitkräfte und hoffentlich auch über die Umstellung der industriellen Basis in Rußland.

Gorbatschow muß sich darüber im klaren gewesen sein, daß er in der deutschen Frage wenig Spielraum hatte, es sei denn, er wäre willens gewesen, Glasnost und Perestroika in Rußland rückgängig zu machen. Das Schicksal der Reformen in Rußland hing immer von seiner Bereitschaft ab, Prozesse der Selbstbestimmung im »näheren Ausland« zuzulassen. Die Logik der Perestroika war unmittelbar verbunden mit dem Selbstbestimmungsrecht der baltischen Völker und der Satelliten. Vielleicht ging es ihm wie dem Surfer, der auf dem Kamm einer ansteigenden Welle ein berauschendes Freiheitsgefühl erlebt: Er kann sich kühn und strahlend oben halten und genauso gut schmählich untergehen.

Worin lagen Amerikas Interessen? Die Europaabteilung des Außenministeriums hielt sich enger an Schewardnadse, an die Vorliebe der Westeuropäer für einen stufenweisen Prozeß und an einen multilateralen Verhandlungsrahmen. Der Stab des Weißen Hauses dagegen setzte auf Kohl und die geschichtlichen Besonderheiten der demokratischen Tradition in Deutschland. Man war der Meinung, eine starke amerikanische Unterstützung für eine uneingeschränkte Vereinigung innerhalb der NATO würde einem vereinten Deutschland weniger Brüche bescheren als eine neutrale, von Bindungen freie Nation. Bush folgte dem Rat seiner Mitarbeiter und schrieb an Bundeskanzler Kohl, bevor sich dieser am 10. Februar mit Genscher zu seinem Besuch in Moskau aufmachte; die Vereinigten Staaten würden es nicht zulassen, heißt es darin, daß die Sowjets den Viermächterahmen dazu benutzen, Deutschland zu neutralisieren oder die Vereinigung zu verhindern. Im Klartext: Mach dich an die Arbeit, aber sieh zu, daß du in der NATO bleibst. Wenn es sein müsse, könne Ostdeutschland einen besonderen militärischen Status behalten, so heißt es in dem Schreiben weiter, womit Bush eine Formel von Manfred Wörner, dem deutschen Generalsekretär der NATO, aufgegriffen hat. Die russischen Truppen würden abziehen und die amerikanischen draußen bleiben.

Kohl nutzte das amerikanische Wohlwollen voller Eifer. Er sagte zu Gorbatschow, ein vereintes Deutschland erhebe keine Ansprüche auf Gebiete jenseits der DDR, und er »könne sich deshalb vorstellen«, daß die Oberhoheit der NATO sich nicht auf das Territorium der DDR erstrecken müsse – mit dieser Formulierung kam er dem nahe, was Genscher zehn Tage zuvor in Tutzing vorgeschlagen hatte. Außerdem sei die Bundesrepublik bereit, die wirtschaftlichen Verpflichtungen der DDR gegenüber der Sowjetunion zu übernehmen. Zur großen Freude von Kohl und Teltschik schien Gorbatschow mit diesem Szenario einverstanden zu sein; er betonte, es sei Sache der Deutschen, über die Einheit zu entscheiden. Über die Stellung im Bündnis könne verhandelt werden, er habe allerdings den Eindruck, daß eine Neutralität Deutschlands für den Kanzler unannehmbar sei. »Das ist der Durchbruch!«, notierte Teltschik in seinem Tagebuch. »Welch ein Treffen!«[94]

Die Unterredung zwischen Kohl und Gorbatschow zeigte, daß die Regierungschefs und ihre begeisterten Sicherheitsberater dabei waren, die gewissenhaften und vorsichtigen Außenministerien, sei es in den USA, in der Sowjetunion oder in Deutschland, aus dem Rennen zu werfen. In allen Ländern bewegte sich die Diplomatie auf parallelen Bahnen, und in den Büros der Regierungschefs ging es flotter voran: Teltschik und Kohl entwickelten ein Vereinigungskonzept, das direkter war als das von Genscher; Gorbatschow und Tschernajew gingen mutiger vor als Kwizinskij und zumal der feindselig eingestellte Falin – im späten Frühjahr zeitweise auch lockerer als der sonst so kooperative Schewardnadse. Bush und sein Nationaler Sicherheitsrat drängten auf die Herstellung der Einheit mit weniger Sorgen und Rücksichten als die Europaabteilung des Foreign Office. Genaueres Zusehen zwingt allerdings zu Differenzierungen. Was die deutsche Seite betraf, so war Genscher ein viel zu angesehener Diplomat, als daß man ihn hätte einfach übergehen können; ihn konnte man auch nicht übertrieben vorsichtig nennen. Genscher wollte die Vereinigung mit sowjetischer Zustimmung beschleunigen, und er war nicht darauf gefaßt, wie bereitwillig Gorbatschow Zugeständnisse machen würde. Ebensowenig ließ sich Außenminister Baker von seinen Beamten an die Leine legen, sondern bewies immer wieder seine Fähigkeit, die Nase ein Stück weit vorn zu haben und die Gelegenheit beim Schopf zu ergreifen, wenn es darum ging, mit Formulierungen aufzuwarten, die bereits in Arbeit waren, und sie als seine eigenen hinzustellen. Mit seinem intuitiven Geschick, rechtzeitig zu merken, woher der Wind weht, griff er die Zwei-plus-vier-Formel auf, die ursprünglich vom französischen Außenminister Jobert in Umlauf und dann in Washington von seinen Assistenten Zoellick und Ross in die Debatte gebracht worden war. Die Formel »zwei plus vier« hatte den Vorteil, daß sie sowohl als Bremse wie zur Beschleunigung dienen konnte: Lag die Betonung auf »zwei«, hatten die Deutschen die Initiative; stand die »vier« im Vordergrund, konnten die Franzosen oder die Russen den Prozeß verlangsamen. Als die Leute vom Nationalen Sicherheitsrat durch Bakers Stab zum ersten Mal von der Formel hörten, nahmen sie an, sie sei dazu da, die Deutschen zu bremsen, und nicht dazu, sie zu ermutigen.[95]

In diesen Monaten ließ sich beobachten, was sich jenseits all dieser Chancen, virtuoses diplomatisches Geschick und eine erfindungsreiche Formulierungskunst zu zeigen, abspielte, nämlich der Zerfall der Apparate, die die Politik vorbereiten und den Status quo des Kalten Krieges verwaltet hatten. Die außenpolitischen Bürokratien, die alle die gegenseitig verpflichtenden Zwänge ausgearbeitet hatten, durch welche die vier Jahrzehnte des Kalten Krieges zu ertragen waren, wurden überholt von einer politischen Führung, die erfaßt hatte, daß schnelles Handeln zu einer entscheidenden Veränderung der Lage führen konnte. Es war eine ungestüme, rauschartige Diplomatie, getragen vom gleichen Überschwang wie das Zufallbringen der Mauer. War diese Diplomatie riskant? Der deutsche Außenminister glaubte, sie könne gefährlich werden. Während Genscher die Bekanntmachung des Kanzlers am 10. Februar in Moskau, Gorbatschow habe soeben zustimmend geäußert, die Deutschen könnten und sollten selbst entscheiden, wann und wie sie sich vereinigen wollten, demonstrativ begrüßte, machte er sich Gedanken über die Begleitumstände. Die Entwicklung werde zeigen, schrieb Genscher – wobei er gleichzeitig seiner Loyalität zur NATO den denkbar stärksten Ausdruck gab –, daß ein vorsichtiges Vorgehen, das den Sowjets signalisierte, wie ernst man ihre Sicherheitsinteressen nahm, fruchtbarer sei als »die in der Sache richtige, aber nackte Forderung: Deutschland muß Mitglied der NATO sein.« Wenn das gewünscht war, dann mußten die Sowjets über die damit verbundenen Fragen, die sie so entscheidend fanden, z. B. den Ausschluß alliierter Truppen vom Gebiet der ehemaligen DDR, beruhigt werden. Diese Konzession, die Baker nach seinem Gespräch mit Genscher billigte, war schwierig genug und führte innerhalb der deutschen Regierung und potentiell auch mit den Amerikanern zu ernsten Zerwürfnissen. Daß seine eigene Regierung bei den Verhandlungen Schwierigkeiten machen würde, so schrieb Genscher, »hielt ich nicht für möglich – und doch ließ diese bittere Erfahrung nicht lange auf sich warten«.[96]

Neue Widerstände

Die Außenminister der KSZE trafen sich vom 11. bis zum 13. Februar in Ottawa, um über zweiseitige Truppenreduzierungen in Europa zu sprechen, aber in erster Linie wohl doch, um die Vorgehensweise bei den Zwei-plus-vier-Verhandlungen festzulegen. Bei dieser Gelegenheit kamen sowohl Bedenken der Alliierten als auch ernste Meinungsverschiedenheiten zwischen dem Kanzleramt und dem Auswärtigen Amt in Bonn hoch. Teltschik ließ Scowcroft in Washington wissen, daß Kohl wahrscheinlich nicht einer Meinung mit Genscher sei, und Bush forderte Baker auf, dafür zu sorgen, daß Genscher Kohl unterstütze. Genscher ärgerte sich über diesen vermeintlichen Versuch, ihn zu diskreditieren und die Verhandlungen platzen zu lassen, und die Lage mußte durch Telefongespräche mit Kohl und dann von Kohl durch einen Anruf in Washington geklärt werden. War Genscher zu Recht mißtrauisch? Der Nationale Sicherheitsrat und die Präsidentenberater waren der Meinung, daß sich ihr deutscher Kollege Teltschik richtig verhalten habe, während Genscher offenbar bereit schien, unnötige Zugeständnisse zu machen und Ostdeutschland von der Oberhoheit der NATO auszuschließen.[97] Genscher wiederum behauptet, seine Formeln hätten gar nicht anders als mehrdeutig sein können, um Moskau zum Einverständnis zu bewegen. Die Spannung, die ihre Ursache in persönlich unterschiedlichen Vorgehensweisen, in Rivalitäten zwischen den deutschen Regierungsparteien und in den Fallstricken der Diplomatie hatte, blieb bestehen, lähmte aber das weitere Handeln nicht. Baker und Schewardnadse erzielten einen Kompromiß über die sowjetischen Streitkräfte außerhalb Rußlands und über die amerikanischen Truppen in Mitteleuropa. Ihre jeweilige Truppenstärke sollte 195 000 Mann in einer mittleren Zone betragen, außerdem durften die Amerikaner noch 30 000 Mann in Großbritannien und Italien stationieren. Gorbatschow konnte sich auf Gleichstellung berufen, während Bush als Ausgleich für die Nähe der sowjetischen Truppen, die es auf russischem Gebiet gab, ein zusätzliches Kontingent für die Amerikaner fordern konnte. Ebenso wichtig war, daß Baker die Ankündigung eines Zwei-plus-vier-Prozesses aushandelte: Die Außenminister der BRD und der DDR sollten mit den vier Mächten die äußeren Aspekte der Vereinigung und der Sicherheit erörtern. Die in Ottawa versammelten weniger bedeutenden Mächte waren darüber nicht ganz glücklich, mußten sich aber damit abfinden.

Dennoch provozierten die Entscheidungen von Ottawa eine schnelle Reaktion, als die Europäer sich vor allem über die Eile des Vorgehens beklagten und die NATO-Verbündeten weitere Diskussionen verlangten. Genscher, dem es darum ging, daß die Zwei-plus-vier-Gespräche in Gang kamen, lehnte es ab, sich mit diesem Anliegen auseinanderzusetzen: »You are not part of the game.«[98] Bush räumte ein, daß sich die Dinge sehr schnell entwickelten. Auch die Sowjets werden sich nicht ganz wohl gefühlt haben bei dem Gedanken, daß sie, wie Schewardnadse sich ausrückte, in ein Schachspiel mit einem Zeitlimit von fünf Minuten hineingezwungen wurden. Das Außenministerium veröffentlichte eine Erklärung, in der es hieß, daß ein vereintes Deutschland keine NATO-Mitgliedschaft beanspruchen könne. Die Franzosen, die den Vereinigungsprozeß wohlwollend beobachteten, wiesen wiederholt auf ihre Bedeutung hin, aber es gab Anzeichen, daß sie sich nicht so ganz sicher waren, ob sie bei einem wiedervereinigten Deutschland ihre Vormundschaftsrolle aufrechterhalten konnten. Europa müsse sich um sich selbst kümmern, sagte Mitterrand, aber in politischen Kreisen ging eher die Sorge um, daß dies vor allem Frankreich selber betreffe, ohne daß es auf die gewohnte Unterstützung der Amerikaner zählen konnte. Mrs. Thatcher kamen die Überlegungen der Franzosen gerade recht, und sie warnte davor, daß ein vereintes Deutschland einflußreicher werden könnte als Japan. Sie drängte Präsident Bush zu Vereinbarungen mit den Russen, die es diesen erlaubten, ihre Truppen in der DDR zu behalten.

Als sich Bundeskanzler Kohl in diesen Wochen weigerte, die Grenze zwischen der DDR und Polen ohne Bedingungen als Grenze eines vereinten Deutschland anzuerkennen, fand er damit bei keinem Beobachter Zustimmung. Zwar wußte er, daß die Oder-Neiße-Linie nicht revidierbar war, aber er wollte die Konservativen in CDU und CSU, die sich nicht mit dem Verlust Schlesiens abfinden wollten, nicht vor den Kopf stoßen. Der Bundeskanzler betonte, nur ein vereintes Deutschland könne die neue Grenze definitiv bestätigen, obwohl die DDR ihre Grenze in einem Vertrag mit Polen aus dem Jahr 1950 akzeptiert hatte und Willy Brandt im Vertrag mit Polen von 1970 für die BRD jede gewaltsame Veränderung der deutschen Ostgrenze ausgeschlossen hatte.

Welche Rolle sollte nun die amerikanische Politik spielen? Die maßgeblichen Berater waren vor allem mit dem NATO-Thema und den möglichen Fallen des Zwei-plus-vier-Prozesses beschäftigt. Das aufschlußreichste Dokument hierzu findet sich bei Zelikow und Rice. Es zeigt, wie stolz die Amerikaner waren, daß sie zur Beschleunigung der Einheit beitrugen, und wie fest die ganze Zeit über ihre Überzeugung war, die Einheit ließe sich ohne Einschränkungen der NATO-Mitgliedschaft Deutschlands erreichen.[99] In dieser Hinsicht stimmten sie mit dem Beraterstab des Kanzleramts überein. Teltschik wollte seinen Chef dazu bringen, sich stärker für eine Rolle des vereinten Deutschland in der NATO einzusetzen, und entsprechend verhielt sich auch das Verteidigungsministerium unter Gerhard Stoltenberg. Aber Kohl lag daran, Unstimmigkeiten mit seinem Außenminister zu vermeiden, und so regte er eine gemeinsame Erklärung auf Ministerebene an, die am 19. Februar abgegeben wurde und in der es hieß, daß es auf ostdeutschem Gebiet weder NATO-Truppen noch westdeutsche Verbände, die nicht der NATO unterstellt seien, geben solle. Der Kanzler hatte die bevorstehenden Wahlen in der DDR im Auge. Ein öffentlicher Bruch mit Genscher, worauf die Sowjets hätten reagieren müssen, hätte möglicherweise den Schwung des nun angelaufenen, schnellen Vereinigungsprozesses abschwächen, die Wahlaussichten der CDU als der Partei, die für eine schnelle Vereinigung eintrat, beeinträchtigen und die mehr auf Neutralität hinauslaufende Einstellung der SPD plausibler erscheinen lassen.

Die Beraterstäbe im Weißen Haus und im Kanzleramt wollten freilich über die halbherzige Rechtsformel, die von Genscher ins Spiel gebracht und die von Baker nie präzisiert worden war, hinauskommen. Im Nationalen Sicherheitsrat drängte man darauf, Kohl solle bei seinen bevorstehenden Gesprächen in Camp David zusagen, daß Deutschland im militärischen Kommando der NATO bleibe und sein gesamtes Territorium der Zuständigkeit des Bündnisses unterstelle, dafür könnten einige Zugeständnisse im Hinblick auf Truppenstationierungen im Osten gemacht werden. Moskau wäre über eine solche Erklärung vielleicht nicht glücklich, aber Moskau sei schwach. Um den Sowjets nicht mehr Einflußchancen zu geben, sei es außerdem wünschenswert, die Beschlußfassung der »Vier« in den Zwei-plus-vier-Gesprächen zu beschränken und sich die deutsch-deutschen Verhandlungen in Richtung Einheit voranarbeiten zu lassen. Das Außenministerium stimmte teilweise zu: Zwei plus vier, rieten Zoellick und Baker dem Präsidenten, sollte nicht zu substantiellen Verhandlungen benutzt werden, sondern ein Mechanismus für die endgültige Festlegung der Grenze und das Ende der verbliebenen Rechte der vier Mächte werden; die Deutschen müßten über ihre Bündnis- und Verteidigungsverpflichtungen selbst entscheiden. Gleichwohl müsse der Zwei-plus-vier-Prozeß genügend rechtliche Verbindlichkeit erhalten, damit die Sowjets keine eigenen Abschlußverhandlungen mit Bonn anfingen.[100]

Bei seinem Besuch in Camp David am 24. und 25. Februar war Kohl obenauf. Er genoß die ländliche Ungezwungenheit, freute sich über die Baseballkappe, die er als Geschenk erhielt, und es machte ihm nichts aus, daß er nach dem langen Tag, den er im Flugzeug und mit wichtigen Gesprächen verbrachte, zu müde war, um sich am späten Abend mit dem Präsidenten einen Film in voller Länge anzuschauen. »Alle sind etwas durcheinander, nur ich nicht«, sagte er den Amerikanern im Hinblick auf den Meinungsstreit zu Hause in Deutschland. Regt euch nicht auf über die Oder-Neiße-Linie, war seine Devise; es sei kein ernstes Problem, und man solle auf Polens Forderung nach Beteiligung in einer Zwei-plus-fünf-Gesprächsrunde nicht eingehen. Deutschland habe viele Wiedergutmachungsgelder an Polen, Israel und Einzelpersonen bezahlt. Er sei mit den Amerikanern der Meinung – und es wäre tatsächlich schwierig gewesen, einen Partner zu finden, der den Deutschen noch wohlgesonnener gewesen wäre! –, die Rolle der Viermächtegespräche zu begrenzen und sie erst nach den Wahlen vom 18. März, wenn sich gezeigt habe, was die Deutschen wollten, richtig anlaufen zu lassen und vor dem KSZE-Treffen im November in Paris zum Abschluß zu bringen. Zum Thema NATO meinte der Kanzler, daß keine NATO-Verbände auf ostdeutschem Gebiet stationiert werden sollten, aber ganz Deutschland in das Bündnis einbezogen werden müßte. Teltschik drängte darauf, dies öffentlich klarzustellen; Baker stimmte zu, und Genscher mußte umgangen werden. Der Kanzler wollte, daß US-Truppen in Europa bleiben, und der Präsident war an einem Ende der Spekulationen über eine mögliche Neutralität Deutschlands interessiert. »Wir haben die Oberhand gewonnen«, sagte er, »und nicht sie. Wir können nicht zulassen, daß die Sowjets die Niederlage in einen Sieg ummünzen.« Kohl stimmte zu. »Die Zeit für Spiele ist vorüber. Die Sowjets sollten jetzt ihren Preis nennen.«[101]

Die Nachbarn Deutschlands nahmen die Frage der polnischen Grenze nicht so leicht, aber schließlich ließ man dieses Thema auf sich beruhen. Bei seiner Pressekonferenz nach den Gesprächen von Camp David lehnte es Kohl erneut ab, im Namen eines zukünftig vereinten Deutschlands bindende Aussagen über die Grenze zu machen, obwohl Bush deutlich zum Ausdruck brachte, daß er die Oder-Neiße-Linie als durch gegenseitige Abkommen bestätigte Grenze betrachte. Als mit Kohls Zögern, die Politik zu bekräftigen, die die BRD doch schon lange betrieben hatte, die Empörung im Ausland zunahm, trat der Kanzler den Rückzug an, indem er vorschlug, daß Bundestag und Volkskammer eine gemeinsame Erklärung abgeben, die Polen dafür auf Reparationsansprüche gegen die Bundesrepublik verzichten und bestimmte Rechte für die noch in Schlesien lebenden Deutschen (von denen immer mehr diesen Status beanspruchten) anerkennen sollten. Die Verkoppelung dieser beiden Themenbereiche wirkte auf die meisten ausländischen Beobachter wie krude Erpressung, und auch im Inland wurde sie heftig kritisiert. Daraufhin erklärte Kohl am 8. März vor dem Bundestag, Polens Recht, in sicheren Grenzen zu leben, werde von Deutschland weder aktuell noch in irgendeiner Zukunft in Frage gestellt. Im Zusammenhang mit der gerade erst erhobenen Forderung, daß Polen auf weitere Wiedergutmachungsleistungen verzichten solle, wollten die Deutschen nun gelten lassen, daß die 1950 vertraglich festgelegte Verzichterklärung Polens gegenüber der DDR auch für die Zukunft bindend sei. Beim Besuch des polnischen Ministerpräsidenten Tadeusz Mazowiecki am 21. und 22. März im Weißen Haus versprach Bush, bei Kohl in einem direkten Gespräch zu intervenieren. Auf die Forderung des polnischen Premiers, daß vor der Vereinigung ein Grenzvertrag abgeschlossen werden müsse, antwortete der Präsident, daß ein vereintes Deutschland, das noch nicht existierte, keinen Vertrag schließen könne. Zugleich aber wies er darauf hin, daß beide deutschen Parlamente Erklärungen zur zukünftigen Anerkennung der Grenze abgeben könnten. Innerhalb eines Tages erhielt Bush von Kohl die Zusicherung, daß die Bestätigung der deutsch-polnischen Grenze durch einen zukünftigen Vertrag noch vor der Wiedervereinigung mit Warschau geklärt werden würde. Bundestag und Volkskammer bekannten sich förmlich zur bestehenden Grenze, und während der Zwei-plus-vier-Verhandlungsrunde vom 17. Juli wurde der Status quo erneut bekräftigt.[102]

Nach einem Monat hitziger Äußerungen und Erklärungen verlor das Thema an Interesse. Kohl und andere deutsche Politiker behaupteten später, es habe nur innenpolitische Bedeutung gehabt: Angesichts der vielen Wahlen im Jahr 1990 habe der Kanzler den rechten Flügel seiner Koalition nicht vor den Kopf stoßen können. Ebensowenig habe er das Thema den nationalistischen Republikanern überlassen wollen. So sehr der Bundeskanzler seine gesamte Aufmerksamkeit auf das Ziel der Einheit richtete, die Innenpolitik und die innenpolitische Lage verlor er doch nie aus dem Auge. Nach realpolitischen Standards zahlte sich sein Einsatz aus; er konnte seinen rechten Flügel neutralisieren, ohne den Vereinigungsprozeß ernsthaft zu gefährden. Trotz der unguten Gefühle und Verstimmungen, die es zeitweise gab, hätte Bonns Zögern gegenüber der Anerkennung der Grenze nur dann größere Auswirkungen gehabt, wenn Rußland und Polen enger verbunden gewesen wären. Aber den Polen war klar, daß, was ihre wirtschaftliche Zukunft betraf, Deutschland für sie von entscheidender Bedeutung war.

Trotz seines von ihm selbst bekundeten Interesses an Geschichte hatte der Bundeskanzler einige Schwierigkeiten, die Echos aus der Zeit von 1933 bis 1945 zu verstehen. Für ihn war die Oder-Neiße-Grenze eine der Nachkriegsverpflichtungen, mit denen die Bundesrepublik leben mußte. Er wollte die Grenze nicht verändern und war bereit, mit den Polen über alles zu reden, was sich aus der Vereinigung ergeben würde. Aber er wollte solche Diskussionen nicht in Warschau führen. »Er habe den Eindruck«, äußerte er am 14. März Mitterrand gegenüber, »daß Rücksicht auf die Gefühle aller Völker genommen werde, außer auf die der Deutschen ... Aber man müsse nicht nur auf die Seelenlage der Polen Rücksicht nehmen, sondern auch auf die der Deutschen.«[103] Nachdem er seinem Ärger Luft gemacht hatte, konnte er weitermachen.

Am 5. März flog Modrow noch einmal für zwei Tage nach Moskau. Die beiden Regierungen beschlossen, ihre wirtschaftliche Zusammenarbeit auszuweiten und die Voraussetzungen für Handelsbeziehungen auf der Grundlage von Weltmarktpreisen zu schaffen. Sofern Modrow dem sowjetischen Parteichef vertraute, hatte er Grund zur Freude über den sowjetischen Beistand. Die Westdeutschen könnten nicht einfach zur Einheit durchpreschen, sagte Gorbatschow zu Modrow. Beim Lesen des Protokolls von diesem Treffen hat man den Eindruck, daß der sowjetische Parteichef seine Worte nicht wirklich abgewogen haben kann; er reagierte spontan auf die Gefühle, die ihn angesichts der sich überstürzenden Ereignisse bewegten. Er habe Bush gefragt – so teilte er Modrow mit –, warum ein vereintes Deutschland, wenn es denn in der NATO keine Gefahr für den Frieden sei, dann nicht auch dem Warschauer Pakt beitreten könne. Moskau habe auch darauf bestanden, daß der Vereinigungsprozeß verantwortlich ablaufe,

»denn er dürfe sich im Interesse der Menschen in der DDR, aber auch der BRD nicht in ein Chaos verwandeln. Die Menschen in der DDR haben ihren Stolz und ihre Würde und in der DDR erbrachte Leistungen seien bei allen ... bekannt. Man müsse in der BRD ernsthaft nachdenken, nicht den Elefanten im Porzellanladen spielen und sich nicht zur Geisel politischer Ambitionen machen.«[104] Aber trotz all seiner hitzigen Einwände gegen den überstürzten Lauf der Ereignisse gab er Modrow nicht zu verstehen, daß die deutsche Vereinigung zu vermeiden sei. »Die Erfahrungen [der] DDR«, sagte er statt dessen, »und das, was sich im Verhältnis der DDR zur Sowjetunion in Jahrzehnten gestaltet habe, müssen auch in die Beziehungen des vereinten Deutschlands zur UdSSR eingebracht und weiterentwickelt werden. Das sei aber nur in einem Prozeß möglich, der sich etappenweise vollzieht.« Wieder ging es vor allem um das Tempo. Der Regierungschef der DDR kehrte aus Moskau mit dem Gefühl zurück, daß Gorbatschow es gut meine, aber unentschlossen sei; Modrows Überzeugung, daß Gorbatschow die desolate Wirtschaftslage der DDR nicht verstanden habe, war nach Auffassung von Moskaus Botschafter Kotschemassow ein Grund dafür, daß er die Währungsunion akzeptierte.[105]

Schewardnadse und dann auch Gorbatschow teilten der Presse mit, daß eine Mitgliedschaft Gesamtdeutschlands in der NATO unannehmbar sei und Kohls Hoffnungen, die Einheit mit Hilfe des Artikels 23 anstatt von Artikel 146 des Grundgesetzes zu erreichen, jeder Grundlage entbehrten. Altgediente russische Diplomaten meinten, daß diese feste Haltung nun zu spät komme. Die Sowjets drängten auf einen frühen Beginn des Zwei-plus-vier-Verfahrens, während zur gleichen Zeit Beamte des amerikanischen Außenministeriums und des Nationalen Sicherheitsrats die Ansicht vertraten, daß detaillierte Vorgespräche geeignet seien, die Tagesordnung der Zwei-plus-vier-Gespräche zu definieren. Wenn es nach den Amerikanern ging, sollten die Rechte der vier Mächte in Berlin (die aufzugeben seien), die deutschen Grenzen (die schon jetzt als unverletzlich betrachtet wurden) und deutsche Streitkräfte innerhalb der DDR im Zwei-plus-vier-Rahmen erörtert werden. Über die Mitgliedschaft Deutschlands in der NATO, die Rolle von Atomwaffen der NATO in der Bundesrepublik, die Größe der Bundeswehr und den Rekurs auf Artikel 23 dagegen sollten die Deutschen selbst entscheiden. Die Russen machten während des ersten Vorbereitungstreffens am 14. März keinen Versuch, eine breite Diskussion zu erzwingen; aus Washingtons Perspektive sorgten Paris und London für mehr Unruhe, indem London zum Beispiel der Hoffnung Ausdruck gab, daß aus den Verhandlungen ein Friedensvertrag hervorgehen könne.[106]

Bei all diesen vielen gegensätzlichen Überlegungen und Hintergedanken beschlichen den überschwenglichen Kanzler Zweifel und Pessimismus. Die Spannung im Wahlkampf war groß. Es machte ihm Spaß, für das Bündnis für Deutschland, das von seiner Partei ausging, in den Wahlkampf zu ziehen, aber die Wählerumfragen ergaben noch immer eine Mehrheit für die SPD. Kohl bekräftigte seine Vorliebe für das Verfahren nach Artikel 23, und in Cottbus nahe der sächsischen Grenze verkündete er, daß seine Währungsunion es den Ostdeutschen ermöglichen werde, ihre wertlose Mark der DDR eins zu eins umzutauschen. Zu Teltschik sagte er allerdings, daß er wohl geschlagen nach Hause zurückkehren werde. Der verblüffende Wahlsieg vom 18. März führte ihm wieder neue Energien zu, und er dachte nun, daß es im Herbst zu Vereinbarungen über die Wiedervereinigung kommen und der ganze Vorgang 1991 abgeschlossen werden könne. Wenn sich alle Beteiligten zu dem Recht der Deutschen auf Selbstbestimmung bekannten, dann mußten die Wahlen deutlich machen, daß es klare Obstruktionspolitik wäre, wollte jemand dieses Ergebnis verhindern. Genscher schloß sich nun der Position des Bundeskanzlers an und nahm Abstand von seinen früheren Andeutungen über die möglicherweise nur partielle Zugehörigkeit Ostdeutschlands zum Sicherheitsbereich der NATO, während Kohl den Franzosen ein Bonbon zukommen ließ, indem er versprach, daß er bei der politischen Integration der Europäischen Gemeinschaft zu verstärkter Zusammenarbeit bereit sei. Das vollständige Zwei-plus-vier-Treffen wurde auf den 5. Mai verschoben.

Als die Dinge wieder in Gang kamen, waren die Ostdeutschen völlig marginalisiert. Zum ersten Mal gab es in der DDR eine Regierung, die aus einer freien Wahl hervorgegangen war, und sie zählte so gut wie gar nichts. Die Partei von de Maizière hatte den Wahlkampf für die Vereinigung geführt; die Sowjets leisteten kaum Widerstand. Die wichtigsten Beamten des Außenministeriums, frühere Pastoren, die zu sozialdemokratischen Politikern geworden waren, investierten ihr bescheidenes politisches Kapital in die KSZE und in Sympathien für die postkommunistischen Nachbarn. Markus Meckel, der lutherische Pastor der SPD, der das Amt des Außenministers in de Maizières Großer Koalition beanspruchte, glaubte, er könne die DDR zum Vorreiter einer gestärkten KSZE machen, die in der Lage sei, die beiden Bündnisse zu überwinden.[107] Genscher schätzte seine Beiträge, weil sie ihm in seinen Bestrebungen, die Russen zufriedenzustellen, sekundierten. Aber die ostdeutsche Außenpolitik zur Überwindung des Gegensatzes zwischen Ost und West brachte nicht viel, wenn Ost und West nicht mehr getrennt waren. Hans Miselwitz, ebenfalls ein Pastor aus der Friedensbewegung, wurde zum parlamentarischen Staatssekretär ernannt, eine Position, die als Gegenstück zum äußerst lange Zeit amtierenden Typus des höchsten Beamten in den DDR-Ministerien geschaffen wurde. Die sozialdemokratischen Pastoren traten das Erbe eines Auswärtigen Dienstes mit seinen 3000 Angestellten an, davon 2500 mit diplomatischem Status und etwa 500 weiteres Personal. Das westdeutsche Auswärtige Amt hatte etwa 6000 Mitarbeiter, aber nur halb so viele Diplomaten.[108] Die westdeutsche CDU sah es als ihre Aufgabe an, die ostdeutsche Außenpolitik in Gänze abzuwickeln. Die Botschaften wurden bald geschlossen, und die Mitarbeiter in dem in einem betont modernen, kubischen Stil gehaltenen Bau am Marx-Engels-Platz wurden pensioniert oder ließen sich umschulen. Inzwischen wurde gegen die zur Stärkung der KSZE gedachte Zusammenarbeit mit tschechischen und polnischen Vertretern aus Washington Einspruch erhoben. Die ostdeutschen Verhandlungspartner mußten zusehen, wie ihr Status im Mai und Juni täglich schrumpfte, als die Grenzformalitäten aufgegeben wurden. George Bush erklärte de Maizière Anfang Juni bei dessen Besuch in Washington, daß die Ostdeutschen oder zumindest die sozialdemokratischen Beamten des Außenministeriums den Zwei-plus-vier-Prozeß behinderten. Als am 22. Juni der Checkpoint Charlie aufgelassen (und mit einem Kran abgeräumt) wurde, mußten die Menschen aus der DDR zur Kenntnis nehmen, daß ihr Beitrag zu diesem Prozeß einfach übergangen wurde. Selbst die Tschechen fragten ihre ostdeutschen Kollegen auf einer Sitzung am 10. Juli, ob es sich noch lohne, weiterhin mit der DDR zu verhandeln. Nachdem sich Kohl Mitte Juli mit Gorbatschow getroffen hatte, sagte ein Beamter des britischen Außenministeriums dem Präsidenten der Volkskammer, daß die Republik, die er repräsentiere, nicht länger als verhandlungsfähig betrachtet werden könne.[109] Die Botschaft war klar: Die Ostdeutschen sollten sich zurücklehnen und an Deutschland denken.

Ein Handel wird abgeschlossen

Konnten die Sowjets an ihrer Forderung der Neutralität festhalten? Als Kwizinskij von seinem Bonner Botschafterposten nach Moskau zurückkehrte, war er der Ansicht, Deutschland hätte früher veranlaßt werden müssen, die NATO zu verlassen, zu einem Schritt, den auch Frankreich unter de Gaulle vollzogen habe, aber eben in viel früherer Zeit. Im April 1990 sei Neutralität keine Option mehr gewesen, allenfalls eine Mitgliedschaft in beiden Militärbündnissen; zumindest solle man an Genschers Tutzinger Formel festhalten. Gorbatschow ging positiv auf Bakers Argument ein, ein neutrales, weniger im demokratischen Westen verankertes und frei bewegliches Deutschland sei auch eine potentiell größere Gefahr für Rußland. Dennoch erschien es demütigend, nun ganz auf die andere Seite überzugehen und den Vereinigten Staaten und Deutschland zu gestatten, die Vereinigung nach ihren Bedingungen durchzuziehen. Das hätte nach Kapitulation ausgesehen und den Feinden der Perestroika Rückhalt verschafft, besonders Jigor Ligatschew. Darum konnte sich auch Gorbatschow nicht einverstanden erklären; er sei, so sagte er, eher bereit, alle stattfindenden Waffenkontrollverhandlungen platzen als Deutschland in der NATO zu lassen. Die Deutschen sollten an ihrer sozialen und wirtschaftlichen Einheit arbeiten; in Fragen der Sicherheit und der internationalen Anerkennung sei die Zustimmung der Sowjetunion immer noch entscheidend.

Aber für die Russen stand ihre Stellung als Weltmacht selbst in Frage. Gorbatschow und Schewardnadse vertraten die Auffassung, daß die Sowjetunion ihre Reformen vollenden, die Union zu einem föderativen System machen und Schritte zur deutschen Vereinigung unternehmen könne, ohne daß diese Veränderungen eine »Niederlage« bedeuteten. Aber es war für die Russen nicht einfach, sich bei diesen Debatten keine Sorgen darüber zu machen, daß sie vielleicht die »Größe« verlieren, die sie sich mit ihren immensen Kriegsopfern erkauft hatten. Profitierten die Deutschen und die Amerikaner nicht bereits von ihrer Schwäche? Wie weit durfte Moskau gehen? Als die Wahlen in Litauen eine Mehrheit für die nationale Bewegung Sajudis ergaben, erklärte die baltische Republik im März 1990 ihre Unabhängigkeit von der Sowjetunion, die daraufhin die Entschlossenheit der Litauer mit Wirtschaftssanktionen und militärischem Druck zu beeinflussen trachtete. Zusehen zu müssen, wie die Balten die offene Sezession von der Sowjetunion praktizierten und zur gleichen Zeit Deutschland auf dem Weg zur Wiedervereinigung war, war auch für Gorbatschow unerträglich; er hatte keine Lust, als derjenige dazustehen, der den Großmachtstatus der Sowjetunion liquidierte.

Was wäre geschehen, wenn die Russen nicht nachgegeben hätten? Wäre es zu einer de facto vollzogenen Vereinigung auf wirtschaftlicher Ebene und einer zwischen den beiden deutschen Staaten ausgehandelten Konföderation mit fortgesetzter Stationierung sowjetischer Truppen auf dem Territorium der DDR und einem ungelösten internationalen Status gekommen? Der sowjetische Auftritt auf dem Zwei-plus-vier-Treffen vom 5. Mai war wenig ermutigend. Damit sie weiter verhandeln würden, schienen die Russen nun darauf zu bestehen, daß die Rechte der vier Mächte vertraglich bestätigt werden müßten, daß eine Mitgliedschaft Gesamtdeutschlands in der NATO nicht in Frage komme und daß die KSZE mit Befugnissen zur Überwachung der militärischen Lage in Deutschland und sogar der deutschen Politik ausgestattet werden solle, um neonazistischen Umtrieben jeder Art zuvorzukommen. Diese Themen brauchten viel Zeit; inzwischen sollten die Deutschen weitere innenpolitische Schritte zu ihrer Vereinigung unternehmen. Was im Himmel bedeutete dann aber das Kommuniqué der Zwei-plus-vier-Runde, das in Aussicht stellte, die Vereinigung werde in geordneter Weise und ohne Verzug zustande kommen?[110]

Wie sollte der Westen reagieren? Die Amerikaner, die die Vereinigung vorantrieben, wollten schnell vorwärtskommen, weil sie nicht sicher waren, ob Gorbatschows Einfluß noch lange genug währte, um die Einheit zu vollenden. Die Leute vom Nationalen Sicherheitsrat, die Bush, Scowcroft und Baker berieten, waren glücklich über die Chance, den Kalten Krieg siegreich zu beenden. Im April waren die taktische Fragen betreffenden Meinungsverschiedenheiten zwischen Beamten des Auswärtigen Dienstes wie Raymond Seitz und James Bakers Hauptberatern Dennis Ross und Robert Zoellick einerseits und dem unter Leitung von Robert Blackwill stehenden Stab des Nationalen Sicherheitsrats im Weißen Haus andererseits weitgehend überwunden: Beide Seiten waren sich einig über zwei plus vier und eine möglichst enggefaßte und zeitlich hinauszuschiebende Viererrunde. Die Position, die Washington seit 1947 eingenommen hatte, schien sich jetzt auszuzahlen; die Geschichte wehe vorüber – wie Bismarck sich ausdrückte –, und sie konnten sie beim Schopf packen. Perestroika war die Gelegenheit, aber sie war voller Unwägbarkeiten; die Zusammenstöße im Baltikum zeigten, daß die Gelegenheit vielleicht bald vorüber war. Man mußte sie so schnell wie möglich nutzen. Die Leute vom Nationalen Sicherheitsrat vertraten die Auffassung, daß die Sowjets notfalls von den Westalliierten vor vollendete Tatsachen gestellt werden müßten, indem diese erklärten, auf ihre Besatzungsrechte zu verzichten, und damit die Sowjets zwangen, entweder ebenso zu verfahren oder ihre Rechte beizubehalten und die Kosten dafür zu tragen.

Auf westdeutscher Seite waren die Rivalitäten größer, aber sie gerieten nicht außer Kontrolle. Kohl wollte die Vereinigung schnell, vollständig und mit uneingeschränkter NATO-Mitgliedschaft. Teltschik teilte diesen Standpunkt und fügte ihm eine notwendige Note hinzu: sein Chef und nicht der Außenminister von der FDP, der zu subtil und uneindeutig war, sollte der Hauptakteur bleiben. Genscher war ein loyaler Mitstreiter, aber die Versuche des Kanzleramts, seine Rolle im Kabinettsausschuß zur deutschen Einheit und der Arbeitsgruppe Sicherheitspolitik zu marginalisieren, trafen ihn. Genscher zog vor allem mit Unterstützung von Dieter Kastrup, dem politischen Direktor des Auswärtigen Amtes, andere Schlußfolgerungen aus Gorbatschows sich schnell ändernden Ansichten und seiner prekären Stellung als Teltschik und die Verbündeten im Weißen Haus. Schwächte das Tempo, mit dem die Amerikaner vorgehen wollten, nicht Gorbatschows Stellung im Politbüro, schreckte es ihn vielleicht nicht sogar ab? Genscher glaubte, es sei für den sowjetischen Parteichef leichter, die Vereinigung in einem außenpolitischen Establishment durchzubringen, in dem immer noch professionelle *Germanisti* und begeisterte Anhänger der Perestroika nebeneinander bestanden, wenn man das Schwergewicht auf die ost-westliche KSZE und einen möglichen Sonderstatus für die Gebiete im Osten legte. Außerdem achtete Genscher auf eine größere Rücksichtnahme auf die Polen und ihre Gefühle.[111] Genscher schrieb seine Erinnerungen, nachdem sich der Westen auf der ganzen Linie durchgesetzt hatte – Vereinigung nach Artikel 23 und die uneingeschränkte Mitgliedschaft des vereinten Deutschland in der NATO –, und liefert eine Beschreibung der Vorgänge in diesen Monaten, in der er die Differenzen mit den Kanzleraton etwas herunterspielt. Amerikaner und Kanzleramt befürchteten, daß Genscher auf das Zögern der Sowjets zu sehr eingehe, auch wenn er auf den Widerstand des Bundeskanzlers und der Amerikaner traf, die er zurückdrängen wollte.[112] Weder Kohl noch Bush wollten Zeit verlieren. Als die *Frankfurter Allgemeine Zeitung* am 8. Mai berichtete, Genscher sei sich mit den Sowjets darüber einig, daß eine Trennung der innenpolitischen und der internationalen Aspekte der Vereinigung sinnvoll sei, wurde Kohl wütend und stellte seinen Außenminister mit harten Worten zur Rede.[113]

Freilich befanden sich die Russen in einer verzwickten Lage. Sie konnten die Inkraftsetzung der Vereinigung seitens der vier Mächte herauszögern, aber währenddessen arbeiteten die Deutschen an der immer engeren Verknüpfung ihrer wirtschaftlichen und bald auch ihrer politischen Institutionen. Die harte Linie, die Moskau auf dem Zwei-plus-vier-Treffen vom 5. Mai einschlug, hatte nur ein vieldeutiges Kommuniqué zum Ergebnis. Tschernajew übte scharfe Kritik an den Vereinigungsgegnern. Kwizinskij, der sowjetische Botschafter in Bonn, der nach der Zwei-plus-vier-Gesprächsrunde nach Moskau zurückkehrte, um stellvertretender Außenminister zu werden, war unzufrieden über die Konzessionen, die gemacht wurden, aber ihm war auch bewußt, daß es bei der Unsicherheit seiner Regierung nicht viel zu retten gab. Immer wesentlicher wurde nun die finanzielle Seite. Die früheren Berechnungen auf der Grundlage eines profitablen »Dreiecks« zwischen Sowjetunion, BRD und DDR waren durch die Ereignisse überholt, und die westdeutsche Wirtschaftshilfe schien immer nötiger. Die sowjetische Militärführung behandelte die Kompromisse, die in bezug auf die deutsche Frage gemacht wurden, mit Verachtung, doch ihr Druck traf auf den Gegendruck der akuten finanziellen Realitäten. Die Westverschuldung, die schon die DDR und Polen in eine unüberwindliche Zwangslage gebracht hatte, wirkte sich nun auch auf die sowjetischen Optionen gravierend aus. Die Auslandsverschuldung der Sowjetunion stieg auf über 24 Milliarden DM, etwa ein Viertel davon waren deutsche Kredite. Vor dem Vier-plus-zwei-Treffen vom 5. Mai wurde Schewardnadse mit der Bitte um Kredite zu Kohl geschickt: Die Perestroika ließe sich nicht durchführen, wenn der Rubel zusammenbrach; vielleicht würden die Deutschen die Bürgschaft für Anleihen in Höhe von 20 Milliarden DM übernehmen? Kwizinskij war voller Sorge, den Einfluß seines Außenministers zu untergraben, wenn er als Bettler auftrat – aber die Finanzlage ließ ihm keine andere Wahl. »Die Sowjetunion stand am Rande des Staatsbankrotts. ... Unsere Regierung hatte einfach kein Konzept, wie sie das Land aus der Krise herausführen oder wie man wenigstens den Export entwickeln und Valuta beschaffen sollte. Die Bitte um einen Finanzkredit konnte also nur der Anfang einer langen Kette ähnlicher Bittgesuche sein, die zu immer größeren Erniedrigungen führen und die westliche Seite zu immer unangenehmeren politischen Gegenforderungen verleiten mußte.«[114] Am 16. Mai, knapp zwei Wochen später, trat Kohl an Bush mit dem Vorschlag heran, die Vereinigten Staaten sollten sich an den Krediten beteiligen, wobei er eine deutsche Anleihe von 5 Milliarden DM im Auge hatte. Aber angesichts der Lage in Litauen und der Unzufriedenheit des Kongresses über den Druck, den die Sowjetunion auf diese kleine Nation ausübte, lehnte der amerikanische Präsident ab. Kohl warnte davor, daß diese Haltung Gorbatschows Stellung schwer beeinträchtigen könnte, doch der Präsident sah sich nicht in der Lage, darauf einzugehen. Nun war es an den Deutschen, zu den Bankiers der Russen zu werden. Außerdem, so Bush, könnten sich die russischen Bittsteller nicht mehr so ohne weiteres den nationalen Hoffnungen der Deutschen verschließen, wenn sie sich ihrerseits Hoffnung machen konnten, die Geldbeutel der Bundesrepublik zu öffnen.

Teltschik flog mit dem Chef der Dresdner Bank und dem Sprecher der Deutschen Bank nach Moskau, um Finanz und Politik im Gespräch zusammenzuführen. Ryschkow, der Vorsitzende des Ministerrats, äußerte gegenüber der Delegation, es wäre verhängnisvoll, müsse man zur zentralen Planwirtschaft zurückkehren, aber angesichts der benötigten Weizenimporte, der fallenden Ölpreise und des Steigens der verfügbaren Inlandseinkommen seien neue Auslandskredite unumgänglich. Teltschik entgegnete, daß der Bundeskanzler helfen wolle: »Er betrachtet dieses Gespräch in Moskau nicht nur als Beitrag zur Lösung von Problemen der wirtschaftlichen Zusammenarbeit, sondern auch als bedeutenden Bestandteil einer Gesamtlösung, die in diesem Jahr in der deutschen Frage erreicht werden müßte.« Die Deutschen wollten sich an einem multilateralen Konsortium beteiligen; andere Geberländer wie Italien, Frankreich und Spanien zogen bilaterale Abmachungen vor. Als Gorbatschow Teltschik und die Bankiers empfing, hob auch er die prekären Aussichten der Perestroika in den nächsten Jahren hervor. Teltschik sagte, Kohl wolle der Vereinigung einen allgemeinen Vertrag mit der Sowjetunion folgen lassen, der die Grundlage bilden sollte für ein neues friedliches Europa, und es wurde vereinbart, daß Kohl den russischen Parteichef Mitte Juli im Kaukasus besuchen werde. Gorbatschow zeigte Verständnis dafür, daß dieser Besuch zu umfangreicheren Abkommen führen müßte, wenn die Hoffnungen der Völker nicht enttäuscht werden sollten.[115]

Das hieß jedoch nicht, daß der sowjetische Militär- und Sicherheitsapparat bereit war, in bestimmten wichtigen Fragen Zugeständnisse zu machen. Als Baker am 16. und 17. Mai Moskau besuchte, fand er Schewardnadse »überlastet« und außerstande, die Fülle der Probleme zu übersehen. Das war angesichts des rasanten Tempos, mit dem die Diplomatie des Außenministers vorging, nicht erstaunlich: »Flüge ins Ausland und Empfänge in Moskau«, so Kwizinskij über den Sommer 1990, »wechselten in ununterbrochener Folge und mußten sorgfältig vorbereitet werden. Manchmal kam mir der Gedanke: Wozu die ganze Hektik?«[116] Zum Teil kamen die Amerikaner, um über die Stärke der konventionellen Truppen in Europa zu verhandeln (VKSE), doch die Sowjets hatten ihre Meinungsverschiedenheiten noch nicht beigelegt und wollten über die Begrenzung der deutschen Truppenstärke in der Zwei-plus-vier-Runde reden. Bakers Assistent Zoellick unterbreitete nun einen Neun-Punkte-Plan, um die Sowjets dazu zu bringen, ihr Veto im Hinblick auf die deutsche Mitgliedschaft in der NATO fallenzulassen. Es sah Gespräche über alles vor, über Garantien im Hinblick auf die Bewaffnung, über Truppenstärken und über die Grenzen der Deutschen, über eine erweiterte Rolle für die KSZE und über die Zusage, für einen bestimmten Zeitraum keine NATO-Truppen auf dem Gebiet der ehemaligen DDR zu stationieren. Aber Kwizinskij gab nicht nach. Die sowjetische Militärführung stellte sich stur und ließ sich nicht so einfach überfahren. So gab Kwizinskij zu bedenken, daß auch die innenpolitischen Aspekte der Vereinigung nicht leicht zu realisieren seien, wenn es keine Lösung der militärischen Fragen gebe. Gorbatschow selbst sagte, es wäre das Ende der Perestroika, wenn er sein Einverständnis zur NATO-Mitgliedschaft Deutschlands gebe. Aber dann wiederholte er seine Bitte um Darlehen und Kredite in Höhe von 20 Milliarden Dollar.[117]

Obwohl man in der Frage der Vereinigung anscheinend an einen toten Punkt gekommen war, ließ die unselige Finanzlage der Sowjets erkennen, daß die Schwierigkeiten nicht unüberwindlich waren. Genscher glaubte, die Sowjets würden schließlich nachgeben und Schewardnadse sei bereit, in Ruhe zu verhandeln. In einem langen Gespräch am 23. Mai in Genf erklärte der sowjetische Außenminister, seine Regierung sei an einer schnellen Lösung der deutschen Frage interessiert. Er hob die »Gleichzeitigkeit« der internationalen und der innenpolitischen Aspekte der Vereinigung hervor; es ginge nicht darum, diese von jenen abhängig zu machen, wie die Deutschen und die Amerikaner vielleicht befürchteten, sondern den ganzen Prozeß zu beschleunigen. Genscher hatte das Gefühl, daß die Russen kurz davorstanden, in der Frage der NATO-Mitgliedschaft Zugeständnisse zu machen, und wie es seine Art war, machte er ihnen die Sache schmackhaft, indem er zu bedenken gab, daß Moskau von einem vereinten Deutschland mehr profitieren werde als von zwei getrennten deutschen Staaten. Am Tag zuvor hatte Kohl an Gorbatschow geschrieben, Deutschland sei bereit, 5 Milliarden DM selbst aufzubringen und sich auf multinationaler Ebene für weitere Kredite einzusetzen. Die von Schewardnadse vorgeschlagene Begrenzung der deutschen Truppenstärke auf 250 000 erklärte Genscher für unannehmbar, er glaube aber, daß sie unterhalb der Summe der zum gegenwärtigen

Zeitpunkt in beiden Staaten vorhandenen Truppen liegen könne. Ausschlaggebend sei, nicht nur Deutschland Beschränkungen aufzuerlegen, sondern die Truppenstärken aller Länder in der »mittleren Zone« einschließlich der westlichen Teile der Sowjetunion zu begrenzen. Genscher vermied es, Zahlen zu nennen; er begründete dies damit, daß die Frage der Truppenstärke bei den Wiener Verhandlungen über die konventionellen Streitkräfte in Europa (VKSE) zu besprechen sei; schließlich konnte er sich auch vorstellen, daß über die Zahl im Rahmen der Zwei-plus-vier-Gespräche entschieden werde. Das symbolische Thema der Erhaltung sowjetischer Denkmale auf deutschem Gebiet könne zufriedenstellend gelöst werden, versicherte Genscher seinem sowjetischen Kollegen, ebenso wie eine übergangsweise Anwesenheit von sowjetischen Truppen im Osten des vereinten Deutschland.[118]

War Gorbatschow nunmehr bereit für einen Handel? Die Alternativen der Russen waren nicht rosig. Deutschland aufzugeben war für die Konservativen in der Sowjetunion eine unerträgliche Vorstellung und erschien ihnen als ernsthafte Bedrohung; Polen, Ungarn und die Tschechoslowakei waren schon für den Kommunismus, ja sogar für den Reformkommunismus verloren. Die baltischen Länder waren immer entschlossener dabei, sich aus der Sowjetunion zu lösen – Litauen vollzog diesen Schritt im März, setzte die Unabhängigkeit aber aus, solange verhandelt wurde. Wenn die Sowjets die deutsche Vereinigung blockierten, war wirtschaftliche Hilfe aus dem Westen für sie nicht zu erwarten, und der Reformprozeß ginge nicht weiter. Und welche Vorteile hatten sie, wenn der interne Vereinigungsprozeß voranging und sie die förmliche Anerkennung auf internationaler Ebene verweigerten? Selbst wenn die SPD die für Dezember vorgesehenen Wahlen gewinnen sollte, erschienen die Russen als grämliche Spielverderber, die sich von der Lösung der deutschen Frage selbst ausschlossen, so wie sie es schon im Falle des Anzuspaktes mit Japan von 1951 getan hatten, und sie würden sich von ihren wichtigsten potentiellen Kreditgebern trennen, nur um in Ostdeutschland demoralisierte Truppen zu unterhalten.[119]

Der russische Parteichef genoß noch einmal in vollen Zügen die Bewunderung der Amerikaner, als er sich am 30. Mai zum zweiten Mal in diesem Jahr mit Bush traf. Deutschland solle beiden Bündnissen angehören oder gar keinem, unterbreitete er zunächst seinen Gastgebern im Weißen Haus. Aber zu deren Überraschung räumte er dann ein, die Grundsätze der KSZE sähen vor, daß ein Land selbst entscheide, ob und welches Militärbündnis es eingehe. Hätte er diese Frage legalistischer durchdacht, wäre ein derartiges Zugeständnis nicht nötig gewesen. Deutschland, so hätte er entgegenhalten können, sollte ein einziges, souveränes Land werden und die Sicherheitsgarantien der KSZE genießen, wenn und nur wenn die Bündnisfrage als eine Vorbedingung geklärt war. Aber Gorbatschow hatte schon seine Zustimmung gegeben, daß am Ende des ganzen Prozesses ein souveränes, vereintes Deutschland stehen sollte. Der amerikanische Präsident rief Kohl an, um ihm zu sagen, daß der russische Parteichef »wohl einverstanden« sei, daß Deutschland entsprechend den Vereinbarungen von Helsinki selbst entscheiden könne, ob es der NATO angehören wolle. Kohl schien den Durchbruch nicht ganz begriffen zu haben: ein höchst wichtiges Zugeständnis, das halbherzig gegeben wurde, vielleicht ohne alle seinen Implikationen zu durchschauen, vom führenden Politiker kaum bemerkt, für den es doch von zentraler Bedeutung war. Freilich konnte es zurückgezogen werden, aber für die Presseerklärung am 3. Juni fanden die Amerikaner klare Worte: Bush brachte zum Ausdruck, er und Kohl seien sich einig, daß ein vereintes Deutschland Teil der NATO sein solle; Gorbatschow stimme dem nicht zu, aber er erkenne an, daß die Deutschen über ihre Mitgliedschaft in einem Militärbündnis selbst entscheiden könnten. Damit hatten die Sowjets eine wichtige Kurve genommen. Nach dem 30. Mai maßen sie der Bündnisfrage immer weniger Bedeutung bei.[120]

Worüber man noch verhandeln mußte, war die Begrenzung der deutschen Truppenstärke und die Veränderung der NATO. Die Verhandlungsleiter der Zwei-plus-vier-Runde trafen sich am 9. Juni noch einmal; diesmal ging es um die Grenzen eines vereinten Deutschland, das die BRD, die DDR und ganz Berlin umfassen sollte. Die Artikel 146 und 23 des Grundgesetzes, in denen Verfahren für die Aufnahme von deutschen Gebieten niedergelegt sind, die 1949 der Bundesrepublik nicht beitreten konnten, die bereits 1955 für das Saargebiet Anwendung gefunden hatten und nun für die DDR zum Tragen kommen sollten, sollten nach Abschluß des

Verfahrens aus der Verfassung entfernt werden. Auf Schewardnadses Bitte reiste Genscher nach Brest, wo der Bruder des sowjetischen Außenministers 1941 zu Beginn des deutschen Angriffs gefallen war. Der sowjetische Gastgeber brachte zum Ausdruck, wie wichtig es ihm war, daß sich die NATO nachhaltig ändere, wenn Deutschland dazugehören solle. Genscher machte wieder vage Anspielungen im Hinblick auf ein neues Verhältnis zum Warschauer Pakt. Natürlich wußten beide, daß sich das osteuropäische Bündnis in einem rapiden Auflösungsprozeß befand. Wie sollte Moskau ein Gleichgewicht zu der erweiterten NATO herstellen? Und wie konnte die sowjetische Führung ihre Bevölkerung davon überzeugen, daß ein vereintes Deutschland in der NATO keinen Rückschritt für die Sicherheit der Sowjetunion bedeutete? »Geben Sie uns Zeit, damit wir unser Volk überzeugen können«, bat Schewardnadse; aber Genscher bestand darauf, daß die internationalen Aspekte der Vereinigung im gleichen Tempo wie die innenpolitischen Fragen geregelt werden müßten. Die beiden Außenminister gerieten in Streit, und Schewardnadse sagte, das Potsdamer Abkommen von 1945 müsse in Kraft bleiben, wenn es zu keiner Verständigung käme. Hauptsache war jedoch, wie er in jedem Fall darauf bestehen könne, daß Rußland der Macht eines vereinten Deutschland Grenzen setzen könne: Welche Truppenstärke wollte Deutschland haben? Genscher schätzte 350000 bis 400000 Mann. Die »Umwandlung« der NATO und die Begrenzung der Truppenstärke blieben Fragen, über die noch Einigkeit zu erzielen war, was den Beteiligten aber auch möglich schien. Eine Woche später war die alte Herzlichkeit wiederhergestellt, als Schewardnadse in Münster ein freundschaftlicher Empfang bereitet wurde.[121]

Die Zwei-plus-vier-Gesprächsrunde vom 22. Juni verlief allerdings nicht ganz so glatt. Die Sowjets bereiteten sich auf die für ihren bevorstehenden 28. Parteitag zu erwartenden harten Auseinandersetzungen mit den Hardlinern in den eigenen Reihen vor und wollten nicht als nachgiebig erscheinen. Die Ostdeutschen waren verärgert, weil die Amerikaner aus dem Abriß des Checkpoints Charlie ein Medienereignis gemacht hatten, das nach DDR-Ansicht die Rolle der Bevölkerung bei der Öffnung der Mauer ignorierte.[122] Die Sowjets formulierten »nach langen und schwierigen internen Debatten« einen Vertragsentwurf, der der harten Linie folgte und in weiten Strecken auf Bondarenkos und Kwizinskijs Bemühungen zurückging, aus der fortbestehenden Militärpräsenz der Sowjets in Deutschland Kapital zu schlagen. Das in harschem Ton gehaltene Dokument klang, als sei es ein kurz nach dem Krieg formulierter Friedensvertrag. Es sah eine zweijährige Bewährungsprobe für das vereinte Deutschland vor, erst dann sollten die Rechte der vier Mächte erlöschen. Weitere Auflagen waren die für fünf Jahre fortbestehende Aufteilung des Landes auf die beiden Bündnissysteme und der fortgesetzte Unterhalt von Truppen aller vier Mächte in ihren jeweiligen Gebieten. Die Streitkräfte der zu vereinigenden BRD und DDR sollten nur am westlichen und am östlichen Rand das Landes stationiert werden, zusammengenommen etwa 200 000 bis 250 000 Mann umfassen und weder über Angriffskapazitäten noch über entsprechende Befehlsgewalt verfügen. Außerdem sollte Deutschland nicht nur auf die Entwicklung von atomaren, biologischen und chemischen Waffen verzichten, sondern auch von der Teilnahme an NATO-Diskussionen über Fragen der atomaren Strategie ausgeschlossen sein. Ferner sollte es alle früheren Verfügungen zur Entnazifizierung akzeptieren und jede Art von neonazistischer Betätigung verbieten.[123]

DDR-Außenminister Meckel und Verteidigungsminister Rainer Eppelmann vertraten eine ähnliche Auffassung. Ostdeutschland sollte besondere Streitkräfte unter einem unabhängigen Kommando bekommen, ein Vorschlag, den der Westberliner *Tagesspiegel* als persönliche Eitelkeit oder als Träume von friedensbewegten Pastoren glossierte.[124] Meckel setzte seine Hoffnungen immer noch auf eine ost-mitteleuropäische Sicherheitszone: eine KSZE-Enklave, in der die staatliche Autorität der DDR letzte Bastion hätte. Selbst die alten Kommunisten im DDR-Außenministerium begannen, dies Konzept als innovativen Rahmen für die Abrüstung in Mitteleuropa zu entwickeln. Aber es führte zu nichts: Die als Partner ins Auge gefaßten Polen und Tschechen verhielten sich reserviert. Es war nicht einmal ganz klar, ob die Sowjets sich wirklich für einen überlappenden Sicherheitsbereich in Deutschland einsetzen würden. Schewardnadses Planungschef Sergej Tarasenko teilte Genschers Referent Elbe in Münster vertraulich mit, die Deutschen sollten sich um etwaige Rückzüge der Russen auf harte Positionen nicht weiter kümmern, und Schewardnadse und Baker waren drei Wochen zuvor in Kopenhagen einer Einigung viel näher gewesen. Was also wollten die Sowjets wirklich?

Als Baker am Abend des 22. Juni Schewardnadse zur Rede stellte, gab dieser zu, daß der Vorschlag scharf formuliert war, und erklärte dies damit, daß es in Moskau sehr starke Widerstände gegen die Einheit gebe. Wenn Deutschland im Nordatlantischen Verteidigungsbündnis bleiben solle, dann brauchte der russische Minister dringendst ein Zeichen von dem bevorstehenden NATO-Treffen in London, daß neue Sicherheitsbrücken über die Bündnisse hinweg und die Stärkung der KSZE denkbar seien. Dem antwortete Baker mit dem Hinweis, daß es seiner Ansicht nach in der NATO Veränderungen geben, Amerika einem vereinten Deutschland im übrigen aber Souveränität zugestehen werde. Die Vereinigten Staaten würden ihre Truppen in Europa behalten, weil sie dazu stets aufgefordert worden seien. Die Amerikaner mußten also eine neue Tagesordnung für den Londoner NATO-Gipfel vorbereiten, um Schewardnadse zu versichern, daß auch die NATO sich wandeln werde. Als eigenen Beitrag zu dieser Versicherung stellte Schewardnadse einen Vorschlag zu einer gemeinsamen Erklärung von NATO und Warschauer Pakt in Aussicht, in der festgehalten werden sollte, daß das Gebiet der DDR nicht unter den Schutz der NATO falle, die amerikanischen Atomwaffen aus Europa entfernt und alle amerikanischen und sowjetischen Streitkräfte aus Deutschland abgezogen werden sollten – alles Schritte, die die Allianz entscheidend schwächen würden und gegen die sich die europäischen NATO-Mitglieder wie auch die Vereinigten Staaten seit Jahrzehnten wehrten. Um Schewardnadses Position in Moskau zu stärken, mußte Washington eine Antwort finden, die im Ton versöhnlich war, aber den westlichen Sicherheitskanon nicht beeinträchtigte. In den Vorschlägen, die zwischen Außen- und Verteidigungsministerium sowie Nationalem Sicherheitsrat ausgearbeitet wurden, vertagte man eine quantitative Zusage in Sachen konventionelle Abrüstung, befürwortete jedoch eine weitere Verhandlungsrunde über Truppenreduzierungen im Zusammenhang von VKSE II (konventionelle Streitkräfte in Europa), für den Abzug der atomaren Geschütze der Amerikaner und für neue strategische Doktrinen, die das Konzept der flexiblen Vorwärtsverteidigung ersetzen sollten. Auch dachte man an ständige NATO-Vertretungen in den Ländern des Warschauer Pakts sowie an Verbindungen zwischen NATO und KSZE.

»Die wesentlichen Punkte dieses Plans überlebten die eingehenden Prüfungen durch die Geheimdienste, und die Westdeutschen waren entzückt über Bushs Initiative. Mrs. Thatcher freilich nicht. Welchen Sinn hätten Verteidigung und Sicherheitspolitik, ›wenn wir jene, die bis vor kurzem unsere schärfsten Feinde waren, ... so dicht an die innerste Führung unserer Verteidigung und Kampfbereitschaft heranlassen‹«? Auch Mitterrand war nicht glücklich über die Aussicht, sich nicht mehr auf die nukleare Abschreckung zur Verteidigung Europas verlassen zu können. Die Deutschen erklärten sich zu einer Begrenzung ihrer Truppenstärke auf 370 000 oder auch 350 000 Mann bereit. Der Gipfel akzeptierte das Konzept weitgehend, auch den Vorschlag, Schritte in Richtung auf eine multinationale Streitmacht zu unternehmen. Bush unterbreitete Gorbatschow die neuen Lösungen. Der wiederum wartete seinerseits darauf, etwas Neues in Sachen Wirtschaftshilfe zu erfahren. Für die 5 Milliarden DM aus Bonn gab es grünes Licht, aber die Sowjets erwarteten eine Gesamtsumme von 15 bis 20 Milliarden Dollar. Über diese Frage wurde auf dem G-7-Treffen in Houston gesprochen. Mrs. Thatcher war nicht zu uneingeschränkter Hilfe bereit, und auch Bush lehnte es ab, sich an einer Finanzspritze in dieser Größenordnung zu beteiligen, ohne damit die Forderung nach Wirtschaftsreformen zu verbinden. Für den Augenblick herrschte nur Einigkeit darüber, daß der IWF eine Sonderstudie über den ökonomischen Bedarf der Sowjetunion erstellen solle.[125]

Als Kohls Besuch in Rußland näher rückte, war es Zeit für eine Einigung. Die Sowjets hatten in der Zwei-plus-vier-Runde eine zeitweise harte Linie eingeschlagen: Anfang Mai in Bonn und Ende Juni in Berlin. Aber Schewardnadse schien immer etwas unglücklich darüber, und Gorbatschow hatte am 30. Mai entscheidende Zugeständnisse gemacht. Die beiden sowjetischen Spitzenpolitiker legten es offenbar darauf an, im Westen als liberale Reformer und nicht als Hardliner zu gelten. Sie verlangten nach einem leichten Übergang in die neue Ära und hatten begriffen, daß sie, wenn sie die Einheit verhinderten, sich der überwältigenden öffentlichen Meinung in Deutschland entgegenstellten. Da sie nicht bereit waren, Gewalt anzuwenden, würden sie von einer de facto vollzogenen nationalen Einheit ausgeschlossen, obwohl sie daran beteiligt waren, sie ständen da mit ihren heruntergekommenen Kasernen im Osten und würden sich um reichlich fließende Kredite bringen. Nur die Gegner zu Hause wollten tatsächlich die harte Linie durchsetzen, mit der sie am 22. Juni geliebäugelt hatten. Aber es gelang der Führung auf dem Anfang Juli stattfindenden 28. Parteitag, der scharfen Kritik ihrer innenpolitischen Gegner standzuhalten. »Warum macht die Sowjetunion auf der ganzen Linie Zugeständnisse? ... die Idee des gemeinsamen Hauses Europa sei ein Phantom ...«[126] Gorbatschow vermied es, auf außenpolitische Fragen einzugehen, und redete hauptsächlich über innenpolitische Probleme. Er unterstützte die Pläne seiner Reformer für einen Umbau der Wirtschaft in 500 Tagen. Die Konservativen waren langfristig sicher nicht geschlagen, aber Gorbatschow hatte seine Führungsrolle offenbar behaupten können.

Am 1. Juli trat der Einigungsvertrag zwischen den beiden Hälften Deutschlands in Kraft, und die beiden nunmehr wirtschaftlich verbundenen Staaten arbeiteten jetzt intensiv am Vertragswerk zu ihrer politischen Vereinigung. Gorbatschow hatte den Parteitag hinter sich, als er am 15. und 16. Juli Kohl im Kaukasus empfing. Die Bonner Delegation eilte von Houston nach Rußland. Falin versuchte verzweifelt in einem nächtlichen Telephongespräch, das ihm Gorbatschow gewährte, seinen Chef von dessen Kurs abzubringen: Dieser solle nicht auf Artikel 23 eingehen, sich der Mitgliedschaft Deutschlands in der NATO widersetzen oder wenigstens dafür sorgen (»minimum minorum«), daß alle Atomwaffen von deutschem Territorium verschwinden. Gorbatschow war kurz angebunden. »Nur fürchte ich, daß der Zug schon abgefahren ist«, sagte er, als er auflegte.[127] Unter der strahlenden Sonne und den funkelnden Sternen von Archys – der Ort liegt inmitten der hohen, alpinen Gipfel des nördlichen Kaukasus, viel abgelegener als der von Wäldern umgebene Landsitz des amerikanischen Präsidenten in Camp David – sagte Gorbatschow zu Kohl, er fühle sich durch die politischen Veränderungen der NATO ermutigt, für ihn sei eine neue Situation entstanden. Er übergab dem Bundeskanzler ein Positionspapier, demzufolge die militärischen Einrichtungen der NATO nicht auf das Gebiet der DDR ausgedehnt werden sollten, solange dort sowjetische Truppen stationiert waren; diese sollten noch drei bis vier Jahre dort bleiben, wobei er nichts dagegen habe, wenn das vereinte Deutschland schon während dieser Zeit seine volle Souveränität erlange und Mitglied der NATO werde. Die Deutschen könnten von Anfang an im Osten Truppen stationieren, die aber so lange nicht der NATO unterstellt werden sollten, wie sich noch sowjetische Truppen im Land befänden. Die Sowjets, die früher einen schrittweisen Verzicht auf die Rechte der vier Mächte anvisiert hatten, waren jetzt bereit, sie im Rahmen einer Abschlußvereinbarung der Zwei-plus-vier-Gesprächsrunde sofort aufzugeben. Wieder schreibt Teltschik Jubelrufe in sein Tagebuch: »Der Durchbruch ist erreicht! Welch' eine Sensation!« Im weiteren Verlauf ihrer Gespräche teilte Kohl Gorbatschow mit, daß er 370 000 Mann brauche, um die Umwandlung der Bundeswehr in eine Berufsarmee zu verhindern. Die Sowjets hätten lieber auf 350 000 Mann bestanden, gaben aber nach. (Am 30. August sollte eine Absichtserklärung der Deutschen und der Sowjets unterzeichnet werden; die Zahlen zur Truppenstärke sollten bei den Wiener Verhandlungen über die konventionellen Streitkräfte in Europa zur Sprache kommen.) Die Hauptsache sei, ließ sich Gorbatschow wiederholt vernehmen, daß die deutsche Einheit kein isoliertes Phänomen bleibe, sondern ein »Bestandteil unserer gemeinsamen Orientierung hin auf ein neues Europa« werde.[128] Er gab sich alle Mühe, die Verständigung in einem möglichst guten Licht erscheinen zu lassen, aber sein Standpunkt war verständlich. Deutschlands internationale Rolle war wesentlich bestimmt durch die Beziehungen in Europa. Schließlich hatte es Deutschland schon vor der Einheit zu einem imponierenden Reichtum und einer ebensolchen Machtstellung gebracht: Nur die Integration in stabile internationale Strukturen und die Stärke der Demokratie in Deutschland konnten garantieren, daß es eine Kraft der Zusammenarbeit bleiben und sich nicht hegemonialen Ambitionen hingeben würde.

Einen Tag später trafen sich die Außenminister der Zwei-plus-vier-Runde in Paris – die Aufgaben, die sie noch zu erledigen hatten, traten freilich etwas in den Schatten der dramatischen Vereinbarungen, die sich im Kaukasus ergeben hatten. Sie nahmen das deutsch-sowjetische Übereinkommen zur Kenntnis, gaben eine gemeinsame Erklärung zur Endgültigkeit der polnischen Westgrenze ab und bereiteten die Vereinbarungen der sechs Teilnehmerstaaten zur Unterzeichnung in Moskau am 12. September vor. Die Vereinigung und die Zuerkennung der vollen Souveränität sollten ohne einen förmlichen Friedensvertrag folgen. Schewardnadse äußerte Bush gegenüber, daß sich die am 22. Juni entstandene Lage durch die Zusicherungen der Londoner NATO-Konferenz und den Parteitag geändert habe. Allein die Ostberliner waren niedergeschlagen; sie waren nun ganz und gar draußen. Es gab keinen Anhaltspunkt mehr für eigene Spielräume der DDR. Meckel, der noch versucht hatte, eine unabhängige mitteleuropäische Initiative zu verfolgen, äußerte später, daß es von Juni an außenpolitisch nichts anderes mehr zu tun gab, als die DDR »abzuwickeln«.[129] Als er von der westdeutschen Presse für seine Bemühungen um eine autonome Diplomatie heftig kritisiert wurde, war er ziemlich isoliert. Mit seinen Kollegen vom Außenministerium zog er im Hinblick auf die seit April nicht errichteten Initiativen eine traurige Bilanz. Carl Christian von Braunmühl, der Meckel vom Auswärtigen Amt in Bonn als Assistent überstellt worden war, kritisierte die Beamten vom DDR-Außenministerium, daß sie nicht auf den schnellen Fortgang der Ereignisse reagiert hätten. Die Vereinigung hatte sie überholt, und Kohl hatte mit den Russen direkt verhandelt, ohne die Ostberliner hinzuzuziehen. Die Hoffnung der ostdeutschen SPD, eine atomwaffenfreie Sicherheitszone in Mitteleuropa zu schaffen, war unrealistisch. Die Bemühungen, die Zeit bis zur Vereinigung für eine unabhängige Außenpolitik zu nutzen, waren gescheitert; die Regierung in Ostberlin besaß keine wirkliche Macht mehr. In Pressekommentaren kam dies deutlich zur Sprache.[130] Freilich waren es die Menschen aus der DDR, die im Oktober und November und dann im Januar am Beginn dieser außergewöhnlichen Kette von Ereignissen gestanden hatten. Damals spielten sie eine Rolle als Katalysator, sie waren die eigentlichen Akteure der Veränderung. In den sechs Monaten, die seither vergangen waren, wurden sie wieder zu bloßen Objekten des Geschichtsverlaufs, bestenfalls zu Zuschauern – eines Geschichtsverlaufs wohlgemerkt, der weniger von Unterdrückung bestimmt war, ihnen aber kaum eine bedeutendere Rolle einräumte als vor 1989.

Am 23. August 1990 setzte die Volkskammer den 3. Oktober für ihren Beitritt zur Bundesrepublik an. Die fünf Länder der DDR, die in den sechziger Jahren aufgelöst worden waren, sollten restituiert werden und am 14. Oktober Landtagswahlen abhalten. Jedes »neue Bundesland« mußte in der Zwischenzeit um seinen Beitritt nach Artikel 23 ersuchen; es war die gleiche Prozedur wie beim Wiedereintritt des Saargebiets in die Bundesrepublik im Jahr 1956. Die beiden deutschen Staaten hatten vereinbart, viele der komplexen Probleme in einem Vereinigungsvertrag zu regeln, der Ende August unterschriftsreif sein sollte. Die Verhandlungen zu diesem Vertrag sollten auf die »Währungs-, Wirtschafts- und soziale Union« folgen, die im Mai durch einen »Staatsvertrag« beschlossen worden war. Viele Fragen, die es dabei zu klären galt – die Rückgabe des kollektivierten Eigentums, Wahlverfahren, der Finanzausgleich zwischen den Ländern –, waren hochkompliziert. Auf westdeutscher Seite wollte Innenminister Schäuble mit Unterstützung einer überministeriellen Arbeitsgruppe rechtzeitig zum Treffen der KSZE, auf dem die Formalitäten der Vereinigung auf internationaler Ebene zum Abschluß gebracht werden sollten, eine umfassende Einigung erzielen. Sein Kollege aus der DDR, der eifrige junge parlamentarische Staatssekretär Günter Krause, und de Maizière mußten dieselben Demütigungen erleben wie Hans Modrow, als Schäuble auf ihrer ersten förmlichen Sitzung im Juli erklärte: »Wir wollen nicht kaltschnäuzig über eure Wünsche und Interessen hinweggehen. Aber hier findet nicht die Vereinigung zweier gleicher Staaten statt.«[131]

Die schwache DDR-Regierung überstand die Verhandlungen nicht ohne Krisen und Trennungen. De Maizière wollte die Große Koalition bis zum Beitritt aufrechterhalten, aber die ostdeutschen Sozialdemokraten stellten sich quer. Sie drohten, die Koalition wegen Steuerfragen zu verlassen. Der von ihnen gestellte Finanzminister Walter Romberg wurde seines Amtes enthoben, weil er forderte, daß alle ostdeutschen Einnahmen innerhalb der künftigen Ex-DDR verbleiben sollten, während de Maizière der Auffassung war, daß der Osten mehr von den westdeutschen Steuersubventionen profitieren würde, wenn er die dort erhobenen Steuern in den gemeinsamen Topf einbrachte. Die Ost-SPD erhob auch Einwände, als es um den sich anbahnenden Kompromiß über die ersten gesamtdeutschen Wahlen ging, die Schäuble zufolge noch vor Ablauf des Jahres stattfinden sollten. Es ging um die Fünf-Prozent-Klausel. Das ostdeutsche »Bündnis 90« und die PDS fürchteten, sie würden nicht in den Bundestag einziehen können, wenn sie in Ost- und Westdeutschland zusammen mindestens 5 Prozent der Stimmen erreichen müßten, und die Sozialdemokraten wiederum waren nicht traurig darüber, daß sie diese Mitbewerber eventuell loswerden könnten. Man einigte sich darauf, daß bei den ersten Wahlen im vereinten Deutschland die Fünfprozenthürde in Ost und West getrennt berechnet werden sollte: Die CDU wollte lieber die PDS erhalten, als deren Stimmen der SPD zu überlassen. Die Ostdeutschen widersetzten sich auch dem Wunsch der Bundesrepublik, die Verfügungsgewalt über die Stasi-Akten zu übernehmen (und das Strafmaß der ehemaligen Informanten zu begrenzen); statt dessen richteten sie eine unabhängige Behörde ein, die den Zugang zu den Akten kontrollieren und ihre wissenschaftliche Auswertung fördern sollte. Ebenso trennend wie diese Fragen und eine Gefahr für den Einigungsvertrag war auch die unterschiedliche Regelung der Abtreibung, bis am Tag vor Unterzeichnung des Vertrages Einigkeit erzielt wurde, daß die liberalere Regelung der DDR (wonach eine Frau innerhalb der ersten drei Monate die Schwangerschaft ohne Auflagen unterbrechen konnte) im Gebiet der Ex-DDR mindestens zwei Jahre nach der Einheit gültig bleiben sollte.[132]

Schließlich mußten die Deutschen noch einen allgemeinen Freundschaftsvertrag mit der Sowjetunion ausarbeiten, was keine großen Probleme bereitete, ferner einen Vertrag zur Regelung der ausstehenden wirtschaftlichen Verpflichtungen der DDR und einen Vertrag über die Bedingungen der Stationierung und des späteren Abzugs der sowjetischen Truppen. An diesem Punkt hofften die Sowjets, möglichst hohe Barzuwendungen herauszuholen. Am 5. September schickten sie eine Rechnung über 36 Milliarden DM. Kohl bot 8 Milliarden DM dagegen, verbunden mit einer Reihe von Forderungen; Gorbatschow verlangte ein Minimum von 11 Milliarden DM plus Transport und Instandhaltungskosten und drohte, seine Unterschrift unter die Zwei-plus-vier-Abschlußerklärung zu verweigern. Wieder feilschten die Finanzminister und dann auch die Regierungschefs ein Wochenende lang hin und her, bis man sich darauf einigte, daß die Deutschen 12 Milliarden DM zahlten und einen Kredit über 3 Milliarden gewährten. Dieser Vertrag ist am 27. September in Kraft getreten.

Inzwischen waren die Zwei-plus-vier-Abkommen – der Vertrag, der die abschließenden Regelungen über Deutschland enthielt – am 12. September in Moskau von den Außenministern fertiggestellt worden. Noch einmal war es in letzter Minute zu einer Krise gekommen. Deutschland sollte wieder ein souveräner Staat werden, in den Grenzen von West- und Ostdeutschland und Berlin. Welche Rechte sollte die NATO in Ostdeutschland haben? Kwizinskij hatte auf der Grundlage der im Kaukasus getroffenen Übereinkunft eine Formulierung ausgearbeitet, wonach NATO-Truppen in Ostdeutschland weder stationiert werden noch aufmarschieren dürften, bevor die Russen 1994 abzögen, und danach dürfe es keine nichtdeutschen NATO-Verbände und Atomwaffen in Ostdeutschland geben. Die britischen und auch die amerikanischen Unterhändler waren bereit, auf Kasernen zu verzichten, nicht aber auf den Osten als Aufmarschgebiet mit dem Recht, in diesem Gebiet Manöver abzuhalten. Die angloamerikanischen Einwände irritierten sowohl die Bonner als auch de Maizière; beide glaubten, das Mauern der Briten (die Schwierigkeiten der Amerikaner mit dem Text übersahen sie) sei ein Versuch, die Unterzeichnung des Vertrages in letzter Minute hinauszuzögern. Nach aufreibenden Nachtsitzungen einigte man sich, daß die Beschränkung des Aufmarschgebiets bestehenbleibe, notfalls aber von den Deutschen auch anders interpretiert werden könne. Der Vertrag vom 12. September brachte den Zwei-plus-vier-Prozeß zum Abschluß und erklärte das Ende der noch bestehenden Besatzungsrechte der vier Mächte. Auf dem KSZE-Treffen vom 26. September nahmen die Regierungen offiziell Kenntnis von dem Abkommen, das unter anderem den Verzicht der vier Mächte auf ihre Rechte und das Datum der Vereinigung enthielt: Mitternacht vom 2. auf den 3. Oktober 1990.[133]

Damit waren der Zweite Weltkrieg und auch der Kalte Krieg zu Ende gegangen. Die Hardliner in Moskau hatten noch einmal Gelegenheit, ihrer Kritik an der sowjetischen Diplomatie Luft zu machen, als im Obersten Sowjet über die Aufhebung des Freundschaftsvertrages mit dem tags zuvor verschwundenen Staat DDR förmlich debattiert wurde. Das gleiche galt für die Ratifizierung des neuen Freundschaftsvertrages mit der Bundesrepublik. Aber wie Kwizinskij – einer der zähen Kämpfer für einen möglichst günstigen Vertragsabschluß – in einem Redeentwurf für seinen Minister schrieb, waren es nicht die Verträge, die das Ende der DDR herbeiführten. »Das Todesurteil der DDR war in dem Augenblick unterschrieben worden, als man beschlossen hatte, ihre Grenzen zu öffnen. Die Verträge spiegelten lediglich die danach eingetretenen unvermeidlichen, aber durchaus vorhersehbaren Veränderungen wider. Als die Berliner Mauer fiel, hatte sich im Obersten Sowjet der UdSSR keine einzige Stimme für deren Beibehaltung erhoben. Weshalb versuchte man jetzt, das Unmögliche zu erreichen – die Geschichte zurückzudrehen? Es führte kein Weg mehr zurück.«[134]

Schewardnadse und Gorbatschow hatten mit Unterstützung von Tschernajew und zunehmend auch Kwizinskij den Deutschen die Einheit bewilligt, die sie wollten. Aber das Verschwinden der zwei deutschen Staaten und das Wiedererstehen eines einheitlichen Nationalstaats war nicht nur die Konsequenz des Mauerfalls. Es war auch das Ergebnis der allgemeinen Unordnung und Verwirrung, die sich des kommunistischen Systems bemächtigt hatten: des desolaten Zustands seiner Wirtschaft, der Überlebtheit seines Militärbündnisses. Und es war Ergebnis davon, daß das Weiße Haus eine Hoffnung und Erwartung, die viele Deutsche und Amerikaner längst aufgegeben hatten, unbeirrt unterstützt hat und daß jenes ungleiche Paar Kohl und Genscher zielstrebig zur Tat schritt: ein Bundeskanzler, der es verstand, durch Druck Maximallösungen zu erreichen und sich gleichzeitig seinen Verbündeten als überzeugter Europäer glaubhaft darzustellen und den Sowjets für ihren schwierigen Übergang Zahlungen in Aussicht zu stellen; und ein Außenminister, der die Auswärtigen Dienste besänftigte, die sich über Grenzen, Sicherheitsfragen und die historischen Erinnerungen Sorgen machten.

Mitte Dezember 1990 reiste ich nach einer Historikertagung aus Berlin ab. Nach dem Ende der alliierten Kontrollrechte in Berlin konnte nun wieder die Lufthansa die Stadt anfliegen, ein Recht, das nach dem Zweiten Weltkrieg der PanAmerican übertragen worden war. In der Zwischenzeit starteten die Amerika-Flüge der Lufthansa von Frankfurt am Main aus. Ich war auf einem der letzten Flüge der PanAm – eines der kleinen Vorrechte der Sieger, das aufhörte zu bestehen, kurz bevor die Fluggesellschaft selbst ihren Betrieb einstellte. Dreieinhalb Jahre später wanderte ich durch die Gebäude des amerikanischen Hauptquartiers an der Clay-Allee, die gerade von den letzten Einheiten geräumt wurden. Eine Photoausstellung zeigte die Präsenz der Amerikaner in Berlin, angefangen mit den Ruinen von 1945 und der Luftbrücke von 1948 über den begeisternden Besuch von Kennedy im Jahr 1963 bis zur Gegenwart. Jetzt, im Sommer 1994, war der Gebäudekomplex fast leer. Auch die sowjetischen Truppen sind in diesen vier Jahren abgezogen, sie ließen ihre halb zerfallenen Kasernen zurück und verkauften ihre Orden und Fellmützen für wenig Geld an amerikanische und deutsche Touristen. Sie waren nicht besonders beliebt in dieser Zeit des Übergangs. Ihre leeren Kasernen standen einsam und verlassen da, in Brandenburg und Potsdam, Jüterbog und anderswo. Eine imperiale Ära ging zu Ende, vielleicht auch für die Amerikaner, bestimmt aber und viel krasser für die Russen.

Und wenn sie nicht zu Ende ging, dann nahm sie zumindest andere Formen an. In den nächsten fünf Jahren mußten die Russen erleben, wie ihre Vorherrschaft sogar im sowjetischen Machtbereich zerfiel. 1991 brach die Sowjetunion auseinander, und es war höchst ungewiß, ob Moskau seine Kontrolle über die riesigen Gebiete des ehemaligen Staates oder auch nur seine wirtschaftliche Führungsrolle noch einmal festigen würde. Nach dem Ende der Zweiteilung der Welt begannen die herrschenden Strukturen der internationalen Politik aufzuweichen. Selbst in Europa brachen wieder ethnische Konflikte auf; Liberale hatten die Hoffnung, daß es nichtstaatlichen Kräften gelingen werde, die Voraussetzungen für eine übernationale zivile Gesellschaft zu schaffen; in Politik und Wirtschaft wurde die Bedeutung der regionalen Wirtschaftsräume hervorgehoben: der Europäischen Gemeinschaft, der nordamerikanischen Freihandelszone, Ostasiens und der Pazifikstaaten. Hält die Entwicklung in Richtung auf solche regionalen Märkte an, dann würde Deutschland nun zum Motor für Europa und Osteuropa werden können. Aber bevor es eine derartige Führungsrolle wirklich einnehmen kann, muß es selbst einen schwierigen Übergangsprozeß durchmachen.

Deutschland hatte nun die volle Verfügungsgewalt über sein Territorium und seine eigene Hauptstadt – hatte es sie wirklich? Wie alle nominell souveränen Staaten mußte es Zuwanderer aufnehmen, die es nicht gerufen hatte, Menschen, die Arbeit oder Asyl suchten und immer wieder Ausbrüche von Fremdenfeindlichkeit erleben. Deutschland war eine einheitliche Nation geworden, als die Nationalstaaten anfingen, ihre Herrschaft über wirtschaftliche Veränderungen, die selbst den bestorganisierten Gesellschaften zu schaffen machten, zu verlieren. Die geschichtliche Periode, die am 3. Oktober 1990 ihren Höhepunkt erreicht hatte, gehörte zu einer langsam, aber sicher verschwindenden Welt von organisierten Bündnissen und klaren Demarkationslinien zwischen Staaten, Systemen und Ideologien. Diese Epoche ist zu Ende gegangen: nicht nur der Kalte Krieg, sondern auch die Sicherheit gewährende territoriale Organisation von Gesellschaften und Nationen. Die Deutschen hatten wieder einen nationalen Raum von 357 000 Quadratkilometern, eine Fläche nicht einmal so groß wie der US-Bundesstaat Montana; die Vereinigten Staaten hatten die Sowjets nun wirklich überholt – eine Leistung durchaus, die vielleicht aber doch als unerheblich erscheinen wird, wenn sich die Tagesordnung der Weltgeschichte ändert, so wie sie sich auch 1945 nach der Niederlage des Nationalsozialismus änderte. Gewiß sind die Siege von 1945 und 1989/90 große historische Leistungen; sie haben das Leben für Millionen von Menschen freier und erträglicher gemacht. Aber solche geschichtlichen Momente der Emanzipation vermögen gegen den Druck neuer Probleme nichts auszurichten.

6 Anschluß und Melancholie

> Souvenirs de l'Est
> Souvenirs qui me restent
> Que me reste-t-il de mes souvenirs de l'Est?
> Un sourire, un geste ...
> Une chanson qui proteste
> Que me reste-t-il de mes souvenirs de l'Est?
>
> *Patricia Kaas, französische Chansonsängerin*

Zwischen den beiden Berlins – 1990

Ein Souvenir aus dem Osten, das vielleicht bleibt, ist ein Stück der Berliner Mauer. Vor dem 21. Januar 1990 durften Bruchstücke aus der Mauer nicht offiziell verkauft werden, aber örtliche Unternehmer nutzten die Gelegenheit und ihre Meißel schon vorher. Sie schlugen Stücke aus der Mauer und wickelten ein bißchen rostigen Stacheldraht darum, montierten die schartige Miniatur auf ein gebeiztes Stück Holz und verhökerten das ganze an Touristen. Öffentliche Dienststellen in Westdeutschland ließen die Votivscherben in Plexiglaswürfel einschweißen, als Gastgeschenke für ausländische Würdenträger. Bereits Weihnachten 1989 konnte man in Filene's Basement in Boston für 12.95 Dollar ein 60 Gramm schweres Mauerstück kaufen. Es steckte in einem braunen Schmuckbeutel aus Samt, der in einem besonderen Gedenkkästchen verpackt und mit einem hochinspirierten Begleitzettel versehen war:

»The Wall is Gone!« And from this rubble rose a new symbol for tomorrow, an icon for future generations; the Berlin Wall ... dismantled. History is a look backward, a reconciliation of times and lives gone by. Now we are faced with the glowing view before us. It is the stuff of dreams. It is the blue sky that sails just out of view. Grip the artifact and in your hand is the past and future. Let your fingers wander slowly across its battered surface. You can tell the balance of our lives. You can feel the struggles and the triumphs, the grief and the joy, the hope and the fulfillment. You can feel the distant tremor of tomorrow's history gently unfolding in the palm of your hand.*

Aber der Besucher, der ein Jahr, nachdem er sein schön verpacktes Gebilde gekauft hatte, nach Berlin zurückkehrte, spürte keine Hoffnung mehr und auch nicht deren Erfüllung und auch kein fernes Beben künftiger Geschichte. Zu spüren war Weihnachten 1990 eher eine ungeheure Desorientierung. Unter den Menschen aus der ehemaligen DDR schien sie besonders stark. Deutschland war nicht mehr zweigeteilt, aber *eine* Nation war es auch nicht. Ein Regime hatte aufgehört zu bestehen und mit ihm ein System von eingeimpften kollektiven Werten, die zwar unter Anwendung von Zwang gepflegt wurden, gleichwohl aber eine alles durchdringende Wirkung entfaltet hatten, und die nun aufgegeben, für irrelevant erklärt und ausrangiert wurden. Was Parteimitglieder und Intellektuelle aus der DDR gemeint hatten, wenn sie von »unserer Republik« – im bestimmten Gegensatz zu »deren Republik« – sprachen, existierte nicht mehr. Aber die Unterschiede zwischen Ost und West blieben bestehen. »Ich habe meine Heimat verloren: dieses graue, enge, häßliche Land«, klagte Konrad Weiß, Filmemacher und Mitglied von Bündnis 90, der sich aber seiner Melancholie zum Trotz mit der Politik nach der Einheit zu arrangieren wußte: »Dieses schöne Land ... In diesem Land bin ich aufgewachsen, es war das Land meiner ersten Liebe, das Land meiner Träume, das Land meines Zorns. Es war das Land meiner Kinder, und es sollte das Land meiner geborenen und noch ungeborenen Enkel sein.

---

* »Die Mauer ist weg!« Dieser Steinbrocken ist ein Symbol für die kommende Zeit, ein Sinnbild für künftige Generationen; die Berliner Mauer ... wird abgebrochen. Geschichte ist ein Blick zurück, die Versöhnung mit vergangenen Zeiten. Jetzt haben wir strahlende Aussichten vor uns. Sie sind der Stoff, aus dem die Träume sind, der blaue Himmel, der unseren Blicken entschwindet. Nehmen Sie dieses Gebilde in die Hand und spüren Sie Vergangenheit und Zukunft. Lassen Sie die Finger langsam über seine schroffe Oberfläche gleiten. Sie sagt Ihnen etwas über das Gleichgewicht unseres Lebens. Sie spüren Kämpfe und Triumphe, Sorge und Freude, Hoffnung und ihre Erfüllung. Sie fühlen, wie sich Ihrer Hand sanft das ferne Beben der künftigen Geschichte kundgibt.

Nun wird es mir unter den Füßen weggezogen. Meine Hoffnung verdorrt, und meine Träume sterben. Ich werde zum Emigranten gemacht im eigenen Land. Ich wollte ein Mutterland machen aus meinem Land. In einem Mutterland braucht niemand Waffen ... Doch nun stürmt ein rauhes, grelles, hemdsärmeliges Vaterland auf uns ein. Es läßt uns keinen Ausweg, wir können uns seiner nicht erwehren.«[1] Die überwältigende Präsenz Westdeutschlands, in der ursprünglich das Heil gesucht worden war, machte es schwer für die Ostdeutschen, ihre eigenen historischen Leistungen in legitimer Weise anzuerkennen. Das Verfahren ihres Beitritts zur Bundesrepublik nach Artikel 23 des Grundgesetzes, der Beitritt also ohne die säkulare Weihe einer verfassunggebenden Versammlung, hatte den Vorteil, daß er schnell und bequem vonstatten ging. Aber er forderte, was die Zivilgesellschaft angeht, einen Preis. Wie rasch ist die Euphorie in eine Opferhaltung umgeschlagen!

Abends erstrahlte der Kurfürstendamm im Lichterglanz der Weihnachtsbeleuchtung. Über drei Jahrzehnte hatte er geglitzert als der trotzig herausfordernde, östlichste Außenposten des westlichen Konsum- und Freiheitsdenkens, und er verband durch seine Neonlichter die eine Hälfte der wieder zur Kapitale gewordenen Stadt mit Marktkulturen, die um zwei Drittel des Globus bis nach Tokio reichen. Im KaDeWe (Kaufhaus des Westens), dem Harrod's von Berlin, das von Luxuswaren überquillt, gab es jene reichverzierten, aus Kiefernholz geschnitzten Kerzenhalter in allen Größen, als kleine Dekorationen und überlebensgroß, und in der Mitte dann diesen alten Volkswagen, in den die Kauflustigen Geld für die Rußlandhilfe stecken konnten. Berliner und Westdeutsche spendeten mit großer Begeisterung für Rußland. Je verzweifelter die Lage wurde, in die die Sowjetunion abzurutschen schien, desto eifriger reagierten die Westberliner. Selbst einfache Büroangestellte ließen sich von den Nachrichten aus dem Osten aufrütteln und trugen mit 1000 DM dazu bei, daß Nahrungsmittel und andere Versorgungsgüter in den Osten geschafft werden konnten. Bis Ende 1993 brachten private Spender in Deutschland 735 Millionen DM auf.

Dieser Eifer ist aufschlußreich. Moskau, das offenbar verhungerte und in Anarchie versank, war weit, und das große russische Volk darbte. Wie schon öfter in der Geschichte, vor dem Ersten Weltkrieg zum Beispiel und in der Weimarer Republik, erschien es wieder als eine weit entfernte und dunkle, fast mystische Masse. Es verkörperte nicht mehr die schwelende, drohende Gefahr, die von seiner anderen, der Kehrseite seiner kollektiven Persönlichkeit ausging. Jetzt rührte dieses Volk wieder an das Sendungsbewußtsein der Deutschen, nicht nur an ihre weihnachtliche Bereitschaft zur Wohltätigkeit. Die slawische Welt und ihre Bedürfnisse mit dem Westen zu vermitteln ist eine Rolle, die die Deutschen immer wieder eingenommen haben und die zugleich von einer überlegenen Haltung wie von materiellem Selbstvertrauen und wirklicher Sympathie bestimmt ist. Zwischen Ende 1989 und Juni 1992, als Bundeskanzler Kohl erklärte, daß Deutschland an seine Grenzen gestoßen sei, hatte die deutsche Regierung den Republiken der ehemaligen Sowjetunion etwa 80 Milliarden DM gezahlt, geliehen oder in Form von Bürgschaften abgesichert; hinzu kamen weitere 30 Milliarden DM für die anderen osteuropäischen Länder. Bis Ende 1994 waren es insgesamt 100 Milliarden bzw. 51 Milliarden DM.[2]

Vom KaDeWe aus schien im Dezember 1990 der Kreml nicht viel weiter entfernt als die Wohngebiete ein paar Kilometer nach Osten. Dieses Berlin war am Abend dunkel. Auch am »Alex«, dem tagsüber lebendigen Zentrum von Ostberlin, war nichts mehr los, die Schaufenster des einzigen größeren Kaufhauses waren nun zwar voller elektronischer Spielsachen aus Japan und anderen westlichen Ländern, aber es gab keine Cafés, und nur wenige Menschen waren hier zu sehen. Niemand ging auf der Karl-Marx-Allee oder Unter den Linden spazieren, die zu dem jetzt offenen Brandenburger Tor führten. Die S-Bahn fuhr quietschend über die langsam verheilende Narbe, die die Mauer hinterlassen hatte: Die politische Grenze war verschwunden, aber die soziale Grenze zwischen Überfluß und Schäbigkeit gab es noch.

Sechs Monate später stimmte der Bundestag mehrheitlich für das vereinte Berlin als künftigen Regierungssitz.[3] Die Bundesrepublik hatte Bonn nur zur vorläufigen deutschen Hauptstadt bestimmt. Nach der Vereinigung aber waren viele der Meinung, daß dem symbolischen Status Berlins durch gelegentliche Bundestagssitzungen und Besuche des Bundespräsidenten durchaus Genüge getan sei; ansonsten aber solle man Bundestag und Ministerien in Bonn lassen. Dieser Kompromiß wäre für die Menschen aus der verschwundenen DDR unannehmbar gewesen, allerdings zählten ihre Stimmen nicht viel. Sie waren Bürger zweiter Klasse, auch wenn das Versprechen, Berlin wieder zur Hauptstadt zu machen, nicht zurückgenommen wurde. Würde die Stadt zur Hauptstadt ausgebaut, hätte das, so wurde argumentiert, einen immensen wirtschaftlichen Aufschwung zur Folge; eine Vielzahl von Bauprojekten, neue Wohnungen und Hotels würden dafür sorgen, daß Berlin mit Volldampf ins neue Jahrhundert geht und der Depression, die über der ehemaligen DDR liegt, entgegenwirken. Zu den einflußreichen Befürwortern des Umzugs zählte Manfred Stolpe, der politisch kluge Laienadministrator der lutherischen Kirche, nun Ministerpräsident des Landes Brandenburg, dessen Ruf noch nicht durch zweifelhafte Enthüllungen über seine angebliche Zusammenarbeit mit der Stasi angeschlagen war. Auch Bundespräsident von Weizsäcker und Altbundeskanzler Willy Brandt – zwei führende Politiker, die hohes Ansehen genossen – erklärten sich eindeutig für Berlin. Selbst die Bayern waren nicht gegen Berlin, allerdings hätte für sie auch Bonn Hauptstadt bleiben können. In zwei oder drei Jahren, glaubte man, würde Ostberlin in nächtlichem Glanz erstrahlen und an Attraktivität beträchtlich gewinnen: Dann würden auch Westberliner im Borchard essen, dem wiedereröffneten Wahrzeichen Berliner Gastronomie, das sich ganz in der Nähe des öden Bürogebäudes befindet, welches den neuen Parteien in der DDR als Hauptquartier für die Wahlen vom März 1990 diente. Man würde sich zu einem späten Abendessen in einem der Cafés am Kollwitzplatz treffen oder in dem jüdischen vegetarischen Restaurant neben der Synagoge in der Oranienburger Straße zu Mittag essen. Yuppie-Modeshops, Juweliere, Möbelrestaurateure, alle würden sie kommen. Wahrscheinlich würde um das Jahr 2000 der »Ku'damm« seine Vorrangstellung an die wiederaufgebauten Hotels Adlon und Bristol und an den Glaspalast der Galeries Lafayette in der auf Hochglanz gebrachten Friedrichstraße abgegeben haben.

Nach 1990 aber wandte sich die öffentliche Meinung im Westen von Berlin wieder ab: Wozu diese Ausgaben? Wozu eine Riesenstadt von sechs Millionen Menschen, die Berlin vielleicht zählen würde, wenn es zur Hauptstadt geworden wäre, mit all den vielen Regierungsangestellten, die in die Theater und die Kunstszene, in die Jugendszene und ins Universitätsleben drängten. Und welche Folgen eine solche Entwicklung für die Umgebung der Stadt haben würde, die dank der Rückständigkeit der alten DDR einen großartigen ländlichen Charme bewahrt hatte und sich dann wohl in eine Zone dichtbesiedelter Vorstädte verwandeln würde. Vielleicht würde Berlin ja auch wieder an seine preußische, militaristische Vergangenheit anknüpfen. Oder würde es noch mehr von den anarchischen Zügen annehmen, die großstädtischer Zynismus, Punks, Hausbesetzer und Jugendkultur jetzt schon verbreiteten? Solche Gedanken und Vorstellungen, für und wider, beschäftigten die Öffentlichkeit im Frühjahr 1991. Nach einer elfstündigen Bundestagsdebatte am 20. Juni, deren Fronten quer durch alle Parteilinien verliefen, stimmten die Abgeordneten mit einer Mehrheit von 338 zu 320 für den Umzug nach Berlin. Am 18. August 1991 wurde die Asche Friedrichs des Großen vom Familiensitz der Hohenzollern im südwestlichen Schwaben nach Potsdam gebracht und dort beigesetzt. Eine kleine Geste, eine Erneuerung der Tradition.

Die Entscheidung, Berlin erneut zur Hauptstadt zu machen, war die Konsequenz aller vorangegangenen Entwicklungen. Das neue Deutschland sollte sich zu einem anderen Land entwickeln. Es war nicht mehr nur die rheinische und die bayerische Achse mit einem bißchen Land drumherum, nicht mehr nur ein neuer *Rheinbund*, ein kooperativer Staat, der den Amerikanern und ihrer Politik sekundierte und hochwertige Automobile und Maschinen exportierte. Seine Bundesbank beherrschte die westeuropäische Währungspolitik. Seine Diplomaten und Geschäftsleute blickten nun zugleich nach Westen und nach Osten, sie nahmen alte Interessen wieder auf und wurden von Kunden aus Budapest, Bratislawa und Zagreb aufgesucht. Die internationalen Strukturen, in die das vereinte Deutschland hineingestellt war, lockerten sich immer mehr. Die Beziehungen der europäischen Nationen untereinander wurden nicht mehr durch das Kraftfeld des Kalten Krieges vorgeschrieben. Das riesige Sowjetreich zerfiel. Ein Einflußfaktor, der 1945 ein für allemal beseitigt schien, entstand wieder in Mitteleuropa – nicht unbedingt aufgrund von Ambitionen, die die Deutschen selbst hatten, sondern weil andere Akteure fehlten.

Wie bestimmend und umfangreich die Rolle Deutschlands am Ende des Jahrhunderts und darüber hinaus werden würde, war in den Jahren nach der Vereinigung überhaupt nicht absehbar. Deutschlands außenpolitische Stellung sorgte für neue Fragen. Sollte es an Friedensmissionen der Vereinten Nationen teilnehmen? Wie sollten die Deutschen mit den Alliierten bei militärischen Unternehmungen außerhalb von Europa zusammenarbeiten? Sollten sie einen ständigen Sitz im Sicherheitsrat bekommen? Noch schwieriger jedoch war die Situation im Inneren des neuen Landes. Die Einheit brachte für die Deutschen größte Probleme mit sich, Anklagen und Gegenbeschuldigungen wurden laut. Der wirtschaftliche Zusammenbruch, der sich im Osten nach der Einheit vollzog, wurde zu einer immer größeren Last; das hatte man im Sommer 1990 bei Einführung der Währungs- und Wirtschaftsunion so nicht kommen sehen. Auch als es um die Frage ging, wer für die frühere Geschichte der DDR und ihren allgegenwärtigen Staatssicherheitsdienst verantwortlich war, gab es Streit zwischen West und Ost. Wer sollte aus dem öffentlichen Leben ausgeschlossen werden? In welchen Fällen war die Zusammenarbeit mit der Stasi nicht zu akzeptieren? Welche Rolle sollten die alten Bundesländer beim Wiederaufbau der Wirtschaft in den neuen Ländern, welche beim Wiederaufbau der politischen Institutionen, von Wissenschaft und Forschung und des Bildungswesens spielen? Die »Ossis« waren hin- und hergerissen zwischen ihrer Verachtung für die »Besser-Wessis« einerseits und ihrem Mangel an Vertrauen in ihre eigenen Fähigkeiten zur Reform andererseits. Bärbel Bohley bemerkte mit der ihr eigenen Gabe der Zuspitzung in einem privaten Gespräch, der Westen werde den Osten nicht retten, sondern eher würde umgekehrt die Fäulnis im Osten den Westen anstecken. Rigorose Westler (auch Menschen, die aus der DDR geflohen oder ausgewiesen worden waren) waren der Meinung, daß die Ostdeutschen ihre alten Seilschaften nur auf Druck von außen aufgeben würden. Westliche Akademiker waren entsetzt über die wissenschaftliche Sterilität, die in der Akademie der Wissenschaften herrschte; Schriftsteller in der alten Bundesrepublik regten sich auf über die mangelnde Bereitschaft ihrer Kollegen aus der Ex-DDR, ihren früheren Konformismus mit dem Schriftstellerverband »aufzuarbeiten«. Auf der einen Seite wurden Entschädigungen verlangt, auf der anderen Seite ertönten Rufe zu Versöhnung.

Eine abschließende und klare Lösung für diese Konfrontationen schien es nicht zu geben. Sie bestimmten während der ersten fünf Jahre nach der Einheit den Ton im öffentlichen Leben und verlängerten damit die gespenstische Gegenwart der DDR. Wie sollten die Institutionen ineinandergreifen, woher kamen die neuen Führungskräfte, welche produktive Rolle konnte der abgewirtschaftete sozialistische Industriegürtel im fein abgestimmten korporativen Kapitalismus Deutschlands spielen, was wurde aus den unterschiedlichen Ehe- und Erziehungsmustern – wie sollten die Menschen, die ihr Leben lang mit den Einschränkungen, die der Alltag in der DDR mit sich brachte, und auch mit seinen durchaus begeisternden Seiten klargekommen waren, wie sollten diese Menschen auf den langen Prozeß zurückblicken, der nun von der Geschichte zu einer Narrenposse gestempelt worden war? Man kann sich nicht von der DDR verabschieden, ohne diesen unerledigten Fragen nachzugehen. Das quälendste Problem war der Wiederaufbau der zusammengebrochenen Wirtschaft. An der Neuorganisation von Forschung und Bildungswesen zeigen sich die Schwierigkeiten, mit denen die innere Vereinigung zu kämpfen hat. (In diesem Bereich habe ich selbst die meisten Erfahrungen sammeln können.) Das Problem, Gerechtigkeit walten zu lassen und mit der kommunistischen Vergangenheit und mit ihrem Mißbrauch der Menschenrechte fertig zu werden, führte zu hochphilosophischen Fragen über die Rekonstitution der Nation. Im folgenden wollen wir diesen drei Dimensionen der Vereinigung im einzelnen nachgehen.

Zwischen Sozialismus und Kapitalismus

Ausschlaggebend war das ökonomische Paradox. Eine allem Anschein nach dynamische Produktionsmaschinerie erschien nun mit einem Mal als heruntergekommen und war, wie es aussah, nicht mehr zu retten. Im Jahr 1991 ging das Sozialprodukt der ehemaligen DDR um ein Drittel zurück und die industrielle Produktion um zwei Drittel. Etwa vier Millionen Ostdeutsche waren arbeitslos oder hatten Arbeit nur im Rahmen von Arbeitsbeschaffungsmaßnahmen. Wo Arbeitsplätze erhalten wurden, da verlangte das massive Zahlungstransfers von West nach Ost. Die ehemalige DDR, die einmal als die zehnt- oder elftgrößte Industrienation der

Welt galt, erschien jetzt wie ein Brachfeld rückständiger und veralteter, die Umwelt vergiftender Industrien und Betriebe. Viele Kommentatoren aus den alten Bundesländern beklagten, daß die wirtschaftliche Situation viel schlimmer sei als angenommen, so als seien die Westdeutschen mit Tricks dazu verführt worden, ein mangelhaftes Produkt zu kaufen.[4] Die Forderungen angeblicher Alteigentümer häuften sich. Wer waren die Erben der heruntergewirtschafteten Fabriken und der verfallenden Häuser, die in den letzten Jahrzehnten Staatseigentum waren?[5] Die Mühen, den Eigentumsrechten früherer Besitzer Genüge zu tun, waren wahrscheinlich kontraproduktiv. Viele Unternehmen und Grundstücke waren nun bedroht durch alte Eigentumsansprüche. Vermutlich wäre es besser gewesen, die meisten dieser Ansprüche zu annullieren und Entschädigungen anzubieten. So wurde einer neuen Klasse von Profiteuren Vorschub geleistet. Der Übergang zum Kapitalismus drohte überall im früheren sozialistischen Block nicht nur diejenigen zu belohnen, die voller Energie und Unternehmungsgeist waren, sondern auch die Spekulanten und Gauner. Von amerikanische Ökonomen und denjenigen, die es im Osten zu wirtschaftlichem Erfolg gebracht hatten, war zu hören, daß das Auftauchen einer Klasse von Neureichen der Preis für schnelles Wachstum sei. Aber eine Bevölkerung, die vierzig Jahre im Kollektivismus gelebt hat, räumt der Gleichheit vielleicht einen größeren Platz in ihrem Wertsystem ein. Es ist verständlich, wenn weniger agile Osteuropäer oder Deutsche, die sich jahrelang über die Privilegien von Parteimitgliedern geärgert hatten, nun alles andere als erbaut darüber waren, wenn nun irgendwer kommen konnte und sich für wenig Geld einen in Schwierigkeiten steckenden Betrieb schnappen oder auch ein Grundstück übernehmen konnte, das die Treuhand loswerden wollte. Der Markt zeigte seine pathologischen und seine vielversprechenden Seiten. Aber hätte es denn Alternativen zu diesem Durcheinander gegeben?

    Es gab eine Reihe von wirtschaftlichen Problemen, die schwer zu lösen waren. Auch in anderen osteuropäischen Ländern waren sich Wirtschaftsfachleute nicht einig, ob eine »Schockbehandlung« oder eine allmähliche Anpassung einen erfolgreicheren Start garantieren würde. War es besser, die Preise für die wichtigsten Waren freizugeben, die Kreditvergabe einzuschränken, unrentable Betriebe zu schließen und die Belegschaft zu entlassen, oder sollte man den Übergang auf Kosten der Erhaltung von unproduktiven Unternehmen abfedern?[6] Da die DDR in das westdeutsche Wirtschafts- und Währungssystem eingegangen war, hatten einige dieser Fragen bereits eine Antwort gefunden. Die Anpassung über eine schnelle Entwertung der Geldvermögen schloß sich aus. Aber wie schnell sollten die Löhne in den neuen Bundesländern an die in den alten angeglichen werden? Angesichts des raschen Zusammenbruchs der Produktion und des Arbeitsmarkts in den Jahren 1991/92 suchten Wirtschaftsfachleute nach politischen Fehlern und machten dafür einmal die hohe Umtauschrate für die Währung der DDR, ein anderes Mal den relativ schnellen Anstieg der Löhne und Gehälter im Osten und dann wieder die Auflösung organisierter Wirtschaftseinheiten oder die sich aus der Privatisierung ergebenden Verzögerungen und Probleme verantwortlich. Aber hätte denn eine noch so umsichtige Politik den schmerzlichen Schrumpfungsprozeß verhindern können? Man muß sich nur einmal klarmachen, was es bedeutet, wenn ein völlig heruntergewirtschafteter Betrieb plötzlich mit der gut geölten Produktionsmaschinerie der Bundesrepublik in Wettbewerb treten soll. Eine entmutigende Herausforderung, noch dazu, wenn man bedenkt, daß die osteuropäischen Märkte fast alle verlorengingen.

In den ersten beiden Quartalen des Jahres 1990 ging der Handel mit der Sowjetunion allerdings noch weiter, und die Zahlungsbilanz der DDR entwickelte sich sogar positiv; die Exporte in die Sowjetunion lagen 1990 leicht über denen von 1989. Noch 1991 lieferten die DDR-Kombinate für die Sowjets 2500 Eisenbahnwagen in einem Gesamtwert von 1,4 Milliarden DM. Im Einigungsvertrag war festgelegt, daß die Bundesrepublik die vertraglichen Verpflichtungen der DDR gegenüber der Sowjetunion übernehmen werde, und so gestattete die Regierung Kohl den Betrieben in der Ex-DDR, ihren Handel bis Ende 1990 in Transferrubeln weiterzuführen und dann 2,24 DM für den Rubel zu verlangen. Auf diese Weise sorgte man dafür, daß die deutschen Kredite an Moskau in der ehemaligen DDR ausgegeben wurden.[7] Aber von 1991 an mußten die Russen ihre Rechnungen in D-Mark begleichen. Außerdem verschmähten die Konsumenten in den neuen Bundesländern inzwischen Waren aus dem RGW; die Importe von dort gingen drastisch zurück. Dadurch kam es kurzfristig zu einem Überschuß in der geschätzten Handelsbilanz der Ex-DDR gegenüber ihren osteuropäischen Partnern; auf längere Sicht konnte der Handelsverkehr nicht nur in eine Richtung gehen. Die politische Unruhe in der Sowjetunion, ihr Zerfall und der Zusammenbruch der Produktion in Rußland und in Osteuropa führten 1991 schließlich dazu, daß die traditionellen Exportmärkte der DDR wegbrachen. Die Einnahmen blieben aus, gerade als die ehemaligen Kombinate ihren Schuldendienst gegenüber der Bundesbank in D-Mark leisten mußten, während früher ihre Schulden bei der Staatsbank zu DDR-Zeiten gewöhnlich stehenblieben und immer wieder erneuert wurden. Durch die Währungsunion hatten sich, zahlenarithmetrisch betrachtet, die Schulden der ostdeutschen Betriebe halbiert, aber die wirkliche Last war viel höher. Die Umtauschrate von Mark der DDR in D-Mark, mit der man die privaten Haushalte so begünstigt hatte, brachte die Betriebe in große Schwierigkeiten. Ihre nun seit 1991 in D-Mark berechneten Produkte waren für polnische oder russische Importeure mit ihren drastisch abgewerteten Währungen viel zu teuer. Zudem mußten diese Waren nun mit den Qualitätsprodukten aus dem Westen konkurrieren. Robotron zum Beispiel war sicher einer der führenden Computerhersteller für den Ostblock; aber seine Produkte waren dem Wettbewerb mit IBM oder Siemens nicht gewachsen. Ebenso ging die Schiffsbauindustrie an der Ostsee ein, als von Rußland kaum noch Aufträge kamen und Aufträge aus dem Westen auf sich warten ließen.

Die Industrieproduktion sank 1991 auf ein Drittel ihres Werts von 1989. Die Ostsee-Werften und die gehätschelten Computerhersteller, Stahlkocher und Werkzeugmaschinenbauer sowie die Betriebe im Chemiedreieck zwischen Leipzig und Halle schickten ihre Arbeiter in Urlaub. Der amerikanische Unternehmensberater McKinsey schätzte im Mai 1991, daß von den 27 000 Arbeitsplätzen der Buna-Werke nur 3000 erhalten werden könnten. Ähnliche Bedingungen waren für Schkopau, Bitterfeld, Leuna und die Filmindustrie von Wolfen zu erwarten. Westdeutsche Investoren zeigten wenig Interesse an diesen Betrieben, denn sie waren ökologisch betrachtet Alpträume und verantwortlich für die schlimmste Luftverschmutzung in Europa. BASF kaufte sich statt dessen in Schwarzheide in Brandenburg ein, andere Unternehmen aus dem

Westen suchten ebenfalls anderswo sauberere Betriebe. Die Stahlindustrie in Eisenhüttenstadt im südöstlichen Brandenburg, die mit riesigen Subventionen am Leben gehalten worden war, ging drastisch zurück.[8]

In den gleichen Monaten kamen immer mehr Betriebe, die sich als total heruntergewirtschaftet erwiesen, zum Verkauf. In den Bürgerbewegungen war etwa seit November 1989 viel die Rede gewesen von einer Überführung der DDR-Wirtschaft in Formen der »Selbstorganisation«. Am 12. Februar stellte Wolfgang Ullmann, der Pastor und führendes Mitglied von Demokratie Jetzt, im Namen der Freien Forschungsgemeinschaft für Selbstorganisation diese Idee dem Runden Tisch vor.[9] Delegierte der Volkskammer stellten Überlegungen an, das Eigentum an den Staatsbetrieben auf die Belegschaften zu übertragen oder in öffentlich-rechtliche Fonds zu verwandeln, ein Versuch, der in der tschechischen Republik unternommen wurde. Diese Organisationsformen schienen jedoch ungeeignet, das westdeutsche Kapital anzuziehen, das man doch brauchte, um die veralteten Anlagen zu modernisieren. Also waren Entscheidungen zu treffen: Die Regierung Modrow wollte die Idee des gesellschaftlichen Eigentums nicht aufgeben, aber sie mußte einsehen, daß sie zuwenig Macht hatte. Alle politischen Gruppierungen, auch die neue SPD und die wiedererstarkte CDU, waren der Ansicht, daß das Erbe der DDR vor einem stückweisen Ausverkauf an den Westen bewahrt werden müsse. Unterschiedliche Vorschläge wurden diskutiert, bis die Regierung am 1. März eine eigene Treuhand-Verordnung erließ. Die CDU wollte eine entschlossenere Privatisierung; die zwischenzeitliche Lösung hatte noch verschiedene Optionen offengelassen. Der Erlaß vom 1. März (und die Einsetzung der Behörde zwei Wochen später) übertrug die Verwaltung des sozialistischen Vermögens auf dem Gebiet der Ex-DDR auf die Treuhand-Anstalt, eine treuhänderische Holding, die vorübergehend zum größten nichtstaatlichen Eigentümer der Welt wurde.[10]

Die ursprüngliche Treuhand hatte den Auftrag, den DDR-Vermögensbestand für den Staat zu verwalten und umzuorganisieren, zugleich westliches Kapital für Joint-venture-Geschäfte anzuwerben. Zum Bestand der Treuhand gehörten 8000 große und kleine Unternehmen, der Boden und die Produktionsanlagen der DDR mit einer Beschäftigtenzahl von etwa zwei Dritteln der erwerbsfähigen Bevölkerung des sich rasch auflösenden Staates. Die Treuhand erhielt anfangs 20 Milliarden DM, um die Betriebe am Laufen zu halten. Allein im ersten Monat wurden Anträge in Höhe von 17 Milliarden gestellt, und statt den Versuch zu machen, sie auf ihre Förderungswürdigkeit zu überprüfen, wurde jeder Bewerbung zu 41 Prozent stattgegeben. Auf der Grundlage von Untersuchungen amerikanischer Unternehmensberater, unter anderem von Arthur D. Little und McKinsey, kamen das Finanz- und das Wirtschaftsministerium im Mai zu dem Ergebnis, daß etwa 30 Prozent der Staatsbetriebe wirtschaftlich überlebensfähig seien, bei ungefähr der Hälfte die Aussicht dazu bestehe und 20 Prozent schließlich so veraltet und wettbewerbsunfähig seien, daß sich Rettungsmaßnahmen nicht lohnten.

Der ursprüngliche Auftrag der Treuhand beruhte wie viele von Modrows Projekten auf einem ziemlich unbeschwerten Umgang mit den Hindernissen, die von der Verschuldung der DDR ausgingen. Gleich nach der Wahl vom 18. März begannen die Befürworter einer entschlossenen Privatisierung auf ein radikaleres Vorgehen zu drängen. Die Bonner Regierung und andere Stellen in Westdeutschland machten Vorschläge zu einer neuen Gesetzgebung; die Ansätze, die auf Formen der Mitbestimmung oder einer allgemeinen Vergabe von Gutscheinen oder Anteilscheinen zielten, konnten sich angesichts des neuen, für die Marktwirtschaft günstigen Windes, der nun aus Westen kam, nicht halten. Nach intensiven Debatten billigte die Volkskammer am 17. Juni eine revidierte Fassung der Treuhand-Organisation. Weder die Abgeordneten von Bündnis 90/Die Grünen noch die der SPD waren glücklich über die Bedeutung, die nun der Privatisierung (»Enteignung«) eingeräumt wurde. Allerdings war die SPD der Großen Koalition in Ostberlin verpflichtet. Modrows Wirtschaftsministerin Christa Luft verurteilte den unziemlichen Karrierismus ihrer Kollegen und sprach von einer Vergiftung durch die D-Mark.[11]

Der Schwerpunkt des umformulierten, im Sommer 1990 wirksam gewordenen Auftrags der Treuhand lautete Privatisierung, nicht mehr treuhänderische Aufsicht. Detlev Rohwedder, der als Vorstandsvorsitzender den westdeutschen Stahlkonzerns Hoesch verkleinert und das Unternehmen damit gerettet hatte, wurde

Chef der Treuhand, bis er neun Monate später von RAF-Terroristen ermordet wurde. Mit Ablauf des Monats September hatten nur wenige Unternehmen oder Grundstücke einen Käufer gefunden, und auch für Joint-venture-Geschäfte fanden sich kaum Interessenten. Im Oktober 1990 wurden die fünfzehn regionalen Zweigstellen westdeutschen Managern unterstellt und die Verwaltung der Kombinate dezentralisiert. Die Rolle der Treuhand sah Rohwedder vor allem darin, Käufer zu finden: Es sei, so erinnert sich einer seiner Mitarbeiter, der Ketzerei gleichgekommen, wenn damals jemand von Sanierung gesprochen habe. Rohwedders Konzept: »Privatisierung ist die wirksamste Sanierung«, niedergelegt in seinem sogenannten Osterbrief von 1991, der nach seiner Ermordung veröffentlicht wurde, gewann als so etwas wie ein politisches Vermächtnis Überzeugungskraft.[12]

Aber konnte man denn Käufer finden, wenn nicht zuvor umstrukturiert und saniert wurde? Potentielle Käufer, die in der Regel gewaltige Abschläge haben wollten, mußten Konzepte für einen erfolgreichen Aufschwung des Unternehmens vorlegen, das sie erwerben wollten. Meistens hatten die Unternehmen hohe Schulden, und große Investitionen waren notwendig, um die ökologischen Altlasten zu beseitigen. Schließlich übernahm die Treuhand die alten Schulden und genehmigte die Aufteilung von großen Einheiten, so daß von ihrer Größe her lebensfähigere und damit leichter verkäufliche Unternehmen entstanden.[13] Dieser Kurs fand viele Kritiker. Die ostdeutschen Kombinate waren als kleine Wirtschaftseinheiten organisiert und oft vertikal und horizontal integriert. In dem durch die Logik des Staatseigentums vorgeschriebenen Rahmen hatten sie ihre eigenen Routinen entwickelt, um ihre Geschäftskosten möglichst niedrig zu halten. Wurden sie nun auseinandergerissen, wurden bestimmte Einheiten geschlossen und andere den westdeutschen Unternehmen, von denen sie übernommen werden sollten, angegliedert, dann hatte dies zur Folge, daß Facharbeiterteams aufgelöst wurden und die früher eingesparten Geschäftskosten wieder stiegen, ebenso wie damit die früher funktionsfähigen Märkte, die es zwischen den volkseigenen Betrieben gab, wegfielen.[14] Ende 1990 wurde die Treuhand zum Symbol für eine kapitalistische Übernahmepolitik, die zugleich räuberisch und ineffizient war. Nach Rohwedders Ermordung im April wurde die hemdsärmelige Finanzpolitikerin Birgit Breuel zu seiner Nachfolgerin bestimmt. Sie versuchte, die Arbeit der Treuhand zu beschleunigen – aber auch sie betonte, ihre Verantwortung bestehe darin, jeden Tag wieder neue Perlen zu produzieren.[15] Angesichts einer wegen vieler Betriebsstillegungen wachsenden Unzufriedenheit versprach die Regierung im März 1991, regionale Aufsichtsbehörden einzurichten, die vor Stillegungen konsultiert werden sollten.[16] Bis Herbst 1991 erklärte die Treuhand das Finden neuer Eigentümer zu ihrer vorrangigen Aufgabe. Auf einer Rede am 1. November in Hamburg kündigte Frau Breuel jedoch neue Prioritäten an: Mit Verweis auf die kritischen Stellungnahmen von McKinsey und Goldman Sachs zur Dezentralisierung der chemischen Industrie im Raum Leipzig-Halle-Bitterfeld sprach sie von der Notwendigkeit, »industrielle Kernregionen« zu erhalten. Über die regionale Einbettung der DDR-Industrien sollte nicht länger so rücksichtslos hinweggegangen werden. Die Erfolgsgeschichte Baden-Württembergs in den achtziger Jahren, als Regierung und Unternehmen gemeinsam eine Strategie zur Verbesserung der sozialen Infrastruktur ausarbeiteten, wollte die Treuhand ab 1991 zum Modell ihrer Arbeit machen.[17]

Die Preise der Treuhand beruhten auf den aktiven Vermögenswerten einschließlich von Grund und Boden und wurden verrechnet mit Abzügen für alte Schuldenlasten, anfallenden Umweltkosten und Abfindungsgeldern. Es ist nicht überraschend, daß Unternehmen kaum Interessenten fanden und Grundstücke die Haupteinnahmequelle für einen möglichen Profit der Treuhand darstellten. (Schließlich war der Wert von Grund und Boden nicht abhängig von der abgerissenen Nachfrage aus Osteuropa und verminderte sich auch nicht aufgrund von veralteten Anlagen.) Da der Grund und Boden in der DDR zudem keine Quelle des privaten oder öffentlichen Reichtums gewesen war, hatte der Staat den Unternehmen große Grundstücksflächen überlassen. Die Treuhand löste den Grund und Boden, der für Industriebetriebe »unnötig« war, aus dem Betriebsvermögen und unterstellte dessen Verwaltung einer eigenen Treuhand-Liegenschaftsgesellschaft (TLG), die besonders in Ostberlin aktiv war und auch noch arbeiten sollte, als sich die Treuhand 1994 auflöste. Die TLG arbeitete eng mit den Behörden in Berlin zusammen, sehr zum Verdruß von

Anlegern, die in der Hauptstadt Grundstücke suchten. Die relative Einträglichkeit des Grundstücksgeschäfts und die Ähnlichkeit dieser Abteilung der Treuhand mit einem Staatsunternehmen führte zu Konflikten innerhalb der Organisation.[18]

Die Arbeit der Treuhand wurde noch kostspieliger, als Frau Breuel und ihre Mitarbeiter gegen Ende des Jahres 1991 einsahen, daß sie für die Unternehmen, die sie privatisiert hatten, mehr tun mußten. Sie wollten eine neue Grundlage für kleine und mittlere Betriebe schaffen, also den Konzentrationsprozeß, den die sozialistische Wirtschaftspolitik in den siebziger Jahren betrieben hatte, rückgängig machen. Die alten Vorzeigebetriebe verschwanden oder schrumpften drastisch, und ihre verschiedenen Produktionseinheiten wurden aufgeteilt und, wenn möglich, in westdeutsche Unternehmen eingegliedert. Doch blieb die Arbeit von Frau Breuel eine undankbare Aufgabe. Selbst wenn Arbeitsplätze erhalten wurden, die Entscheidungszentren der Industrie verlagerten sich nach Westen. In den neuen Bundesländern wurde beklagt, daß die Treuhand die »Perlen« der DDR-Industrie an westdeutsche Firmen verschleudere, dagegen drangen Wirtschaftsfachleute aus den alten Ländern darauf, die Treuhand solle ihren Besitz so schnell wie möglich zur Versteigerung freigeben und sich nicht darauf kaprizieren, für die Unternehmen die passenden Eigentümer zu suchen.[19] War ein Unternehmen nicht sofort zu bekommen, beklagten sich die angeblichen Interessenten, ob aus dem Osten oder aus dem Westen, die Treuhand verfahre zu bürokratisch und lasse sich durch Verwaltungsangestellte aus der Ex-DDR, die keine Entscheidungen fällen wollten, behindern. Tatsächlich hat sich in der Treuhand, soweit sie die Absicht verfolgte, Arbeitsplätze und industrielle Einheiten zu erhalten, ein Stück weit die Logik der Staatsbetriebe durchgesetzt, die sie eigentlich abschaffen sollte.

Alles in allem konnte die Treuhand die Grundtendenz, die Industrie in den neuen Bundesländern abzubauen, nicht aufhalten. Unverkäufliche und unrettbare Unternehmen mußten stillgelegt werden: Im Oktober stellten die Pentacon-Werke in Dresden, die Photoapparate herstellten und 3000 Arbeiter beschäftigten, die Produktion ein, ebenso die Wartburg-Autowerke in Eisenach mit 20000 Beschäftigten. Die Stillegung der Trabant-Werke in Zwickau sollte folgen; die Treuhand ging nicht auf das Argument der

Betriebsdirektion ein, daß die Arbeitslosenunterstützung mehr koste als die Subventionierung der Fahrzeuge. Aber Opel, Daimler-Benz und Volkswagen meldeten ihr Interesse an, im Osten zu investieren: Von den 130 000 Beschäftigten müsse die Hälfte gehen, dafür werde dann die Grundlage eines modernen Industriebetriebs geschaffen. Ebenso wurden die altehrwürdigen Carl-Zeiss-Werke in Jena gerettet, nachdem die sowjetischen Aufträge 1991 bedrohlich zurückgegangen waren. Zeiss war nach dem Krieg geteilt worden; der Stuttgarter Zweig machte den Vorschlag, die ostdeutsche Firma zu übernehmen, wenn die Treuhand für die alten Schulden aufkomme. Der CDU-Ministerpräsident von Thüringen, Josef Duchac, war nicht bereit, die Kontrolle über die bedeutendste Industrie seines Landes abzugeben. Er gewann Lothar Späth, den früheren Ministerpräsidenten von Baden-Württemberg, für die Aufgabe, einen Rettungsplan für das Jenaer Unternehmen auszuarbeiten. Späth war in Stuttgart für seine innovativen Strategien zur industriellen Entwicklung hochgelobt worden; sein Amt mußte er wegen eines gegen ihn gerichteten Bestechungsverdachts aufgeben. (Seine neuen Leute in Jena würdigten sein unternehmerisches Temperament auf witzige Weise, indem sie die große postmoderne Verwaltungszentrale, die er unweit vom Hauptplatz bauen ließ, Empire Späth Building tauften.) Er teilte das Unternehmen, indem er der Stuttgarter Zeiss-Firma 51 Prozent von »Carl Zeiss Jena« überließ, dem optischen Kernbetrieb der alten Firma mit 20 000 Beschäftigten. Das Eigentum an der herausgelösten neuen Firma »Jenoptik«, die 49 Prozent der Carl-Zeiss-Anteile erhielt, verblieb beim Land Thüringen mit Späth als Vorstandsvorsitzendem.[20] Zu den Kosten für die Umstrukturierung mußte das Land mit 800 Millionen und die Treuhand mit 2,74 Milliarden beitragen; 14 000 Arbeitsplätze wurden abgebaut.

Ein zweites großes Problem waren die Löhne. Neben der hohen Umtauschrate bei der Währungsunion wurde von vielen Kritikern vor allem der schnelle Anstieg der ostdeutschen Reallöhne für Massenarbeitslosigkeit und Produktionsrückgang verantwortlich gemacht. Ostdeutsche Betriebe, so schätzten westdeutsche Unternehmer auf der Grundlage von Produktivitätsvergleichen, seien wettbewerbsfähig, wenn die Löhne etwa 60 Prozent der Westlöhne betrügen. Die DDR-Gewerkschaft hatte jedoch verlangt, daß die

Löhne bald angeglichen würden, und dem schlossen sich die Gewerkschaften der Bundesrepublik an, um im Osten Mitglieder zu gewinnen. Ein Vertreter der IG Metall erklärte, die Gewerkschaften stünden zu den Arbeitern und ihren Forderungen. Nicht alle Arbeitgeber waren dagegen: Der Vertreter des Arbeitgeberverbandes Nord unterzeichnete 1991 einen Tarifvertrag, in dem vereinbart wurde, auf ein gleiches Lohnniveau hinzuarbeiten. Dafür erntete er heftige Kritik von seiten seiner westdeutschen Kollegen, die Schwierigkeiten im Hinblick darauf sahen, daß die Löhne in der Industrie von Gewerkschaften und Arbeitgeberverbänden auf nationaler Grundlage ausgehandelt würden. Auch ein politisches Problem steckte darin. Denn hätte man die Ex-DDR als Billiglohnland bestehenlassen, dann wäre das ein Verstoß gegen das Gebot der Einheit gewesen. Die Sorge allerdings, daß dann viele aus den neuen Bundesländern in den Westen umziehen würden, um auf diese Weise individuelle Lohngleichheit zu erreichen, war jedoch wahrscheinlich ohne Grundlage. Wie dem auch sei, die Tarifverträge von 1991 brachten den Arbeitnehmern in den neuen Bundesländern noch kein dreizehntes Monatsgehalt und auch nicht die anderen Vergünstigungen, deren sich ihre westdeutschen Kollegen erfreuten.[21]

Im Sommer 1991 hatten die wirtschaftlichen Schwierigkeiten Bundeskanzler Kohls Leistungen viel von ihrem Glanz genommen. Am 23. Mai hatte er noch versprochen, daß es, um die Kosten der Einheit zu finanzieren, keine die Produktivität und ihre Entwicklung hemmenden Steuererhöhungen geben müsse. Es werde niemandem schlechter gehen als zuvor, erklärte er am 21. Juni 1990 vor dem Bundestag, womit er eine Formulierung von de Maizière aufgriff, »niemandem schlechter ... dafür vielen besser ... Für die Deutschen in der Bundesrepublik gilt: Keiner wird wegen der Vereinigung Deutschlands auf etwas verzichten müssen.«[22] Bei den ersten gesamtdeutschen Wahlen im Dezember 1990 errang Kohl einen eindrucksvollen Sieg, eine Bestätigung für das, was er für das Zustandekommen der Einheit geleistet hatte. Die Wahlergebnisse im Osten waren im großen und ganzen die gleichen wie im März. Anfang 1991 aber mußten die Christdemokraten bei drei Landtagswahlen Verluste hinnehmen und büßten die Mehrheit im Bundesrat ein. Im Frühsommer war klar, daß es im Westen Steuererhöhungen geben mußte. »Wieviel noch?«, fragte der *Spiegel* auf einer Titelseite, die einen geschröpften Steuerzahler zeigte.[23] In liberalen Kreisen zeigte man Verständnis dafür, daß Opfer gebracht werden mußten.[24] War es denn nicht immer noch ein kleiner Preis für die nationale Einheit? Hätten die Westdeutschen tatsächlich auf die politischen Errungenschaften der letzten zwei Jahre verzichten wollen, nur um einen zusätzlichen Steuergroschen zu sparen? Das Problem war aber, daß die Regierung Kohl so getan hatte, als sei die soziale und wirtschaftliche Einheit des Landes gratis zu haben.

Im Frühjahr 1991 war die Stimmung auf beiden Seiten schlecht. Die Arbeitslosigkeit in Ostdeutschland wuchs. Viele Bürger der neuen Bundesländer gewannen den Eindruck, daß ihre westdeutschen Landsleute arrogant und egoistisch seien und nur die Absicht hätten, sich Universitätsstellen und Ferienhäuser zu verschaffen und gute Geschäfte zu machen. Sie, die sogenannten Ossis, waren die Heloten, dazu verurteilt, für niedrigere Löhne zu arbeiten, während die gewinnbringenden Teile ihrer Industrie für Unternehmer aus dem Westen zurechtgestückelt wurden. In den alten Ländern wurde beklagt, daß die aus dem Osten harte Arbeit nicht gewöhnt seien; man machte Witze von der Art, daß Manager die sonst wegen ihres mangelnden Fleißes verachteten Polen den Ostdeutschen, die doch immer nur Ferien machten, vorzogen. Als die BASF in ein Chemieunternehmen im Osten investierte, war das Unternehmen bereit, einige Jahre mit Verlust zu arbeiten, aber die Probleme wie Umweltkosten, Schwierigkeiten mit den Gewerkschaften usw. waren so groß, daß aus dem Konzern zu hören war, man werde sich nicht noch einmal auf ein solches Experiment einlassen.[25] Auch Westdeutsche, die im Osten arbeiteten, machten schlechte Erfahrungen. Selbst wer eine klare soziale und demokratische Einstellung hatte und bereit war, für die Einheit Opfer zu bringen, war deprimiert angesichts der »kolonialen« Mentalität, die man in Leipzig und anderswo antraf und auf die die Ostdeutschen mit passiv-aggressiven Klagen reagierten; viele »Ossi« glaubten häufig nicht daran, sich jemals in diese neue Konkurrenzwelt einpassen zu können. Sie sahen, wie Westdeutsche den Treuhandbesitz übernahmen und im öffentlichen Dienst nicht nur die Stellen besetzten, sondern den Menschen aus der DDR auch noch beibrachten, wie man Verwaltung und Regierungsführung zu betreiben hatte. Mittlerweile war ungefähr eine Million Menschen ohne Arbeit, anderthalb Millionen Menschen waren auf ABM-Stellen untergebracht. Die Industrieproduktion ging in der zweiten Hälfte des Jahres 1990 stark zurück, und 1991 lag sie bei weniger als einem Drittel des Niveaus von 1989. Mitte 1992 sank die Beschäftigtenzahl in der Industrie auf unter eine Million gegenüber 3,2 Millionen im Jahr 1989. Das Inlandsprodukt der östlichen Bundesländer sank 1991 um ein Drittel und 1992 noch einmal um mehr als 10 Prozent. Die Produktivität lag bei 32 Prozent des Westniveaus. Trotzdem stiegen die Haushaltseinkommen um 32 Prozent, was auf die vom Staat finanzierten Sozialleistungen und Arbeitsbeschaffungsmaßnahmen und die schnelle Angleichung der Löhne zurückzuführen ist. Das Pro-Kopf-Einkommen war halb so hoch wie im Westen, ein Sprung von etwa 50 Prozent, obwohl der Preisindex um 21,4 Prozent gestiegen war. Für die Ostdeutschen ergab sich im Verhältnis zu den anderen Mitgliedsländern im RGW die einzigartige Situation, daß sie mehr verdienten, obwohl sie erheblich weniger produzierten.[26] 1995 trugen sie mit 12 Prozent zum gesamtdeutschen Sozialprodukt bei und konsumierten 25 Prozent davon.

Wer hat letztendlich den kostspieligen Umstrukturierungsprozeß in den neuen Bundesländern bezahlt? Anfangs war man der naiven Annahme, die Modernisierung sei kostenlos zu haben; die neuen Bundesländer würden sich ohne Zuschüsse aus dem Westen hocharbeiten. Die Regierung de Maizière setzte ihre Hoffnungen auf Joint-ventures, die sich aber kaum realisierten. Die Investitionen der Treuhand wurden mit der Zeit zu einer Quelle von Transferleistungen, aber für die Gelder, die in den Neuaufbau flossen, erwarben die westdeutschen und ausländischen Käufer Eigentumstitel an ostdeutschen Vermögenswerten. Im März 1991 legte die Bundesregierung ein Programm für dringende Sofortinvestitionen in die Infrastruktur in Höhe von 12 Milliarden DM für das laufende und das kommende Jahr auf, hinzu kamen noch einmal 5 Milliarden DM für 1991. Dies war nur ein kleiner Teil der Transferzahlungen, die sich 1990 auf 140 Milliarden DM und 1991 auf 150 Milliarden DM beliefen, was ungefähr 70 Prozent des Bruttosozialprodukts in den neuen Bundesländern oder 9600 DM pro Einwohner entsprach. Im darauffolgenden Jahr stieg der Transfer noch weiter an und

Tabelle 6-1
Defizite der öffentlichen Haushalte (in Milliarden DM)

	1990	1991	1992	1993	1994	1995
Bundeshaushalt	−45	−52	−32	−61	−39,5	−50,5
Westdeutsche Länder	−19,5	−16	−17,5	−26,5	−27	−34
Ostdeutsche Länder	0	−9	−14	−16	−16,5	−13
Fonds Deutsche Einheit	−20	−31	−22,5	−13,5	−3	−2,5
Insgesamt	−90	−120	−106	−132	−105	−112

Quelle: Deutsche Bundesbank, *Jahresberichte 1990–1995*

erreichte nun eine Höhe von 170 Milliarden DM. Die 1989 ausgeglichenen Haushalte des Bundes, der Länder und Gemeinden wiesen nun ein Defizit von 120 Milliarden DM auf, das sind 4 Prozent des Bruttosozialprodukts. In diesem Betrag sind die Schulden der Treuhand und die Defizite von Post und Bundesbahn noch gar nicht enthalten.[27] Die Schulden der Treuhand waren freilich keine wirklichen Transferzahlungen, die dem Osten zugute kamen, sondern im allgemeinen gleichbedeutend mit Darlehen, die westdeutschen Käufern und Investoren gewährt wurden. (Tabelle 6-1)

Wie wurden diese Defizite bezahlt? 1990 waren die Hilfsgelder durch die sehr günstige Handelsbilanz der Bundesrepublik gedeckt, und 1991 wurden die Steuern auf Tabak, Mineralöl und Versicherungen erhöht und ein Sonderzuschlag von 7,5 Prozent auf die Einkommenssteuer erhoben. Diese zusätzlichen Steuerforderungen deckten aber nur etwa ein Viertel der Transferleistungen. Die Defizitfinanzierung der Transferleistungen bedeutete nicht nur einen Anstieg der Verschuldung Deutschlands, sondern zog auch die europäischen Währungspartner in Mitleidenschaft. Die Bundesbank erhöhte im Verlauf des Jahres 1992 dreimal die Leitzinsen, woraufhin die anderen europäischen Länder ihre Zinsen ebenfalls erhöhen mußten. Die umstrittene Anhebung des Diskontsatzes im Juli von 8 auf 8,75 Prozent trug zur großen Krise im September bei, in der Großbritannien und Italien das System der festen Wechselkurse verließen und Zweifel an der Machbarkeit der im Vertrag von Maastricht verabredeten Europäischen Währungsunion anmeldeten.[28] In diesen Monaten, in denen die Politik der

Bundesbank eine Krise des europäischen Währungssystems provozierte, kam der Bundeskanzler wieder in Schwung und bewies dieselbe diplomatische Kreativität wie drei Jahre zuvor. »Zweieinhalb Jahre nach dem Fall der Mauer ist es also endlich so weit – Regierung und Opposition, Kanzler und Kanzlerkandidat setzten sich an einen Tisch. Lange hat es gedauert, bis Helmut Kohl erkannte, daß die Wiedervereinigung seine eigenen geschichtsmächtigen Kräfte übersteigt.«[29] Im Sommer und Herbst versuchte er, mit den Gewerkschaften und der SPD einen »Solidarpakt« auszuhandeln, mit dem die Transferzahlungen auf eine steuerliche Grundlage zu stellen waren. Die Sozialdemokraten forderten eine Zwangsanleihe und hofften auf Unterstützung durch die 64 CDU-Abgeordneten aus den neuen Ländern; der Bundeskanzler votierte dagegen für eine Wiederaufnahme des Sondersteuerzuschlags von 7,5 Prozent, der jetzt »Solidaritätszuschlag« hieß. Als Gegenleistung für die Zustimmung zu einer restriktiven Lohnpolitik und zu Steuererhöhungen bot er an, die Politik der Treuhand zugunsten von aktiven Interventionen zur Umstrukturierung anstatt bloßer Stillegungen und Privatisierungen zu ändern. Im Herbst 1992 beschloß der Bundestag nach heftigen Gefechten zwischen der SPD und der CDU-FDP-Koalition, den »Solidaritätszuschlag« zu erneuern. 1993 wurde ein kleiner wirtschaftlicher Aufschwung registriert, als die Bundesbank den Zinssatz wieder leicht senkte.[30]

1993 und 1994 verlangsamte sich die Zunahme der Arbeitslosigkeit allmählich. Die Beschäftigtenquote im Osten war (abgesehen von Arbeitsbeschaffungsmaßnahmen und Umschulung) auf 54 Prozent der Fünfzehn- bis Fünfundsechzigjährigen gefallen, d. h. 5,4 Millionen Arbeitsplätze, während in der DDR 91 bis 92 Prozent der erwerbsfähigen Bevölkerung auf etwa 9,75 Millionen Arbeitsplätzen beschäftigt waren. Selbst in den Monaten bevor Hitler zur Macht kam, in den schlimmsten Zeiten der Wirtschaftskrise betrug die Arbeitslosigkeit in Deutschland nicht mehr als 25 bis 33 Prozent. Im Unterschied zu dieser Krise vor 60 Jahren lebten die Arbeitslosen nun von Arbeitslosengeld, künstlichen Beschäftigungsverhältnissen oder Renten. Allein in der Land- und Forstwirtschaft war die Beschäftigtenzahl 1992 von 976 000 auf 282 000 gefallen, in der Industrie von etwa 8 auf 1,6 Millionen, die Zahl der beim Staat und in der Privatwirtschaft Angestellten war von 2,3 auf 1,6 Millionen gefallen. Im Bausektor ist die Zahl der Arbeitskräfte gestiegen, in Handel und Transport hat sie abgenommen, wenngleich weniger drastisch (von 1,51 auf 1,16 Millionen); der Dienstleistungsbereich verzeichnete einen Zuwachs von Arbeitsplätzen von 618 000 auf 990 000.[31] Mit nur der Hälfte der Beschäftigten blieb die Produktion in der Land- und Forstwirtschaft relativ konstant, in Bergbau und Energiewirtschaft ging sie um 30 Prozent zurück, in der verarbeitenden Industrie um mehr als 50 Prozent und in Handel und Transport um 30 Prozent; nur der Dienstleistungssektor legte zu, und zwar um 26,7 Prozent.[32]

Hätte man die Krise in Ostdeutschland vermeiden können, wenn die Treuhand kreativer und experimentierfreudiger agiert hätte? Die Nöte der ehemaligen DDR (und viele Schwierigkeiten in den anderen Ländern Osteuropas) sind auf die Mängel und Schwächen sowohl der sozialistischen als auch der kapitalistischen Wirtschaft zurückzuführen. Die Probleme, die von der zentralen Planwirtschaft herrührten und mitgeschleppt wurden, trafen auf die neuen Schwierigkeiten, mit denen der westliche Industriekapitalismus zu kämpfen hatte und die mit dem zu tun hatten, was gemeinhin mit dem Stichwort Globalisierung umschrieben wird. Wirtschaftsfachleute suchten die Hauptursachen anfangs in den Folgen der sozialistischen Planwirtschaft. Am Beispiel von Ungarn stellte János Kornai die These auf, daß jede postsozialistische Ökonomie eine vorübergehende Rezession durchmachen müsse, die mit einem Absinken der Produktion und des Beschäftigungsniveaus verbunden sei, das noch dramatischer verlaufe als während der großen Depression der dreißiger Jahre. Es finde ein brutaler Übergang statt zwischen einem »Verkäufermarkt«, den es unter Bedingungen der sozialistischen Knappheit gegeben habe, zu einem »Käufermarkt«, der zum Wesen der kapitalistischen Konkurrenzwirtschaft gehöre. Die Investitionsquellen versiegten, die Marktinstrumente seien nicht genug entwickelt, um die bürokratische Koordination zu ersetzen, und unsichere Eigentumsverhältnisse stünden schnellen Investitionen im Wege.[33] Die Probleme in der Ex-DDR waren freilich besonderer Art. Kornai schreibt dem Zusammenbruch des RGW als eines Systems von Handelsbeziehungen keine besondere Bedeutung zu, aber der Rückgang von Aufträgen aus der Sowjetunion und den anderen osteuropäischen Ländern spielte eine große Rolle. Daß die DDR-Wirtschaft sich nun im Kontext einer technisch sehr viel produktiveren Volkswirtschaft dem Wettbewerb stellen mußte, vermehrte die Schwierigkeiten beträchtlich. Zudem wurden die neuen Bundesländer Teil eines Wirtschaftsgefüges, in dem seit zwei Jahrzehnten der Dienstleistungssektor immer wichtiger geworden war, während die Beschäftigtenzahlen in der Schwerindustrie zurückgingen. So produktiv und effizient die DDR-Industrie auch gewesen sein mag, sie mußte sich nun in eine Volkswirtschaft einfügen, die viel weniger Arbeitskräfte in der Industrie und weitaus mehr im Dienstleistungsbereich beschäftigte. Daraus ergab sich ein für die gesamtwirtschaftliche Verfassung der neuen Bundesländer katastrophaler Niedergang der Industrie, der auf der anderen Seite vielleicht freilich auch das Vorspiel zu einer wirtschaftlichen Umstrukturierung war, die noch im Gange ist. Dennoch waren die psychischen Kosten der Massenentlassungen gewaltig. Der rechtliche und institutionelle Rahmen, der das gesellschaftliche Leben in der DDR bestimmt hatte, war 1990 verschwunden; die Identität des Staates verdankte sich zum großen Teil seiner Rolle als bedeutendster Industriemacht im RGW. War beides weg, verschwand auch die Bestätigung, die von der industriellen Bedeutung der DDR ausging und eine wichtige Tradition im gesellschaftlichen Leben begründet hatte.

Mitte der neunziger Jahre überlagerte sich die Arbeitslosigkeit im Osten mit Arbeitslosigkeit, die sich in den westlichen Ökonomien ausbreitete und diese schwer in Mitleidenschaft zog. Selbst in Perioden des Wachstums gingen die Entlassungen weiter, und zwar auf allen Ebenen der Arbeitskräftehierarchie. Ostdeutschland holte den Westen ein, indem es den strukturellen Wandel, für den die kapitalistischen Ökonomien – ebenfalls nicht ohne schmerzliche Arbeitsplatzverluste – eine ganze Generation gebraucht hatten, in zusammengedrängter Form und innerhalb von nur fünf Jahren durchlief. Wie Westeuropa in den zwei Jahrzehnten nach 1945 erlebte nun die Ex-DDR einen massiven Transfer von Arbeitskräften aus der Landwirtschaft: Bis 1993 war die Hälfte der in den Landwirtschaftlichen Produktionsgenossenschaften (LPG) beschäftigten Arbeitskräfte abgewandert, ohne daß die landwirtschaftliche Produktion zurückging, ein Beweis dafür, wie viel überschüssige Arbeitskraft in diesem Bereich tätig war. Aber während die nach dem Krieg im Westen auf dem Land freigesetzten Arbeitskräfte in die ständig wachsende Industrie gehen konnten, mußte die Kohle- und Stahlindustrie sowie die verarbeitende Industrie der Ex-DDR ebenfalls abgebaut werden. Ende 1993 gab es in Deutschland 4 Millionen Arbeitslose, davon in den neuen Bundesländern 1,3 Millionen, und weitere 1,3 Millionen Kurzarbeiter oder Teilnehmer an Umschulungsprogrammen. Die niedrigen Löhne in Osteuropa, die Konkurrenz aus Ostasien und die Verlagerung der Produktion ins Ausland spielten eine Rolle. Hätte angesichts dieser enormen Schwierigkeiten die Treuhand tatsächlich mehr ausrichten können? In den Jahren, in denen die Demokratisierung Fuß faßte, war das Gefüge der industriellen Produktion in allen sogenannten marktwirtschaftlichen Demokratien Erschütterungen ausgesetzt, die nicht weniger hart waren als die in den siebziger oder gar in den dreißiger Jahren. Das Schicksal der ostdeutschen Industrie hatte ebensosehr Züge einer mit Opfer verbundenen Vorreiterrolle wie die einer vernachlässigten Region.

Unter den Frauen in den neuen Bundesländern war das Gefühl verbreitet, daß sie besonders hart betroffen seien. Auch sie hatten unter der Arbeitslosigkeit schwer zu leiden – ob mehr als die Männer, läßt sich schwer sagen. Aber im Osten war es gängige Praxis, daß Frauen relativ jung Kinder bekamen und dann wieder voll berufstätig waren. In der alten BRD gab es viel weniger Hort- und Kindergartenplätze, so daß die Frauen länger zu Hause blieben als in der DDR. Zwar klagten auch die Frauen in der DDR, daß sie im Berufsleben schlechter gestellt seien und schlechter behandelt würden als die Männer, aber sie empfanden es als positiv, daß sie mehr Möglichkeiten hatten, auch als Mütter berufstätig zu sein.

Auch während ich diese Zeilen niederschreibe, hält die Arbeitslosigkeit in Deutschland und Westeuropa weiter an. Die neuen Bundesländer haben mit den wirtschaftlichen Problemen, die Europa erfaßt haben, zu kämpfen, sie sind durch die Globalisierung einem langfristig wirksamen Druck ausgesetzt und müssen mit den Folgen einer überalterten Bevölkerung und einem hochbelasteten System der sozialen Sicherung, hohen Lohnkosten und einem großen Schuldenüberhang fertig werden. Oberflächlich betrachtet lassen sich Ähnlichkeiten mit der wirtschaftlichen Lage in den zwanziger Jahren feststellen, als ebenfalls nach einem Bruch zwischen Ost-

und Westeuropa die Möglichkeiten für eine Umstrukturierung und einen Aufschwung gegeben schienen – wobei diese Möglichkeiten verspielt wurden und man in einen katastrophalen Protektionismus und in die Depression abglitt. Dieser Ausgang der Krise war jedoch nicht unvermeidlich, sondern zum großen Teil die Folge einer rigiden und reaktionären Politik und auch der Tatsache, daß man die Zentralbanken gewähren ließ, die auf einem Abbau der Defizite bestanden und den Goldstandard bei den Wechselkursen aufrechterhalten wollten. Ob es wieder zu solchen Verfügungen kommt, dieses Mal aus Frankfurt, bleibt abzuwarten.

Abwicklung: Die Erneuerung der Universitäten

Nach einer schwierigen Übergangszeit wird sich das wirtschaftliche Gefälle zwischen West und Ost verringern, Voraussetzung wäre allerdings, daß gut ausgebildete und motivierte Arbeitskräfte vorhanden sind. Aber dies war nicht das einzige Hindernis. Auch im geistigen Leben waren die Grenzen schwerer zu beseitigen als die Mauerreste. Zunächst haben ehemalige Bürger der DDR mit der Umstrukturierung ihrer Universitäten begonnen, dann übernahm das vereinte Deutschland die offiziellen Institute der ehemaligen Akademie der Wissenschaften der DDR. Dutzende von Ausschüssen, von denen die meisten unter Hinzuziehung von geeignet erscheinenden Ostdeutschen vom westdeutschen Wissenschaftsrat gebildet wurden, untersuchten, was sich zu erhalten und umzuorganisieren lohnte, welche Institute einfach aufgelöst und welche – in der Sprache des Einigungsvertrags – »abgewickelt« werden sollten und wie die Abteilungen, die erhalten blieben, umzustrukturieren und neu zu besetzen waren. Die Mitarbeiter von aufzulösenden Instituten konnten wegen unzureichender Qualifikation, der Verletzung grundlegender Normen oder wegen Zusammenarbeit mit der Stasi entlassen werden.

Die Überprüfung oder »Evaluierung« der Forschungseinrichtungen fand auf mehreren Ebenen statt. Bis Ende 1990 konnten die neuen Bundesländer Vorschläge machen, welche Institute sie erhalten und welche sie schließen wollten. Daraufhin setzte der Wissenschaftsrat zehn Arbeitsgruppen ein, deren Mitglieder in der

Mehrzahl aus Westdeutschen bestanden, in denen aber auch einige Ostdeutsche und Ausländer mitwirkten. Sie sollten die Forschungsinstitute durch Ortsbegehungen in Augenschein nehmen und bis Juli 1991 Empfehlungen für ihre Erhaltung bzw. Umstrukturierung abgeben. Bewertet wurden die Anzahl der Mitarbeiter, wissenschaftliche Leistung und Reputation sowie die Unabhängigkeit von ideologischen Konzepten und Funktionen. Die dabei verfaßten umfangreichen, gleichwohl summarischen Berichte boten einen Überblick über die gesamte Forschungslandschaft der Ex-DDR. Ähnliche Arbeitsgruppen (die zum Teil identisch waren mit denen, die die nichtuniversitären Wissenschaftseinrichtungen überprüften) besuchten die Universitätsinstitute und gaben Empfehlungen für ihre Auflösung oder Reorganisation. Diese gingen an die Länder, die nach den Richtlinien des Wissenschaftsrats Struktur- und Berufungskommissionen einsetzten. Die Berufungskommissionen – zusammengesetzt aus Angehörigen der jeweiligen Hochschulen und externen Wissenschaftlern aus dem Westen – sprachen sich für die Entlassung von Professoren und Dozenten aus, die für die Stasi gearbeitet, besonders im Sinne der SED gewirkt hatten oder für ihre abweisende Haltung gegenüber kritischen Studenten bekannt waren. Dann wurden neue Positionen ausgeschrieben und mit Bewerbern teils aus den Reihen des vorhandenen Lehrpersonals, teils von auswärts besetzt, wobei diese zumeist aus der alten Bundesrepublik kamen und durch die Aussicht angelockt wurden, die »akademische Landschaft« in den neuen Bundesländern neu aufzubauen oder eine bessere Position zu finden. Wer sich nicht durch Stasimitarbeit oder übermäßig regimekonformes Verhalten gegenüber Studenten politisch disqualifiziert hatte und dennoch nicht für würdig befunden wurde, seine Stellung zu behalten, bekam meistens ein Gnadenjahr oder wurde auf eine »Warteschleife« versetzt. Die Überprüfungskommissionen legten Wert darauf, daß auf keiner Stufe nach ideologischen Erwägungen entschieden würde, sondern einzig und allein die individuelle Befähigung zu konstruktiver Forschung beurteilt würde.

Diese Unterscheidung war nicht ganz einfach. Die Universitäten waren wiederholt von ideologischen Mobilisierungswellen heimgesucht worden, vor allem Ende der vierziger, Anfang der fünfziger Jahre und noch einmal zu Beginn der Ära Honecker, als die Partei die Universitäten auf Linie und unter Kontrolle zu bringen suchte. An allen Instituten und Fachbereichen (außer den theologischen) wurde erwartet, daß die dort Arbeitenden Parteimitglieder waren. Die treuesten Parteimitglieder hatten besonderen Einfluß: In jeder Abteilung gab es Stasimitarbeiter, und wer sich kritisch äußerte, dem wurde die Belehrung durch das Kollektiv zuteil, während aufmüpfige Studenten von der Universität entfernt wurden.[34] Die Abteilungen für Marxismus-Leninismus wurden in jedem Fall aufgelöst, das Problem war nur, daß viele sozialwissenschaftliche Abteilungen Ende der sechziger Jahre »ML« geworden waren.

Auch Historiker wurden in der Regel entlassen, sei es kollektiv oder einzeln; kollektiv in allen Sektionen für die Geschichte der Sowjetunion, der KPdSU, der DDR und der SED an der Karl-Marx-Universität in Leipzig, individuell in Fällen von Stasi-Tätigkeit oder Mitwirkung an der Relegation von Studenten im Gefolge der Auseinandersetzungen um den Prager Frühling oder spätere Ereignisse. Andere verloren ihre Stelle, weil ihre Forschungstätigkeit zu spärlich oder zu ideologisch geprägt war, so daß sich ihre Weiterbeschäftigung nicht rechtfertigen ließ, um so mehr, als die Zahl der Lehrstühle, die von den Strukturkommissionen ausgeschrieben wurde, vermindert worden war. In einigen Fällen wie dem des Historikers Kurt Pätzold von der Humboldt-Universität – der »Reisekader« war, also einer jener zuverlässigen Akademiker, denen das Regime zum Zweck des Kontakts mit Westkollegen die Ausreise gestattete, aber auch einer der ersten ostdeutschen Historiker, die sich mit dem Holocaust beschäftigten – war die Entlassung damit zu begründen, daß er zwischen 1968 und 1977 an der Relegation von Studenten mitgewirkt hatte, die dem Regime politisch nicht genehm waren.[35] Journalistenschulen, die reine Propagandafabriken waren, wurden ebenfalls geschlossen, ihre Mitarbeiter entlassen, einige wenige in politikwissenschaftlichen Abteilungen untergebracht. Abgesehen von einigen ganz eindeutigen Fällen war die Arbeit der Untersuchungsausschüsse eine sehr heikle Aufgabe.

Die meisten Angehörigen der älteren Generation – der über Fünfundvierzigjährigen – hatten mit der Partei ihren Frieden gemacht. Die Besseren unter ihnen hatten versucht, den Spielraum für Forschung, wissenschaftlich qualifizierte Arbeit und Diskussion zu erweitern, und sie standen oft im Austausch mit anerkannten Kollegen aus dem Westen. Sie mögen als Anpaßler bezeichnet werden – aber sie konnten sich von der allgegenwärtigen Kontrolle ein Stück weit frei machen und trotz allem Brauchbares leisten. Die Angehörigen der Generation unter fünfundvierzig, die in den achtziger Jahren aufgewachsen waren, hatten sich schwer damit getan, ideologische oder auch persönliche Kompromisse einzugehen. Sie hatten im letzten Jahr politisch-organisatorisch außerhalb des Systems gearbeitet und wollten jetzt eine gründlichere »Säuberung«. Ihnen erschien es, als würde man die Alten, die dem Regime nach dem Mund geredet hatten, allzusehr schonen. Insgesamt aber traf es die über Fünfundvierzigjährigen am härtesten, denn sie hatten kaum noch eine Chance, wieder Fuß zu fassen, wenn sie ihre Stelle verloren; sie wurden auf Rente gesetzt oder mußten Arzneimittel, Häuser oder Bücher verkaufen. Den Jüngeren konnte dieser »Säuberungsprozeß« Vorteile bieten, wenn nicht einfach Westdeutsche auf die frei gewordenen Stellen gesetzt wurden.

Aber es fand nicht nur eine Auslese nach dem Alter statt, sondern auch nach dem Rang. Die ostdeutschen Universitäten und die Akademie der Wissenschaften hatten eine breite Schicht von Mitarbeitern in mittleren Positionen, die nicht auf Professorenstellen berufen wurden oder keine selbständige Forschung betrieben. Dieser sogenannte Mittelbau trug die Hauptlast der Einschnitte. Bis November 1992 sind 20 Prozent der Professoren und 60 Prozent der Mitarbeiter des Mittelbaus entlassen worden. Wieder war das Resultat nicht eindeutig: Früher war es durchaus ehrenhaft, im Mittelbau zu bleiben, auch wenn diese Positionen akademisch nicht viel galten oder sogar einen niedrigen Status hatten. Wie in der Wirtschaft, so war auch im Universitätsbetrieb der Sozialismus den Opportunisten gefällig – vielleicht eine humane Lösung, aber schwerlich von langer Dauer. Und wie in der Industrie, so im akademischen Bereich: Die neuen Bundesländer erlebten eine gedrängte Version jenes Schrumpfungsprozesses, der die akademische Welt und die Großindustrie Anfang und Mitte der neunziger Jahre erschütterte und demoralisierte.[36] Die Umstrukturierung der Universitäten und Forschungseinrichtungen der ehemaligen DDR läßt sich auch in Analogie zu dem Prozeß verstehen, mit dem in der westlichen Wirtschaft ganz allgemein die Kosten für die Angestelltenberufe gesenkt werden sollten. Um so schlimmer für die

DDR-Wissenschaftler, die in dem Moment auf den akademischen Arbeitsmarkt gedrängt wurden, als überall die Arbeitskosten zusammengestrichen wurden. Und die Emphase, mit der man daranging, die wissenschaftliche Forschung und Lehre in den neuen Bundesländern zu reformieren, verschleierte auch für ein paar Jahre die Notwendigkeit, die alten Mängel des Bildungssystems in Westdeutschland zu thematisieren. Diese liegen weniger im quantitativen Bereich (denn das proportionale Verhältnis Studenten–Lehrpersonal war viel besser als im Osten) als in der Qualität der Lehre.

Im Osten hatte man das Gefühl, daß die Umstrukturierungen und »Säuberungen« im akademischen Bereich vor allem einen starken Zustrom von Bewerbern aus dem Westen zur Folge hatten. Ein Soziologe aus Heidelberg (und Berkeley), der zunächst in Personalausschüssen in Halle und Frankfurt (Oder) mitgewirkt hat und dann Dekan der sozial- und politikwissenschaftlichen Fakultät in Leipzig wurde, stellte fest, daß die anfangs vorhandenen guten Absichten, zu einer neuen und wirklichen Synthese zwischen Ost und West zu gelangen, nicht zu realisieren waren. Statt dessen kam es in den neuen Bundesländern zu »krisenbesetzten westdeutschen Institutionen«. Der Einigungsvertrag sah vor, daß die westdeutschen Forschungsrichtlinien in jedem Fall auf die neuen Gebiete zu übertragen seien.

Ich glaube nicht, daß die Chance, die gesamte Struktur von Forschung und Ausbildung in Deutschland zu ändern, im Jahr 1990 sehr groß gewesen wäre. Die neuen Länder waren einfach in das größere Unternehmen eingetreten, ihre akademischen Einrichtungen hatten keine autonomen Traditionen, und die Revolution von 1989/90 hat auch keine neuen institutionellen Grundlagen geschaffen. Daher endete der Prozeß, der hier und da als Synthese gedacht war, in bloßer »Verwestlichung«.[37]

Die akademischen Institutionen im Osten besaßen eine zu schwache Legitimation, um sich erfolgreich behaupten zu können, und das Bildungssystem im Westen war zu festgefahren und bürokratisiert, um Anstöße zu einer gründlichen und grundsätzlichen Neuordnung geben zu können. Das Forschungsförderungsabkommen von 1975 hatte die Rivalitäten, die es zwischen Bund, Ländern und führenden Einrichtungen der Forschungsförderung in Sachen

Forschungspolitik und Finanzierung gab, beendet. Die Deutsche Forschungsgemeinschaft (DFG), eine bundeseigene Stiftung, die Max-Planck-Gesellschaft (MPG), zu der eine Reihe von anerkannten unabhängigen Forschungsinstituten im Bereich der Natur- und Geisteswissenschaften gehören, und vor allem der Wissenschaftsrat (der von den Kultusministern der Länder einberufen wird und Empfehlungen zur Wissenschaftspolitik abgibt) hatten jeweils ein eigenes Kontingent an öffentlichen Mitteln und eigene institutionelle Bereiche.[38] Daß ein derart dichtes Netz von Privilegien – die durch ihren Funktionszuwachs im Osten noch aufgewertet wurden – in der Lage sein würde, ein gesamtdeutsches Erneuerungsprogramm in die Wege zu leiten, war eigentlich auch gar nicht zu erwarten.

Akademische Wüste im Osten, Kolonisierung durch den Westen: beide Sichtweisen haben ihre Berechtigung, aber sie standen gewöhnlich gegeneinander, so daß aus dem Reformprozeß, den beide Seiten wollten, nicht viel wurde. Unabhängig von allen guten Absichten, alle »Säuberungen« haben etwas strukturell Willkürliches; das war selbst bei der Entnazifizierung vor vierzig Jahren nicht anders. Im Lauf des Jahres 1990 verdichtete sich dieses Klima der »Säuberung«. Einer der Sektionsleiter in Leipzig, ein Anpaßler, der bis Ende 1989 Mitglied der SED blieb, konnte noch im Sommer 1990 seine Abteilung zusammenhalten; er nahm die Arbeiten, die seiner Meinung nach wissenschaftlich brauchbar waren, in Schutz und sonderte die aus, die hoffnungslos politisch kompromittiert waren. Im Dezember hatte er jedoch das Gefühl, daß »fast pogromartige Bedingungen« herrschten. Wenn auch die intellektuellen Strafgerichte glimpflich abliefen, so waren die ehemaligen DDR-Bürger doch verärgert über das Vorgehen der Bewertungskommissionen. Jens Reich, Biologe und führendes Mitglied des Neuen Forums, räumte ein, daß aufgrund der übergroßen Dimensionen des Forschungsbetriebs Entlassungen unvermeidlich gewesen seien. Dennoch rief er den Westen zu Verständnis und Solidarität auf. Es sei nicht ganz unberechtigt, gab Reich zu, wenn im Westen davon die Rede war (meinte er Arnulf Baring?), daß die akademische Landschaft der DDR eine »Wüste« sei. Gleichwohl plädierte Reich für Kollegialität. »So hochnäsig kann nur formulieren, wem das Verständnis für die Geschichte und Verstrickungen unserer Wissenschaftlergeneration abgeht.«[39] Oft wußten sich Wissenschaftler überhaupt nicht zu helfen und waren sicher, daß ihr Institut aufgelöst würde. Aber selbst wenn es dazu nicht kam, war die Überprüfung häufig demütigend. Die Antwort eines Forschungsleiters, der von seinen wissenschaftlichen Richtern gefragt wurde, ob die Mitglieder seines Instituts die englischsprachige Literatur auf ihrem Arbeitsgebiet lesen könnten, zeigt, welches Klima herrschte: »Wissen Sie, so einfach ist das nicht. Zuerst müssen wir mit Messer und Gabel essen lernen, dann können wir vielleicht mit Englisch anfangen.«

Die Akademie der Wissenschaften war als Ganzes nicht zu erhalten, weil es zu ihr kein Gegenstück im Westen gab. Die Bundesrepublik hatte keinen so ausgedehnten Forschungsbetrieb wie die DDR und die anderen osteuropäischen Länder mit ihren vielen Instituten und Sektionen. Im Einigungsvertrag war die Akademie eigens als veränderungsbedürftig aufgeführt; sie war ein DDR-Geschöpf, hervorgegangen aus einer verehrungswürdigen Vorgängerinstitution und viel größer als vergleichbare Forschungseinrichtungen im Westen. Teile der Akademie mußten aus rein finanziellen Gründen geschlossen werden. Doch paßte ihr zentralistischer Aufbau mit seiner Mischung aus Grundlagen- und angewandter Forschung nicht zu den westdeutschen Strukturen. Der relativ schwache Bundesminister für Forschung und Technologie (BMFT) war nicht bereit, eine solche Körperschaft zu finanzieren, die von Akademikern mit Lehrverpflichtungen, den Bundesländern und der Max-Planck-Gesellschaft argwöhnisch betrachtet wurde. Aber auch die Reformer des Runden Tisches waren bereit, die Akademie zu opfern. Sie hatte 31 000 Mitarbeiter, davon 12 000 Wissenschaftler gehabt; Mitte 1994 waren es noch 13 500 oder 43 Prozent, und die Forschung in den neuen Bundesländern beanspruchte 27 Prozent der Beträge, die für die außeruniversitäre Forschung ausgegeben wurden. Davon flossen nur 5,5 Prozent in die Geistes- und Sozialwissenschaften.[40] Am unproblematischsten war es, die naturwissenschaftlichen Abteilungen zu erhalten oder in Universitäten überzuleiten. Insgesamt fand eine umfangreiche Selbsterneuerung statt; zwei Drittel der Institutsdirektoren wurden, so Jens Reich, aus ihrem Amt entfernt, einer übernahm eine leitende Position in einem westlichen Pharmakonzern, ein anderer, dem Kollegen vorwarfen, er habe besondere Privilegien gehabt (was er verneinte), landete in Harvard. Was die Sozialwissenschaften anbetrifft, so schlug der Wissenschaftsrat vor, neun neue Zentren auf verschiedenen Gebieten einzurichten, unter anderem für Wissenschaftsgeschichte, Geschichte der Aufklärung und Zeitgeschichte (Geschichte der DDR), und einige anerkannte und politisch unbelastete Wissenschaftler zu behalten. Drei Jahre lang wurden diese neuen Institute von einer besonderen Forschungsförderungsgesellschaft unter der Leitung der Max-Planck-Gesellschaft großzügig unterstützt. 1995 wurden sie in die Forschungshaushalte der neuen Bundesländer einbezogen und lose an die regionalen Universitäten angegliedert. Von diesen Forschungsinstituten sorgte nur das für Zeitgeschichte für umfangreiche Kontroversen. Ausgelöst hat sie der sogenannte Unabhängige Historikerverband, der die offiziellen Institute für Geschichte Anfang 1990 öffentlich anprangerte, eine gründliche »Säuberung« des ganzen Faches verlangte und sich allen Versuchen entgegenstellte, Wissenschaftlern der ehemaligen Akademie der Wissenschaften ihre Stellen zu erhalten.

Die Umstrukturierung der Universitäten in den neuen Bundesländern verlief insgesamt weitaus turbulenter. Sie hatten zum Teil eine lange Geschichte; trotz ihrer Bevormundung durch die SED hatten sie etwas von ihrer alten Tradition als unabhängige Körperschaften bewahrt; sie waren der Stolz der jeweiligen Stadt und stellten bisweilen sehr rasch neue Partnerschaften mit westlichen Universitäten her.

Die Schwierigkeiten der neuen Situation zeigten sich exemplarisch in der Fink-Affäre. Heinrich Fink, der neue Rektor der Humboldt-Universität, war Theologe und damit einer der wenigen Professoren, die nicht Mitglieder der SED waren. Als Protagonist der Wende engagierte er sich im Herbst 1989 mit anderen Kirchenmännern für Reformen von innen, die er als »Selbsterneuerung mit den vorhandenen Menschen« verstand. Hieß dies nicht, daß es ihm nur darum ging, so viele Mitglieder der alten Universität wie möglich zu retten? Für Manfred Erhardt, CDU-Mann und als Wissenschaftssenator für die Berliner Universitäten zuständig, bedeuteten Finks Reformvorstellungen nichts weiter als Schutzparolen für die alten »Seilschaften«. Vor Erhardts Amtszeit, als die SPD den Senator stellte, waren die fünf Fakultäten der Humboldt-Universität geschlossen worden, daraufhin konnten sie neu eingerichtet werden, ohne daß die Qualifikation jedes Lehrstuhlinhabers individuell beurteilt werden mußte. Fink hatte sich an das Berliner Verwaltungsgericht gewandt und erreicht, daß der Abwicklungsprozeß für ungültig erklärt wurde. Der Senator reagierte mit einem Gesetz, das darauf hinauslief, den Rektor zu entmachten und auf der Grundlage einer Ost-West-Parität neue Personal- und Strukturausschüsse zu schaffen, für die er und nicht die Universitäten zuständig waren. Ende November versuchte Erhardt, Fink als Professor (und damit auch als Rektor) zu entlassen, weil eine Überprüfung der Gauck-Behörde ergeben habe, daß er Stasi-Agent gewesen sei. Im Februar hatte Gauck Fink mitgeteilt, daß dieser nach damaligem Informationsstand in den Stasi-Akten nicht erwähnt werde; zehn Monate später jedoch, als Erhardt nach Informationen suchte, tauchten bis dahin unbekannte Akten auf, aus denen hervorzugehen schien, daß Fink angeblich doch Stasi-Mitarbeiter gewesen war. Das Indiz: Ein Agent mit dem Kodenamen »Heiner« hatte Finks Akte 1989 schließen lassen, wobei die Aktenziffer mit der Nummer auf Finks Namenskarte in den Stasi-Akten übereinstimmte.[41] Studenten protestierten gegen die Anschuldigung. Intellektuelle wie Christa Wolf, Jens Reich und Stefan Heym schlossen sich den Protesten an. Vertreter der Gauck-Behörde nahmen einige ihrer Behauptungen zurück, und Fink bestritt, jemals etwas unterzeichnet zu haben, womit er sich verpflichtet hätte, Informationen zu beschaffen – es war der Kommission nicht möglich, die Wahrheit herauszufinden. Hier zeigte sich ein Problem, das bei der Arbeit der Gauck-Behörde oft auftauchte, nämlich daß diese nur bekanntgab, daß Namen auf Listen von Stasi-Informanten entdeckt worden seien, aber nichts zu Umfang oder Intention der Zusammenarbeit – ob es sich beispielsweise um einen vorsichtigen Bericht über Veranstaltungen handelte, verfaßt als Bedingung für Verhandlungen mit den Behörden, oder um eine willentliche Denunziation ahnungsloser Kollegen. (Auch die Lustrationskommission in der Tschechoslowakei gab nur Namen bekannt und nicht die Art der Zusammenarbeit.) Fink wurde von verschiedenen Seiten kritisiert, daß er es sich mit allen Seiten verdorben habe, zuerst mit den SPD-Professoren, die die Fakultät »säubern« wollten, und dann mit Wissenschaftssenator Erhardt. Das Institut für Marxismus-Leninismus sei zwar aufgelöst worden, aber auch einige der

aktiven SED-Mitglieder hatten kleine Posten in interdisziplinären Fachbereichen für Sozialwissenschaften oder Konfliktforschung gefunden. Trotz der Anschuldigungen gegen Fink ging die Fraktion, die sein Konzept der Selbsterneuerung unterstützte, aus den Konzilswahlen im Januar gestärkt hervor. Sein eigenes Schicksal befand sich in der Schwebe, bis im Frühjahr 1992 seine Rechtsmittel erschöpft waren. War er der ehrenwerte Verteidiger der Integrität der Universität, ein verspäteter, aber nicht genügend entschlossener Reformer, um die SED-Opportunisten in den Sozialwissenschaften hinauszuwerfen, oder war er selbst ein Opportunist, der sich die Unterstützung der Intellektuellen für die Autonomie der Universität zunutze machte? Ein fähiger Rektor oder ein »falscher Populist«? Der *Spiegel* sah im Fall Fink ein Beispiel für die moralische und politische Verwirrung, die allenthalben herrschte: »Vereintes Deutschland im Spätherbst 1991 – eine verkehrte Welt. Die Opfer kriegen Prügel, weil sie die Täter als Täter benennen. Eine seltsame Allianz aus Utopisten, Vertuschern und politischen Naivlingen hat sich zur Verteidigung der real nicht mehr existierenden DDR zusammengefunden.« Freilich habe sich auch Wissenschaftssenator Erhardt wie ein Elefant im Porzellanladen aufgeführt und bürokratische Arroganz bewiesen. Fest stehe jedoch, so das Nachrichtenmagazin, daß Fink, ob er nun für die Stasi tätig war oder nicht, das Regime bis zu dessen Ende unterstützt habe.[42]

Christian Meier, der weithin anerkannte Münchener Althistoriker, äußerte sich skeptisch zu der Frage, ob Selbsterneuerung im Osten möglich sei. Auf der anderen Seite plädierte er für einen weniger moralistischen Umgang mit dem Problem der Erneuerung. Die Studenten seien stolz auf ihre Universität, und vom Westen aufgezwungene Reformen drängten sie ins Abseits. »Der Wandel erfordert allerdings ein Aufbrechen der starren Positionen des Grabenkriegs.« Erneuerungen müßten auf beiden Seiten der früheren Grenze stattfinden: Die Universitäten im Osten müßten ihre wissenschaftlichen Standards verbessern und die im Westen besser abgestimmte Studiengänge und Forschungsprogramme für Examenskandidaten schaffen.[43] Im übrigen könnten die westdeutschen Universitäten kaum als Modell dienen; sie seien überlaufen, der Lehrbetrieb beruhe weitgehend auf überfüllten Vorlesungen, der Kontakt zwischen Lehrenden und Lernenden sei unzureichend, und die Studiengänge seien zusammenhanglos. Aber solange die politisch aufgeheizte Überprüfung der Universitäten in den neuen Bundesländern im Gang war, hatte ein durchdachtes Reformkonzept für die westlichen Universitäten kaum Chancen, so dringend es benötigt würde. Westliche Wissenschaftler haben sich nicht mit den Mängeln ihres eigenen Systems beschäftigt, sondern mit ihrer offensichtlichen Überlegenheit über die korrumpierte Wissenschaft des Ostens. Und die Akademiker aus der Ex-DDR erlebten, wie die von ihnen geräumten Lehrstühle massenhaft an westliche Professoren gingen und wie die Bildungs- und Wissenschaftspolitik der alten BRD sich in den neuen Kultus- und Wissenschaftsministerien der neuen Länder wiederholte. War das nicht ein gefundenes Fressen für westdeutsche Professoren und ihre Lieblingsassistenten? In der Leipziger Universität brach ein großer Streit aus, als ein anerkannter amerikaorientierter deutscher Wissenschaftler vom sächsischen Wissenschaftsminister einen Ruf bekommen sollte und die Universitätsgremien den Eindruck hatten, dies sei eher wegen der CDU-Nähe des Bewerbers geschehen als wegen seiner Fähigkeiten.

Nicht nur im Fall Fink wurde die Ostberliner Humboldt-Universität zur Arena für zum Teil erbitterte Fehden. Im Dezember 1990 entschloß sich die Regierung des nunmehr vereinten Berlin (wie vom Einigungsvertrag vorgesehen), die Fachbereiche Jura, Pädagogik, Wirtschaft, Philosophie und Geschichte mit ihren 1500 Mitarbeitern aufzulösen. Die Universität legte gegen diese Verfügung erst beim Berliner Verwaltungsgericht, dann beim Bundesgerichtshof in Karlsruhe Beschwerde ein. In Berlin unterlag die Klage der Universität. Der Bundesgerichtshof jedoch urteilte, daß der Berliner Senat nach dem Einigungsvertrag zwar das Recht hatte, die Fachbereiche abzuwickeln, allerdings sei das, was an dieser Universität stattfinde, keine Abwicklung, sondern nur ein Manöver mit dem durchschaubaren Ziel, das gesamte Lehrpersonal zu entlassen. Die Verwaltung der Humboldt-Universität stützte sich nun auf das Karlsruher Urteil und focht die Berliner Entscheidung an. Zumindest für einen begrenzten Zeitraum wurden die Entlassungen wieder rückgängig gemacht. Inzwischen hatte die Universität ihre eigenen Struktur- und Berufungsausschüsse eingerichtet, die Empfehlungen für das Ausscheiden von Professoren und Dozenten, die die Altersgrenze fast erreicht hatten, und für neue Berufungen gab. Unter den Historikern, die an den Fachbereich Geschichte berufen wurden, war auch Heinrich August Winkler, ein hervorragender Fachmann für die Weimarer Republik und die Sozialdemokratie in dieser Zeit sowie für den deutschen Nationalismus des neunzehnten Jahrhunderts. Er war ein Veteran aus der Zeit der mörderischen Auseinandersetzungen, die in der SPD um die Friedensbewegung geführt wurden, und wußte vom Westberliner Otto-Suhr-Institut nach 1968 zu berichten, als Professoren sich ängstlich an Studenten vorbeidrückten, die gerade ein bißchen Marx gelesen hatten. Er gewann den Eindruck (wie andere neu berufene Historiker auch), daß die alten Fachbereichsmitglieder nicht bereit waren, die Universität zu verlassen, sondern es vorzogen, gegen ihre Entlassung gerichtlich vorzugehen und die ideologischen Kämpfe auf den Korridoren fortzusetzen. Winkler berief drei junge ostdeutsche Wissenschaftler, die mit dem akademischen Establishment der DDR gebrochen und den Unabhängigen Historikerverband mitbegründet hatten, zu seinen Assistenten für Lehre und Forschung. Zwei von ihnen kämmten nach dem Übergang von 1989 schnell die Archive durch: Sie publizierten die erste wichtige Sammlung von Stasi-Dokumenten und verurteilten scharf jeden Kompromiß mit den »Anpaßlern« der alten Garde.

Aus den Positionskämpfen in der Geschichtswissenschaft wurden rasch Auseinandersetzungen über die Geschichte der DDR, als nämlich die Unabhängigen die Auffassung vertraten, das Regime könne nur im Kontext von Besatzung und Repression und nicht von Prozessen der Anpassung oder der Konsensbildung verstanden werden. Die Unabhängigen Historiker (oder zumindest ihre aggressivsten Mitglieder) griffen insbesondere das Potsdamer Zentrum für Zeitgeschichte an, und zwar mit dem Vorwurf, Kollegen zu beschäftigen, die angeblich mit dem alten Regime eng zusammengearbeitet hätten. Jürgen Kocka nahm seine Mitarbeiter in Schutz, doch die ständige Kritik an ihrer Arbeit und ihrer politischen Vergangenheit – die von der *Frankfurter Allgemeinen Zeitung* geschickt kolportiert wurde – hatte demoralisierende Folgen und schwächte das Unternehmen. Kocka hat wiederholt erklärt, er werde nie einen Stasi-Informanten beschäftigen, und war dann tief betroffen, als die Unabhängigen herausbekamen, daß einer der älteren Mitarbeiter vor über zwanzig Jahren für die Stasi gearbeitet hatte. So blieben Fragen, die Personalia, Ideologien und geschichtswissenschaftliche Interpretationen betrafen, spannungsgeladen und eng verquickt. »Haben Historiker, die mit dem DDR-Regime kollaborierten, die wissenschaftliche und moralische Qualifikation, jetzt die Geschichte dieses Staates zu erforschen?« fragte die einflußreiche *Frankfurter Allgemeine Zeitung*.[44] Zumindest für einige im konservativen Lager war die eigentliche Frage jedoch, wer diese Geschichte nicht schreiben oder zumindest nicht dafür eingestellt werden durfte. Viele Auseinandersetzungen werden noch nötig sein, um der Einsicht zum Durchbruch zu verhelfen, daß es einer viel größeren geistigen Bewegungsfreiheit bedarf, damit sich historische Interpretationen und Forschungsansätze entwickeln, die weder Apologie noch Anathema zu ihrer Voraussetzung machen.

Der Makel der Stasivergangenheit: Das alte Regime auf der Anklagebank

Die »Abwicklung« des akademischen Bereichs war Teil einer viel weiter reichenden Frage: Welche Ausmaße sollte der »Säuberungsprozeß« insgesamt annehmen, und wie tief sollte er reichen? Mit diesem Problem hatten alle Länder zu tun, die sich seit den späten siebziger Jahren von ihrem autoritären System lösen wollten. Unter den kommunistischen Ländern ist man in Ungarn am deutlichsten von Untersuchungen der Rechtsmißbräuche abgerückt, die von den ehemals führenden Politkern begangen wurden. Die Opfer und die Verwandten von Opfern, die in politischer Haft gestorben waren, wollten die Bestrafung ihrer früheren Verfolger; sie trafen auf den stillschweigenden und verbissenen Widerstand der Bürokraten, alter eingefleischter Apparatschiks, kämpften mit dem Problem schwer auffindbarer oder verschwundener Akten. Und schließlich schlug ihnen allgemein das Gefühl entgegen, daß das Schweigen über die Vergangenheit die beste Grundlage für die nationale Versöhnung und das künftige Funktionieren der demokratischen Institutionen sei. Auch Václav Havel setzte sich in der Tschechoslowakei für eine allgemeine De-facto-Amnestie ein.[45] In

Ländern mit ehemaligen Militärregierungen wie Argentinien, Brasilien und Chile war die Situation noch heikler, denn dort stand zu befürchten, daß eine zu insistente Nachforschung über die an Oppositionellen begangenen Morde der Armee das Militär zu Reaktionen provozieren könnte. Auch dort erschien eine Art institutionalisierter Amnesie unvermeidlich.

In Deutschland hätte es anders laufen können. Die Ex-DDR hatte sich der Bundesrepublik angeschlossen; Bonn übergab die Akten des Ministeriums für Staatssicherheit mit dem Auftrag, die Rechtsmißbräuche in der DDR »durchzuarbeiten«, an eine unabhängige Behörde, die sogenannte Gauck-Kommission, eine Art Treuhand für das geschichtliche Vermächtnis. Joachim Gauck, ein Pastor aus der Ex-DDR, gehörte zu denen, die sich entschieden für einen uneingeschränkten Zugang zu den Archiven der Stasi einsetzten. Er war davon überzeugt, daß die Aufdeckung von Komplizenschaften und geheimen Machenschaften eine Voraussetzung für eine heilsame Überwindung der Vergangenheit sei. Er konnte seine Zuhörer beeindrucken und seine Kritiker in Rage bringen, wenn er auf seine ruhige pietistische Art das Verfahren verteidigte, mit dem er die Informationen, die seiner Kontrolle unterstanden, freigab.[46] Auf Anfragen, ob ein Name in den Stasi-Akten als Informant aufgeführt ist, antwortet sein Büro mit ja oder nein. Individuelle Antragsteller können ihre Akte einsehen. Von den Persönlichkeiten, die im Übergangsprozeß eine Rolle spielten, wurde einer nach dem anderen als – zumindest in den Augen der Stasi – »inoffizieller Mitarbeiter« aufgedeckt: Wolfgang Schnur, Ibrahim Böhme, Lothar de Maizière, Heinrich Fink. Als sich die Vorwürfe häuften, wurden immer mehr Stimmen laut, daß die Stasi »Hitlisten« aufgestellt hätte, um die neuen Politiker zu diskreditieren. Später kamen die Enthüllungen über Christa Wolf und schließlich, im Herbst 1995, die Nachricht, daß auch Monika Maron, eine unerbittliche Kritikerin der ostdeutschen Verhältnisse, Spuren bei der Stasi hinterlassen hatte. Die Kontakte waren oft vage. Gauck ging davon aus, daß alle, die als inoffizielle Mitarbeiter geführt wurden, diese Rolle auch tatsächlich ausgeübt hätten. In einem Rückblick auf fünf Jahre der Tätigkeit seiner Behörde erklärte er, daß sich Polen entschlossen habe, seine Vergangenheit nicht zu untersuchen, Deutschland dagegen müsse sich von einer besonderen Last befreien. Die Deutschen hätten bereits Erfahrungen mit einem späteren Trauma, das sich einstelle, wenn die Vergangenheit unterdrückt oder mit Schweigen übergangen werde. »Wir wollten in Ostdeutschland nicht zum zweiten Mal Abschied nehmen von einer Diktatur quasi im ›keep smiling‹, sondern haben gedacht, auch mit Wissen, mit Aufarbeitung, vielleicht sogar mit Trauer, kriegen wir es hin, ein demokratisches Land zu werden.«[47]

Aus den Akten geht nicht immer hervor, welchen Umfang die Mitarbeit tatsächlich gehabt hat. In bestimmten Fällen hatten Stasi-Mitarbeiter »schädliche« Ansichten, die ihnen vertraulich mitgeteilt worden waren, weitergegeben und damit Freunde oder sogar Familienmitglieder in Gefahr gebracht. In anderen Fällen mochte es sein, daß ein sogenannter Agent der Stasi unverfängliche Listen mit Auslandskontakten angedreht hatte, um eine Reisegenehmigung zu erhalten, oder der politischen Polizei erklärte, daß die Bemerkung seines Kollegen nur ein unbedeutender Gefühlsausbruch und nicht der Beweis für eine wirkliche oppositionelle Einstellung gewesen sei. Freilich war die Mitarbeit ein Schandfleck für die Informanten, sie zeigte ihn oder sie in kompromittierende Beziehungen verwickelt und erweckte Verdacht bei Dritten. Als sich die Enthüllungen über angebliche Informanten häuften, beschäftigte man sich im vereinten Deutschland geradezu obsessiv mit Geheimhaltung, Komplizenschaft und Verrat. Man dachte, die Stasi-Akten enthielten die geheime und zugleich eigentlich bedeutende Geschichte der DDR. Erboste Intellektuelle, die die DDR früher verlassen hatten, forderten eine schonungslose Abrechnung mit den Stasi-Spitzeln. Wer die Angelegenheit nicht so wichtig nahm, wurde rasch verdächtigt, selbst mitgespielt zu haben. Enthüllungen aus den Stasi-Akten bedrohten eine Reihe von politischen Persönlichkeiten des Übergangs, ohne daß geklärt wurde, was sie im einzelnen getan hatten. Aber lohnte es sich, jeden Mitarbeiter aufzudecken, wenn sich mit jeder neuen Enthüllung das Gefühl verdichtete, daß die DDR eine schmutzige und verdorbene Gesellschaft gewesen sei? Sollte man jede Art von Mitarbeit verfolgen? Würden die neuen Bundesländer das Gefühl, sich in einem ethischen Zwielicht zu befinden, jemals wieder loswerden?

Die Tatsache, daß sich Deutschland schon einmal, nach 1945, mit einer schlimmen Vergangenheit auseinandersetzen mußte, hatte einen großen Einfluß auf die Art und Weise, wie sich die Bürger den Erfahrungen stellen wollten, die sie mit und in der DDR gemacht hatten. Die »ganz gewöhnlichen« Deutschen haben es nach 1945 im allgemeinen vorgezogen, die Erfahrung des »Dritten Reichs« dem historischen Vergessen zu überantworten. Viele Familien hatten sehr gelitten, sie wurden aus ihrer Heimat vertrieben oder ausgebombt, ihre Männer und Söhne in Rußland nutzlos geopfert. Viele schämten sich ihrer Unterstützung für ein Regime, das, wie sie schließlich zugestehen mußten, Verbrechen von einer unvorstellbaren Brutalität begangen hatte. Aber die Entrüstung der Sieger offen zu teilen hätte ein hohes Maß an moralischer Initiative erfordert. Erst eine neue Generation von gewissenhaften Staatsanwälten setzte sich dafür ein, die Verjährungsfrist zu verlängern und lange und mühsame Prozesse gegen SS-Offiziere zu führen. Im wesentlichen wurde in den ersten zwei Jahrzehnten nach der Niederlage eine Mauer des Schweigens errichtet. Nur die auffälligsten Nazis wurden nach 1945 ihrer Ämter und Stellungen enthoben, viele Lehrer und Richter dagegen nicht. Nach 1989 gingen die Meinungen grundsätzlicher auseinander. Eine neue Schicht von postmarxistischen Intellektuellen – zumeist aus dem Westen, einige aber auch aus dem Osten, zum Teil noch sozial und demokratisch denkend, viele auch dem nahestehend, was in den Vereinigten Staaten als neokonservativ bezeichnet wird – drängten auf eine rücksichtslose Abrechnung und umfassende »Säuberung« der akademischen Berufe. Wer seinen Frieden mit dem System im Osten gemacht hatte – zu ihnen gesellten sich viele, auch Studenten, die dem Westen sein auf Anschluß drängendes Gebaren übelnahmen –, widersetzte sich. Diese Menschen waren unter Umständen bereit, Intellektuelle und politische Akteure, die sich in der Grauzone der Kollaboration bewegt hatten, zu rehabilitieren.

Die widerstreitenden moralischen Haltungen waren verbunden mit unterschiedlichen historischen Beurteilungen. In vieler Hinsicht hatte das DDR-Regime eine größere Uniformität erzwungen und seine Parteilinie noch gründlicher durchgesetzt als die Nationalsozialisten. An Schulen und in Jugendgruppen herrschte unausweichlich das Klima des Marxismus-Leninismus, was sich beispielsweise darin zeigte, daß man unablässig aufgefordert wurde, seine Grundsätze zu befolgen: dies galt als Schlüssel zum Fortschritt. Viele Menschen leisteten dem Staat Informationshilfe; die Zahl der »inoffiziellen Mitarbeiter«, die im Dienst der Stasi standen, war verhältnismäßig viel größer. Daher ließ sich durchaus sagen, daß die Diktatur der Stasi durchgreifender war als im »Dritten Reich« – woraus sich dann die noch größere Notwendigkeit ableiten ließ, ihre Reste zu beseitigen. Aber mit dieser Einstellung werden Diktaturen nach dem Grad der Kontrolle, die sie ausüben, definiert, nicht nach Art und Mechanismen der Repression. Seit den sechziger Jahren beruhte das DDR-Regime auf einem weitgefächerten System der Manipulation: Wer etwas werden, wer reisen wollte, mußte kooperieren. Außer zur Zeit der Schauprozesse in den fünfziger Jahren – die in der DDR weitaus unblutiger ausgingen als in Ungarn oder der Tschechoslowakei – herrschte, von seltenen Ausnahmen abgesehen, kein »Terror«. Demütigende Maßnahmen, der Ausschluß aus dem Kollektiv oder das Verbot der Wiedereinreise, wenn jemand im Ausland war: dies waren die Mittel, die Menschen gefügig zu halten – nachdem die Grenze eine todbringende Gewalt geworden war. Die SED schreckte nicht vor Inhaftierungen zurück, nicht vor allumfassender Ausspionierung oder der Verweigerung von weiterführender Ausbildung und Reisen. Aber die Partei erreichte ihren Zweck der Einschüchterung auf einer viel niedrigeren Gewaltebene als die Nationalsozialisten, die das Land mit Konzentrationslagern überzogen. Die Gestapohaft konnte sich endlos hinziehen, ohne daß es zum Prozeß kam, und in den Lagern wurde die grausame und brutale Behandlung danach bemessen, wie gut sie sich als Mittel der Politik eignete. Im Mittelpunkt des DDR-Systems stand nicht der Plan zu einem Völkermord und auch kein Eroberungskrieg, und auch wenn man die organisierte Unmenschlichkeit der Nationalsozialisten gegenüber den Juden an dieser Stelle außer acht läßt, war das Gewaltpotential von einer anderen Größenordnung. Schlagen, Foltern, Verhungernlassen, Methoden, die von den Nationalsozialisten ohne Skrupel eingesetzt wurden, kamen in der DDR nicht zur Anwendung. Schließlich waren die Entwicklungsdynamik im »Dritten Reich« und die in der DDR völlig verschieden. Während der kurzen, zwölfjährigen Herrschaft der Nationalsozialisten wurde das Regime immer radikaler und mörderischer, während die Strategen der Einheitspartei ihre Unterdrückungsmechanismen über vier Jahrzehnte immer mehr routinisierten. Aufgrund dieses Verlaufs ist auch die Frage nach der Verantwortlichkeit derjenigen, die in späteren Phasen eine öffentliche Rolle spielten, komplizierter. Zur Frage der Vergleichbarkeit der beiden deutschen autoritären Staaten ist viel gesagt und geschrieben worden. Es wurden ernsthafte Versuche unternommen, die Ähnlichkeiten zwischen dem »Dritten Reich« und der DDR, die Kontinuitäten zwischen der ersten und der zweiten Diktatur zu untersuchen oder im Anschluß an bedeutende Studien den Totalitarismus des zwanzigsten Jahrhunderts im ganzen als Bezugsrahmen heranzuziehen. Während der fünfundsiebzigsten und letzten Sitzung der Enquete-Kommission im Mai 1994 haben führende Historiker über die Vergleichbarkeit von DDR und »Drittem Reich« diskutiert. Dabei kamen alle denkbaren Schwierigkeiten zur Sprache: Der eher konservative Horst Möller ordnete beide Regime unter den Oberbegriff des Totalitarismus ein; Jürgen Kocka und Sigrid Meuschel betonten die Unterschiede (wobei Kocka andernorts versucht hat, Parallelen und Unterschiede in einem einzigen Ansatz zu vereinigen). Die SED, so Sigrid Meuschels These, habe ihre totale Herrschaft so weit ausgedehnt, daß ihr Rationalitätsanspruch schließlich in Irrationalität umgeschlagen sei. Kocka gab zu bedenken, daß man auf kategorialer Ebene Diktaturen nicht einfach Demokratien gegenüberstellen könne. Die Sozialwissenschaftler waren vorsichtig und um feine Unterscheidungen bemüht, aber Abstraktionen tendieren dazu, ein Eigenleben zu führen. Die Mitglieder der Kommission unterstützten oder bestritten ihre Ansichten entsprechend ihrer politischen Richtung.[48]

Ich habe immer als vergleichender Historiker gearbeitet, aber in diesem Falle glaube ich, daß ein noch so sorgfältig eingegrenzter Vergleich zwischen DDR und »Drittem Reich« die radikalen Unterschiede zwischen den beiden Regimen verwischt. Es war sicherlich in beiden Diktaturen möglich, unpolitische Enklaven im Alltagsleben zu finden. Aber in der DDR war der Preis dafür nicht, daß man über die Brutalitäten des Regimes, seine Fixierung auf den Eroberungskrieg und seine antijüdische Obsession hinwegsehen mußte. Außerdem mußten Vergleiche zwischen den beiden Systemen oft dafür herhalten, das Verhältnis zum Nationalsozialismus zu »normalisieren«.

Solche Vergleiche lassen sich zudem stets für die laufenden politischen Auseinandersetzungen instrumentalisieren, etwa um Persönlichkeiten des öffentlichen Lebens in der Ex-DDR anzugreifen und ihnen die Legitimation für politisches Handeln abzusprechen.[49] Es war nicht überraschend, daß man sich in Deutschland nach 1990 dieser Vergleichsebene bediente, die ja nicht in erster Linie in wissenschaftlichen Debatten eine Rolle spielte, sondern in den leidenschaftlich geführten und heftig polarisierenden politischen Prozessen, die namhaften Vertretern des öffentlichen Lebens der Ex-DDR gemacht wurden.

Der erste bedeutende Fall spielte sich nicht vor Gericht ab, sondern in der Presse und wurde eine literarische *Cause célèbre* – die Kontroverse, die 1990 um Christa Wolf entbrannte. Christa Wolf hatte sich als kritische Schriftstellerin einen Namen gemacht; sie hat das Regime zwar nie öffentlich angegriffen, aber stets einen gewissen Abstand gewahrt. In dem Roman *Der geteilte Himmel* ging sie den Folgen nach, die die deutsche Teilung für die Menschen hatte; in *Kindheitsmuster* zieht sie vorsichtige Parallelen zwischen ihren Kindheitserinnerungen unter Hitler und den Praktiken des SED-Regimes. In den großen Demonstrationen vom November 1989 war sie unter denen, die von den Massen aufgefordert wurden, öffentlich zu reden; ich war unter den Zuhörern, als sie auf einer Kundgebung im Sommer 1990 über die »Überwindung der Vergangenheit« sprach. Aber sie hatte schon früher den offenen Widerstand vermieden; die Figuren ihrer Romane pflegten die Wunden, die eine stumpfsinnige politische Repression in ihrem Inneren zurückgelassen hatte. Ihr sentimentaler Quietismus löste heftige Reaktionen aus, als sie Anfang Juni 1990 unter dem Titel *Was bleibt* ihre Erinnerungen an den Stasi-Überwachungsstaat veröffentlichte. Dieses 1979 für die Schublade geschriebene Büchlein erntete verächtliche Kritiken bei jungen westdeutschen Rezensenten. »Das ist ja ein Ding«, schrieb Ulrich Greiner, »die Staatsdichterin der DDR soll vom Staatssicherheitsdienst der DDR überwacht worden sein?« Und weiter geht es mit Angriffen auf die rührselige Sentimentalität von Christa Wolfs Erzählungen. »Sie ist die Malerin des Idylls. Mit süßer Wehmut beschreibt sie die Natur ... oder das unbeschädigte Leben ... oder die Wonnen eines leckeren Frühstücks.« Gefahr droht, und sie singt ihre Lieblingslieder, »Volkslieder aller Art, auf der Wiese, unter der Dusche, im Garten. Märchen fallen ihr ein ... Ein trauriger Fall. Ein kleines Kapitel aus der langen Geschichte ›Deutsche Dichter und die Macht‹.«[50] Auch Frank Schirrmacher von der *Frankfurter Allgemeinen Zeitung* äußerte sich kritisch, wenn auch weniger schnippisch als Greiner; er kam auf Christa Wolfs Bemerkung von 1987 zu sprechen, in der sie zugab, »daß vielen Angehörigen meiner Generation ... von ihren frühen Prägungen her der Hang zur Ein- und Unterordnung geblieben ist ... die Angst vor Widerspruch und Widerstand, vor Konflikten mit der Mehrheit und vor dem Ausgeschlossenwerden aus der Gruppe« – was Schirrmacher wie folgt kommentiert: »Christa Wolf hat wie viele andere Intellektuelle ihrer Generation ein familiäres, fast intimes Verhältnis zu ihrem Staat und seinen Institutionen aufgebaut ... Sie wählte die authentische, bürgerliche Familie ihrer Herkunft gleichsam ab und ersetzte sie durch den Staat und seine bedingungslosen Treueforderungen.« Ihr Buch sei »sentimental und unglaubwürdig bis an die Grenzen des Kitsches«.[51]

Aber hatten Westdeutsche, die nie unter einem solchen Druck standen wie ihre ostdeutschen Kollegen, das Recht, sich zu moralischen Richtern aufzuschwingen? Günter Grass und Walter Jens attackierten die Selbstgerechtigkeit der Kritiker. Greiner gab zurück, die Intellektuellen in der DDR hätten, ob sie wollten oder nicht, zur Legitimation eines mörderischen Systems gedient und weigerten sich nun, ihre Verantwortung anzuerkennen. Auf beiden Seiten der Mauer habe es einen Club von Gleichgesinnten gegeben: Menschen, die als links galten, als progressiv und der Aufklärung verpflichtet. »Es war der Club derjenigen, die sich auf der historisch richtigen Seite wähnten. Auch ich rechnete mich zum Club. Der Club grenzte diejenigen aus, die aus dem Osten kamen und über den Osten die Wahrheit sagten, die wir nicht hören wollten.«[52] Zweieinhalb Jahre später mußte Christa Wolf weitere Verurteilungen über sich ergehen lassen, als bekannt wurde, daß sie von 1959 bis 1962 mit ihrer Zustimmung eingetragene Stasi-Mitarbeiterin (wenn auch in harmlosen Gesprächssituationen) war.[53] Es war eine für beide Seiten schmutzige Kontroverse. Christa Wolf, die zeitweise in Santa Monica lebte, schien sehr verletzt. Wenn jeder Intellektuelle, der mit dem Regime Kompromisse geschlossen hatte, in das Licht der Öffentlichkeit gezerrt und angegriffen wurde, wie sollte dann die innere Vereinigung weitergehen? Waren Gerechtigkeit und Versöhnung nicht miteinder zu vereinbaren? »Wir wollten Gerechtigkeit«, sagte 1989 Bärbel Bohley vom Neuen Forum, die fast jeden Kompromiß verurteilte, den die Einheit mit sich brachte, »und wir bekamen den Rechtsstaat«. Dieser clevere Spruch stimmt nur zur Hälfte, denn der Rechtsstaat war eine gewaltige Verbesserung. »Ich habe mich lange, lange Jahre nach dem Rechtsstaat gesehnt«, erinnerte sich Joachim Gauck fünf Jahre später.[54] Freilich konnte auch der Rechtsstaat politischen Zwecken untergeordnet werden, was der Fall Stolpe im Übermaß demonstriert hat.

Stolpe war in der Verwaltung der Evangelischen Landeskirche in Brandenburg tätig, er war ein geschickter Unterhändler, jemand, der Dinge gut arrangieren konnte. Er suchte in der Übergangszeit von 1989 zu vermitteln, und schon im vorhergehenden Jahrzehnt war er maßgeblich daran beteiligt, eine Enklave für die »Kirche im Sozialismus« auszuhandeln. Ich habe erlebt, wie er im Juli 1990 in einem kleinen Kreis aus westdeutschen Geschäftsleuten und Vertretern von ostdeutschen Behörden, den er und Gottfried Forck, der lutherische Bischof von Brandenburg, zusammengebracht hatten, eine Diskussion über die Risiken von geschäftlichen Unternehmungen im Osten leitete. Als die SPD bei den Wahlen im Oktober 1990 in Brandenburg die Mehrheit bekam, wurde er Ministerpräsident der einzigen von der SPD geführten Regierung in den neuen Bundesländern. Wie andere ostdeutsche Kandidaten für ein politisches Führungsamt wurde bald auch er beschuldigt, für die Stasi gearbeitet zu haben, aber es war nicht klar, in welcher Form. Auch in diesem Fall blieb Gauck dabei, daß seine Aufgabe einzig und allein darin bestehe, Auskunft zu geben, ob jemand in den Stasi-Akten als Agent genannt sei oder nicht. Im Januar 1992 gab Stolpe zu, als führender Vertreter der brandenburgischen Kirchenverwaltung und des ostdeutschen Kirchenverbandes von Mitte der sechziger Jahre bis 1989 regelmäßig mit Parteifunktionären und Stasi-Offizieren zu tun gehabt zu haben. Die Frage war, ob er im Namen der Kirche und von Kollegen, die unter Verdacht standen und die vor der Inhaftierung bewahrt werden mußten, verhandelte oder um die Behörden zu besänftigen, die sich Sorgen wegen der im Bereich der Kirche zunehmenden Kritik machten. Stolpes Vorgehen war vergleichbar mit Verhandlungen, die man mit Terroristen führt, meinte Richard Schröder, der wohl scharfsinnigste und überzeugendste unter den SPD-Pastoren. Die Rolle der »Kirche im Sozialismus« und ihr Verhältnis zur Stasi mußten natürlich einer kritischen Überprüfung unterzogen werden. »Aber der Standard kann nicht die westliche Normalität sein, sondern nur das, was in der sozialistischen Ära möglich war. Die Normalität der DDR ist im Westen unbekannt und wird im Osten ängstlich unterdrückt. Die DDR droht, zur terra incognita zu werden.«[55]

Gleichgültig mit welchen Sympathien man Stolpes Rolle betrachten mag, fest steht, daß er hart am Wind segelte. War er wirklich ein inoffizieller Doppelagent? Der brandenburgische Landtag richtete im Februar 1992 einen Untersuchungsausschuß ein, der über zweieinhalb Jahre tagte und im Mai 1994 einen Bericht vorlegte, der in Übereinstimmung mit der jeweiligen Parteilinie stand: Die SPD-Mitglieder billigten im wesentlichen Stolpes Verhalten, während es die Grünen von links und die Christdemokraten von rechts verurteilten. Wenn Vertreter der Kirche von den Behörden eine Vorladung bekamen, informierten sie sich in der Regel gegenseitig über das bevorstehende Treffen. Durch solche präventiven Mitteilungen hofften sie, sich als potentielle Stasi-Anwerbekandidaten zu disqualifizieren. Davon war im Bericht von Stolpe nicht die Rede. Bischof Forck, der hocherfreut war, daß es seinem Verwaltungsmann gelang, Kirchenleuten aus ihren Schwierigkeiten herauszuhelfen, behauptete, er habe nie die Meinung vertreten, daß die Kirche als solche mit der Stasi verhandeln solle. Hat Stolpe im Namen der Kirche verhandelt, auch wenn er seine kirchlichen Kollegen nicht immer informiert hat? Ja schon, sagten Forck und andere Kirchenvertreter übereinstimmend, insofern er über humanitäre Angelegenheiten verhandelte; aber sie könnten sich nicht vorstellen, daß er über Fragen, die die Kirche als solche betrafen, diskutiert habe. Aber läßt sich eine solche Unterscheidung in Gesprächen mit politischen Stellen wirklich durchhalten?[56]

Mehr Schaden richtete die Frage an, ob Stolpe eine formale Verpflichtung eingegangen sei, über die Strömungen in der Kirche zu berichten. Anfangs stritt er ab, der von der Stasi unter der Bezeichnung »Sekretär« geführte Agent gewesen zu sein. (Die Akte »Sekretär« war zerstört worden, der Name tauchte nur in zusammenfassenden Berichten auf.) Er könne sich vorstellen, erklärte er, daß »Sekretär« eine von der Stasi gebrauchte Bezeichnung für verschiedene Quellen von Berichten über regimekritische Strömungen in der Kirche war; er selbst habe einen solchen Kodenamen nie akzeptiert. Als er Mitte Dezember als Zeuge aussagte, mußte er jedoch zugeben, daß wohl er die Quelle gewesen sei, die von der Stasi als »Sekretär« angegeben war. Zu viele Einträge in den Stasi-Akten, in denen Treffen mit »Sekretär« aufgelistet waren, stimmten mit seinen eigenen Aufzeichnungen und Einträgen über Gespräche mit Vertretern der Staatssicherheit überein. Die CDU-Mitglieder des Untersuchungsausschusses wollten nicht glauben, daß Stolpe dies nicht früher bemerkt haben sollte.[57] Gegen Ende der Untersuchung erklärte er, eine Verurteilung seiner Rolle käme einer Verurteilung der Haltung der Kirche im Osten gleich. Er hätte, wie er einräumte, offener vorgehen sollen, aber er blieb dabei, daß es richtig war, mit dem Regime zu verhandeln.

Die Parlamentsdebatte in dieser Sache war äußerst spannungsgeladen. Stolpe lehnte es ab, seine Amtsführung von einem Freispruch durch eine Mehrheit der Abgeordneten abhängig zu machen. Seine Kritiker von links und rechts hätten vielleicht ein Übergewicht der Stimmen gegen ihn zusammengebracht. Aber er hätte sein Amt nur in dem unwahrscheinlichen Fall aufgeben müssen, daß genug Stimmen für ein konstruktives Mißtrauensvotum und die Wahl eines neuen Ministerpräsidenten zusammengekommen wären. Der harte persönliche Angriff des Bündnis-90-Abgeordneten Günter Nooke machte es dem Justizminister Bräutigam von der FDP (dem früheren Ständigen Vertreter der Bundesrepublik in Ostberlin) leicht, Stolpe zu verteidigen, aber auch er mußte zugeben, daß Stolpe unter der SED-Diktatur ganz eigene Wege gegangen war. Er wisse niemanden, der eine ähnliche Rolle gespielt habe.[58] Gleichwohl warf dieser Fall ein Problem auf, das weit über die Frage hinausging, was Stolpes eigene Motive gewesen sein mögen: Gab es Zwecke, die Kompromisse mit dem Regime rechtfertigten, oder war die einzig vertretbare und vernünftige Haltung die totale Verweigerung jeder Art von Zusammenarbeit? Wie verwerflich war eigentlich die SED-Diktatur? Von Konservativen war zu hören, daß sie ein autoritäres, dem »Dritten Reich« vergleichbares

Regime war. Der Begriff »Unrechtsstaat« ließ sich leicht auf beide Regimes anwenden, aber um den Preis der Ungenauigkeit. Stolpe vertrat die Ansicht, daß trotz des diktatorischen Charakters des Regimes vieles möglich war. »Wir waren eingesperrt, aber wir waren kein KZ.«[59]

Der Fall Stolpe wurde nicht im Gerichtssaal ausgefochten; er hätte mit seinem Ausschluß aus dem öffentlichen Leben enden können, nicht mit einer Haftstrafe. Wirkliche Prozesse drohten dagegen führenden Vertretern des Regimes: Mitglieder des Politbüros wurden angeklagt, gegen die Menschenrechte verstoßen zu haben, indem sie den Befehl erteilten, auf Personen zu schießen, die die Grenze illegal überqueren wollten, oder andere Maßnahmen zur Verfolgung von Oppositionellen anordneten. Was dabei herauskam, erschien zunächst lächerlich. Erich Honecker, der erst in die russische Botschaft geflüchtet war, wurde angeklagt, für lebensbedrohende und freiheitsberaubende Verordnungen verantwortlich gewesen zu sein. Der Prozeß wurde im Frühjahr 1991 aus humanitären Gründen unterbrochen, und es wurde ihm erlaubt, nach Moskau zu fliegen, weil er an einer tödlichen Krebserkrankung litt. Für die Russen war er kein sehr willkommener Gast, und so reiste er weiter nach Chile, wo er noch drei Jahre lebte. Der recht alte Erich Mielke, dem das Ministerium für Staatssicherheit unterstand, wurde, weil er für seine politisch-organisatorische Tätigkeit allein eventuell nicht zu belangen war, wegen eines politischen Mordes zur Rechenschaft gezogen, den er 1931, vor fast sechzig Jahren, als junger Kommunist an einem Polizisten begangen haben soll. Daß der Prozeß gegen Honecker zu nichts geführt hatte, sollte – so Robert Leicht in der *Zeit* – kein Grund sein, die Pläne für Prozesse gegen andere Mitglieder der DDR-Führung fallenzulassen. Gewährten die Bonner Politiker aus medizinischen Gründen Verschonung, würden Recht und Gerechtigkeit zur Karikatur. »Bonner Pardon für Honecker, das hätte de facto bedeutet: Totalamnestie für die zweite deutsche Diktatur. Und der Totalamnestie wäre bald die Totalamnesie gefolgt.«[60]

Leicht sprach aus, was viele dachten, wenn er auf Gerichtsverhandlungen drängte: Die Mauerschützen vor Gericht zu stellen war keine Siegerjustiz, denn die Ostberliner Behörden hatten schon vor der Vereinigung Schritte zur Anklageerhebung unternommen. Der Einigungsvertrag ließ Prozesse für Vergehen zu, die gegen bestehendes bundesrepublikanisches Recht verstießen, aber strafrechtliche Sanktionen waren nur möglich in Fällen, die auch nach DDR-Recht der Strafverfolgung unterlagen. So könnten also, schrieb Leicht denn auch, Fälle von kriminellem Verhalten nachgewiesen werden, die keine Strafe nach sich ziehen würden. Immerhin wäre dies ein besseres Ergebnis als der amoralische Rechtspositivismus, auf den sich einst der baden-württembergische Ministerpräsident Hans Filbinger berufen hatte, als er wegen seiner brutalen Urteilspraxis als Richter am NS-Kriegsgericht vernommen wurde: »Was damals Recht war, kann heute nicht Unrecht sein.« Es mußte deutlich gemacht werden, daß bestimmte Taten immer Unrecht sind.

Den meisten Staub wirbelten die Prozesse gegen die Mauerschützen auf. Seit 1961 waren ungefähr 200 Bürger der DDR bei der Flucht über die innerdeutsche Grenze getötet worden; 97 Menschen waren an der Berliner Mauer gestorben, der letzte im Februar 1989. Wer war dafür verantwortlich? Welche Art von rückwirkender Rechtsprechung war möglich? Die Billigung des Schießbefehls war eine der Anklagen gegen Honecker, und sie war der Hauptanklagepunkt gegen General Heinz Keßler, den Vorsitzenden des Nationalen Verteidigungsrats. Seit der Schließung der Grenzen in den fünfziger Jahren hatten die Grenzwachmannschaften den Befehl, Flüchtlinge am Überqueren der Grenze zu hindern; der Befehl, dabei auch von der Schußwaffe Gebrauch zu machen, bestand seit 1958. Der »Schießbefehl« ging zurück auf die Dienstvorschrift III/2 vom 9. September 1959 und wurde im Zuge der im Oktober 1961 eingeleiteten Maßnahmen der Armee zur Verstärkung der Grenzen durch zusätzliche Bestimmungen fortlaufend ergänzt. Die Grenzkontrollen wurden in gewissen Abständen im Nationalen Verteidigungsrat diskutiert; ein wichtiges Beweisstück im Prozeß gegen Keßler war die Sitzung vom 3. Mai 1974, in der die Mitglieder des Politbüros, die mit Sicherheitsaufgaben betraut waren, die Grenzkontrollen revidierten (die Protokolle und Beschlüsse wurden später von Honecker gebilligt). Im Frühjahr 1982 verabschiedete die Volkskammer ein neues Gesetz zur Regelung der Grenzkontrolle, das den Schußwaffengebrauch gegen Flüchtlinge mit der Begründung vorsah, einem Verbrechen zuvorzukommen – dem Verbrechen des illegalen Grenzübertritts, der »Republikflucht«. Diese Maßnahme wurde öffentlich angekündigt und auf höchster Ebene gebilligt. Der Gesetzestext (Gesetz über die Staatsgrenze der DDR, Abschn. 27) war den allgemein akzeptablen Normen angepaßt, wonach Polizisten von der Schußwaffe Gebrauch machen dürfen, wenn es darum geht, eine sonst bevorstehende gesetzesbrecherische Handlung zu verhindern. Die potentielle Menschenrechtsverletzung bestand aber in der Kriminalisierung von Handlungen, die zum Ziel hatten, das Land zu verlassen.

Die Rechtsprechungsorgane suchten sowohl denjenigen den Prozeß zu machen, die für den Schießbefehl verantwortlich waren, als auch denen, die ihn ausgeführt haben. Außer dem Prozeß gegen Keßler wurden achtzehn Verfahren gegen Grenzsoldaten, die an der Mauer geschossen hatten, eröffnet: vierzehn in Berlin, von denen bis 1993 vier abgeschlossen waren, und vier in anderen Gerichtsbezirken.[61] Am 20. Januar 1992 verurteilte ein Berliner Gericht zwei von vier Grenzern, die mit den Todesschüssen auf Chris Gueffroy zu tun hatten, der mit einem Freund am 6. Februar 1989 versucht hatte, in den Westen zu gelangen, und setzte das Strafmaß für den Soldaten, der die tödlichen Schüsse abgegeben hatte, auf dreieinhalb Jahre fest. Die Richter beriefen sich auf Entscheidungen aus der Nachkriegszeit, die davon ausgingen, daß kein Staat ein unbegrenztes Recht habe, zu entscheiden, was Recht und was Unrecht sei, und zitierten die klassische Formulierung von Gustav Radbruch aus dem Jahr 1946, daß das positive, das geschriebene und angewandte Recht selbst dann in Kraft bleiben solle, wenn es ungerecht sei, es sei denn, der Grad der Ungerechtigkeit sei »unerträglich«. In Gueffroys Fall argumentierten die Richter, es habe ein »unerträgliches Mißverhältnis« zwischen dem Vergehen des unerlaubten Grenzübertritts und der präventiven Exekution des Flüchtlings bestanden, wodurch die Gesetzeskraft des Schießbefehls hinfällig werde.[62] In einem zweiten und entscheidenden Rechtsstreit ging es um zwei junge Soldaten, die am 1. Dezember 1984 den zwanzigjährigen Horst-Michael Schmidt erschossen, als der es geschafft hatte, mit einer Leiter über den Todesstreifen vor der Mauer zu kommen und sich dann weigerte, mit dem Weiterklettern aufzuhören. Die Wachen gaben zweiundfünfzig Schüsse ab, schwer getroffen stürzte der unglückliche Flüchtling herab, und die Grenzsoldaten ließen ihn zwei Stunden auf dem Streifen vor der Mauer liegen, bevor er in ein Krankenhaus gebracht wurde, wo er starb. Im Februar 1992 verurteilte ein Berliner Gericht die beiden Soldaten zu achtzehn bzw. einundzwanzig Monaten Gefängnisstrafe, die es zur Bewährung aussetzte. Gegen die Urteile wurde Berufung eingelegt, wobei es nicht in erster Linie um die Gerechtigkeit ging: Sicher hatten die Richter versucht, den widerstreitenden Begriffen von Recht und Gesetz auf der einen Seite und der Verantwortung für den Tod des jungen Mannes andererseits Rechnung zu tragen. Die Rechtsfrage war vielmehr, ob es bei dem Zwischenfall um gewöhnlichen Mord oder eine gesetzlich sanktionierte Rechtsdurchsetzung ging. Das Berliner Gericht war dem Einigungsvertrag gefolgt, wonach Straftaten nach der Vereinigung nur dann verfolgt werden durften, wenn sie auch nach DDR-Recht hätten verfolgt werden können. Obwohl im Westen wie im Osten der Schußwaffengebrauch durch die Polizei zur präventiven Verbrechensbekämpfung anerkannt sei, hieß es in der Urteilsbegründung des Berliner Gerichts, habe die Dauer des Feuers das Maß der gesetzlich vorgeschriebenen Gewaltanwendung überschritten. Darüber hinaus gebe es keine Entschuldigung für die Todesgefahr, der die Angeklagten den vermeintlichen Flüchtling ausgesetzt hätten, denn Leben sei das höchste Gut. Die DDR möge ihr Gesetz in dem Sinne verstanden haben, daß der Schußwaffengebrauch auch einen tödlichen Ausgang haben könne, aber da das Gesetz den Anspruch erhoben habe, das Prinzip der Rechtsstaatlichkeit zu erfüllen, müsse es nach den Legalitätsnormen beurteilt werden, die den Schußwaffengebrauch ausschließen.

In einem Berufungsverfahren entschied der Bundesgerichtshof in Karlsruhe am 3. November 1992, daß das Berliner Gericht für den Fall zuständig sei, lehnte aber dessen Urteilsbegründung ab. Nach dem Rechtsverständnis der DDR sei die Flucht über die Grenze ein Vergehen gewesen, das für groß genug erachtet wurde, um es unter Einsatz von Gewalt zu verhindern. Gleichwohl stelle das Töten einen »groben Verstoß gegen Grundgedanken der Gerechtigkeit« dar, so daß die Berufung auf ein übergeordnetes Recht, wie es von Radbruch sanktioniert wurde, erforderlich sei. Es sei natürlich schwierig, ein derartiges übergeordnetes Recht auf den Fall anzuwenden. Aber, so argumentierte das oberste Gericht, insofern sie selbst die internationale Konvention über bürgerliche und politische Rechte von 1966 anerkannt habe, habe die DDR ihre eigene Gesetzgebung von 1982 ungültig gemacht. Aber war denn zu erwarten, daß die einzelnen Grenzsoldaten ihr Tun als einen »groben Verstoß gegen Grundgedanken der Gerechtigkeit« erkannten, wenn man die Indoktrination in Betracht zieht, die mit ihrem Auftrag verbunden war? Karlsruhe bejahte diese Frage, befürwortete aber leichte Strafen.[63]

Die Mauerschützenprozesse werfen eine Reihe von schwierigen Fragen auf. Es wurde entschieden, daß eine Bestrafung angemessen sei, wenn übermäßige Gewalt angewendet wurde oder ein Verstoß gegen Rechtsnormen der DDR stattgefunden hatte, wenn ohne Vorwarnung geschossen oder tödliche Schüsse abgegeben wurden, anstatt auf die Beine zu zielen, oder wenn man das Opfer verbluten ließ. Eine Bestrafung war unangemessen, wenn das Opfer sich durch seine Flucht der Strafverfolgung für ein »normales« Verbrechen oder Vergehen entziehen wollte oder zurückschoß. Aber in diesen Urteilen wurde nicht klargestellt – das gab eine Reihe von deutschen Kommentatoren zu bedenken –, ob die Politik der Stärkung der Grenze durch den Einsatz von Gewalt nicht selbst eine kriminelle Handlung war. Vielleicht bestand ihr zentrales Vermächtnis genau in dem, was Rechtsgelehrte eigentlich verhindern wollten: daß sie durch rückwirkende Rechtsprechung Grenzen für zukünftiges staatliches Handeln schaffen könnten.

Auch andere Verfahren wurden eingeleitet: 1300 Fälle wegen versuchter Körperverletzung oder Totschlags an der Grenze, mehrere Tausend Fälle wegen Rechtsbeugung, Verletzung des Post- und Telefongeheimnisses, Freiheitsberaubung, politisch motivierter Anklagen, Wirtschaftsverbrechen (Vergeudung von öffentlichen Mitteln in großem Maßstab), Landesverrats und Wahlbetrugs. Ein Dresdener Gericht verurteilte Modrow wegen Wahlfälschung, ließ es aber mit einer Ermahnung bewenden. Der Berliner Staatsanwalt rief einen besonderen Ausschuß zur Vorbereitung von Verfahren gegen führende Politiker der DDR wegen »Regierungskriminalität« ins Leben. 1995 wurden Prozesse gegen Mitglieder des Politbüros eröffnet, gegen Krenz, Schabowski und andere, die beschuldigt wurden, die unmenschlichen Grenzschutzregelungen stillschweigend akzeptiert zu haben – was von Schabowski anerkannt wurde, der eine gewisse moralische Komplizenschaft eingestand.

Die Prozesse lösten unterschiedliche Reaktionen aus. Gewiß waren die Menschen in der DDR nicht glücklich gewesen über ihr Regime; viele waren der Meinung, daß seine führenden Vertreter für ihr korruptes Verhalten und den Mißbrauch, den sie mit ihrer Macht trieben, bestraft werden sollten. Aber die spektakulären Prozesse in Gerichtssälen außerhalb der Ex-DDR hatten den Ruch von Siegerjustiz. Das Verfahren gegen Markus Wolf, der im September 1993 zu sechs Jahren Gefängnis verurteilt wurde, schien getragen von einer kleinlichen Rachsucht: als ob er für seine brillanten Erfolge bei der Anwerbung von Agenten für die DDR-Spionage bestraft werden sollte. Die Karlsruher Richter entschieden schließlich im Mai 1995 mit 5 gegen 3 Stimmen, daß Bürger der DDR, die in der BRD als Agenten tätig waren, nicht anders behandelt werden dürften als Spione der Bundesrepublik. Zu dieser Entscheidung, die mehrere hundert ehemalige DDR-Agenten vor drohenden Verfahren bewahrte, kam es nicht im Zusammenhang mit dem Fall Wolf, sondern aufgrund widersprüchlicher Urteile im Verfahren gegen Werner Großmann, den letzten Leiter der Hauptverwaltung Aufklärung (HVA) bei der Stasi. Ein Berliner Gericht hat im Juli 1991 die Einleitung eines Verfahrens gegen Großmann abgelehnt und das Bundesverfassungsgericht mit der Frage angerufen, ob es nicht eine Verletzung der Rechtsgleichheit sei, wenn westdeutsche Agenten nicht auch verfolgt würden. (In der Bundesrepublik wird das Verfassungsgericht oft befragt, ob geplante Gesetze oder Entscheidungen Aussicht auf Gültigkeit haben.) Das oberste Gericht entschied, daß Spionage sowohl in demokratischen Staaten als auch in Diktaturen eine normale Tätigkeit sei; sie sei weder für DDR-Bürger illegal gewesen, noch würden Bundesbehörden ihre Agenten verfolgen lassen. Westdeutsche Agenten, die gegen ihre Regierung spioniert hätten, seien mit Gefängnishaft zu bestrafen, und DDR-Agenten, die sich im Westen mit der Absicht niedergelassen hätten, Spionage zu treiben, könnte ebenfalls der Prozeß gemacht werden, aber wenn sie zu Spionagediensten erpreßt worden seien, sollten mildernde Umstände zugebilligt werden. Agenten, die von einem dritten Land aus spioniert hatten, sollten unter bestimmten Umständen zur Verantwortung gezogen werden können. Wolf war erst einmal sicher, obwohl die Staatsanwaltschaft nach Möglichkeiten suchte, ihn wegen seiner Tätigkeit außerhalb Deutschlands zu belangen.[64]

Das vereinte Deutschland war nur ein Staat unter den vielen, die mit den Menschenrechtsverletzungen früherer Regime fertig werden müssen. Die Tatsache, daß das neue Rechtsgebiet größer als das alte war, dessen Machthaber nun vor Gericht standen, machte die ohnehin schwierigen Fragen der rückwirkenden Rechtsprechung nur noch komplizierter. Im allgemeinen konnten die betreffenden Staaten zwischen folgenden Möglichkeiten wählen: Amnestie um der Versöhnung willen, eine häufig ausgesprochene Empfehlung, die von Spanien und Argentinien befolgt wurde; Bestrafung von Kollaborateuren nach individuellen Prozessen – dieser Weg wurde nach dem Zweiten Weltkrieg oft eingeschlagen; kollektive Aberkennung bestimmter politischer Rechte für diejenigen, die einer bestimmten Gruppe angehörten wie der Geheimpolizei oder Führungsgremien der Partei (ein Vorgehen, das in Tschechien Lustration genannt wurde); oder »Wahrheitskommissionen«, die mit der Auswertung von Akten betraut wurden und über die Verantwortlichen öffentlich berichteten, aber nicht das Recht hatten, Strafen zu verhängen.[65] Dieses letzte Mittel bot sich als Kompromiß an, aber ohne Strafen hätten sich die Opfer nicht entschädigt fühlen können. Wenn Vergeltung ausgeschlossen war, wie sollte dann wirklich »Gerechtigkeit« herzustellen sein? Die »Lustration« oder Durchleuchtung dagegen war eine Methode, die Strafen vorsah, hier jedoch stellte sich das große Problem der Gruppenjustiz. Die Mitgliedschaft in einer bestimmten Gruppe führte ohne Ansehen des individuellen Verhaltens zur Entlassung aus dem öffentlichen Dienst. Für die Universitäten und Forschungsinstitute in den neuen Bundesländern war Zugehörigkeit zur Stasi ein Entlassungsgrund. Für die vielleicht umfangreichste Ausschlußprozedur wurde 1992 mit dem Panev-Gesetz in Bulgarien die Rechtsgrundlage geschaffen, wonach alle Universitätslehrer, die Vorlesungen oder Seminare in Marxismus-Leninismus angeboten hatten, zu entlassen seien, gleichgültig ob sie diese wirklich gehalten hatten oder nicht. Das Gesetz wurde im Februar 1993 mit den 6 Stimmen der nichtkommunistischen Richter des Obersten Gerichtshofs gegen 5 Stimmen bestätigt, und zwar mit der Begründung, daß rein »akademische« Kriterien bei dem Gesetz angelegt worden seien. Am umstrittensten war die tschechische »Lustration«. Das oberste Verfassungsgericht hat das Gesetz von 1991, das einen ganzen Katalog von Entlassungsgründen enthielt, 1992 nach Hearings, die sich über acht Monate hinzogen, eingeschränkt, hat es im Grundsatz jedoch bestätigt. Ein Versuch in Albanien, Rechtsanwälten, die mit der Kommunistischen Partei zu tun hatten oder in die weniger feinen Machenschaften des Regimes verwickelt waren, Berufsverbot zu erteilen, wurde im Mai 1993 vom Verfassungsgericht gekippt.[66]

Der Rückgriff auf Strafprozesse oder Hearings hat seine eigenen Schwierigkeiten. Prozesse sind dramatisch aufgeladene historische Erzählungen, um Verantwortlichkeiten festzustellen. Mitunter gelingt es ihnen, Recht zu sprechen, oft genug offenbaren sie aber auch, wie viele andere potentielle Angeklagte sich dem Spruch der Gerechtigkeit entziehen. Durch die Auschwitzprozesse der sechziger Jahre wurde es der alten Bundesrepublik mehr noch als durch die alliierten Militärgerichte in Nürnberg möglich, die Rechtsverantwortung für einige der verbrecherischen Taten des Vorgängerregimes zu übernehmen, was für ihren Anspruch, die nationale Kontinuität Deutschlands zu repräsentieren, von großer Bedeutung war. Aber waren die Prozesse der neunziger Jahre denn so etwas wie eine Selbstbefragung der Gesellschaft, oder waren sie nur der Triumph der Sieger in einem deutsch-deutschen Krieg? Forderungen nach einer allgemeinen Amnestie fanden denn auch eine gewisse Unterstützung, nicht nur unter alten PDS-Mitgliedern, sondern auch bei Westdeutschen und im Ausland. Von Ende 1993 bis zum Frühjahr 1994 stieg die Zahl der Stellungnahmen für die Amnestie sprunghaft an. Ernst Gottfried Mahrenholz, der Vizepräsident des Bundesverfassungsgerichts, vertrat die Auffassung, das »scharfe Schwert des Strafrechts« sei ein Hindernis für die Vereinigung von Ost und West, während Roman Herzog, der sich zu jener Zeit um die Kandidatur für das Amt des Bundespräsidenten bemühte, und Wolfgang Thierse, einer der prominentesten ostdeutschen SPD-Parlamentarier, dafür eintraten, die Untersuchungen auf die Hauptvergehen zu konzentrieren.[67] Der Einspruch gegen die Prozesse war ernst zu nehmen: Manche Anklageerhebungen schienen von rachsüchtigen Motiven bestimmt, da der beschuldigte »Unrechts«-Staat durch die gleichen Behörden eine feierliche Anerkennung erfuhr, die jetzt vorschlugen, seine Politik als kriminell zu behandeln.

Wenn die Bundesrepublik von Strafverfolgungsmaßnahmen Abstand genommen oder es für zu schwierig erachtet hätte, dem System für seine kollektiven Verfehlungen den Prozeß zu machen, wäre dann irgendeine andere Art rechtlicher Abrechnung mit ihm möglich gewesen? Von dem überwiegend von Privatleuten ohne Prozeßbefugnis entwickelten Konzept einer Wahrheitskommission, die Zeugen laden, aber keine Bestrafungen vornehmen darf, fühlten sich viele angesprochen. Gauck hatte in der letzten Volkskammer der zu Ende gehenden DDR ein solches Forum vorgeschlagen, und von Wolfgang Thierse und Wolfgang Ullmann wurden ähnliche Konzepte vertreten. Friedrich Schorlemmer, Pastor aus Wittenberg und prominenter Sprecher der Bürgerbewegung, drängte den Innenausschuß des Bundestages, ein solches Tribunal einzurichten. Ihm schwebte ein umfangreiches Gremium vor mit Vertretern aus Regierung, Universitäten und wichtigen Interessengruppen. Das Tribunal sollte keine Strafgewalt haben, sondern die historischen Verantwortlichkeiten feststellen und auf diese Weise zu einer heilsamen Katharsis beitragen. Thierse wollte die Aufgabe, mit der Vergangenheit ins reine zu kommen, an die Bürgerbewegung der DDR zurückgeben, Ullmann war für ein internationales Tribunal. Alle Vorschläge wurden damit begründet, daß es mit einer derartigen Einrichtung möglich sei, Enttäuschungen, Verbitterungen oder, wie Ullmann sagte, die allgemeine »Sprachlosigkeit« abzubauen. Von September bis Dezember 1991 äußerten sich viele Intellektuelle zustimmend zu einem solchen Forum.[68] Die mörderischen Angriffe auf ausländische Einwohner, wie Ende 1991 im sächsischen Hoyerswerda geschehen, führten dazu, daß das Argument, eine offene Konfrontation mit der Vergangenheit sei für die politische Gesundheit der größer gewordenen Bundesrepublik notwendig, noch mehr Gewicht erhielt. Die Feindseligkeiten gegen Ausländer ließen aber auch die Vermutung aufkommen, daß durch die Kanalisierung des »Volkszorns« der Prozeß schwer zu kontrollieren sein würde.

Markus Meckel, der letzte, der SPD angehörende Außenminister in der Regierung de Maizière, und sein jüngerer Kollege Martin Gutzeit, beide Pastoren aus dem Sprachenkonvikt, schlugen als Alternative einen parlamentarischen Untersuchungsausschuß, eine Enquete-Kommission vor, die die Geschichte der DDR durcharbeiten und dabei den Eindruck vermeiden würde, »daß es eine selbsternannte Quasijustiz wird oder ein umstrittener Club von Moralisten, die glauben, für alle sprechen zu können«. Dieser Vorschlag fand die Billigung aller Parteien – es war kein Zufall, daß am 1. Januar 1992 alle Stasi-Akten geöffnet werden sollten –, aber es dauerte bis zum Mai 1992, bis Einigkeit über Auftrag und Zusammensetzung der Kommission erzielt war. Zu diesem Zeitpunkt hatten alle Parteien, auch die PDS, das Konzept angenommen. Zum Vorsitzenden wurde Rainer Eppelmann ernannt, der Pastor, der mit Havemann den Berliner Friedensappell von 1982 entworfen hatte, dann maßgeblich an der Organisation des Demokratischen Aufbruchs als einer Alternative zum Neuen Forum beteiligt war und schließlich für die CDU im Bundestag saß.[69]

Eppelmann wollte nicht, daß die Enquete-Kommission den Rechtsweg ersetze, und bestand auf einer unparteiischen Bewertung der zu untersuchenden Vorgänge. Aber die Enquete-Kommission hatte wie jede Wahrheitskommission eine schwierige Aufgabe zu bewältigen. Im Gerichtsprozeß wird versucht, die individuelle Verantwortung festzustellen und sie gegen die bürokratischen und strukturellen Bedingungen herauszuarbeiten, die Verantwortungsbereiche diffus erscheinen lassen. Die Enquete-Kommission war dazu gedacht, ihr Hauptaugenmerk auf die Strukturen und Gewohnheiten zu richten, die die Zurechnung von individueller Verantwortung erschweren. Glaubwürdig sollte sie sein durch den Versuch, eine didaktische Form öffentlicher Geschichtsschreibung zu entwickeln. Zeugen wurden gehört und Transskripte und summarische Berichte veröffentlicht.[70] Zum Teil ist das Material anschaulich und aufschlußreich, aber oft auch eine bloße Gegenüberstellung von konkurrierenden, an Parteilinien entlang organisierten Erzählungen. Zu den Fachhistorikern gehörten ein Sozialdemokrat, der nicht zu den Hardlinern zählte, und zwei scharfe Kritiker der DDR, die auf dem stalinistischen Charakter des Staates beharrten. Der Bericht und die Materialien lösten keine Überraschungen aus, sondern hinterließen eher ein Gefühl der Unzufriedenheit.

Führende Vertreter der verschiedenen Parteien, die sich für die Kommission rührig eingesetzt hatten, suchten nach Heilendem und Erlösendem, doch die fraktionsabhängigen Stellungnahmen und widersprüchlichen Bewertungen gaben das nicht her. Die *arcana imperii* verloren ihr Geheimnis, als sie intensiv erforscht und diskutiert wurden.

Die Enttäuschung war als solche aufschlußreich. Natürlich wurde über die Bedeutung der DDR kontrovers gedacht und geredet. Wer ihr gedient oder die Hoffnungen und Erwartungen der Partei geteilt hatte, betonte ihre positiven »Errungenschaften« – ihren Antifaschismus vor allem, aber auch ihre sozialen Leistungen und die wirtschaftliche Sicherheit, die sie ihren Bürgern gab, ihre industrielle Produktivität oder ihre Erfolge bei sportlichen Wettkämpfen. Wer zu leiden gehabt hatte, hob den verbrecherischen Charakter oder die totalitären Eigenschaften des DDR-Staates hervor. Ihre Verteidiger traten für Konsens und Legitimität ein; ihre Verfolger richteten das Augenmerk auf Korruption und Spionage und die ständige Abhängigkeit der DDR von der Sowjetunion. »Was bleibt?« – so hatte sich Christa Wolf über ihre Loyalitäten zur DDR befragt. Was bleibt? Zumindest Streitereien um Erinnerungen und Auseinandersetzungen über die Geschichte.

Die öffentlichen Hearings, die die Enquete-Kommission veranstaltete, hatten aber genau das Problem, daß Streit und Auseinandersetzung nicht im Zentrum standen. Sie verliefen rührend didaktisch. Ihre Befürworter sahen in ihnen einen ernstzunehmenden Weg, um Gerechtigkeit entstehen zu lassen, für andere waren sie ein Mittel, um spitzfindige, schmerzliche und verunsichernde Urteile abzugeben. Viele Menschen aus dem Gebiet der ehemaligen DDR und auch von anderswo gelangten zu der Überzeugung, daß die individuellen Prozesse die Herstellung eines demokratischen Konsenses behinderten. Hatte nicht der Erfolg, mit dem in der alten Bundesrepublik demokratische Verhaltensweisen verankert wurden, zur Voraussetzung, daß viele Ex-Nazis ohne Untersuchung ihrer Vergangenheit integriert wurden? Zeigten nicht die Beispiele von Spanien, Argentinien und Polen, daß viel dafür sprach, auf eine Art institutionalisierte Amnestie zu setzen? Anderswo schienen »Wahrheitstribunale« wenigstens ein würdiger Kompromiß zu sein, indem sie einen Weg zwischen Amnesie und

Vergeltung einschlugen. Aber der Kompromiß bedeutete, daß Opfer und Täter die Geschichte der Repression in der ehemaligen DDR zwar noch einmal durchspielten, aber mit geringerer kathartischer Wirkung, als die Befürworter des Verfahrens versprochen hatten. Die Enquete-Kommission erhob Anklage in einem Prozeß, der nicht stattfand. Der politische Prozeß, aus dem für den Angeklagten wirkliche Konsequenzen folgen, erzwingt einen offenen Kampf zwischen den Entschuldigungen des Angeklagten oder Täters und den angstvollen Erinnerungen des Opfers. Der Historiker, denke ich, muß diesen Prozeß vorziehen, nicht wegen dessen Ergebnis, das für gewöhnlich als ungerecht empfunden wird, entweder vom Staatsanwalt oder vom Angeklagten, sondern wegen der Auseinandersetzung, die einen solchen Prozeß kennzeichnet. Natürlich ist dieser eine stilisierte Erzählung mit einer Kohärenz, die den Ereignissen selbst nicht zukommt. Dennoch kann nur der Streit um die Wahrheit, die gleichzeitige Entfaltung von rivalisierenden Perspektiven eine adäquate Geschichtsschreibung verbürgen. Keine Gesellschaft und kein Regierungssystem spricht nur mit einer Stimme oder, um etwas modischere Redeweisen zu gebrauchen, führt nur ein »Gespräch«, einen einzigen Diskurs. Herrscher und Beherrschte, Privilegierte und Unterprivilegierte, Regierung und Opposition, manchmal Unterdrücker und ihre Opfer bieten ihre eigenen Erzählungen an. Der Historiker kann bestenfalls den Kontrapunkt eintragen, aber nicht eine künstliche Harmonie schaffen.

Mitte der neunziger Jahre umfaßte der deutsche Kontrapunkt nicht nur die gegensätzlichen Stimmen von ehemals Regierenden und ihren Opfern, sondern auch das Unbehagen der Menschen aus der Ex-DDR in ihrem neuen Staat. In den Jahren 1989/90 hatten die meisten von ihnen keinen anderen Wunsch, als in die größere Gesellschaft der Deutschen und des wirtschaftlichen Erfolgs aufgenommen zu werden. Aber was hatten sie erreicht? Viele machten die Erfahrung, daß sie nicht einfach zu Vollmitgliedern eines vereinten Deutschland geworden waren, sondern zu Einwanderern in ihrem eigenen Gebiet und nostalgische Erinnerungen an eine Vergangenheit pflegten, die nur deswegen ein Trost waren, weil sie von vielen geteilt wurden. Zwar profitierten sie, als die Hilfsgelder Richtung Osten flossen, von riesigen Einkommenstransfers und einem steilen Anstieg des Realeinkommens. Aber auch die Rentenbeiträge stiegen, das soziale Netz bekam Löcher, und viele Arbeitsplätze in der Industrie gingen verloren. Manch einer tauschte eine schlecht bezahlte Arbeit gegen sinn- und ziellose, wenn auch gut dotierte Sozialhilfe. Die Alten hatten das Gefühl, die Vorteile der neuen Verhältnisse kämen nur den Jungen zugute. Ihre Länderregierungen stützten sich auf Beamte und Minister aus der alten Bundesrepublik. Wessis erhoben Anspruch auf die Universitätsstellen, die nicht abgeschafft worden waren. Die Menschen aus der Ex-DDR wollten mit ihren früheren Herren abrechnen und waren nur Zuschauer bei Prozessen, die in den alten Ländern geführt wurden. Sie hatten eine gemütliche und solidarische Vergangenheit vor Augen und vergaßen die Ungerechtigkeiten, unter denen sie zu leiden gehabt hatten. Sie mußten gewahr werden, daß es auch unter ihnen trotz ihres antifaschistischen Gründungsmythos Skinheads und gewalttätige Jugendliche gab. Nach Tagen des Überschwangs kamen Monate der Enttäuschung.

Vieles deutete darauf hin, daß sich Enttäuschung und auch Ressentiment halten würden. Sicher, die Intellektuellen waren darauf vorbereitet, die neue »Ellenbogengesellschaft« und die Dominanz der Wessis zu beklagen. Aber es ist nicht leicht, die Stimmung der Massen zu beurteilen, und es gab auch andere Anzeichen, solche, die eher dafür sprachen, daß die Orientierungslosigkeit allmählich überwunden wird.[71] Um es genauer zu sagen: Ich glaube, daß die Menschen aus der BRD und aus der DDR sich aufeinander zubewegen, indem sie neue, wenn auch noch immer leicht unterschiedliche Verhaltensweisen ausbilden, die sowohl dem erweiterten Nationalgefühl als auch der bislang unbekannten Qualität der wirtschaftlichen Unsicherheit entsprechen. Trotz ihrer Melancholie wurden die Menschen aus der DDR Mitte der neunziger Jahre Bürger eines großen und reichen Nationalstaats. Diese größere Gesellschaft ist oft etwas provinziell und zu sehr mit der Frage beschäftigt, wer als Deutscher gelten sollte und wer nicht oder wie die europäischen Verbündeten zu einer Politik der Geldwertstabilität gezwungen werden könnten. Zugleich findet sie ein leichteres und umgänglicheres, manchmal freilich auch etwas großtuerisches Verhältnis zu der Tatsache, daß sie eine Nation ist; ein Verhältnis, das diese Gesellschaft nicht entwickeln konnte, als sie nur aus zwei halben Republiken bestand. Selbst Sozialwissenschaftler, die ständig die Rolle von transnationalen Entwicklungen – Kapitalismus, Modernisierung, liberale westliche Werte – hervorgehoben haben, entdecken nun die Nation als neues Studienobjekt. Historiker, die früher der Geschichte des Nationalstaats mißtraut haben und die Entwicklung ihres Landes auf der Ebene von sich hartnäckig behauptenden, vormodernen Klassenverhältnissen oder eines sich rapide vollziehenden ökonomischen Wandels zu erklären suchten, sprechen plötzlich von der Bedeutung der nationalen Identität, so wie weltlich eingestellte Intellektuelle plötzlich zu ihren religiösen Wurzeln zurückkehren. Im Sommer 1993 wurde Berlin von nationaler Nostalgie ergriffen: Das Deutsche Historische Museum unter der Leitung von Christoph Stölzl stellte die historischen Gemälde Anton von Werners aus, darunter die riesige Leinwand mit der Ausrufung des Deutschen Reichs von 1871, während auf der anderen Seite von Unter den Linden die Befürworter des Wiederaufbaus des vollständig abgerissenen Hohenzollernschlosses eine Plastiknachbildung der Schloßfassade in Originalgröße aufstellen ließen. Neo-imperial war plötzlich »in«.

Aber welche Art von Gemeinsamkeit und Solidarität sollte von dieser historizistischen Nostalgie ausgehen, wenn durch die nach wie vor bestehende Arbeitslosigkeit, die Sorge um den Verlust der Spitzenposition im Wettbewerb der Technologien oder das Infragestellen des Maastricht-Projekts die Zukunft Deutschlands als Nation ebensosehr zu einer Quelle der Angst wie der Ermutigung wird? Wenn man diese Frage stellt, heißt das nicht, den Deutschen das Recht zu verweigern, wieder eine nationale Geschichte und Identität herzustellen. Schließlich wurden ja auch die massiven finanziellen Transfers in den Osten im Namen der nationalen Solidarität akzeptiert, ebenso wie in den fünfziger Jahren die Kosten für die Integration der Flüchtlinge aus den früheren Ostgebieten akzeptiert wurden. Gleichwohl ist die nun wiederentdeckte nationale Geschichte nicht viel mehr als eine mahnende Aufforderung, auf die Geschichte Deutschlands stolz zu sein. Es gelang dieser Konstruktion bislang nicht, die deutsche Vergangenheit umfassend zu repräsentieren oder ihr eine Perspektive für die Zukunft des Landes zu geben. Und ganz sicher ist sie viel zu schlicht, um etwas über das Ende der DDR auszusagen.

Die DDR war ein deutsches Regime, aber kein rein deutsches Unternehmen. Das Regime war weniger in dem Sinne deutsch, daß es dem »Dritten Reich« ähnlich war, sondern es befand sich eher in der Tradition des alten mitteleuropäischen *Polizeystaats*, dessen Beamte davon ausgingen, daß sie ihre Untertanen zu ihrem eigenen kollektiven Glück zu disziplinieren hatten. Aber sie war auch kein allein deutsches Gebilde, sondern Bestandteil des kommunistischen Systems, das durch Einparteienherrschaft und zentrale Planwirtschaft charakterisiert war. Die DDR löste sich auf, weil dieses weitgespannte System in Schwierigkeiten kam, die es zunehmend schwächten. Weil diese Schwierigkeiten das ganze System betrafen, glaube ich, daß wir viel besser begreifen würden, was sich da abspielte, wenn wir die Probleme der Spätphase des kommunistischen Systems mit den gegenwärtigen Schwierigkeiten der fortgeschrittenen kapitalistischen Länder vergleichen. Diese Vorgehensweise ist sicher nicht im Sinn von anglo-amerikanischen Interpreten (oder von Marktenthusiasten in den exkommunistischen Ländern), die das Scheitern des Staatssozialismus ausschließlich dessen eigenen Fehlern zuschreiben. Widerspruch wird sie auch von den Deutschen finden, die jetzt wie gelähmt sind von ihrer neuen nationalen Geschichte, ob sie diese nun kritisch sehen oder feiern. Trotzdem bietet sie eine Perspektive, die sich zunehmend als nützlich erweisen wird.

Beide Seiten im Kalten Krieg hatten zwei Jahrzehnte lang schwer zu kämpfen mit fundamentalen Übergangsprozessen in der Weltwirtschaft und den Ideologien, die jeweils hinter den Methoden standen, mit denen sie ihre Geschäfte machten. Die massiven Zwänge, die die relative Rückständigkeit der Sowjetunion mit sich brachte, führten in den achtziger Jahren zum Zusammenbruch des Systems und so auch des ostdeutschen Staates, in dem der sowjetische Anspruch verkörpert war, nach 1945 ebenso zu den führenden Weltmächten zu gehören wie die Staaten des Westens. Die Zwänge, in die die westliche Welt seit den siebziger Jahren geriet, führten zum Ende der Vollbeschäftigung, zur Akzeptanz zunehmender Ungleichheit und wachsenden Meinungsverschiedenheiten über die wirtschaftliche Integration. Die Unsicherheit, die die Menschen aus der DDR in das vereinte Deutschland mitbrachten, traf sich mit dem Unbehagen, von dem die ganze Gesellschaft ergriffen wurde. Mit ihrer auf das Jahr 1989 folgenden Melancholie drohen die Menschen aus der DDR ihren Landsleuten aus der alten Bundesrepublik in eine neue Epoche der verlorenen Sicherheit voranzugehen.

Epilog
Der verhüllte Reichstag – 1995

Trotz der Schwierigkeiten, die die Vereinigung mit sich brachte, wäre es verfehlt, diese Geschichte in Molltönen enden zu lassen. Die Deutschen haben ihre Geschichte verändert, und zwar zum Besseren. Sie bewiesen eine seltene Solidarität, und dies nicht nur auf dem Leipziger Ring oder an der Berliner Mauer, sondern auch später, als sie gegen die Verbrechen, die aus Haß geboren waren, protestierten. 1989, als die Massen auf die Straße gingen, hat sich die Deutsche Demokratische Republik aufgelöst. Die Massen waren zu diesem Zeitpunkt nicht bedrohlich, nur für das Regime. Die Menschen waren oft ängstlich, manchmal ärgerlich und wurden sich ihrer kollektiven Macht nur allmählich bewußt. Fast sechs Jahre nach dieser Massenmobilisierung wurde Berlin erneut zum Schauplatz einer Massenversammlung. Vom 27. Juni bis zum 6. Juli 1995 wickelten der Künstler Christo und seine Frau und Partnerin Jeanne-Claude den Reichstag in riesige Bahnen eines silbrig glänzenden und mit blauen Bändern versehenen Nylonstoffs, der in verschiedenen Webereien für diesen Zweck eigens hergestellt worden war. Sah man das massige spätviktorianische Gebäude mit seiner schweren neoklassischen Fassade mit dieser silbernen Hülle in der langen Sommerdämmerung, da wirkte es kleiner und leichter, fast ätherisch. Es sah so aus, als sei es verschwunden; die Verpackung erweckte den Eindruck einer schweren Masse ohne Gewicht. Vierundzwanzig Jahre lang hatten Christo und Jeanne-Claude dieses Projekt gegen alle nur denkbaren Widerstände hartnäckig verfolgt; bis 1989 war der Reichstag direkt an die Berliner Mauer gestoßen, und um die Rückseite zu verpacken, wäre die Zustimmung der Ostberliner Behörden notwendig gewesen. Die Künstler wollten ihr Werk durch den Verkauf von Konstruktionszeichnungen und künstlerisch gestalteten Modellen selbst finanzieren, gleichwohl blieben viele führende Politiker in der Bundesrepublik skeptisch. War das eine Herabsetzung des einstmaligen und künftigen Sitzes des deutschen Parlaments? War es nicht auf jeden Fall frivol, so etwas zu machen? Kanzler Kohl fand an der Idee keinen Gefallen – er kenne Kunst, die nur werbewirksame Schau sei, sagte er später, als er während der Verpackungsaktion in Berlin und immer noch nicht bereit war, den Ort des Geschehens zu besichtigen. Dennoch erklärte er sich einverstanden mit einer nicht fraktionsgebundenen Abstimmung im Bundestag im Februar 1994, und eine Mehrheit aus allen Parteien befürwortete das Projekt.

Ich war in den zwei Wochen, als der Reichstag verhüllt war, in Berlin, um ein letztes Mal Archivmaterial zu sichten, das ich für dieses Buch brauchte. Es war ein passender Moment, um von der DDR Abschied zu nehmen, die trotz der Aura, die Ostberlin und andere Orte umgab und die man nicht vergaß, endgültig verschwand. Der bemerkenswerteste Aspekt von Christos und Jeanne-Claudes Werk – hatten sie überhaupt geahnt, welche enorme Wirkung es haben würde? – war die Suspendierung der alltäglichen Wahrnehmung. Mit seinen blauen Bändern und dem silbernen Stoff wurden die Flächen, die sich darunter befanden, auf eine einfache Form gebracht, und so sah das verpackte Parlamentsgebäude aus wie ein riesiges, geheimnisvolles Geschenkpaket, das von extraterrestrischen Besuchern dorthin gestellt worden war. Der Platz um das Gebäude war unbebaut, und die Rasenflächen und Straßen, die ihn umgaben, ließen es zu, daß sich viele Menschen versammeln konnten. So kam eine Stimmung auf wie bei einem Volksfest. Tag und Nacht war rund um das Gebäude herum Betrieb. Bis zum Fall der Mauer war es durch die Grenze, die unmittelbar an seiner Rückseite verlief, gleichsam im Westen eingekapselt. Nun strömten die Menschenmengen aus dem früheren Ostberlin über die Spree oder von den Linden herbei, andere kamen auf der anderen Seite vom Tiergarten herüber. Sie glotzten auf das Gebäude, gingen hin und betasteten das Tuch oder versuchten, Stücke von dem Stoff zu ergattern, die von Christos jungen »Ordnern« als Andenken verteilt wurden. Andere musterten die Sachen, die von Händlern feilgeboten wurden – Silberschmuck, Holzspielzeug, türkische Westen – oder tranken Bier und aßen Bratwurst. Oder sie schauten sich die Darbietungen der Straßenkünstler an: einen Fagottspieler, der klassische Musik zum besten gab, Popmusiker oder die kostümierten menschlichen »Statuen«, die in einer Pose erstarrt waren. Wer an der südwestlichen Ecke vorbeikam, konnte einen Blick auf das Mahnmal werfen, das an die fast hundert Abgeordneten des Reichstags erinnerte, die von den Nazis umgebracht worden waren. Es besteht aus etwa einen Meter hohen und parallel aufgestellten, gezackten grauen Schieferplatten, auf die Namen, Parteizugehörigkeit und Hinrichtungsort der Reichstagsopfer eingetragen sind.

Der Reichstag – sowohl die Institution als auch das Gebäude – hatte keine glückliche Geschichte. Zwar begründeten die Christos ihre Wahl des Reichstags damit, daß er ein bedeutendes Bauwerk in der Geschichte der demokratischen Parlamente sei, aber er ist kaum mit Westminster oder der französischen Nationalversammlung zu vergleichen. Trotz seines pompösen Äußeren und seiner Giebelaufschrift »Dem deutschen Volk« beherbergte das Gebäude als erstes ein Parlament, das sich von Bismarck oft genug einschüchtern ließ. Auf seinem Balkon wurde 1918 die Republik ausgerufen, aber das Parlament war nach dem Ersten Weltkrieg praktisch wie gelähmt durch die erbittert geführten und oft unverantwortlichen parteipolitischen Auseinandersetzungen. Nach dem berühmten Brand vom Februar 1933, dem das Innere des Gebäudes zum Opfer fiel, diente es noch nicht einmal mehr der Marionettenversammlung, die Hitler von Zeit zu Zeit einberief, um seinem geifernden Wortschwall applaudieren zu lassen. Auf dem Höhepunkt der Schlacht um Berlin im Frühjahr 1945 wurde es noch einmal schwer beschädigt. Während der Teilung Berlins war es ein Außenposten der Bundesrepublik, sein Inneres wurde wiederaufgebaut für historische Ausstellungen und gelegentliche zeremonielle Sitzungen des westdeutschen Bundestags.

Aber diese schwierige Vergangenheit war im Juli 1995 kaum von Bedeutung. Der verhüllte Reichstag nahm Urlaub von seinem schweren Vermächtnis. Der Bau war schon als der Sitz des gesamtdeutschen Parlaments (das im Unterschied zu dem Gebäude weiterhin Bundestag heißen wird) bestimmt worden. Für die Menschenmengen, die um den Reichstag herumbummelten, war das Kunstwerk der Christos wie eine Erlösung von seiner bisherigen Geschichte. Es befreite das parlamentarische Potential des Gebäudes von der drückenden Last des Scheiterns früherer repräsentativer Regierungsformen. Wenn die Umhüllung wieder fiel, konnte es wiedergeboren werden. Was die Christos da geleistet hatten, machte es Millionen von Besuchern und Zuschauern möglich, dem Gebäude seine zweifelhafte Vergangenheit zu vergeben.

Normalerweise finden es Historiker bedauerlich, wenn die Erinnerung verschleiert wird. In diesem Fall handelte es sich jedoch um eine heilsame Verwandlung. Es war kein entschlossenes Vergessen, kein organisierter Versuch der Abgrenzung. Es war eher so, daß der eingewickelte Reichstag spontan wirkte, und zwar wie ein Ort der Hoffnungen und Erwartungen, nicht der Erinnerung oder des Gedenkens: ein *lieu d'espoir*, nicht ein *lieu de mémoire*. »Die *Wirklichkeitsform* der Politik«, schrieb Robert Leicht in *Die Zeit*, »verändert sich nicht durch ein faszinierendes Ereignis. Aber ihre *Möglichkeitsform*, ihr überschießendes Potential an symbolischer Bedeutung, an wuchtigem Tiefsinn oder eben freier Phantasie, ist auf einer weithin sichtbaren Bühne in einer freundlichen Weise vorgestellt worden: Auch so können die Deutschen sein, heiter und wolkig. Nicht nur martialisch und moralisch. Der Prosa der Politik ist ein wenig Poesie hinzugedichtet worden.«[1] »Hinterher ist nichts mehr so, wie es vorher war«, schrieb Monika Zimmermann im Berliner *Tagesspiegel*. Kritiker warnten zu Recht davor, aus einem Stück nationaler Architektur wie dem Berliner Reichstag ein künstlerisches Spektakel zu machen. Aber das Gegenteil von dem, was sie befürchteten, ist eingetreten: Das Symbol hatte eine Erweiterung erfahren, keine Herabsetzung: »... jeder, der des verhüllten Reichstages ansichtig wurde, wird, wenn sämtliche Hüllen gefallen sein werden, ein anderes Verhältnis zu diesem Gebäude haben, als er es vorher gehabt hat.«[2]

In entscheidenden Augenblicken der Geschichte, die mit diesem Gebäude verbunden ist, spielten Massen eine große Rolle. Deutsche Massen haben nichts Leichtes. Beim Karneval oder in bayerischen Bierzelten mit ihrer geölten und entschlossenen Fröhlichkeit können sie einschüchternd wirken. Sie haben klare Grenzen: Wer allein ist, bleibt draußen, und die, die dazugehören, werden zu einer Kollektivperson, die ein Zuschauer durchaus bedrohlich finden kann. Als Deutschland im Juli 1990, etwa zwei Wochen, nachdem der erste Einigungsvertrag in Kraft getreten war, Fußballweltmeister wurde, sind ebenfalls Massen auf die Straße gegangen, diesmal jugendliche Fans, die in Fahnen eingewickelt waren, und rhythmisch »Deutschland, Deutschland« schrien, manche sangen sogar *Deutschland über alles*. Die Massen haben selten in die deutsche Geschichte eingegriffen, und wenn es geschah, dann streitsüchtig und herausfordernd. Kulturelle und nationale Verallgemeinerungen sind gefährlich. Dennoch glaube ich, daß die Massen in Deutschland etwas Eigenartiges haben: Vielleicht offenbart ihre wie unter einem Zwang stehende Entschlossenheit die Kehrseite der disziplinierten Einsamkeit, die die protestantische Moral aufgibt. Sie zeigt, jedenfalls im Vergleich zu kollektiven Manifestationen etwa in Frankreich oder Italien, wie schwierig es in Deutschland ist, so etwas wie eine politische Soziabilität zu praktizieren. Christos Massen – das sei zu ihrer Ehre gesagt – waren anders. Sie hatten nichts Bedrohliches. Da waren Familien, die Leute waren ausgelassen, auch ohne ständig Bier oder Schnaps in sich hineinzuschütten, ohne dröhnende Musik oder ausgeleierte Volkslieder; sie waren fröhlich ohne die wilde Entschlossenheit, fröhlich sein zu wollen. Zu Recht schrieb der *Tagesspiegel*: »Noch nie, jedenfalls nicht in Berlin, hat man so viele Menschen so freundlich, so fröhlich, so friedlich miteinander umgehen sehen. Während das andere große Ereignis der letzten Jahre, der Fall der Mauer, sich in lautstarkem Freudentaumel und ›Wahnsinn‹-Rufen Ausdruck verschaffte, streiften die Besucher still beglückt um das Kunstwerk.«[3] Man ging zu diesem und jenem und fühlte sich wohl, man war, wie es heute in Deutschland heißt, *locker*; *mellow* sagte man dazu in den sechziger Jahren in Amerika.

Fünf Jahre nach der Einheit schien es, wie der verhüllte Reichstag zeigte, einfacher geworden zu sein, ein lockeres und spontanes Sozialverhalten an den Tag zu legen, das im Gegensatz zu der bekannten Begeisterung der Deutschen für die formale Organisation in der jüngeren Geschichte so unterentwickelt blieb. Durch dieses Ereignis ist es möglich geworden, wenigstens für einen Moment etwas entspannter mit den Grenzen umzugehen, die zwischen Ossis und Wessis, Deutschen und Türken, Jung und Alt, uns und »denen« bestanden. Sie lösten sich an der Stelle auf, wo einst die Mauer stand. Man hatte nicht den Eindruck, daß die Erinnerung an die Massen vom November 1989 noch sehr lebendig war, obwohl bestimmt viele, die jetzt zum Reichstag kamen, auch damals dabei waren. Deutschland war einen langen Weg gegangen. Trotz der Schwierigkeiten, trotz der sogenannten Mauer in den Köpfen war Mitte der neunziger Jahre die Einheit nicht mehr ein Wagnis, sondern eine Tatsache. Freilich ist vieles schiefgelaufen, und die

Symptome des Widerstands häuften sich. Viele der Älteren verloren ihre Arbeitsplätze, weil die veraltete Industrie umstrukturiert oder an den Universitäten Stellen zusammengestrichen wurden, die Menschen fanden vermutlich nur noch gelegentlich Arbeit oder wurden in die Rentenversorgung abgeschoben. Sie blieben wahrscheinlich demoralisiert. Eine linke Subkultur, die manchmal mit einem herrlichen Zynismus über die Segnungen des Kapitalismus herzog, hatte in der Ostberliner Theater- und Literaturszene immer noch einen großen Einfluß. Die Jüngeren begeisterten sich für Frank Castorfs provozierende Klassikerinszenierungen an der Volksbühne. Sie waren in den PDS-Cafés in der Umgebung zu finden. Die Funktionäre des alten Regimes, die besonders in Ostberlin sehr zahlreich waren, wählten ohne eine Spur von Reue die PDS, weil sie immer noch Kommunisten waren oder zumindest deshalb, weil die PDS sich der Orientierungslosigkeit annahm, die das neue Regime mit sich brachte. In den Wahlkämpfen des Jahres 1995 konnte die Partei des Demokratischen Sozialismus sogar zynisch behaupten, daß sich in ihren Reihen auch Leute befänden, die gegen die Verfolgungen durch die SED Widerstand geleistet hatten. Aus den Wahlen im Herbst ging die PDS in Ostberlin mit über 30 Prozent der Stimmen als stärkste Partei hervor: eine Truppe, die es sich bequem machte, mit Klagen und Chuzpe ihre Ressentiments pflegte und unter der neunmalklugen Führung von Gregor Gysi in Bonn vor allem die SPD-Politiker ärgerte. Diese buhlten um die Unterstützung der PDS in den Länderparlamenten und vertraten die Auffassung, daß ihre Wähler nicht einfach geächtet werden sollten, zögerten aber (mit Ausnahme des Parteivorsitzenden Lafontaine), sich mit ihrer unbearbeiteten Herkunft aus dem kommunistischen Regime abzufinden.

In den mit westlicher Hilfe umorganisierten Institutionen zeigten die Ostdeutschen manchmal das subalterne, irgendwie hoffnungslose Verhalten von Kolonisierten. Die alten Familienstrukturen brachen zusammen, obwohl vieles dafür sprach, daß die Entwicklung in Richtung auf eine Anpassung an die bereits stagnierende Geburtenrate in Westeuropa ging.[4] Aber trotz aller Schwierigkeiten erwiesen sich die neuen Institutionen als stabil. Die jungen Erwachsenen hatten die prägende Zeit der Adoleszenz im vereinten Deutschland verbracht, nicht in der Republik, an die sie nur dunkle Erinnerungen hatten. Aus einer Umfrage des *Spiegel*, die während der magischen Reichstagsverhüllung veröffentlicht wurde, ergaben sich viele Anzeichen für eine weitverbreitete Nostalgie und den Glauben, daß das Leben in der DDR weit weniger trostlos war. Die Befragten vermißten *Geborgenheit*: ein freundlicher Ausdruck für Sicherheit. Aber auf die wichtigste Frage, nämlich ob es besser nicht zur Einheit gekommen wäre, antworteten nur 15 Prozent mit Ja, 83 Prozent verneinten die Frage.[5] Sechs Jahre nach dem November 1918 zeigte die erste deutsche Republik trotz ihrer scheinbaren Stabilisierung viele Schwächen. Sechs Jahre nach dem November 1989 war die zweite deutsche Republik trotz der sich wandelnden Zeitläufte, in die sie mit ihrer vierzigjährigen Parteigeschichte hineinschlitterte, weitaus stärker. Das politische Leben war nicht polarisiert; 1990 blickte Deutschland vertrauensvoll auf seine Rolle in Europa, ohne arrogant aufzutreten und ohne in gefährlicher Weise gedemütigt zu werden; die Mittelschichten waren nicht in Auflösung begriffen oder fragmentiert. Auch wenn es schwierig war und ist, die wirtschaftliche Grundlage der neuen Länder umzustrukturieren, die ehemalige DDR ist kein Mezzogiorno geworden, wie manche befürchteten. Sie ist dabei, ihre Produktivität wiederzugewinnen, auch wenn sie sich unter den neuen Umständen noch an die etwas begrenzte und provinzielle Gesellschaft klammert, die sie unter repressiveren Bedingungen gewesen ist.

Bleibt das neue soziale Verhalten, das sich anläßlich der Reichstagsverhüllung gezeigt hat, erhalten, oder ist es, wie der politische Überschwang im November 1989, wieder nur eine vorübergehende Erscheinung? War vielleicht die Europäische Union – deren Fahne mit den zwölf Sternen neben der deutschen Fahne flatterte – dabei, diese manchmal hart verpackte Gesellschaft im Herzen Europas freier und lockerer oder wenigstens freundlicher zu machen? Wird das öffentliche Leben in Deutschland auf die Dauer weniger hin- und hergerissen sein zwischen argwöhnischer Einsamkeit und verkrampften Kollektivaktionen, zwischen bürokratischer Rationalität und der Versuchung zum Dezisionismus? War das Besuchergemisch bei dem silbernen Parlamentsgebäude der Vorbote eines entspannteren Akzeptierens der ethnischen Verschiedenheiten? Das Haus der Geschichte, das Kanzler Kohl in Bonn bauen ließ, vermittelte eindrucksvoll den Fortschritt der Demokratie und der Lebensqualität nach dem Krieg. Aber außer einigen wenigen Hinweisen war das Thema der Migration und des ethnischen Pluralismus nicht vertreten. Damit nicht genug, machte eine neue intellektuelle Rechte mit sarkastischen Ausfällen gegen »multikulturelle« Bestrebungen sich dieses Thema zu eigen und scheute sich nicht, gelegentlich auf die antiwestlichen Motive zurückzugreifen, die für den antidemokratischen radikalen Konservatismus der Weimarer Zeit kennzeichnend waren. Die Frage der nationalen Identität, die während des Historikerstreits drei Jahre zuvor so problematisch schien, wurde nun mit viel weniger Zurückhaltung behandelt.

Einige Konservative machten sich die Debatte über die Geschichte der DDR zunutze, um den Historikerstreit von 1986–88 noch einmal zu eröffnen. Damals hatten die Rechten mit ihrer Auffassung, der Völkermord der Nationalsozialisten sei vergleichbar mit dem sowjetkommunistischen Terror oder teilweise sogar eine Antwort darauf, scharfe Reaktionen hervorgerufen. Der Sozialphilosoph Jürgen Habermas unterzog diese Argumentation zusammen mit führenden Historikern einer erbitterten Kritik; selbst Bundespräsident von Weizsäcker griff ein, um dem von ihm und anderen befürchteten Versuch zu wehren, die Nationalsozialisten zu entschuldigen. Anfang der neunziger Jahre drehte sich der Wind. Geschichtsschreibung unter nationalen Vorzeichen wurde wieder attraktiv, sie fand Interesse bei Historikern, die den politischen Prämissen dieser Art von Geschichtsschreibung früher mißtraut hatten, und wurde in einer extremeren Form von einer neuen rechten Intelligenz aufgegriffen.[6] Ihre Vertreter erklärten, die Nachkriegszeit sei vorbei und aus 1989 sei die Konsequenz zu ziehen, daß 1945 nicht mehr aus der Perspektive der Sieger zu sehen sei, sondern als eine nationale Niederlage. Sie behaupteten, Hitlers Angriff auf die Sowjetunion sei eine präventive Verteidigungsmaßnahme gewesen; es wurde auch argumentiert, daß jede Art von Gewaltanwendung im Krieg moralisch äquivalent sei, ob sie nun von der SS, den Partisanen in Norditalien, den sowjetischen Truppen in Ostpreußen, den Tschechen, die das Sudetenland zurückforderten, oder von den alliierten Bomberpiloten begangen worden sei. Im Hinblick auf die gegenwärtige politische Lage kam es zu Angriffen auf den angeblichen neuen deutschen Trend zur multikulturellen Gesellschaft oder die »Null-Identität des Verfassungspatriotismus«.[7]

Ich gebe zu, daß ich die Rolle der neuen Rechten vielleicht überschätze und das Gesagte ein wenig wie falscher Alarm wirkt. Eine Handvoll reaktionärer Feuilletonschreiber bedeutet noch keine neue nationale Revolution. Aber die erneute Beschäftigung mit der Identität der Deutschen war eben nicht nur ein Thema der extremen Rechten. Konservative mögen diese Wiedergeburt des Nationalgedankens begrüßen, aber auch Sozialdemokraten und Liberale machten mit. Eine nationale Identität sei normal und gesund. Für das Verständnis der Ereignisse von 1989/90 hieß das, sie in eine nationale Geschichtsschreibung einzureihen – in die Kontinuität von zugrundeliegenden deutschen Bindungen und die Geschichte der deutschen Einheit.

Auch war es nicht nur die Rechte, die sich in einer erbitterten Rhetorik erging. Die Debatte um Christa Wolf zeigte wieder einmal, daß Auseinandersetzungen zwischen Intellektuellen in Deutschland oft mit beißender Ironie und Unterstellungen von bösen Absichten oder Selbsttäuschung geführt werden. Das politische Leben in der Weimarer Republik lieferte unzählige Beweise dafür, daß ein spröder und reizbarer Scharfsinn die Belastbarkeit der Demokratie nicht unbedingt erhöht. Die deutsche Öffentlichkeit sah sich seit 1989 vielen neuen Problemen konfrontiert und nahm viele neue innenpolitische und internationale Verpflichtungen auf sich – sie tat dies, indem sie die schwierigsten Fragen oft an das Bundesverfassungsgericht delegierte, damit von dort eine Lösung käme. Das intellektuelle Leben war durch viele erbitterte Auseinandersetzungen gelähmt: den *Historikerstreit* kurz vor der Einheit und den *Literaturstreit* kurz danach und dann vom Streit über das Recht zur politischen Betätigung – alles Debatten darüber, wer denn moralisch in die nationale Gemeinschaft hineinpaßt. Viel politische Energie ist für vergebliche Versuche, Verbote und Ächtungen durchzusetzen, verausgabt worden. Es war vielleicht schon nicht mehr realistisch, türkische oder asiatische Einwanderer auszugrenzen, aber in manchen Kreisen ging tatsächlich noch der Traum um, diejenigen zu stigmatisieren, die an ein sozialistisches Deutschland geglaubt hatten. Die konfessionellen Kämpfe wüteten noch.

Vielleicht war der eingepackte Reichstag nur eine vorübergehende festliche Weigerung, sich immer nur mit den alltäglichen Problemen herumschlagen zu müssen, oder ein Augenblick der Ruhe zwischen neuen Kämpfen. Niemand im Jahr 1995 kann diese Frage beantworten. Nationale Eigenarten ändern sich nicht schnell, aber vielleicht werden sie allmählich doch ein bißchen anders. Ich denke da noch einmal daran, wie stolz Kohl war, feststellen zu können, daß Deutschland ein ganz normales Land geworden sei. Sicher, es ist etwas erreicht worden: es war kein normales Land vor 1945, als es von Rassismus und Eroberungsgelüsten beherrscht war. Und es war vor 1989 kein normales Land, als mitten durch seine Hauptstadt eine Mauer lief. »Insgesamt«, schrieb Timothy Garton Ash, »war es viel normaler für eine Nation, die einst in einem Staat vereint gewesen war, nun wiederum in einem zu leben.«[8] Doch was ist ein normales Land? Die Vereinigten Staaten, wo über eine Million Einwohner in Gefängnissen sitzen, wovon einige Hundert auf ihre tödliche Injektion warten? Kanada, das sich in ständiger Quasi-Auflösung, oder Rußland, das sich im fünften Jahr größter wirtschaftlicher Not befindet, oder Großbritannien, an dessen Spitze eine königliche Familie steht, die noch nicht einmal ihre Familienbeziehungen in Ordnung halten kann? Ist es eine Leistung, ein normales Land zu sein? Vieles an traditioneller deutscher Kultur ist, gemessen an amerikanischen Verhältnissen, etwas ausgefallen: Das Theater arbeitet viel mit Musik, nackten Körpern, Blut und schweren Symbolen; die Philosophen pflegen weiträumige kategoriale Abstraktionen; die Werbung vermittelt das Gefühl eines überreifen Luxus; die Jugend färbt sich ihre Haare rosa, knallrot oder giftgrün. Aber diese Erscheinungen bedeuten nicht, daß in Deutschland ein anarchischer Expressionismus ausgebrochen ist. In den umfangreichen Wirtschaftsteilen der Zeitungen prangen immer noch die sauber gearbeiteten Maschinen und Autos, die ihm seinen Wohlstand eintrugen. Der gebildete Mittelstand kümmert sich ernsthaft um die Umwelt und die Verletzung der Menschenrechte. Und der verhüllte Reichstag hat gezeigt, daß diese ganz verschiedenen Deutschen auch freundlich sein können, nicht nur herausfordernd. Ob sie so bleiben? Was ist wohl aus Christos Puppe ausgeschlüpft, als der Reichstag am 7. Juli wieder ausgewickelt wurde? Dasselbe massige Gebäude – der Sitz eines Parlaments, das erst einem Monarchen untertan, dann katastrophal zersplittert war – oder vielleicht ein dauerhafter neuer Geist? Der Sommer 1995 war vielversprechend. War es eine Illusion oder könnte es sein, daß Deutschland nicht nur ein normales Land geworden ist, sondern eine verantwortlichere und nach draußen schauende Gesellschaft entsteht?

Das letzte Wort sollen die Menschen aus der alten DDR, den neuen Bundesländern haben. Joachim Gauck, der unbeirrte Hüter der Stasi-Archive, der fünf Jahre Streit und Auseinandersetzung überstand, hatte einen Reifeprozeß im Sinn, als er im Herbst 1995 in seinem Amt als Aufarbeiter einer beschämenden Vergangenheit bestätigt wurde. Er sprach mit demselben ernsten protestantischen Tonfall, der schon bei denen auffiel, die sechs Jahre zuvor aus den Kirchen auf die Straßen strömten:

> Ich möchte, daß wir eine erwachsene Nation sind und erwachsener werden. Ich sehe die Tatsache, daß wir jetzt Konflikte über die Vergangenheit aushalten, daß wir uns keinen schnellen Frieden von oben verordnet haben, als Zeichen dafür, daß die Nation erwachsener geworden ist. Sie braucht den schnellen Abschied nicht. Sie hält Kontroversen aus. Sie ist demokratischer geworden ... Ich starre doch nicht gebannt auf die Vergangenheit, sondern ich möchte mich verabschieden von ihr. Ich möchte sie wirklich loswerden. Wir Deutschen haben zweimal in diesem Jahrhundert eine furchtbare diktatorische Last zu tragen gehabt, und wir sind schuldig dabei geworden ... Wir brauchen nun Zeit, wir Ostdeutsche, um die da oben, die uns jahrzehntelang regiert haben, daraufhin zur Rede zu stellen, was sie mit uns da unten gemacht haben. Und obwohl wir nur ein Drittel oder ein Viertel der Bevölkerung ausmachen, plädiere ich im erweiterten Deutschland dafür: Gebt uns Zeit für diese kontroverse Debatte. Fünf Jahre nach der Einheit ist keine Zeit und keine Gelegenheit für eine Bilanz oder einen Schlußstrich, sondern wir sind mittendrin in einer kontroversen Debatte. Wie müssen den Streit noch ein bißchen länger ertragen. Aus dem Kontroversen erwächst der Abschied von dem, was uns belastet hat.[9]

1995 nahm Deutschland, sprunghaft und unvollkommen, Abschied von dem, was es belastet und was es geteilt hat.

Anmerkungen

Wahlabend 1998 – Ein Vorwort zur deutschen Ausgabe

1 Vergleiche dazu: Max Kaase, Andreas Eisen, Oscar W. Gabriel, Oskar Niedermayer und Helmut Wollmann, *Politisches System. Berichte zum sozialen und politischen Wandel in Ostdeutschland*, Opladen: Leske & Budrich 1997; Werner Weidenfeld und Karl-Rudolf Korte, *Handbuch zur deutschen Einheit*, Neuausgabe, Frankfurt/New York: Campus 1996; darin: Kaase zum Stichwort »Innere Einheit«; Hans Joachim Veen, »Innere Einheit – aber wo liegt sie?«, in: *Aus Politik und Zeitgeschichte*, Beilage zu: *Das Parlament*, Bd. 40–41/97 (1997), S. 19–28. Sehr anregend fand ich auch Laurence McFalls gerade fertiggestellten Interpretationen seiner Interviews: »East Germany Transformes. From Postcommunist to Late Capitalist Political Culture«, unveröffentlichtes Arbeitspapier (1998), in dem ich auch die Anekdote vom fehlenden Parkplatz vor dem Arbeitsamt gefunden habe.

Vorwort

1 Charles S. Maier: »Wissenschaft und Wende. Grenze der Prognosefähigkeit«, Vortrag vor der Deutschen Vereinigung für Politische Wissenschaft, Potsdam, August 1994, in: Gerhard Lehmbruch (Hg.), *Einigung und Zerfall. Deutschland und Europa nach dem Ende des Ost-West-Konflikts. 19. Wissenschaftlicher Kongreß der Deutschen Vereinigung für Politische Wissenschaft*, Opladen: Leske & Budrich 1995, S. 315–25.

1 Verlorenes Vertrauen

1 Carola Stern, *In den Netzen der Erinnerung: Lebensgeschichten zweier Menschen*, Reinbek bei Hamburg: Rowohlt 1986, S. 11.
2 Jörg Jüdersleben und Holger Hens Karlson, »›Es kommt keiner unterm Regen durch‹: Wie das Politbüro den Fall Biermann bereinigte«, in: *Deutschland Archiv* 26, 7 (Juli 1993), S. 818–829, Zitat auf S. 827.
3 Reiner Kunze, *Die wunderbaren Jahre*, Frankfurt am Main: S. Fischer 1976. Eine Geschichte, die ich erlebt habe und die sich ganz im Sinne von Kunzes Erzählungen abspielte, trug sich im Dezember 1964 zu, als ich einem Freund aus Potsdam vorschlug, einen Tagesausflug nach Dresden zu machen. Als ich die Frau an der Rezeption meines kleinen Hotels fragte, ob wir Kontrollpunkte passieren würden, wenn wir ein Stück auf der Berliner Autobahn führen, entschloß sie sich, die Polizei anzurufen, um sich Auskunft geben zu lassen. Sie wollten den Namen meines Mitfahrers aus der DDR wissen; ich sagte der Frau, das ginge die Polizei nichts an, viel-

leicht sähen sie es nicht gern, wenn ein Bürger ihres Landes eine so weite Reise mit einem Amerikaner unternehmen wollte. »Aber Herr Maier«, protestierte sie mit ehrlicher Entrüstung, »dann wäre unsere ganze Friedenspolitik ein Schwindel ...«

4 Vgl. Wolfgang Leonhard, *Die Revolution entläßt ihre Kinder,* Köln: Kiepenheuer und Witsch 1955.

5 Zu dieser kurzfristigen Erfahrung vgl. Lutz Niethammer, Ulrich Borsdorff und Peter Brandt, Hgg., *Arbeiterinitiative 1945: Antifaschistische Ausschüsse und Reorganisation der Arbeiterbewegung in Deutschland,* Wuppertal: Hammer 1976; vgl. auch Stefan Heyms Roman über ein Gebiet an der sächsischen Grenze, das im Mai 1945 einige Wochen lang weder von den sowjetischen noch von den amerikanischen Truppen besetzt war, *Schwarzenberg: Roman,* München: Bertelsmann 1984.

6 Allgemein zu diesem Thema siehe zuletzt Norman Naimark, *Die Russen in Deutschland. Die sowjetische Besatzungszone 1945–1949,* Berlin: Propyläen Verlag 1997. Zur Bedeutung der Oder-Neiße-Grenze und der Wismutlieferungen vgl. Alexei Filitov, »Soviet Policy and the Early Years of the Two German States, 1949–1961«, Vortrag auf der Tagung des Cold War International History Project of the Woodrow Wilson Center for Scholars, des Kulturwissenschaftlichen Instituts Essen und des Forschungsschwerpunkts Zeithistorische Studien Potsdam: »The Soviet Union, Germany, and the Cold War, 1945–1962: New Evidence from Eastern Archives«, Essen und Potsdam, 28. Juni – 2. Juli 1994 (im folgenden zitiert als CWIHP-Tagung).

7 Zu dieser Interpretation bin ich aufgrund meiner Lektüre der jährlich sowie alle drei Jahre publizierten diplomatischen Akten des amerikanischen Außenministeriums (*Foreign Relations of the United States,* Washington, D.C.: U. S. Government Printing Office 1969), und von Archivmaterial aus Washington, London, Paris und anderen Orten gelangt. Naimark, *Die Russen in Deutschland* und David Pike, *The Politics of Culture in Soviet-Occupied Germany, 1945–1949,* Stanford, CA: Stanford University Press 1992, bieten die am besten dokumentierte Diskussion über die Herausbildung der Ziele, die sich die sowjetischen und deutschen Kommunisten setzten. Zu der Auffassung, daß Stalin eigentlich gegen die Errichtung des Staates DDR war, vgl. Wilfried Loth, *Stalins ungeliebtes Kind. Warum Moskau die DDR nicht wollte,* Berlin: Rowohlt 1994.

8 Ähnliche Bedenken des Westens angesichts der sowjetischen Absichten verhinderten, daß es zu einer wirtschaftlichen Zusammenarbeit kam. Die Sowjets rechtfertigten ihre Demontage von Industrieanlagen in der Ostzone mit dem Argument, daß Washington sich von dem früher gegebenen Versprechen, für massive Reparationen durch die Demontage der Industrie in ganz Deutschland einzutreten, zurückgezogen habe. Die sowjetische Politik bestärkte wiederum die Überzeugung der Amerikaner und Engländer, daß sie indirekt die Sowjets subventionieren würden, wenn sie die Deutschen unterstützten. Vgl. Alex Cairncross, *The Price of War: British Policy on German Reparations 1941–1949,* Oxford: Basil Blackwell 1985. Der Konflikt um die Reparationen und die künftige Form einer gesamtdeutschen Verwaltung standen bei der Moskauer Außenministerkonferenz von März–April 1947 obenan.

9 Public Record Office: FO371/55586 = C1480/131/18: Steel report, 7. Feb. 1946. Churchill hatte schon auf diesen Ausdruck in Telegrammen an Truman zu-

rückgegriffen und machte ihn einen Monat später in seiner Rede in Fulton, Missouri, berühmt; im Februar 1945 hatte Goebbels im Falle einer deutschen Niederlage diese Möglichkeit vorausgesagt.

10 Die vollständigste Darstellung der Vereinigung aus jüngerer Zeit ist Harold Hurwitz, *Die Anfänge des Widerstandes,* Teil 1: *Führungsanspruch und Isolation der Sozialdemokraten,* und Teil 2: *Zwischen Selbsttäuschung und Zivilcourage; Der Fusionskampf,* als Bd. 4 von *Demokratie und Antikommunismus in Berlin nach 1945,* Köln: Wissenschaft und Politik 1990. Vgl. auch Henry Krisch, *German Politics under Soviet Occupation,* New York: Columbia University Press 1974. Vor einer ähnlichen Wahl standen Sozialdemokraten auch in anderen Ländern. Die polnischen Sozialisten spalteten sich, und die Mehrheit entschied sich bei den Wahlen von 1947 für den Eintritt in die von den Kommunisten geführte Koalition. In Prag sprach sich der von Rudolf Fierlinger geführte Flügel der Sozialdemokraten für eine ähnliche Zusammenarbeit aus.

11 Gert-Joachim Glaeßner, »Vom ›realen Sozialismus‹ zur Selbstbestimmung: Ursachen und Konsequenzen der Systemkrise in der DDR«, in: *Aus Politik und Zeitgeschichte* B1–2/90 (5. Jan. 1990), S. 3–20, Zitat auf S. 9.

12 Dietrich Staritz, *Geschichte der DDR 1949–1995,* Frankfurt am Main: Suhrkamp 1995, S. 21–22. Zum Begriff »Ostorientierung« vgl. Hurwitz, *Die Anfänge des Widerstandes.*

13 David Childs, *The GDR: Moskau's German Ally,* 2. Aufl., London: Unwin Hyman 1988, S. 20–22.

14 Bei meiner Darstellung der frühen Entwicklung der DDR habe ich auf Staritz, *Geschichte der DDR* zurückgegriffen sowie auf Hermann Weber, *Geschichte der DDR,* München: DTV 1985, und Childs, *The GDR: Moskau's German Ally.*

15 Zu den Slansky-Prozessen, bei denen das Drehbuch umgeschrieben wurde, so daß aus der bürgerlich-nationalistischen Verschwörung von 1950, die zum Ziel hatte, den Generalsekretär Slansky zu ermorden, 1951–52 eine Verschwörung von Slansky und seiner »jüdisch-trotzkistischen« Clique wurde, die den Sozialismus in Mißkredit bringen wollte, vgl. Karel Kaplan, *Die politischen Prozesse in der Tschechoslowakei 1948–1954,* München: Oldenbourg 1986, sowie die Erinnerungen des Angeklagten Artur London, *Ich gestehe. Der Prozeß um Rudolf Slansky,* Hamburg: Hoffmann und Campe 1970.

16 Zum Text der Note vgl. Heinrich v. Siegler, *Dokumentation zur Deutschlandfrage,* Bonn u. a.: Siegler 1961, Hauptbd. I, S. 138–140.

17 Die westdeutsche Kontroverse über die Stalin-Note spielte eine ähnliche Rolle wie die revisionistische Kontroverse über die Ursprünge des Kalten Kriegs in den Vereinigten Staaten. Für ein echtes Angebot hält sie Rolf Steininger, *Die Stalin-Note. Eine vertane Chance: Die Stalin-Note vom 10. März 1952 und die Wiedervereinigung,* Berlin: Dietz 1985. Als unecht abgetan wird sie dagegen bei Hermann Graml, »Nationalstaat oder westdeutscher Teilstaat: Die sowjetischen Noten vom Jahre 1952 und die öffentliche Meinung in der Bundesrepublik Deutschland«, in: *Vierteljahrshefte für Zeitgeschichte* 25 (1977), S. 821–864, und Hermann Graml, *Die Märznote von 1952: Legende und Wirklichkeit,* Melle: Knoth 1988, sowie Hans-Peter Schwarz, Hg., *Die Legende von der verpaßten Gelegenheit,* Stuttgart: Belser 1982. Nachforschungen in den kürzlich geöffneten russischen Archiven ergaben keine Anhaltspunkte für ein ernstgemeintes Angebot, vgl. Gerhard Wettig »Die Deutschland-Note vom 10. März 1952 auf der Basis diplomatischer Akten des russischen Außenministeriums: Die Hypothese des Wiedervereinigungsangebots«, in: *Deutschland Archiv* 26, 7 (Juli 1993), S. 786–805 und Gerhard Wettig, »Discussion Paper on the Policy Background of the Soviet 10 March 1952 Note«, sowie die Literaturübersicht bei Ruud van Dijk, »The Stalin-Note: Last Chance for Unification?«, Vorträge auf der CWIHP-Tagung 1994.

18 Rudolf Herrnstadt, *Das Herrnstadt-Dokument*, Hg. Nadja Schulz-Herrnstadt, Reinbek bei Hamburg: Rowohlt 1990, S. 74. Diese Denkschrift, die entstanden ist, nachdem Herrnstadt in Ungnade gefallen war, enthält seine Darstellung der Krise und der parteiinternen Spannungen.

19 Vgl. als beste Insiderdarstellung Herrnstadt, *Das Herrnstadt-Dokument*, sowie Arnulf Baring, *Der 17. Juni 1953*, rev. Ausg., Stuttgart: DVA 1983, Weber, *Geschichte der DDR*, S. 232–245, und die Essays in Ilko-Sascha Kowalczuk, Armin Mitter und Stefan Wolle, Hgg., *Der Tag X – 17. Juni 1953: Die ›innere Staatsgründung‹ der DDR als Ergebnis der Krise 1952/54*, Berlin: Ch. Links Verlag 1995. Über die Verwirrung in Westberlin, vor allem im RIAS, dem Westberliner Radiosender, vgl. Manfred Rexin, »Der 16. und 17. Juni 1953 in Westberlin«, in: *Deutschland Archiv* 26, 8 (Aug. 1993), S. 985–994. Wladimir S. Semjonow, *Von Stalin bis Gorbatschow: Ein halbes Jahrhundert in diplomatischer Mission 1939–1991*, übers. von Hilde Ettinger und Helmut Ettinger, Berlin: Nicolai 1995, S. 290–300, diskutiert die verworrene Deutschlandpolitik der Sowjets in diesem Zeitraum, sagt aber wenig über seine Beziehungen zu den Ostdeutschen. Zu Berijas Verhältnis zu den Deutschen vgl. Gerhard Wettig, »Zum Stand der Forschung über Berijas Deutschland-Politik im Frühjahr 1953« und »Neue Erkenntnisse über Berijas Deutschland-Politik«, in: *Deutschland Archiv*, 26, 6 (Juni 1993), S. 674–682, und 26, 12 (Dez. 1993), S. 1412–1413.

20 Zur Geschichte der Prozesse und »Säuberungen« und der Opposition gegen Ulbricht vgl. Staritz, *Geschichte der DDR*, S. 107–118. Andere wurden leichter bestraft als Harich. Bis 1957 mußten Mitglieder der Opposition – es waren nicht wenige – Selbstkritik üben, danach wurden sie auf akademische Posten abgeschoben. Vgl. auch John Christopher Torpey, »Between Anti-Fascism and Opposition: East German Intellectuals, Socialism, and the National Question, 1945–1990« (Ph. D. dissertation, University of California 1992), Kap. 3. Zu Harich vgl. den Nachruf von Manfred Jäger, »Zum Tod von Wolfgang Harich«, in: *Deutschland Archiv*, 28, 4 (Apr. 1995), S. 339–341.

21 Abgesehen davon, daß die Sanktionen begrenzter waren, bestand noch ein anderer bedeutender Unterschied zwischen den politischen Prozessen in den Vereinigten Staaten und in Europa. Im Kalten Krieg der Vereinigten Staaten nahmen die politischen Prozesse zum Teil deshalb eine so widerwärtige Form an, weil ihre eifrigsten Befürworter nicht im Zentrum der Macht standen; sie kamen von den Rändern der großen Parteien – vor allem, aber nicht ausschließlich aus den Reihen der Republikaner – und bedienten sich demagogischer Mittel, um einen Einfluß zu gewinnen, der weit über ihrer Zahl oder ihrer eigentlichen institutionellen Macht lag. In Europa waren es die Herrschenden, die sich der politischen Prozesse bedienten, um ihre Macht zu festigen.

22 Ich stütze mich auf die unter Verwendung von Archivmaterial verfaßte Arbeit

von Falco Werkentin, *Politische Strafjustiz in der Ära Ulbricht*, Berlin: Ch. Links Verlag 1995, bes. S. 21–35, 113–167, und Falco Werkentin, »Zwischen Tauwetter und Nachtfrost (1955–1957): DDR-Justizfunktionäre auf Glatteis«, in: *Deutschland Archiv*, 26, 3 (März 1993), S. 341–349. Für einen Überblick über die neuere Literatur vgl. Annette Weinke, »Neue Veröffentlichungen zum Justizsystem in der SBZ/DDR«, in: *Deutschland Archiv* 28, 2 (Feb. 1995), S. 203–206.
23 Walter Janka, *Schwierigkeiten mit der Wahrheit*, Reinbek bei Hamburg: Rowohlt 1989, S. 16. Zur Diskussion von ostdeutschen autobiographischen Strategien nach 1989 (von Janka, Günter de Bruyn, Günter Schabowski und anderen) vgl. Manfred Jäger, »Die Autobiographie als Erfindung von Wahrheit: Beispiele literarischer Selbstdarstellung nach dem Ende der DDR«, in: *Aus Politik und Zeitgeschichte* B41/92 (2. Okt. 1992), S. 25–36.
24 Janka, *Schwierigkeiten mit der Wahrheit*, S. 41. Zu Becher vgl. auch Hans Mayer, *Der Turm von Babel: Erinnerung an eine Deutsche Demokratische Republik*, Frankfurt am Main: Suhrkamp 1991, S. 11–15, 100–115.
25 Günter Erbe, »Geschmack an der ›Dekadenz‹: Wandlungen im literarischen und kulturellen Traditionsverständnis«, in: Gert-Joachim Glaeßner, Hg., *Die DDR in der Ära Honecker: Politik Kultur Gesellschaft*, Opladen: Westdeutscher Verlag 1988, S. 656–673. Vgl. auch J. H. Reid, »Another Turn in the Road: Kafka in the GDR«, in: *GDR Monitor*, 13 (Sommer 1985), Simone Barck, »Das Dekadenz-Verdikt. Zur Konjunktur eines kulturpolitischen ›Kampfkonzepts‹ Ende der 1950er bis Mitte der 1960er Jahre«, in: Jürgen Kocka, Hg., *Historische DDR-Forschung. Aufsätze und Studien*, Berlin: Akademie Verlag 1993, S. 327–344, und Scott D. Denham, »Franz Kafka in the German Democratic Republic, 1949–1989«, *Journal of the Kafka Society of America* 16, 1 (Juni 1992), S. 31–39.
26 Vgl. Gerhard Wettig, »All German Unity und East German Separation in Soviet Policy, 1947–1949«, Vortrag auf der Grundlage von sowjetischem außenpolitischem Archivmaterial im Rahmen der CWIHP-Tagung 1994. Wettig vertritt die Ansicht, daß die Sowjets mindestens bis 1947 glaubten, daß es ihnen gelingen könnte, die Westdeutschen für ein kommunistisch beherrschtes vereintes Deutschland zu gewinnen.
27 Zitiert nach Mitschriften von der Plenarsitzung des Zentralkomitees vom Juni 1957 in Vladislav M. Zubok, »Khrushchev's Motives und Soviet Diplomacy in the Berlin Crisis, 1958–1962«, Vortrag auf der CWIHP-Tagung 1994.
28 Vgl. Hope Harrison, »Ulbricht and the Concrete ›Rose‹: New Archival Evidence on the Dynamics of Soviet-East German Relations and the Berlin Crisis, 1958–1961«, CWIHP Working Paper No.5, Washington, D.C.: Woodrow Wilson Center, Mai 1993; vgl. auch Hannes Adomeit, *Die Sowjetmacht in internationalen Krisen und Konflikten*, Baden-Baden: Nomos 1983, Valentin Falin, *Politische Erinnerungen*, übers. von Heddy Pross-Werth, München: Droemer-Knaur 1993, Robert Slusser, *The Berlin Crisis of 1961: Soviet-American Relations and the Struggle for Power in the Kremlin, June–November 1961*, Baltimore: Johns Hopkins University Press 1973, und Marc Trachtenberg, »The Berlin Crisis«, in: ders., *History and Strategy*, Princeton, Princeton University Press 1991, S. 169–234.
29 Vgl. John Connelly, »Creating the Socialist Elite: Communist University Policies in East Germany, Poland, and the Czech Lands, 1945–1954« (Ph. D. dissertation,

Harvard University, 1994), und Connelly, »Zur ›Republikflucht‹ von DDR-Wissenschaftlern in den fünfziger Jahren«, in: *Zeitschrift für Geschichtswissenschaft* 42, 4 (1994), S. 331–352.
30 Staritz, *Geschichte der DDR*, S. 139.
31 Vgl. Rüdiger Wenzke, *Die NVA und der Prager Frühling 1968. Die Rolle Ulbrichts und der DDR-Streitkräfte bei der Niederschlagung der tschechoslowakischen Reformbewegung*, Berlin: Ch. Links Verlag 1995.
32 Zur Entwicklung der Ostpolitik und der deutschen Frage vgl. Timothy Garton Ash, *Im Namen Europas: Deutschland und der geteilte Kontinent*, München: Hanser 1993, bes. S. 48–188. Eine zusammenfassende Darstellung der Verträge von 1970–72 gibt Honore M. Catudal, Jr., *The Diplomacy of the Quadripartite Agreement on Berlin: A New Era in East-West Politics*, Berlin: Berlin Verlag 1978.
33 Vgl. Garton Ashs Bewertung in *Im Namen Europas*, S. 410–438.
34 Vgl. Sigrid Meuschel, »Auf der Suche nach Madame l'Identité? Zur Konzeption der Nation und Nationalgeschichte«, in: Glaeßner, *Die DDR in der Ära Honecker*, S. 77–93.
35 Vgl. Hendrik Bussiek, *Die real existierende DDR: Neue Notizen aus der unbekannten deutschen Republik*, Frankfurt am Main: Fischer 1985, S. 63–64. Vgl. auch Walter Schmidt, »DDR-Geschichtswissenschaft im Umbruch«, in: Rainer Eckert, Wolfgang Kütler und Gustav Seeber, *Krise – Umbruch – Neubeginn*, Stuttgart: Klett-Cotta, 1992, S. 175–193.

36 Marlies Menge, *Mecklenburg: Reisebilder aus der DDR*, Köln: Kiepenheuer und Witsch 1989, S. 43–44.
37 Bussiek, *Die real existierende DDR*, S. 58.
38 Günter Gaus, *Wo Deutschland liegt. Eine Ortsbestimmung*, München: DTV 1986, S. 126.
39 Gaus, *Wo Deutschland liegt*, S. 117. Gaus' Buch kann nicht nur als eine gute Reportage gelesen werden, die es zweifellos ist. Es ist ebensosehr als eine Kritik Westdeutschlands durch ein Bild, das er vom Osten (oder, wie er beharrlich sagt, von »Mitteldeutschland«) entwirft, konzipiert. Zu einer Kritik der Begriffe vgl. Volker Zastrow, »Die Legende von der ›Nischengesellschaft‹ im Sozialismus«, in: *Frankfurter Allgemeine Zeitung*, 12. Juli 1990, S. 218.
40 Vgl. den Kommentar von Reinhard Koch, »Alltagswissen versus Ideologie? Theoretische und empirische Beiträge zu einer Alltagsphänomenologie der DDR«, in: *Politische Vierteljahresschrift*, Sonderband 20/1989: *Politik und Gesellschaft in sozialistischen Ländern*, Opladen 1989, S. 99–120.
41 Stefan Moses, *Abschied und Anfang. Ostdeutsche Porträts 1989–1990*, Ostfildern: Edition Cantz 1991, S. 218f.
42 Aussage von Templin bei der zwanzigsten Sitzung der Enquete-Kommission des Bundestags in: Deutscher Bundestag, Hg., *Materialien der Enquete-Kommission »Aufarbeitung von Geschichte und Folgen der SED-Diktatur in Deutschland«*, Frankfurt am Main: Suhrkamp 1995, II, 1, S. 122–131 und 146–150. Zitat auf S. 148.
43 Vgl. den Insiderbericht von Peter Przybylski, *Tatort Politbüro: Die Akte Honecker*, Berlin: Rowohlt Berlin 1991, S. 101–116. Über Honeckers Kummer mit Pferdeschwanzfrisuren berichtete Kurt Hager an James McAdams, Hoover Institution Oral History Project.

44 Der Vorgang löste den Protest von dreizehn führenden Autoren aus, darunter Stephan Hermlin, Volker Braun und Christa Wolf. Honecker kontrollierte selbst die umfassende Überwachung, die Aufforderungen zum Widerruf und die Ausschlüsse aus dem Schriftstellerverband für diejenigen, die sich nicht unterwerfen wollten. Vgl. Jüdersleben und Karlson, »Es kommt keiner unterm Regen durch«.
45 Vgl. seine wichtige Rede »Hat Philosophie den modernen Naturwisssenschaften bei der Lösung ihrer Probleme geholfen?«, in: Robert Havemann, *Die Stimme des Gewissens*, Reinbek bei Hamburg: Rowohlt 1990, S. 45–46.
46 Christa Wolf, *Kindheitsmuster*, Berlin: Aufbau Verlag 1976, Günter de Bruyn, *Märkische Forschungen: Erzählung für Freunde der Literaturgeschichte*, Halle: Mitteldeutscher Verlag 1978, und Günter de Bruyn, *Neue Herrlichkeit. Roman*, Frankfurt am Main: Fischer 1984, sowie Christoph Hein, *Der fremde Freund*, Berlin-Weimar: Aufbau Verlag 1982.
47 Vgl. Timothy W. Ryback, *Rock around the Bloc: A History of Rock Music in Eastern Europe and the Soviet Union*, New York: Oxford University Press 1990 und Olaf Leitner, *Rockszene DDR. Aspekte einer Massenkultur im Sozialismus*. Reinbek bei Hamburg: Rowohlt 1983.
48 Die Geschichte von den FDJ-Discos (bzw. Diskos) verdanke ich Raelynn Hillhouse. Vgl. Egon Krenz' Akte über die Rockmusik in SAPMO-BArch: IV 2/2.039/242.
49 Zu diesen Kontroversen vgl. SAPMO-BArch: Büro Kurt Hager, DY 30/39004: Ursula Ragwitz an Hager, 29. Mai 1984, über Olaf Leitners Buch und den Bericht der Generaldirektion beim Komitee für Unterhaltungskunst »Versuch einer Bestimmung der politischen Zielrichtungen des Buches ›Rockszene DDR‹«, 21. Mai 1984. Zu demselben Gutachten des Komitees zur Rockmusik in der DDR vgl. den vertraulichen »Standpunkt zur Entwicklung der Rockmusik in der DDR« und zum Streit über die Zulassung von ausländischen Gruppen bei dem angekündigten Neujahrskonzert »Rock für den Frieden« Peter Mayer an Hager, 24. Juli 1986, sowie Ragwitz an Hager, die Mayer vorsichtig unterstützt, 26. Aug.: »Alle Beteiligten sehen sich außerstande, die derzeitige Konzeption des Festivals ›Rock für den Frieden‹ zu verändern ... Es wäre meines Erachtens unter diesen Umständen erneut zu prüfen, ob eine Korrektur der Festlegung, Rock für den Frieden als ausschließlich nationale Veranstaltung durchzuführen, möglich ist.« Vgl. schließlich Kurt Hager an die Abteilung Kultur, 12. Feb. 1987: »Rock für den Frieden/Vorschlag akzeptieren/Bedingung: für 1987 Kanada und Kuba/Programm englischer Gruppe zu sehr innenpolitisch.«
50 Zum Konsumverhalten in der DDR und den Versuchen, Delikatessen zu beschaffen, vgl. Gernot Schneider, *Wirtschaftswunder DDR. Anspruch und Realität*, 2. Aufl., Köln: Bund-Verlag 1990, S. 117–141, und Bodo von Rüden, *Die Rolle der D-Mark in der DDR: Von der Nebenwährung zur Währungsunion*, Baden-Baden: Nomos 1991. Ich bin mir im klaren darüber, daß ich von dem Gegensatz zwischen öffentlich und privat zu dem zwischen politisch und privat wechsle; das Regime hätte zugestanden, daß es einen Unterschied zwischen der privaten und der politischen Sphäre gibt, aber es wäre wohl nicht bereit gewesen, eine öffentliche Sphäre außerhalb des politischen Bereichs zuzulassen.
51 Für einen Überblick siehe George C. Iggers, »New Directions in Historical Stu-

dies in the German Democratic Republic«, in: *History and Theory* 28, 1 (Feb. 1989), S. 59–78.

52 Norbert Kapferer, »Die Psychologie der DDR im Spannungsfeld von politischer Funktionalisierung und wissenschaftlicher Emanzipation«, in: *Politische Vierteljahresschrift*, Sonderband 20/1989: *Politik und Gesellschaft in sozialistischen Ländern*, Opladen 1989, S. 77–98.

53 Ulrike Poppe, »Das kritische Potential der Gruppen in Kirche und Gesellschaft«, in: Detlef Pollack, Hg., *Die Legitimität der Freiheit. Politisch alternative Gruppen in der DDR unter dem Dach der Kirchen*, Frankfurt am Main: Peter Lang 1990, S. 63.

54 Glaeßner, »Vom ›realen Sozialismus‹ zur Selbstbestimmung«, S. 3.

55 Zu den Begriffen Eigensinn und Autonomie am Arbeitsplatz vgl. Alf Lüdtke, »›Helden der Arbeit‹ – Mühen beim Arbeiten. Zur mißmutigen Loyalität von Industriearbeitern in der DDR«, in: Hartmut Kaelble, Jürgen Kocka und Hartmut Zwahr, Hgg., *Sozialgeschichte der DDR*, Stuttgart: Klett-Cotta 1994, S. 188–213. Cf. Mary Fulbrook, »Herrschaft, Gehorsam, Verweigerung – Die DDR als Diktatur«, in: Jürgen Kocka und Martin Sabrow, Hgg., *Die DDR als Geschichte: Fragen–Hypothesen–Perspektiven*, Berlin: Akademie Verlag 1994, S. 77–85, und Peter Hübner, *Konsens, Konflikt und Kompromiß: Soziale Arbeiterinteressen und Sozialpolitik in der SBZ/DDR 1945–1970*, Berlin: Akademie Verlag 1995, S. 239–43.

56 Dieses Muster (wie auch viele Informationen) entnehme ich der umfangreichen Dokumentation von Gerhard Besier und Stephan Wolf, Hgg., *»Pfarrer, Christen und Katholiken«. Das Ministerium für Staatssicherheit der ehemaligen DDR und die Kirchen*, 2. rev. Aufl., Neukirchen-Vluyn: Neukirchener Verlag 1992.

57 Poppe, »Das kritische Potential der Gruppen in Kirche und Gesellschaft«, S. 64.

58 Rudolf Bahro, *Die Alternative. Zur Kritik des realexistierenden Sozialismus*, Köln/Frankfurt am Main: EVA 1977. Bahro durfte in den Westen übersiedeln, nachdem er 1978 zu einer Haftstrafe verurteilt worden war und mehrere Monate im Gefängnis gesessen hatte.

59 Die Dissertation von Torpey, »Between Anti-Fascism und Opposition« geht diesem Unterschied nach, vgl. unten Kapitel 3, S. 246 ff.

60 SAPMO-BArch: Büro Günter Mittag, DY 30/41797, Bd. 2: »Aktennotiz über ein Gespräch des Genossen Erich Honecker mit Genossen Wadim Medwedjew ... am 28. 8. 1988.«

61 SAPMO-BArch: Büro Egon Krenz, IV 2/2.039/70. Sitzung des Politbüros: »Bericht über den Besuch von ... Jan Fojtik«, 14. Feb. 1989.

62 Vaclav Havel, »The Power of the Powerless«, in: Havel et al., *The Power of the Powerless. Citizens against the State in Cenral-Eastern Europe*, Armonk, NY: M. E. Sharpe 1985, S. 27.

63 Grundlegend für jede Diskussion über das Verhältnis von Staat und Gesellschaft in der späteren DDR ist Sigrid Meuschel, *Legitimation und Parteiherrschaft in der DDR. Zum Paradox von Stabilität und Revolution in der DDR 1945–1989*, Frankfurt am Main: Suhrkamp 1992; besonders relevant ist Abschnitt III, S. 221–273.

64 Vgl. die Schätzung von Ehrhart Neubert, wonach die DDR-Bürger 3,2mal überorganisiert waren, d. h. alle Massenorganisationen, Parteien usw. zusammen ergaben eine Mitgliedschaft von 50 Millionen bei einer Bevölkerung von 16 Millionen. Vgl. *Enquete-Kommission*, II, 1, S. 115–122.

65 SAPMO-BArch: Büro Günter Mittag, DY 30/41797, Bd. 2: »Aktennotiz über ein Gespräch mit Medwedjew ... 28. 8. 88.«
66 Martin Diewald, »›Kollektiv‹, ›Vitamin B‹ und ›Nische‹: Stereotype persönliche Netzwerke in der DDR«, in: Johannes Huinink, Karl Ulrich Mayer et al., *Kollektiv und Eigensinn. Lebensverläufe in der DDR und danach*, Berlin: Akademie Verlag 1995.
67 Alexander von Plato, »Ein deutsches Familiendrama oder wie politisch ist das Private?«, in: Lutz Niethammer, Alexander von Plato und Dorothee Wierling, *Die volkseigene Erfahrung, Eine Archäologie des Lebens in der Industrieprovinz der DDR*, Berlin: Rowohlt Berlin 1991, S. 514–532, Zitate S. 520, 530.
68 Manfred Jäger, »Das Wechselspiel von Selbstzensur und Literaturlenkung in der DDR«, in: Ernest Wichner und Herbert Wiesner, Hgg., »*Literaturentwicklungsprozesse*«. *Die Zensur der Literatur in der DDR*, Frankfurt am Main: Suhrkamp 1993, S. 18–49. Die Untersuchungen von Siegfried Lokatis enthalten scharfsinnige Beobachtungen zu den Funktionsmechanismen des Publikationswesens: Für die frühe DDR vgl. Lokatis, »Verlagspolitik zwischen Plan und Zensur. Das ›Amt für Literatur und Verlagswesen‹ oder die schwere Geburt des Literaturapparates der DDR«, in: Kocka, *Historische DDR-Forschung*, S. 303–326; vgl. auch Lokatis, »Dietz. Probleme der Ideologiewirtschaft im zentralen Parteiverlag der SED«, und »Wissenschaftler und Verleger in der DDR. Das Beispiel des Akademie Verlages«, unveröffentlichte Aufsätze, Potsdam: Forschungsschwerpunkt Zeithistorische Studien.
69 Vgl. den aufschlußreichen Essay von Robert Darnton, »Die Sicht des Zensors«, in: *Der letzte Tanz auf der Mauer. Berlin Journal*, Frankfurt am Main: Fischer 1993, S. 138–150.
70 Christine Horn, »IRRGARTEN. Über Zensur und Staatssicherheit. Ein Gespräch mit Frauke Meyer-Gosau«, in: *Text+Kritik*, Nr. 120 (Okt. 1993), S. 36–47, Zitat auf S. 39. Zum Verhältnis der Stasi zur Welt der Kunst und Literatur vgl. Joachim Walther und Gesine von Rittwitz, »Mielke und die Musen: Die Organisation der Überwachung«, in: *Text+Kritik*, Nr. 120 (Okt. 1993), S. 74–88.
71 Zitiert bei Jäger in Wichner u. Wiesner, *Literaturentwicklungsprozesse*, S. 24. Cf. Manfred Jäger, *Kultur und Politik in der DDR: 1945–1990*, Köln: Wissenschaft und Politik 1995, S. 167–169. Vgl. Jüdersleben und Karlson, »Es kommt keiner unterm Regen durch« zu den 1976 ergangenen Verweisen an Wolf, Hermlin und andere Autoren.
72 Vgl. Joachim Walther et al., Hgg., *Protokoll eines Tribunals. Die Ausschlüsse aus dem DDR-Schriftstellerverband 1979*, Reinbek bei Hamburg: Rowohlt 1991, zu der ausführlichen Debatte im Schriftstellerverband und der einschlägigen Korrespondenz (Zitat von Heym auf S. 47).
73 Zitiert bei Ulrike Poppe, »The Humiliated Elite of the Political System«, Vortrag auf der vom Chicagoer Goethe-Institut und der University of Chicago organisierten Tagung »The Responsibility of Intellectuals: State Security Services and Intellectual Life in the GDR: The Case of Sascha Anderson«, 29. Apr.–3. Mai 1992. Eine von Michael Geyer und Robert von Hallberg herausgegebene Buchausgabe erscheint demnächst bei der University of Chicago Press. Zur Entwicklung des Falles Sascha Anderson nach Wolf Biermanns harter Anklage, ein Stasispitzel gewesen zu sein (was viele Freunde von Anderson anfangs gar nicht glauben konnten), vgl. die Berichte in *Der Spiegel*: »Kulturnik 7423/91«, in: Nr. 43 (21. Okt. 1989), S. 336–337;

»Viehisches Gefecht«, Nr. 44 (28. Okt. 1991), S. 327-330; »Pegasus an der Stasi-Leine«, Nr. 47 (18. Nov. 1991), S. 276-280; den zweiteiligen Essay von Jürgen Fuchs »Landschaft der Lüge«, Nr. 47 (18. Nov. 1991), S. 280-291, und Nr. 48 (25. Nov. 1991), S. 72-92, und »Der Verräter seiner Freunde«, Nr. 50 (9. Dez. 1991), S. 22-24. Vgl. ebenfalls Wolf Biermann »Tiefer als unter die Haut«, Nr. 5 (27. Jan. 1992), S. 180-185.

74 Zu diesem Aspekt vgl. die Aussagen von Wolf Biermann, Bärbel Bohley, Jürgen Fuchs, Lutz Rathenau, Vera Wollenberger und anderen in Hans Joachim Schädlich, Hg., *Aktenkundig*, Berlin: Rowohlt Berlin 1992.

75 Karl Wilhelm Fricke *MfS Intern. Macht, Strukturen, Auflösung der DDR-Staatssicherheit*, Köln: Wissenschaft und Politik 1991, S. 21, 44. Dies ist der beste allgemeine Überblick über die Stasi.

76 Dieses Material stützt sich auf die Vorträge und Zeugnisse im Zusammenhang mit der Tagung der University of Chicago »The Responsibility of Intellectuals«. Ähnliche kritische Überlegungen und Stellungnahmen finden sich bei Peter Böthig und Klaus Michael, Hgg., *Macht-Spiele: Literatur und Staatssicherheit im Fokus Prenzlauer Berg*, Leipzig: Reclam Verlag 1993. Zu der allgemeinen Problematik des Verhältnisses zwischen Schriftstellern und dem Regime vgl. Manfred Jäger, *Literatur und Politik in der DDR*, 2. Aufl., München: DVA 1995.

77 Vgl. das Interview von Todd Gitlin mit Christa Wolf, »I Did Not Imagine That I Lived in Truth'«, in: *New York Times Book Review*, 4. Apr. 1993, S. 1. Zu Wolf und Stasi vgl. die eindringlichen Kommentare von Manfred Jäger, »Auskünfte: Heiner Müller und Christa Wolf zu Stasi-Kontakten«, in: *Deutschland Archiv* 26, 2 (Feb. 1993), S. 142-146.

78 Marko Marin, »'Geschaffene Machwerke'. Die Sprache der Stasi«, in: *Text+Kritik*, Nr. 120 (Okt. 1993), S. 48-56.

79 »Auch mir wird ja unterstellt, daß ich Morde geplant hätte ... « [Interview mit Major Glewe, 45, Stasioffizier a. D.], in: Olaf Georg Klein, *Plötzlich war alles ganz anders: Deutsche Lebenswege im Umbruch*, Köln: Kiepenheuer & Witsch 1994, S. 82-103, Zitat S. 85 f.

80 Vgl. Frauke Meyer-Gosau, »Hinhaltender Gehorsam. DDR-Schriftsteller über ihre Kooperation mit der Staatssicherheit«, in: *Text+Kritik*, 120 (Okt. 1993), S. 103-115.

81 Klaus Michael, »'Die Stasi ist kein Thema mehr.' Strategien der unabhängingen Literatur im Umgang mit der Macht«, Tagung der University of Chicago »The Responsibility of Intellectuals.« Cf. Klaus Michael, »Samisdat-Literatur in der DDR und der Einfluß der Staatssicherheit«, in: *Deutschland Archiv*, Bd. 26, 11 (Nov. 1993), S. 1255-1265.

82 Besier und Wolf, *Pfarrer, Christen und Katholiken*, S. 56-60.

83 Havemann, *Die Stimme des Gewissens*, S. 149.

84 Diese Fragen untersucht Seweryn Bialer, *Stalin's Successors: Leadership, Stability, and Change in the Soviet Union*, Cambridge: Cambridge University Press 1980, S. 183-205.

85 Vgl. den Gegensatz bei Sigrid Meuschel, *Legitimation und Parteiherrschaft in der DDR*, S. 22-29, zwischen dem Anspruch des Regimes auf Legitimität – der sich auf wirtschaftliche Innovationen oder den Antifaschismus gründet – und einem normativen Legitimitätsbegriff, der sich auf die Menschenrechte stützt und den sie Einparteiensystemen nicht zuerkennt. Diskussionen über Legitimität leiten sich gewöhnlich von Max Weber her; ich habe hier nur versucht, über einige der sich überlappenden Kriterien des alltäglichen Sprachgebrauchs Klarheit zu schaffen.

86 John P. Nettl, *Die deutsche Sowjetzone bis heute: Politik, Wirtschaft, Gesellschaft,* Frankfurt am Main: Verlag der Frankfurter Hefte 1953, S. 355.

87 Bertolt Brecht, *Briefe,* Hg. Günter Glaeser, 2 Bde., Frankfurt am Main: Suhrkamp 1981, Bd. 1, S. 693–694.

88 Auf diese Generation in der DDR (1987–88) hat sich Lutz Niethammer bei seinen Oral-History-Interviews besonders konzentriert. Vgl. Niethammer et al., *Die volkseigene Erfahrung.* Eine reichhaltige soziologische Untersuchung über die Lebenserfahrungen der verschiedenen Generationen in der DDR (und nach ihrem Ende) ist Huinink, Mayer et al., *Kollektiv und Eigensinn.*

89 Über Antifaschismus als Ideologie vgl. Werkentin, *Politische Strafjustiz in der Ära Ulbricht,* S. 168–173, Meuschel, *Legitimation und Parteiherrschaft in der DDR,* S. 29–41, Wilfried Schubarth, Ronald Pschierer und Thomas Schmidt, »Verordneter Antifaschismus und die Folgen: Das Dilemma antifaschistischer Erziehung am Ende der DDR«, die den kontraproduktiven Effekt, den diese Erziehung am Ende hatte, dokumentieren, und Hans Helmuth Knütter, »Antifaschismus und politische Kultur in Deutschland nach der Wiedervereinigung«, beide in: *Aus Politik und Zeitgeschichte* B 9/91 (22. Feb. 1991), S. 9-16 und 17–23. Ideologische Sturheit hinderte das Regime daran anzuerkennen, daß es seit den achtziger Jahren auch ein nicht unbedeutendes eigenes Skinhead-Problem hatte.

90 Vgl. Jon Elster, *Subversion der Rationalität,* Frankfurt am Main: Campus 1987.

91 Diese Verallgemeinerung gilt so nicht für die Sowjetunion, wo das Regime sich auf eine (wie auch immer brutale) nationale revolutionäre Tradition und die Anerkennung für den Sieg im Zweiten Weltkrieg stützen konnte.

92 Vgl. *Enquete-Kommission* II, 1, S. 124. Vgl. die Untersuchung von Erhart Norbert, »Anpassung oder Verweigerung« als Möglichkeiten für DDR-Bürger, sich zum Staat zu verhalten, ebd., S. 115–122.

93 Der ausgedehnten politikwissenschaftlichen Literatur über die »Übergänge zur Demokratie« gelingt es in der Regel besser, den Demokratisierungsprozeß zu beschreiben, als die zugrundeliegenden Ursachen zu analysieren. Bis zu den Erhebungen in Osteuropa beschäftigten sich solche Studien mit Südeuropa und Lateinamerika. Gelegentlich wurden Vergleiche mit der Beseitigung des italienischen Faschismus oder der Einführung der Demokratie in Westdeutschland Ende der vierziger Jahre gezogen. Vgl. Guillermo O'Donnell, Philippe C. Schmitter und Laurence Whitehead, Hgg., *Transitions from Authoritarian Rule: Prospects for Democracy,* Washington: Woodrow Wilson Center for Scholars, und Baltimore: Johns Hopkins University Press 1986.

94 Tim Mason wies bei der Tagung »Reevaluating the Third Reich«, Philadelphia, April 1988, unter diesem Aspekt auf die Nazis hin. (Die Vorträge von dieser Tagung, allerdings nicht die Diskussionen, sind veröffentlicht von Thomas Childers und Jane Caplan, Hgg., *Reevaluating the Third Reich,* New York: Holmes and Meier 1993.) Masons Bemerkung läßt sich auch auf die stalinistischen Regime übertragen.

2 Der ökonomische Zusammenbruch

1 BA: Potsdam: DC 20 I/3/2861, Bl. 89: 112: Sitzung des Ministerrats vom 19. Okt. 1989, Anlage 3: »Niederschrift über die inhaltliche Wiedergabe der Diskussionsbeiträge der Mitglieder des Ministerrats«.
2 BA: Potsdam/Berlin: Akten der Plankommission, DE 1/56320: »Analyse der Lage der DDR mit Schlußfolgerungen«, 30. Okt. 1989. Vgl. auch SAPMO-BArch: J IV 2/2/2356: Akten des Politbüros, Protokoll Nr. 47 der Sitzung des Politbüros des Zentralkomitees der SED vom 31. Oktober 1989, Anlage Nr. 4. Schürer legte dem Exekutivausschuß des Zentralkomitees am 10. November eine ausführlichere Version vor: SAPMO-BArch: IV/2/1/709. Zum Hintergrund des Berichts, der von Egon Krenz am 24. Oktober für das Politbüro in Auftrag gegeben worden war (um angeblich die »ungeschminkte« Wahrheit zu erfahren) vgl. Hans-Hermann Hertle »Staatsbankrott. Der ökonomische Untergang des SED-Staates«, in: *Deutschland Archiv* 25, 10 (Okt. 1992), S. 1019–1030, und das sich anschließende Interview mit Schürer, S. 1031–1039, und Maria Haendke-Hoppe-Arndt »Wer wußte was? Der ökonomische Niedergang der DDR«, in: *Deutschland Archiv* 28, 5 (Mai 1995), S. 588–602. An dem Bericht haben der Handelsminister Gerhard Beil, Finanzminister Ernst Höfner, der Direktor der zentralen statistischen Verwaltung Arno Donda sowie die graue Eminenz für besondere Geschäfte mit dem Westen Alexander Schalck-Golodkowski, der das Amt eines Direktors der Abteilung für wirtschaftliche Koordination im Außenhandelsministerium und eines Sonderbeauftragten des Ministeriums für Staatssicherheit bekleidete, mitgewirkt. Vgl. die Schätzung dieser Gruppe über die Höhe der Auslandsschulden gegenüber nichtsozialistischen Gläubigern »Prognose über die Bewegung und Beherrschbarkeit der DDR-Schulden von 1989 bis 1995 ...«, in: Peter Przybilski, *Tatort Politbüro, Band 2: Honecker, Mittag und Schalck-Golodkowski,* Berlin: Rowohlt Berlin 1992, S. 358–363. Zum Begriff »Valutamark« vgl. Ernst Höfner »Zur Problematik: Was ist notwendig, damit die Mark der DDR auf dem Weltmarkt eine Valutamark wird?«, 13. Sept. 1988, in: BA: Potsdam/Berlin: DE 1/56318. Zu dieser Zeit entsprach der Wert einer Valutamark ungefähr 4,30 Mark der DDR. Ein ostdeutsches Monatsgehalt von 2000 Mark hatte etwa die Kaufkraft von 500 DM im Westen. Anfang Mai 1989 wurde im internationalen Zahlungsverkehr der Wert der Valutamark im Verhältnis von 1,88 zu einem Dollar berechnet. Vgl. Wiener Institut für Internationale Wirtschaftsvergleiche, Hg., *COMECON Data, 1989,* London: Macmillan 1990, S. 381. Die Zahlen für das laufende Zahlungsdefizit wurden von Krenz am 1. November Gorbatschow mitgeteilt. Vgl. BA: Potsdam/Berlin: DE1/ 56320: »Niederschrift des Gespräches des Gen[ossen] Egon Krenz ... mit Gen. Mikhail Gorbatschow ... am 1. 11. 1989 in Moskau.«
3 SAPMO-BArch: IV 2/1/708: Ehrensperger auf der 9. Tagung des Zentralkomitees, 9. Nov. 1989.
4 BA: Potsdam/Berlin: DE 1/56320. Vgl. auch Anm. 2 und Hans Hertle »Der Weg in den Bankrott der DDR-Wirtschaft. Das Scheitern der ›Einheit von Wirtschafts- und Sozialpolitik‹ am Beispiel der Schürer/Mittag-Kontroverse im Politbüro 1988«, in: *Deutschland Archiv* 25, 2 (Feb. 1992), S. 127–131, das darauf folgende Interview von Hertle mit Schürer, S. 131–142, und die Fernsehfassung von Schürers Interview mit Fritz Schenk, 24. Sept. 1991, S. 143–145.

5 BA: Potsdam/Berlin: DE 1/56320. »Warum wurde die Höhe unserer Verschuldung bisher nicht veröffentlicht?« Schürer erläuterte die Zahlungsverpflichtungen von 20 Milliarden Dollar: Die Hälfte wurde ausgegeben für den Import von Kapitalgütern für die chemische Industrie, Veredelungs-, Möbelindustrien usw., die der Stärkung der Exportkapazität zugute kommen sollten, und die andere Hälfte wurde für Weizenimporte verbraucht, die der Westen nicht refinanzieren wollte. SAPMO-BArch: Berlin: J IV/2/1/709.

6 Dieser Gewinn ist in der zweiten Hälfte der achtziger Jahre nicht bedeutend gestiegen; mit 65 bis 75 Millionen Valutamark jährlich trug er nicht dazu bei, die wachsende Schuldenlast in nennenswertem Umfang zu verringern. Vgl. die von der Hauptabteilung XVIII der Stasi zusammengestellten wöchentlichen Zahlen in: Der Bundesbeauftragte für die Unterlagen des Staatssicherheitsdienstes der ehemaligen DDR [Gauck-Behörde]: MfS: ZAIG/3424 und ZAIG/3729.

7 BA: Potsdam/Berlin: DE 1/56346. Schürer an Modrow, 15. Dez. 1989, mit einem Memorandum zur Vorbereitung der Gespräche mit den Sowjets: »Zur ökonomischen Lage der DDR und zur ökonomischen Zusammenarbeit mit der UdSSR«. Die ostdeutsche Statistik berücksichtigte eine allgemeine »Akkumulationsrate« und eine Rate für »produktive« Investitionen (d. h. ohne Wohnungsbau und soziale Investitionen).

8 Heinrich Potthof *Die Koalition der Vernunft«: Deutschlandpolitik in den 80er Jahren*, München: dtv 1984, S. 19–21.

9 Zu den geschätzten zwei Dritteln des Volkseinkommens vgl. Schürer an Modrow, 15. Dez. 1989, Stellenangabe vgl. Anm. 7. Zum Schuldendienst im Verhältnis zu den Exporten vgl. »Analyse der ökonomischen Lage der DDR mit Schlußfolgerungen« und zum allgemeinen Hintergrund vgl. die CIA-Studie »Eastern Europe Faces Up to the Debt Crisis«, in: Joint Economic Committee of the Congress of the United States, *East European Economics: Slow Growth in the 1980's*, Washington, D.C.: U.S. Government Printing Office 1986, 2, S. 151–185.

10 Vgl. die Warnung des ungarischen Delegierten Pal Ivanyi, Einzelmitgliedern bindende Beschlüsse aufzuerlegen. SAPMO-BArch: Büro Günter Mittag: DY 30/J NL23/19: »Stenographische Niederschrift der Beratung der Sekretäre für Wirtschaft der Zentralkomitees kommunistischer- und Arbeiterparteien der Mitgliedsländer des RGW in Berlin«, 6. Juni 1989.

11 Eine gute Erklärung findet sich bei Randall Warren Stone, »Pursuit of Interest: The Politics of Subsidized Trade in the Soviet Bloc« (Ph. D. dissertation, Harvard University, 1993), Kap. 2 (eine überarbeitete Fassung der Dissertation, die sich auf umfangreiches dokumentarisches Material und viele Interviews stützt, ist erschienen als *Satellites and Commissars: Strategy and Conflict in the Politics of Soviet-Bloc Trade*, Princeton: Princeton University Press 1996; vgl. im Hinblick auf einen sowjetischen Partner Gabor Oblath und David Tarr, »The Terms-of-Trade Effects from the Elimination of State Trading in Soviet-Hungarian Trade«, in: *Journal of Comparative Economics* 16 (1992), S. 75–93. Zusammenfassend zu der Kontroverse über die Höhe der Hilfsleistungen vgl. Vladimir Sobell, *The CMEA in Crisis: Toward a New European Order?*, New York: Center for Strategic und International Studies und Praeger Publishers 1990, S. 12–20. (CMEA = RGW) Vgl. auch Michael Marrese und Jan Vanous, *Soviet Subsidization of Trade with Eastern Europe – A Soviet Per-*

spective, Berkeley: University of California Press 1983, und Keith Crane, *The Soviet Economic Dilemma of Eastern Europe, A Project Air Force Report prepared for the US Air Force,* Santa Monica, CA: RAND 1986, sowie Raymond Dietz, »Advantages and Disadvantages in Soviet Trade with Eastern Europe: The Pricing Dimension«, in: Joint Economic Committee *East European Economies: Slow Growth in the 1980's,* 2, S. 263–301. Für eine andere Auffassung, die davon ausgeht, daß die Osteuropäer infolge der nach 1982 steigenden sowjetischen Ölpreise auf reale Gestehungskosten zusteuerten, vgl. Friedrich Levcik, »Hat die Wirtschaft Osteuropas Zukunft?«, in: Hans-Hermann Hohmann und Heinrich Vogel, Hgg., *Osteuropas Wirtschaftsprobleme und die Ost-West Beziehungen,* Baden-Baden: Nomos 1984, S. 45–50. Zu den Terms of Trade UdSSR-RGW-Länder (1970=81, 1980=100, 1985=125, 1988=112) vgl. *COMECON-Data,* 1989, S. 201.

12 Wirtschaftsinstitut für das sozialistische Weltsystem, Moskau, zitiert nach Stone, »Pursuit of Interest«, S. 306–307 und Anm. 1. Der Transferrubel hatte in den achtziger Jahren einen Wert von US-$ 1.40 bis US-$ 1.25.

13 Stone, »Pursuit of Interest«, S. 327–328.

14 Günther Kleiber und Jozsepf Marjai werden nach dem RGW-Stenogramm vom 4.–5. Juni 1987 zitiert bei Stone, »Pursuit of Interest«, S. 320–322. Stone legt dar, daß die Ostdeutschen mehr besorgt waren über die Lockerung der Handelsquoten und mögliche sowjetische Importe von technischen Produkten aus dem Westen als über die Währungsfrage; auch sie waren an der Konvertibilität interessiert, vorausgesetzt, daß sie die Hauptlieferanten für Werkzeugmaschinen blieben.

15 SAPMO-BArch: Büro Günter Mittag, DY 30/41796, Bd. 3: Ernst Höfner und Horst Kaminsky, »Stellungnahme zum inoffiziellen Material sowjetischer Experten zu Fragen der Weiterentwicklung und Neugestaltung der Valuta-, Finanz-, Kredit- und Verrechnungsbeziehungen zwischen den Mitgliedsländern des RGWs«, Berlin, 15. Jan. 1987. Kaminsky schickte an Mittag zusammen mit diesem Memorandum eine Übersetzung des Materials, das er in Moskau von Borissow, dem stellvertretenden Finanzminister, und Iwanow, dem Präsidenten der Außenhandelsbank der Sowjetunion, erhalten hatte: »Die Vervollkommung des Kreditsystems des RGWs, einschließlich der Tätigkeit der kollektiven Banken des RGWs«.

16 SAPMO-BArch: Büro Günter Mittag. DY 30/41796, Bd. 2: »Vermerk über das Arbeitsgespräch des Vorsitzenden des Ministerrates der DDR, W. Stoph, mit dem Vorsitzenden des Ministerrates der UdSSR, N. Ryschkow, am 28. 5. 1987 im Palast-Hotel in Berlin«, Berlin, 29. Mai 1987. Die Ostdeutschen wiederholten einen Monat später ihre Bitte um Wiederaufnahme der Öllieferungen im Umfang von vor 1981. Vgl. ibid., »Protokoll über die Beratungen der Partei- und Regierungsdelegation der DDR und der UdSSR«, Moskau, 22. Juni 1987. Zur Senkung der Öllieferungen von 1981 vgl. Haendke-Hoppe-Arndt, »Wer wußte was? Der ökonomische Niedergang der DDR«, bes. S. 592–593.

17 SAPMO-BArch: Büro Günter Mittag, DY 30/41797, Bd. 2: Schürer, »Information über Gespräche mit dem Vorsitzenden des Staatlichen Planungskomitees der UdSSR, J. D. Masljukow«, Prag, 7. Juli 1988. Die Statistiken über den Umfang des Handels zwischen der Sowjetunion und der DDR und den Verkauf von Gas- und Ölprodukten an nichtsozialistische Länder stammen aus BA-Potsdam/Berlin: DE-1/56318: »Volkswirtschaftliche Berechnungen zum Warenaustausch DDR/

UdSSR« und »Programm zur Ablösung von Heizöl zur tieferen Spaltung von Erdöl«, ohne Datum.
18 Vgl. *COMECON Data, 1989,* S. 179–200, zu den gesamten und regionalen Exporten in den einheimischen Währungen (oder in der ausländischen Währung, in der der internationale Handel abgewickelt wurde). In dieser Quelle (S. 382) finden sich auch die monatlichen Wechselkurse im Verhältnis zum Dollar, die ich im Durchschnitt für 1988 wie folgt berechnet habe: 1,76 Valutamark, 50 Forint, 5,2 tschechische Kronen und 388 Zloty. Die Valutamark war im Verhältnis zum Dollar künstlich zu hoch angesetzt. Forint und Zloty waren 1988 quasi konvertibel, daher lag der ostdeutsche Handel wahrscheinlich zwischen dem tschechischen und der offiziellen Gesamtsumme. Die ostdeutschen Exporte beliefen sich 1985 auf 93,5, 1986 auf 91,5, 1987 auf 89,9 und 1988 auf 90,2 Millionen Valutamark. Zum Komplexprogramm vgl. SAPMO-BArch: Büro Günter Mittag, DY 30/41796, Bd. 1: Minister für Wissenschaft und Technik, Berlin, »Beratungsmaterial über die Durchführung des RGW-Komplexprogramms des wissenschaftlich-technischen Fortschritts«, 29. Dez. 1987.
19 SAPMO-BArch, Büro Günter Mittag, DY 30/41807, Bd. 2: namentlich nicht nachweisbarer Aufsatz über die Sozial- und Wirtschaftspolitik der DDR und »Bilanz der engen Zusammenarbeit in Wissenschaft, Technik und Ökonomie zwischen der DDR und der UdSSR«.
20 Jürgen Stehn und Holger Schmieding, »Spezialisierungsmuster und Wettbewerbsfähigkeit: Eine Bestandsaufnahme des DDR-Außenhandels«, in: *Die Weltwirtschaft,* Nr. 1 (1990), S. 71, und Harry Maier und Siegrid Maier, »Möglichkeiten einer Intensivierung des innerdeutschen Handels«, in: *Deutschland Archiv* 22, 2 (Feb. 1989), S. 186–187, beide zitiert bei Ulrich Voskamp und Volker Wittke, »Industrial Restructuring in the Former German Democratic Republic (GDR): Barriers to Adaptive Reform Become Downward Development Spirals«, in: *Politics and Society* 19, 3 (Sept. 1991), S. 341–371 (S. 351).
21 SAPMO-BArch: Büro Egon Krenz, IV 2/2.039/291: »Bericht über die 44. Tagung des RGWs, Prag, 5.–7. Juli 1987.« Zuerst die Reden von Ryschkow und Willi Stoph. (Die Akte enthält noch zwei weitere Reden von Ryschkow. Die zweite rief zur Einrichtung von sinnvollen Wechselkursen zwischen den Währungen der RGW-Länder, dem Transferrubel und den westlichen Währungen auf. In der dritten Rede beklagte Ryschkow, daß die RGW-Länder 1,4mal soviel Energie und 1,6mal soviel Material pro Einheit des Nationalprodukts verbrauchten wie die Länder der Europäischen Gemeinschaft und dabei nur auf die Hälfte von deren Arbeitsproduktivität kämen. Das Komplexprogramm war ein über fünf Jahre laufendes RGW-Abkommen über Zusammenarbeit auf den Gebieten der Mikroelektronik, der automatisierten Produktion, der Atomenergie und der Biotechnologie, vgl. Anm. 18. Zu den Schwierigkeiten der wirtschaftlichen Zusammenarbeit zwischen der Sowjetunion und der DDR vgl. Wjatscheslaw Kotschemassow, *Meine letzte Mission. Fakten, Erinnerungen, Überlegungen,* Berlin: Dietz Verlag 1994, S. 78–87.
22 SAPMO-BArch: Büro Günter Mittag, DY 30/41807, Bd. 1: »Zu den Ergebnissen der Gespräche mit Sljunkow«, undatiertes Memorandum, archiviert mit den in Anm. 23 zitierten Berichten.
23 SAPMO-BArch: Büro Günter Mittag, DY 30/41807, Bd. 1: »Interne Nieder-

schrift über das Gespräch Günter Mittag mit Gen. Sljunkow am 25. Januar 1989«.
Zu den Diskussionen im Februar vgl. ibid., Abteilung Planung und Finanzen, Berlin 10. Feb. 1989. »Information über die Atmosphäre anläßlich der Beratung des Gen. Schürer mit ... Gen. Masljukow«. Die Bitten um Geheimhaltung kamen am Ende beider Diskussionen; das Zitat ist vom 25. Januar. Vgl. auch »Information« für den »Kleinen Kreis«, 25. Jan. 1989, mit früherem undatiertem Material.

24 SAPMO-BArch: Büro Egon Krenz, IV 2/2.039/70: Politbüro-Sitzung, 21. Feb. 1989.

25 Stone, »Pursuit of Interest«, S. 314–315.

26 W. I. Schimkos Intervention in: SAPMO-BArch: Büro Günter Mittag, DY 30/J NL 23/19. »Stenographische Niederschrift der Beratung der Sekretäre für Wirtschaft der Zentralkomitees kommunistischer- und Arbeiterparteien der Mitgliederländer des RGWs in Berlin, 6. Juni 1989«.

27 Zu Schürers Zahlen die Subventionen betreffend, die sich auf einen durchschnittlichen Gesamtzuwachs von jährlich 7 Prozent bei einem Wachstum des Nationaleinkommens von 3 bis 4 Prozent beliefen (wobei er zugab, daß der öffentlich angegebene Zuwachs von durchschnittlich 4 Prozent zu optimistisch war), vgl. SAPMO-BArch: IV 2/1/709: »Stenographische Niederschrift der 10. Tagung des Zentralkomitees der SED, 10. Nov. 1989«.

28 SAPMO-BArch: IV 2/1/709: Aussage von Schürer. Zum »Kleinen Kreis« vgl. Hertles Interview mit Schürer »Der Weg in den Bankrott der DDR-Wirtschaft«, in: *Deutschland Archiv* 25, 2 (Feb. 1992), S. 133. Zu den Teilnehmern gehörten im allgemeinen die Mitglieder des Politbüros, die für die Wirtschaft verantwortlich waren, aber der Kreis war nur ein beratendes und kein offizielles Organ. Das andere entscheidende, aber ebenfalls inoffizielle Gremium war mit Fragen der Handelsbilanz befaßt.

29 SAPMO-BArch: IV 2/1/709: Aussage von Schürer.

30 SAPMO-BArch: IV 2/1/708: Aussage von Ehrensperger.

31 BA: Potsdam/Berlin: DE 1/56319: Schürer an Honecker, 26. Apr. 1988. Zu der Kontroverse vgl. Hertle, »Der Weg in den Bankrott der DDR-Wirtschaft« und das anschließende »Gespräch mit Gerhard Schürer«. Vgl. auch die bestätigende Aussage von Werner Krolikowski, 16. Jan. 1990, sowie frühere kritische Berichte zur Wirtschaftslage (für sowjetische »Freunde«) vom 16. Dez. 1980 und 30. März 1983, die bei Przybilski, *Tatort Politbüro*, abgedruckt sind. Krolikowski wurde zu einem erbitterten Kritiker von Honecker und Mittag.

32 BA: Potsdam/Berlin: DE 1/56319: Mittag »Vorlage für das Politbüro des Zentralkomitees der SED«, Anlage, 4. Mai 1988.

33 SAPMO-BArch: IV/2/1/709.

34 MfS: Berlin: ZAIG/5252: nicht unterschriebener Bericht für den Minister: »Hinweise zum Stand der Arbeit an der Staatlichen Aufgabe 1989 und einigen sich dabei abzeichnenden Problemen«, 7. Juni 1988. Die Hauptabteilung XVIII des MfS hatte über 600 Mitarbeiter, deren Hauptaufgabe Industriespionage und die Beschaffung von Produkten war, die Handelsbeschränkungen unterlagen. Die Abteilung erstellte auch Berichte über die unter den Leitern der Kombinate kursierenden Meinungen, sie beobachtete grenzüberschreitende Statistiken und entwickelte ganz allgemein eine unabhängige Fähigkeit zur Einschätzung von ökonomischer Intelligenz. Die HA XVIII/4 war verantwortlich für die Überwachung der zentralen DDR-Wirtschaftsorgane wie die Plankommission, das Finanzministerium und die Staatsbank. Zu den Tätigkeiten der HA XVIII vgl. Haendke-Hoppe-Arndt,»Wer wußte was? Der ökonomische Niedergang der DDR«, S. 594–601; vgl. auch das Interview mit Horst R[oigk], dem Leiter von HA XVIII/4, in Gisela Karau, *Stasiprotokolle. Gespräche mit ehemaligen Mitarbeitern des ›Ministerium für Staatssicherheit‹ der DDR*, Frankfurt am Main: dipa-Verlag 1992, S. 20–34.

35 BA: Potsdam/Berlin: DE 1/56318: »Arbeitsniederschrift über eine Beratung beim Generalsekretär des Zentralkomitees der SED…, 6. Sept. 1988«. Honeckers Geist war unruhig; er wies auch darauf hin, daß der Leipziger Zoo in den siebziger Jahren um das Dreifache gewachsen war, während die Eintrittspreise die gleichen blieben. Zur Kürzung der sowjetischen Öllieferungen im Jahr 1981 vgl. Anm. 16.

36 SAPMO-BArch: Büro Günter Mittag, DY 30/41797, Bd. 2: »Aktennotiz über ein Gespräch des Gen. Erich Honecker m. Gen. Wadim Medwedjew … am 28. 8. 88.«

37 Vgl. Anm. 2. Der Chef der Stasiabteilung, die die staatliche Wirtschaftstätigkeit überwachte, äußerte sich zustimmend. Vgl. das Interview mit Roigk in Karau, *Stasiprotokolle*, S. 27.

38 BA: Berlin: DE 1/56319: »Überlegungen zur weiteren Arbeit am Volkswirtschaftsplan 1989 und darüber hinaus«, 26. Apr. 1988. Nach Harry Maier, einem Wirtschaftsexperten, der 1987 in den Westen geflohen war, steckte Ostdeutschland in den achtziger Jahren etwa 35 Prozent seiner industriellen Investitionen – 14 Milliarden Mark – in den Elektroniksektor und beschäftigte in diesem Bereich 120 000 Wissenschaftler, Ingenieure und Arbeiter – aber mit mageren Ergebnissen. Vgl. Harry Maier, »Die Innovationsträgheit der Planwirtschaft in der DDR – Ursachen und Folgen«, in: *Deutschland Archiv* 26, 7 (Juli 1993), S. 806–818.

39 BA: Berlin: DE 1/56346: Information über ein Gespräch mit dem Minister für Schwermaschinen- und Anlagenbau, Gen. Dr. Lauck, 13. Sept. 1989. (Ich danke Jörg Roesler für Informationen über den CAD-Sektor.)

40 Ibid., mit Schürers Empfehlung zur schnelleren Entwicklung von mikroelektronischen Geräten. Vgl. auch BA: Potsdam/Berlin: DE 1/56319: »Überlegungen zur weiteren Arbeit am Volkswirtschaftsplan 1989 und darüber hinaus«, und DE 1/56343: Schürer an Mittag »Einschätzung möglicher Auswirkungen aus Veränderungen der Preisbildung und der Zahlungsbedingungen … «, 13. März 1989.

41 BA: Potsdam. DC 20 I/4/6532, Minister für Wissenschaft und Technik und Minister der Staatlichen Plankommission »Automisierung der Konstruktion im Maschinenbau«, 2. Nov.1989. Zu einer relativ optimistischen westlichen Beurteilung der DDR-Computerindustrie, die den Handlungsspielraum von Robotron mit dem eines westlichen Unternehmens gleichstellt, vgl. Seymour E. Goodman, »The Partial Integration of the CEMA [sic] Computer Industries: An Overview«, in: Joint Economic Committee, *East European Economies: Slow Growth in the 1980's*, 2, S. 329–354. Zu Schürers Verteidigung der Computerherstellung als einer »Schlüsselindustrie« vgl. BA: Potsdam DC 20 I/3/2861, Anlage 3.

42 MfS: Berlin: ZAIG/5252, 7. Juni 1988.

43 Schürers Bewertung in BA: Potsdam DC 20 I/3/2861.»Niederschrift und die inhaltliche Wiedergabe der Diskussionsbeiträge der Mitglieder des Ministerrats«,

Sitzung 112, 19. Okt. 1989, S. 46. (Dieses unkorrigierte Protokoll folgt der offiziellen Aufzeichnung der Sitzung; außer den Transkripten von Ministerpräsident Stoph, die in den Protokollen besorgt wurden, ist es die einzige wörtliche Mitschrift, die ich gefunden habe.) Zu Jarowinskis Analyse vgl. SAPMO-BArch: IV/2/1/709.
44 SAPMO-BArch: IV 2/1/709.
45 BA: Potsdam/Berlin: DE 1/56343. »Einschätzung möglicher Auswirkungen aus Veränderungen der Preisbildung und der Zahlungsbedingungen im Handel mit der UdSSR in den Jahren 1991 bis 1995 gegenüber dem Fünfjahrplanansatz«, 13. März 1990.
46 Zu Handicaps der Computerindustrie vgl. Voskamp und Wittke, »Industrial Restructuring in the Former German Democratic Republic (GDR)«. Die Autoren stützen sich auf unveröffentlichte Berichte des Zentralinstituts für Wirtschaftsforschung der Akademie der Wissenschaften in Berlin. In einer Hinsicht scheint ihre Kritik ungerechtfertigt: Die DDR entwickelte ihre Industrie nicht nur für die eigenen Bedürfnisse, sondern um von den Exportmöglichkeiten innerhalb des Ostblocks zu profitieren. Ich bin auch nicht sicher, ob die ostdeutschen Schwierigkeiten wirklich von ihren Kombinaten herrührten, die im Vergleich zu der mittlerweile legendären Flexibilität von amerikanischen Soft- und Hardwareproduzenten gern als schwerfällig bezeichnet werden. Die Unternehmen waren mit universitären Forschungszentren verbunden, und die Resultate waren vielleicht weniger unflexibel als gemeinhin angenommen.
47 Zu der von Günther Kleiber geführten Diskussion über den Walkman vgl. BA: Potsdam: DC 20 I/3: 2861: »Niederschrift und die inhaltliche Wiedergabe der Diskussionsbeiträge der Mitglieder des Ministerrats«, Sitzung 112: 19. Okt. 1989, S. 56.
48 BA: Potsdam: DC 20 I/3/2661: 112. Sitzung des Ministerrats, 19. Okt. 1989, S. 22.
49 MfS: Berlin: ZAIG/5233.
50 BA: Potsdam: C 20 I/3/2874. VV b2–948/89, »Beschluß zur Information über die Bauindustrie«, 30. Nov. 1989.
51 MfS: Berlin: ZAIG/3605: »Information über Reaktionen der Bevölkerung der DDR zu Problemen des Handels und der Versorgung«, 14. Sept. 1987.
52 Allgemein zu dem Thema vgl. Jörg Roesler, »The Rise and Fall of the Planned Economy in the German Democratic Republic, 1945–89«, in: *German History* 9, 1 (1991), S. 46–51, wo er K. C. Thalheim, *Die wirtschaftliche Entwicklung der beiden Staaten in Deutschland*, 3. erw. Ausg., Opladen: Leske + Budrich 1988, zitiert. Schürer selbst schätzte, daß die Arbeitsproduktivität in der DDR etwa 60 Prozent von der in der Bundesrepublik betrug.
53 BA: Potsdam/Berlin: DE 1/56346: »Information über ein Gespräch mit dem Minister für Schwermaschinen- und Anlagenbau, Genossen Dr. Lauck«, 13. Sept. 1989.
54 BA: Potsdam: DC 20: I/3/2873. VV b2-b5–120/89: »Beschluß zur Information ... über den Staatshaushaltsplan 1990«.
55 Ein lebendiger und gut informierter Bericht über den Niedergang der DDR-Wirtschaft, der Mittags schädlichen Einfluß hervorhebt, ist Prybylski, *Tatort Politbüro*; vgl. auch die exzellente Studie von Jeffry Kopstein, *The Politics of Economic Decline in East Germany, 1945–1989*, Chapel Hill: University of North Carolina Press

1996, die sich vor allem mit den langfristigen institutionellen Schwächen beschäftigt. Zu Günter Mittags eigenen Erinnerungen vgl. *Um jeden Preis: im Spannungsfeld zweier Systeme,* Berlin: Aufbau Verlag 1991.

56 BA: Potsdam: DC 20 I/4/6530: Vertrauliche Verschlußsache V1199/89: »Kurzinformation zu Fragen der planmäßigen Versorgung der Bevölkerung«. Von den 221 000 Jeans, die kurz zuvor aus Hongkong eingetroffen waren, wiesen 48 000 Mängel auf und mußten ersetzt werden.

57 BA: Potsdam/Berlin: DE 1/56318: »Arbeitsniederschrift über eine Beratung beim Generalsekretär des ZK der SED, Gen. Erich Honecker ... «, 6. Sept. 1988. Die Mittel, die das Regime für den Konsum bestimmt hatte, stiegen auf Kosten der Mittel für Investitionen im Produktionssektor. Vgl. SAPMO-BArch: IV 2/1/709: »Stenographische Niederschrift der 10. Tagung des Zentralkomitees der SED, 10. Nov. 1989«.

58 *New York Times,* 15. Jan. 1990, S.A 9.

59 SAPMO-BArch: Büro Günter Mittag, DY30/41713: »Information Nr. 14/89 des Komitees der ABI« (Arbeiter- und Bauerninspektion), 20. Apr. 1989.

60 SAPMO-BArch: Büro Werner Jarowinski, DY 30/41853, Bd. 1: »Bericht zur Arbeit mit den Warenbeständen im Konsumgüterbinnenhandel« (nicht datiert, Bericht geht bis zum 31. Juli 1988), und Bd. 2: »Bericht über die Kontrolle zur Sicherung eines hohen Niveaus in der gastronomischen Versorgung der Bevölkerung«, 8. Aug. 1989.

61 BA: Potsdam: DC 20 I/3/2861: »Niederschrift und die inhaltliche Wiedergabe der Diskussionsbeiträge der Mitglieder des Ministerrats«, Sitzung 112, 19. Okt. 1989, S. 56–58.

62 SAPMO-BArch: Büro Werner Jarowinski, DY 30/41853, Bd. 2: Komitee der ABI, Inspektion Außenhandel: »Kontrollbericht zur Realisierung des Anlagenexportvertrages des AHB TAKRAF Export-Import ... «, 28. Juni 1988. Das Gesamtprojekt war ursprünglich mit 50,5 Millionen DM beziffert worden.

63 Vgl. János Kornai, *Das sozialistische System. Die politische Ökonomie des Kommunismus,* Baden-Baden: Nomos 1995.

64 BA: Potsdam/Berlin: DE 1/56346: Schürer an Modrow, 15. Dez. 1989. Vgl. auch DE 1/56320: »Analyse der Lage der DDR mit Schlußfolgerungen«, 30. Okt. 1989. Harry Maier setzt als den Beginn der Phase des ernstlichen Niedergangs ebenfalls die siebziger Jahre an und schreibt die Systemkrise dem Unvermögen zu, in den neuen hochtechnologischen und elektronischen Sektoren mitzuhalten – und das trotz Aufwendungen für Forschung und Entwicklung, die prozentual etwa denen Westdeutschland gleich waren. Vgl. Maier, »Die Innovationsträgheit der Planwirtschaft in der DDR«, bes. S. 813.

65 Unter den vielen Diagnosen vgl. James M. Buchanan und Richard E. Wagner, *Democracy in Deficit: The Political Legacy of Lord Keynes,* New York: Academic Press 1977; Samuel Brittan, *The Economic Consequences of Democracy,* London: Temple Smith 1977; Assar Lindbeck, »Stabilization Policy in Open Economies with Endogenous Politicians«, in: *American Economic Review* 66 (Mai 1976, *Papers and Proceedings* 1975), S. 1–19; E. J. Mishan, »The New Inflation in Theory and Practice«, in: *Encounter* 42 (Mai 1974), S. 12–24; William D. Nordhaus, »The Political Business Cycle«, in: *Review of Economic Studies* 42 (Apr. 1975), S. 169–90. Zur damaligen

Kapitalismuskritik aus einer eher »linken« Sicht vgl. Charles E. Lindblom, *Jenseits von Markt und Staat. Eine Kritik der politischen und ökonomischen Systeme*, Stuttgart: Klett-Cotta 1980, ebenso Fred Hirsch, *Die sozialen Grenzen des Wachstums, Eine ökonomische Analyse der Wachstumskrise*, Reinbek bei Hamburg: Rowohlt 1980.
66 Vgl. Marrese und Vanous, *Soviet Subsidization of Trade with Eastern Europe*.
67 Zu den riesigen Problemen vgl. Paul Marer, *Dollar GNPs of the U.S.S.R. and Eastern Europe*, Baltimore: Johns Hopkins University Press and World Bank 1985.
68 Vergleiche sind schwierig, weil die Berechnungsgrundlagen des Nationaleinkommens unterschiedlich sind, aber in den Statistiken der Vereinten Nationen sind Dienstleistungen in die Berechnungen der osteuropäischen Länder aufgenommen. (Unter Einschluß der Sowjetunion wäre der Ostblock auf jährlich 7 Prozent Wachstum gekommen.) Zur Diskussion der tschechischen Wirtschaftsleistungen und der Meßprobleme vgl. Peter Havlik und Friedrich Levcik, *The Gross Domestic Product of Czechoslovakia, 1970–1980*, World Bank Staff Working Papers, Nr. 772, Washington, D.C.: World Bank 1985. Die Schätzungen der jährlichen Wachstumsraten für die Jahre von 1970–80 beliefen sich auf 4,7 Prozent nach der offiziellen Nettoproduktberechnung und nur auf 1 bis 1,7 Prozent auf der Grundlage des BIP. Vgl. S. 37, 76 (Tabelle 18).
69 Cf. W. Brus, »Postwar Reconstruction and Socio-Economic Transformation«, in: Michael C. Kaser und E. A. Radice, Hgg., *The Economic History of Eastern Europe, 1919–1975*, Bd. 2: *Interwar Policy, the War, and Reconstruction*, Oxford: Clarendon 1986, S. 564–643.
70 Irwin L. Collier, »Effective Purchasing Power in a Quantity Constrained Economy: An Estimate for the German Democratic Republic«, in: *Review of Economics and Statistic* 68, 1 (Feb. 1986), S. 24–32. Zum Problem des Mangels allgemein vgl. Kornai, *Das sozialistische System*, S. 257–294.
71 Irwin L. Collier, »The Measurement and Interpretation of Real Consumption und Purchasing Power Parity for a Quantity Constrained Economy: The Case of East und West Germany«, in: *Economica* 56 (Feb. 1989), S. 109–120; Kornai, *Das sozialistische System*, S. 258–266. Freilich geben weder die westlichen noch die östlichen Statistiken Hinweise zu den gleichermaßen wichtigen Enttäuschungen, die in beiden Systemen produziert werden, wenn es darum geht, daß Arbeit, die keiner tun möchte, getan wird. Die klassische Wirtschaftstheorie geht davon aus, daß Arbeit im großen und ganzen nutzlos ist (gefährliche oder körperlich schwere Jobs ausgenommen), was durch die Löhne kompensiert werden muß. Dies ist eine ungeheure Übervereinfachung. Die ökonomische Analyse von Verbraucherenttäuschungen ist weiter fortgeschritten als die Ökonomie von enttäuschten Karrierehoffnungen.
72 Phillip J. Bryson und Manfred Melzer, *The End of the East German Economy: From Honecker to Reunification*, New York: St. Martin's Press 1991, S. 87–88. Die Kapitalinvestionen pro Arbeiter waren in der DDR fast so hoch wie in der BRD, aber die Produktivität von Arbeit und Kapital war nur halb so groß. 73 Prozent der Maschinen und Anlagen in den Bereichen von Bergbau, Energie und produzierendem Gewerbe waren über fünf Jahre alt. Cf. Kornai, *Das sozialistische System*, S. 329–339.
73 Vgl. Harriet Friedman, »Warsaw Pact Socialism und NATO Capitalism: Disin-

tegrating Blocs, 1973–89«, Vortrag auf der Tagung »Rethinking the Cold War«, University of Wisconsin, Madison, 18.–20. Okt. 1991.
74 Die Verluste an Menschenleben in der sowjetischen Periode werden von Grigorii Khanin, »Economic Growth in the 1980s«, in: Michael Ellman und Vladimir Kontorovich, Hgg., *The Disintegration of the Soviet Economic System,* London: Routledge 1992, bes. S. 73–74, hervorgehoben.
75 Marvin R. Jackson, »Economic Development in the Balkans since 1945 compared to Southern und East-Central Europe«, in: *Eastern European Politics and Societies* (im folgenden EEPS) 1, 3 (Herbst 1987), S. 395–455, kommt jedoch zu dem Schluß, daß die Balkanstaaten nach vierzig Jahren in ihren strukturellen Eigenschaften (z. B. der Verteilung der Arbeitskraft auf verschiedene Bereiche) den anderen kommunistischen Ländern näherstehen als nichtkommunistischen Ländern auf einem ähnlichen Stand der Entwicklung.
76 Es sei daran erinnert, daß westliche Ökonomen sich in den fünfziger und sechziger Jahren die Entwicklung der Dritten Welt als einen Prozeß vorstellten, in dem die betreffenden Länder industriell unabhängig werden. Erst nach dem Auftreten Japans und anderer ostasiatischer Exportländer rechnete man mit der Möglichkeit, daß Länder der Dritten Welt auch durch die Ausnutzung der Kräfte des Weltmarkts und des internationalen Handels zu technisch fortgeschrittenen Gesellschaften (im Unterschied zu auch noch so wohlhabenden Gesellschaften von Warenproduzenten) werden können.
77 Für eine umfassende Darstellung der Politik während und nach der Stalinisierung siehe Brus, »Postwar Reconstruction und Socio-Economic Transformation« und die Kapitel 23–26 von Brus in Michael C. Kaser, Hg., *The Economic History of Eastern Europe,* Bd. 3: *Institutional Change within a Planned Economy,* Oxford: Clarendon Press 1986, S. 3-249; zum Lebensstandard in den Jahren 1950–53 vgl. ebd. S. 33–36.
78 Vgl. John P. Nettl, *Die deutsche Sowjetzone bis heute,* Frankfurt am Main: Verlag der Frankfurter Hefte 1953.
79 Wolfgang F. Stolper unter Mitarbeit von Karl W. Roskamp, *The Structure of the East German Economy,* Cambridge, MA: Harvard University Press 1960, S. 415–417. In den frühen fünfziger Jahren stieg die Arbeitsproduktivität erheblich, wenn auch etwas weniger als in Westdeutschland, aber der Aufschwung hing auch mit dem gegenüber 1950 kräftig gestiegenen Beschäftigungsniveau zusammen. Westdeutschland erlebte ein erheblich schnelleres Wachstum, aber die Wirtschaftsleistung der DDR war beachtlich. Um 1955 lag das BIP der DDR bei 110 bis 113 Prozent des Niveaus von 1936, je nachdem welche Indices verwendet werden. In Westdeutschland lag es bei 180 Prozent. Aber davor waren die Unterschiede noch größer: 1950 war die wirtschaftliche Gesamtleistung der DDR bedeutend niedriger als 1936; sie wuchs in den nächsten fünf Jahren um 40,6 Prozent und erreichte damit den Index von 110. In Westdeutschland war 1950 der Stand von 1936 bereits überholt, und bis 1955 wuchs die Wirtschaft um 63,5 Prozent auf den Index von 180.
80 Ich folge der Chronologie und der Darstellung von Brus, Kap. 24–26, in Kaser, *Economic History of Eastern Europe,* 3, S. 40–249.
81 Zur Reformperiode, Šiks eigenen Ansichten und den ökonomischen Rezepten

vgl. Jiři Kosta, *Abriß der sozialökonomischen Entwicklung der Tschechoslowakei 1945–1977*, Frankfurt am Main: Suhrkamp 1978, S. 90–104, 113–157; Vladimir Kusin, *The Intellectual Origins of the Prague Spring: The Development of Reformist Ideas in Czechoslovakia, 1956–1967*, Cambridge: Cambridge University Press 1971. Zu den Ideen von Ota Šik vgl. *Plan and Market under Socialism*, White Plains, NY: International Arts und Sciences Press 1967; »Czechoslovakia's New System of Planning and Management«, in: *Economic Reforms in the Socialist Countries*, Prag: Peace and Socialism Publishers 1967, S. 27–47, und seine nachdenklichen Überlegungen nach der Niederschlagung des Prager Frühlings *Der Dritte Weg: Die marxistisch-leninistische Theorie und die moderne Industriegesellschaft*, Hamburg: Hoffmann und Campe 1972. Zum »Libermanismus« vgl. Emil Bej, »Some Aspects of Industrial Planning under Brezhnev-Kossygin Rule«, in: *Jahrbuch der Wirtschaft Osteuropas* 13, 1 (1989), S. 176–197. Zur damaligen Beurteilung der Innovationen vgl. Gregory Grossman, »Economic Reforms: A Balance Sheet«, in: *Problems of Communism* 15 (Nov.–Dez. 1966), S. 43–56. Cf. Brus in Kaser, *Economic History of Eastern Europe*, 3, S. 40–69.

82 Ivan T. Berend, *The Hungarian Economic Reforms, 1953–1988*, Cambridge: Cambridge University Press 1990, S. 129–200.

83 Jörg Roesler, *Zwischen Plan und Markt. Die Wirtschaftsreform 1963–1970 in der DDR*, Freiburg und Berlin: Rudolf Haufe Verlag 1990, gibt eine hervorragende, auf Archivmaterial beruhende Darstellung des Neuen Ökonomischen Systems. Zu den Schwächen des NÖS und seiner Beendigung vgl. die aufschlußreiche Darstellung von Michael Keren, »The Return of the Ancien Regime: The GDR in the 1970's«, in: Joint Economic Committee of the Congress of the United States, *East European Economies Post-Helsinki*, Washington, D.C.: U. S. Government Printing Office 1977, S. 720–765.

84 Ibid., S. 40–44, 60–68.

85 Marer, *Dollar GNPs*, Tabellen A-10 und A-11, S. 218–219. Für eine Beschreibung der ostdeutschen Reformen durch einen offiziellen Sprecher siehe Wolfgang Berger, »The New Economic System in the GDR – Its Essence und Problems«, in: *Economic Reforms in the Socialist Countries*, S. 48–64; vgl. auch Brus in Kaser, *Economic History of Eastern Europe*, 3, S. 185–194.

86 Vgl. Grzegorz Ekiert, »Prospects and Dilemmas of the Transition to a Market Economy in East Central Europe«, Cambridge, MA: unveröffentlichtes Manuskript 1990, Anm. 9 (vgl. Anm. 130).

87 Vgl. Gert-Joachim Glaeßner, *Die andere deutsche Republik: Gesellschaft und Politik in der DDR*, Opladen: Westdeutscher Verlag 1989, S. 19–23.

88 Eine interessante Diskussion der Reform- und Repressionszyklen findet sich bei Valerie Bunce, »Domestic Reform and International Change: The Gorbachev Reforms in Historical Perspective«, in: *International Organization* 47, Nr. 1 (Winter 1993), S. 107–138. Zu den Entwicklungen in der Tschechoslowakei vgl. Gordon Skilling, *Czechoslovakia's Interrupted Revolution*, Princeton: Princeton University Press 1976, Zdenek Mlynař, *Nachtfrost. Erfahrungen auf dem Weg vom realen zum menschlichen Sozialismus*, Köln: EVA 1978, und Vladimir V. Kusin, *From Dubcek to Charter 77: A Study of Normalization in Czechoslovakia 1968–1978*, New York: St. Martin's Press 1978.

2 Der ökonomische Zusammenbruch 533

89 Zu den Schwierigkeiten, zu denen es in den siebziger Jahren kam, vgl. Paul McCracken et al., *Towards Full Employment and Price Stability*, Paris: OECD 1977, Lawrence B. Krause und Odd Aukrust, Hgg., *Worldwide Inflation: Theory and Recent Experience*, Washington, D.C.: Brookings Institution 1977, Leon N. Lindberg und Charles S. Maier, Hgg., *The Politics of Inflation and Economic Stagnation, Theoretical Approaches and International Case Studies*, Washington, DC: Brookings Institution 1985.
90 Zitiert bei Roesler, *Zwischen Plan und Markt*, S. 41.
91 David Granick, *Enterprise Guidance in Eastern Europe: A Comparison of Four Socialist Economies*, Princeton: Princeton University Press 1975, S. 161–164.
92 Roesler, *Zwischen Plan und Markt*, S.153–156; Brus, Kap. 26, in: Kaser, *Economic History of Eastern Europe*, 3, S. 190–194.
93 Interview mit Mittag, »Es reißt mir das Herz kaputt«, in: *Der Spiegel*, Nr. 37, (9. Sept. 1991), S. 96.
94 Statistisches Bundesamt, *DDR 1990: Zahlen und Fakten*, Wiesbaden 1990, Tabelle 8.1, S. 43. Unternehmen bedeutet hier eine rechenschaftspflichtige firmenartige Einheit mit mindestens zehn Beschäftigten. Vgl. auch Doris Cornelsen, »Die Wirtschaft der DDR in der Honeckerära«, in: Gert-Joachim Glaeßner, Hg., *Die DDR in der Ära Honecker: Politik–Kultur–Gesellschaft*, Opladen: Westdeutscher Verlag 1988, S. 357–370. Es ist bemerkenswert, daß die sowjetischen Reformversuche (wie etwa dezentralisierte Entscheidungsprozesse) auch auf Kosten von Ausgaben für das Militär und Investitionsgüter vor allem auf die Konsumbedürfnisse zielten, während das ostdeutsche NÖS der sechziger Jahre die Reformen mit höheren Investitionen verbunden hatte. Dagegen betonte die Rezentralisierung der siebziger Jahre die Versorgung mit Konsumgütern. Vgl. Keren, »The Return of the Ancien Regime« zu den Resultaten nach dem NÖS.
95 Bryson und Melzer, *The End of the East German Economy*, S. 5–7. Vgl. auch zu den Problemen im allgemeinen Manfred Melzer und Arthur A. Stahnke, »The GDR Faces the Economic Dilemmas of the 1980's: Caught between the Need for New Methods and Restricted Options«, in: Joint Economic Committee, *East European Economics: Slow Growth in the 1980's*, 3, S. 131–168.
96 Eine Darstellung gibt David Stark, »Coexisting Organizational Forms in Hungary's Emerging Mixed Economy«, in: Victor Nee und David Stark, Hgg., *Remaking the Economic Institutions of Socialism. China and Eastern Europe*, Stanford, CA: Stanford University Press 1989, S. 137–169. Vgl. auch Paul Marer, »Economic Reform in Hungary: From Central Planning to Regulated Market«, in: Joint Economic Committee, *East European Economics: Slow Growth in the 1980s*, 3, S. 223–297, zu den früheren Stadien Richard Portes, »The Tactics and Strategy of Economic Decentralization«, in: *Soviet Studies* 23 (Apr. 1972), S. 629–658, David Granick, »The Hungarian Economic Reform«, in: *World Politics* 25 (Apr. 1973), S. 414–429, und zu den wieder aufgenommenen Reformen Berend, *Hungarian Eonomic Reforms*, S. 232–245.
97 Karel Dyba, »Understanding Czechoslovak Economic Development: 1968–1988. Growth, Adjustment and Reform«, in: *Jahrbuch der Wirtschaft Osteuropas* 13, 2 (1989), S. 141–166, bes. S. 143. Vgl. auch Alice Teichova, *Wirtschaftsgeschichte der Tschechoslowakei 1918–1980*, Wien/Köln/Graz: Böhlau, S. 129–131. Zum scharfen Niedergang der ungarischen Wirtschaftsleistungen vgl. Paul G.

Hare, »Industrial Development of Hungary since World War II«, in: *EEPS* 2, 1 (Winter 1988), S. 115–151, bes. S. 123–124. Hare schreibt die Veränderungen dem Ende der »extensiven« Wachstumsmöglichkeiten zu. (Vgl. die unten in Anm. 106 zitierte Diskussion bei Gur Ofer.) Im Laufe des Jahrzehnts fiel das Wachstum in Ostdeutschland, der Tschechoslowakei und Ungarn von 5 bis 6 auf etwas über 3 Prozent. Das Wachstum in Polen blieb stark, war großenteils aber eine Folge von massiven Kapitalimporten.

98 Zu den Schwierigkeiten und Widersprüchen von Teilreformen vgl. Granick, *Enterprise Guidance in Eastern Europe*, Jànos Kornai, *Economics of Shortage*, Amsterdam: North Holland 1986, und Ellen Comisso, »Market Failures and Market Socialism: Economic Problems of the Transition«, in: *EEPS* 2, 3 (Herbst 1988), S. 433–465.

99 Marer, *Dollar GNPs*, Tabelle 1–2, S. 7.

100 Statistisches Bundesamt, *DDR 1990: Zahlen und Fakten*, Tabelle 8.8, S. 47.

101 Timothy Colton, *The Dilemma of Reform in the Soviet Union*, überarb. Ausg., New York: Council on Foreign Relations 1986, S. 24–25, 33–57. Zur Rolle der Partei bei der Stagnation vgl. Peter Rutland, *The Politics of Economic Stagnation in the Soviet Union. The Role of the local Party Organs in economic Management*, Cambridge: Cambridge University Press 1993.

102 Vgl. Hans-Hermann Hohmann, »Die sowjetische Wirtschaft nach dem Wachstumstief. Stagnation, Zwischenhoch oder anhaltender Aufschwung«, in: Hohmann und Vogel, *Osteuropas Wirtschaftsprobleme und die Ost-West-Beziehungen*, S. 13–41, Friedrich Levic, »Hat die Wirtschaft Osteuropas Zukunft?«, in: ibid., S. 43–59, und Eugene Zaleski, »Die polnische Wirtschaftskrise und ihre Auswirkungen auf den RGW«, in: ibid., S. 61–89, sowie Tabelle 1, S. 62–63.

103 Jochen Bethkenhaben, »RGW und Weltwirtschaft: Konsequenzen zweier Wirtschaftskrisen«, in: ibid., S. 91–113.

104 Ellman und Kontorovich, *Disintegration of the Soviet Economic System*, S. 14–19. Im Ganzen ist der Band eine harte Kritik der Gorbatschowschen Reformen, nur ist nicht so recht klar, welche alternativen Modelle die verschiedenen Autoren vorschlagen. Die Monographien über Eisenbahn, Landwirtschaft, Technologie und Regionalisierung sind jedoch sehr nützlich. Zum Wiederaufschwung Mitte der achtziger Jahre vgl. auch Hohmann, »Die sowjetische Wirtschaft nach dem Wachstumstief«, S. 19–24.

105 Vgl. Vladimir Kontorovich, »Technological Progress and Research and Development«, in: Ellman und Kontorovich, *Disintegration of the Soviet Economic System*, S. 217–238. Vgl. ferner Kazimierz Z. Poznanski, »Economic Determinants of Technological Performance in East European Industry«, in: *EEPS* 2, 3 (Herbst 1988), S. 577–600.

106 Vgl. die Diskussion bei Gur Ofer, »Soviet Economic Growth, 1928–1985«, in: *Journal of Economic Literature* 25, 4 (Dez. 1987), S. 1767–1833, hier S. 1806, und Stanislaw Gomulka, *Growth, Innovation and Reform in Eastern Europe*, Brighton: Wheatsheaf 1986.

107 Phillip Grossman, »Labor Supply Constraints and Responses«, in: Holland Hunter, Hg., *The Future of the Soviet Economy: 1978–1985*, Boulder, CO: Westview 1978.

108 Zu diesen und anderen Schwierigkeiten vgl. Colton, *The Dilemma of Reform in the Soviet Union*, Kap. 2, Joint Economic Committee of the Congress of the United States, *Consumption in the USSR: An International Comparison*, Washington, D.C.: U.S. Government Printing Office 1981, sowie Gertrud E. Schroeder, »Soviet Consumption in the 1980s: A Tale of Woe«, in: Ellman und Kontorovich, *Disintegration of the Soviet Economic System*, bes. S. 91, zur Zunahme des Konsums in dem Jahrzehnt, und Herbert S. Levine, »Possible Causes of the Deterioration of Soviet Productivity Growth in the Period 1976–80« in: Joint Economic Committee of the Congress of the United States, *Soviet Economy in the 1980s: Problems und Prospects*, Washington, D.C.: U. S. Government Printing Office 1983, Teil 1, S. 153–168. Diese Untersuchung ist in den kausalen Zusammenhängen, die sie aufzeigt, etwas unscharf. Schränkte eine unzureichende Versorgung mit Arbeitskräften die Entwicklung neuer Wirtschaftstätigkeiten ein, oder führten (neben dem Widerstreben, Arbeiter zu entlassen) gescheiterte Innovationen zur Anhäufung überschüssiger Arbeitskraft in den alten Industrien?
109 Bryson und Melzer, *End of the East German Economy*, S. 32–47; vgl. auch meine frühere Diskussion.
110 BA: Potsdam/Berlin: DE 1/56343: Staatliche Plankommission »Analyse der Wirksamkeit der umfassenden Anwendung des Prinzips der Eigenbewirtschaftung der Mittel in den ausgewählten 16 Kombinaten im Jahre 1988«, 14. Apr. 1989, und »Bericht über ›Wirksamkeit der umfassenden Anwendung des Prinzips der Eigenbewirtschaftung‹«, 15. Sept. 1989.
111 BA: Potsdam/Berlin: DE 1/56321: Wolfgang Biermann an Günter Mittag, 8. Mai 1988.
112 Wolfgang Heinrichs, »Comments« (Symposion über die Deutsche Demokratische Republik), in: *Comparative Economic Studies* 29, 2 (Sommer 1987), zitiert in Bryson und Melzer, *End of the East German Economy*, S. 19.
113 Cf. Voskamp und Wittke, »Industrial Restructuring in the Former German Democratic Republic«, S. 344–345.
114 Véronique Maurus, »A l'est, le déclin du charbon«, in: *Le Monde*, 26. Juni 1990, S. 27.
115 George Orwell, *Der Weg nach Wigan Pier*, Zürich: Diogenes 1982, S. 35.
116 Allan M. Williams, *The Western European Economy: A Geography of Post-War Development*, London: Hutchinson 1987, S. 296.
117 Zu »weichen« und »harten« Budgetbeschränkungen vgl. Kornai, *Das sozialistische System*, S. 155–160.
118 Maurus, »A l'est, le déclin du charbon.«
119 BA: Potsdam: DC 20, I-3/2905: Der Minister für Schwerindustrie an Ministerpräsident Modrow, 23. Jan. 1990, »Vorschlag zur Bildung der Regierungskommission zur komplexen Lösung der ökologischen und ökonomischen Probleme im Raum Bitterfeld/Wolfen«.
120 Nach den schwedischen Erfahrungen wäre die intensive Requalifizierung der Arbeitskraft eine Alternative gewesen, aber Schweden ist ein kleines Land mit gut ausgebildeten Arbeitskräften und niedriger Arbeitslosigkeit.
121 Jeffrey Sachs, »Wages, Profits, and Macroeconomic Adjustment: A Comparative Study«, in: *Brookings Papers on Economic Activities 2: 1979*, S. 269–313. Zur ma-

kroökonomischen Politik der siebziger Jahre und ihren Implikationen vgl. Lindberg und Maier, Hgg., *The Politics of Inflation and Economic Stagnation*, mit zahlreichen weiteren Verweisen.

122 Peter Hall, *Governing the Economy: The Politics of State Intervention in Britain and France*, Cambridge: Polity Press 1986, S. 93–107, 198–202.

123 Cf. E. Dirksen und M. Klopper, »Is There an Economic Crisis in the USSR?«, in: *Comparative Economic Studies* 28, 1 (Frühjahr 1966.)

124 Bethkenhagen, »RGW und Weltwirtschaft«, Tabelle 3, S. 108, zu den Handelsanteilen; *COMECON Data, 1989,* Tabelle III/3.12, S. 261, zu den Gesamtzahlen. Die Zahlen zum Handelsverkehr enthalten nicht den innerdeutschen Handel.

125 Vgl. Franklyn D. Holzman, »Comecon: A ›Trade Destroying‹ Customs Union?«, in: *Journal of Comparative Economics* 9, 4 (Dez. 1985), S. 419–423.

126 Colton, *Dilemma of Reform*, S. 203.

127 Friedman, »Disintegrating Blocs«.

128 BA: Potsdam/Berlin: DE 1/56320: »Warum wurde die Höhe unserer Verschuldung bisher nicht veröffentlicht?«

129 Bej, »Some Aspects of Industrial Planning under Breshnev-Kossygin Rule«, S. 191.

130 Zu den Schwierigkeiten der verspäteten Reformbemühungen in den RGW-Ländern, in denen das Eigentum immer noch im großen und ganzen sozialistisch war, vgl. die Aufsätze in dem Sonderband von *EEPS* 2, 3 (Herbst 1988), sowie die Untersuchung von David Lipton und Jeffrey Sachs, »Creating a Market Economy in Eastern Europe: The Case of Poland«, in: *Brookings Papers in Economic Activity, 1: 1990*, S. 75–133, mit Diskussion, S. 134–148; J. Winiecki, »Obstacles to Economic Reform of Socialism: A Property Rights Approach«, in: *Annals of the American Academy of Political and Social Sciences* 507 (1990), S. 65–71; Grzegorz Ekiert, »Prospects and Dilemmas of the Transition to a Market Economy in East Central Europe«, in: Frederick D. Weil, Hg., *Democratization in Eastern and Western Europe*, Greenwich, CT: JAI Press 1993, 1, S. 51–82.

131 MfS: ZAIG/3605: »Information über Reaktionen der Bevölkerung der DDR zu Problemen des Handels und der Versorgung«, 14. Sept. 1987.

3 Die Herbstunruhen

1 In dieser Skizze des deutschen *Vormärz* berücksichtige ich die gegensätzlichen Schwerpunkte der beiden wichtigsten Gesamtdarstellungen von Historikern aus jüngerer Zeit: *Deutsche Geschichte 1800–1860. Bürgerwelt und starker Staat,* München: Beck 1984, von Thomas Nipperdey, der das im liberalen Nationalismus vorhandene Potential für die Teilnahme am öffentlichen und politischen Leben hervorhebt, und Hans-Ulrich Wehlers *Deutsche Gesellschaftsgeschichte*, 4 Bde., München: Beck 1987 ff., der die durchgängig vorhandenen hierarchischen Strukturen betont. Vgl. auch Benedict Anderson, *Die Erfindung der Nation. Zur Karriere eines folgenreichen Konzepts,* Frankfurt: Campus 1996, und Jürgen Habermas, *Strukturwandel der Öffentlichkeit,* Neuwied: Luchterhand 1962, die beide anschaulich darstellen, wie sich in dem wachsenden Lesepublikum eine neue Elitenbildung vollzog. Die Lite-

ratur zu den Ereignissen von 1848 ist unüberschaubar; die Betonung der demokratischen Mobilisierung, die sich beispielhaft etwa bei Jonathan Sperber, *Rhineland Radicals: The Democratic Movement and the Revolution of 1848–1849,* Princeton: Princeton University Press 1991, findet, stellt jedenfalls ein nützliches Gegengewicht zu den weitgehend durchstrukturierten Erklärungen dar, warum die Revolution gescheitert ist.
2 Johann Heinrich Gottlob von Justi, *Grundsätze der Policey-Wissenschaft,* Göttingen: 1759, S. 4, 12f., vgl. Alf Lüdtke, ›*Gemeinwohl*‹, *Polizei und* ›*Festungspraxis*‹. *Staatliche Gewaltsamkeit und innere Verwaltung in Preußen, 1815–1850,* Göttingen: Vandenhoeck und Ruprecht 1982.
3 Helga Königsdorf, *Adieu DDR: Protokolle eines Abschieds,* Reinbek bei Hamburg: Rowohlt 1990, S. 64. Das Buch enthält eine Reihe von anonymen Interviews. Vgl. die bestätigende, aber erschreckende Aussage eines rechtsradikalen Agitators, die von der *New York Times* (»German Attacks Rise As Foreigners Become Scapegoat«, 2. Nov. 1992) zitiert wurde: »Wir wollen ein Denkmal für Erich Honecker bauen. Er war ein kommunistischer Idiot, aber durch seine Politik blieb eine Insel von 17 Millionen reinrassigen Germanen mit einer Spur von arischem Bewußtsein erhalten.«
4 Vor mehr als einem halben Jahrhundert listete Crane Brinton in *Die Revolution und ihre Gesetze,* Frankfurt am Main: Nest 1959, die Parallelen zwischen der englischen, französischen, amerikanischen und russischen Revolution am vollständigsten auf. Robert Darnton, der während der Proteste und Demonstrationen von 1989 in Berlin lebte, war von solchen Parallelen immer wieder beeindruckt, mußte aber dann akzeptieren, daß die Revolution zu Ende war. Er schrieb eine Folge von kleinen Erzählungen zu den Vorgängen: *Der letzte Tanz auf der Mauer: Berliner Journal 1989–90,* Frankfurt am Main: Fischer 1993.
5 Dieses Argument hat nicht primär mit Ziel und Formen des Massenprotests zu tun. Zum Repertoire der Protestformen und ihrer Entwicklung im Jahr 1848 (um danach angeblich eine Schwelle zur Moderne zu überschreiten) vgl. die Literatur, deren anerkanntester Teil sich mit den französischen Ereignissen beschäftigt, bes. Charles Tilly, *The Contentious French,* Cambridge, MA: Harvard University Press 1986, ferner William H. Sewell, Jr., »Collective Violence and Collective Loyalties in France: Why the French Revolution Made a Difference«, in: *Politics and Society* 18, 4 (1990), S. 527–552, und William H. Sewell, *Work and Revolution in France: The Language of Labor from the Old Regime to 1848,* Cambridge: Cambridge University Press 1980, sowie Sidney Tarrow, »Modular Collective Action and the Rise of the Social Movement: Why the French Revolution Was Not Enough«, in: *Politics and Society* 21, 1 (März 1993), S. 69–90, und Sidney Tarrow, *Power in Movement: Social Movements, Collective Action, and Politics,* Cambridge: Cambridge University Press 1994. Im allgemeinen befassen sich diese Untersuchungen nicht mit dem Aspekt der »Reflexivität« von kollektiven Aktionen aus jüngerer Zeit – d.h. den Rückwirkungen der Medienberichte, durch die lokale Massenversammlungen einen bedeutenden nationalen Einfluß gewannen und durch die die Berichterstattung über die Proteste selber zu einem destabilisierenden Element wurde. In einem gewissen Umfang mag der Pariser Journalismus in früheren Zeiten einen ähnlichen Effekt gehabt haben, seit 1968 aber trägt mindestens das Fernsehen zu einer Ausweitung der Interaktionen zwischen Demonstranten, Publikum und Behörden bei.

6 Reinhard Schult, »Kirche von unten«, zitiert in Matthias Geis, *Tageszeitung* (im folgenden *taz*), 15. Aug. 1989. (Wieder abgedruckt in *taz: DDR Journal zur Novemberrevolution. August bis Dezember 1989*, 2., erw. Ausg., Berlin 1990, S. 6.
7 Zit. n. Leopold Schönhoff, »Die Politik und die Straße«, in: *Über Land und Meer* 3 (1907–8), S. 19, in Bernd Lindner, »Die politische Kultur der Straße als Medium der Veränderung«, in: *Aus Politik und Zeitgeschichte* B27/90 (29. Juni 1990), S. 18.
8 Zur Geschichte und Anwendung des Begriffs der zivilen Gesellschaft vgl. Kapitel 4, S. 333–351. Die jüngste und umfassendste Behandlung des Themas findet sich bei Jean L. Cohen und Andrew Arato, *Civil Society and Political Theory*, Cambridge, MA: MIT Press 1992. Vgl. auch Zbigniew Rau, Hg., *The Reemergence of Civil Society in Eastern Europe and the Soviet Union*, Boulder, CO: Westview Press 1991. In den achtziger Jahren bezog sich der Begriff auf Vereine und Organisationen, von denen man annahm, daß sie als Grundlage für die Bekämpfung der kommunistischen Regime dienen könnten.

9 Geschichte ist in diesem Sinne »überdeterminiert« und damit ein falsch angelegter Versuch, sich um die »Sparsamkeit« zu bemühen, die von Politikwissenschaftlern so gerühmt wird. Unter einem anderen Gesichtspunkt jedoch sind die Resultate von historischen Prozessen »unterdeterminiert«: Sie hätten anders kommen können, und bestimmte Ereignisse sind von einer solchen Größe, daß die Gründe, die wir für ihr Zustandekommen anführen, uns intuitiv unzureichend erscheinen, um sie wirklich zu erklären. Es ist nur ein scheinbares Paradox, daß geschichtliche Ereignisse zugleich über- und unterdeterminiert sind: In erster Hinsicht haben wir es mit der Zahl der plausiblen Erklärungen zu tun, während sich die andere Perspektive auf die unterschiedliche Größe von Ursachen und Resultaten bezieht.
10 In diesem Abschnitt wird die wichtige Frage aufgeworfen, ob Deutschland eine abweichende politische Entwicklung durchgemacht hat, also einen *Sonderweg* gegangen ist. Natürlich hat jedes Land seine »Besonderheit«. Kritiker der These vom *Sonderweg* haben zu Recht hervorgehoben, wie reich das Vereinsleben in Deutschland war und wie viele politische Debatten es gegeben hat. (Vgl. vor allem David Blackbourn und Geoffrey Eley, *The Peculiarities of German History: Bourgeois Society and Politics in Nineteenth-Century Germany*, New York: Oxford University Press 1984.) Dennoch standen in Deutschland politische Ämter und Entscheidungsprozesse weniger in einem Funktionszusammenhang mit Parlamentswahlen. Selbst in Großbritannien, wo weite Bereiche des gesellschaftlichen Lebens undemokratisch und unmeritokratisch verfaßt waren, mußten sich die politischen Absichten von rivalisierenden Bewerbern um ein Staatsamt dem Test durch Wahlentscheidungen unterziehen, was auch für die meisten Staaten der USA und in Frankreich gilt.
11 Max Weber, »Parlament und Regierung im neugeordneten Deutschland« (Mai 1918), in: *Gesammelte politische Schriften*, 3. Aufl., Tübingen: J. C. B. Mohr 1958, Hg. Johannes Winckelmann, S. 306–443, Zitat auf S. 395–396. Weber fürchtete die Massenpolitik, aber er sah, daß eine Regierung, die nicht ständig um die Unterstützung durch die Mehrheit zu kämpfen hat, verknöchern muß. Vgl. auch »Wahlrecht und Demokratie in Deutschland« (Dez. 1917), in: ibid., S. 245–291.
12 Cf. Robert Darnton, »Did East Germany Have a Revolution?«, in: *New York Times*, 3. Dez. 1989, S.A19.
13 Aussagen von Gudula Ziemer und Holger Jackisch, 17. Dez. 1989, zitiert in

Neues Forum Leipzig, *Jetzt oder Nie – Demokratie: Leipziger Herbst '89*, Leipzig: Forum Verlag 1989 und München: C. Bertelsmann Verlag 1990, S. 26–27.

14 Rainer Eckert, »Staatssicherheit und DDR-Universitäten (am Beispiel politischer Verfolgungen an der Sektion Geschichte der Humboldt-Universität zu Berlin 1971/72)«, Vortrag auf der Tagung »Deutsche Geschichte von innen und außen gesehen«, Leipzig, 21.–23. Mai 1992, veröffentlicht unter dem Titel »Die Berliner Humboldt-Universität und das Ministerium für Staatssicherheit«, in: *Deutschland Archiv* 26, 7 (Juli 1993), S. 770–785. Der Autor war selbst ein junger Student, der in die Akademie der Wissenschaften abgeschoben wurde.

15 Königsdorf, *Adieu DDR*, S. 118. Das Zitat ist von einem CDU-Mitglied, aber frühere aktive SED-Mitglieder haben mir dasselbe erzählt.

16 Aussage von Theo Kühirt in Neues Forum Leipzig, *Jetzt oder Nie*, S. 92.

17 Hans-Hermann Hertle, »Der Weg in den Bankrott der DDR-Wirtschaft ... Gespräch mit Gerhard Schürer«, in: *Deutschland Archiv* 25, 2 (Feb. 1992), S. 139.

18 SAPMO-BArch: Büro Günter Mittag, DY 30/41797, Bd. 3: »Aktennotiz über ein Gespräch Erich Honeckers mit Wjatscheslaw Kotschemassow am 1. Februar 1988«.

19 SAPMO-BArch: Büro Egon Krenz, IV 2/2.039/73: Bericht über ein Treffen zwischen Honecker und dem tschechischen Generalsekretär Miloš Jakeš, 3. Mai 1989.

20 SAPMO-BArch: Büro Egon Krenz, IV 2/2.039/74: »Bericht über die Beratung ... am 6.–7. 6. 1989 in Havana.«

21 SAPMO-BArch: Büro Egon Krenz, IV 2/2.039/290: »Problemspiegel«, 20. Juli 1989, und anschließendes stenographisches Protokoll.

22 SAPMO-BArch: Büro Egon Krenz, IV 2/2.039/76. Sitzung des Politbüros vom 1. Aug. 1989: »Gedanken, die führende Funktionäre Nikaraguas in den Gesprächen äußerten ...«

23 Im Dezember 1964 wollte ich im Potsdamer Polizeipräsidium ein Ausreisevisum ändern lassen, um die Grenze an einer anderen Stelle zu überschreiten als an der, über die ich eingereist war. Damals lagen überall in der DDR Bücher aus, in die man Kommentare, Lob und Kritik schreiben konnte; das entsprechende Buch bei der Potsdamer Polizei hatte den ergreifenden Titel »Hier hat der Bürger das Wort«. Es enthielt widerliche Dankesworte (und sogar gepreßte Blumen) für Reisegenehmigungen und -verlängerungen.

24 Königsdorf, *Adieu DDR*, S. 63.

25 SAPMO-BArch: Büro Egon Krenz, IV 2/2.039/304.

26 Günter Schabowski, *Das Politbüro,* Reinbek bei Hamburg: Rowohlt 1990, S. 63: »Da haben uns die Ungarn etwas eingebrockt.«

27 SAPMO-BArch: Büro Egon Krenz, IV 2/2.039/76. Unter den Papieren von Krenz befinden sich auch Transkripte von der Sitzung des Politbüros am 29. August.

28 SAPMO-BArch: Büro Egon Krenz, IV 2/2.039/304: »Vermerk über das Gespräch ... Oskar Fischer mit Gyula Horn am 31. Aug. 1989« und »Vermerk über das Gespräch ... Günter Mittag mit Gyula Horn am 31. Aug. 1989«.

29 SAPMO-BArch: Büro Egon Krenz, IV 2/2.039/77: Sitzung des Politbüros ..., 5. Sept. 1989.

30 Ibid., 12. Sept. 1989.
31 Ibid., »Notizen«, 17. Sept. 1989.
32 SAPMO-BArch: Büro Egon Krenz, IV 2/2.039/304: »Niederschrift über das Gespräch des Generalsekr. des ZK der SED ... Erich Honecker m. Rudolf Seiters am 4. Juli 1989«.
33 SAPMO-BArch: Büro Egon Krenz, IV 2/2.039/304: »Vermerk über des Gespräch des Stellvertretenden Ministers des Auswärtigen Amtes, Kurt Nier, mit Klaus-Jürgen Duisberg, Leiter des Arbeitstabes 20 im BKA, ... 11. August 1989«.
34 SAPMO-BArch: Büro Egon Krenz, IV 2/2.039/304. »Vermerk über das Gespräch ... Herbert Krolikowski mit ... Rudolf Seiters am 18. Aug. 1989«. Der Chef der BRD-Abteilung im ostdeutschen Außenministerium, Hans Schindler, war etwas entgegenkommender, als er mit dem Leiter der Ständigen Mission der Bundesrepublik, Franz Bertele, am 30. und 31. August zusammentraf. Er versprach keine Ausreisevisa, stellte aber in Aussicht, daß diejenigen, die die Botschaft verließen, an ihren Arbeitsplatz zurückkehren und sofort wieder einen Ausreiseantrag stellen könnten. Seine zusätzliche Andeutung, daß man Vogels gute Dienste in Anspruch nehmen würde, zeigte, daß das Regime Anträgen auf Übersiedelung in den Westen zwar nicht auf einer gesetzlichen Grundlage, aber unter bestimmten Umständen stattgeben würde. Vgl. die Zusammenfassung in ibid.: »Aktivitäten der DDR gegenüber der BRD im Zusammenhang mit dem widerrechtlichen Aufenthalt von DDR-Bürgern in diplomatischen Vertretungen der BRD«. In dem Memorandum werden die sechs Gespräche genannt, die am 11. (Nier–Duisberg), 16. (Schindler–Bertele), 18. (Krolikowski–Seiters), 23. (Schindler–Seiters) bzw. 30. und 31. August (Schindler–Bertele) geführt wurden.
35 Ibid., Honecker an Kohl, 30. Aug. 1989.
36 Ibid., Anlage zum Bericht von Günter Rettner an Honecker.
37 SAPMO-BArch: IV 2/2A/3250: »Information über die Entwicklung und Lage auf den Gebieten des Reiseverkehrs, der ständigen Ausreisen und des ungesetzlichen Verlassens der DDR«.
38 Gyula Horn, *Freiheit, die ich meine*, Hgg. Angelika Mat und Pieter Mat, Hamburg: Hoffmann und Campe 1991, S. 311–322. Phillip Zelikow und Condoleezza Rice, die die diplomatischen Vorgänge am gründlichsten untersucht haben, fanden keinen Hinweis auf ein formales Angebot der BRD, vgl. ihr Buch *Sternstunde der Diplomatie. Die deutsche Einheit und das Ende der Spaltung Europas,* Berlin: Propyläen Verlag 1997, S. 109. Vgl. jedoch Timothy Garton Ash (der die Aussage von Németh zitiert) *Im Namen Europas: Deutschland und der geteilte Kontinent*, München: Hanser 1993, S. 543. Fn. S. 784.
39 Ibid., Übersetzung des Briefes von Schewardnadse an Oskar Fischer, 1. Sept. 1989.
40 Vgl. Schabowski, *Das Politbüro*, S. 68–69.
41 Zur westdeutschen Diplomatie im Verlauf der Krise vgl. Zelikow und Rice, *Sternstunde der Diplomatie,* S. 119; Hans-Dietrich Genscher, *Erinnerungen,* Berlin: Siedler Verlag 1995, S. 643–649.
42 »Information über erste Hinweise auf Reaktionen ...«, 4. Okt. 1989, in: Armin Mitter und Stefan Wolle, Hg., *»Ich liebe euch doch alle!« Befehle und Lageberichte des MfS Januar–November 1989,* Berlin: BasisDruck 1990, S. 192–194.

43 Hauke Brost, »Beginn der Flucht«, in: *Berliner Illustrirte*, Sonderband Dez., Berlin: Springer Verlag 1990, S. 92.
44 Albert O. Hirschman, *Abwanderung und Widerspruch: Reaktionen auf Leistungsabfall bei Unternehmungen, Organisationen und Staaten*, Tübingen: Mohr 1974. Wieder abgedruckt als Kapitel 1 von Hirschman, *Selbstbefragung und Erkenntnis*, München: Hanser 1996, S. 19–56, vgl. insb. S. 20f.
45 »Hinweise auf wesentliche motivbildende Faktoren im Zusammenhang mit Anträgen auf ständige Ausreise nach dem nichtsozialistischen Ausland und dem ungesetzlichen Verlassen der DDR«, in: Mitter und Wolle, *Ich liebe euch doch alle*, S. 141–147.
46 Zitiert in Rolf Henrichs Vorwort zu Neues Forum Leipzig, *Jetzt oder Nie*, S. 12.
47 Ibid., S. 141.
48 »Hinweise zur Reaktion der Bevölkerung im Zusammenhang mit der Vorbereitung und Durchführung der Kommunalwahlen am 7. Mai 1989«, in: Mitter und Wolle, *Ich liebe euch doch alle*, S. 29.
49 ZAIG-Bericht, Juni 1989 (7. 7. 89), in: Mitter und Wolle, *Ich liebe euch doch alle*, S. 97–107.
50 Schabowski, *Das Politbüro*, S. 56.
51 Ulrike Breach et al., Hgg., *Oktober 1989: Wider den Schlaf der Vernunft*, Berlin West: Elefanten Press, und Berlin DDR: Neues Leben 1989, S. 18. Zur Gründungsversammlung am 9.–10. September vgl. Reinhard Schult »Offen für alle – das Neue Forum«, in: Hubertus Knabe, Hg., *Aufbruch in eine andere DDR*, Reinbek bei Hamburg: Rowohlt 1989, S. 163–170.
52 »›Reformen in unserem Land sind dringend notwendig‹: Synode des DDR-Kirchenbundes fordert politische Rechte und wirtschaftliche Reformen«, in: *taz: DDR Journal*, S. 15. Zur protestantischen Soziologie vgl. die Aufsätze in Detlef Pollack, Hg., *Die Legitimität der Freiheit. Politisch alternative Gruppen in der DDR unter dem Dach der Kirche*, Frankfurt am Main: Peter Lang 1990, bes. Detlef Pollack, »Sozialethisch engagierte Gruppen in der DDR. Eine religionssoziologische Untersuchung«, S. 115–154, und Ehrhart Neubert, »Religion in der DDR-Gesellschaft. Zum Problem der sozialisierenden Gruppen und ihrer Zuordnung zu den Kirchen«, S. 31–40, sowie ders., »Gesellschaftliche Kommunikation im sozialen Wandel. Auf dem Weg zu einer politischen Ökologie«, S. 155–202.
53 Manfred Loetsch, »Abschied von der Legitimationswissenschaft«, in: Knabe, *Aufbruch in eine andere DDR*, S. 196.
54 Sebastian Feydt, Christiane Heinze und Martin Schanz, »Die Leipziger Friedensgebete«, in: Wolf-Jürgen Grabner, Christiane Heinze und Detlev Pollack, Hgg., *Leipzig im Oktober. Kirchen und alternative Gruppen im Umbruch der DDR. Analysen zur Wende*, Berlin: Wichern-Verlag 1990, S. 127; vgl. Hans-Jürgen Sievers, *Das Stundenbuch einer deutschen Revolution: Die Leipziger Kirchen im Oktober 1989*, Göttingen: Vandenhoeck & Ruprecht 1990.
55 Vgl. Victor W. Turner, *Das Ritual: Struktur und Anti-Struktur*, Frankfurt am Main: Campus 1989, ferner Emile Durkheims Begriff des »allgemeinen Überschwangs« in *Die elementaren Formen des religiösen Lebens*, Frankfurt am Main: Suhrkamp 1981, Kap.7, II, und ähnlich Francesco Alberonis Begriff des *stato nascente* in *Movimento e istituzione: Teoria generale*, Bologna: Il Mulino 1981.

56 Mielke an Honecker et al., 14. März 1989, in: Mitter und Wolle, *Ich liebe euch doch alle*, S. 28.
57 Feydt et al., »Die Leipziger Friedensgebete« und Albrecht Doehnert und Paulus Rummel, »Die Leipziger Montagsdemonstrationen«, in Grabner et al. *Leipzig im Oktober*, bes. S. 124–125, 148. Cf. Johannes Richter, »Wir sind Sachsen«, in: Gerhard Rein, Hg., *Die Opposition in der DDR*, Berlin: Wichern-Verlag 1989, S. 182–187.
58 Petra Bornhöft, »Ausreiser und Bleiber marschieren getrennt«, in: *taz*, 9. Sept. 1989, und *taz: DDR Journal*, S. 8-9. An diesem Montagsgebet, am 4. September, war zum ersten Mal der Gegenruf »Wir bleiben hier« zu hören, vgl. Doehnert und Rummel, »Die Leipziger Montagsdemonstrationen«, S. 149. Eine sorgfältige Rekonstruktion und Bewertung der Leipziger Ereignisse findet sich bei einem der führenden Historiker der Universität, Hartmut Zwahr: *Ende einer Selbstzerstörung. Leipzig und die Revolution in der DDR*, Göttingen: Vandenhoeck & Ruprecht 1993, zum 4. September bes. S. 19, und Sievers, *Stundenbuch*, S. 29–30.
59 »Die Zeit ist reif«, *taz*, 13. Sept. 1989. Das Manifest ist an verschiedenen anderen Orten wiederabgedruckt, darunter Ulrike Bresch (Hg.), *Oktober 1989: Wider den Schlaf der Vernunft*, Westberlin: Elefanten Press 1989, S. 18–19.
60 Doehnert und Rummel, »Die Leipziger Montagsdemonstrationen«, S. 149.
61 Interview mit Dirk Barthel, zitiert in Neues Forum Leipzig, *Jetzt oder Nie*, S. 45.
62 Pastor Ebeling schlug seinen Leipziger Pfarrerkollegen vor, daß die Friedensgebete nur vor Abendmahlsgottesdiensten erlaubt sein sollten; er stieß damit auf Ablehnung, weil so die vielen Teilnehmer, die keine Gläubigen waren, von den Gebeten ausgeschlossen worden wären. Außer in der Nikolaikirche wurden auf der Höhe der Bewegung in der Reformierten Kirche, St. Peter, St. Michael und der katholischen Propsteikirche Friedensgebete abgehalten, vgl. Feydt et al., »Die Leipziger Friedensgebete«, S. 134–135.
63 SAPMO-BArch: Büro Egon Krenz, IV 2/2.039/70. Sitzung des Politbüros vom 7. Feb. 1989.
64 Rainer Tetzner, *Leipziger Ring. Aufzeichnungen eines Montagsdemonstranten, Oktober 1989 bis 1. Mai 1990*, Frankfurt am Main: Luchterhand 1990, S. 32.
65 Interview mit Dr. Kurt Meyer in: Neues Forum Leipzig, *Jetzt oder Nie*, S. 282.
66 Michael Hofmann, »Die Kohlenarbeiter von Espenhaim. Versuch einer Milieubiographie«, Vortrag auf der Tagung Deutsche Geschichte von innen und außen gesehen, Leipzig, Mai 1992. Vgl. auch Michael Hofmann und Dieter Rink, »Der Leipziger Aufbruch 1989: Zur Genesis einer Heldenstadt«, in: Grabner et al., *Leipzig im Oktober*, S. 114–122, wo die Umweltprobleme, die Überbevölkerung in den Städten und die Luftverschmutzung (Zahlen zum Schwefeldioxidgehalt auf S. 118) sowie die Unterschiede zwischen den beiden Hauptströmungen des Protests hervorgehoben werden: den Dissidentengruppen und kirchlich orientierten Protestteilnehmern und den Industriearbeitern, die die Nase voll hatten von der Enge in den Städten, dem materiellen Mangel und der verpesteten Luft.
67 Den besten Überblick über die unterschiedlichen und oft ambivalenten Beziehungen der Kirchen zum Regime vermittelt die umfangreiche Dokumentation von Gerhard Besier und Stephan Wolf, Hg., »*Pfarrer, Christen und Katholiken*«. *Das Ministerium für Staatssicherheit der ehemaligen DDR und die Kirchen*, 2. rev. Aufl., Neukirchen-Vluyn: Neukirchener Verlag 1992.

68 Lothar Vogel, *Leipziger Volkszeitung*, 29. Sept. S. 2. Zitiert in: Neues Forum Leipzig, *Jetzt oder Nie*, S. 41.
69 Arbeiter der Leipziger Wollfaserfabrik, zitiert nach der *Leipziger Volkszeitung* vom 30. Sept. ibid., S. 42.
70 *Mitteldeutsche Neueste Nachrichten*, 9. Okt., S. 2.
71 Christof Wielepp, »Montags abends in Leipzig«, in: Thomas Blanke und Rainer Erd, Hgg., *DDR – Ein Staat vergeht*, Frankfurt am Main: Fischer 1990, S. 71–78, bes. S. 74. Zum Stasibericht vom 2. Oktober »Information über eine erneute öffentlichkeitswirksame provokatorisch-demonstrative Aktion im Anschluß an das sogenannte Montagsgebet in der Nikolaikirche...« vgl. Mitter und Wolle, *Ich liebe euch doch alle*, S. 190–91. Vom Sicherheitsapparat wurde geschätzt, daß sich 2000 Menschen in der Kirche und etwa 3000 auf den angrenzenden Straßen befanden. »Insbesondere durch Gruppen Jugendlicher kam es zu tätlichen Angriffen auf VP-Angehörige, verbunden mit verleumderischen Beschimpfungen. Teilweise gelang es diesen Kräften, die Sperrketten der Volkspolizei zu durchbrechen.« Eine anschauliche Schilderung der Montagsdemonstrationen findet sich bei Wolfgang Schneider, Hg., *Leipziger Demontagebuch: Demo Montag, Tagebuch Demontage*, Leipzig: G. Kiepenheuer 1990.
72 Gudula Ziemer und Holger Jackisch, zit. in Neues Forum Leipzig, *Jetzt oder Nie*, S. 26.
73 Petra Bornhöft »Ihr könnt abdanken, jetzt sind wir dran!«, in: *taz*, 4. Okt. 1989, und *taz: DDR Journal*, S. 22–24.
74 Aussagen von Thomas und Franz, zit. in Neues Forum Leipzig, *Jetzt oder Nie*, S. 49.
75 Vgl. außer den genannten Titeln *Schnauze. Gedächtnisprotokolle 7. und 8. Oktober 1989, Berlin, Leipzig, Dresden*, mit einem Vorwort von Heinrich Fink, Rektor der Humboldt-Universität, Berlin: Berliner Verlags-Anstalt Union 1990.
76 Mielke an Diensteinheiten, 5. und 8. Okt. 1989, in: Mitter und Wolle, *Ich liebe euch doch alle*, S. 199, 201.
77 Bericht von Gabriella Schmidt, 28. Okt., in Neues Forum Leipzig, *Jetzt oder Nie*, S. 66–69.
78 Ibid., S. 69–70.
79 Vgl. Klaus Hartung, »Leipzig: Wut, Ironie und Angst«, in: *taz*, 9. Okt. 1989, und *taz: DDR Journal*, S. 36–38. Zu den Demonstrationen am 7. Oktober vgl. *Schnauze*, S. 133–155.
80 Wielepp, »Montags abends in Leipzig«, S. 75.
81 Steffen Alisch, »Die Gebetswand in der Leipziger Thomaskirche«, in: Grabner et al., *Leipzig im Oktober*, S. 136–146, Zitat auf S. 139 (eine Analyse von 1300 angeschriebenen Gebeten, darunter 250 aus der Sowjetunion und viele aus Japan, den USA, Großbritannien, der Tschechoslowakei, Polen und mindestens 100 aus Westdeutschland).
82 Aussagen von Rummel, Fischer und Freitag, Neues Forum Leipzig, *Jetzt oder Nie*, S. 83–85. Vgl. auch Vera Gaserow, »Demonstration in Leipzig: ›Wir sind das Volk!‹«, in: *taz*, 11. Okt. 1989, und *taz: DDR Journal*.
83 Wielepp, »Montags abends in Leipzig«, S. 76.
84 Eine Sammlung der zum Teil recht witzigen Parolen auf Plakattafeln oder Betttüchern findet sich bei Zwahr, *Ende einer Selbstzerstörung*, bes. S. 129–141.

85 Egon Krenz, *Wenn Mauern fallen. Die friedliche Revolution: Vorgeschichte–Ablauf–Auswirkungen,* unter Mitarbeit von H. Koenig und G. Rettner, Wien: Paul Neff Verlag 1990, S. 136–138. Krenz bestritt nicht die Wirksamkeit des Appells von Kurt Masur, auch behauptete er nicht, er habe allein die Politik der Zurückhaltung durchgesetzt, sondern nur, daß »die Weichen in Berlin« gestellt worden seien. Masur wandte dagegen ein: »Wir sechs haben erst begonnen, uns zur Wehr zu setzen, als man es so darstellte, als ob wir uns – ferngesteuert von Egon Krenz – darum bemüht hätten, diese Demonstration zu beeinflussen.« Vgl. 29. Dez. 1989, Interview in: Neues Forum Leizpig, *Jetzt oder Nie,* S. 275. Vgl. auch die ähnlich skeptische Meinung des Leipziger SED-Sekretärs Woetzel: Werner Adam, »Verhinderte Krenz am 9. Oktober eine ›chinesische Lösung‹?«, in: *FAZ,* 21. Nov. 1989, S. 3. Schabowski behauptet, er und Krenz seien sich einig gewesen, daß Gewaltanwendung wie in China eine Katastrophe gewesen wäre, vgl. Schabowski, *Das Politbüro,* S. 79.

86 »Hinweise über Reaktionen progressiver Kräfte auf die gegenwärtige innenpolitische Lage in der DDR«, 8. Okt. 1989, in: Mitter und Wolle, *Ich liebe euch doch alle,* S. 204–207.

87 Theo Kühirt, Ingenieur und Mitglied der Kampfgruppen, in Neues Forum Leipzig, *Jetzt oder Nie,* S. 90–92.

88 Helga Wagner, Universitätsdozentin, Aussage ibid., S. 87–90.

89 Interview mit Masur, 29. Dez., ibid., S. 273–277. Vgl. auch Kurt Masur, »Man darf nicht schon wieder verfälschen«: Was dem 9. Oktober in Leipzig vorausging und was ihm folgte«, in: *FAZ,* 29. Nov. 1989, S. 33.

90 Text des Appells für eine »friedliche Lösung«, »... einen freien Meinungsaustausch über die Weiterführung des Sozialismus in unserem Land ...« und »... Wir bitten dringend um Besonnenheit ...« in Bresch et al., *Oktober 1989: Wider den Schlaf der Vernunft,* S. 105.

91 Interview mit Zimmermann von Grit Hartmann, 14. Dez. 1989, abgedruckt in Neues Forum Leipzig, *Jetzt oder Nie,* S. 292.

92 Aufschlußreiche Interviews in Bresch et al., *Oktober 1989: Wider den Schlaf der Vernunft,* S. 62–64, 74–82. Zum Bericht der Stasi über die Demonstration vom 9. Oktober, an der schätzungsweise 70 000 Menschen teilnahmen, vgl. »Information über eine Demonstration ... « (ohne Datum) in Mitter und Wolle, *Ich liebe euch doch alle,* S. 216–219. Zu den Vorbereitungen für einen Zusammenstoß vgl. die gut informierte Darstellung von Elizabeth Pond, *Beyond the Wall: Germany's Road to Unification,* Washington, D.C.: Brookings Institution 1993, S. 105, 111–115 und 304–306. Pond wägt die verschiedenen Hypothesen ab und läßt die Frage offen, ob die Anwendung von Gewalt angeordnet worden war. Ich stimme Pond zu, daß es zu einer gewaltsamen Auseinandersetzung hätte kommen können, aber man muß deutlich sehen, daß die lokalen Behörden alles wollten, nur keine gewaltsame Niederschlagung der Demonstrationen. Zum Gespräch zwischen Krenz und Kotschemassow vgl.Wjatscheslaw Kotschemassow, *Meine letzte Mission. Fakten, Erinnerungen, Überlegungen,* Berlin: Dietz 1994, S. 168–169, ferner Zelikow und Rice, *Sternstunde der Diplomatie,* S. 131.

93 Zur Polizeiaktion in Dresden am 7. und 8. Oktober vgl. die Berichte in *Schnauze,* S. 158–248, Hans Modrow, *Aufbruch und Ende,* Hamburg: Konkret Literatur Verlag 1991, S. 13–18, und Pond, *Beyond the Wall,* S. 108–110.

94 Vgl. den detaillierten Bericht über die Zusammenstöße in Plauen von John Connelly in »Moment of Revolution: Plauen (Vogtland), 7. Oktober 1989«, in: *German Politics and Society,* Nr. 20 (Sommer 1990), S. 71–89.
95 Marlies Menge, »Dialog statt Dreinschlagen. Tauwetter in Dresden – ein Vorbote?«, in: *Die Zeit,* 13. Okt. 1989.
96 »Information über eine Demonstration«, in: Mitter und Wolle, *Ich liebe euch doch alle,* S. 217.
97 Interview mit Martin M. von Liane Auerswald in Bresch et al., *Oktober 1989: Wider den Schlaf der Vernunft,* S. 49.
98 »Ich zeige an.‹ Berichte von Betroffenen zu den Ereignissen am 7. und 8. Oktober 1989 in Berlin«, zusammengestellt von der »Arbeitsgruppe ›Materialsichtung‹« der »Zeitweiligen Kommission der Stadtverordnetenversammlung von Berlin«. Ich habe mich bei meiner Darstellung der Ereignisse vom 7. und 8. Oktober auf diese Berichte gestützt. Zur Einrichtung und Zusammenlegung dieser beiden Ausschüsse vgl. *Schnauze,* S. 9. Dieser Band enthält viele Zeugenaussagen.
99 Interview des Autors mit Hans-Dietrich Schmidt, Juli 1990; Schmidt hatte den vorherigen Sonntagnachmittag auf einem Bürgertreffen in der Ostberliner Sophienkirche teilgenommen. Hauptthemen waren die Zukunft der DDR und die Ängste im Zusammenhang mit der Wendung in Richtung Wiedervereinigung sowie die Unzufriedenheit über das Schicksal der Untersuchungen.
100 Mitter und Wolle, *Ich liebe euch doch alle,* S. 11–13, 17–19.
101 Ich folge in meiner Darstellung dem Fernsehjournalisten Michael Schmitz, der von der Stasi vorgeladen worden war im März 1990 und mir über das Treffen des Runden Tischs und die entstehenden politischen Parteien berichtete.
102 Mitter und Wolle, *Ich liebe euch doch alle,* S. 46–71.
103 »Information über eine Veranstaltung in der Gethsemanekirche im Stadtbezirk Berlin-Prenzlauer Berg am 8. Juni 1989«, in ibid., S. 76–77. Der Bericht, der sich mit dem Verhalten der Kirchenvertreter beschäftigt, erweckt den Eindruck, als habe es einen Informanten gegeben, der die in der lutherischen Kirchenleitung verbreiteten Einstellungen gut kannte, aber bemüht war, deutlich zu machen, daß die Kirchenverteter vor allem daran interessiert waren, den Dissens zu kanalisieren, und sich im übrigen »korrekt« verhielten, was ihre Verpflichtungen gegenüber dem Regime anging. Die zweiseitige Anweisung (die von Mielke an andere Mitglieder des Politbüros weitergegeben wurde) zeigt, wie sich viele Informanten verhielten, die im Stasinetz gefangen waren und gleichzeitig versuchten, den Schaden, den sie anrichteten, begrenzt zu halten. Zu den Kirchen vgl. Mary Fulbrook, *Anatomy of a Dictatorship: Inside the GDR,* 1949–1989, New York: Oxford University Press 1995, S. 89–125, und Robert F. Goeckel, *Die evangelische Kirche und die DDR: Konflikte, Gespräche, Vereinbarungen unter Ulbricht und Honecker,* Leipzig: Evangelische Verlags-Anstalt 1995, sowie Besier und Wolf, *Pfarrer, Christen und Katholiken.*
104 Zur Kontroverse um Stolpe vgl. Kapitel 6. Pastor Zimmermann gestand bald nach 1989, daß er für die Stasi gearbeitet hatte. Dabei kam heraus – so hörte ich ihn in einem schmerzvollen Gefühlsausbruch auf einer Historikertagung im Mai 1992 in Leipzig klagen –, daß er sich seitdem ausgeschlossen fühlte wie ein Aidskranker.
105 »Information über die Lage und Entwicklungstendenzen der ständigen Aus-

reise von Bürgern der DDR nach der BRD und Westberlin sowie des ungesetzlichen Verlassens der DDR in der Zeit vom 1. Januar bis 30. Juni 1989« und »Hinweise auf wesentliche motivbildende Faktoren im Zusammenhang mit Anträgen auf ständige Ausreise nach dem nichtsozialistischen Ausland und dem ungesetzlichen Verlassen der DDR«, in: Mitter und Wolle, *Ich liebe euch doch alle*, S. 82-92, 141-147.

106 »Dienstbesprechung beim Minister für Staatssicherheit«, 8. Aug. 1989, in: Mitter und Wolle, *Ich liebe euch doch alle*, S. 113-140.

107 Ibid., S. 116-117.

108 »Hinweise auf wesentliche motivbildende Faktoren im Zusammenhang mit Anträgen auf ständige Ausreise nach dem nichtsozialistischen Ausland und dem ungesetzlichen Verlassen der DDR«, in ibid., S. 142.

109 Königsdorf, *Adieu DDR*, S. 100-101.

110 »Dienstbesprechung«, in: Mitter und Wolle, *Ich liebe euch doch alle*, S. 125.

111 Ibid., S. 133.

112 Ibid., S. 127.

113 Ibid., S. 137.

114 Schabowski, *Das Politbüro*, S. 62.

115 Ibid.

116 »Hinweise über Reaktionen progressiver Kräfte auf die gegenwärtige innenpolitische Lage in der DDR«, 8. Okt. 1989. Dies kann der Bericht mit dem Vorschlag zum Rückzug in den Ruhestand gewesen sein, der Honecker auf der Sitzung des Politbüros zwei Tage später so aufregte, vgl. Mitter und Wolle, *Ich liebe euch doch alle*, S. 204.

117 Ibid., S. 62-66.

118 Iwan Kusmin, »Die Verschwörung gegen Honecker«, in: *Deutschland Archiv*, 28, 3 (März 1995), S. 286-290.

119 Daniel Küchenmeister, »Wann begann das Zerwürfnis zwischen Honecker und Gorbatschow? Erste Bemerkungen zu den Protokollen ihrer Vier-Augen-Gespräche«, in: *Deutschland Archiv*, Bd. 26, Nr. 1 (Jan. 1993), S. 30-40. Vgl. auch SAPMO-BArch: DY 30/41797, Bd. 3, »Aktennotiz über ein Gespräch von Erich Honecker mit Wjatscheslaw Kotschemassow am 1. Februar 1988«. Vgl. auch Wjatscheslaw Daschitschew, »Die sowjetische Deutschlandpolitik in den achtziger Jahren. Persönliche Erlebnisse und Erkenntnisse«, in: *Deutschland Archiv*, 28, 1 (Jan. 1995), S. 54-67. Daschitschew hebt hervor, wie widerstrebend Gorbatschow 1989 Maßnahmen zugestimmt habe, die die Führung der DDR in Schwierigkeiten bringen konnten. Vgl. auch Kapitel 5.

120 BA: Potsdam/Berlin: Akten der Staatlichen Plankommission: DE 1/56320: »Niederschrift des Gesprächs des Genossen Egon Krenz ... mit dem Generalsekretär des ZK der KPdSU und Vorsitzenden des Obersten Sowjets der UdSSR am 1. 11. 89 in Moskau«. Zu Berichten über die Treffen zwischen Honecker und Gorbatschow und ihrer Beurteilung aus sowjetischer Sicht vgl. Igor W. Maxymytschew und Hans-Hermann Hertle, »Die Maueröffnung: eine russisch-deutsche Trilogie«, in: *Deutschland Archiv* 27, 11 (Nov. 1994), S. 1137-1158, bes. Teil I. Maxymytschew war der zweite Mann an der sowjetischen Botschaft; er machte Notizen von den täglichen Anweisungen des Botschafters Kotschemassow an seine Mitarbeiter.

121 Maxymytschew und Hertle, »Die Maueröffnung«, S. 1138-39. Krenz, *Wenn*

3 Die Herbstunruhen 547

Mauern fallen, S. 96, berichtet von Gorbatschows Aufforderung zu handeln; Maxymytschew und Hertle, »Die Maueröffnung«, Teil I, heben die Bescheide hervor, die darauf hinausliefen, nicht zu intervenieren.
122 Kotschemassow, *Meine letzte Mission*, S. 68 – 170; vgl. auch oben Anm. 92.
123 Schabowskis Erinnerungen sind offenbar der glaubwürdigste Bericht, den wir von diesen Ereignissen haben, vgl. *Das Politbüro*, S. 78 – 95, und zu weiteren Ausführungen und allgemeinen Überlegungen sein Buch *Der Absturz*, Berlin: Rowohlt 1991, S. 243 – 273. Dennoch ist der Wahrheitsgehalt seines Berichts über die Rolle, die er bei den Ereignissen, besonders der Sitzung vom 8. Oktober, gespielt hat, angezweifelt worden. Er wurde von Rektor Fink der Lüge vor dem Untersuchungsausschuß bezichtigt, indem er verneinte, an den Sicherheitsmaßnahmen in Berlin beteiligt gewesen zu sein, außerdem behauptete Fink, es gebe Tonbandaufnahmen, die zeigen, daß Schabowski die Untersuchungen über Gewaltanwendung von seiten der Polizei begrenzt halten wollte, vgl. *Schnauze*, S. 11 – 13, 16. Zu Schabowskis Version von seiner angeblichen Nichtbeteiligung an den Beschlüssen zur Verstärkung der Sicherheitsmaßnahmen in Berlin, dem in der Tat am wenigsten überzeugenden Teil seiner Erinnerungen, vgl. *Das Politbüro*, S. 78 – 79, 120 – 121. Interessanterweise haben Schabowskis »Verbündete« aus dieser Zeit, wie Krenz und Schürer, den persönlichen Kontakt mit ihm abgebrochen.
124 Ibid., S. 96 – 111.
125 SAPMO-BArch: IV 2/1/701: Stenographische Niederschrift der 9. Tagung des Zentralkomitees der SED, 18. Okt. 1989.
126 Vgl. Walter Süß »Reformen à la Krenz«, in: *taz*, 10. Nov. 1989, und *taz: DDR Journal*, S. 93. Cf. Monika Zimmermann, »Es dialogisiert – doch was heißt Dialog in der DDR? Leipziger Szenen«, in: *FAZ*, 21. Okt. 1989, S. 3.
127 Zu den Demonstrationen vgl. Georgia Tornow, »Berlin Alexanderplatz: Geschichte wird gemacht«, in: *taz*, 6. Nov. 1989 (mit Reden von Christoph Hein, Stefan Heym und Christa Wolf, über die am 9. November berichtet wurde), und Klaus Hartung, »Die Wut in Leipzig nimmt zu: Massenproteste gegen Reisegesetz ...«, in: *taz*, 8. Nov. 1989, beide auch in *taz: DDR Journal*, S. 71 – 75, 88 – 89.
128 Hans-Hermann Hertle, *Chronik des Mauerfalls: die dramatischen Ereignisse um den 9. November 1989*, Berlin: Ch. Links Verlag 1996, S. 145. Vgl. Ponds Darstellung in *Beyond the Wall*, S. 130 – 134, und Anm. auf S. 309, ferner Modrows skizzenhaften Bericht in *Aufbruch und Ende*, S. 24 – 25, Krenz, *Wenn Mauern fallen*, S. 165 – 190. Zu der Frage, in welchem Umfang es zu Beratungen mit den Sowjets kam, und den Mißverständnissen, die es anscheinend zwischen Moskau und seinem Botschafter gab, vgl. Zelikow und Rice, *Sternstunde der Diplomatie*, S. 149 f. Vgl. auch die Interviews von Henrich Bortfeldt mit Hans Modrow, *Hoover Institution Interviews with GDR Leaders*, bes. S. 15. Zu den Debatten im Zentralkomitee am 8., 9. und 10. November vgl. SAPMO-BArch: IV 2/1/705: »Stenographische Niederschrift der 10. Tagung des Zentralkomitees der SED«, und zur Analyse dieser Debatten Gerd-Rüdiger Stephan, »Die letzten Tagungen des Zentralkomitees der SED 1988/89. Abläufe und Hintergründe«, in: *Deutschland Archiv* 26, 3 (März 1993). S. 296 – 325. Vgl. auch die Diskussion der ZK-Debatten vom November in Kapitel 4.
129 Zu dem unklaren Verhältnis zwischen dem, was man wollte, und dem, was dann wirklich geschah, vgl. Maxymytschew und Hertle, »Die Maueröffnung«,

Teil II, S. 1145–1158, ferner M. E. Sarotte, »Elite Intransigence and the End of the Berlin Wall«, in: *German Politics* 2, 2 (Aug. 1993), S. 270–287.

130 »Was war möglich?«, fragte sich der General der Nationalen Volksarmee Joachim Goldbach später rhetorisch in einem Interview. »Was ist möglich? Die Situation war außerordentlich kompliziert, sie war gefährlich und man mußte sich darüber klarwerden, was tun wir jetzt in dieser Zeit. Und unter anderem war eben die Frage: Sollen die Grenztruppen jetzt verstärkt werden, damit sie dort diese ganzen Dinge im Griff behalten? Es ist *nie* eine Option gewesen, auch eine militärische Option nicht, daß geschossen wird... Wir waren ja nicht eine Bande von finsteren Leuten, die irgendwo aus dem Untergrund aufgetaucht sind. Wir waren eine offizielle Organisation des Staates und dessen politisches Instrument, solange der Staat existierte.« Vgl. Hans-Hermann Hertle, »Der Fall der Mauer aus der Sicht der NVA und der Grenztruppen der DDR«, in: *Deutschland Archiv* 28, 9 (Sept. 1995), S. 901–919, Zitat auf S. 914; zu Kotschemassows Sorge vgl. S. 916), wo Bezug genommen wird auf die Kommentare von NVA-Offizieren zu Hertle, »Anfang und Ende der Vorbereitung eines militärischen Einsatzes«, in: *Deutschland Archiv* 27, 12 (Dez. 1994), S. 1241–1251. Hertle meinte, die NVA habe erwogen, die Grenze gewaltsam zu schließen; General Fritz Strelitz, Stabschef der NVA, antwortete darauf, daß die Truppen nur zu dem Zweck in Alarmbereitschaft versetzt worden seien, um im Grenzübergangsgebiet die Ordnung aufrechtzuerhalten, und daß die Regierung Krenz ohne ausdrückliche Zustimmung der Sowjets nie irgend etwas unternommen hätte, um die Mauer wieder zu schließen. In den Interviews mit Strelitz und den Generälen Baumgarten und Joachim Goldbach ging es zum Teil darum, was der Befehl zu »erhöhter Bereitschaft« in dieser Situation bedeutet hatte. Er diente dazu, größere Autorität für den Einsatz von Gewalt auf den unteren Befehlsebenen herzustellen, aber es bestand ganz klar keine Absicht der NVA, politische Entscheidungen rückgängig zu machen oder zu modifizieren.

131 Zu ausführlichen Zitaten aus Reinholds internen Parteistudien und den Debatten, die diese auslösten (Krenz und Modrow behaupteten beide, daß ihre Reformmöglichkeiten sehr gering waren), vgl. Stephan, »Die letzten Tagungen des ZK der SED«, S. 316–317.

132 SAPMO-BArch: IV 2/1/708: »Stenographische Niederschrift der 10. Tagung des Zentralkomitees der SED, 9. Nov. 1989«. Der Sprecher war Otto König. Ich möchte darauf aufmerksam machen, daß ich die umfangreichen Interventionen, die es bei diesen leidenschaftlichen Debatten des Zentralkomitees gab, aus verschiedenen Quellen komprimiert, paraphrasiert und zusammengezogen habe. Ich habe mich jedoch ganz an den Inhalt und den Ton der Redebeiträge gehalten.

133 SAPMO-BArch: IV 2/1/709: »Stenographische Niederschrift der 10. Tagung des Zentralkomitees der SED, 10. Nov. 1989«. Hager entging anscheinend die Ironie, als er sich dieser Worte bediente, die zum Inbegriff der autoritären Herrschaft in der preußischen Geschichte des neunzehnten Jahrhunderts geworden sind: So lautete der Aufruf des Berliner Gouverneurs nach der katastrophalen Niederlage der Armee gegen Napoleon bei Jena im Jahre 1806.

134 Ibid.

135 SAPMO-BArch: IV 2/1/714: »Stenographische Niederschrift der 11. Tagung des Zentralkomitees der SED, 13. Nov. 1989«.

136 Schabowski, *Das Politbüro*, S. 128.
137 Entsprechende Berichte habe ich von Jens Reich, vgl. aber Rosemarie Stein, Hg., *Die Charité, 1945-1992: Ein Mythos von innen*, Berlin: Argon 1992.
138 Darnton, *Der letzte Tanz auf der Mauer*, S. 181.
139 Ibid., S. 83.
140 Für die relevanten Zitate danke ich meinem ehemaligen Studenten Stein Berre.
141 Vgl. den *Report of the National Advisory Commission on Civil Disorders* (Kerner Commission), Washington, D.C.: U. S. Government Printing Office 1968, und ähnliche Studien zur Interpretation der Demonstrationen in den sechziger Jahren. Zum revolutionären Zeitalter in Amerika vgl. Pauline Maier, »Popular Uprisings und Civil Authority in Eighteenth Century America«, in: *William and Mary Quarterly* 27 (1970), S. 3-35.
142 Dieses Argument habe ich weiterentwickelt in »Democracy since the French Revolution«, in: John Dunn, Hg., *Democracy: The Unfinished Journey, 508 B.C.-A.D. 1993*, Oxford: Oxford University Press 1992, S. 125-155. Zu derselben Schlußfolgerung kommt Zwahr in seinen Erinnerungen und Analysen von 1989 in Leipzig, vgl. *Ende einer Selbstzerstörung*.

4 Die Protagonisten des Übergangs

1 Gerhard Besier und Stephan Wolf, Hg., *»Pfarrer, Christen und Katholiken«, Das Ministerium für Staatssicherheit der ehemaligen DDR und die Kirchen*, 2. rev. Neuausgabe, Neukirchen-Vluyn: Neukirchener Verlag 1992, S. 533.
2 »Außerparlamentarische Opposition. Partei oder Plattform mit politischem Arm«, Interview mit Hans-Jochen Tschiche, Sprecher des Neuen Forums in Magdeburg, von Klaus-Helge Donath, in: *taz*, 15. Nov. 1989, und *taz: DDR Journal*, S. 135-136.
3 Hermann Rudolph, »Neues Forum für ›neue Einheit‹«, in: *Süddeutsche Zeitung* (im folgenden *SZ*), 29. Jan. 1990.
4 Interview im Palast der Republik (Volkskammer) vom 12. Juli 1990 und Rede vor dem Center for European Studies, 6. Nov. 1990. Für eine zugespitzte, aber sympathisierende Beschreibung von Reichs Ambivalenz gegenüber der Politik vgl. Robert Leicht, »Als Bürger in die Politik geraten: Jens Reich vom Neuen Forum nimmt wahr, was er nicht verändern kann«, in: *Die Zeit*, 9. Feb. 1990, S. 5.
5 Eine gute Darstellung der Dissidentengruppen innerhalb der Kirche (»Störversuche – Mißbrauch der Kirchen im Sinne des Gegners. Von außen und von innen«) geben die Berichte der Stasi selbst: »Informationsmaterial der ZAIG zu Kirchenfragen, Berlin, Mai 1987«, in: Besier and Wolf, *Pfarrer, Christen und Katholiken*, S. 468-496. Der Bericht beginnt mit einer didaktisch aufbereiteten Geschichte der Kirche in Deutschland: »Die deutsche Geschichte zeigt, daß die offizielle Kirche sich immer wieder mit den Ausbeutern des Volkes verband. So sind jene Widersprüche zu klären, die auch die Geschichte der heute in der DDR wirkenden Kirchen prägen« (S. 469). Zum Berliner Appell vom Februar 1982 vgl. dort S. 325-327. Für eine Geschichtsschreibung nicht aus der Sicht der Stasi vgl. den der Ökologiebewegung angehörenden Wolfgang Rüddenklau, *Störenfried: DDR-Opposition*

1986–1989, Berlin: BasisDruck 1992. Die beste allgemeine Darstellung der Dissidenten findet sich bei Mary Fulbrook, *Anatomy of a Dictatorship: Inside the GDR 1949–1989*, Oxford: Oxford University Press 1995.

6 MfS: ZAIG, No. 150/89: »Information über beachtenswerte Aspekte ... innerer feindlicher, oppositioneller und anderer negativer Kräfte in personellen Zusammenschlüssen«, 1. Juni 1989, in Armin Mitter und Stefan Wolle, Hg., »*Ich liebe euch doch alle!*« *Befehle und Lageberichte des MfS Januar-November 1989*, Berlin: Basis-Druck 1990, S. 46–71.

7 Robert F. Goeckel, *Die evangelische Kirche und die DDR: Konflikte, Gespräche, Vereinbarungen unter Ulbricht und Honecker*, Leipzig: Evangelische Verlags-Anstalt 1995, insb. S. 30–58, 286–300, 307–333.

8 Vgl. zum Beispiel Heino Falcke, »Unsere Kirche und ihre Gruppen. Lebendiges Bekennen heute?« (1985), in: Detlef Pollack, Hg., *Die Legitimität der Freiheit. Politisch alternative Gruppen in der DDR unter dem Dach der Kirche*, Frankfurt am Main: Peter Lang 1990, S. 41–55.

9 Mitter und Wolle, *Ich liebe euch doch alle*, S. 59–61. Vgl. auch Ronald D. Asmus, »Is There a Peace Movement in the GDR?«, *Orbis* 27 (Sommer 1983), S. 301–341; Joyce M. Mushaben, »Swords into Ploughshares«, *Studies in Comparative Communism* 17 (Sommer 1984), S. 123–135; Goeckel, *Die evangelische Kirche*, S. 286–300.

10 Eine umfassende, aus dieser Perspektive vorgenommene Darstellung der Kontroversen über die Stationierung der NATO-Mittelstreckenraketen in Europa aus den frühen achtziger Jahren findet sich bei Jeffrey Herf, *War by Other Means: Soviet Power, West German Resistance, and the Battle of the Euromissiles*, New York: Free Press 1991; vgl. auch David Gress, *Peace and Survival: West Germany, the Peace Movement and European Security*, Stanford, CA: Hoover Institution Press 1985.

11 Jan Wielgohs und Marianne Schulz, »Von der ›friedlichen Revolution‹ in die politische Normalität«, in: Hans Joas und Martin Kohli, Hgg., *Der Zusammenbruch der DDR*, Frankfurt am Main: Suhrkamp 1993, S. 225; vgl. auch MfS: ZAIG, 1. Juni 1989: »Information«, in: Mitter und Wolle, *Ich liebe euch doch alle*, S. 66, und Günter Krusche, »Gemeinden in der DDR sind beunruhigt. Wie soll die Kirche sich zu den Gruppen stellen?«, in: Pollack, *Die Legitimität der Freiheit*, S. 57–62.

12 MfS: ZAIG, Nr. 77/89, 14. Feb. 1989: »Information über das ›Grün-ökologische Netzwerk Arche‹ ... «, in: Mitter und Wolle, *Ich liebe euch doch alle*, S. 17–19. Die neue Organisation »Netzwerk Arche« verdankte ihre Entstehung nicht nur dem Zusammenbruch der alten Gruppe, sondern auch den Rivalitäten zwischen den Ökoenthusiasten Wolfgang Rüddenklau und Carlo Jordan.

13 Einige dieser Informationen stammen von Ulrike Poppe (Gespräch in Chicago im Mai 1992). Vgl. ihren Aufsatz »Das kritische Potential der Gruppen in Kirche und Gesellschaft«, in: Pollack, *Die Legitimität der Freiheit*, S. 63–80. Zu Gerd Poppe und der Gründung des IFM und der Zeitschrift *Grenzfall* vgl. John Chr. Torpey, »Between Anti-Fascism und Opposition: East German Intellectuals, Socialism, and the National Question, 1945–1990«, Ph. D. dissertation, University of California 1992, S. 208–210. Torpeys Arbeit gibt einen guten Überblick über die Protestszene.

14 Vgl. die Beiträge in Pollack, *Die Legitimität der Freiheit*, die sich mit den verschiedenen Gruppierungen auseinandersetzen; vgl. auch Ehrhart Neubert, *Eine protestantische Revolution*, Osnabrück: Kontext 1990, S. 52–64 ff.

15 Torpey, »Between Anti-Fascism and Opposition«, S. 231–240.
16 Wolf-Jürgen Grabner, »Zur Stellung der Kirchen in den gesellschaftlichen Veränderungen der DDR« und Ulrike Franke et al., »Der Pfarrer im Spannungsfeld von Kirche und Gesellschaft«, in: Wolf-Jürgen Grabner, Christiane Heinze und Detlef Pollack, Hgg., *Leipzig im Oktober: Kirchen und alternative Gruppen im Umbruch der DDR; Analysen zur Wende*, Berlin: Wichern Verlag 1990, bes. S. 32–62.
17 Besier und Wolf, *Pfarrer, Christen und Katholiken*, S. 481. In dem Bericht wird die Tatsache, daß die Ökologiebewegung nicht imstande war, einen politischen Durchbruch zu erzielen, auf die gut funktionierende Umweltpolitik der DDR zurückgeführt – eine Behauptung, die die Bewohner der sächsischen Industriezentren geradezu lächerlich finden mußten. Eine maßvolle Einschätzung der Rolle der Kirche im Jahr 1989 findet sich bei Detlef Pollack, »Religion und gesellschaftlicher Wandel. Zur Rolle der evangelischen Kirche im Prozeß des gesellschaftlichen Umbruchs in der DDR«, in: Joas und Kohli, *Zusammenbruch der DDR*, S. 246–266.
18 MfS: . ZAIG, Nr. 150/89: »Information«, 1. Juni 1989, in: Mitter und Wolle, *Ich liebe euch doch alle*, S. 51.
19 Ibid., S. 47–48. Vgl. auch Sigrid Meuschel, »Revolution in der DDR. Versuch einer sozialwissenschaftlichen Interpretation«, in: Joas und Kohli, *Zusammenbruch der DDR*, S. 107, und Detlef Pollack, »Sozialethisch engagierte Gruppen in der DDR. Eine religionssoziologische Untersuchung«, in: Pollack, *Legitimität der Freiheit*, S. 115–154. Die in diesem Abschnitt erwähnten Aktivitätszentren werden in der »Information« der Stasi vom 1. Juni 1989 genannt, vgl. Mitter und Wolle, *Ich liebe euch doch alle*, S. 49–59.
20 Gründungsmanifest des Neuen Forums. Eine kritische Untersuchung dieses Programms findet sich bei Uwe Klussmann, »A Whimper or a Bang«, *Konkret*, Nov. 1989, S. 10–13. Eine ausführlichere Diskussion von seiten führender Intellektueller des Neuen Forums bietet Rolf Heinrich, *Der vormundschaftliche Staat*, Reinbek bei Hamburg: Rowohlt 1989.
21 Klaus Hartung, »Die Wut in Leipzig nimmt zu«, in: *taz*, 8. Nov. 1989, und *taz: DDR Journal*, S. 88–89.
22 Zitiert in Christiane Kohl, »Der wäre fast gelyncht worden««, in: *Der Spiegel*, Nr. 48, 27. Nov. 1989, S. 55.
23 »Wenn wir nichts unternehmen, arbeitet die Zeit gegen uns«, 18. Sept. 1989, und »Reformen in unserem Land sind dringend notwendig«, 19. Sept. 1989, in: *taz: DDR Journal*, S. 14–15.
24 »Sozialistische Konkurrenz für Honecker«, ibid., S. 16–18.
25 Marlies Menge, »Anwalt der Bürgerbewegung«, in: *Die Zeit*, 16. Feb. 1990, S. 6.
26 »Wir haben ein Recht« und »Demokratie ohne Wenn und Aber«, in: *taz: DDR Journal*, S. 45–46.
27 Matthias Geis, »›Reformen à la Hager sind uns zu mager‹«, in: *taz*, 18. Okt. 1989, und *taz: DDR Journal*, S. 47–49.
28 Vgl. Menge, »Anwalt der Bügerbewegung«.
29 Zitiert in Bernd Lindner, »Die politische Kultur der Straße als Medium der Veränderung«, in: *Aus Politik und Zeitgeschichte* B27/90 (29. Juni 1990), S. 17. Vgl. auch »Wir stellen uns der Diskussion‹: Erklärung des SED-Politbüros vom 11. Oktober in Auszügen«, *taz*, 11. Okt. 1989, und *taz: DDR Journal*, S. 47.

30 Max Thomas Mehr, »Schlüsselläuten der Revolution«, in: *taz*, 18. Okt. 1989, und *taz: DDR Journal*, S. 51.

31 Eine genaue Darstellung der Ursprünge, der Zusammensetzung und der Tätigkeiten des Runden Tisches findet sich bei Uwe Thaysen, *Der Runde Tisch. Oder: Wo blieb das Volk? Der Weg der DDR in die Demokratie*, Opladen: Westdeutscher Verlag 1990. Zu den verschiedenen Gruppierungen von 1989 vgl. Gerda Haufe und Karl Bruckmeier (Hgg.), *Die Bürgerbewegungen in der DDR und in den ostdeutschen Ländern*, Opladen: Westdeutscher Verlag 1993.

32 Eine brauchbare Zuammenfassung der schnellen Veränderungen in Partei und Staat bietet Gerd-Joachim Glaeßner, *Der schwierige Weg zur Demokratie: Vom Ende der DDR zur deutschen Einheit*, 2. Aufl., Opladen: Westdeutscher Verlag 1992, S. 66–94.

33 Eine Zusammenfassung der Entwicklung der Stasi findet sich bei Thaysen, *Der Runde Tisch*, S. 77–80. Zeitungsartikel und -kommentare über die zunehmende Kontroverse: »Neue Spannungen am ›runden Tisch‹«, in: *Frankfurter Rundschau*, 4. Jan. 1990; »Regierung Hans Modrow nimmt den ›runden Tisch‹ nicht ernst«, in: *Die Welt*, 4. Jan. 1990; »Einlenken der Opposition verhindert Scheitern der Gespräche am Runden Tisch«, in: *SZ*, 9. Jan. 1990, S. 1; Monika Zimmermann, »Die Arbeiter vor der Volkskammer fühlen sich alleingelassen«, in: *FAZ*, 11.–13. Jan. 1990; vgl. auch »Opposition mißtrauisch, Machthaber verstockt ... «, in: *FAZ*, 9. Jan. 1990, S. 1; »Bricht Regierung auseinander?«, in: *Die Welt*, 10. Jan. 1990; »Modrow verzichtet auf Verfassungsschutz«, in: *Frankfurter Rundschau*, 13. Jan. 1990; »Modrow gibt vor der Volkskammer nach«, in: *FAZ*, 13. Jan. 1990, S. 1; Hermann Rudolph, »Die SED spielt Ordnungsmacht«, in: *SZ*, 13.–14. Jan. 1990, S. 4; »Oppositionsparteien über Modrow empört«, in: *SZ*, 15. Jan. 1990, S. 3; »Der ›Runde Tisch‹ stand auf der Kippe«, in: *Frankfurter Rundschau*, 9. Jan. 1990. Zu Modrows Version und seiner Rede vor dem Runden Tisch vom 15. Januar vgl. Hans Modrow, *Aufbruch und Ende,* Hamburg: Konkret 1991, S. 71–78, 163–168.

34 Joachim Nawrocki, »Unruhe wird zu Zorn«, in: *Die Zeit*, 19. Jan. 1990, S. 7.

35 Zur Entwicklung der Krise von Ende Januar vgl. Thaysen, *Der runde Tisch*, S. 82–87, zur Kritik an Modrow vgl. S. 163–172. Zu Stellungnahmen in der Presse vgl. Joachim Nawrocki, »Regieren auf Treibsand«, in: *Die Zeit*, 26. Jan. 1992, S. 4; Olaf Ihlau, »Kurssuchen, während der Untergang droht«, in: *SZ*, 29. Jan. 1992, S. 3; »Die Basis der Ost-CDU versteht ihre Führung nicht mehr«, in: *Stuttgarter Zeitung*, 22. Jan. 1990; »DDR-Opposition zu Regierungsbeteiligung bereit«, in: *SZ*, 23. Jan. 1990, S. 1; Olaf Ihlau, »De Maizière: Wir brauchen schnell eine große Koalition«, in: *SZ*, 27.–28. Jan. 1990, S. 2; Olaf Ihlau, »Kabinett Modrow kann weiter regieren«, in: *SZ*, 27.–28. Jan. 1990; »Vertreter der Opposition beraten mit Modrow über Regierungsbildung«, in: *SZ*, 29. Jan. 1990. – Zur internen Debatte in der SED-PDS vgl. »Gysi lehnt Auflösung der SED ab«, in: *SZ*, 29. Jan. 1990, und zu Modrows Ansicht über die Erweiterung des Kabinetts vgl. »Bilanz nach 150 Tagen: Rückblick auf meine Regierungszeit (I) – Ein Dokument zur Zeitgeschichte«, in: *Die Zeit*, 13. Apr. 1990. Vgl. auch *taz: Journal Nr. 2: Die Wende der Wende. Januar bis März 1990: Von der Öffnung der Mauer des Brandenburger Tores zur Öffnung der Wahlurnen*, Berlin 1990, S. 63 (im folgenden *taz: Journal Nr. 2*).

36 »Eine ›Regierung der nationalen Verantwortung‹ bis zur vorgezogenen Wahl am

18. März in der DDR«, in: *FAZ*, 30. Jan. 1990; Joachim Nawrocki »Wo alles ins Schwanken gerät«, in: *Die Zeit*, 2. Feb. 1990; »DDR-Opposition regiert jetzt mit«, in: *Frankfurter Rundschau*, 6. Feb.1990.
37 Vgl. Janine S. Holc, »Solidarity and the Polish State: Competing Discursive Strategies on the Road to Power«, in: *EEPS* 6, 2 (Frühjahr 1992), S. 121–140. In meiner Diskussion von Geremeks, Kurons und Halls Vorstellungen von der zivilen Gesellschaft folge ich Holcs Ausführungen.
38 »Die Zeiger der Uhr stehen auf fünf nach zwölf«, Interview von Petra Bornhöft mit Pastor Michael Turek und dem Brückenbauingenieur Ernst Demele in *taz*, 18. Okt. 1989, und *taz: DDR Journal*, S. 52.
39 Jadwiga Stanizkis, *Poland's Self-Limiting Revolution*, Princeton: Princeton University Press 1984.
40 Zitat von Ullmann in Thaysen, *Der Runde Tisch*, S. 210.
41 Vaclav Havel et al., *The Power of the Powerless – Citizens against the State in Central Eastern Europe*, Armonk, NY: M. E. Sharpe 1985, S. 64–67. Zu dem Begriff im allgemeinen vgl. Jean Cohen und Andrew Arato, *Civil Society and Political Theory*, Cambridge, MA: MIT Press 1992. Zum gegenwärtigen politischen Gebrauch des Begriffs Zivilgesellschaft vgl. Timothy Garton Ash, *Ein Jahrhundert wird abgewählt. Aus den Zentren Mitteleuropas 1980–1990*, München: Hanser 1990, S. 203 ff., 292 ff. Vgl. auch Bronisław Geremek, »Between Hope and Despair«, in: *Daedalus* (Winter 1990), S. 104–105: »Die Entstehung von Solidarność ... wurde verstanden als Selbstorganisation der zivilen Gesellschaft.«
42 Jacques Rupnik »Dissent in Poland, 1968–78: The End of Revisionism and the Rebirth of Civil Society in Poland«, in: Rudolf Tökes (Hg.), *Opposition in Eastern Europe*, Baltimore: Johns Hopkins University Press 1979; vgl. auch Z. A. Pelczynski, »Solidarity und ›the Rebirth of Civil Society‹ in Poland, 1976–81«, in: John Keane Hg., *Civil Society and the State: New European Perspectives*, London: Verso 1988, S. 361–380. Pelczynski versteht unter »ziviler Gesellschaft« die privaten Belange von Interessengruppen, während er ihre öffentlichen Bestrebungen im Gefolge von Tocquevilles *Über die Demokratie in Amerika* [1835 und 1840] unter dem Begriff der »politischen Gesellschaft« zusammenfaßt. Vgl. auch Andrew Arato, »Civil Society against the State: Poland, 1980–81«, in: *Telos* 47 (1981), S. 23–47, und ders., »Empire vs Civil Society: Poland, 1981–82«, in: *Telos* 50 (1981–82), S. 19–48. Das Zitat von Havel findet sich in »Power of the Powerless«, S. 91.
43 Ehrhart Neubert, »Religion in der DDR-Gesellschaft ... «, in: Pollack, *Die Legitimität der Freiheit*, S. 35.
44 Friedrich Schorlemmer, »Macht und Ohnmacht kleiner Gruppen ...«, in: ibid., S. 17.
45 Poppe, »Das kritische Potential der Gruppen in Kirche und Gesellschaft«, in: ibid., S. 70.
46 Havel, *The Power of the Powerless* S. 95.
47 Ibid., S. 78–81. Vgl. auch in Havel, *The Power of the Powerless*, Petr Uhl, »The Alternative Community as Revolutionary Avant-Garde«, S. 188–197, und Vaclav Benda, »Catholicism und Politics«, S. 110–124. Benda unterscheidet zwischen dem vergleichsweise intellektuellen Habitus der tschechischen Katholiken und den eher populistischen oder nationalkirchlichen Traditionen in der Slowakei und Polen.

48 Günter Gaus, *Wo Deutschland liegt. Eine Ortsbestimmung,* München: dtv 1986, bes. S. 115–125; vgl. auch Kapitel 3. Zum früheren Schicksal der Klubs vgl. Czesław Milosz, *Verführtes Denken,* Köln: Kiepenheuer und Witsch, S. 191 f.

49 Die Whigs verließen sich in Fragen der nationalen Entwicklung auf die wirtschaftlichen und kommerziellen Interessen, während die Tories zur Kirche und zum Grundbesitz hielten. Weder die einen noch die anderen bestritten die Leistungsfähigkeit der zivilen Gesellschaft; sie hatten nur rivalisierende Auffassungen von dem, was sie umfaßte oder umfassen sollte. Zu den jeweiligen Positionen vgl. Isaac Kramnick, *Bolingbroke and His Circle: The Politics of Nostalgia in the Age of Walpole,* Cambridge, MA: Harvard University Press 1968, und John G. A. Pocock, *The Machiavellian Moment: Florentine Political Thought and the Atlantic Republican Tradition,* Princeton: Princeton University Press 1975. Vgl. auch John Keane, »Despotism und Democracy: The Origins and Development of the Distinction between Civil Society and the State, 1750–1850«, in: Keane, *Civil Society and the State,* S. 35–71, sowie Adam Ferguson, *Versuch über die Geschichte der bürgerlichen Gesellschaft,* Frankfurt am Main: Suhrkamp 1986.

50 Laurence W. Dickey, *Hegel: Religion, Economics, and the Politics of Spirit, 1770–1807,* Cambridge: Cambridge University Press 1987; G. W. F. Hegel, *Werke in zwanzig Bänden,* Bd. 7, *Grundlinien der Philosophie des Rechts,* Frankfurt am Main: Suhrkamp 1970, Paragraphen 182–256.

51 Antonio Gramsci, *Selections from the Prison Notebooks,* hg. von Quintin Hoare und Geoffrey Nowell Smith, New York: International Publishers 1971, S. 235; Norberto Bobbio, »Gramsci and the Concept of Civil Society«, in: Keane, *Civil Society and the State,* S. 73–127.

52 Andrew Arato betont diesen Aspekt in »Revolution, Civil Society, and Democracy«, in: Zbigniew Rau, Hg., *The Reemergence of Civil Society in Eastern Europe and the Soviet Union,* Boulder, CO: Westview Press 1991, S. 161–181; vgl. auch Timothy Garten Ashs Begriff der »Refolution« (= Revolution + Reform) in *Ein Jahrhundert wird abgewählt,* S. 339 ff., ferner Adam Michnik, »The New Evolutionism«, in: *Letters from Prison and Other Essays,* Berkeley: University of California Press 1986, und Lawrence Goodwyn, *Breaking the Barrier: The Rise of Solidarity in Poland,* New York: Oxford University Press 1991, S. 255–260.

53 Geremeks Angebot war vielleicht so gemeint, daß die Partei einen neuen Pluralismus akzeptieren sollte, und es entsprach in der Tat der Abmachung, die vom polnischen Runden Tisch im Herbst 1988 durchgesetzt wurde, nämlich daß 65 Prozent der Sitze im Unterhaus des Sejm für die Kommunistische Partei und ihre langfristigen Koalitionspartner reserviert werden sollten. Dieses Vorrecht der Partei bestand allerdings nur ein Jahr. Auch wenn es nicht sofort zu Spannungen geführt hätte, wäre es kaum vorstellbar gewesen, daß die Aufteilung der Bereiche, wie sie von Geremek vorgeschlagen worden war, auf lange Sicht haltbar gewesen wäre. Schon bei Haushaltsdebatten sind gesellschaftliche und politische Belange hoffnungslos miteinander vermischt.

54 Vgl. Holc, »Competing Discursive Strategies«. Zu den anfänglichen Schwierigkeiten von Solidarność, sowohl die Arbeiter zu repräsentieren als auch eine Partei mit breiterer gesellschaftlicher Basis zu werden, vgl. David Ost, *Solidarity and the Politics of Anti-Politics: Opposition and Reform since 1968,* Philadelphia: Temple University Press 1990; zu den Problemen von Solidarnosc in den späten achtziger Jahren vgl. Jadwiga Stanizkis, »The Obsolescence of Solidarity«, in: *Telos* 80 (Sommer 1989), S. 37–50, und Bronisław Misztal, Hg., *Poland after Solidarity: Social Movements versus the State*, New Brunswick, NJ: Transaction 1985.

55 Charles E. Lindblom, *Jenseits von Markt und Staat*, Stuttgart: Klett-Cotta.1980; Alexis de Tocqueville, *Über die Demokratie in Amerika*, München: DTV 1984, Zweiter Band von 1840, II. Teil, 7. Kapitel.

56 Arbeiterbewegungen können stark sein, auch wenn die Märkte schwach sind, wie sich in Polen und im Peronismus gezeigt hat. Sie übten Druck auf autoritäre Regierungen aus (ihr ursprünglicher Druck war oft das Motiv für *pronunciamentos* [Militärputsche] wie 1955 in Argentinien, 1964 in Brasilien und 1981 in Polen). Aber die Strukturen, die aus einem unentschiedenen Machtkampf zwischen Gewerkschaften und Regierung hervorgingen, waren meistens korporatistischer als die, die auf den Druck folgten, der vom Markt ausging. Zu diesen Fragen vgl. Guillermo O'Donnell, Philippe C. Schmitter und Laurence Whitehead, Hgg., *Transitions from Authoritarian Rule: Comparative Perspectives*, Baltimore: Johns Hopkins University Press 1986, und Juan J. Linz und Alfred Stepan, Hgg., *Problems of Democratic Transition and Consolidation: Southern Europe, South America, and Post-Communist Europe*, Baltimore: Johns Hopkins University Press 1996, ferner Grzegorz Eckiert, »Prospects and Dilemmas of the Transition to a Market Economy in East Central Europe«, Vortrag auf der Tagung der American Political Science Association, 31. Aug. 1990, und Eckiert, »Democratic Processes in East Central Europe: A Theoretical Reconsideration«, in: *British Journal of Political Science* 21, 3 (Juli 1991), S. 285–313, sowie Samuel Valenzuela, »Labor Movements in Transitions to Democracy: A Framework for Analysis«, in: *Comparative Politics* 21, 4 (Juli 1989), S. 445–472. Zu der korporatistischen Lösung vgl. Stanizkis, *Poland's Self-Limiting Revolution*.

57 Aufschlußreiche Interviews mit oppositionellen Intellektuellen finden sich (wenn auch stark strukturiert und interpretiert) bei Dirk Philipsen, *We Were the People: Voices from East Germany's Revolutionary Autumn of 1989*, Durham, NC: Duke University Press 1993, S. 292–327; 351–381.

58 Zur Kritik an den Intellektuellen und der Insistenz auf einem autonomen Beitrag der Arbeiter zur Solidarność-Bewegung vgl. Goodwyn, *Breaking the Barrier* und Roman Laba, *The Roots of Solidarity*, Princeton: Princeton University Press 1991. Eine beunruhigende Diagnose des Wiederauflebens populistischer Strömungen gibt Irena Grudzinska Gross, »Post-Communist Resentment, or the Rewriting of Polish History«, in: *EEPS* 6, 2 (Frühjahr 1992), S. 141–151. In seinen politischen Folgen blieb der Antisemitismus begrenzt, selbst in Rußland. In Ungarn kehrten die Wähler zu den früheren Kommunisten zurück, nicht zu den Antisemiten. Im vereinten Deutschland machte sich kein verantwortlicher politischer Führer dieses Thema zunutze; vielmehr wurden in Ost und West Versuche unternommen, »wiedergutzumachen«, was man in der Vergangenheit deutschen Juden angetan hatte.

59 Vgl. Jirina Siklova, »The Solidarity of the Culpable«, in: *Social Research*, 58, 4 (Winter 1991), S. 765–773.

60 Sandro Setta, *L'uomo Qualunque 1944–1948*, Bari: Laterza 1975.

61 Vgl. Charles S. Maier, *Die Gegenwart der Vergangenheit: Geschichte und die nationale Identität der Deutschen*, Frankfurt am Main: Campus 1992.

62 Zur Begrifflichkeit historischer »Schwellenlagen« und »Antistrukturen« vgl. die Angaben in Kapitel 3, Anm. 55, ferner Ari Zolberg, »Moments of Madness«, in: *Politics and Society* 2, 2 (1972), S. 183–207.

63 »Die neuen osteuropäischen Regimes lenkten ihre Aufmerksamkeit zunehmend auf zwei Projekte: die Herstellung elitär-pluralistischer Systeme der Parteienkonkurrenz und liberaler Marktökonomien. Das erste dieser beiden Projekte tendiert dazu, der zivilen Gesellschaft ihre Bewegungskraft zu nehmen – entweder direkt oder indirekt (das heißt, indem es ihren Einfluß auf möglichst enge Kanäle reduziert). Das zweite reduziert entsprechend die zivile Gesellschaft auf die Wirtschaftsgesellschaft.« Andrew Arato in Rau, *Reemergence of Civil Society*, S. 162.

64 Rolf Schneider, »Die Einheit wird kommen«, in: *Der Spiegel*, Nr. 48, 27. Nov. 1989, S. 45.

65 »Der Streit der Ideologien und die gemeinsame Sicherheit: Gemeinsame Erklärung der Grundwertekommission der SPD und der Akademie für Gesellschaftswissenschaften beim ZK der SED vom 27. August 1987«, in: Erhard Eppler et al., Hgg., *Kultur des Streits: Die gemeinsame Erklärung von SPD und SED. Stellungnahmen und Dokumente*, Köln: Pahl-Rugenstein 1988. Zur Kritik der SPD-Politik vgl. vor allem Timothy Garton Ash, *Im Namen Europas*, S.468ff.

66 Vgl. das Portrait von Gerhard Spörl, »Außenseiter im Inneren der Macht«, in: *Die Zeit*, 6. Okt. 1989, S. 8. Vgl. auch Dieter Bohls Interview mit Modrow in *Die Zeit*, 17. Nov. 1989 (»Wir müssen aus der Hektik herauskommen««). Ferner Modrows dreiteilige Serie »Bilanz nach 150 Tagen«, in: *Die Zeit*, 13., 20. und 27. Apr. 1990, sowie seine Erinnerungen aus der Zeit von 1989–90, *Aufbruch und Ende*. Zu Lutz Niethammers Diskussion über Politik und Generationswechsel vgl. »Erfahrungen und Strukturen. Prolegomena zu einer Geschichte der Gesellschaft der DDR«, in: Hartmut Kaelble, Jürgen Kocka und Hartmut Zwahr (Hgg.), *Sozialgeschichte der DDR*, Stuttgart: Klett-Cotta 1994, S. 95–115, bes. S. 104–105.

67 »Markt zwischen den Zeilen«, in: *Die Zeit*, 24. Nov. 1989. Vgl. auch Modrow, »Bilanz nach 150 Tagen (I)«, in: *Die Zeit*, 13. Apr. 1990.

68 »Die Mauer ist gefallen. Das Neue Forum über die Konsequenzen der Reisefreiheit«, in: *taz*, 18. Nov. 1989, und *taz: DDR Journal*, S. 132. Zu Bärbel Bohleys angeblicher Reaktion ibid., S. 118: »Bärbel Bohley vom Neuen Forum ist allerdings nach wie vor entsetzt über das Chaos: Mit der Öffnung der Mauer habe die Regierung ihre Inkompetenz bewiesen, und unter den jetzigen Umständen wären freie Wahlen eine Katastrophe.«

69 »Gegen die Herrschaft des Geldes. Gespräch mit Pfarrer Schorlemmer«, Interview mit Klaus-Helge Donath in: *taz*, 14. Nov. 1989, und *taz: DDR Journal*, S. 133.

70 Monika Zimmermann, »Bei aller Freude Unsicherheit und Ratlosigkeit«, in: *FAZ*, 17. Nov. 1989, S. 3.

71 »Außerparlamentarische Opposition, Partei oder Plattform mit politischem Arm?«, Interview mit Hans-Jochen Tschiche vom 15. Nov. 1989 in: *taz: DDR Journal*, S. 135–136. Vgl. auch Peter Thomas Krüger, »Demokratie braucht Initiative und Phantasie«, in: *Das Parlament*, 16. Feb. 1990, S. 8.

72 Vera Gaserow, »Mein Platz ist in der Opposition«, in: *taz*, 26. Feb. 1990, und *taz: Journal Nr. 2*, S. 60–62.

73 Marlies Menge, »Plädoyer für andere Kräfte«, in: *Die Zeit*, 20. Apr. 1990.

4 Die Protagonisten des Übergangs 557

74 Stefan Heym, »Aschermittwoch in der DDR«, in: *Der Spiegel*, Nr. 49, 4. Dez. 1989, S. 58.

75 Matthias Geis, »Neues Forum: Keine Einheit für die Einheit«, in: *taz*, 29. Jan. 1990, und *taz: Journal Nr. 2*, S. 54–56. »In einem schmerzhaften, desillusionierenden Prozeß vollzieht das Neue Forum seitdem unter dem Druck der gewandelten Stimmungslage den Abschied von der ursprünglichen Idee einer Gesellschaft, die sich nicht nur von den vergangenen 40 Jahren, sondern – in ihrer neuen demokratischen Qualität – auch vom Modell Bundesrepublik abhebt. Doch der Spielraum einer DDR-spezifischen Alternative schwindet.«

76 »Der Schalck-Skandal«, in: *Der Spiegel*, Nr. 19, 6. Mai 1991, S. 36–56.

77 Zitate aus »Unerträgliche Selbstgerechtigkeit: Der Aufstand der SED-Basis gegen ihre eigenen Funktionäre«, in: *Der Spiegel*, 46, 13. Nov. 1989, S. 40.

78 Christiane Kohl, »Der wäre fast gelyncht worden.«

79 Peter Jochen Winters, »Das große Stühlerücken in den Bezirken«, in: *FAZ*, 17. Nov. 1989, S. 3. Vgl. Joachim Nawrocki, »Angst vor der Abrechnung«, in: *Die Zeit*, 17. Nov. 1989, und »Heut' gehn wir ins ZK«, in: *Der Spiegel*, Nr. 48, 27. Nov. 1989, S. 47–53.

80 Landolf Scherzer, »Das letzte Gefecht«, in: *Die Zeit*, 5. Jan. 1990, S. 9–11. Scherzers Bericht über die Verfassung der SED im Dezember 1989 war eine Fortsetzung seines Buches *Der Erste*, Köln: Kiepenheuer & Witsch 1989, in dem er die tägliche Arbeit des SED-Kreisvorsitzenden Hans-Dieter Fritschler, der wie ein wohlwollender Boß in irgendeiner Parteihochburg, sei es in Chicago, South Boston oder Palermo, auftrat, detailliert beschrieb.

81 Fritz Ulrich Fack, »Die alten Kräfte sind noch mächtig«, in: *FAZ*, 9. Jan. 1990, S. 1; vgl. den betroffenen Leitartikel in der eher linken *Frankfurter Rundschau* von Hans-Herbert Gaebel »Kampf um die Macht«, 9. Jan. 1990, S. 3.

82 »Kohl sagt Bonner Treffen mit Modrow nicht ab«, in: *SZ*, 11. Jan. 1990, und »In zwei Schritten vollziehen«: Der Kanzler enttäuscht über Modrows Reformzusagen«, in: *SZ*, 13.–14. Jan. 1990, S. 5. Vgl. die Warnungen in dem Artikel »Schädliche Gespräche«, *FAZ*, 9. Jan. 1990, S. 1.

83 »Erst Mitleid, dann zuschlagen«, in: *Der Spiegel*, Nr. 3, 15. Jan. 1990, S. 19–28; vgl. auch den Bericht in der *Frankfurter Rundschau*, 9. Jan. 1990, S. 2.

84 »Die alte SED hat die DDR ruiniert: Austrittserklärung von 40 Mitgliedern im Wortlaut«, und Albrecht Hinze, »Wolfgang Berghofer. Ehemaliger stellvertretender SED-Vorsitzender«, beide in *SZ*, 23. Jan. 1990, S. 5.

85 Zitiert in Hans Holzhaider, »Eine Klausur mit vielen Unbekannten«, in: *SZ*, 15. Jan. 1990, S. 3. Über die Bemühungen der CSU im Osten vgl. »CSU findet programmatische Übereinstimmung« in derselben Ausgabe.

86 »Union: Ost-CDU soll sich von der SED distanzieren« und »Waigel: Unser Partner in der DDR ist die DSU«, in: *SZ*, 23. Jan. 1990, S. 2. Vgl. auch den Bericht von Christian Wernicke über den Leipziger Parteitag »Harmonie im konservativen Dreiklang«, in: *Die Zeit*, 23. Feb. 1990, S. 2, und Brigitte Fehrle, »Die CSU spielt Geburtshilfer in Sachsen«, in: *taz*, 15. Jan. 1990 und *taz: Journal Nr. 2*, S. 24.

87 Rüdiger Rosenthal, »Auf dem Wege zur Macht? Startbedingungen der größten Oppositionspartei«, in: *Das Parlament*, 16. Feb. 1990, S. 8.

88 Vgl. »Aufbruch zu neuen alten Ufern«, in: *SZ*, 15. Jan. 1990, S. 3. Auf dem Ostberliner Delegiertenkongreß wurde der alte Name mit 440 zu 24 Stimmen angenommen.

89 Zur Frage der Gründung von unabhängigen Gewerkschaften vgl. die Diskussion von Ralf Boerger über die »Reformgewerkschaft« in *Der Spiegel*, Nr. 44, 31. Okt. 1989. Boerger geht davon aus, daß die Situation anders war als die von Solidarność: Hier trat die Gewerkschaft nach der Bewegung in Erscheinung, sie führte die Bewegung nicht an.

90 Vgl. auch das Portrait von Matthias Naß, »Im Grundvertrauen zu den Menschen«, in: *Die Zeit*, 16. März 1990, S. 5. Zum Wahlkampfverhalten der SPD vgl. die beiden Artikel der *taz*: Matthias Geis, »Der SPD fehlte die Lust an der Debatte«, 26. Feb. 1990, und Petra Bornhöft, »Ibrahim Boehme für Präsident?«, 19. Feb. 1990, beide wiederabgedruckt in *taz: Journal Nr. 2*, S. 117–121.

91 Vgl. oben Anm. 87, ferner »Das Geschäft erleichtert: Die neuen Sozialdemokraten in der DDR – viel Papier und wenig Organisation«, in: *Der Spiegel*, Nr. 46, 13. Nov. 1989, S. 50–53, in dem die Rolle des neunundzwanzigjährigen Pastors Stefan Reiche hervorgehoben wird. Zu Meckel vgl. Christian Wernicke, »Der Moralist und die Macht«, in: *Die Zeit*, 2. März 1990, S. 5.

92 Rosenthal, »Auf dem Wege zur Macht?«

93 Joachim Nawrocki, »Die Saat geht auf: Schon Minister – Rainer Eppelmann vom Demokratischen Aufbruch«, in: *Die Zeit*, 2. März 1990, S. 5. Ulrich von Hutten war der Reichsritter, der in der frühen Reformationszeit als Protestant und deutscher Nationalheld kämpfte.

94 Vgl. J. Leithäuser, »Die Konkurrenz ist unter den Parteien noch lebendig«, in: *FAZ*, 8. März 1990.

95 Udo Bergdoll, »Der Nachlaßverwalter zeigt Statur«, in: *SZ*, 14. Feb. 1990, S. 3; Karl Feldmeyer, »Zwei Jahre nach Honeckers Besuch ist alles anders. Modrows Visite in Bonn«, in: *FAZ*, 14. Feb. 1990, S. 3. Vgl. auch Kapitel 5.

96 Vgl. »Es war wie eine Ohrfeige« und das Interview mit Wolfgang Ullmann in *Der Spiegel*, Nr. 8, 19. Feb. 1990, S. 19–26.

97 Joachim Nawrocki, »Die Saat geht auf«, in: *Die Zeit*, 2. März 1990, S. 5.

98 Ibid.

99 »PDS drängt Modrow zu Spitzenkandidatur«, in: *SZ*, 24.–25. Feb. 1990, S. 1.

100 Marlies Menge, »Glück mit Hans?«, in: *Die Zeit*, 2. März 1990, S. 6.

101 »DDR-SPD strebt marktwirtschaftliche Ordnung an«, in: *SZ*, 14. Feb. 1990.

102 Vgl. Elisabeth Noelle-Neumann, »Ein demokratischer Wahlkampf gab den Ausschlag. Wie es zur überraschenden Veränderung der Wahlabsichten in der DDR kam«, in: *FAZ*, 23. März 1990, S. 9, und die detaillierte Analyse von Manfred Berger, Wolfgang Gibowski und Dieter Roth, »Ein Votum für die Einheit«, in: *Die Zeit*, 23. März 1990, S. 5, ferner Dieter Roth, »Die Wahlen zur Volkskammer in der DDR: Der Versuch einer Erklärung«, in: *Politische Vierteljahresschrift* 31, 3 (Sept. 1990), S. 69–93, und Roth, »Die Volkskammerwahl in der DDR am 18. März 1990. Rationales Wahlverhalten beim ersten demokratischen Urengang« in Ulrike Liebert und Wolfgang Merkel, Hgg., *Die Politik der deutschen Einheit*, Opladen: Leske + Budrich 1991, S. 115–138, Matthias Jung, »Parteiensystem und Wahlen in der DDR: Eine Analyse der Volkskammerwahl vom 18. März 1990 und der Kommunalwahlen vom 6. Mai 1990«, in: *Aus Politik und Zeitgeschichte* B27/90 (29. Juni 1990), S. 3–15.

5 Die Einheit

1 BA: Potsdam: DC 20 I/3/2891. V 10/90 »Staatshymne der DDR«, 4. Jan. 1990
2 Becher war eine faszinierende Figur. Er wurde eine Art Poetikkommissar des Regimes und widmete Stalin servile Gedichte. Auf der anderen Seite sahen marxistische Intellektuelle, die sich eine gewisse Unabhängigkeit bewahrten, in ihm nie bloß einen Lohnschreiber, wie sehr sie auch bedauerten, daß er seiner Unabhängigkeit abgeschworen hatte. Vgl. Hans Mayer, *Der Turm von Babel*, Frankfurt am Main: Suhrkamp 1993.
3 Vgl. die Diskussion von Hans-Hermann Hertle mit Schürer über die Vorstellungen von Schalck-Golodkowski, »›Das reale Bild war eben katastrophal‹. Gespräch mit Gerhard Schürer«, in: *Deutschland Archiv* 25,10 (Okt. 1992), S. 1035.
4 Vgl. Kapitel 1. Wahrscheinlich war das Konzept dazu gedacht, in die westlichen Sicherheitspläne Verwirrung zu bringen.
5 Vgl. Phillip Zelikow und Condoleezza Rice, *Sternstunde der Diplomatie und das Ende der Spaltung Europas*, Berlin: Propyläen Verlag 1997. Elizabeth Pond, *Beyond the Wall: Germany's Road to Unification*, New York: Twentieth Century Fund 1993, hatte weniger Zugang zu Dokumenten, aber sie liefert eine gut informierte und kluge Darstellung der Ereignisse, wobei sie sich zu großen Teilen auf Interviews stützt. Michael R. Beschloss und Strobe Talbott, *Auf höchster Ebene: das Ende des Kalten Krieges und die Geheimdiplomatie der Supermächte 1989-1991*, Düsseldorf: Econ-Verlag 1993, ist eine gut informierte Studie der sowjetisch-amerikanischen Außenpolitik in den Jahren 1989 und 1990. Jeffrey Gedmin, *The Hidden Hand: Gorbachev and the Collapse of East Germany*, Washington, D.C.: AEI Press 1992, legt sein Augenmerk auf die Indikatoren, die die Veränderungen der sowjetischen Politik anzeigten. Zur Politik der Bundesrepublik gibt es zwei grundlegende Werke: Timothy Garton Ash, *Im Namen Europas: Deutschland und der geteilte Kontinent*, München: Hanser 1993, das sich auf die Zeit von 1968 bis zur Mitte der achtziger Jahre konzentriert und die Tendenz der sozialdemokratischen Ostpolitik kritisiert, der SED Legitimität zu verschaffen. Als Entgegnung vgl. die umfangreiche Dokumentensammlung aus west- und ostdeutschen Quellen mit einer wissenschaftlichen Einführung von Heinrich Potthoff, *Die ›Koalition der Vernunft‹: Deutschlandpolitik in den 80er Jahren*, München: dtv 1995, wo die Zusammenarbeit mit der DDR als ein rationaler, von zwei Parteien getragener westdeutscher Versuch verteidigt wird.
6 Julij A. Kwizinskij, *Vor dem Sturm. Erinnerungen eines Diplomaten*, Berlin: Siedler Verlag 1993, S. 421.
7 »Wenn ich heute zurückschaue, kann ich mit reinem Gewissen sagen: *›In der damaligen, konkreten Situation haben wir sowohl hinsichtlich der Wahrung unserer Interessen als auch im Hinblick auf die Erhaltung des Friedens in Europa das Bestmögliche getan.‹*« Michail Gorbatschow, *Erinnerungen*, übers. von Igor Petrowitsch Gorodetzki, Berlin: Siedler Verlag 1995, S. 700.
8 Zur Debatte über die NATO-Mittelstreckenraketen vgl. Jonathan Haslam, *The Soviet Union and the Politics of Nuclear Weapons in Europe, 1969-1987: The Problem of the SS-20*, London: Macmillan 1989; Michael Sodaro, *Moscow, Germany, and the West: From Khrushchev to Gorbachev*, Ithaca, NY: Cornell University Press 1990; Jeffrey Herf, *War by Other Means: Soviet Power, West German Resistance, and the*

Battle of the Euromissiles, New York: Free Press 1991; David Gress, *Peace and Survival: West Germany, the Peace Movement and European Security,* Stanford, CA: Hoover Institution 1985.

9 Hannes Adomeit, »Gorbachev, German Unification, and the Collapse of Empire«, in: *Post-Soviet Affairs* 10, 3 (Aug.–Sept. 1994), S. 197–230. Adomeit stützt sich auf Akten des ostdeutschen Politbüros und Interviews mit Beteiligten aus der Sowjetunion; ich beziehe mich auf ihn bei meiner Darstellung des politischen Establishments der Sowjetunion.

10 Zu den Treffen zwischen Honecker und Kohl vgl. die Protokolle bei Potthoff, *Koalition der Vernunft,* S. 237–241, 305–310.

11 Adomeit, »Gorbachev, German Unification, and the Collapse of Empire«.

12 Wjatscheslaw Kotschemassow, *Meine letzte Mission. Fakten, Erinnerungen, Überlegungen,* Berlin: Dietz 1994, S. 66–67, 72–73.

13 Adomeit, »Gorbachev, German Unification, and the Collapse of Empire«. Vgl. Garton Ash, *Im Namen Europas.*

14 Daniel Küchenmeister, »Wann begann das Zerwürfnis zwischen Honecker und Gorbatschow? Erste Bemerkungen zu den Protokollen ihrer Vier-Augen-Gespräche«, in: *Deutschland Archiv* 26, 1 (Jan. 1993), S. 30–40; Gorbatschow, *Erinnerungen,* S. 930–31. Gorbatschow ist der Meinung, daß die Spannungen 1987 für kurze Zeit etwas nachließen, als Honecker nach Moskau kam, um an den Feierlichkeiten zum 70. Jahrestag der Oktoberrevolution teilzunehmen. Er stellt auch fest, daß er Honeckers Dienste im Zusammenhang mit der Versöhnung zwischen Deutschen und Russen nach dem nationalsozialistischen Krieg anerkannt habe (S. 938).

15 Kotschemassow, *Meine letzte Mission,* S. 51–55.

16 In der Frage, ob Gorbatschows Vertröstung auf die Geschichte als eine Konzession oder nur als eine höfliche Form, sich des Problems der Vereinigung zu entledigen, verstanden werden sollte, gehen die Meinungen von Zeugen auseinander. Als Zugeständnis werten Gorbatschows Äußerung Garton Ash, *Im Namen Europas,* S. 162, Potthof, *Koalition der Vernunft,* S. 37, und vor allem Hans-Dietrich Genscher, *Erinnerungen,* Berlin: Siedler Verlag 1995, S. 633, 723. Aber Genscher und Kohl legten (wie sich Teltschik erinnert) ständig den Nachdruck auf das, was sie für kontinuierliche Durchbrüche auf dem Weg zur Vereinigung hielten; Staatsmänner formen die Ereignisse, die weltweite Bedeutung erlangen bei kongenialen Träumereien am Rhein (Juni 1989) oder ein Jahr später in der rauhen Luft des Kaukasus. Die Erinnerungen folgen einem bestimmten Muster: Große Männer verstehen es, sich den bürokratischen Strukturen zu entziehen, und machen Geschichte nach ihrem Willen. Ein vorsichtigere Interpretation der Gespräche vom Juli bietet Kwizinskij, *Vor dem Sturm,* S. 421, wenn er schreibt, daß Gorbatschow zu dieser Zeit die deutsche Vereinigung weder für unvermeidlich hielt, noch sie bewußt suchte. Vgl. Gorbatschow, *Erinnerungen,* S. 701: »Mit anderen Worten: Ich schloß die Wiedervereinigung der deutschen Nation im Prinzip nicht aus, hielt aber die Diskussion über diese Frage auf politischer Ebene für verfrüht und schädlich.« Vgl. auch Anatolij Tschernajew, *Die letzten Jahre einer Weltmacht: Der Kreml von innen,* übers. von Friederike Börner, Norbert Juraschitz und Ulrich Mihr, Stuttgart: DVA 1993, S. 144–154.

17 Tschernajew, *Die letzten Jahre einer Weltmacht,* S. 130. Zu der Frage, wie der

Ausdruck »gemeinsames europäisches Haus« entstanden ist, vgl. den etwas krampfhaften Versuch von Garton Ash, *Im Namen Europas*, S. 11–12, den widersprüchlichen Quellen nachzugehen.
18 Zur Entwicklung der politischen Strategien und zu den Beiträgen, die Portugalow und Daschitschew dazu leisteten, vgl. Gedmin, *The Hidden Hand*, S. 40–53, Garton Ash, *Im Namen Europas*, S. 164–167, und die Anmerkungen auf den Seiten 675–676, in denen viel über die Feinheiten der Entwicklung von politischen Konzepten die Rede ist; vgl. auch Sodaro, *Moskau, Germany, and the West*, S. 354. Zu Tschernajews Rat an Gorbatschow, vgl. *Die letzten Jahre einer Weltmacht*, S. 57–58, 131, 450. Bei einem Abendessen für Kandidaten für die Verleihung von Ehrengraden der Universität Harvard im Juni 1992 hatte ich Gelegenheit, Schewardnadse zu fragen, wann die Deutschlandpolitik der Sowjetunion sich zu ändern begann, und ich erhielt dieselbe Antwort, die Timothy Garton Ash vier Monate zuvor erhalten hatte.
19 Gorbatschow, *Erinnerungen*, S. 701; vgl. die Kritik von Igor Maximytschew und Pjotr Menschikow, »One German Fatherland?«, in: *International Affairs*, Juli 1990, S. 33 (»Sozialistische Nation: ... ein leicht dahin gesagter Begriff, von dem niemand genau wußte, was er eigentlich bedeutete«). Die Autoren standen in dem Zeitraum, dem ihre Untersuchung gewidmet ist, an zweiter bzw. dritter Stelle der sowjetischen Botschaft in der DDR.
20 SAPMO-BArch: Büro Günter Mittag, D 30/41797, Bd 3: »Aktennotiz über ein Gespräch Gen. Erich Honecker mit Wjatscheslaw Kotschemassow am 1. Februar 1988«. (Vgl. Kotschemassow, *Meine letzte Mission*, S. 84, wo er die nachteiligen Folgen der Verschuldung und der Abhängigkeit der DDR von der BRD hervorhebt.) Ähnlich äußerte sich Gorbatschow einige Tage später gegenüber Lothar Späth, dem Ministerpräsidenten von Baden-Württemberg und entschiedenen Befürworter einer forcierten industriellen Entwicklung (*Iswestija*, 11. Feb. 1988, zitiert bei Adomeit, »Gorbachev, German Unification, and the Collapse of Empire«), demnach war dieser Punkt in den einschlägigen politischen Diskussionszusammenhängen und Positionspapieren wahrscheinlich ein geläufiges Thema.
21 Tschernajew, *Die letzten Jahre einer Weltmacht*, S. 228–230, Zitat S. 259. Zu Kohls euphorischer Reaktion auf das Treffen vgl. Garton Ash, *Im Namen Europas*, S. 177, und zu Genschers ebenfalls optimistischer Einschätzung seiner gleichzeitigen Gespräche mit Schewardnadse vgl. Genscher, *Erinnerungen*, S. 627–628.
22 SAPMO-BArch: Büro Egon Krenz, IV 2/2.039/290: »Problemspiegel«: Reden führender Repräsentanten auf der Tagung des Politischen Beratenden Ausschusses des Warschauer Vertrages in Bukarest, 7.–8. Juli 1989.
23 Potthoff, *Koalition der Vernunft*, S. 37.
24 Vgl. Adomeit, »Gorbachev, German Unification, and the Collapse of Empire« und die in Anm. 26 zitierten Gespräche zwischen Krenz und Gorbatschow.
25 Richard Kiessler und Frank Elbe, *Ein runder Tisch mit scharfen Ecken: Der diplomatische Weg zur deutschen Einheit*, Baden-Baden: Nomos 1993, S. 47. Gorbatschows Äußerungen vom 10. November sind in Zelikow und Rice, *Sternstunde der Diplomatie*, S. 185 zusammengefaßt.
26 BA: Potsdam/Berlin: DE 1/56320: »Niederschrift des Gespräches des Genossen Egon Krenz, Generalsekretär des ZK der SED und Vorsitzender des Staatsrates

der DDR, mit Genossen Michail Gorbatschow, Generalsekretär des ZK der KPdSU und Vorsitzender des Obersten Sowjets der UdSSR, am 1. 11. 1989 in Moskau.« Das Memorandum ist im Konjunktiv gehalten, das heißt, die Meinungen der jeweiligen Sprecher sind nicht in wörtlicher Rede wiedergegeben.

27 Tyll Necker, Präsident des Bundesverbandes der Deutschen Industrie: »Es geht nicht schnell genug«: Symposium DDR-Wirtschaft«, in: *Die Zeit*, 9. Feb. 1990, S. 38–44. Ähnlich Karl-Heinz Paqué, »Die Schimäre aus dem Nirgendwo.... Zur Reformdebatte in der DDR«, in: *FAZ*, 13. Jan. 1990, S. 13; für eine andere Perspektive vgl. Uwe Jens (Wirtschaftssprecher der SPD-Bundestagsfraktion), »Staatskapital zum Volkskapital umwidmen«, in: *FAZ*, 11. Jan. 1990, S. 13. Was den sogenannten Dritten Weg angeht, der so leichthin als utopisch abgetan worden ist, so zeigen die aktuellen Resultate, daß Schritte in dieser Richtung so unmöglich nicht waren. Es zeigt sich nur, daß sie nicht versucht worden sind oder daß es schwierig war, sie in stabile Bahnen zu lenken. Man kann eine kontrafaktische Möglichkeit auf der Ebene ihres hypothetischen Status weder diskreditieren noch ihren Wert beweisen. Beobachter von gesellschaftlichen Entwicklungen und Historiker tun oft allzu leicht das Potential von Wegen ab, die nicht begangen worden sind. Das heißt nicht, daß ich das Potential eines »Dritten Weges« positiv bewerte, sondern nur, daß man substantielle Gründe beibringen muß, wenn man beweisen will, daß er nicht machbar ist. Der einfache Grund war der, daß wenn die Sowjetunion die DDR aufgibt und diese kopfüber in die kapitalistische Weltwirtschaft stürzt, sie sich nach den kapitalistischen Spielregeln verhalten muß.

28 Diese Zusammenfassung und die folgenden Zitate aus dem Februar-Treffen stammen aus BA: Potsdam: DC 20 I/3/2912: »Bericht über den Besuch des Vorsitzenden des Ministerrates der DDR und seiner Regierungsdelegation am 13. und 14. Februar in Bonn«. Es gab zwei parallel verlaufende Verhandlungsebenen: eine zwischen Modrow und Kohl und ihren Beratern Karl Seidel und Hans Teltschik und die andere zwischen den beiden Delegationen insgesamt. Die Positionen waren in beiden Fällen die gleichen, nur der Wortlaut war leicht unterschiedlich; ich zitiere beide, ohne auf diesen Unterschied einzugehen.

29 BA: Potsdam: DC I/3/2887 »Beschluß über die Einschätzung zur Stabilität der Währung der DDR«, 4. Jan. 1990. Die Umtauschrate stieg von 2,50 Ostmark für eine DM im Jahr 1980 auf 4,40 im Jahr 1988.

30 BA: Potsdam: DC 20 I/3/2867. »Beschluß zur Information über die Erfüllung des Staatshaushaltsplanes 1989 bis zum 30. Sept«.

31 Rede und Resolution in BA: Potsdam: DC 20 I/3/2872.

32 BA: Potsdam: DC 20 I/3/2873: Innenminister Ahrendt an Modrow, 19. Nov. 1989.

33 BA: Potsdam: DC 20 I/3/2873: »Beschluß zur Information ... des Staatshaushaltsplanes«, 1990.

34 Kommentar von Harry Maier, »Es geht nicht schnell genug«, in: *Die Zeit* (Wirtschafts-Symposion), 9. Feb. 1990. Zu Christa Lufts schwacher Erinnerung vgl. *Zwischen Wende und Ende*, Berlin: Aufbau Verlag 1991.

35 Zitiert in Gorbatschow, *Erinnerungen*, S. 720.

36 »Es geht nicht schnell genug«, *Die Zeit*, 9. Feb. 1990.

37 Der Ausdruck stammt aus der nüchternen Analyse der Schwierigkeiten und Po-

tentiale der DDR von Heinz Warzecha, dem damaligen Generaldirektor des Ostberliner Maschinenbaukombinats »7. Oktober«. Vgl. Nikolaus Piper, »Eine Art sozialistische Schweiz«, in: *Die Zeit*, 1. Dez. 1989, S. 25. Zu anderen gemischten Reaktionen vgl. den ernüchterten Tonfall eines westdeutschen Unternehmers, der versuchte, in der DDR, in der sich nichts bewegte, zu investieren: »Es geht langsamer als erhofft«, in: *Die Zeit*, 17. Nov. 1989, S. 27, und Carl-Christian Kaiser, »Der Preis der Freizügigkeit«, in: *Die Zeit*, 24. Nov. 1989, S. 4.
38 *SZ*, 24. Jan. 1990, S. 18. Die Statistik ist freilich irreführend.
39 BA: Potsdam/Berlin: DE 1/56350. Wolfgang Pagel vom Institut für angewandte Wirtschaftsforschung »Vom Wert der Mark des Bürgers der DDR – ein Plädoyer für die soziale Verträglichkeit einer Währungsunion«, 23. Feb. 1990, zitiert teilweise Bundesministerium für innerdeutsche Beziehungen, »Zahlenspiegel: Bundesrepublik Deutschland/Deutsche Demokratische Republik: ein Vergleich« (1988). Die Nettosubventionen beliefen sich auf 58 Milliarden DM Bruttosubventionen weniger 29 Milliarden, die über indirekte Steuern eingenommen worden sind.
40 BA: Potsdam: DC 20 I/3/2903. V 117/90, 25. Jan. 1990. Ebenfalls zu den spezifischen Bedingungen: BA: Potsdam: DC 20 I/3/2932. V412/90, »Einschätzung der Lage in den Bezirken für den Zeitraum vom 7. 3. bis 13. 3. 1990«.
41 Statistik aus BA: Potsdam: DC 20 I/3 2932.V412/90, »Einschätzung der Lage 7. 3 bis 13. 3. 1990«.
42 Im April wurden die Berichte noch alarmierender. Vgl. Renate Filip-Kohn und Udo Ludwig, »Kaufkraft umschichten«, in: *Wirtschaftswoche* 15, 6. Apr. 1990, S. 128, die argumentieren, daß die Produktivität niedriger sei als bisher angenommen, und eine Startkapitalhilfe zur industriellen Modernisierung von 200 Milliarden DM empfehlen; vgl. auch Andreas Mauksch, »Verschlissen, veraltet und verkommen: Die Lage in der DDR am Beispiel des Bezirks Dresden«, in: *FAZ*, 21. Apr. 1990, S. 15.
43 BA: Potsdam/Berlin: Plankommission: DE 1/5350: Institut für angewandte Wirtschaftsforschung »Expertise zur Notwendigkeit und den Modalitäten eines Strukturanpassungsprogrammes ...«, 1. März 1990.
44 BA: Potsdam/Berlin: Plankommission: DE 1/5350: »Expertise: Einschätzung von Hauptrichtungen der Veränderung der Struktur unter den Bedingungen einer Währungsunion und Wirtschaftsgemeinschaft mit der BRD«, 23. Feb. 1990.
45 Zu den Gesprächen zwischen Modrow und Seiters vgl. BA: Potsdam: DC 20 I/3/2904, Bl. 67–100: »Bericht ... über die Besprechung des Vorsitzenden des Ministerrats Hans Modrow mit dem Chef des Bundeskanzleramts Rudof Seiters am 25. Jan. 1990«. – »Wer ist Europa?«, gab Bismarck zurück, als der britische Botschafter warnte, daß Europa es nicht dulden würde, wenn Preußen den Russen hülfe, den polnischen Aufstand von 1863 niederzuschlagen. »Mehrere große Nationen«, war die Antwort. (Zitiert in F. H. Hinsley, *Power and the Pursuit of Peace: Theory and Practice in the History of Relations between States,* Cambridge: Cambridge University Press 1963, S. 251.) Im Jahr 1990 unterstützten die großen Nationen Kohls Tagesordnung, die Briten ausgenommen. Die positive Verknüpfung von deutschen und europäischen Bestrebungen (paneuropäischen, nicht bloß westeuropäischen) ist ein Hauptthema von Garton Ashs Studie *Im Namen Europas*.
46 Jonathan R. Zatlin, »Hard Marks and Soft Revolutionaries: The Economics of

Entitlement and the Debate on German Monetary Union, November 5, 1989–March 18, 1990«, in: *German Politics and Society* 33 (Herbst 1994), S. 57–84.

47 Zur Chronologie der Ereignisse und den Zitaten von Waigel und Pöhl vgl. Peter Christ und Ralf Neubauer, *Kolonie im eigenen Land. Die Treuhand, Bonn und die Wirtschaftskatastrophe der fünf neuen Länder,* Berlin: Rowohlt Berlin 1991, S. 74–76. Vgl. Andreas Busch »Die deutsch-deutsche Währungsunion: Politisches Votum trotz ökonomischer Bedenken«, in: Ulrike Liebert und Wolfgang Merkel (Hg.), *Die Politik zur deutschen Einheit,* Opladen: Leske + Budrich 1991, S. 185–207, bes. 194–195.

48 *Der Spiegel,* Nr. 8, 19. Feb. 1990, S. 119.

49 BA: Potsdam/Berlin: DE 1/56350: Institut für angewandte Wirtschaftsforschung »Expertise«, 23. Feb. und 1. März 1990, zitiert in Anm. 43 und 44.

50 BA: Potsdam: DC 20 I/3/2926: »Besuch einer Regierungsdelegation der DDR unter Leitung des Vorsitzenden des Ministerrates, Hans Modrow, in der UdSSR am 5./6. März 1990«. Vgl. Hans Modrow, *Aufbruch und Ende,* 2. Aufl., Hamburg: Konkret 1991, S. 120–125.

51 BA: Potsdam: DC 20 I/3/2926. V 363/90: »Einschätzung der Lage in den Bezirken für den Zeitraum 28.2 bis 6.3. 1990«, Berlin, 7. März 1990. Und ibid.,»7. 3. bis 13. 3. 90«, über politische Versammlungen und rechtsgerichtete Aktivitäten.

52 Gerhard Hennemann,»Der Preis des kurzen Wegs«, in: *SZ,* 6. Apr. 1990, S. 4.

53 Jürgen Habermas,»Der DM-Nationalismus«, in: *Die Zeit,* 30. März 1990, S. 62.

54 *Report of the Deutsche Bundesbank for the Year 1990,* Frankfurt am Main, April 1991, S. 46. Ungefähr 10 Prozent des ostdeutschen Geldvolumens flossen in der zweiten Hälfte des Jahres 1990 nach Westen (wodurch M3 in den neuen Ländern von 180 Milliarden DM auf 163 Milliarden herunterging). Im großen und ganzen klappten die technischen Aspekte des Umtauschs gut. Die Bank weist jedoch darauf hin, »daß die wirklichen wirtschaftlichen Probleme viel schwerer zu behandeln waren als die monetäre Integration. Das Ausmaß der Wettbewerbsschwäche ostdeutscher Unternehmen im Vergleich zu ihren westlichen Konkurrenten auf den nationalen und internationalen Märkten ist in vielen Bereichen unterschätzt worden« (S. 1). Die ostdeutschen Bankguthaben waren ganz überwiegend Sparguthaben. Lebensversicherungen standen ebenfalls zum Umtausch an, aber sie stellten nur einen kleinen Prozentsatz dar.

55 Zur Debatte innerhalb der Regierungskoalition vgl. den gut informierten *Spiegel*-Artikel»Ohne 1:1 werden wir nicht eins«, 9. Apr. 1990, S. 16–23.

56 Ibid. Helmut Schlesinger, Vizepräsident der Bundesbank, und der Industrielle Otto Wolf von Amerongen warnten ebenfalls vor der Eins-zu-eins-Rate. Vgl. die Berichte in *SZ* vom 17. und 19. Apr. und Lambsdorffs Ansichten in der Ausgabe vom 14. Feb. 1990. Der Einspruch der Banken stieß innerhalb der SPD bei Lafontaine auf Zustimmung, der zufrieden zusah, wie sich Kohl unter der Kritik wand.

57 Zur Kalkulation der Valutamarkraten im Verhältnis zum internen Wert der Ostmark (in diesem Fall wurde die Kalkulation auf der Basis der Herstellungskosten abzüglich Subventionen und Steuern vorgenommen) vgl. BA: Potsdam/Berlin: DE 1/56318: »Eine Bemerkung zu der Frage, warum 1 Mark der DDR im Ausweis des Devisenerlöses nur 25 Valutapfennige wert ist«, 30. Aug. 1988, und mein Kapitel 2. Vgl. auch in DE 1/56318: Ernst Höfner »Zur Problematik: Was ist notwendig, damit die Mark der DDR auf dem Weltmarkt eine Valutamark wird?« Die von Höfner vorgelegte Statistik (»Aufwand der DDR im Export in Mark zur Erwirtschaftung eines Dollar«, 19. Sept. 1988) ließ erkennen, daß eine Rate von 4:1 zu optimistisch angesetzt war. 1980 mußten 4,85 Mark aufgewendet werden, um im Westen einen Dollar zu verdienen; 1984 waren es 6,74 und 1985 9,10 Mark; 1986 und 1987 stieg die Rate auf etwa 10,85 Mark. Zu den Ursachen, die dafür verantwortlich waren, daß in den Wochen nach der Zulassung des freien Reiseverkehrs die Ostmark im Kurs noch weiter herunterging, vgl. »Ostmark zum Willkür-Kurs«, in: *Der Spiegel*, Nr. 48 (27. Nov. 1989), S. 112–113. Die Diskussion über Pläne und in Aussicht genommene Umtauschraten ist zusammenfassend dargestellt bei Erik Gawel, *Die deutsch-deutsche Währungsunion: Verlauf und geldpolitische Konsequenzen*, Baden-Baden: Nomos 1994, S. 147–171.

58 Vgl. die Tabelle in »›Ohne 1:1 werden wir nicht eins‹«, S. 22. Elektrische Geräte kosteten im Osten etwa das Zweieinhalbfache wie im Westen; aber die Westlöhne betrugen schon ungefähr das Dreifache in Westmark wie die in Ostmark ausgezahlten Löhne im Osten. Eine Reihe von Grundbedarfsgütern kostete in Ostmark weniger als in Westmark.

59 *Die Zeit* »Symposium«, 9. Feb. 1990. Nach Ansicht von Hans Knop beliefen sich die ostdeutschen privaten Sparguthaben Ende 1989 auf 177 Milliarden Mark, d. h. etwa 10 000 Mark pro Kopf der Bevölkerung; die meisten Guthaben gehörten Leuten mit akademischen Berufen und höheren Einkommen sowie Arbeitern. Wenn man von einem monetären Überhang von 30 Milliarden ausgeht – d. h. erzwungenen Ersparnissen, die dadurch zustande kamen, daß das nominelle Einkommen das verfügbare Inlandsprodukt überstieg –, würde das bedeuten, daß ungefähr ein Sechstel der Ersparnisse einem erzwungenen Konsumverzicht entsprach, während fünf Sechstel die Konsumpräferenzen der Sparer zum Ausdruck brachten. Der monetäre »Überhang« war also ein durchaus eingegrenztes Problem; er allein hätte nicht eine drastische Abschreibung der Sparguthaben erforderlich gemacht.

60 »Umtausch von eins zu eins birgt Inflationsrisiko«, in: *SZ*, 21. Apr. 1990. Vgl. dagegen Genscher, *Erinnerungen*, S. 764, der ähnliche kleinliche, buchhalterische Berechnungen innerhalb der FDP angreift: die Umtauschrate sei eine Angelegenheit, die Schicksale betreffe, Schicksale von Menschen, für die in dieser eigentumsfeindlichen Gesellschaft ihre bescheidene Rente und wenigen Ersparnisse die einzige Anerkennung für ein langes und hartes Arbeitsleben gewesen seien.

61 Vgl. die verschiedenen ausgewählten Teile der Rede in der *FAZ*, S. 8, und der *SZ*, S. 11, beide vom 20. Apr. 1990.

62 Gawel, *Die deutsch-deutsche Währungsunion*, S. 190–91. Zu Text und Kommentar vgl. Klaus Stern und Bruno Schmidt-Bleibtreu, Hgg., *Staatsvertrag zur Währungs-, Wirtschafts-, und Sozialunion. Verträge und Rechtsakte zur deutschen Einheit*, Bd. 3 (München: Beck 1990), und die nützliche Zusammenfassung von Peter E. Quint, »The Constitutional Law of German Unification«, in: *Maryland Law Review* 50, 3 (1991), S. 475–631.

63 Horst Teltschik, *329 Tage: Innenansichten der Einigung*, München: Goldmann Verlag 1993, S. 74.

64 Hartmut Zwahr, *Ende einer Selbstzerstörung: Leipzig und die Revolution in der*

DDR, Göttingen: Vandenhoeck & Ruprecht 1993, S. 155. Zu den Daten der Leipziger Massendemonstrationen vgl. ibid, S. 142–152. Zu der nationalen Wendung oder »Wende in der Wende« vgl. Konrad H. Jarausch, *Die unverhoffte Einheit 1989–1990*, Frankfurt am Main: Suhrkamp 1995, S. 137–147.

65 Rolf Schneider, »Die Einheit wird kommen«, in: *Der Spiegel*, Nr. 48, 27. Nov. 1989, S. 44–45.

66 Zu Mompers früher eher zögerlicher Haltung vgl. Gedmin, *The Hidden Hand: Gorbatschow and the Collapse of East Germany*, S. 114. Zum Austausch zwischen Kohl und Gorbatschow über Botschafter Kotschemassow am 9. November und unmittelbar am 11. November vgl. Tschernajew, *Die letzten Jahre einer Weltmacht*, S. 266; Teltschik, *329 Tage*, S. 27–28; Gorbatschow, *Erinnerungen*, S. 713.

67 Zu den Reden vom 10. November vgl. Bundesministerium für innerdeutsche Beziehungen, *Texte zur Deutschlandpolitik*, Serie 3, Bd. 7, Bonn: Deutscher Bundes-Verlag 1990, S. 399–407; zur Pressekonferenz vom 11. November vgl. Teltschik, *329 Tage*, S. 29; zur Rede im Bundestag vom 8. November vgl. Karl Kaiser, *Deutschlands Vereinigung. Die internationalen Aspekte*, Bergisch Gladbach: Gustav Lübbe Verlag 1991, S. 155–156.

68 Zelikow und Rice, *Sternstunde der Diplomatie*, S. 62.

69 Ibid., S. 55.

70 Das betrifft auch die Juden. Entgegen den leichtfertigen oder bösartigen Bemerkungen, die später darüber zu hören waren: Jüdische Organisationen und Repräsentanten haben sich nicht gegen die Vereinigung ausgesprochen. Die Erfahrungen des »Dritten Reichs« nicht zu vergessen war nicht gleichbedeutend damit, sich der Vereinigung eines demokratischen Deutschlands fünfundvierzig Jahre später zu widersetzen.

71 Bushs Kommentare werden nach Zelikow und Rice zitiert, vgl. *Sternstunde der Diplomatie*, S. 62, 127, 143.

72 Ibid., S. 55 f.

73 »Together Again?«, in: *Economist*, 17. Juni 1989.

74 Margaret Thatcher, *Downing Street No. 10. Die Erinnerungen*, Düsseldorf: Econ-Verlag 1993, S. 1097–99; vgl. auch Zelikow und Rice, *Sternstunde der Diplomatie*, S. 171. Einen Überblick über Meinungen aus dem Ausland geben Harold James und Marla Stone, *When the Wall Came Down*, London: Routledge 1992.

75 Zu Mitterrands Einstellungen vgl. Jacques Attali, *Verbatim. Tome 3: Chronique des Années 1988–1991*, Paris: Fayard 1995, bes. S. 331 (3. Nov. 1989), 364–66 (Gespräch mit Gorbatschow am 6. Dez. 1989), 422–429 (Gespräch mit Kohl, 15. Feb. 1990), 495–501 (Gespräch mit Gorbatschow, 25. Mai 1990).

76 Zelikow und Rice, *Sternstunde der Diplomatie*, S. 169–176 und Anm. auf S. 544–48, bringen gut dokumentierte Details aus den verschiedenen Positionspapieren des State Department, einen Überblick über die amerikanischen Pressemeinungen, die Reaktionen von Thatcher und Mitterrand sowie die verschiedenen Interviews mit Genscher anläßlich seines Besuchs am 20./21. November. Das Zitat von Genscher stammt aus einem früheren Entwurf des Buches von Zelikow und Rice.

77 Zu diesen Ereignissen, darunter dem Interview mit Nikolai Portugalow, den Überlegungen zur Parteipolitik und dem Entwurf für die Rede mit dem Zehn-Punkte-Programm vgl. Teltschik, *329 Tage*, 21., 23.–27. Nov., S. 42–54. Zu dem,

was Portugalow wirklich wollte, vgl. Zelikow und Rice, *Sternstunde der Diplomatie*, S. 175f.
78 Teltschik, *329 Tage*, S. 54–58.
79 Attali, *Verbatim, Tome 3*, S. 350 (28. Nov. 1989). Teltschik gab noch am selben Nachmittag den Botschaftern Großbritanniens, Frankreichs und der Vereinigten Staaten eine meisterhafte, beruhigende Exegese des Textes. Vgl. ibid., S. 351.
80 Zelikow und Rice, *Sternstunde der Diplomatie*, S. 193–96; Teltschik, *329 Tage*, S. 62–66. Zu Gorbatschows offensichtlicher Gefälligkeit gegenüber Bush vgl. Tschernajew, *Die letzten Jahre einer Weltmacht*, S. 268, wo es heißt, die Alliierten hätten Gorbatschows Fähigkeit, »sich mit den Tatsachen abzufinden«, unterschätzt.
81 Gorbatschow, *Erinnerungen*, S. 713–714; Kiessler und Elbe, *Ein runder Tisch mit scharfen Ecken*, S. 70; Ralf Georg Reuth und Andreas Bönte, *Das Komplott: Wie es wirklich zur deutschen Einheit kam*, München: Piper 1993, S. 177; Zelikow und Rice, *Sternstunde der Diplomatie*, S. 197–200, 213; Teltschik, *329 Tage*, S. 73–81.
82 Zu einer umfassenden Diskussion der mehrdeutigen Rede und ihrer Vorbereitung vgl. Zelikow und Rice, *Sternstunde der Diplomatie*, S. 216–220.
83 Thatcher über Mitterrand, 8. Dezember, *Downing Street Years*, S. 1101–1103; zu Mitterrand in St. Martin und dem Zögern des NSC Mitte Dezember vgl. Zelikow und Rice, *Sternstunde der Diplomatie*, S. 206, 224f. Zur Frage der polnischen Grenze aus der Sicht der Franzosen und der deutschen Reaktion darauf vgl. Teltschik, *329 Tage*, S. 76.
84 Zelikow und Rice, *Sternstunde der Diplomatie*, S. 204f.; Genscher, *Erinnerungen*, S. 696; Kiessler und Elbe, *Runder Tisch mit scharfen Ecken*, S. 73–76. Kotschemassow, *Meine letzte Mission*, S. 196–198, ist der Meinung, daß das Treffen wirklich notwendig war.
85 Zelikow und Rice, *Sternstunde der Diplomatie*, S. 239f., 246f.; Pond, *Beyond the Wall*, S. 176–182.
86 Tschernajew, *Die letzten Jahre einer Weltmacht*, S. 296–297; Gorbatschow, *Erinnerungen*, S. 714–716; Valentin Falin, *Politische Erinnerungen*, München 1993, S. 489–490. Falins Bericht ist von Tschernajew und anderen scharf kritisiert worden, vgl. Adomeits Diskussion der bürokratischen Faktoren in »Gorbachev, German Unification and the Collapse of Empire«, S. 217–222.
87 Modrows Eingeständnis wird von Gorbatschow erwähnt, vgl. *Erinnerungen*, S. 714; vgl. auch zu Modrows Plan und seiner Reise nach Moskau in Kotschemassow, *Meine letzte Mission*, S. 212–218, und Modrow, *Aufbruch und Ende*, S. 118–127.
88 Tschernajew, *Die letzten Jahre einer Weltmacht*, S. 289–291, Zitat S. 289.
89 Genscher in Halle: *Erinnerungen*, S. 700, zum NATO-Thema und der Tutzinger Rede siehe S. 710–714. Vgl. Zelikow und Rice, *Sternstunde der Diplomatie*, S. 247–50. Genscher hat der Akzentsetzung, die Zelikow und Rice vorgenommen haben, in einem privaten Schreiben widersprochen, seine eigene Erinnerung ist vielleicht eine implizite Antwort auf diese Darstellung.
90 Kiessler und Elbe, *Runder Tisch mit scharfen Ecken*, S. 78–79.
91 Ibid., S. 86–89; Genscher, *Erinnerungen*, S. 716; Zelikow und Rice, *Sternstunde der Diplomatie*, S. 251f. Die Amerikaner begrüßten, daß der Außenminister zu dieser Formel stand, eben weil sie vom NSC angeblich kritisiert wurde. Aber zumindest

anfangs wurde sie von der Europaabteilung des amerikanischen Außenministeriums angegriffen.

92 Vgl. das interne Memorandum vom Januar 1990, das von Garton Ash, *Im Namen Europas*, S. 533, zitiert wird, und meine Diskussion, S. 392–403.

93 Zelikow und Rice, *Sternstunde der Diplomatie*, S. 261.

94 Teltschik, *329 Tage*, S. 139–141.

95 Zelikow und Rice, *Sternstunde der Diplomatie*, S. 248, 276.

96 Genscher, *Erinnerungen*, S. 722–723. Die Mißverständnisse tauchten Zelikow und Rice zufolge auf der Konferenz in Ottawa Mitte Februar auf, vgl. *Sternstunde der Diplomatie*, S. 275 f. »Diese Episode war der bei weitem schwerwiegendste Dissens innerhalb der US-Regierung während des deutschen Vereinigungsprozesses. [Diese Ansicht wird von Pond geteilt, vgl. *Beyond the Wall*, S. 180.] Er beruhte zum großen Teil auf Mißverständnissen zwischen Außenministerium und Weißem Haus über die Frage, wie weit das Zwei-plus-vier-Konzept gediehen war ... Hinzu kam, daß weder Scowcroft noch Baker die Besorgnisse des jeweils anderen richtig verstanden. Ironischerweise verfolgten beide Seiten das Ziel der Beschleunigung der deutschen Vereinigung und unterstellten der jeweils anderen, sie wolle das Gegenteil erreichen.« Persönliche Beziehungen sind Zelikow zufolge allerdings nicht zerbrochen, und die Meinungsverschiedenheiten wurden überwunden.

97 Die Berichte über diesen unglücklichen Zufall sind widersprüchlich. Genscher und sein Assistent Elbe hatten das Gefühl, daß Teltschik in Ottawa versuchte, ihre Autorität zu untergraben. Zelikow und Rice sind der Ansicht, daß Genscher den Zweck von Teltschiks Anruf bei Scowcroft, bei dem es einfach nur um Informationen ging, falsch verstanden hat. Eigentlich ging die zögernde Haltung gegenüber dem Zwei-plus-vier-Verfahren, meinen die amerikanischen Autoren, nicht auf Bonn zurück, sondern auf die amerikanische Regierung, besonders das NSC, das befürchtete, es würde die Einheit zur Geisel von Moskaus Verzögerungstaktik machen. Auf der anderen Seite verlor Teltschik die politische Balance zwischen CDU und FDP niemals aus den Augen, und ein Anruf in Washington konnte, auch wenn er deutlich als nur informationshalber ausgegeben wurde, als Zeichen für den Wunsch des Kanzlers gewertet werden, die Schlüsselinformationen in der Hand zu behalten und das Außenministerium zu umgehen, was nach Genscher offenbar der Fall war. Vgl. Genscher, *Erinnerungen*, S. 726; Stephen F. Szabo, *The Diplomacy of German Unification*, New York: St. Martin's 1992, S. 64; Kiessler und Elbe, *Runder Tisch mit scharfen Ecken*, S. 101–102; Beschloss und Talbot, *Auf höchster Ebene*, und Zelikow und Rice *Sternstunde der Diplomatie*, S. 274 f. und Anm. 80 auf S. 568.

98 Genscher, *Erinnerungen*, S. 729.

99 Zelikow und Rice, *Sternstunde der Diplomatie*, S. 294 und die auf S. 576 f. aufgeführten Quellen mit einer nochmaligen Kritik an Kiesslers und Elbes Interpretation von Genschers Wunsch, die NATO vom DDR-Territorium auszuschließen. Vgl. Kiessler und Elbe, *Runder Tisch mit scharfen Ecken*, S. 81–85; Genscher, *Erinnerungen*, S. 731, sagt wenig zu dieser Meinungsverschiedenheit. Die Bundesrepublik hatte einen Kabinettsausschuß zur deutschen Einheit eingerichtet, der die Verhandlungen überwachte.

100 Vgl. Zelikow und Rice, *Sternstunde der Diplomatie*, S. 300 f., über die verschie-

denen Konzepte zu dem, was bei den Zwei-plus-vier-Verhandlungen herauskommen sollte. Je größer ihr Spielraum war, desto mehr konnten die Sowjets sie behindern, wenn sie aber stark eingegrenzt wurden (wie es das europäische Büro des amerikanischen Außenministeriums Zelikow und Rice zufolge wollte), dann bestand die Gefahr, daß die Deutschen ungeduldig wurden und direkt mit den Sowjets verhandelten.
101 Zelikow und Rice, *Sternstunde der Diplomatie*, S. 302 f.; Teltschik, *329 Tage*, S. 158–162. Die Quellen stimmen nicht überein in der Frage, welcher Film lief: Teltschik behauptet, er habe *Die Schatzinsel* gesehen; Beschloss und Talbott berichten in *Auf höchster Ebene* (S. 252), es habe sich um *Internal Affairs* gehandelt, was plausibler klingt.
102 Zelikow und Rice, *Sternstunde der Diplomatie*, S. 310–12. Wie die Autoren darlegen, hätte die Behauptung, daß die BRD keine Verpflichtungen im Namen eines zukünftigen vereinten Deutschlands eingehen könne, nur Gültigkeit gehabt, wenn sich die beiden Staaten nach Artikel 146 (auf dem Wege einer neuen verfassunggebenden Versammlung) vereinigten. Kohls Erklärung vom 8. März, die die Vereinigung auf der Grundlage von Artikel 23 (wonach die DDR der bestehenden Bundesrepublik beitreten würde) anvisierte, bedeutete, daß die Verpflichtungen der Bundesrepublik auch nach ihrer Vergrößerung in Kraft blieben.
103 Teltschik, *329 Tage*, S. 174.
104 BA: Potsdam: DC 20 I/3/2926: »Besuch einer Regierungsdelegation der DDR unter Leitung des Vorsitzenden des Ministerrates, Hans Modrow, in der UdSSR am 5./6. März 1990.« Vgl. Modrow, *Aufbruch und Ende*, S. 120–123. Zelikow und Rice, *Sternstunde der Diplomatie*, S. 315.
105 Kotschemassow, *Meine letzte Mission*, S. 215–217.
106 Vgl. Zelikow und Rice, *Sternstunde der Diplomatie*, S. 312–18, zu den sowjetischen und amerikanischen Vorbereitungen und dem Treffen vom 14. März.
107 Ulrich Albrecht, *Die Abwicklung der DDR. Die »2+4-Verhandlungen«: Ein Insiderbericht*, Opladen: Westdeutscher Verlag 1992, S. 18–20. Albrecht, ein Politikwissenschaftler aus Westberlin, diente in diesem Zeitraum Meckel als Berater und wurde Chef des Planungsstabes im ostdeutschen Außenministerium.
108 Albrecht, *Die Abwicklung der DDR*, S. 192, Fn. 19.
109 Albrecht, *Die Abwicklung der DDR*, S. 48–49; zur Äußerung von Bush gegenüber de Maizière vgl. Zelikow und Rice, *Sternstunde der Diplomatie*, 399 f.
110 Vgl. Kwizinskij, *Vor dem Sturm*, S. 18–24; vgl. Tschernajew, *Die letzten Jahre einer Weltmacht*, S. 297, zu den Argumenten des Politbüros vom 3. Mai und seiner eigenen Kritik des »Pseudopatriotismus der Massen« (Gorbatschow nennt das Datum in *Erinnerungen*, S. 721, aber keine Details); Zelikow und Rice belegen ihre Darstellung mit Kopien von sowjetischen Positionspapieren, vgl. *Sternstunde der Diplomatie*, S. 336–44 und Anm. auf S. 594–96.
111 Zur Politik der Versöhnungsgesten gegenüber Polen und den wechselseitigen Empfindlichkeiten von Bundeskanzleramt und Außenministerium vgl. Teltschiks Überlegungen im Anschluß an sein Gespräch mit Genscher am 13. Juni 1990: *329 Tage*, S. 272–773: Beide waren sich einig über mögliche korrekte symbolische Schritte, aber sie waren auch davon überzeugt, daß man ihnen von seiten einer parteilichen Presse Schwerfälligkeit und Appeasement-Politik vorwerfen würde. Zu

Genschers Bedenken im Hinblick auf Schewardnadses Empfindlichkeiten und Gorbatschows Schwierigkeiten zu Hause vgl. seine *Erinnerungen,* S. 768–786, wo er sich schwerpunktmäßig mit den Zwei-plus-vier-Treffen vom 5. Mai befaßt.

112 Kiessler und Elbe, *Runder Tisch mit scharfen Ecken,* S. 126–129; Pond, *Beyond the Wall,* S. 213–214; Zelikow und Rice, *Sternstunde der Diplomatie,* S. 349–55. Einen nützlichen Überblick über die Unterschiede zwischen den politischen Akteuren der wichtigsten beteiligten Länder gibt Szabo, *Diplomacy of German Unification,* S. 17–30.

113 Claus Gennrich, »Genscher begrüßt Moskaus Bereitschaft zur Trennung der inneren und äußeren Aspekte der Vereinigung«, in: *FAZ,* 8. Mai 1990. Vgl. Teltschik, *329 Tage,* S. 226, der einen knappen Bericht gibt, und Genscher, der den substantiellen Gehalt des Vorwurfs zurückweist, vgl. *Erinnerungen,* S. 781–782. Genschers Assistent Elbe ist davon überzeugt, daß die Geschichte von Teltschik lanciert worden war. Zu den Bemühungen, hinter die Geschichte zu kommen, vgl. Kiessler und Elbe, *Runder Tisch mit scharfen Ecken,* S. 126–129, Pond, *Beyond the Wall,* S. 213–214, und Zelikow und Rice, *Sternstunde der Diplomatie,* S. 350 f. und Anm. 6 auf S. 598.

114 Kwizinskij, *Vor dem Sturm,* S. 24–25.

115 Ibid., S. 26–31; Teltschik, *329 Tage,* S. 226–228, 230–235.

116 Kwizinskij, *Vor dem Sturm,* S. 39.

117 Zelikow und Rice, *Sternstunde der Diplomatie,* S. 364–368. Vgl. Kwizinskij, *Vor dem Sturm,* S. 40, zur Begrenztheit des militärischen Trumpfs, den die Sowjets noch in der Hand hatten.

118 Ich stütze mich bei dieser Darstellung auf Genschers *Erinnerungen,* S. 786–796, aber es ist nicht klar, daß diese besonderen Gespräche die Hauptrolle bei den folgenden Zugeständnissen der Sowjets spielten, wie der Autor glaubt. Vgl. auch Zelikow und Rice, *Sternstunde der Diplomatie,* S. 370–374, die die Sorge der Amerikaner wegen der Truppenbegrenzung und ihre offensichtlich erfolgreichen (oder vielleicht gar nicht notwendigen) Bemühungen, Genscher von besonderen Verhandlungen abzubringen, hervorheben. Die Deutschen wollten über die Begrenzung der Truppenstärke bei den Wiener VKSE reden, aber damit bestand die Gefahr, daß die Einheit von einer Lösung des gesamten Fragenkomplexes in Wien abhängig gemacht wurde. Man ging davon aus, daß ein KSZE-Gipfel den Prozeß der deutschen Vereinigung ratifizieren sollte, aber man wollte mit diesem Gipfel auch warten, bis die VKSE zum Abschluß gekommen waren. Auf der anderen Seite drohten Verhandlungen über die Truppenstärke in den Zwei-plus-vier-Gremien diese auch in die Länge zu ziehen. Schließlich kamen Baker und Schewardnadse Anfang Juni überein, das Problem für erledigt zu halten, wenn Deutschland eine Erklärung über eine zufriedenstellende Begrenzung abgäbe, die es später bei den VKSE akzeptieren würde. Genscher und Schewardnadse kamen am 11. Juni in Brest und am 18. Juni in Münster in dieser Frage einen großen Schritt voran (Zelikow und Rice, S. 392 f.).

119 Vgl. Kwizinskij, *Vor dem Sturm,* S. 40.

120 Zelikow und Rice, *Sternstunde der Diplomatie,* S. 384–386; Adomeit, »Gorbachev, German Unification and the Collapse of Empire«, S. 197, 229; Gorbatschow, *Erinnerungen,* S. 721–722, bringt ein Memorandum des Gesprächs vom 30. Mai, aber keinen wirklichen Kommentar. Schewardnadse bekräftigte die Abmachung vom 30. Mai auf dem KSZE-Treffen vom 15. Juni in Kopenhagen. Vgl. Genscher, *Erinnerungen*, S. 815–818, und Beschloss und Talbott, *Auf höchster Ebene*, S. 304. Die Russen und später Genscher behaupteten, daß es die Bereitschaft der NATO, das Bündnis zu verändern und gemeinsame Sicherheitsstrukturen ins Auge zu fassen, gewesen sei, die maßgeblich dazu beigetragen habe, die Sowjets zu beruhigen. In dieser Hinsicht wurde der am 8. Juni vom Nordatlantischen Rat herausgegebenen sogenannten Botschaft von Turnberry eine hohe symbolische Bedeutung beigemessen. Zu ihrem kurzen Text vgl. Kaiser, *Deutschlands Vereinigung*, S. 225–226; zu dem Treffen vgl. Genscher, S. 801–805.

121 Genscher, *Erinnerungen*, S. 805–823; vgl. auch Kiessler und Elbe, *Runder Tisch mit scharfen Ecken*, S. 154–159. Der Historiker muß wählen zwischen zwei verschiedenen Versionen des Verhandlungsprozesses oder sie miteinander verträglich machen. Genschers Erinnerungen betonen den Beitrag, den seine eigenen Begegnungen mit Schewardnadse in Genf und in Brest (und in einem geringeren Umfang auch die in Münster) zur Überwindung verschiedener Hürden auf dem Weg zu einer Übereinkunft geleistet haben. Gorbatschows Konzession an die NATO vom 30. Mai war wichtig, aber kein Schlußpunkt; Genschers Mitarbeiter Kiessler und Elbe behaupten denn auch, Zoellick habe ihnen gesagt, er sei ursprünglich nicht sicher gewesen, ob Gorbatschow in dem Punkt wirklich nachgegeben habe (*Runder Tisch mit scharfen Ecken*, S. 151). Umgekehrt war in Genschers Szenario Schewardnadses am 22. Juni vollzogene Rückkehr zu einer harten Linie keine ernsthafte Zurücknahme des Versprechens, das er dem deutschen Außenminister gegeben hatte. Genscher behauptet, er habe unmittelbar danach Schewardnadse die spaßhafte, wenn auch implizite Bestätigung entlockt, daß er sich etwas in Positur gestellt habe, um die Gegner zu Hause in der Sowjetunion milde zu stimmen. Ebenso diente in der Perspektive von Genschers Erinnerungen Kohls Besuch im Juli im Kaukasus dazu, formal abzusegnen, was die beiden Außenminister zustande gebracht hatten. So appellierte Raissa Gorbatschow im Kaukasus an Genscher, sich für die heroischen Zugeständnisse ihres Gatten zu revanchieren. Im Gegensatz zu Genschers Szenario steht Teltschiks Version in *329 Tage*, bei der die Betonung auf der Leistung des Kanzlers und Gorbatschows Konzessionen liegt und die Rolle des Außenministers etwas marginalisiert wird. Eine ähnliche Perspektive, die im Weißen Haus bestimmend geworden ist, steht auch im Mittelpunkt des Buches von Zelikow und Rice.

122 Albrecht, *Die Abwicklung der DDR*, S. 73–74.

123 Der Text ist abgedruckt bei Kwizinskij, *Vor dem Sturm*, S. 41–46 (Zitat auf S. 40), der anmerkt, daß er am fünfzigsten (sic: der 22. Juni 1990 war der neunundvierzigste) Jahrestag des deutschen Überfalls auf die Sowjetunion vorgelegt wurde. Vgl. Zelikow und Rice, *Sternstunde der Diplomatie*, S. 408–10.

124 »Meckels Armee«, in: *Tagesspiegel*, 19. Juli 1990, zitiert bei Albrecht *Die Abwicklung der DDR*, S. 63. Zur Schwäche der ostdeutschen Delegation, die von ihr selbst bemerkt wurde, vgl. auch Barbara Munske, *The Two Plus Four Negotiations from a German-German Perspective: An Analysis of Perception*, Münster und Hamburg: Lit Verlag 1994.

125 Zelikow und Rice, *Sternstunde der Diplomatie*, S. 417–448; zur Zusicherung von Tarasenko vgl. Kiessler und Elbe, *Runder Tisch mit scharfen Ecken*, S. 157–159.

126 Vgl. Kwizinskij, *Vor dem Sturm*, S. 37.
127 Falin, *Politische Erinnerungen*, S. 494.
128 Gorbatschow, *Erinnerungen*, S. 724–725, betont, er habe den sowjetischen Prioritäten Rechnung getragen, indem er sicherstellte, daß von Deutschland keine Bedrohung ausgehen würde, auch wenn die sowjetischen Truppen abgezogen seien. Vgl. die Zusammenfassung bei Genscher, der seine Rolle hervorhebt, als es darum ging, daß unmittelbar nach dem Abzug der sowjetischen Truppen deutsche NATO-Verbände im Osten stationiert werden konnten. Vgl. *Erinnerungen*, S. 836–841.
129 Die Berichte aus London und das Interview mit Meckel sind zitiert bei Albrecht, *Die Abwicklung der DDR*, S. 50.
130 Vgl. Christian Wernicke, »Ein Regieren zum Ende hin«, in: *Die Zeit*, 27. Juli 1990, S. 3; Albrecht, *Abwicklung der DDR*, S. 119–122, 157–158. Die ostdeutschen Sozialdemokraten waren enttäuscht, daß sie keinen Manövrierspielraum hatten. Auch wenn sie geschickter gewesen wären – viele Initiativen von ihnen kamen zu früh –, hätten sie sich nicht gegen den Willen der Amerikaner und der Sowjets bzw. der Westdeutschen und der Sowjets, zu einer Einigung zu kommen, behaupten können. Als besonders schwerwiegender Fehler galt nach der Begegnung im Kaukasus ihr Insistieren auf einer weiterbestehenden ostdeutschen Armee (vgl. Albrecht, S. 161).
131 Zitiert von Jarausch, *Die unverhoffte Einheit*, S. 265; vgl. auch Wolfgang Schäuble, *Der Vertrag: Wie ich über Sternstunde der Diplomatie verhandelte*, München: Knaur 1993.
132 Daniel Hamiltons Interview mit Lothar de Maizière vom 12. Nov 1991, Hoover Institution Oral History Project, schenkt diesen Fragen relativ wenig Aufmerksamkeit. Zur Chronologie der Koalitionskrisen im Juli und August vgl. Presse- und Informationsamt der Bundesregierung, *Deutschland 1990: Dokumentation zu der Berichterstattung über die Ereignisse in der DDR und die deutsche politische Entwicklung*, Bd. 14, Bonn 1993. Unter anderem ist hier der zusammenfassende Artikel von Peter Christ, »Lust an der Konfrontation«, aus *Die Zeit*, 24. Aug. 1990, wiederabgedruckt.
133 Zu diesen abschließenden Verhandlungen vgl. Zelikow und Rice, *Sternstunde der Diplomatie*, S. 486–96; Szabo, *Diplomacy of German Unification*, S. 109–112; Genscher, *Erinnerungen*, S. 854–876; Tschernajew, *Die letzten Jahre einer Weltmacht*, S. 312. Deutsche und Russen einigten sich auch über die Frage der Entschädigung für Enteignungen, die die Sowjets in ihrer Besatzungszone vorgenommen hatten, in einer Erklärung vom 15. Juni, in der es heißt, daß Enteignungen, die zwischen 1945 und 1949 stattfanden, nicht rückgängig gemacht werden dürften (auch wenn für sie Entschädigungen gezahlt würden); diese Erklärung wurde in den Staatsvertrag übernommen.
134 Kwizinskij, *Vor dem Sturm*, S. 69.

6 Anschluß und Melancholie

1 Konrad Weiss, »Der Heimat Verlust schmerzt«, in: *Der Spiegel*, Nr. 8, 19. Feb. 1990, S. 27. Einen Versuch – auch in Moll –, die öffentliche Stimmung vor und nach der Einheit zu messen, unternimmt Lawrence H. McFalls, *Communism's Collapse, Democracy's Demise? The Cultural Context and Consequences of the East German Revolution,* New York: New York University Press 1995.
2 »German Support for the Transition to Democracy and Market Economy in the Former Soviet Union«, Positionspapier der Deutschen Botschaft in Washington, D.C., verbreitet vom German Information Center, New York, Juni 1992; ebenso Helmut Kohl vor der American Newspaper Publishers Association, 5. Mai 1992, Bericht in »The Week in Germany«, German Information Center, 8. Mai 1992. Zur Gesamtsumme für 1994 vgl. vom German Information Center »Focus on German Support for the Reform Process in the Former Soviet Union and the Countries of Central, Southeastern and Eastern Europe«, März 1995. In der Hilfe für die ehemalige Sowjetunion waren die Zahlungen enthalten, die 1990 für den Abzug der sowjetischen Truppen und die Erfüllung der ausstehenden Verpflichtungen der DDR vereinbart worden waren. In der Hilfe für die Länder Ost- und Südosteuropas war Deutschlands Anteil an der Unterstützung durch die Europäische Gemeinschaft enthalten.
3 Vgl. Robert Leicht, »Bonn adieu! Berlin also Symbol, aber wofür?« und Günter Hofmann, »Das Wagnis eines späten Neuanfangs. Wird aus der Bonner Republik eine Berliner Republik – und was würde dies bedeuten?«, in: *Die Zeit*, 5. Juli 1991, S. 1, 3. »Hilflos vor dem Showdown«, »Eine wunderbare Katastrophe« und »Das Pendel schlägt zurück«, in: *Der Spiegel*, Nr. 25, 17. Juni 1991, S. 18–24; Nr. 26, 24. Juni 1991, S. 18–30; Nr. 27, 1. Juli 1991, S. 36–37.
4 Vgl. zum Beispiel Ferdinand Protzman, »East Germany's Economy Far Sicker Than Expected«, in: *New York Times*, 20. Sept. 1990, sec. A, S. 1–2. Vgl. als ein Beispiel für eine vernichtende (und tendenziöse) Art, das Problem abzutun: »Ein kurzer Besuch reicht aus, um zu verstehen, warum es zum gegenwärtigen Zustand kam: das fast halbe Jahrhundert Sozialismus war ein Zeitraum, in dem unglaublich viel Reichtum zerstört worden ist. Weder im Bereich der öffentlichen Infrastruktur noch in den staatseigenen Betrieben wurden irgendwelche Nettoinvestitionen vorgenommen; die führende Position der DDR innerhalb der sozialistischen Länder ergab sich durch ihre anfangs verhältnismäßig günstige Ausstattung mit infrastrukturellen Ressourcen und Kapital und durch die ständigen Hilfsleistungen aus Westdeutschland.« Michael Hüther und Hans-Georg Petersen, »Taxes and Transfers: Financing German Unification«, in: A. Ghanie Ghaussy und Wolf Schäfer, Hgg., *The Economics of German Unification,* London: Routledge 1993, S. 73.
5 Vgl. zu diesem Thema Daniela Dahn, *Wir bleiben hier oder Wem gehört der Osten: Vom Kampf um Häuser und Wohnungen in den neuen Bundesländern,* Reinbek bei Hamburg: Rowohlt 1994, und Hans Willgerodt, »Wiedereinsetzung der Alteigentümer (Reprivatisierung)«, in: Wolfram Fischer, Herbert Hax und Hans Karl Schneider, Hgg., *Treuhandanstalt. Das Unmögliche wagen,* Berlin: Akademie Verlag 1993, S. 241–262. Im Jahr 1989 waren 41 Prozent der Wohnungen und 1990 71 Prozent der landwirtschaftlichen Anbaufläche in der Hand von Privateigentümern. Bis zum

30. Juni 1993 gingen 1360 von 9916 Unternehmen, das sind knapp 14 Prozent, an ihre früheren Besitzer zurück. Von dem Viertel der Anträge auf Rückgabe von Grundstücken, das bearbeitet worden ist, ist ein Drittel positiv beschieden worden. Vgl. die Geschichte einer Familie, die ihr Eigentum zurückhaben wollte (den Wohnsitz der Familie Wallich in Potsdam), bei Katie Hafner, *The House at the Bridge: A Story of Modern Germany,* New York: Scribner 1995.

6 Vgl. zu diesen Fragen Rüdiger Dornbusch, »Priorities of Economic Reform in Eastern Europe and the Soviet Union«, Centre for Economic Policy Research, London, Occasional Paper Nr. 5 (ohne Datum), sowie Olivier Blanchard, Rüdiger Dornbusch et al., *Reform in Eastern Europe,* Cambridge, MA: MIT Press 1991.

7 Peter Christ und Ralf Neubauer, *Kolonie im eigenen Land. Die Treuhand, Bonn und die Wirtschaftskatastrophe der fünf neuen Länder,* Berlin: Rowohlt Berlin 1991, S. 193-194. 1994 belief sich der Gegenwert für die ostdeutschen Exporte in Transferrubeln auf fast 20,6 Millionen DM. (Vgl. German Information Center, »Focus on German Support.«) Die alte Staatsbank der DDR zahlte ostdeutschen Exporteuren 4,50 Mark für einen Transferrubel, aber die DDR-Mark wurde nur (wenn überhaupt) zu einem Viertel der DM kreditiert. Daher waren die Vereinbarungen von 1990 noch sehr günstig.

8 Christ und Neubauer, *Kolonie im eigenen Land,* S. 157-164. Cf. Peter Christ, »Der Fortschritt ist eine Schnecke. Zwischen Ost und West hat sich die Kluft vertieft«, in: *Die Zeit,* 5. Juli 1991, S. 9.

9 Eine erschöpfende Darstellung der Ursprünge der Treuhand findet sich bei Wolfram Fischer und Harm Schröter, »Die Entstehung der Treuhandanstalt« in: Fischer et al. *Treuhandanstalt,* S. 17-40.

10 Neben Fischer et al., *Treuhandanstalt* vgl. Wolfgang Seibel (von dem auch ein Kapitel in Fischer et al. stammt), »Zur Entwicklungslogik der Treuhandanstalt, 1990-1993«, in: *Politische Vierteljahresschrift,* 35, 1 (1994), S. 3-39. Zu einer frühen Kritik der Treuhand vgl. Peter Christ, »Wie auf dem Bazar«, in: *Die Zeit,* 31. Aug. 1990.

11 Fischer und Schröter, »Entstehung der Treuhandanstalt«, in: Fischer et al., *Treuhandanstalt,* S. 32-39; Christa Luft, *Treuhandreport. Werden und Vergehen einer deutschen Behörde,* Berlin: Aufbau 1992. Die kollektivierte Landwirtschaft blieb bis 1991 außerhalb des Wirkungsbereichs der Treuhand.

12 Fischer und Schröter, »Entstehung der Treuhandanstalt«. Vgl. auch Seibel, »Zur Entwicklungslogik«, S. 11-12. Diese Linie änderte sich im November 1991, als die Treuhand die Notwendigkeit der Restrukturierung unter der Parole »Erhaltung der industriellen Kernregionen« akzeptierte (Seibel, S. 23). Inzwischen gibt es eine umfangreiche Literatur über die verschiedenen Vorgehensweisen bei der Privatisierung in Osteuropa; die Treuhand ging davon aus, daß westdeutsche Investoren restrukturierte Produktionseinheiten übernehmen würden. In Polen, Ungarn und der Tschechoslowakei mußten Investoren im Ausland gesucht werden. Vgl. die Beiträge von David Stark, Laszlo Bruszt und David Bartlett in »Transforming the Economies of East Central Europe«, in einem Sonderband von *East European Politics and Society* 6, 1 (Winter 1992). Vgl. auch Janusz M. Dabrowski, Michal Federowicz und Anthony Levitas, »Polish State Enterprises and the Properties of Performance: Stabilization, Marketization, Privatization«, unveröffentlichtes Manuskript der Labor Market and Firm Adjustment Group des Gdansk Institute of Economics, Mai 1991; Herbert Matis und Dieter Stiefel, Hgg., *Der Weg aus der Knechtschaft: Probleme des Übergangs von der Planwirtschaft zur Marktwirtschaft*, Wien: Ueberreuter 1992; »Privatization and Emerging Market Economies: Lessons and Opportunities for Business and Government«, Zusammenfassung einer Tagung des Harvard University Center for International Affairs, Cambridge, MA, 28.–30. Jan. 1992.

13 Zur Privatisierung vgl. Joachim Schwalbach unter Mitarbeit von Sven E. Gless, »Begleitung sanierungsfähiger Unternehmen auf dem Weg zur Privatisierung« und Klaus-Dieter Schmidt unter Mitarbeit von Uwe Siegmund, »Strategien der Privatisierung«, beide in: Fischer et al., *Treuhandanstalt*, S. 177–210, 211–240. Zur Schließung nicht lebensfähiger Betriebe vgl. Eckhard Wandel unter Mitarbeit von Marcus W. Mosen, »Abwicklung nicht sanierungsfähiger Unternehmen durch die Treuhandanstalt«, in: ibid., S. 283–314.

14 Als ein Beispiel für Maßnahmen gegen diesen Trend vgl. das Experiment mit dem ATLAS-Modell für Treuhandunternehmen (das im September 1992 in Zusammenarbeit mit der sächsischen Landesregierung entwickelt wurde), bei dem es darum ging, regionale Entwicklungsziele mit Gewerkschaften und Unternehmerverbänden abzustimmen. Vgl. Seibel, »Zur Entwicklungslogik«, S. 30–33; ferner Horst Kern und Charles F. Sabel, »Die Treuhandanstalt: Experimentierfeld zur Entwicklung neuer Unternehmensformen«, in: Fischer et al., *Treuhandanstalt*, S. 481–504.

15 *Die Zeit*, 2. Aug. 1991. Als Beispiel für ein alternatives Treuhandkonzept, das bei der Umstrukturierung auf aktives Management setzt, vgl. den Artikel des SPD-Geschäftsführers Karl-Heinz Blessing, »Wer alte Industriestandorte aufgibt, hat die Region abgeschrieben«, in: *Frankfurter Rundschau*, 30. März 1992.

16 Kern und Sabel, »Treuhandanstalt«, in: Fischer et al., *Treuhandanstalt*, S. 481–504; und Christ und Neubauer, *Kolonie im eigenen Land*, S. 129–132.

17 Seibel, »Zur Entwicklungslogik«, S. 22–23. Zur Diskussion über die sich entwickelnden Maßnahmen zur Restrukturierung vor und nach dem Herbst 1991 vgl. Jürgen Müller, unter Mitarbeit von Georg Merdian und Donat von Müller »Strukturelle Auswirkungen der Privatisierung durch die Treuhandanstalt« und bes. Kern und Sabel, »Die Treuhandanstalt«, wo auf das sächsische ATLAS- und das brandenburgische EKO-Stahlprojekt verwiesen wird, beide in: Fischer et al., *Treuhandanstalt*, S. 374–408, 481–504.

18 Zur TLG und den Fragen, die durch sie aufgeworfen wurden, vgl. Seibel, »Zur Entwicklungslogik«; für eine abgewogene Bewertung der Treuhand zum Zeitpunkt ihrer Auflösung vgl. »Abschied eines Buhmanns«, in: *Der Spiegel*, Nr. 51, 19. Dez. 1994, S. 78–82.

19 Vgl. die ausführliche Diskussion zwischen Breuel und verschiedenen Kommentatoren – den Wirtschaftswissenschaftlern Olivier Blanchard und Rüdiger Dornbusch, den Soziologen Charles Sabel und Horst Kern und Klaus von Dohnanyi, dem ehemaligen Bürgermeister von Hamburg und neuem Direktor von TAKRAF – vom 16. November 1991 im Center for European Studies. Mit einigen Einschränkungen lobten alle Teilnehmer die Vorgehensweise der Treuhand. Center for European Studies, Program for the Study of Germany and Europe, »Treuhandanstalt: A One-Day Workshop, Rapporteur's Report«, Cambridge, MA.

20 Christ und Neubauer, *Kolonie im eigenen Land*, S. 172–182.

21 Zur Kontroverse über zu hohe Reallöhne als eine Ursache für den Zusammenbruch der Industrie vgl. Helmar Drost, »The Great Depression in East Germany: The Effects of Unification on East Germany's Economy«, in: *East European Politics and Societies* 7, 3 (Herbst 1993), S. 471–475; ferner George A. Akerlof et al., »East Germany in from the Cold: The Economic Aftermath of Currency Union«, in: *Brookings Papers on Economic Activity* 1 (1991), S. 46. Zu Schätzungen über die Höhe der Produktivität im Jahr 1991 vgl. D. M. W. N. Hitchens, K. Wagner und J. E. Birnie, *East German Productivity and the Transition to the Market Economy*, Aldershot: Avebury 1993. In dieser Studie (die ausgewählte ostdeutsche Industrien mit denen von Nordirland vergleichen sollte) wird die Auffassung vertreten, daß das Produktivitätsniveau von 60 Prozent im Jahr 1991 schon eine fünfzigprozentige Verbesserung gegenüber dem Vorjahr darstellte. (Im übrigen wurde das Produktivitätsniveau der DDR vor der Einheit mit 50 Prozent in der Industrie und mit 40 Prozent in der Gesamtwirtschaft beziffert.)

22 Zitiert von Christ und Neubauer, *Kolonie im eigenen Land*, S. 101–102.

23 *Der Spiegel* »Die Steuerrechnung für die Einheit: Ein Staat im Geldrausch«, Nr. 27, 1. Juli 1991, S. 21–26.

24 Wilfried Herz, »Die Mühsal des Teilens«, *Die Zeit*, 2. Aug. 1991, S. 1.

25 Vgl. den Kommentar zur BASF von Kurt Bock auf dem Harvard Center for European Studies Workshop, »The Economic Impact of German Unification«, Cambridge, MA, 6.–7. April 1991.

26 Bureau of Statistics report, Sept. 1992, zusammengefaßt in »The Week in Germany«, 11. Sept. 1992, German Information Center. Zu den Statistiken über die Industrieproduktion vgl. Drost, »The Great Depression in East Germany«, S. 452–481; ferner Gerlinde Sinn und Hans-Werner Sinn, *Kaltstart: volkswirtschaftliche Aspekte der deutschen Vereinigung*, 3. Aufl., München: DTV 1993; vgl. auch die monatlichen Statistiken in *Wirtschaft und Statistik*.

27 Christ und Neubauer, *Kolonie im eigenen Land*, S. 206–207; *Deutsche Bank Research*, »Government Finances Being Put to the Test« (Frankfurt am Main, 15. Mai 1992). Die in der Tabelle für 1992 aufgeführten Defizite sind geschätzte Transferzahlungen. Vgl. »Die wirtschaftliche Einheit droht zu scheitern«, in: *Der Spiegel*, Nr. 13, 23. März 1992, S. 22–29, und »Das Teilen für den Aufbau im Osten fällt schwer«, in: *Der Spiegel*, Nr. 18, 27. Apr. 1992, S. 18–27.

28 Die Bundesbank machte Spekulanten für die Währungsunruhe verantwortlich; aber selbst in Deutschland wurde schließlich öffentliche Kritik geübt: vgl. die Bemerkungen des Wirtschaftssprechers der Deutschen Bank, Ulrich Cartellieri, vom 8. Dezember nach dem Bericht der *Financial Times*, 9. Dez.1992, S. 14 (»Bank für Währungskrise verantwortlich gemacht«). Auch Spanien und Portugal werteten ihre Währungen ab. Eine nützliche Darstellung der Krise liefert die Fallstudie der John F. Kennedy School of Government, »Black Wednesday: The Bundesbank Connection«, Harvard University, Cambridge, MA, 1995.

29 Robert Leicht, »Wenn schon teilen, dann solidarisch«, *Die Zeit*, 29. Mai 1992, S. 1.

30 Zu Solidarpakt und Steuern vgl. »Es muß Masse in den Topf«, in: *Der Spiegel*, Nr. 46, 9. Nov. 1992, S. 16–20; ferner Quentin Peel, »Forced to Find Common Ground«, in: *Financial Times*, 8. Dez.1992, S. 14.

31 Jürgen Boje und Doris Gladisch, »Arbeitsmarkt und Beschäftigung in Ostdeutschland«, in: Institut für Wirtschaftsforschung Halle, Hg., *Wirtschaft im Systemschock. Die schwierige Realität der ostdeutschen Transformation,* Halle: Analytica 1994, S. 41–68.
32 Robert Skopp, »Sektoraler Strukturwandel in den neuen Bundesländern«, in: ibid., S. 55–68.
33 Janos Kornai, »Transformational Recession. A General Phenomenon Examined through the Example of Hungary's Development«, Harvard Institute of Economic Research, Discussion Paper Nr. 1648, Juli 1993. Vgl. Hubert Gabrisch, »Stabilisierungspolitik in post-sozialistischen Ländern: eine Synopse aus empirischer und theoretischer Sicht«, in: *Wirtschaft im Systemschock,* S. 185–199.
34 Für eine Darstellung der formativen Periode vgl. die Dissertation von John F. Connelly, »Creating the Socialist Elite: Communist Higher Education Policies in the Czech Lands, East Germany, and Poland, 1945–1954«, Ph. D. diss., Harvard University, 1994, und für eine kurze, aber eindrucksvolle Beschreibung der Kontrolle durch die Partei Wolfgang Schuller, »Zwei Nationen – Zwei Wissenschaften? Eindrücke vom Wiederaufbau der Wissenschaftsorganisationen in den neuen Bundesländern«, in: *Deutschland Archiv* 27, 5 (Mai 1994), S. 470–477.
35 Zum Fall Pätzold vgl. *FAZ,* 12. Nov. 1990, *Tagesspiegel,* 13. Nov. 1990, und Pätzolds Erwiderung in *Neues Deutschland,* 30. Dez. 1990, zitiert von Georg G. Iggers, »L'histoire sociale et l'historiographie Est-Allemande des années 1980«, in: *Vingtième Siècle,* Nr. 34, Sonderband (Apr.–Juni 1992), S. 5–24. Pätzolds Berufung wurde vom Berliner Arbeitsgericht am 29. Jan. 1993 abgelehnt. Allgemeiner vgl. Rainer Eckert, Wolfgang Küttler und Gustav Seeber, *Krise–Umbruch–Neubeginn. Eine kritische und selbstkritische Dokumentation der DDR-Geschichtswissenschaft 1989/90,* Stuttgart: Klett-Cotta 1992, mit Beiträgen zu den Fehlern und der Krise der Geschichtswissenschaft in der DDR.
36 Dieter E. Zimmer, »Einstürzende Mittelbauten«, in: *Die Zeit,* 27. Nov. 1992, S. 41.
37 Wolfgang Schluchter, »Die Hochschulen in Ostdeutschland vor und nach der Einigung«, in: *Aus Politik und Zeitgeschichte* B25/94 (24. Juni 1994), S. 12–22. Ebenfalls Schluchter, »Der Um- und Neubau der Hochschulen in Ostdeutschland. Ein Erfahrungsbericht am Beispiel der Universität Leipzig«, in: *Berliner Journal für Soziologie* 1 (1994), S. 89 ff., sowie Andreas Fischer, *Das Bildungssystem der DDR, Entwicklung, Umbruch und Neugestaltung seit 1989,* Darmstadt 1992.
38 Dieter Simon, »Der Wissenschaftsrat in den neuen Bundesländern. Eine vorwärtsgewandte Rückschau«, in: *Aus Politik und Zeitgeschichte* B51/92 (Dez. 1992), S. 9ff.
39 Jens Reich, »Wissenschaft und Politik im deutschen Einigungsprozeß«, in: *Aus Politik und Zeitgeschichte* B9/91 (22. Feb. 1991), S. 34.
40 Eine scharfsinnige Analyse der 1990 dahinschwindenden Optionen der Akademie der Wissenschaften liefert Renate Mayntz, »Multi-organizational and Multi-level Interactions in the Restructuring of a National Research System«, Vortrag vor der Max Planck Gesellschaft, September 1991. Eine Zusammenfassung der Ergebnisse findet sich bei Gerhard Neuweiler, »Das gesamtdeutsche Haus für Forschung und Lehre«, in: *Aus Politik und Zeitgeschichte* B25/94 (24. Juni 1994), S. 3–11. Neu-

weiler, ein Zoologe, wurde 1993 Vorsitzender des Wissenschaftsrats. Für eine frühzeitige Befürwortung von geisteswissenschaftlichen Zentren siehe Dieter Henrich, »Nur ein mattes Abbild des Westens? Der Umbau der Geisteswissenschaften im Osten«, in: *FAZ*, 28. Okt. 1991, S. 35. Die frühen Stadien des Überprüfungsprozesses werden beschrieben bei Peter Marcuse, »Abwicklung in East Germany: Renewal, Destalinization, Suppression«, Working Papers of the Institute on East Central Europe, Columbia University, 1 (August 1991). Marcuse nennt etwas andere Zahlen: 57 Institute mit 23 000 Angestellten in der naturwissenschaftlichen Abteilung der Akademie, dazu weitere 63 Institute mit etwa 18 000 Angestellten, darunter die Akademie für Gesellschaftswissenschaften, die dem Zentralkomitee der SED unterstand, und spezielle Akademien für Pädagogik, Agronomie, Bauwesen und das höhere Bildungswesen. Er weist darauf hin, daß die größte unabhängige Forschungseinrichtung im Westen, das französische CNRS, ungefähr 10 000 Forscher beschäftigt – in einem Land, das dreimal so groß ist.

41 Zur Humboldt-Universität vgl. Uwe Wesel, »Geisterstunde«, in: *Die Zeit*, 21. Juni 1991, S. 16; zu den Vorwürfen der Gauck-Behörde wegen angeblicher Stasimitarbeit vgl. »Humboldt-Rektor Fink fristlos entlassen«, in: *taz*, 28. Nov. 1991, S. 6, Christoph Dieckmann und Norbert Kostede, »Ein Leben halb und halb. Der Fall Fink, der Fall Gauck – Streit an der Humboldt-Universität: An ihren Akten sollt Ihr sie erkennen?«, in: *Die Zeit*, 13. Dez. 1991, S. 3. Die Autoren zitieren Ruth Misselwitz, eine 1989 aktive reformistische Pastorin, die Fink vorwarf, er habe die Zukunft der Universität »zu ausschließlich mit seinem eigenen persönlichen Schicksal verknüpft«. Vgl. auch Matthias Geis, »Makabre Konsequenz«, in: *taz*, 4. Dez. 1991.

42 »Die DDR in uns«, in: *Der Spiegel*, Nr. 50, 9. Dez. 1991, S. 18–24. Zur Kritik von Fink als Rektor einer Universität und dem Vorwurf eines oberflächlichen Populismus vgl. Manfred Bierwisch, »›Identitätsbewahrung‹ behindert die Erneuerung«, in: *Tagesspiegel*, 5. Jan. 1992. Zu den Ergebnissen der Wahl des Rektors Ende Januar vgl. Mechthild Küpfer, »›Pro Humboldt‹ siegt«, in: *Tagesspiegel*, 26. Jan. 1992, S. 27; das Berliner Verwaltungsgericht bestätigte die Möglichkeit, Fink zum 28. Januar zu entlassen, entschied aber, daß nur die Universität, nicht Senator Erhardt, die Entlassung vornehmen könne. »Entlassung Finks nicht unrechtmäßig«, in: *FAZ*, 29. Jan. 1992, S. 5. Aussagen und Anerkennungsschreiben zugunsten von Fink und anderes Material zu dem Fall ist erschienen in *UTOPIEkreativ: Dokumentation* (Sonderausgabe: Januar 1992).

43 Christian Meier, »Den Grabenkrieg überwinden«, in: *Die Zeit*, 6. Dez. 1991, S. 3; Meier, der als Vorsitzender des deutschen Historikerverbandes sich an dem sog. Historikerstreit aktiv beteiligte, war Mitglied der Berliner Landeshochschulstrukturkommission. Ich beziehe mich auch auf den Workshop des Center for European Studies über German Unification and the Universities, Cambridge, MA, 13.–15. März 1992.

44 »Inquisitoren auf der Faultierfarm«, *Frankfurter Allgemeine Zeitung*, 9. 9. 1993. Für einen Überblick der Positionen in dieser Debatte vgl. Rainer Eckert, Ilko-Sascha Kowalczuk und Isolde Stark, Hgg., *Hure oder Muse? Klio in der DDR, Dokumente und Materialien des Unabhängigen Historiker-Verbandes*, Berlin: Berliner Debatte/GSFP, 1994, S. 260–307. Zu den Konflikten an der Humboldt-Universität bis

Mitte 1991 vgl. Marcuse, »Abwicklung in East Germany«, vgl. auch Hermann Weber, »Werden DDR-Geschichtswissenschaft und Marxismus plattgewalzt und ausgemerzt?«, in: *Deutschland Archiv* 24, 3 (März 1991), S. 246–273. Die drei »Unabhängigen«, die bei Winkler als Assistenten arbeiteten, waren Rainer Eckert, Stefan Wolle und Armin Mitter. Die beiden letzteren veröffentlichten die Dokumentensammlung »*Ich liebe euch doch alle!« Befehle und Lageberichte des MfS Januar-November 1989*, Berlin: BasisDruck 1990, und *Untergang auf Raten: Unbekannte Kapitel der DDR-Geschichte*, München: Bertelsmann 1993. Ein Wort zu meiner Rolle: Ich war von 1992 bis 1995 im Vorstand des Potsdamer Zentrums; Winkler und Kocka sind seit langem persönliche Freunde; zu Mitters und Wolles Dokumentensammlung habe ich eine positive Besprechung geschrieben, nur war ich mit ihrer allgemeinen Interpretation der DDR-Geschichte nicht einverstanden. Vgl. Charles S. Maier, »Geschichtswissenschaft und ›Ansteckungsstaat‹«, in: *Geschichte und Gesellschaft* 20 (1994), S. 617–625.

45 Celestine Bohlen, »Victims of Hungary's Past Press for an Accounting but with Little Success«, in: *New York Times*, 3. Aug. 1991, S. 3.

46 Zu Gaucks Ansichten vgl. Johannes Paulmanns Résumée von seiner Rede und seinen Antworten an Kritiker beim Symposium des London German Historical Institute »Vergangenheitsbewältigung: The Aftermath of Dictatorship (1945/1990)«, 19. Juni 1992, veröffentlicht in *Bulletin of the German Historical Institute London* 16, 3 (Nov. 1992), S. 34–38, sowie neben vielen anderen Interviews »Ich werde kein Zensor sein«, in: *taz*, 12. Nov. 1991, S. 12, und sein Radiogespräch vom 1. Okt. 1995, abgedruckt als »Interview mit Joachim Gauck«, in *Deutschland Archiv*, 28, 11 (Nov. 1995), S. 1228–1232 (Zitat auf S. 1229). Als der Interviewer Gauck fragte, ob die Entscheidung der Spanier, die Vergangenheit nicht offenzulegen, nicht gesünder sei, antwortete er, daß Spanien einen blutigen Bürgerkrieg hatte und es wohl besser gewesen sei, die alten Wunden nicht wieder aufzureißen, aber die Situation nach dem Kommunismus sei davon völlig verschieden.

47 »Interview mit Joachim Gauck«.

48 Enquete-Kommission, *Aufarbeitung von Geschichte und Folgen der SED-Diktatur in Deutschland*, Bd. 9, *Zwei Diktaturen in Deutschland*, Frankfurt am Main: Suhrkamp 1995, S. 575–643.

49 Vgl. zu diesem Thema »Recht oder Rache: Die Last deutscher Vergangenheit«, darin Eberhard Jäckel, »Die doppelte Vergangenheit«, in: *Der Spiegel*, Nr. 52, 23. Dez. 1991, S. 30–43.

50 Ulrich Greiner, »Mangel an Feingefühl«, in: *Die Zeit*, 1. Juni 1990, zitiert in Thomas Anz, Hg., *»Es geht nicht nur um Christa Wolf«. Der Literaturstreit im vereinten Deutschland*, München: Spangenberg 1991, S. 66–70. Marcel Reich-Ranicki hatte mit seinem bekannten Sarkasmus Christa Wolf schon früher in der *FAZ* (12. Nov. 1987) verrissen, sein Artikel ist wieder abgedruckt in Anz, S. 35–40, ebenso Hans Noll in der konservativen *Welt* (4. Juli 1987): »Die große Lebenslüge der Christa Wolf besteht darin, daß sie sich einem politischen System zur Verfügung stellte, dessen Amoralität ihr bewußt ist.« (Zitiert in der Einführung von Anz, S. 30.) Der Titel dieses Sammelbandes ist von Wolf Biermanns Résumée des Konflikts übernommen.

51 »Dem Druck des härteren, strengeren Lebens standhalten«: Auch eine Studie

über den autoritären Charakter. Christa Wolfs Aufsätze, Reden und ihre jüngste Erzählung ›Was bleibt‹«, in: *FAZ*, 2. Juni 1990, S. 77–89; Zitate auf S. 86, 80, 87.
52 Zitiert bei Anz, »*Es geht nicht nur um Christa Wolf*«, S. 244–247. Vgl. Ulrich Greiner, »Die Falle des Entweder-Oder. In der Stasi-Debatte wird altes Unrecht durch neues Unrecht ersetzt«, *Die Zeit*, 31. Jan. 1992, S. 1. Die Falle des Entweder-Oder, meint Greiner, war die mangelnde Bereitschaft, mit dem Sozialismus zu brechen, weil der Kapitalismus angeblich nicht viel besser war, so wie man einst dachte, man dürfe Stalin nicht kritisieren aus Angst, damit Hitler zu helfen.
53 Fritz J. Raddatz, »Von der Beschädigung der Literatur durch ihre Urheber«, in: *Die Zeit*, 5. Feb. 1993; vgl. John Connelly, »Christa Wolf, Round Two«, 15. April 1993, unveröffentlichtes Manuskript.
54 »Interview mit Joachim Gauck«, S. 1231.
55 Vgl. auch »Die Wahrheit soll ans Licht« und Richard Schröders Kommentar in *Der Spiegel*, Nr. 9, 24. Febr. 1992, S. 24–35. Zur Verteidigung von Stolpe vgl. Klaus von Dohnanyi, »Pakt mit dem Teufel« und andere Artikel zu dem Fall in *Der Spiegel*, Nr. 5, 27. Jan. 1992, S. 32–38. Zur Kritik vgl. das Interview mit Gerhard Besier »Der Mann für grobe Fälle«, in: *Der Spiegel*, Nr. 20, 11. Mai 1992, S. 38–48, und Klaus Hartungs Kritik an Stolpes Verteidigern »Die Macht und der Schmutz«, in: *Die Zeit*, 7. Feb. 1992, S. 4. Den Fall Stolpe betreffend beziehe ich mich auch auf die Untersuchung von Anne M. Sa'adah, »Justice and Democracy in United Germany: Reflections on the Stolpe Case«, die inzwischen als 5. Kapitel von *Political Reconciliation and Democratic Consolidation: The Case of Unified Germany*, Cambridge, MA: Harvard University Press 1998, erschienen ist.
56 *Abschlußbericht des Stolpe-Untersuchungsausschusses des Landtags Brandenburg*, herausgegeben, gekürzt und thematisch bearbeitet von Ehrhart Neubert, Köln: Heinrich-Böll-Stiftung e.V. 1994, S. 78–79.
57 *Abschlußbericht*, S. 155. Vgl. Stolpes Erklärung vor dem Landtag vom 3. Sept. 1992, in: Manfred Stolpe, *Demokratie wagen: Aufbruch in Brandenburg*, Berlin und Marburg: Schüren 1994, S. 65–66.
58 *Abschlußbericht*, S. 268–272 (Rede von Stolpe), 279–283 (Nooke), 285–286 (Bräutigam).
59 Manfred Stolpe, »Wer hierblieb, wollte das Land verbessern« (Juni 1990), jetzt in Manfred Stolpe, *Den Menschen Hoffnung geben: Reden, Aufsätze, Interviews aus zwölf Jahren*, Berlin: Wichern 1991, S. 249–255 (S. 254). Vgl. »Spiegel-Gespräch mit Ministerpräsident Manfred Stolpe«, in: *Der Spiegel*, Nr. 21, 18. Mai 1992, S. 32–36, in dem er nochmals bekräftigte, er habe bis zum 12. Februar nicht gewußt, daß er »Sekretär« war, und die Auffassung vertrat, daß die Öffentlichkeit die ganze Kontroverse leid sei.
60 Robert Leicht, »Keine Flucht vor der Vergangenheit. Mit oder ohne Erich Honecker: Die Gerechtigkeit muß ihren Lauf nehmen«, in: *Die Zeit*, 20. Dez., 1991, S. 1.
61 Zu den Mauerschüssen vgl. »›Sie wirft Schatten bei Nacht‹«, in: *Der Spiegel*, Nr. 22, 27. Mai 1991, S. 8–22, und »›Wir machen alles gründlich‹: Die Todesgrenze der Deutschen (I): Schreibtischtäter aus Wandlitz«, in: ibid., Nr. 26, 24. Juni 1991, S. 58–83, ferner »›Taktisch klug und richtig‹: Die Todesgrenze der Deutschen (II): Protokolle über Schießbefehl und Republikflucht«, ibid., Nr. 27, 1. Juli 1991,

S. 52–71. Die *Spiegel*-Serie begleitete die ersten Mauerschützenprozesse. Zur Berichterstattung über den Gueffroy-Prozeß vgl. Gisela Friedrichsen, »Wer so auf Menschen schießt«, in: *Der Spiegel,* Nr. 5, 27. Jan. 1992, S. 40–43. Zur gleichen Zeit gab es einen Fernsehbericht, der sich auf Archivmaterial des Kommandos der Grenztruppen stützte und später als Buch erschien: Werner Filmer und Herbert Schwan, *Die Opfer der Mauer – Protokolle des Todes,* München: Bertelsmann 1991. Einen Überblick über die 1993 bestehende rechtliche Situation gibt Herwig Roggemann, *Systemunrecht und Strafrecht am Beispiel der Mauerschützen in der ehemaligen DDR,* Berlin: Berlin Verlag Arno Spitz 1993. Für eine Zusammenstellung der Regelungen, einschließlich des Schießbefehls siehe S. 54, Anm. 102. Eine journalistische Behandlung dieser Fragen im Kontext von anderen Fällen von Unterdrückung, Komplizenschaft und postkommunistischer Rechtsprechung in Osteuropa bietet das beeindruckende Buch von Tina Rosenberg, *Die Rache der Geschichte: Erkundungen im neuen Europa,* München: Hanser 1997.

62 Die Urteilsbegründung ist teilweise abgedruckt in *Frankfurter Rundschau,* 11. April 1992, S. 11. Vor 1933 war Radbruch ein strenger Rechtspositivist, daher war sein Zugeständnis an das Naturrecht oder höhere Rechtsgrundsätze von 1946 um so maßgebender. Allgemein zum Konflikt zwischen Rechtspositivismus und der Berufung auf ein Naturrecht in der Rechtswissenschaft nach 1989 vgl. Andrew Tauber, »Tyranny on Trial: Natural Law and Legal Positivism in the Federal Republic of Germany« (Ph. D. dissertation, Massachusetts Institute of Technology 1996). Vgl. auch Hans Schuelers Kommentar zur Eröffnung des Gueffroy-Prozesses, »Im Namen des geplagten Volkes. Zum zweiten Mal muß mit einer deutschen Diktatur ins Gericht gegangen werden«, in: *Die Zeit,* 26. Juli 1991, S. 1.

63 Vgl. Roggemann, *Systemunrecht und Strafrecht,* S. 59–60. Außerdem habe ich zurückgegriffen auf Robert Alexy, *Mauerschützen. Zum Verhältnis von Recht, Moral, und Strafbarkeit (Berichte aus den Sitzungen der Joachim-Jungius-Gesellschaft der Wissenschaften e. V. Hamburg)* 11, 2, Göttingen: Vandenhoeck und Ruprecht 1993. Durch die Berufung auf die Menschenrechtskonvention umging das Gericht die Schwierigkeiten einer nachträglichen Anwendung von rechtlichen Kriterien. Gleichwohl sind sowohl Alexy (S. 15–20, 25–30) wie auch Roggemann (S. 65–68) der Ansicht, daß die Begründung des Gerichts problematisch und nicht klar war, ob die Konvention von 1966 für die DDR wirklich bindend war. Statt dessen, meint Alexy, hätte die Formel »extremes Unrecht« für sich stehen und der damaligen Gesetzgebung der DDR Grenzen setzen können. Alexy bietet eine Einführung in die umfangreiche Literatur; auch vertritt er die Auffassung, daß von den Wachen nicht verlangt werden konnte, daß sie ihr Handeln als »extremes Unrecht« erkannten, wenn das Regime von Intellektuellen und Kirchen im In- und Ausland weithin anerkannt war. Die Formel von Radbruch dürfe nicht dafür herhalten, die Urteilskraft der Angeklagten »kognitiv zu überfordern«, wenn man sie für verantwortlich halten wolle. Zur Urteilsbegründung im Fall Schmidt (und zwei anderen: dem Fall Gueffroy und dem Fall Sievert) vgl. Roggemann, *Systemunrecht und Strafrecht,* S. 80–160.

64 Vgl. *General-Anzeiger,* Bonn, 24. Mai 1995, S. 4, wo sich auch Informationen zu den Hintergründen der Verfahren gegen die Spione und ausgewählte Teile aus den Urteilsbegründungen finden.

65 Luc Hoyse, »Justice after Transition: On the Choices Successor Elites Make in Dealing with the Past«, in: *Law and Social Inquiry* 20, 1 (Winter 1995), S. 51–78. Für die ähnlich geführte Debatte über die rechtliche Behandlung von Völkermordverbrechen siehe die exemplarische Diskussion bei Mark J. Osiel, »Ever Again: Legal Remembrance of Administrative Massacre«, in: *University of Pennsylvania Law Review* 144, 2 (Dez. 1995), S. 463–704.

66 Zu den Fällen in Tschechien und anderen osteuropäischen Ländern vgl. Herman Schwartz, »The Lustration Decisions of the New Central European Constitutional Courts«, Rede auf der Constitutional Court Conference, Warsaw, 10. Sept. 1994. Vgl. auch Schwartz, »Lustration in Eastern Europe«, in: *Parker School Journal of East European Law* 1, 2 (1994), S. 141–171, und Rosenberg, *Rache der Geschichte*, S. 27–157.

67 Rudolf Wassermann, »Dritte Schuld der Deutschen? Die neue Amnestiedebatte belastet die Strafverfolgung«, in: *Recht und Politik* 30, 3 (Sept. 1994), S. 138–142. Für einen Bericht über die Ergebnisse der Prozesse vom Frühjahr 1994 vgl. Christof Schaefgen (Chef der Sonderkommission Regierungskriminalität bei der Berliner Staatsanwaltschaft), »Die Strafverfolgung von Regierungskriminalität der DDR – Probleme, Ergebnisse, Perspektiven«, ibid., S. 150–160. Er nennt die Zahl von 1162 Fällen, die in Berlin seit der Vereinigung bearbeitet wurden, und 52 Fälle von Gewaltanwendung, die zu dem Zeitpunkt noch zu klären waren.

68 Gesammelt bei Albrecht Schönhofer, Hg., *Ein Volk am Pranger? Die Deutschen auf der Suche nach einer neuen politischen Kultur,* Halle: Aufbau Verlag 1991.

69 Petra Bock, »Von der Tribunal-Idee zur Enquete-Kommission«, in: *Deutschland Archiv* 28, 11 (Nov. 1995), S. 1171–1183, Zitat auf S. 1176. Vgl. auch Schorlemmer, »Gerichte reichen nicht. Ein Tribunal ist vonnöten«, in: *Tagesspiegel*, 13. Sept. 1991, sowie den ähnlichen Vorschlag zu einem »Tribunal« von Wolfgang Thierse (SPD), »Schuld sind immer die Anderen. Ein Plädoyer für die selbstkritische Bewältigung der eigenen Geschichte«, in: *Die Zeit*, 6. Sept. 1991, S. 13, und Thierse, »Weder Rechthaberei noch Selbstmitleid«, in: *taz*, 26. Nov. 1991, S. 11. Vgl. dagegen Richard Schröder, »Gesinnungs-Justiz ist Unrecht«, in: *Die Zeit*, 13. Dez. 1991, S. 5, und das Interview mit Eppelmann in *Der Spiegel*, Nr. 10, 10. März 1992, S. 29–37.

70 Die Materialien der ersten Enquete-Kommission wurden unter der Schirmherrschaft des Bundestages als *Materialien der Enquete-Kommission, »Aufarbeitung von Geschichte und Folgen der SED-Diktatur in Deutschland«* in einer dreißigbändigen Hardcover-Ausgabe im Nomos Verlag (Baden-Baden 1995) und einer achtzehnbändigen Paperback-Ausgabe im Suhrkamp Verlag (Frankfurt am Main 1995) veröffentlicht. 1995 wurde eine zweite Enquete-Kommission eingerichtet, die sich mit der »Überwindung der Folgen der SED-Diktatur im Prozeß der deutschen Einheit« befassen sollte.

71 Vgl. die Hinweise und gedankenreichen Kommentare von M. Rainer Lepsius, »The Legacy of Two Dictatorships and Democratic Culture in United Germany«, in: *Schweizerische Zeitschrift für Soziologie/Revue suisse de sociologie* 21, 3 (1995), S. 765–776. Bei Umfragen aus den Jahren 1992, 1993 und 1994 glaubten bis zu 54 Prozent der Ostdeutschen, daß sich die Gesamtsituation verbessert habe; der Anteil der Befragten, die angaben, daß ihrer Meinung nach die wirtschaftliche Situation schlecht sei, sank von 60 auf 30 Prozent, und die Zahl derjenigen, die glaubten, daß ihre eigene wirtschaftliche Situation gut sei, stieg von 30 auf 55 Prozent. Lepsius gibt aber zu bedenken, daß immer noch eine gewisse politische Passivität und das Gefühl einer kollektiven Inferiorität, Defizite einer demokratischen politischen Kultur, verbreitet seien.

Epilog

1 Robert Leicht »Aufbruch zur neuen Republik«, in: *Die Zeit*, 7. Juli 1995, S. 1. Christo, der die Deutschen derart aufheitern konnte, ist bulgarischer Herkunft.
2 Monika Zimmermann, »Ende einer Andacht«, in: *Der Tagesspiegel*, 7. Juli 1995, S. 1.
3 Ibid.
4 Christof Conrad, Michael Lechner und Wolf Werner, »East German Fertility after Unification: Crisis or Adaptation«, in: *Population and Development Review* 22, Nr. 2 (Juni 1996).
5 »Stolz aufs eigene Leben«, in: *Der Spiegel*, Nr. 27, 3. Juli 1995, S. 40–52.
6 Vgl. Stefan Berger, »Viewpoint: Historians and Nation-Building in Germany after Unification«, in: *Past & Present*, Nr. 148 (Aug. 1995), S. 187–222.
7 Vgl. die Sammlung von Texten der neuen rechten Intellektuellen in Heimo Schwilk und Ulrich Schacht, Hg., *Die selbstbewußte Nation,* Berlin und Frankfurt am Main: Ullstein 1994; die Zitate sind von Reinhard Maurer, »Schuld und Wohlstand: Über die westlich-deutsche Generallinie«, S. 77, 83, und Klaus-Rainer Rohl, »Morgenthau und Antifa: Über den Selbsthaß der Deutschen«, S. 97–98.
8 Timothy Garton Ash, *Im Namen Europas,* S. 564. Es kann freilich für viele Staaten so normal werden wie für Ehen, daß sie auseinandergehen.
9 »Interview mit Joachim Gauck«, in: *Deutschland Archiv* 28, 11 (Nov. 1995), S. 1228–1232, Zitat auf S. 1232.

Bemerkungen zu den Quellen

Archiv-Quellen und Abkürzungen

Bundesarchiv Potsdam (BA: Potsdam; früher: Deutsches Staatsarchiv)

Akten des Ministerrats der DDR
Sitzungen des Ministerrats der DDR: Signatur DC 20 I/3
Sitzungen des Ministerrats der DDR: Signatur DC 20 I/4
DC 20 I/3 reicht in die Endphase des Staates; DC 20 I/4 führt durch den November 1989. Die Nachweise in den Anmerkungen enthalten die fortlaufende Nummer der Aktenbände. Darin enthalten sind Tagesordnungen, Diskussionsmitschriften, protokollierte Beschlüsse sowie die Berichte und Planungspapiere, die als Grundlage der Beratungen dienten. Der Ministerrat, dessen Vorsitzender Willi Stoph war und dem »Minister« angehörten, die jeder für einen wichtigen Produktionsbereich zuständig waren, war keine formelle Parteigliederung und besaß auch wenig Macht, dafür wurden die Beratungen in diesem Gremium während der Krise und dem Ende der DDR häufig sehr offen und frei geführt. Generell sollte im Bundesarchiv das »D« allen Dokumenten der Deutschen Demokratischen Republik als Kennzeichen vorangestellt werden; gleichwohl sind einzelne Aktenbände in der Regel ohne »D« etikettiert, so zum Beispiel als Signatur C20.

Bundesarchiv Potsdam/Berlin (BA: Potsdam/Berlin)

Akten der Staatlichen Plankommission der DDR = DE 1.
Diese waren, als ich sie auswertete, vorübergehend im ehemaligen Stasi-Hauptquartier in Ostberlin untergebracht und unter der Katalognummer E 1 erfaßt. Diese Sammlung ist von grundlegender Bedeutung für die Wirtschaftsgeschichte der DDR. Ich habe nur die Dokumente durchgesehen, die für den Gebrauch des langjährigen Leiters Gerhard Schürer ausgesondert worden waren oder die dessen Tätigkeit festhalten.

Bundesarchiv-Stiftung Archiv der Parteien und Massenorganisationen der DDR (SAPMO-BArch)

Diese Abteilung des Bundesarchivs enthält die Akten und Aufzeichnungen, die zuvor im PDS-Archiv in Ostberlin untergebracht waren. Das PDS-Archiv wiederum geht zurück auf das SED-Archiv des Instituts für Marxismus-Leninismus, also des Archivs der bis 1989 regierenden Partei. Im Herbst 1995 wurden die Dokumente an einen neuen Standort in Berlin-Lichterfelde verbracht; ich habe sie noch am ursprünglichen Ort durchgesehen. Zu den hier zitierten Unterlagen aus dem SAPMO-BArch gehören:

Sitzungen des Politbüros (Vollständiger Titel: Protokolle der Sitzungen des Politbüros des Zentralkomitees der Sozialistischen Einheitspartei Deutschlands)

Reinschriftenprotokolle (J IV 2/ 2/Bandnummer)
Arbeitsprotokolle (J IV 2/2A/Bandnummer)
Diese Aufzeichnungen enthalten nur sehr selten Diskussionsmitschriften; vor allem sind es Tagesordnungen, Dokumente und Berichte, die zur Diskussion vorgelegt wurden. Die *Arbeitsprotokolle* enthalten Berichte und andere Materialien, die für die Diskussion in den verschiedenen Sitzungen in Umlauf gegeben wurden; die *Reinschriftenprotokolle* enthalten, von Ausnahmen abgesehen, weniger wichtiges Material. Beide Folgen laufen parallel, die jeweiligen Bandnummern beziehen sich auf Konferenztermine. Das Politbüro des Zentralkomitees der SED war das einflußreichste Entscheidungsgremium der DDR.

Tagungen des Vorstandes des Zentralkomitees der SED (DY 30/IV 2/1/Bandnummer)

Das Zentralkomitee war nominell das oberste Parteigremium zwischen den Parteitagen. Sein ausgedehnter Vorstand fungierte als eine Art Legislative; das Politbüro diente ihm als kollektives Exekutivorgan. Die Aufzeichnungen enthalten umfangreiche stenographische Mitschriften der Debatten im ZK.

Akten der einzelnen Büros

Büro Kurt Hager
Büro Werner Jarowinski
Büro Egon Krenz
Büro Günter Mittag
Die Akten des Politbüros werden inzwischen unter einer fortlaufenden Signatur neu erfaßt: DY 30/fünfstellige Bandnummer. Büro Egon Krenz wird hier noch als IV 2/2.039/Bandnummer zitiert.

Dokumente des Ministeriums für Staatssicherheit (MfS), Hauptabteilung Sicherung der Wirtschaft HA XVIII

Diese wurden vom Büro der Historischen Abteilung der Gauck-Behörde (Bundesbeauftragter für die Unterlagen des Staatssicherheitsdienstes der DDR), geleitet von Klaus Henke, konsultiert. Sie sind mit ZAIG (Zentrale Auswertungs- und Informationsgruppe)/Bandnummer gekennzeichnet.

Veröffentlichte Primärquellen

Einige aus Stasi-Akten zusammengestellte Sammlungen wurden veröffentlicht, dskurz nachdem die Bürgerbewegung Anfang 1990 die Dokumente des MfS übernommen hatte. Eine Auswahl von Lageberichten und Memoranden der Stasi erschien unter dem Titel »*Ich liebe euch doch alle*«. *Befehle und Lageberichte des MfS. Januar–November 1989*, hg. von Armin Mitter und Stefan Wolle, Berlin: BasisDruck 1989. Wie weitgehend die Stasi kirchliche Institutionen durchdrungen hatte, zeigen Gerhard Besier und Stephan Wolf, Hg., »*Pfarrer, Christen und Katholiken*«. *Das Ministerium für Staatssicherheit der ehemaligen DDR und die Kirchen*, 2. rev. Auflage, Neukirchen-Vluyn: Neukirchener Verlag 1992. Viele Zusammenstellungen von Manifesten und Versammlungsberichten sind nach 1989 von Teilnehmern an den Protesten veröffentlicht worden: *Oktober 1989. Wider den Schlaf der Vernunft*, Berlin (DDR): Neues Leben, und Berlin (West): Elefanten Press, beide 1989; außerdem: Neues Forum Leipzig, *Jetzt oder Nie – Demokratie. Leipziger Herbst 1989*, Leipzig: Forum Verlag 1989, und: München: C. Bertelsmann Verlag 1990; Berichte von Verhafteten finden sich in: *Schnauze. Gedächtnisprotokolle 7. und 8. Oktober 1989. Berlin, Leipzig, Dresden*, Berlin: Berliner Verlags-Anstalt Union 1990; und in fotomechanischer Wiedergabe in: *Ich zeige an. Berichte von Betroffenen zu den Ereignissen am 7. und 8. Oktober 1989 in Berlin*, zusammengestellt von der Arbeitsgruppe »Materialsichtung« der Zeitweiligen Kommission der Stadtverordnetenversammlung von Berlin. Gut ausgewählte Interviews mit führenden Oppositionellen finden sich in: Dirk Philipsen, *We Were the People. Voices from East Germany's Revolutionary Autumn of 1989*, Durham, NC: Duke University Press 1993.

Als kontinuierliche Veröffentlichung von Quellenmaterial und informativen Interviews politisch aktiver Ostberliner ist das *Deutschland Archiv* unverzichtbar. 1995 erschien es als Monatsschrift, Anfang 1996 wurde es auf zweimonatiges Erscheinen umgestellt.

Folgende Tageszeitungen habe ich ausgewertet: für verläßliche Hintergrundberichte die zur Mitte tendierende, manchmal konservative *Frankfurter Allgemeine Zeitung* (*FAZ*); für liberale, gut informierte Tagesberichte die in München erscheinende *Süddeutsche Zeitung*; die Wochenschrift *Die Zeit* als Meinungsblatt, dessen Spezialität redaktionelle Kommentare von in der Regel liberalen und sozialdemokratischen Kolumnisten sind; für Berichte vor allem aus Berlin, auch über Entwicklungen in Kultur und Bildungswesen den Berliner *Tagesspiegel*; und, möglicherweise als nützlichste, die Berliner *Tageszeitung*, umgangssprachlich *taz* genannt, die mit respektlos unverblümten Berichten von den Ereignissen in Ostdeutschland in den Jahren 1989–1990 ihre glanzvollste Zeit hatte. Die *Tageszeitung* hat ihre Berichte und Kommentare in verschiedenen chronologischen Sammlungen veröffentlicht, erschienen als: *taz. DDR Journal zur Novemberrevolution*, 2 Bände, Frankfurt am Main: Tageszeitungsverlagsgesellschaft 1990. Einige interessante Beiträge erschienen auch in der *Frankfurter Rundschau* und in *Die Welt*. Wenn man Überblickartikel sucht, ist *Der Spiegel* unverzichtbar, meist sehr gut informiert, aber mit offenkundigen redaktionellen Tendenzen. Erleichtert wurde der Zeitungsüberblick durch die dicken Kompendien mit Artikeln aus Tages- und Wochenzeitungen, die vom Bundespresseamt herausgegeben wurden: *Deutschland 1989* und – für die Jahre 1989 und 1990 – *Deutschland 1990. Dokumente zur Berichterstattung über die Ereignisse in der DDR und die deutschlandpolitische Entwicklung*, Bonn: Presse- und Informationsamt der Bundesregierung 1993.

Ausführliche Zeugenberichte und schriftliche Darstellungen der Lebensbedingungen in der ehemaligen DDR haben der Enquete-Kommission des Deutschen Bundestags vorgelegen; veröffentlicht als: *Materialien der Enquete-Kommission »Aufarbeitung von Geschichte und Folgen der SED-Diktatur in Deutschland«* (12. Wahlperiode des Deutschen Bundestages), Herausgegeben vom Deutschen Bundestag, 9 Bände in 18 Teilbänden, Baden-Baden: Nomos, und Frankfurt am Main: Suhrkamp Verlag 1995; gleichzeitig als gebundene und Paperbackausgabe erschienen. Zu den Ursprüngen der Enquete-Kommission vgl. Kapitel Sechs. Weil diese Bände erst kurz vor Drucklegung der amerikanischen Originalausgabe erschienen sind, konnte ich die darin enthaltenen Quellen nur sehr kursorisch berücksichtigen; doch habe ich auch festgestellt, daß viele der darin enthaltenen Expertenberichte zuvor verstreut erschienene Artikel rekapitulieren.

Wichtig waren Erinnerungen und Memoiren, die jeweils mit voller Quellenangabe in den Anmerkungen zu den einzelnen Kapiteln genannt werden. So findet man Erinnerungen an die ersten Jahre der DDR vornehmlich in Kapitel Eins; Erinnerungen an die Krise der DDR werden in Kapitel Drei zitiert; Memoiren von sowjetischen und anderen Politikern, die sich mit dem Einigungsprozeß befassen, finden sich in Kapitel Fünf; etc. Das Oral History Project zur DDR, durchgeführt an der Hoover Institution mit A. James McAdams als Hauptinterviewer, hat eine ganze Reihe von Interviews mit führenden Politikern und Oppositionellen aus der DDR erbracht, die transkribiert wurden. Zitate aus diesem Material sind in den Anmerkungen vermerkt.

Sekundärquellen

Bücher und Aufsätze werden nur in den Anmerkungen genannt. Werke zur Gesamtgeschichte der DDR finden sich in den Anmerkungen zu Kapitel Eins. Materialien zum ökonomischen System der DDR und des RGW, auch statistische Daten, finden sich in den Anmerkungen zu Kapitel Zwei, Fünf und Sechs. Untersuchungen zu den neuen politischen Gruppierungen, eingeschlossen die Bürgerbewegung und das Neue Forum sowie deren Programme, werden in den Anmerkungen zu den Kapiteln Drei und Vier genannt. Bücher und Aufsätze zur Stasi finden sich dagegen in den Anmerkungen zu Kapitel Eins, an verschiedenen Stellen auch zu Kapitel Drei und noch einmal zu Kapitel Sechs. Zu den Rahmenbedingungen der internationalen Politik: Siehe Anmerkungen zu den Kapiteln Eins und Fünf. Untersuchungen zum Regime der DDR und zum Totalitarismus sind in den Anmerkungen zu den Kapiteln Eins, Vier und Sechs genannt.

Namenregister

Ackermann, Anton 57
Adenauer, Konrad 55, 64, 158, 335, 387
Adorno, Theodor W. 76
Anderson, Sascha 100, 102
Andreotti, Giulio 352
Andropow, Juri 170, 184, 343
Apple, R. W. 383

Bach, Johann Sebastian 231
Bagehot, Walter 115
Bahr, Egon 69, 398
Bahro, Rudolf 87
Baker, James 382, 388, 393, 394, 399 ff., 403 ff., 407 f., 414 ff., 419, 424 f.
Barbe, Angelika 282
Baring, Arnulf 466
Barth, Karl 328
Becher, Johannes R. 40, 62, 339
Benda, Václav 299
Benjamin, Hilde 58, 61
Berghofer, Wolfgang 238, 242, 283, 289, 324
Berija, Lawrentij 49, 56 f., 65, 341
Biedenkopf, Kurt 364
Biermann, Wolf 40, 63, 76 f., 208, 278
Bismarck, Otto von 72, 201 f., 312, 389, 502
Blackwill, Robert 384, 416
Bloch, Ernst 59, 75, 232, 312
Blüm, Norbert 371, 377
Blum, Léon 59
Böhme, Ibrahim 282, 327 f., 337, 474
Boesky, Ivan 321
Bohley, Bärbel 280, 316 f., 442, 481
Bohley, Michael 280
Bondarenko, Aleksandr 342, 391, 424
Bonhoeffer, Dietrich 276, 328
Bräutigam, Hans Otto 483
Brandt, Willy 69, 71, 217, 271, 313, 326, 337, 352, 381, 406, 440
Braunmühl, Carl Christian von 429

Brecht, Bertolt 40, 75, 109, 339
Breschnew, Leonid 68 ff., 75, 128, 137, 162, 165 f., 168, 170, 184, 347
Breuel, Birgit 450 f.
Bright, John 115
Brus, Włodimierz 157
Bruyn, Günter de 79, 101
Bülow, Bernhard von 197
Bultmann, Rudolf 328
Bush, George 134, 216, 350, 382 f., 384, 386 f., 390, 392, 394 f., 399, 402, 404 ff., 408 ff., 413, 415, 417 f., 422, 426, 429

Caillaux, Joseph 176
Carter, Jimmy 71, 298
Castorf, Frank 505
Castro, Fidel 347
Ceauşescu, Nicolae 218, 322, 347
Chevènement, Jean-Pierre 390
Christo und Jeanne-Claude 500 ff., 509
Chruschtschow, Nikita 61, 65 ff., 76, 156 ff.
Churchill, Winston 70
Clinton, Bill 134
Constant, Benjamin 95, 304

Dahlem, Fritz 57
Dangrieß, Dieter 252
Darnton, Robert 268, 270
Daschitschew, Wjatscheslaw 347
Dibelius, Otto 276
Diestel, Peter-Michael 325
Dohlus, Horst 214
Dubček, Alexander 110, 164
Duchac, Josef 452
Dumas, Roland 392
Durkheim, Émile 271

Ebeling, Hans-Wilhelm 231, 325
Ehrensperger, Günter 119, 264
Eisler, Hanns 339
Elbe, Frank 399, 424, 568

Engels, Friedrich 260
Eppelmann, Rainer 277, 280, 282, 328, 330, 333, 367, 424, 493
Erhardt, Manfred 468 ff.

Falin, Valentin 342, 391, 395 ff., 402, 427
Fechner, Max 58
Fels, Gerhard 376
Ferguson, Adam 300, 306
Fichte, Frank 265 f.
Filbinger, Hans 485
Fink, Heinrich 468 ff., 474
Fischbeck, Hans-Jürgen 281
Fischer, Gudrun 238
Fischer, Oskar 214 f., 219, 261
Fjodorow, Rafael 396
Foitik, Jan 88
Forck, Gottfried 280, 481 f.
Franco, Bahamonde 60, 107
Freitag, Sybille 238
Freud, Sigmund 81, 99
Friedrich II. 72, 441

Garton Ash, Timothy 509
Gauck, Joachim 469, 474, 481, 492, 510
Gaulle, Charles de 70, 414
Gaus, Günter 74, 85, 94, 99, 299
Gehlert, Siegfried 252
Genscher, Hans-Dietrich 218, 220, 344, 348, 382, 387 ff., 391, 393, 398 f., 401 ff., 404 ff., 413, 414, 416 f., 420 f., 423 f., 433
Geremek, Bronisław 293 f., 303 f., 307
Gerlach, Manfred 287
Gierek, Edward 167, 174, 183
Glos, Michael 377
Goebbels, Joseph 346
Gomułka, Władysław 156 f.
Gorbatschow, Michail 108, 126, 137, 145 f., 162, 172, 209, 211, 221, 242, 245, 254 ff., 262, 290, 295, 341 ff., 358, 367, 381, 385 f., 390, 391, 395 ff., 401 ff., 405, 410 f., 414 ff., 418 ff., 426 ff., 431, 433
Gramsci, Antonio 302 f.
Grass, Günter 480
Greiner, Ulrich 479 f.

Gromyko, Andrej 347
Großmann, Werner 489
Grotewohl, Otto 45, 49 f., 56, 61, 109
Gueffroy, Chris 486
Gutzeit, Martin 328, 493
Gysi, Gregor 287, 290, 322, 324, 333, 337, 395 f., 505

Habermas, Jürgen 369, 507
Hähnel, Siegfried 250
Hager, Kurt 80, 210 f., 254 f., 264 ff.
Hall, Aleksander 304
Harich, Wolfgang 58, 62
Haussmann, Helmut 365
Havel, Václav 89, 110, 198, 298 f., 304 f., 307, 331, 473
Havemann, Robert 76 f., 105, 209, 277 f., 312, 493
Hegel, Georg Wilhelm Friedrich 300 ff.
Hein, Christoph 37, 79, 209, 232, 260
Hennecke, Adolf 176
Herrmann, Joachim 258 f., 265 f.
Herrnstadt, Rudolf 57 f.
Herzog, Roman 491
Heym, Stefan 78, 98, 112, 317 f., 469
Hilsberg, Peter 250
Hirschman, Albert 222
Hitler, Adolf 41, 45, 211, 310, 457, 502, 507
Höpcke, Klaus 97 f.
Honecker, Erich 42, 62, 63, 71, 75 f., 88 f., 91, 97, 104 f., 118 f., 128, 132, 134 f., 137, 157, 172, 209 ff., 216 f., 220 f., 231 f., 239, 241, 245, 247 f., 253 ff., 266, 286, 295, 342 ff., 350 ff., 462, 484 f.
Horkheimer, Max 76
Horn, Gyula 214 f., 218 f.
Hume, David 96, 300
Hutten, Ulrich von 330

Jakeš, Miloš 211, 261, 295
Jakolew, Aleksandr 342, 345, 395 f.
Janka, Walter 59, 62, 312
Jarowinski, Werner 134, 140 f., 143, 258
Jaruzelski, Wojciech 88, 172, 211, 292, 295, 297, 352

Jaurès, Jean 176, 312
Jens, Walter 480
Jobert, Michel 403
Johannes XXIII. 161, 276
Johannsen, Günter 233
Joyce, James 62
Just, Gustav 59

Kádár, János 107
Kafka, Franz 62 f., 99
Kaiser, Jakob 48
Kant, Hermann 98, 111
Kantorowicz, Alfred 59, 75
Kastrup, Dieter 416
Kennan, George 388
Kennedy, John F. 67, 434
Keßler, Heinz 215, 258, 485 f.
Kim Il Sung 347
King, Martin Luther 226
Kissinger, Henry 68, 70
Kiszczak, Czesław 293
Klaus, Václav 307
Kleiber, Günther 126, 143
Kocka, Jürgen 472, 478
Kohl, Helmut 63, 122, 197, 217 ff., 259, 271, 289 ff., 313 ff., 324, 331 f., 336, 338, 340, 343 f., 346, 348 f., 353, 355 f., 360, 362 ff., 380 f., 383, 385, 387 ff., 391, 394 ff., 400 ff., 404, 406 ff., 414, 416 ff., 422, 426 ff., 431, 433, 439, 445, 453 f., 457, 500, 506, 509
Kolakowski, Leszek 305
Kornai, János 458
Korsch, Karl 160
Kotschemassow, Wjatscheslaw 210, 241, 257, 263, 348 f., 396 f., 411
Krause, Günter 430
Krawczyk, Stephan 104
Krenz, Egon 119, 210, 216, 239, 241, 248, 253 f., 256 ff., 265 f., 286 f., 319, 323, 350 ff., 356, 488
Krolikowski, Herbert 217
Krolikowski, Werner 253, 258
Kunze, Reiner 41, 208
Kuron, Jacek 294, 298, 303
Kwizinskij, Julij 342, 350, 391, 402, 414, 417 ff., 424, 432 f.

Lafontaine, Oskar 314, 360, 372, 505
Lambsdorff, Otto Graf 365, 372
Lange, Bernd-Lutz 238
Lange, Oskar 157
Leicht, Robert 484, 503
Leitner, Olaf 79
Lenin, Wladimir Iljitsch 157, 174, 260, 302
Liberman, Jewseij 156, 158
Ligatschew, Jigor 414
Lindblom, Charles 306
Locke, John 301
Lorenz, Siegfried 258
Luft, Christa 287, 308, 358, 448
Lukács, Georg 58
Luther, Martin 226, 344
Luxemburg, Rosa 209, 213, 279

Madison, James 304
Magirus, Friedrich 229, 248
Mahrenholz, Ernst Gottfried 491
Maier, Harry 358, 376
Maizière, Lothar de 103, 198, 289 f., 292, 330, 333 f., 338, 358, 372, 377, 394, 412 f., 430, 432, 453, 455, 474, 493
Mao Tse-tung 69 f.
Markov, Walter 232
Maron, Monika 474
Marx, Karl 82, 260, 301 f.
Masaryk, Jan 52
Masur, Kurt 238, 240 f., 323
Matthäus-Maier, Ingrid 365
Maximytschew, Igor 342
Mayer, Hans 75, 232
Mazowiecki, Tadeusz 409
McCarthy, Joseph 60
Mebel, Moritz 266
Meckel, Markus 280, 327 f., 330, 413, 424, 429, 492
Medwedjew, Wadim 88, 137
Meier, Christian 470
Meuschel, Sigrid 478
Meyer, Kurt 233, 240
Michnik, Adam 294, 298, 303 f.
Mielke, Erich 210 f., 235, 241, 247, 250, 252, 258 f., 262, 484
Mikojan, Anastas 66

Namenregister 591

Mill, John Stuart 115, 304
Millar, John 300
Miłosz, Czesław 305
Miselwitz, Hans 413
Mittag, Günter 120, 130f., 134, 136f., 143, 145, 164ff., 172, 210f., 215, 219, 253ff., 257ff., 265f.
Mitterrand, François 352, 386f., 389, 392, 397f., 406, 410, 426
Modrow, Hans 122, 144, 238, 254, 259f., 262, 266f., 286ff., 308, 314f., 318, 322, 324f., 331ff., 337f., 339, 340, 352, 355ff., 363ff., 391, 394ff., 410f., 430, 447f., 488
Möller, Horst 478
Moeller, Michael 329
Molotow, Wjatscheslaw 49
Momper, Walter 381
Monnet, Jean 173
Montesquieu, Charles de 95f., 304
Moulin, Jean 312
Müller, Heiner 103
Mussolini, Benito 60

Nagy, Imre 58, 218, 312
Napoleon III. 293
Necker, Tyll 365
Németh, Miklós 218f.
Nettl, John P. 108
Neumann, Alfred 118, 258
Niethammer, Lutz 315
Nixon, Richard 68ff.
Nooke, Günter 483
Nyers, Reszö 211, 215, 349

Orwell, George 176

Pätzold, Kurt 463
Pallazi, Ferenc 215
Petkow, Nikola 52
Pfarr, Heidi 364
Pflugbeil, Sebastian 280, 316
Pieck, Wilhelm 50
Piłsudski, Józef 297
Pinochet, Augusto 107
Plato, Alexander von 94
Pöhl, Karl Otto 366, 370
Poppe, Gerd 278
Poppe, Ulrike 82, 86, 278, 280

Portugalow, Nikolai 347, 388
Proust, Marcel 62

Radbruch, Gustav 486f.
Ragwitz, Ursula 79, 97f.
Rajk, László 53
Rákosi, Mátyás 52
Rathenau, Walther 197
Reagan, Ronald 134, 216, 349, 353
Reich, Jens 274, 305, 308, 316, 466f., 469
Reiche, Stefan 326
Reinhold, Otto 264
Rice, Condoleezza 341, 406
Richter, Edelbert 282
Ridley, Nicholas 397
Ridgway, Rozanne 382
Rohwedder, Detlev 448f.
Romberg, Walter 372, 430
Roosevelt, Franklin Delano 70
Ross, Dennis 394, 399, 403, 416
Rousseau, Jean-Jacques 95
Rühe, Volker 289
Rummel, Susanne 238
Ryschkow, Nikolai 127, 130, 367, 395, 418

Sacharow, Andrej 298
Schabowski, Günter 224, 239, 248, 253f., 257ff., 262, 266, 488f.
Schäuble, Wolfgang 344, 385, 430
Schalck-Golodkowski, Alexander 125, 319ff.
Schdanow, Andrej 49
Schedlinski, Rainer 100
Scheidemann, Philipp 264
Schewardnadse, Eduard 211, 219, 342f., 346f., 391f., 395, 400ff., 405, 411, 414, 418ff., 423ff., 429, 433
Schirrmacher, Frank 480
Schmidt, Hans-Dietrich 246
Schmidt, Helmut 383
Schmidt, Horst-Michael 486
Schmidt, Walter 72
Schmitz, Michael 291
Schneider, Rolf 313, 381
Schnur, Wolfgang 336, 474
Schorlemmer, Friedrich 281f., 317, 492

Schröder, Richard 327, 329, 482
Schubert, Helga 308
Schürer, Gerhard 118, 120, 122, 128 ff., 132, 134 ff., 138 ff., 144, 149, 171 f., 210, 254, 264, 351, 358
Schult, Reinhard 273 f., 277, 280 f., 316 f.
Schulz, Max Walter 98
Scowcroft, Brent 404, 415
Seidel, Eberhard 316
Seidel, Jutta 316
Seiters, Rudolf 216 f., 363 ff.
Seitz, Raymond 416
Semjonow, Wladimir 57
Sievers, Hans-Jürgen 226
Šik, Ota 157, 160, 164
Sindermann, Horst 215
Slansky, Rudolf 53
Sljunkow, Nikolai 130 f.
Smith, Adam 300 f.
Sokolowskij, Wassilij 57
Späth, Lothar 348, 452
Springsteen, Bruce 79
Stachanow, Alexej 176
Stalin, Josef 41 f., 49 f., 53, 55 ff., 61, 64 f., 70, 156, 211, 292, 341
Stern, Carola 39
Stölzl, Christoph 497
Stolpe, Manfred 103, 249, 280, 440, 481 ff.
Stoltenberg, Gerhard 406
Stoph, Willi 127, 130, 134 ff., 143, 145, 215, 254 ff., 259, 262, 286, 353
Strange, Susan 321
Strauß, Franz Josef 122, 343, 348

Tarasenko, Sergej 424
Teltschik, Horst 218, 388 f., 400, 402, 404 ff., 408, 412, 416, 418 f., 428
Templin, Wolfgang 75, 101, 113, 280
Thälmann, Ernst 344
Thatcher, Margaret 150, 346, 352, 386, 392, 397 f., 400, 406, 426

Thierse, Wolfgang 491 f.
Tisch, Harry 258, 266
Tito, Josip Broz 49, 52, 70
Tocqueville, Alexis de 95, 304 ff.
Tschernajew, Anatolij 342, 347, 395, 397, 402, 417, 433
Tschernenko, Konstantin 343
Tschiche, Hans-Jochen 280
Turner, Victor 271

Ulbricht, Walter 50, 54, 56 ff., 61 f., 68, 75, 81, 97, 109, 157 f., 161, 165, 173, 209, 258, 323
Ullmann, Wolfgang 282, 285, 296 f., 328, 447, 492

Vogel, Wolfgang 216

Waigel, Theo 365 f., 371
Wałesa, Lech 293
Weber, Max 201, 328
Weiß, Konrad 437
Weizsäcker, Richard von 346 ff., 440, 507
Winkler, Heinrich August 472
Wörner, Manfred 402
Wötzel, Roland 323
Wolf, Christa 63, 79, 98, 101, 110, 112, 260, 308, 317, 469, 474, 479, 480, 494, 508
Wolf, Markus 260, 489 f.
Wollenberger, Vera 277 f., 280
Wonneberger, Christof 225

Zaisser, Wilhelm 57 f.
Zelikow, Philip 341, 406
Zimmermann, Monika 503
Zimmermann, Peter 231, 238, 240, 249
Zöger, Heinz 39
Zoellick, Robert 394 f., 399, 403, 407, 416, 419
Zwahr, Hartmut 381

S. 40 Biermann /76
S. 73 Regionalismus / S. 517 Fn 51
320 Fn 75 Stasi
319